2008年，天津医科大学附属肿瘤医院与美国强生医药研发集团合作开展肿瘤药物研发，拟在滨海新区筹建肿瘤药物研发转化中心。

2008年天津医科大学附属肿瘤医院主办的第四届全国生物治疗大会。

天津医科大学总医院于士柱等完成的“人胶质瘤的病理学与分子病理学研究”获2008年度天津市科学技术进步奖一等奖。

2008年7月天津医科大学承办第十七届世界支原体大会。

TASLY GROUP

天士力集团

天士力现代中药产业园

具有自主知识产权的全自动数字化滴丸生产线

天士力景观之一中华医药图

天士力景观之一医药之光

天士力国际交流展示中心

天士力集团自1994年成立以来，坚持打造现代中药第一品牌，不断推进大健康产业的发展。在做专做精现代中药的基础上，向化学药、生物药和特色专科医疗行业扩展，形成以医药为主要领域的生命安全产业板块；并逐步进入帝泊洱茶珍、保健品、健康食品、化妆品、安全饮用水等生命健康产业领域。

天士力积极推动中药现代化和国际化，以高新技术改造传统中药业，形成了一条集药物研发、药材种植、有效中药组分分离、制剂生产和市场营销各环节于一体的现代中药产业链，建设了国内领先的现代中药先进制造平台。

按照“大病种、大品种、系列化”的研发思路，天士力逐步形成了由心脑血管系统用药、抗肿瘤与免疫系统用药、胃肠肝胆系统用药、抗病毒与感冒用药构成的产品体系。复方丹参滴丸是中国首例通过美国FDA IND临床用药申请的复方中药制剂，目前正在美国、澳大利亚、加拿大开展II期临床研究。

面向未来，天士力将坚持“追求天人合一，提高生命质量”的企业理念，以“创造健康，人人共享”为目标，致力于大健康社会工程建设，倡导大健康理念体系，普及大健康教育体系，创新大健康技术体系，发展大健康产业体系，完善大健康服务体系，努力使人生达到“生得好，活得长，病得晚，走得乐”。

中国天津北辰区普济河东道2号天士力现代中药城 邮编 300410
Tel 86 22 26736688 Fax 86 22 26736898 www.tasly.com

2009
天津科技年鉴

天津市科学技术委员会主办
天津市科技史志编修办公室编
方 志 出 版 社

图书在版编目(CIP)数据

天津科技年鉴. 2009 / 天津市科技史志编修办公室编. 北京：方志出版社，2009.12

ISBN 978-7-80238-681-5

Ⅰ.天… Ⅱ.天… Ⅲ.科学研究事业－天津市－2009－年鉴 Ⅳ.G322.721-54

中国版本图书馆CIP数据核字(2009)第208960号

天津科技年鉴(2009)

编　者：	天津市科技史志编修办公室
责任编辑：	颜伦琴
出版者：	方志出版社
	(北京市建国门内大街5号中国社会科学院科研大楼12层)
	邮编　100732
	网址　http://www.fzph.org
发　行：	方志出版社发行部
	(010) 85195814　85196281
经　销：	新华书店总店北京发行所
法律顾问：	北京市大禹律师事务所
印　刷：	天津云海科贸开发公司
开　本：	889×1194　1/16
印　张：	29
字　数：	918千
版　次：	2009年12月第1版　2009年12月第1次印刷
印　数：	0001—1000册

ISBN 978-7-80238-681-5/K·352　定价：200.00元

2008年1月14日，中共中央政治局委员、天津市委书记张高丽（前右一）向2007年天津市科技重大成就奖获得者--中国工程院院士吴咸中颁发证书。

2008年7月7日，国家科技部与天津市召开部市工作会商第三次会议。中共中央政治局委员、天津市委书记张高丽（右）出席会议，并与全国政协副主席、国家科技部部长万钢（左）会谈。

2008年2月22日，国家科技部在津召开座谈会。中共天津市委副书记、市长黄兴国（右）在迎宾馆会见国家科技部副部长程津培（左）。

2008年3月14日，中共天津市委常委、常务副市长杨栋梁（中）出席天津市信息化工作会议。

2008年9月16日，中共天津市委常委、市委科技工委书记陈超英出席超百万亿次曙光计算机下线发布会。

2008年10月14日，天津市委科技工委、市科委在学习实践科学发展观活动中，邀请国家科技部副部长刘燕华（右）作专题报告，天津市副市长王治平（左）主持会议并讲话。

2008年1月14日，天津市科学技术奖励大会在天津礼堂召开。

2008年3月13日，天津市科技工作会议召开。

2008年4月28日至29日，中国工程院化工、冶金与材料工程学部的10位院士专程到津出席“提高天津市企业自主创新能力院士专题咨询会”。

2008年11月12日，由国家科技部火炬中心、天津市科委、滨海新区管委会联合主办的2008国际技术转移论坛在滨海新区举行。

南开大学数学学科是国家一级重点学科，为国家“211工程”与“985工程”建设学科，包括三个国家二级学科，主要由数学科学学院、陈省身数学研究所和组合数学中心组成，另外，还拥有“核心数学与组合数学”教育部重点实验室，该重点实验室在2004年至2008年最新一轮的全国高校学科评估中，位居前列。

学科以一批有较大国际影响的中青年数学家为学术骨干，其中包括两名中科院院士，两名第三世界发展中国家院士，四名教育部“长江学者奖励计划”特聘教授；并拥有国家自然科学基金委“南开大学微分几何”创新群体，教育部“微分几何”、“组合数学”创新团队。

学科采取“开放、流动、联合、竞争”的政策，与许多国际数学组织建立了多种形式的合作关系。近五年，共举办国内外学术会议近40次，并吸引了包括众多国家科学院院士等在内的来访学者560余名，同时，近100人次出国访问或应邀在国际学术会议上作报告，极大推动了学术交流。

学科硬件设备良好，图书资料丰富，为学术研究提供了必要条件，编辑部设在此的国际刊物《Annals of Combinatorics》，影响因子位居世界组合数学类期刊前列，已经成为中国组合数学的一个重要学术阵地。

学科还十分注重对各级各类人才的培养。数学学科有近八百名本科生，400余名研究生。在05级180名本科毕业中，100余人继续深造。近五年，十余名教师获得“国家级新世纪百千万人才”、“教育部新（跨）世纪优秀人才”等称号，一名学生获得全国优秀博士论文、两名学生获得全国优秀博士论文提名奖。

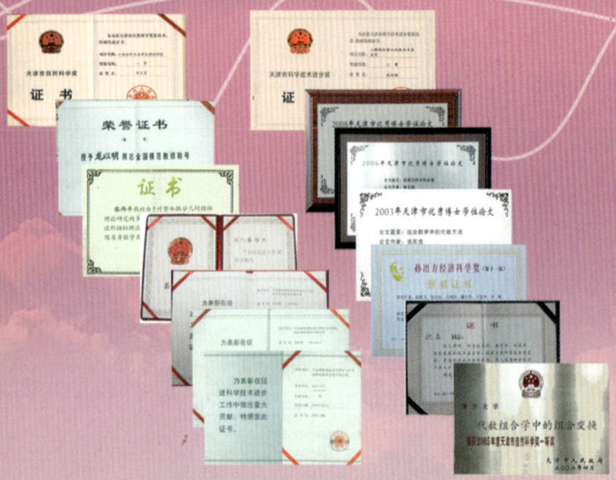

天津大学实现了炼油分离过程大型化关键技术的系统集成与节能，项目成果获得2007年度国家科技进步奖二等奖。

天津工业大学开发出具有界面微孔特征的中空纤维膜制备技术，研究成果获得2008年度国家技术发明奖二等奖。

持续创新发展的

天津科润黄瓜研究所(原天津市黄瓜研究所)作为国内专业从事黄瓜育种研究及良种推广的研发机构,连续主持国家“六五”~“九五”科技攻关项目及“十五”国家“863”优质多抗黄瓜新品种选育、黄瓜分子育种、黄瓜高新技术育种平台建设及利用等项目,育成津研、津杂、津春、津优四大系列38个配套黄瓜新品种,实现了我国黄瓜品种的四次更新换代。以津优1号、津优12号、津优35、36号为代表的津优系列黄瓜良种成为当前我国黄瓜生产的主栽品种和主导品牌。黄瓜育种研究水平始终处于国内领先地位,部分成果达到国际先进水平,先后获国家发明二等奖、国家科技进步二等奖、天津市科技兴市突出贡献奖等科技奖励30余项。

黄瓜研究所拥有一支高素质的研发队伍,共有职工46名,其中科技人员占80%,共有高级职称人员20名,包括中国工程院院士1名、研究员5名、国务院特贴专家1名,博士2名,硕士10名。建有细胞工程实验室、分子育种实验室、组织培养室、生理生化实验室、种子质量检测实验室及设施齐全的现代化试验农场280亩,研发实力雄厚,科技创新能力居行业领先。

近几年来,黄瓜研究所加强了生物技术在黄瓜育种中应用的研究。在国内首次利用未受精子房培养成功获得了纯合二倍体植株,经过不断优化,黄瓜大孢子培养再生率高达20%,成为国内唯一、国际上仅有少数几家掌握该项技术的企业之一;利用分子标记进行辅助育种研究目前已取得重大突破,找到了与黄瓜白粉病、霜霉病、炭疽病、黑星病抗性相关基因紧密连锁的AFLP标记和SCAR标记,申报了国家发明专利5项。利用分子标记技术改良育

天津科润黄瓜研究所

种材料和预测杂种优势研究也取得了理想进展，并开始指导育种实践，研究成果达国内领先水平。黄瓜基因工程育种研究也正在研究过程中，目前已先后将抗除草剂基因和抗虫基因成功导入黄瓜基因组；建立完善了黄瓜病害多抗性鉴定技术体系，抗性生理研究持续深入，抗性育种、生态育种取得突破性进展。黄瓜高效、多抗育种关键技术已经掌握或取得重要进展，基本建成了黄瓜高新技术育种平台。该单位承担的“黄瓜育种技术创新与优质专用黄瓜新品种选育”项目获 2008 年度国家科技进步二等奖。

在产业化领域，黄瓜所形成了适合自身发展和种子产业化需要的规模化的制种基地和规范化的组织管理模式，建成了遍及全国的黄瓜良种示范推广网络，使育、繁、加、销基本形成一体化流程并实现了信息化管理，探索出了适合自身发展需要和实际情况，符合中国国情的管理办法和组织模式，产业水平和规模持续保持国内领先。

在新形势下，黄瓜研究所将继续发扬“创业、严谨、进取、奉献”的黄瓜所精神，坚持科技和人才立所战略，坚持科学发展观，推进科研产业双跨越，依靠不断创新，进一步提高企业核心竞争力，巩固天津黄瓜种业在国内和国际的优势和领先地位，培育现代化新型种业企业，推动我国种业整体素质的提升。

国家海洋局天津海水淡化与综合利用研究所承担的国家“十一五”科技支撑重大课题——10万吨级海水循环冷却技术示范工程，在浙江国华宁海电厂实施。

2008年，天津赛象科技股份有限公司研制出具有自主知识产权的49/51英寸全钢巨型子午轮胎一次法成型机。

编辑说明

一、《天津科技年鉴》是天津市科学技术委员会主办、天津市科技史志编修办公室编辑的专业性年鉴。2004 年出版的年鉴“创始卷”获中国地方志指导小组办公室颁发的首届地方志年鉴奖一等奖;从 2005 年起,每年出版一卷,公开发行。

二、编辑科技年鉴,坚持以邓小平理论和“三个代表”重要思想为指导,用科学发展观统领全书,科学地分析研究天津科技进步发展规律和特点,为开展自主创新提供参考依据。

三、每卷新版年鉴,力求全面反映上年度天津科技发展的新面貌、新变化,系统介绍从基础研究到高新技术的新进展、新成果,记载科技促进天津经济社会发展的主要成就和一年的科技大事、要事。有些重要科技事项记述的时限向前延伸,以保持天津科技资料的完整性。年鉴力求突出科技在天津经济社会发展中的第一生产力作用,体现科学发展、和谐发展、率先发展的要求。

四、年鉴采用分类编辑法,以类目为纲,类目下设分目,分目下设条目,以条目为主体。此外还设有“特载”、“大事记”和“附录”。全部内容的记述使用规范的语体文,文中涉及的计量单位、数字均按国家相关条例、规范和标准记述。

五、为便于读者使用,年鉴卷首设目录,卷末附单位名称和人名索引。根据目录,读者可按学科、技术类别查找到相关条目。索引按汉语拼音音序排列。索引款后的数字表示该内容所在的页码。

六、在年鉴编辑过程中,得到许多单位的积极配合和支持,全市有 100 多个单位提供了稿件和有价值的资料,在此我们一并表示衷心感谢!

七、疏漏之处欢迎读者批评指正。

天津市科技史志编修办公室

目　　录

特　载

领导同志谈科技工作

重要科技活动

专　文

基础科学研究

高新技术研究

工业科技

石油与石化工业

电力及新型能源产业

化学工业

现代制药工业

纺织 轻工

建材工业

农业科技

农业机械与设施

医药卫生

概况

基础医学与实验研究

临床研究

疾病预防

中医中药研究

水资源开发利用

城建科技

交通与邮政

综合科技

科技队伍与科技机构

科技管理与服务

组织实施科技发展计划

科技成果管理与奖励

科技服务

知识产权

科学普及与科技社团活动

新技术产业园区与经济技术开发区科技

区县科技

科技大事记

附 录

政策法规

重要报道

2008 年天津市科技两委领导成员及机构

索 引

CONTENTS

Special Publications

Basic Science Research

High Technical Research

Science and Technology in Industry

Science and Technology in Agriculture

Medicine and Health Undertaking

Developing and Utilization of Water-resource

S&T of Urban Construction

Urban Traffic and Telecommunication

Comprehensive Science and Technology

S.&T. Personnel and S.&T. Institutions

Administration and service of S&T

The Park of New Technology Industries and TEDA

S&T in Districts and Counties

Chronicle of Scientific and Technological Events

Appendix

INDEX

特　载

领导同志谈科技工作

中共中央总书记胡锦涛在两院院士大会上的讲话
（2008 年 6 月 23 日）

各位院士，同志们：

首先，我代表党中央、国务院，向中国科学院第十四次院士大会和中国工程院第九次院士大会的召开表示热烈的祝贺！向两院院士和全国广大科技工作者致以诚挚的问候！

5 月 12 日，我国四川汶川发生特大地震，给受灾地区群众生命财产和经济社会发展造成重大损失。地震发生后，在党中央、国务院和中央军委坚强领导下，全党全军全国各族人民万众一心、众志成城，夺取了抗震救灾斗争的重大阶段性胜利，奏响了一曲感天动地的英雄凯歌。在这场艰苦卓绝的重大斗争中，中国科学院学部、中国工程院急国家之所急、帮灾区之所需，充分发挥集体智慧和力量，为抗震救灾工作有力有序有效进行发挥了重要作用。同志们紧紧围绕抗震救灾，积极投身灾情评估、余震监测、伤员救治、灾区防疫、次生灾害处置、基础设施修复、灾后恢复重建等工作，深入开展研究，提出了一系列具有指导性、综合性、前瞻性的意见和建议，为党和国家组织领导抗震救灾提供了科学依据。广大院士还踊跃捐款捐物，奉献爱心。目前，抗震救灾工作已进入安置受灾群众和灾后恢复重建阶段，任务十分艰巨。希望广大院士进一步集成已有的知识积累，充分发挥跨部门、跨单位、跨学科、跨领域团结协作的精神，用科技的力量积极支援地震灾后恢复重建，帮助灾区人民早日重建美好家园，为夺取抗震救灾斗争的全面胜利作出更大贡献。

下面，我想就改革开放 30 年来我国科技事业发展、走中国特色自主创新道路、发挥科技界在党和政府决策中的重要作用这 3 个问题讲些意见。

一、改革开放以来我国科技事业发展的伟大实践

这次两院院士大会，是在全党全国各族人民全面贯彻党的十七大精神、迎来改革开放 30 周年的重要时刻召开的。此时此刻，我们大家都不由得回想起 1978 年 3 月 18 日召开的全国科学大会。也就是在那一年，我们党召开了具有重大历史意义的十一届三中全会，作出了把党和国家的工作重点转移到社会主义现代化建设上来和实行改革开放的战略决策，实现了新中国成立以来我们党历史上具有深远意义的伟大转折，开启了改革开放历史新时期，也迎来了科学的春天。

改革开放一开始，我们党就深刻认识到，面对世界发展大势，面对日趋激烈的国际竞争，只有把科学技术摆在国家发展的战略地位，才能赢得发展的战略主动权，才能实现社会主义现代化。也就是在 1978 年召开的那次全国科学大会上，邓小平同志全面阐述了科学技术的重要地位、发展趋势、战略重点、科技人员的政治地位、人才培养等重大问题，旗帜鲜明地提出科学技术是生产力、知识分子是工人阶级的一部分、四个现代化关键是科学技术现代化等著名论断。从那时以来，党和国家始终高度重视并大力推进科技事业，强调科学技术是第一生产力，强调要大力实施科教兴国战略、推进科技进步和创新，强调要走中国特色自主创新道路、实施人才强国战略、建设创新型国家，实施一系列推进科技发展的重大方针政策，不断推进科技体制改革，极大地激发了我国广大科技工作者投身科技进步和创新、推动社会主义现代化建设的热情，迎来了我国科技事业大发展的历史新时期。

改革开放 30 年来，我国从科学研究理念到科技工作地位、从科技体制机制到科研环境条件、从科研布局到科技实力等各个方面都发生了历史性的深刻变化。我国形成了比较完整的科学研究和技术开发体系，建立了较为完备的学科领域，形成了相当规模和一定水平的专业技术人才队伍；杂交水稻、高性能计算机、高温超导研究、人类基因测序等基础研究方面取得重大成果和突破，表面科学、非线性科学、认知科学以及地球系统科学等新兴交叉学科迅速发展，北京正负电子对撞机、兰州重离子加速器、大天区面积多目标光纤光谱天文望远镜、超导托卡马克聚变实验装置、国家农作物基因资源工程等国家重大科学工程建设为我国基础科学研究取得重大进展创造了良好条件；三峡工程、载人航天工程、首次月球探测工程、青藏铁路、高速铁路建设等获得重大成功，数控机床、核电、集成电路等国家重大技术装备制造水平和自主化率稳步提高，高技术研究和高新技术产业化取得明显进步；科技体制改革取得突破性进展，初步形成适应社会主义市场经济的新型科技体制，国家创新体系建设进展顺利，以科技进步法为核心的科技法律法规不断完善。

总之，改革开放30年来，我国整体科技发展水平已位居发展中国家前列，有些科研领域已达到国际先进水平，我国科技发展为我国经济发展、社会进步、民生改善、国家安全提供了重要支撑。我国科技事业取得的举世瞩目的成就，是全党全国大力支持、团结奋斗的结果，是全国广大科技工作者不懈努力、顽强拼搏的结果。包括两院院士在内的全国广大科技工作者，为我国改革开放和社会主义现代化建设作出了巨大贡献、建立了历史功绩，党和人民感谢你们！

改革开放以来我国科技事业发展的生动实践，丰富了我们对科技发展规律和科技工作战略地位的认识，深化了我们对中国特色社会主义发展规律的认识，为我们继续推进全面建设小康社会进程、更好地发展中国特色社会主义提供了重要而深刻的启示。

第一，必须坚持科学技术是第一生产力。科学技术是第一生产力，是先进生产力的集中体现和主要标志，这是我们党对马克思主义关于科学技术和社会生产力理论的重大发展，是中国特色社会主义理论体系关于科技思想的基本观点。必须坚定不移地实施科教兴国战略，充分发挥科学技术第一生产力的作用，加快缩小我国与世界先进水平的发展差距，为推动经济社会又好又快发展，实现全面建设小康社会、基本实现社会主义现代化的战略目标提供强大科技支撑。

第二，必须坚持人才资源是第一资源。人才是国家发展的战略资源，科技进步和创新的关键是人才。必须坚定不移地实施人才强国战略，坚持尊重劳动、尊重知识、尊重人才、尊重创造的重大方针，形成广纳群贤、人尽其才、能上能下、充满活力的用人机制，努力造就数以亿计的高素质劳动者、数以千万计的专门人才和一大批拔尖创新人才，把优秀人才集聚到国家科技事业中来，开创人才辈出的生动局面。

第三，必须坚持提高自主创新能力。自主创新能力是国家竞争力的核心。独立自主，自力更生，无论过去、现在和将来，都是推动我国科技事业发展的根本立足点。在关系国民经济命脉和国家安全的关键领域，真正的核心技术和关键技术只能依靠我们自己，只能依靠自主创新。必须把提高自主创新能力摆在全部科技工作的首位，建设创新型国家，真正掌握核心技术，抢占科技制高点，奋力在世界高技术领域占有一席之地，切实增强国家核心竞争力，牢牢把握我国发展的战略主动权。

第四，必须坚持发挥社会主义制度能够集中力量办大事的政治优势。坚持全国一盘棋，集中力量办大事，统一规划、统一调度、统一安排，是我国科技发展必须坚持的重要组织方式。必须统筹科技发展和经济建设，统筹各类创新主体和各种创新要素，统筹基础研究、应用开发研究、高技术研究，充分发挥政府的主导作用，充分发挥市场在科技资源配置中的基础性作用，充分发挥企业在技术创新中的主体作用，充分发挥国家科研机构的骨干和引领作用，充分发挥大学的基础和生力军作用，充分激发全社会的创新活力，形成推动科技进步和创新的强大合力。

第五，必须坚持科技为经济社会发展服务、为人民服务。为经济社会发展服务、为人民服务，是我国科技事业发展的正确方向。必须面向现代化建设、面向广大人民需求，把经济发展、社会进步、民生改善、国家安全中亟待科技提供支撑的领域作为重点，把科技进步和创新与提高人民生活水平和质量、提高人民科学文化素质和健康素质紧密结合起来，集中力量在解决制约经济社会发展的重大科技问题、关系国民经济命脉和国家安全的关键领域取得突破，努力掌握关键技术和共性技术、解决重大公益性科技问题。

第六，必须坚持弘扬科学精神。发展创新文化，培育全社会创新精神，是科技进步和创新最深厚、最持久的社会基础。必须坚持解放思想、实事求是、与时俱进，不断推进理论创新、制度创新、文化创新，在全社会大力传播科学知识、科学方法、科学思想、科学精神，提倡敢为人先、敢冒风险、勇于实践、不屈不挠的精神，倡导敢于创新、勇于竞争、诚信合作、宽容失败的精神，形成讲科学、爱科学、学科学、用科学的社会风尚，为科技创新提供科学理论指导、有力制度保障、良好文化氛围。

二、坚定不移地走中国特色自主创新道路

当前，我国正处于改革发展的关键阶段，机遇前所未有，挑战也前所未有，机遇大于挑战。世界科技发展突飞猛进，创新创造日新月异，世界科技正孕育着新的重大突破，知识在经济社会发展中的作用日益突出，科技竞争在综合国力竞争中的地位也日益突出，科技已成为支撑和引领经济发展和人类文明进步的主要动力。当今世界，谁掌握了先进科学技术，谁就掌握了经济社会发展的主动权。

经过30年的改革开放，我国经济社会发展取得了举世瞩目的成就，但我国仍处于并将长期处于社会主义初级阶段的基本国情没有变，人民日益增长的物质文化需要同落后的社会生产之间的矛盾这一社会主要矛盾没有变，同时我国发展也呈现出一系列新的阶段性特征。当前，我国发展面临的突出矛盾和问题主要是，经济社会发展水平不高，城乡、区域、经济社会发展仍然不平衡，长期形成的结构性矛盾和粗放型增长方式尚未根本改变，经济增长的资源环境代价过大；我国科技总体水平同世界先进水平相比仍有较大差距，关键技术自给率低，自主创新能力不强，特别是企业核心竞争力不强，优秀拔尖人才还比较少。落实好发展这个党执政兴国的第一要务，转变发展方式、实现经济社会又好又快发展，促进人口健康、保障公共安全，维护国家安全和战略利益，迫切需要坚实的科学基础和有力的技术支撑，迫切需要我们加紧建设创新型国家、实现我国科学技术跨越式发展。

正是基于这样的全局性考虑，党的十七大提出，提高自主创新能力，建设创新型国家，这是国家发展战略的核心，是提高综合国力的关键；要坚持走中国特色自主创新道路，把增强自主创新能力贯彻到现代化建设各个方面。我们要全面贯彻党的十七大精神，以邓小平理论和“三个代表”重要思想为指导，深入贯彻落实科学发展观，更好实施科教兴国战略、人才强国战略、可持续发展战略，坚持自主创新、重点跨越、支撑发展、引领未来的指导方针，把增强自主创新能力作为发展科学技术的战略基点、作为调整产业结构和转变发展方式的中心环节，把建设创新型国家作为面向未来的重大战略选择，更加自觉、更加坚定地走中国特色自主创新道路。

第一，走中国特色自主创新道路，必须把提高自主创新能力作为科技发展的首要任务。这是统领建设创新型国家的战略主线。要把提高自主创新能力摆在全部科技工作的首位，认真落实国家中长期科学和技术发展规划纲要，加快组织实施国家重大科技专项，加大对自主创新的投入，激发创新活力，增强创新动力。要大力推进原始创新、集成创新和引进消化吸收再创新，着力突破制约经济社会发展的关键技术，支持基础研究、前沿技术研究、社会公益性技术研究，在若干重要领域掌握一批核心技术，拥有一批自主知识产权，造就一批具有国际竞争力的企业，创造一批具有核心知识产权和高附加值的国际著名品牌。要高度关注基础学科之间、基础学科和应用学科、科学和技术、自然科学和人文社会科学的交叉融合，准确把握微观和宇观的统一、还原论和整体论的结合等当代科学发展前沿的主要特征，对基础学科和应用学科等进行全面布局，促进创新能力显著提升，推动多学科多领域协调发展。要坚持把以人为本、改善民生作为科技事业发展的根本出发点和落脚点，使科技进步和创新成果惠及广大人民群众。要建成若干世界一流的科研院所和大学以及具有国际竞争力的企业研究开发机构，加快建设国家创新体系，使技术创新体系、知识创新体系、国防科技创新体系、区域创新体系、科技中介服务体系协调统一。要坚持对外开放的基本国策，扩大多种形式的国际和地区科技交流合作，认真学习和充分吸收国际先进科技成果，有效利用全球科技资源。

第二，走中国特色自主创新道路，必须以制度创新促进科技进步和创新。推动科技进步和创新、提高自主创新能力迫切需要体制机制创新。要以服务国家目标、调动广大科技人员积极性和创造性为出发点，以促进全社会科技资源高效配置和综合集成为重点，以加快建立以企业为主体、市场为导向、产学研相结合的技术创新体系为突破口，以推进国家创新体系建设为重要目标，深化科技体制改革和各项配套改革，形成有利于促进科技进步和创新、有利于推动科技成果向现实生产力转化、既体现中国特色又符合科技发展规律的充满活力的体制机制。要建立健全国家科技决策机制和宏观协调机制，加强对重大科技政策制定、重大科技计划实施、科技基础设施建设的统筹，加快科研布局和结构调整，改革科技成果评价和奖励制度，促进科技资源有效配置。

第三，走中国特色自主创新道路，必须培养造就宏大的创新型人才队伍。人才直接关系我国科技事业的未来，直接关系国家和民族的明天。杰出科学家和科技人才是国家科技事业发展的决定性因素。要坚持人才资源是第一资源，全面实施人才强国战略，按照促进人的全面发展的要求，实行有利于人才成长的政策措施，营造有利于人才成长和发挥作用的体制机制和环境。要遵循创新型科技人才成长规律，不拘一格，广纳群贤，在创新实践中发现人才、使用人才，在创新活动中培育人才、锻炼人才，在创新事业中凝聚人才、成就人才。要改进和完善职称制度、院士制度、政府特殊津贴制度、博士后制度等高层次人才制度，完善项目投资体系和结构，形成有利于优秀人才脱颖而出的体制机制。要把教育摆在优先发展的地位，更新教育观念，深化教育改革创新，全面推进素质教育，调整学科和专业结构，创新人才培养模式。要加大引进人才、引进智力工作的力度，尤其是要积极引进海外高层次人才和智力，吸引广大出国留学人员回国创业。

第四，走中国特色自主创新道路，必须以创新文化激励科技进步和创新。文化传承和发展对科技进步和创新有着直接的重大影响。要大力弘扬以爱国主义为核心的民族精神和以改革创新为核心的时代精神，弘扬热爱祖国、无私奉献，自力更生、艰苦奋斗，大力协同、勇于登攀的“两弹一星”精神，弘扬特别能吃苦、特别能战斗、特别能攻关、特别能奉献的载人航天精神，提倡改革创新、敢为人先的创业精神。要最大限度地鼓励和支持科技创新，最大限度地激发科技人员的创新激情和活力，最大限度地鼓励人才干事业、支持人才干成事业、帮助人才干好事业，特别是要为年轻人才施展才干提供更多机会和更大舞台，在全社会营造尊重和鼓励创新创业的良好氛围。

三、发挥科技界在党和国家决策中的重要作用

当前，全党全国各族人民正在按照党的十七大作出的战略部署，按照中国特色社会主义事业总体布局和实现全面建设小康社会奋斗目标的新要求，全面推进我国社会主义经济建设、政治建设、文化建设、社会建设。党和国家迫切需要科技界研究分析经济社会发展面临的重大问题，为国家宏观决策提供科学的咨询意见。

中国科学院学部、中国工程院是国家在科学技术和工程方面的最高咨询机构，是国家的科学技术思想库。长期以来，两院院士团结带领全国科技界，围绕国家经济社会发展中的战略问题、世界和我国科技发展中的重大问题等积极建言献策，提出了许多重要咨询意见，为中央决策提供了科学依据。从十二年科学技术发展远景规划的制定、自然科学基金会的建立、“863 计划”的提出到国家重大科学工程建设和国家中长期科学和技术发展规划的研究制定，从主体功能区规划的出台到构建可持续能源体系和应对气候变化建议的提出，等等，无不凝聚着两院院士的心血和智慧。

两院院士作为我国科学技术和工程技术界的领军人物，要继续团结带领全国科技界更加积极主动地参与决策咨询，努力为解决经济社会发展中的战略问题提供咨询建议，为国家宏观决策提供科学依据。当前，尤其要科学分析我国全面参与经济全球化的新机遇新挑战，全面认识工业化、信息化、城镇化、市场化、国际化深入发展的新形势新任务，深刻把握我国发展面临的新课题新矛盾，大力推进经济发展方式转变，大力推进经济结构战略性调整，从根本上改变我国人均劳动生产率低、产品附加值低以及经济增长物耗高、能耗高、生态环境代价高的状况。要更加关注能源、水资源、环境保护、全球气候变化问题，更加关注信息技术、新材料技术、生物技术、空天技术、海洋技术等领域的发展，更加关注基础科学、前沿技术研究特别是交叉学科的研究，更加关注工农业生产急需解决的重大科学技术问题，更加关注关系民生的食品、卫生、公共健康等重大问题。要建立健全国家宏观决策咨询制度，建立健全科学民主决策的评估制度、监督机制、责任制度，探索推进国家宏观决策咨询制度法制化的有效途径，为两院院士发挥咨询作用提供舞台。各级党委和政府要充分发挥两院院士和各方面专家的作用，积极推进决策科学化、民主化。

在 2006 年召开的两院院士大会上，我专门讲了建设宏大的创新型科技人才队伍问题。今天，我再一次强调，一定要把加速培养造就优秀科技人才特别是科技领军人才作为十分紧迫的战略任务抓紧抓好。希望两院院士更加关注人才培养，把发现人才、培养人才、举荐人才作为自己工作的重中之重，发扬我国科技界甘当人梯、提携后学的光荣传统，在培养创新型人才方面发挥重要作用。

这里，我还要专门讲一讲防灾减灾问题。自然灾害是人类社会面临的共同挑战。我国是世界上自然灾害最为严重的国家之一，灾害种类多，分布地域广，发生频率高，造成损失重。地震、洪涝、台风、干旱、风雹、雷电、高温热浪、沙尘暴、地质灾害、风暴潮、赤潮、森林草原火灾、植物森林病虫害等灾害在我国都有发生。我国70%以上的城市、50%以上的人口分布在气象、地震、地质、海洋等自然灾害严重的地区。这些年来发生的1998年长江流域特大洪涝、2006年重庆和四川特大干旱、2007年淮河流域特大洪涝、2008年南方低温雨雪冰冻灾害和这次四川汶川特大地震等重大自然灾害，更是给我国人民生命财产和经济社会发展造成了重大损失。因此，我们必须把自然灾害预测预报、防灾减灾工作作为关系经济社会发展全局的一项重大工作进一步抓紧抓好。从长远看，要做好以下几方面的工作：一是要加强对自然灾害孕育、发生、发展、演变、时空分布等规律和致灾机理的研究，为科学预测和预防自然灾害提供理论依据。二是要加强自然灾害监测和预警能力建设，在完善现有气象、水文、地震、地质、海洋、环境等监测站网的基础上，增加监测密度，提升监测水平，构建自然灾害立体监测体系，建立灾害监测—研究—预警预报网络体系。三是要深入研究各种自然灾害之间、灾害和生态环境、灾害和经济社会发展的关系，开展全国自然灾害风险综合评估，加强防灾减灾关键技术研发，强化应对各类自然灾害预案的编制。四是要加快遥感、地理信息系统、全球定位系统、网络通信技术的应用以及防灾减灾高技术成果转化和综合集成，建立国家综合减灾和风险管理信息共享平台，完善国家和地方灾情监测、预警、评估、应急救助指挥体系。五是要优化整合各类科技资源，将依靠科技建立自然灾害防御体系纳入国家和各地区各部门发展规划，并将灾害预防等科技知识纳入国民教育，纳入文化、科技、卫生“三下乡”活动，纳入全社会科普活动，提高全民防灾意识、知识水平和避险自救能力。六是要围绕人类面临的共同挑战和灾害防治工作中尚未解决的科学难题广泛开展国际交流合作，既学习国外的有益经验和先进技术，也对人类社会共同防灾减灾作出贡献。

各位院士、同志们！

建设创新型国家，是时代赋予我们的光荣使命。让我们更加紧密地团结起来，高举中国特色社会主义伟大旗帜，抓住机遇，迎接挑战，坚持走中国特色自主创新道路，努力攀登世界科技高峰，为全面建设小康社会、加快推进社会主义现代化作出新的更大的贡献！

中共中央总书记胡锦涛
在庆祝神舟七号载人航天飞行圆满成功大会上的讲话
(2008年11月7日)

同志们:

今年9月，在全党全军全国各族人民团结奋斗，奋勇夺取四川汶川特大地震抗震救灾斗争重大胜利，成功举办北京奥运会、残奥会之后，神舟七号载人航天飞行又获得了圆满成功。我国3名航天员首次成功实施空间出舱活动和空间科学实验，实现了我国空间技术发展的重大跨越。这一举世瞩目的伟大成就向世界宣告，中国已成为世界上第三个独立掌握空间出舱关键技术的国家。我国航天员太空行走迈出的一小步，代表着我们在科技创新征程上迈出的一大步。这是我国载人航天事业发展史上的又一重要里程碑，是我们建设创新型国家取得的又一标志性成果，是中国人民攀登世界科技高峰的又一伟大壮举，是中华民族为人类探索利用外层空间作出的又一卓越贡献。全体中华儿女都为伟大祖国取得的这一辉煌成就感到无比荣耀和自豪！广大航天工作者为祖国和人民建立的卓越功勋，党和人民将永远铭记！

今天，我们在这里隆重集会，热烈庆祝神舟七号载人航天飞行圆满成功，号召全党全军全国各族人民学习和发扬载人航天精神，万众一心、众志成城，奋发图强、拼搏奉献，努力为夺取全面建设小康社会新胜利、开创中国特色社会主义事业新局面而团结奋斗。

首先，我代表党中央、国务院和中央军委，向全体参加神舟七号载人航天飞行任务研制、建设、试验的广大科技工作者、航天员、干部职工、解放军指战员，向荣获“航天英雄”荣誉称号和航天功勋奖章的翟志刚同志，向荣获“英雄航天员”荣誉称号和航天功勋奖章的刘伯明、景海鹏同志，向所有为我国航天事业作出贡献的同志们，表示热烈的祝贺和诚挚的慰问！向热情支持和关心我国航天事业发展的全国各族人民和香港同胞、澳门同胞、台湾同胞以及海外华侨华人，向关心我国航天事业发展的国际友人，表示衷心的感谢！

同志们!

我国载人航天事业，是在改革开放伟大历史进程中决策实施和不断推进的。早在上个世纪80年代，以邓小平同志为核心的党的第二代中央领导集体审时度势，明确把发展载人航天事业纳入发展高技术的“863”计划。以江泽民同志为核心的党的第三代中央领导集体，面对世界科技进步突飞猛进、综合国力竞争日趋激烈的新形势，作出了实施载人航天工程的重大战略决策。党的十六大以来，党中央从世界科技大势和中国特色社会主义事业全局出发，适应我国科技事业发展的战略要求，对我国载人航天工程第二步、第三步发展作出全面规划。载人航天工程实施16年来，各系统各单位和广大航天工作者团结一心、群策群力、锐意创新、拼搏奉献，突破一大批拥有自主知识产权的核心关键技术，先后实现从无人飞行到载人飞行、从一人一天到多人多天、从舱内实验到出舱活动等重大跨越，为我国航天事业发展开辟了广阔前景。载人航天工程不仅有力带动了我国基础科学和应用科学相关领域加速发展，促进了科技成果向现实生产力转化，为经济社会发展提供了重要推动力量，而且培养造就了一支能够站在世界科技前沿、勇于开拓创新的高素质人才队伍，探索出依托重大工程培养创新型人才和领军人物的有效途径和体制机制。广大航天工作者大力发扬以爱国主义为核心的民族精神和以改革创新为核心的时代精神，培育形成了特别能吃苦、特别能战斗、特别能攻关、特别能奉献的载人航天精神，为全党全军全国各族人民沿着中国特色社会主义道路奋勇前进增添了精神力量。

神舟七号载人航天飞行圆满成功，充分展示了改革开放30年来我国显著提高的经济实力、科技实力、综合国力，进一步增强了全体中华儿女的民族自信心和自豪感，进一步坚定了全党全军全国各族人民继续推进改革开放和社会主义现代化建设的决心和信念，对于我们在中国特色社会主义道路上实现中华民族伟大复兴必将产生重大而深远的影响。这一成就再一次向世人昭示：中华民族是勤劳智慧、富有创新精神和创造能力的民族，是自强不息、勇于战胜一切艰难险阻的民族，是爱好和平、积极为人类和平与发展的崇高事业不懈奋斗的民族。

同志们!

载人航天工程的生动实践，深化了我们对组织重大工程建设的认识，为加快我国科技事业发展、推进改革开放、推动经济社会又好又快发展积累了宝贵经验，提供了重要启示。

第一，科学发展是实现发展目标的必然要求。广大航天工作者牢固树立科学发展理念，尊重科学、尊重规律，发扬求真务实精神，坚持成功是硬道理，始终用“精心组织、精心指挥、精心实施，确保成功、确保万无一失”统一思想，科学统筹、协调推进各方面各阶段的建设，形成了人力、财力、物力最佳组合，确保了工程建设和重大试验顺利实施，促进了载人航天工程全面协调可持续发展。实践再一次告诉我们，只有坚持科学发展才能又好又快实现既定的发展目标。我们必须始终坚持科学发展，切实把科学发展观贯穿于社会主义现代化建设全过程，不断创造无愧于历史、无愧于当代、无愧于后人的业绩。

第二，社会主义制度是凝聚强大力量的政治优势。载人航天工程规模宏大、系统复杂、高度集成，全国数千家单位、几十万科技大军承担研制、建设、试验任务。各系统各单位始终坚持社会主义大协作，自觉讲大局、讲团结、讲奉献，形成了全国一盘棋、全力为成功的强大合力，谱写了万众一心、团结奋进的时代凯歌。实践再一次告诉我们，社会主义制度能够集中力量办大事是我们国家的显著政治优势，是我们战胜艰难险阻、创造历史伟业的强大制度保证。我们必须始终坚持和充分发挥这一显著政治优势，最大限度地凝聚全社会的智慧和力量，共同创造党和国家事业发展的新辉煌。

第三，自主创新是掌握民族发展命运的关键之举。我国载人航天工程靠自力更生起步、在自主创新中发展。广大航天工作者勇于探索、善于创造、敢于超越，始终瞄准世界航天科技前沿，攻克一道道世界性难题，掌握一大批具有自主知识产权的核心关键技术，在较短的时间内，以较少的投入，高标准、高质量、高效益地实施了工程任务，走出了一条符合国情、具有特色的载人航天工程发展道路，使我国加速跻身于世界航天大国之列。实践再一次告诉我们，自力更生是中华民族自立于世界民族之林的奋斗基点，自主创新是我们攀登世界科技高峰的必由之路。我们必须始终坚持自力更生、自主创新，牢牢掌握我国科技发展的主动权，不断增强国家科技实力特别是核心竞争力。

第四，爱国主义是成就伟大事业的精神动力。在载人航天工程实施过程中，广大航天工作者高扬爱国主义旗帜，以祖国需要为最高需要，以人民利益为最高利益，自觉把个人理想与祖国建设、民族振兴紧密联系在一起，表现出强烈的爱国情怀，展现了对祖国的赤胆忠诚。实践再一次告诉我们，爱国主义是我们民族精神的核心，热爱祖国、奉献祖国是一切时代成就一切伟业的重要力量源泉。我们必须坚持不懈地在各族人民中大力弘扬爱国主义精神，使爱国主义始终成为激励我国各族人民为推进改革开放和社会主义现代化建设、实现中华民族伟大复兴而团结奋斗的强大精神支柱。

同志们！

科学技术是第一生产力。不断推动科技进步和创新，对于一个国家、一个民族现在和未来的发展具有决定性意义。当今世界，科技进步日新月异，科技创造层出不穷，不仅给世界生产力发展带来巨大推动，而且引起了世界经济格局的深刻变化和利益格局的重大调整。面对世界科技发展大势和日趋激烈的国际科技竞争，我们只有把科技进步和创新摆在国家发展的战略地位，才能牢牢掌握我国发展的战略主动。我们必须清醒地看到，我国科技总体水平特别是自主创新能力同世界先进水平相比仍有较大差距。我们必须奋起直追，努力做到后来居上。我们一定要把提高自主创新能力、建设创新型国家作为国家发展战略的核心和提高综合国力的关键，把增强自主创新能力贯彻到现代化建设各个方面，紧紧围绕建设创新型国家，充分运用载人航天等重大工程的成功经验，大力弘扬“两弹一星”精神和载人航天精神，加快科技进步和创新步伐，为改革开放和社会主义现代化建设提供强有力的科技支撑。

我们要始终把改革创新精神作为强大动力，不断激发全社会的创造活力。改革创新精神是改革开放培育造就的伟大精神，也是推进改革开放须臾不可缺少的奋斗精神。只有锐意改革、不懈创新，才能不断开拓事业发展的广阔前景，才能使我们的国家、我们的民族、我们的党不断增添发展进步的蓬勃活力。必须坚持解放思想、实事求是、与时俱进，大力培育改革创新意识、增强改革创新勇气，不断推进理论创新、制度创新、科技创新、文化创新以及其他各方面创新，努力使改革步伐持续迈进、创新成果不断涌现。必须在全社会大力传播科学知识、科学方法、科学思想、科学精神，倡导敢于创新、勇于竞争、诚信合作、宽容失败，使改革创新精神在全社会蔚然成风。广大科技工作者要增强开拓创新、勇攀高峰的信心和勇气，在改革创新、敢为人先上为全社会作出表率。

我们要始终把提高自主创新能力作为战略任务，切实增强国家科技实力。自主创新能力是国家竞争力的核心，是实现建设创新型国家目标的关键所在。我们要深刻认识到，在关系国民经济命脉、国家安全的关键领域，核心关键技术只能依靠自主创新来获得。必须坚持走中国特色自主创新之路，认真落实国家中长期科学和技术发展规划纲要，不断加大对自主创新的投入，积极抢占科技制高点。必须加快提高原始创新、集成创新和引进消化吸收再创新能力，大力推进基础研究、前沿技术研究、社会公益性技术研究，在关系国民经济命脉、国家安全的关键领域和若干发展前沿，掌握一批核心关键技术，拥有一批自主知识产权。必须紧紧抓住对经济社会发展全局具有重大带动作用和重要影响的重大工程项目，加快实施国家重大科技专项，实现重点领域跨越式发展，带动经济实力、科技实力、国防实力整体跃升。

我们要始终把培养造就高素质人才作为根本大计，努力建设宏大的创新型人才队伍。人才是事业发展最可宝贵的财富。世界范围的综合国力竞争，归根到底是人才特别是创新型人才的竞争。社会主义现代化事业的不断发展和创新，归根到底有赖于各方面创新型人才的创造性思维和创造性活动。谁能够源源不断地培养、吸引、凝聚创新型人才，谁就能够掌握实现发展目标的第一资源。必须坚定不移地实施科教兴国战略和人才强国战略，在全社会形成尊重劳动、尊重知识、尊重人才、尊重创造的良好风尚，坚持用事业凝聚人才、用实践造就人才、用机制激励人才、用法制保障人才，努力把优秀人才集聚到建设创新型国家的伟大实践中来。必须坚定不移地把教育摆在优先发展的战略地位，大力发展教育事业，深化教育改革创新，全面推进素质教育，不断创新人才培养模式，为建设创新型人才队伍奠定坚实基础。杰出的科学家和科技人才是国家科技事业发展的决定性因素，必须依托国家重大人才培养计划、重大科研和重大工程项目、重点学科和重点科研基地、国际学术交流合作项目，积极推进创新团队建设，努力培养一批德才兼备、国际一流的科技尖子人才、国际级科学大师和科技领军人物，特别是要抓紧培养造就一批中青年高级专家。必须教育引导广大科技工作者继承发扬我国科技界的光荣传统和优良作风，自觉实践社会主义荣辱观，自觉发扬科学求实、严肃认真、同舟共济、团结协作、淡泊名利、默默奉献的优良作风，自觉为我国科技事业发展贡献智慧和力量。

我们要始终把深化科技体制改革作为重要保障，加快推进国家创新体系建设。完善而具有活力的科技体制，是推动科技进步和创新、加速科技成果向现实生产力转化、加强科技同经济社会发展结合的重要保障。必须围绕建设国家创新体系，深化科技体制改革和各项配套改革，充分发挥政府的主导作用、市场在科技资源配置中的基础性作用、企业在技术创新中的主体作用、国家科研机构的骨干和引领作用、大学的基础和生力军作用，使技术创新体系、知识创新体系、国防科技创新体系、区域创新体系、科技中介服务体系协调统一，形成科技创新的整体合力。必须完善适应社会主义市场经济发展要求的科技事业管理体制，建立健全法律法规，完善科技资源配置方式，形成科技不断促进社会进步、社会不断增加科技投入的良好机制。必须完善国家科技决策机制和宏观协调机制，科学统筹涉及科技发展的重大关系，加快科技布局和结构调整，完善鼓励科技创新的法制保障、政策体系、激励机制、市场环境。必须进一步形成有利于科技发展的竞争机制，坚持国家科技计划对全社会开放，支持和鼓励国内有条件的各类机构平等参与承担国家重大计划和项目，鼓励企业主动研究开发具有自主知识产权的核心技术和产品，努力形成全社会踊跃参与、各方面共同推进科技创新的生动局面。

同志们！

探索太空永无止境，航天事业任重道远。广大航天工作者一定要牢记使命、不负重托，努力在人类探索利用外层空间的伟大事业中继续有所创造、有所作为。中国人民愿同各国人民携起手来，坚持和平开发利用太空的正确方向，积极参与国际空间合作，为促进人类和平与发展的崇高事业作出新的更大的贡献！

让我们更加紧密地团结起来，全面贯彻党的十七大和十七届三中全会精神，高举中国特色社会主义伟大旗帜，抓住机遇、应对挑战，坚定信心、团结拼搏，为全面建设小康社会、实现中华民族伟大复兴而继续奋斗！

中共中央政治局常委、国务院总理温家宝
在国家科学技术奖励大会上的讲话
（2008年1月8日）

同志们：

今天，我们隆重召开国家科学技术奖励大会，表彰为我国科技事业发展和现代化建设作出突出贡献的科技工作者。我代表党中央、国务院，向获奖的科技工作者表示热烈的祝贺！向全国广大科技工作者表示诚挚的问候和崇高的敬意！向长期关心和参与中国科技事业发展的国外科技工作者表示衷心的感谢！

科学技术是第一生产力。贯彻落实党的十七大精神，全面建设小康社会、加快推进现代化事业，必须大力发展科学技术。实现未来经济发展目标，关键是要加快转变发展方式，把经济建设真正转移到依靠科技进步和提高劳动者素质的轨道上来；把增强自主创新能力，建设创新型国家，真正摆在国家发展战略的核心位置。

要加快实施国家重大科技专项。发挥社会主义集中力量办大事的优越性，是我们这样的发展中国家显著提高产业技术水平、增强科技竞争力的重要途径。要通过多部门协作、多学科集成，共同搞好重大科技攻关，突破核心技术，建设重大工程，形成战略产品。同时，培养一批杰出的科学家和学科带头人，锻炼和凝聚一支高素质的人才队伍。

要着力突破制约经济社会发展的关键技术。科学技术是我国经济社会发展的引擎和支撑。要特别重视解决关键技术问题，加强高新技术产业、资源能源开发与集约利用、生态环境保护与污染治理、农业增产、产品质量、食品安全、安全生产等领域的重点科技项目攻关，带动相关领域技术水平整体提升，增强科技服务人民生活、推动产业结构优化升级、促进可持续发展的能力。

要切实加强重大基础科学研究。抓住世界科技前沿制高点，部署和落实一批重大基础性、公益性科学研究项目，建设科技基础平台，建立开放共享机制，全面提高我国的科技发展水平，增强自主创新的后劲。

要重视引进消化吸收再创新。引进国外重大先进技术，经过消化吸收再创新，可以提高我国科技进步的起点，尽快缩小与发达国家的差距。要开阔视野，学习先进，兼收并蓄，大胆吸收国际上一切优秀科技成果，充分利用国际科技资源，积极引进智力和人才，为加速我国科技发展不断注入活力。

要大力弘扬科学精神。科学是老老实实的学问，来不得半点虚伪和骄傲。科学工作者要有为追求真理而埋头苦干、甘于寂寞、无私奉献的科学精神。克服心浮气躁，反对弄虚作假，树立脚踏实地、实事求是的优良学风。领导干部要尊重科学、尊重人才，和科学家交朋友，广泛听取科学家的意见和建议。要发扬学术民主，倡导百家争鸣，活跃学术气氛，为科技进步和优秀科技人才脱颖而出创造良好的环境。

要努力提高全民族的科学素质。国民的科学素质是自主创新的土壤。世界发展史证明，富于科学精神的民族，才能不断发展进步。要广泛普及科学知识，传播科学方法，用科学思想战胜愚昧落后。在全社会形成学科学用科学，尊重知识、尊重人才的浓厚氛围。

中华民族是富于创新精神的伟大民族。中国曾是科技发达的文明古国。当代中国科技发展取得了辉煌成就，正在大踏步赶超世界先进水平。让我们在以胡锦涛同志为总书记的党中央领导下，高举中国特色社会主义伟大旗帜，以邓小平理论和“三个代表”重要思想为指导，深入贯彻落实科学发展观，继续解放思想，大胆开拓创新，勇攀世界高峰，努力把我国科学技术事业提高到一个新水平！

中共中央政治局委员、天津市委书记张高丽
在天津市科学技术奖励大会上的讲话
(2008年1月14日)

同志们：

今天，我们在这里召开大会，隆重表彰荣获2007年度天津市科学技术奖的人员和单位。首先，我代表市委、市政府向获奖的个人和集体表示热烈祝贺和崇高敬意！向为我市科技事业发展作出突出贡献的广大科技工作者表示亲切问候和衷心感谢！

刚才，两位同志的发言讲得很好，听了深受启发和教育。多年来，天津的改革开放和现代化建设取得了显著成就，这是以胡锦涛同志为总书记的党中央正确领导的结果，是历届市领导班子团结带领全市人民艰苦奋斗的结果，也饱含着我市科技战线全体同志的智慧、心血和汗水。希望广大科技人员再接再厉，勇攀高峰，为推动天津经济社会发展作出新的更大贡献。

下面，我就加快建设创新型城市提几点要求。

一、必须增强建设创新型城市的紧迫感

建设创新型城市，是市委、市政府综观国内外发展大势作出的战略决策，是立足当前、着眼长远作出的重大部署。当今时代，是科技引领发展的时代，是科技引发变革的时代。谁拥有了科技优势，谁就能占据有利地位，就能掌握发展的主动权。我们一定要深刻认识增强自主创新能力、建设创新型城市的重要性，进一步增强紧迫感和自觉性，坚持把科学技术作为第一生产力，为又好又快发展提供强大动力。

要深刻认识到，建设创新型城市是贯彻落实胡锦涛总书记考察天津重要讲话的迫切需要。胡锦涛总书记在天津考察工作时要求我们，要努力在贯彻落实科学发展观、推动经济社会又好又快发展方面走在前列，在保障和改善民生、促进社会和谐方面走在前列，滨海新区要成为深入贯彻落实科学发展观的排头兵。认真学习贯彻总书记的讲话精神，把“两个走在前列”、“一个排头兵”的要求落到实处，必须坚持好字优先，增强科技推动产业结构优化升级、促进可持续发展、服务人民生活的能力，使发展方式发生明显转变，使人民生活水平得到显著提高。

要深刻认识到，建设创新型城市是更好发挥滨海新区在改革开放和自主创新中重要作用的迫切需要。党的十七大把提高自主创新能力作为国家发展战略的核心，摆在促进经济又好又快发展的首要位置，并要求更好发挥滨海新区在改革开放和自主创新中的重要作用。滨海新区担负着带动全市发展、促进区域经济振兴的重要职责，使命光荣，任务艰巨。加快建设创新型城市，有利于搭建创新平台，集聚创新资源，充分发挥天津的科技优势、人才优势、区位优势、产业优势，进一步增强滨海新区的自主创新能力，通过高新技术引领、高端产业支撑，更好地体现滨海新区的服务辐射功能。

要深刻认识到，建设创新型城市是落实市第九次党代会和市委九届三次全会精神的迫切需要。前不久，我们成功地召开了市委九届三次全会，确定了今后一个时期天津发展“一二三四五六”的奋斗目标和工作思路。这一奋斗目标和工作思路，贯彻了党的十七大精神，体现了科学发展观的要求，顺应了全市人民过上更好生活的新期待，是我们今后一个时期工作的基本遵循。认真贯彻落实市第九次党代会和市委九届三次全会精神，要求我们必须站在高起点，抢占制高点，达到高水平。我们要大力实施科教兴市战略，始终把科学技术置于优先发展的战略地位，进一步发挥科技进步和创新的重大作用，推动天津科学发展和谐发展率先发展，把天津建设成为国际港口城市、北方经济中心和生态城市。

二、必须增强在开放条件下的自主创新能力

提高自主创新能力，是建设创新型城市的根本途径。要坚持走中国特色自主创新道路，把提高自主创新能力放在全部科技工作的首位，作为统领未来科技发展的战略基点和战略主线，大力提高原始创新、集成创新和消化吸收再创新的能力，抓住制约我市经济社会发展的重大科技问题，实施重大专项，组织力量，联合攻关，发展一批以高新技术为支撑的优势产业，造就一批具有国际竞争力的大型企业集团，培育一批拥有自主知识产权的知名品牌，努力在技术创新、产品创新、产业创新上实现重大突破。一是要围绕构建高端化高质化高新化的产业结构，重点掌握现代农业领域的关键技术，增强农业综合生产能力，提升优化第一产业；重点掌握现代制造业和信息产业的核心技术和关键技术，大力推进信息化与工业化融合，做强做大第二产业；大力发展科技服务业，促进服务业向知识密集型为主的现代服务业发展，进一步提高服务业增加值占全市生产总值的比重。二是要围绕建设资源节约型、环境友好型社会，重点掌握资源能源开发利用和环境保护的关键技术，节能降耗，搞好生态，促进经济发展与人口、资源、环境相协调，实现好中求快、又好又快。三是要围绕改善民计民生，坚持以人为本，重点掌握人口与健康领域的关键技术，提高群众生活质量，促进社会和谐。

自主创新是在经济全球化和区域经济一体化的大趋势下进行的。我们必须进一步解放思想，干事创业，扩大开放，开阔视野，海纳百川，勇攀高峰，在更宽领域、更高层次上开展科技合作与交流，充分利用国内外科技资源，积极吸收和借鉴一切先进的科技成果，加强基础研究和前沿技术研究，加强引进消化吸收再创新，为加速我市科技发展不断注入活力。滨海新区要把扩大开放作为重中之重，把自主创新摆在突出位置，着力吸引跨国公司和国内龙头企业建立研发机构和工程中心，全力引进和实施一批重大自主创新项目，使滨海新区真正成为先进技术的承接地和扩散地，成为高新技术的原创地和产业化基地，成为科技人才的创新高地。

三、必须通过改革致力于体制机制创新

改革是解放和发展科技生产力的一场深刻革命，是科技事业发展和推进自主创新的动力所在。我们一定要把改革贯穿于自主创新的全过程，落实到自主创新的各个环节，进一步消除制约科技进步和创新的体制性、机制性障碍，充分发挥政府的主导作用，充分发挥市场在科技资源配置中的基础性作用，充分发挥企业在技术创新中的主体作用，充分发挥科研机构的骨干和引领作用，充分发挥高等院校的基础和生力军作用，为推动经济与科技的紧密结合、建设创新型城市提供制度保障。

一是要加快建立技术创新体系，本着风险共担、利益共享的原则，采取多种形式，促进产学研相结合，推动创新要素向企业聚集，使企业真正成为研究开发投入的主体、技术创新活动的主体和创新成果应用的主体。二是要加快建立知识创新体系，依托优势学科，加强应用基础研究，努力在高新技术领域占有一席之地。三是要加快建立科技服务体系，大力培育和发展各类科技中介服务机构，引导科技中介服务机构向专业化、规模化和规范化方向发展，推动科技成果转化为现实生产力。四是要加快建立区域创新体系，充分利用京津两地的科技资源，落实部市院所共建、联合开发的新机制，不断优化区域创新环境，提升区域创新能力，形成优势产业集群。五是要加快建立多元化、多渠道、高效率的投入机制，进一步调整和优化财政投入结构，加大对新技术、新产业的支持力度，鼓励和引导企业增加科技投入，大力发展创业风险投资，积极吸引社会资金、民营资金和海外资金，形成政府企业社会三者协同、结构合理、充满活力的创新投入方式，为科技创新提供强有力的资金支持。六是要加快建立适应社会主义市场经济发展要求的科技管理体制，抓紧完善支持自主创新的法律法规，改善对高新技术企业特别是科技型中小企业的融资信贷服务，加强重大科技政策制定、科技规划实施和重要科技基础设施建设的统筹协调，促进科技资源开放和共享，为不同类型、不同所有制企业创造公平的竞争环境。

四、必须创造环境构筑强大的人才优势

科技的灵魂在创新，科技的根本在人才。人才资源是第一资源，人才优势是最大优势。我们必须创造良好的环境，全面贯彻尊重劳动、尊重知识、尊重人才、尊重创造的方针，大力实施人才强市战略，努力造就一支宏大的科技人才队伍，努力形成人才辈出，人尽其才、才尽其用的生动局面。要大力培养和造就人才，建设有利于创新型科技人才生成的教育培养体系，建立网络化、开放式、自主性的终身教育体系，探索校企联合培养创新人才的新模式，大力培育创新精神，不断提高实践能力和创新能力。要广泛吸引和凝聚人才，进一步优化创业环境、政策环境和学术环境，以项目引人才，以人才促发展，广泛吸纳全国各地的优秀人才扎根天津，广泛吸纳广大出国留学人员来津创业，特别是要积极引进高层次科技创新人才和领军人物，使天津成为人才聚集、人才创业之地。要充分发挥人才的作用，建立健全人才使用、评价、分配、流动等方面的体制机制，坚决破除束缚人才成长和限制人才充分发挥作用的观念、做法，不拘一格使用人才，鼓励创新、宽容失败，为优秀人才特别是年轻的科技人才施展才干、干事创业提供更多机会，为人才创造良好的工作和生活环境，充分发挥好、保护好人才的积极性和创造性。科技人才是新知识的创造者、新技术的发明者、新学科的创建者。希望广大科技人员发扬心系祖国、自觉奉献的爱国精神，求真务实、勇于创新的科学精神，不畏艰险、勇攀高峰的探索精神，团结协作、淡泊名利的团队精神，为增强自主创新能力、建设创新型城市贡献更大的力量。

各级党委、政府要站在坚持科学发展，促进社会和谐的高度，牢固树立抓科技、抓创新就是抓发展的观念，切实增强一把手抓第一生产力的意识，进一步加强和改善对科技工作的领导。各级领导干部要投入更多的精力，研究制定科技发展的思路和措施，推动更多的公共资源投向科技事业，关心和爱护广大科技人员，及时解决科技工作中的各种问题，狠抓有关政策的落实，主动当好科技工作的“后勤部长”。要完善知识产权制度，大力提高知识产权创造、管理、保护和运用能力。要积极发展创新文化，培育创新精神，普及科学知识，提高公众科学素养，在全社会形成支持创新、勇于创新的浓厚氛围。

同志们，增强自主创新能力，建设创新型城市是一项艰巨而繁重的任务。让我们更加紧密地团结在以胡锦涛同志为总书记的党中央周围，全面贯彻党的十七大精神，高举中国特色社会主义伟大旗帜，以邓小平理论和“三个代表”重要思想为指导，深入贯彻落实科学发展观，按照市第九次党代会的部署和“一二三四五六”的奋斗目标、工作思路，与时俱进，开拓创新，真抓实干，努力开创天津改革开放和现代化建设新局面！

天津市副市长王治平在天津市科技工作会议上的讲话
（2008年3月13日）

今天的会议是一次十分重要的会议。会议的主题是贯彻落实市委“解放思想、干事创业、科学发展”动员大会精神，进一步推进科技进步、着力增强自主创新能力，更好地发挥科技对经济社会又好又快发展的引领和支撑作用。下面，我就进一步做好新形势下的科技工作讲三点意见。

一、我市科技工作取得了显著成绩

市委、市政府对科技工作高度重视，多年来始终坚定不移地实施科教兴市战略，不断加大投入力度，优化科技进步环境，着力推进自主创新。各部门、各区县坚决贯彻市委、市政府的决策部署，围绕增强自主创新能力，建设创新型城市，做了大量卓有成效的工作，取得了显著成绩。

一是形成了从基础研究到成果转化和产业化较为完善的科技创新体系。我市已经建立起以大学、重点科研院所、重点实验室为骨干的知识创新体系，以企业技术中心、工程研究中心、产业技术研发平台为基本架构的技术创新体系，以各类孵化器、生产力促进中心、成果转化推广中心、创业投资机构、公共科技服务平台为主要载体的科技服务体系。全市拥有45所普通高等院校、159个国家和市属科研院所（其中46个是中央驻津的国家级大院大所）、27个国家和部级重点实验室（其中，国家级5个）、60个市级重点实验室;有13个国家级工程技术中心和29个市级工程技术中心、16家国家级企业技术中心和236个市级企业技术中心以及钢管、汽车、金耀、机电、纺织、医药、天铁等7个产业技术研发平台；有6个国家级成果推广中心、40多个科技孵化器和生产力促进中心、14个科技条件服务平台、92家创投机构。全市拥有50余万各类专业技术人才，33位两院院士。特别是随着滨海新区开发开放进一步加快，国内外科技资源加速聚集我市，去年又有国家生物医药国际创新园、中科院天津工业生物技术研发中心、中意中医药联合实验室、肿瘤纳米技术等一批部市共建、院市合作、国际合作项目及国家重点项目落户天津，一大批国内外顶尖科研团队、高端人才回国创业。完善的创新体系成为我市自主创新的重要基础和宝贵资源。

二是在不同领域涌现出一批重大创新成果。经过多年发展，我市在生物医药、生物芯片、中药现代化、纳米材料、石油化工、绿色能源、水资源及综合利用、海水淡化及综合利用等领域形成了新的科技优势，研究开发了一大批重大技术和产品。如，在电子信息领域，开发出了集成电路SOC芯片（片上系统）、超导限流器、高端高性能计算机服务器及无线通讯跳频设备；在生物医药领域，研制出第一个干细胞药物“间充质干细胞注射液”，以及抗艾滋病、抗肿瘤等的一批创新药物；在新能源领域，研制出达到国际领先水平的新一代非晶硅太阳能电池技术；在新材料领域，开发出了处于国内领先水平的膜材料及装置；在航空航天领域，参与了我国首次月球探测工程的研制和试验，成功地为神州五号、六号载人飞行和嫦娥一号绕月工程提供了太阳能电池板、惯性导航等关键技术和产品；在装备制造领域，开发出巨型工程子午线轮胎成套生产技术与设备及具有GPS/GPRS卫星定位和远程监控功能的智能化工程机械；在农业领域的杂交粳稻选育、蔬菜育种、动物克隆等方面取得重大突破；在城市建设等社会发展领域也取得了一批创新成果。此外，在基础研究特别是应用基础研究领域，依托我市化学化工、医学、药学、信息科学等学科优势，在生物大分子药物高效化创制、新型催化聚合反应法合成多肽等前沿技术和应用基础研究上取得了突破。过去五年，全市专利申请量达到55918件和授权量17871件，分别增长了2倍，共有68项科技成果获得国家科技奖励，其中去年就有18项，是我市获奖成果最多的一年。这些科技创新的突破性成就，有力地提高了我市的科技竞争力，提升了天津在国内外的影响和地位。

三是科技成果应用、转化和产业化取得新成效。组织实施了高性能计算机等20项自主创新产业化重大项目，这批项目具有科技优势和国际前沿水平，市场前景广阔，对于增强我市自主创新能力、培育新的经济增长点、形成未来新的优势产业和支柱产业都将发挥重要作用。组织实施了新一代太阳能电池、半导体照明等62项重大成果和产业化项目，其中50项是重大新产品研制和产业化项目，形成了曙光高性能计算机、生物脱氢等一批科技成果转化的亮点，促进了高新技术产业和新兴产业规模的不断扩大。新能源产业形成了由绿色高能化学电池、太阳能、风能等组成的产业结构；半导体照明产业形成了关键原料、器件和终端产品完整的产业链。自主开发的威志轿车、高强度石油套管、3G移动通信产品、大容量聚合物锂离子电池、海鸥陀飞轮表等一批具有自主知识产权的新产品，形成了产业化规模。此外，在石化、冶金、电力等产业，开展了产学研相结合的节能减排和资源综合利用关键技术的集成应用，建成了天津地区发电机组节能减排实时监控系统等一批示范工程。科技成果的应用、转化和产业化，促进了我市产业技术能级的不断提高和规模的不断扩大。

四是科技创新创业环境不断优化。财政科技投入不断加大，近五年累计达到75.36亿元，自2005年开始，每年安排科技创新专项资金2亿元。出台了《关于实施科技发展规划纲要建设创新型城市的政策措施》等一系列配套政策措施，在财税、金融、政府采购等方面支持企业自主创新。通过举办论坛、国际会议、技术洽谈会等方式，搭建对外科技合作与交流的平台，聚集人才、吸引项目，形成了创新创业的浓厚氛围。

正是由于全市上下的共同努力，我市综合科技进步水平连续5年位居全国第三位，全社会R&D投入占GDP的比重已经达到2.2%，位居国内前列；全市拥有高新技术企业1030家，实现高新技术产业产值达到2824.5亿元，占全市工业的比重为28%，形成了以电子信息产业为主导，生物医药、新能源、新材料快速发展的产业格局，成为六个综合性国家级高技术产业基地之一，为下一步发展打下了坚实的基础，创造了良好的条件。

这些成绩的取得，是市委、市政府正确领导的结果，是全市方方面面大力支持、密切配合的结果，是广大科技工作者开拓进取、扎实工作的结果。在此，我代表市政府对大家多年来为我市科技事业发展所作出的不懈努力和突出贡献表示衷心的感谢！

二、充分认清科技工作面临的新形势、新要求

当前，天津加快发展的任务很重。一方面，中央的要求很高。无论是加快滨海新区的开发开放，还是实现北方经济中心的城市定位，无论是更好发挥滨海新区在改革开放和自主创新中的重要作用，还是落实“两个走在全国前列、一个排头兵”的重要要求，核心都是要求天津进一步加快发展，而且是又好又快发展。另一方面，和中央的要求相比，我们无论是自身的经济总量、还是产业结构都存在不小的差距。

应该充分认识到，在这样一种形势下，天津要想实现中央的定位，就必须充分发挥科学技术这个第一生产力的作用，紧紧依靠科技进步来实现超常规跨越发展。这就对科技工作提出了更高的要求。如何把科技工作的目标、方向、着力点进一步调整到更加适应引领和支撑经济社会发展的要求上来，是摆在我们面前的一个必须回答好的课题，也是一个严峻的挑战。因此，我们必须以更加宽松的环境、更加开放的姿态和政策，在着力提高自主创新能力的同时，下力量引进更多的成果在天津实现转化和产业化，引进更多的不同领域的国家级大院大所和一批高端人才，加快高新技术产业的发展。我们一定要认清形势，统一思想，进一步增强加快科技事业发展的紧迫感、责任感和使命感，不断增强引领和支撑经济社会发展的能力。

三、解放思想，干事创业，努力把科技工作提高到一个新水平

面对新形势、新要求，做好科技工作一定要解放思想，更新观念，以全球的视野、发展的眼光、创新的意识，对照先进找差距，找准着力点，真正把我市科技创新优势转化为经济发展优势。

一是要把创新能力建设放在科技工作的首位。创新是科技工作的灵魂，是经济发展的持续动力。天津有这么多大学、院所和技术中心，都是创新体系的重要组成部分，扮演着不同的角色，承担着不同的任务。如何更好地支持他们的工作，调动他们的积极性，发挥他们的作用，形成鼓励创新、激励创新、支持创新的良好氛围，建立起产学研紧密合作的机制，实现创新资源共享，对现阶段提高创新能力至关重要。

大学既是培养人才的地方，也是出成果的地方，拥有一批掌握着高技术的人才，是知识创新、技术创新的重要源泉。院所主要从事某一个专业技术领域的研究，面向行业进行产业、产品和技术创新，是一个综合性的创新平台。企业的主要任务是从事生产技术、工艺和产品开发，既是技术创新的主体，也是高新技术的载体。只有产学研的有机结合，才能实现优势互补、资源共享，获得创新的倍增效应。我们要通过建平台、搭舞台和政策引导，发挥整合、沟通和桥梁作用，促进三方良性互动，最终形成一个大学、院所成果不断涌现、企业持续获得技术支撑的良好机制。同时，要重视基础研究。基础研究以系统地、理性地认识自然规律为目的，它为人类改造自然提供必要的知识基础，是诞生新技术的土壤、涌现新发明的源泉。基础科学研究的水平标志着一个地区基础技术力量和科技水平的高低。因此，我们决不能忽视基础科学的研究，要努力完善机制、搭建平台，最大限度地发挥基础研究对技术创新的支撑作用。

二是要把加快高新技术产业发展作为科技工作的重要任务。高新技术产业是技术密集度高、技术创新速度快、投入产出效益高，对经济社会发展影响重大，能够带动相关产业快速发展的产业，是国民经济的战略性先导产业，对一个国家和地区产业结构调整，经济发展方式转变，发挥着至关重要的作用，已经成为当今世界各国综合国力竞争的制高点。从我市的情况看，加快高新技术产业发展，对于构建“高端化、高质化、高新化”产业结构，推动产业链向高端拓展，形成有水平的总量，意义重大。多年来，市委、市政府始终高度重视高新技术产业的发展，通过扩大开放引进了一大批跨国公司、高新技术和产品，促进了以电子信息产业为主的高新技术产业的快速发展，在扩大总量规模、带动其它产业发展、增加就业等方面都发挥了重要作用。应该说，这是结合天津实际发展高新技术产业的一个重要选择，使我们成功实现了站在巨人肩膀上的快速发展，大大缩短了赶超世界先进水平的时间。实践证明，这条路走对了，应该继续坚持下去。

下一步我们要把立足自我，发展具有自主知识产权的高新技术产品，作为加快高新技术产业发展的重中之重。要重点支持我市的大学、院所进行高技术的开发，通过产学研结合进行成果转化和产业化。目前，我们的大学、院所确实有一批非常好的项目，对这类项目应该给予支持，要支持大学的科研成果与企业的现实生产能力结合，使其尽快实现产业化目标。要抓住滨海新区开发开放难得的历史机遇，引进一批国内著名的大院大所带着成果进来，就地产业化。要引进一批拥有自主知识产权高新技术和产品的企业，在我市产业化。除了上述途径以外，还要创新招法，创造条件，推动自主知识产权高新技术产业的发展，争取在一个较短的时间内，使我市高新技术产业中自主知识产权产品的比重有一个较大幅度的提升，走出一条既重视引进、又立足自我，具有天津特色的高新技术产业发展之路。

三是要把营造良好的创新环境作为构筑科技新优势的重要手段。创新是一个“痛并快乐着”的过程，需要付出，需要耐得住寂寞，需要经受失败的考验，更需要理解和支持。因此，营造一个有利于创新和支持高新技术产业发展的环境，是各级政府部门、各有关单位和全社会必须充分认识并认真做好的工作。

要围绕建设载体打造好硬环境，要以国际化的水准重点抓好滨海高新区、临空产业区、开发区西区的航天产业区、微电子小区等产业功能区的建设，特别是要加快滨海高新区基础设施的建设步伐，尽快形成接纳大项目的能力。要下大力量加强软环境建设。进一步提高政府部门的服务水平和工作效率。要加大政策支持力度，在充分落实好现有政策的基础上，加快实施滨海新区综合配套改革科技与人才专项改革方案，加大对人才的吸引力，引进一大批领军人物、拔尖人才和创新团队，广泛聚集国内外优秀人才。要大力度激励创新，重奖有突出贡献的单位和人员。要有宽容失败的境界，很多科技工作者默默无闻，辛勤耕耘，虽然最终没能折取桂冠，但是他们为创新所付出的努力，所做出的贡献，同样应该得到全社会的理解和尊重。要在全社会普及科技知识，提高全民的科技素养，营造人人参与创新、人人支持创新、人人推动创新的浓厚社会氛围。

同志们，科学技术必须为经济社会发展服务。天津加快发展的大好形势，为科技事业的发展带来了重大历史机遇。我们要认清肩负的使命，以更加饱满的热情、更加充足的干劲，解放思想，干事创业，不断增强自主创新能力，努力建成创新型城市，为天津科学发展和谐发展率先发展作出新的更大贡献！

重要科技活动

天津市召开科学技术奖励大会

2008年1月14日，天津市科学技术奖励大会在天津礼堂隆重召开。天津市委书记张高丽出席并讲话。他强调指出，提高自主创新能力，建设创新型城市，是贯彻落实胡锦涛总书记考察天津重要讲话的迫切需要，是更好发挥滨海新区在改革开放和自主创新中重要作用的迫切需要，是落实市第九次党代会和市委九届三次全会精神的迫切需要。要坚持把科学技术作为第一生产力，把人才作为第一资源，致力于体制机制创新，增强在开放条件下的自主创新能力，站在高起点，抢占制高点，达到高水平，推动天津经济社会又好又快发展。

天津市委副书记、代市长黄兴国主持会议。市委副书记邢元敏，市领导同志杨栋梁、史莲喜、陈超英、段春华、邢军、卢金发和何荣林出席会议。

会上，宣读了天津市政府《关于颁布2007年度天津市科学技术奖的决定》。2007年度，共有230项成果获天津市科学技术奖。其中，吴咸中院士荣获天津市科技重大成就奖；“基因组生物信息学分析的系统新算法研究”、“医药产品晶型优化技术”、“复杂机械系统多体动力学分析设计方法及其应用”等12项成果，分别获得天津市自然科学奖、技术发明奖和科学技术进步奖一等奖；68项成果获得二等奖；149项成果获三等奖。

2008天津市"科技兴贸"科工贸企业对接洽谈会

2008年1月16日，市委科技工委、市委商务工委、市科委、市商务委共同主办，召开"2008天津市'科技兴贸'科工贸企业对接洽谈会"。市委科技工委副书记、市科委主任李家俊、市委商务工委书记李国林和国家科技部火炬中心副主任修小平等领导出席会议，并就大力实施科技兴贸战略、加强科工贸企业合作、促进高新技术产品出口分别作了重要讲话。会上，中国进出口银行和天津市出入境检验检疫协会就企业关心的国家政策性银行金融优惠政策和如何应对欧盟REACH法规作了介绍；北方国际集团及所属企业在会上进行了推介发言。来自机电、化工、医药等行业的百余家高新技术企业和外贸企业代表进行了政策咨询和项目对接。

通过"对接洽谈会"这一平台，科工贸企业间展开了面对面、一对一式的深入沟通交流，科技、商务、商检、金融部门与高新技术企业围绕"走出去"进行了政策解读与咨询。对接会有近30家企业与外贸企业取得或达成了合作意向。

天津市召开实施20项自主创新产业化重大项目现场办公会

2008年1月18日，市委、市政府在新技术产业园区中国工程机械总公司召开实施20项自主创新业化重大项目现场办公会。市委书记张高丽出席会议并讲话。他强调，实施20项自主创新产业化重大项目，事关天津当前和长远发展，事关全市人民的根本利益，事关城市的地位和作用，我们一定要始终把加快科技进步和创新摆在突出位置，大力实施科教兴市战略，切实加快科技成果向现实生产力的转化，努力增强核心竞争力。市委副书记、代市长黄兴国就抓好20项自主创新产业化重大项目作了部署。市委副书记邢元敏出席。会议由市委常委、常务副市长杨栋梁主持。市领导同志史莲喜、崔津渡、陈超英、苟利军、段春华和乔富源、何荣林出席。按照市委、市政府的部署，市科委会同有关部门筛选确定了20项自主创新产业化重大项目。这批项目的80%被列入国家重大专项、863计划和科技支撑重大项目，总投资158亿元，其中研发总经费达到39亿元。会上，市科委主任李家俊，新技术产业园区管委会主任宗国英，中国科学院院士、南开大学校长饶子和先后发言，市机电工业控股集团公司、中国工程机械总公司、天津中医药大学、沙东生物医药（天津）有限公司作了书面发言。国家科技部有关部门，市有关部委办局、各区县、工业系统有关集团公司和中央驻津科研院所主要负责人参加了会议。

"中国工业生物技术发展高峰论坛2008"在天津举行

2008年4月17~19日，"中国工业生物技术发展高峰论坛2008"在天津天保国际酒店举行。该论坛由中国科学院生命科学与生物技术局、科技部中国生物技术发展中心、天津市科委和中国生物工程学会共同主办。论坛的主题是：迎接可持续发展的生物经济时代。中国和美国、日本等海内外70多家企业、高校、科研院所的学者和代表共300余人参加了此次盛会。中国科学院副院长李家洋院士，天津市政协副主席、天津科技大学校长曹小红，中国科学院院士邓子新，中国工程院院士杨胜利、欧阳平凯、王静康，国家发展和改革委员会高技术产业司副司长任志武，中国科学院生命科学与生物技术局局长张知彬等出席了会议。论坛旨在吸引更多专业化和技能化的优秀人才加盟工业生物技术的基础研究、应用研究和产业化实践，增强工业生物技术集成创新能力与成果转化能力，推进中国工业生物技术的发展。论坛组织形式丰富多样，举行了大会、圆桌会议、研讨会、"生物能源"和"生物制造"分会，共作报告49场。

天津市与北九州市开展中日循环型城市合作

2008年5月7日，在东京日本首相官邸，国家主席胡锦涛和日本首相福田康夫见证，天津市市长黄兴国和日本北九州市市长北桥健治交换了天津市与北九州市开展中日循环型城市合作备忘录。该项合作是根据2007年12月29日福田康夫首相访问天津与天津市委书记张高丽会谈时，就加强天津与日本在节能环保领域交流与合作达成的共识下开展的。合作备忘录的主要内容包括：北九州市运用日本的经验和技术，协助制定“天津市子牙工业园总体规划和实施方案”，并帮助天津完善循环型经济、资源再生利用领域的法律制度、管理体制、标准等；鼓励和支持两市相关企业进行交流，深入探讨引进技术设备和产业合作事宜；安排天津相关管理和技术人员赴日研修等。双方商定，在政府和专家层面组成两市“中日循环型城市合作委员会”，负责具体合作内容和方式的协调商定。 北九州市是日本四大工业区之一，在循环经济、节能环保领域居世界先进水平。2004年10月，北九州市政府制定了创建“世界环境之都”的目标。在2006年、2007年日本环境之都评比中，北九州市连续两年获得综合评比第一名。

中国航天器制造及应用产业基地落户天津

2008年5月22日，天津市与中国航天科技集团公司合作项目“中国航天器制造及应用产业基地”落户天津。天津市委书记张高丽，市委副书记、市长黄兴国会见了出席项目签约仪式的中国航天科技集团公司党组书记、总经理马兴瑞一行。

张高丽在会见时说，自新一代运载火箭产业化基地项目落户天津以来，我们与中国航天科技集团的合作不断取得新进展，一批高端、高质、高新的航天产业项目陆续落户天津。这是深入贯彻落实中央重要战略部署和胡锦涛总书记对天津工作重要要求的实际行动，体现了航天科技集团对天津发展的高度重视和大力支持，展示了双方巨大的合作潜力和务实高效的工作作风。我们要全力搞好服务，全力支持项目建设，全力为航天科技集团在津发展创造条件。希望双方进一步加强合作，加快推进现有项目，加快落实在谈项目，促进更多项目落地，为把天津建设成为我国重要的航天科技产业基地做出新的努力。

黄兴国说，在航天科技集团的大力支持下，天津航天科技工业实现了长足发展。航天器制造及应用产业基地项目落户天津，是天津市与航天科技集团全面合作的又一重要标志性成果。这一项目的实施，对于优化产业结构，提升发展水平，做大做强航天航空产业，进一步加快滨海新区开发开放，实现天津科学发展和谐发展率先发展，具有重要的意义。天津市政府将提供优质高效的服务，创造一流的发展环境，确保项目顺利推进。

马兴瑞说，在天津建设航天器制造及其应用产业基地，是航天科技集团深入贯彻落实科学发展观，着力推动我国航天科技产业发展的重要举措。我们要紧紧抓住滨海新区开发开放的宝贵机遇，按照双方协议的要求，切实加强组织筹划和项目管理，全力以赴建设好航天器制造及其应用产业基地，进一步加快新一代运载火箭产业化基地建设，积极谋求与天津在其他领域的合作，为天津经济社会又好又快发展做出更大的贡献。

天津市与国家科技部召开部市工作会商第三次会议

2008年7月7日，天津市与科技部在迎宾馆召开部市工作会商第三次会议，就共同推进京津冀生物医药产业化示范区建设、加快滨海高新技术产业开发区建设、深化滨海新区综合配套改革试验和科技体制改革等问题进行深入会商，取得了重要共识。

天津市委书记张高丽出席会议，与全国政协副主席、国家科技部部长万钢一行会谈。国家科技部党组书记、副部长李学勇，天津市委副书记、市长黄兴国讲话。天津市委副书记、市政协主席邢元敏出席。天津市委常委、市委科技工委书记陈超英作部市会商工作报告。会议由天津市副市长王治平主持。

自2005年7月天津市与国家科技部建立工作会商制度以来，双方重点围绕增强自主创新能力、推进滨海新区开发开放等达成共识并取得了阶段性成果。目前，部市共建国家生物医药国际创新园建设全面启动，天津国际生物医药联合研究院研发大楼及其公共技术平台动工建设，一批海外留学生及团队来津创业，一批新药开发项目顺利实施。该会商议定，部市共同推进以滨海新区为核心区域的京津冀生物医药产业化示范区建设，使滨海新区成为我国具有自主知识产权的生物医药研发转化基地，成为国家高技术产业赶超战略的示范区。同时，继续推进天津滨海高新区建设，促进滨海新区综合配套改革试验科技改革专项方案的实施。

2008年度“海河友谊奖”颁奖仪式在天津举行

2008年8月4日，2008年度“海河友谊奖”颁奖仪式在天津举行，为天津市发展做出突出贡献的楠谷彰人、温伏利特·郝英格、吉姆·汉森、张仁爀、肯尼斯·尤金·贝林、全明炫、张胜利、中山国庆、反岡通利、查德礼10名外国专家受到表彰。天津市委书记张高丽，市委副书记、市长黄兴国会见了来津出席颁奖仪式的国家人力资源和社会保障部副部长、国家外国专家局局长季允石一行。国家外国专家局副局长陆明，天津市委常委、常务副市长杨栋梁，市委常委、市委秘书长段春华，市政府秘书长李泉山等分别参加会见和出席颁奖仪式。

张高丽在会见时说，积极引进海外人才和智力，是实现天津科学发展和谐发展率先发展的迫切需要。海外人才和外国专家积极参与天津的现代化建设，为推进重点工程项目、重大产业化项目、重大科技创新项目等发挥了重要作用，做出了重要贡献。我们要加快实施人才强市战略，坚持自主培养开发人才和引进海外人才并重，贯彻以我为主、按需引进、突出重点、讲求实效的方针，进一步做好海外人才和智力工作，为全市经济社会发展提供强有力的人才保证和智力支持。

季允石说，天津经济持续快速协调发展，社会事业全面进步，人民生活水平显著提高，离不开包括外国专家在内的广大海外人才的参与和贡献。

第2届夏季达沃斯论坛年会在天津滨海新区举行

2008年9月27日~28日，第2届夏季达沃斯论坛年会在天津滨海新区国际会展中心举行，1500多位中外政要、学者和企业领袖，云集天津滨海新区，共同交流当今世界政治经济等领域的重大问题，其中正在席卷全球的金融风暴，成为讨论的最热话题。国务院总理温家宝出席开幕式并致辞。世界经济论坛主席施瓦布主持开幕式。圭亚那总统贾格德奥，黑山总理久卡诺维奇，新加坡国务资政吴作栋，中共中央政治局委员、天津市委书记张高丽等出席会议。

全国人大常委会原副委员长成思危，国家发展和改革委员会主任张平、副主任张晓强，国务院研究室主任谢伏瞻，中国银监会主席刘明康，全国社保基金理事会理事长戴相龙，国务院副秘书长丘小雄、项兆伦，外交部副部长何亚非，农业部副部长牛盾等，部分中央大型企业和省区市领导同志出席开幕式。

天津市领导刘胜玉、邢元敏、杨栋梁、崔津渡、陈超英、苟利军、段春华、王治平、任学锋、何荣林和李泉山及有关方面负责同志出席。来自世界近90个国家和地区的政界、工商界、学术界和新闻界代表1300余人与会。

在出席夏季达沃斯论坛开幕式后，温家宝在中共中央政治局委员、天津市委书记张高丽，市委副书记、市长黄兴国，市人大常委会主任刘胜玉，市委副书记、市政协主席邢元敏和市领导同志杨栋梁、苟利军、段春华等的陪同下，考察了滨海新区的建设情况。看到这里开发开放已经全面展开，天更蓝、地更绿、水更清，到处呈现出欣欣向荣的景象，温家宝十分高兴。温家宝在听取天津市关于滨海新区开发开放的情况汇报后，作了重要讲话。他指出，天津滨海新区要在新形势下，当好深化改革开放、推动科学发展的排头兵，用新思路、新体制、新机制提高综合实力、创新能力、服务能力和国际竞争力。要扎实推进综合配套改革，构建促进科学发展的体制机制；全面提高对外开放水平，发展更具活力的开放型经济；不断增强自主创新能力，加快建立现代产业体系；加强资源节约和环境保护，努力建设生态型新城区；加快基础设施建设，增强区域综合服务功能。

国家发展和改革委员会主任张平、副主任张晓强，国务院研究室主任谢伏瞻，国务院副秘书长丘小雄、项兆伦，外交部副部长何亚非等随同来津。天津市委和市人大常委会、市政府、市政协有关领导同志出席滨海新区开发开放情况汇报会或陪同考察。

温家宝在天津出席夏季达沃斯论坛期间，还对京津城际铁路、滨海新区、老市区进行了考察。

中国与新加坡合作的“中新天津生态城”在天津滨海新区开工

2008年9月28日，中国与新加坡合作的“中新天津生态城”在天津滨海新区正式开工。中共中央政治局常委、国务院总理温家宝，新加坡国务资政吴作栋出席开工仪式并为生态城奠基。中共中央政治局委员、天津市委书记张高丽，国家发展和改革委员会主任张平，国务院研究室主任谢伏瞻，市人大常委会主任刘胜玉出席。新加坡国家发展部部长马宝山，住房和城乡建设部部长姜伟新，天津市委副书记、市长黄兴国致辞。出席开工仪式的还有：国务院副秘书长丘小雄、项兆伦，外交部副部长何亚非，国家发展和改革委员会副主任张晓强，国家住房和城乡建设部副部长仇保兴，国家科技部副部长曹建林，国家国土资源部副部长鹿心社，国家环保部总工程师万本太，国家税务总局局长王力等国家有关部门领导同志；天津市委常委、常务副市长杨栋梁，市委常委、市委秘书长段春华，副市长任学锋，市政府秘书长李泉山和市有关方面负责同志；中新天津生态城联合协调理事会新加坡方面成员。

首届世界中医药教育大会在天津召开

2008年11月5日~6日，天津中医药大学承办的首届世界中医药教育大会在天津宾馆开幕。中国•天津第六届国际中医药学术研讨会暨第十届国际针灸学术交流会、天津中医药大学建校50周年庆祝大会同日举行。市委书记张高丽，市委副书记、市长黄兴国，国家教育部、国家中医药管理局发来贺信。

天津市副市长张俊芳，国家教育部副部长章新胜，国家卫生部副部长、国家中医药管理局局长王国强出席开幕式并讲话，世界中医药学会联合会主席佘靖，世界中医药学会联合会副主席兼秘书长李振吉，山西省政协副主席周然，天津市政协副主席张大宁，中国科学院院士饶子和，中国工程院院士石学敏，俄罗斯医学科学院院士、新西伯利亚医学科学院副院长科兹洛夫，天津中医药大学校长、世界中医药学会联合会教育指导委员会会长、中国工程院院士张伯礼等中外嘉宾和专家学者500余人参加会议。会议由天津中医药大学党委书记张金钟主持。会议期间，与会专家代表围绕《世界中医学本科教育基本要求》进行讨论。同时在分会场、学校举办中医基础交流会、中医临床交流会、中药交流会、第十届国际针灸学术交流会、第五届“岐黄雏鹰”大学生学术科技论坛等学术会议。

专　文

天津科技进步综述

天津市科委主任　　李家俊

2008年，在市委、市政府的正确领导下，科技工作认真贯彻落实党的十七大、十七届二中、三中全会和市第九次党代会、市委九届三次、四次全会精神，围绕市委、市政府的部署和要求，深入开展学习实践科学发展观活动，坚持以科学发展观为指导，抓好《天津市科技发展“十一五”规划》各项任务落实，推动重点领域自主创新，促进科技成果转化和产业化，推进滨海新区研发转化基地、科技创新体系和创新型城市建设，为经济社会又好又快发展提供科技支撑。全市完成高新技术产值3444.4亿元；专利申请17425件，专利授权6621件；科技成果登记2010项；各类技术合同成交额87亿元；获得国家科技奖励14项；据最新公民科学素质调查结果显示，全市公众科学素质达标率达6.54%，是同期全国公民科学素质达标率的2.9倍，处于全国先进行列；全市R&D经费支出占GDP的比重达到2.3%。国家科技进步统计监测结果表明，我市综合科技进步水平继续位居全国第三位。

一、滨海新区高水平研发转化基地建设取得重要进展

滨海高新区已完成20平方公里基础开发，建成了综合服务大楼。国家生物医药国际创新园天津国际生物医药联合研究院建成7万平方米的研发大楼和综合楼，被列为国家新药创制重大专项综合性大平台，中意中医药联合实验室被列入首批国家级国际联合研究中心，美国亚历山大公司合作投资建设的一期3万平方米国际生物医药孵化器即将建成。17个新药创制、平台和基地建设项目进入国家新药创制重大专项，获得国家经费3亿元。中科院天津工业生物技术研发中心4万平方米研发大楼建设进展顺利，被认定为工业酶国家工程实验室。9万平方米的民用航空航天科技产业孵化器基本建成。在国家生物医药国际创新园建设中，积极探索体制机制创新和政策创新，引进公共技术平台专业管理团队，吸引社会资金用于平台建设和运营；研究出台了《京津冀生物医药产业化示范区优惠政策》，明确了创业领军人才标准和遴选办法，首批4名生物医药创业领军人才通过遴选获得批准，吸引了一批国内外高层次人才和项目落户滨海新区。

二、重点领域自主创新与产业化取得重要突破

市委、市政府先后部署实施了35项自主创新产业化重大项目。这些项目全部启动实施，并取得了阶段性进展。开发出世界上首套特巨型子午线轮胎一次法成型机、国内首台超百万亿次曙光5000A高性能计算机、国际最大规格的坐标轴式数控弧齿锥齿铣齿机、加强型中空纤维帘式膜组件、大型节能减排型水泥装备关键设备等新产品85项，累计申请发明专利148项；有27个子项已实现了产业化，累计销售收入超过72.1亿元。

应用基础研究和前沿技术研究取得进展。全市发表的科技论文有8139篇被SCI、EI、ISTP三大检索系统收录。其中得到我市应用基础研究计划项目资助的论文1353篇，被SCI、EI、ISTP收录461篇，有35篇影响因子在10以上。申请发明专利171项，培养博士研究生102人，硕士研究生315人。有467个基础研究项目被列入国家973计划、国家自然科学基金等，获得国家基础研究经费2.44亿元。

三、推动科技成果转化取得重要进展

今年新增科技创新专项资金项目33项，累计实施科技创新专项资金项目95项，市财政累计资助7.531亿元，拉动企业增加研发投入83.95亿元，财政资金效能放大了12倍。三年来，专项资金项目已经累计新增产值近50亿元，利税超过7亿元，申请发明专利165项、国际专利12项，制定新型产品企业标准15项，形成聚集人才、促进产学研结合等放大效应。引进了中国科学院高性能计算机、遥感信息、计算机存储设备以及军事医学科学院、中国医学科学院的19支一流研发团队携带技术和成果来津创新创业。实施66个项目产学研合作，占项目总数的70%，转化了近100项重大科技成果。实施了7个科技示范工程项目，促进资源节约、环境保护、节能减排、健康安全、城市建设等领域重大科技成果的转化，在推动和谐社会建设、可持续发展上发挥重要作用。

四、新兴科技产业加快发展

全市软件产业预计实现销售收入200亿元，启动建设软件与信息技术服务业人才培养基地（大学软件园），软件园、国家软件出口和外包基地的集群发展能力得到提升，累计认定软件企业459家、软件产品962件、软件著作权登记1815件，软件出口预计达到9.5亿美元。新能源产业可实现年产值200亿元，形成绿色高能电池、太阳能电池、风能装备协同发展格局；建成国内品种最全、水平最高、最大规模的锂离子电池材料研发基地和产业群，非晶硅薄膜太阳电池产能达到25MW/年，自主开发的兆瓦级风电叶片首次大规模进入市场。现代中药产业可实现年产值90亿元，国家中药现代化科技产业基地进一步发展，30个中成药大品种群系统开发取得重要进展。经初步核算，全市科技服务业增加值可达到155亿元，通过加大软件技术与服务外包、生物医药研发与制造外包、创意产业等扶持力度，科技服务业呈专业化集群发展格局。这些新兴科技产业的快速持续发展，有力地促进了我市产业结构向高端、高新、高质方向上的优化升级。

五、科技型中小企业群体成长壮大

投入专项资金支持科技型中小企业发展，其中88家企业获得国家科技型中小企业技术创新基金4611万元的资助。自我市设立科技型中小企业技术创新专项资金以来，三年共扶持科技型中小企业569家，投入财政资金2.6亿元，其中市级投入1.44亿元，区县匹配资金1.16亿元；有351家科技型中小企业获得国家科技型中小企业技术创新基金1.9亿元的资金资助。对扶持2到3年的企业调查显示，近三年销售收入增长超过200%的企业占五分之一以上，超过100%的占三分之一，超过50%的占二分之一，绝大部分企业保持年均20%以上的增长速度，开发了一批高附加值、高市场占有率产品，培育出鹏翎胶管、信汇制药、红日药业等一批规模化发展的科技型企业，一批企业具备了上市发展的条件。

六、探索产学研结合新模式推动产业技术升级取得新成效

一是组织实施节能科技专项，围绕化工、冶金、电力、锅炉等高耗能领域，引导大学、科研院所和科技服务机构，成立了4个产学研合作、专业化的节能技术推广服务队，组建2家专业节能技术应用与推广服务公司，为企业提供节能方案设计、项目咨询、人员培训等一条龙服务，服务企业累计超过200家，连续传质塔板、变频技术、节煤固硫技术及设备、半导体照明等10项先进适用节能技术已成功在滨海中新生态城、中河化工厂、泰达热源二厂等30余家企事业单位应用，每年可节约标煤20万吨。二是探索产学研结合新模式，建立了半导体照明、软件、工业技术等一批产学研创新联盟。先后启动建设了天津软件与信息技术服务业人才培养基地、天津大学滨海工业研究院等产学研合作平台。成立了8家研发机构、14家企业组成的天津市半导体照明工程研发及产业化联盟，形成半导体照明关键材料、器件和高档产品研发与产业化的互动格局，联盟企业LED产品总销售收入达到10亿元。三是大力推进制造业信息化科技工程，通过促进研发团队、软件企业与制造业企业对接合作，增强制造业信息化公共技术服务平台功能，为2000多家中小制造业企业提供了信息化服务，广泛提升了制造业企业的设计能力、劳动生产率、市场响应能力和竞争力。

七、区县科技工作和科技支撑“三农”取得实效

建立了市区县联手发展区县特色产业的工作机制，促进了区县科技创新和成果转化能力提升。加强了科技进步监测与考核工作，有17个区县通过了市级科技进步考核，塘沽区、东丽区等区县财政科技投入大幅增加。一是已选育出设施农业专用蔬菜品种黄瓜、甜瓜、花卉等新品种和高档品种76个，12项成果申报了国家发明专利，4个品种申报职务新品种保护，其中黄瓜新品种在全市的覆盖率达90%，甜瓜新品种覆盖率达80%。二是重点支持57个农业科技成果转化项目，获得国家科技经费2930万元。已完成的26个成果转化项目，销售收入达到3.4亿元，利税8500万元，创汇337万美元，新增就业人数2630人。三是探索农业科技特派员（专家）+龙头企业（农业技术协会）+农户等农业科技推广新模式。下派科技人员246人，带着技术、成果、资金等与农户和企业结对子，建立农业科技示范基地24个、科技示范村243个、科技示范户1461户，示范面积30多万亩，引进蔬菜、瓜果、水产等新品种77个，推广新技术180项，有利地促进了农业增效和农民增收。四是全面推动12个市级科技示范村、9个市级科技示范镇、2个市级科技示范区县的建设工作，围绕“改善农村生态和生活环境”、“一村一品”，农业新品种、农业废弃物利用、垃圾无害化处理、太阳能和生物质能应用等一批先进适用技术推广和示范工程建设取得显著进展。

八、科技努力促进和谐天津建设

在医学医疗上，集成中医和中西医结合的优势，加强与中国医科院、瑞典卡罗林斯卡医学院等国内外科技合作，加强了医学医疗新技术开发应用，提高诊治水平。在城市地铁、奥运工程等重大工程建设中开发应用了一批先进适用技术，为我市奥运工程、北京奥运工程等提供了气象保障、垃圾处理、安防、运动员训练等关键技术与设备支撑。围绕生态城市建设加强了技术攻关和集成应用，外环线水环境、大沽排污河治理等科技示范工程建设取得显著成效。大港区通过国家可持续发展实验区验收。探索专业化电动汽车企业运营模式，首批20辆车混合动力车奥运前投放内环线600路运营，运行总里程已累计超过25万公里，单车最长超过1.5万公里。加强科技强警工作，我市成为全国第二批科技强警示范城市。在科学普及工作上，加大青少年科学素质和创新能力提升工程、全民科学素质提高工程的实施力度，成功举办天津市第二十二届科技活动周及咨询、讲座、展览、旅游等一批多种形式的专题特色科普活动，开发并展出10件高水平科普展具，建设一批科普显示屏并制作了十余部大屏幕科普节目，新增天津电力博物馆等3家市级科普教育基地，全市科普教育基地总量达到93家。

九、国内外科技合作成效显著

立足聚集国内外科技资源，加快创新型城市和滨海新区研发转化基地建设，加强了与国家科技部、中科院以及有关部委、科研机构和企业集团的科技合作。一是进一步加强与国家科技部合作，举行了第三次部市会商会议，确定在国家生物医药国际创新园的基础上共建京津冀生物医药产业化示范区。二是进一步推进与中科院的科技合作。中科院决定投入1亿元专项资金在津筹建中科院工业生物技术研究所；新增院市联合实验室、研发中心2个，“新型长效重组人非糖基化红细胞生成素产业化”等产学研合作项目16项，院市科技合作项目增加到68项。三是国际科技合作取得突破。与美国、加拿大、西班牙、瑞典、意大利等国家和地区，围绕生物医药、节能环保等领域开展了深入地国际科技合作，落实了一批重大项目，8个国际科技合作项目被列入国家国际科技合作计划。

十、加强科技创新体系建设，创新创业环境不断优化

新增水泥环保、工业结晶、海水利用3个国家工程技术研究中心，总计达到25个；新增工业酶、工业水处理2个国家工程实验室；新增交通部水工构造物检测诊断与加固技术等2个国家级重点实验室，总计达到30个；新增国家级科技企业孵化器和生产力促进中心各1个。新增20个市级重点实验室，总计达到60个。新增组分中药技术、工业微生物技术2个市级工程中心，总计达到29个。新增国家级企业技术中心3个，总计达到19个，市级企业技术中心达到260个。

全面实施科教兴市行动计划。围绕国家和市自主创新配套政策，加强了宣讲和落实力度，企业研发经费加计抵扣等政策得到落实。制定并实施《滨海新区科技体制改革行动方案》、《京津冀生物医药产业化示范区优惠政策》，在引进创业领军人才政策措施等方面取得突破。会同市财政局、国税局、地税局颁布了《天津市高新技术企业认定管理工作的实施意见》，举办了4000多人次认定管理培训会，完成467个高新技术企业认定。颁发《天津市科技保险保费补贴办法》、《天津市高新技术企业科技保险投保流程》，为15家参加科技保险的高新技术企业给予200万元的资金补贴。进一步加强了“学习型、创新型、服务型”机关建设，开展了科技管理人员多层面的培训活动，促进了科技管理队伍素质的提升；审批事项由11项减少到6项，简化了审批程序，提高了办事效率和服务质量。

以上工作进展和成绩的取得，是广大科技工作者和干部群众认真贯彻落实科学发展观，勇于创新、开拓进取、辛勤工作的结果，也得益于市委、市政府的正确领导和高度重视，得益于各部门、各区县、各单位的协同努力和社会各方面的大力支持。在此，我代表市委科技工委、市科委，向各级领导、各部门、各区县、各单位表示衷心感谢，向各级科技管理人员表示衷心感谢，向全市广大科技工作者致以崇高的敬意！

回顾和总结过去一年的工作，通过开展学习实践科学发展观活动，我们也清楚地看到，我市科技工作还存在着不少问题和困难。如自主创新能力还不够强，科技支撑引领发展的作用发挥还不够充分，科技资源优势还没有得到充分发挥，加快自主创新的体制机制还有待创新，科技管理方式和水平还需要进一步完善与提高等等。这些问题，我们要在今后的工作中采取切实措施加以解决，不断增强贯彻落实科学发展观的自觉性和坚定性，增强支撑科学发展的责任感和紧迫感，做到善于学习、善于创新、善于谋划和善于落实，推动我市创新型城市、滨海新区研发转化基地建设不断取得新突破。

深入贯彻落实科学发展观 促进科技进步与科技创新

市委科技工委理论学习中心组

科学发展观是推进我市科技工作的重要指导思想。科技工委和市科委（以下简称两委）认为，科技系统贯彻落实科学发展观，归根结底是用马克思主义世界观和方法论认识科技工作，把握科技工作规律，体现当今科技工作特点，坚持新时期科技工作改革发展方向。要充分认识我国科技发展面临的重要战略机遇，进一步明确科技工作新的战略定位，用科学发展观统领科技工作的实践，把提高自主创新能力作为推动科学发展的主要突破口，切实增强坚持走中国特色自主创新道路的自觉性和坚定性，切实增强建设创新型城市的使命感和紧迫感，努力为实现天津科学发展和谐发展率先发展提供坚强有力的科技支撑。

一、坚持理论联系实际，着力用科学发展观武装头脑

两委采取了中心组学习、集中培训、个人自学等多种形式，组织两委党员干部认真学习党的十七大精神，认真学习领会毛泽东、邓小平、江泽民同志关于科学发展的重要思想和胡锦涛总书记等中央领导同志的重要讲话精神。两委共举办中心组学习会、专题培训班、研讨班四次。组织机关全体党员干部进行了为期三天的集中封闭学习，深刻理解和全面把握科学发展观的重大意义、科学内涵、精神实质和根本要求。紧密结合科技工作的特点深化学习，举办了三场高水平的辅导报告会，邀请国家科技部刘燕华副部长作关于创新方法与自主创新的专题报告、国家行政学院张占斌教授作关于科学发展观与中国经济改革的专题报告，两委主要领导人作了关于科学发展观与天津科技发展的专题报告。三场报告会层次高、观点明、内容新，既有辅导性，又有启发性，有力地提高了学习培训的质量。

二、坚持突出实践特色，着力解决突出问题

两委坚持以科学理论指导实践、推动实践，围绕加强党的建设，加快自主创新，发挥科技的支撑引领作用，推进滨海新区研发转化基地建设和创新性城市建设，确定12个调研课题进行研究，提出解决问题的思路和办法。两委班子成员深入基层、深入实际，开展调查研究。建立联系点16个，到基层调研30多人次。通过调研和征求意见，工委班子梳理出4个方面的突出问题，科委党组梳理出制约自主创新和科技支撑引领科学发展作用发挥的5个突出问题。我们对这些问题逐个进行分析研究，一项一项制定对策措施，明确领导分工，落实工作责任。有针对性地解决党员干部中不符合、不适合科学发展观要求的思想认识和观念。强调要深化对科技工作、科学发展的认识，既要看到工作中取得的成绩，又要看到存在的差距和不足，既要认清发展的现状，又要认清发展的趋势和潜力，进一步解放思想，增强忧患意识，坚定又好又快发展的决心和信心。我们制定了《关于加快科技创新支撑经济发展的工作意见》等一系列文件，有力地推动了科技工作的发展。

三、按照科学发展观的要求，进一步理清发展思路，明确努力方向

科学发展观对我市科技工作提出新的更高的要求。两委认为，贯彻落实科学发展观为加强科技工作提供了重要机遇，同时也提出了新的更高的要求。坚持发展是第一要务，必须把提高自主创新能力作为科技工作的首要任务，把支撑经济又好又快发展作为科技工作的重中之重；坚持以人为本，必须把改善民生、科技惠民作为科技工作的根本出发点和落脚点，体现科技发展为了人，落实科技发展依靠人，突出科技发展培养人，让科技进步的成果惠及群众；坚持全面协调可持续，必须让科学技术服务于中国特色社会主义事业总体布局，支撑经济社会协调发展；坚持统筹兼顾，必须加强科技创新能力建设与支撑经济社会发展的统筹部署，科技发展与体制机制创新的统筹协调，实现科技攻坚目标和创新人才培养的统筹安排，国内和国外科技资源的统筹利用。

坚持用科学发展观统领科技系统的各项工作。要让科学发展的理念在自主创新、科技体制机制创新的实践中得到充分体现和贯彻，认真分析把握科技自身改革与发展和科技支撑引领经济社会发展面临的新问题、新要求，总结经验，查找不足，研究好当前和今后一个时期科技工作面临的全局性问题，把科学发展观转化为谋划科技工作的正确思路、促进自主创新的政策措施，不断开创科技工作新局面。科技系统党员干部要提高运用科学理论指导科技实践的能力；提高科学判断形势，把握大局的能力；提高改革创新，破解难题的能力；加强统筹协调，提升科学管理的能力；增强责任意识，提高工作的执行力；要加强领导班子建设和干部队伍建设，进一步提高向心力和凝聚力。科委提出，2009年的目标，一是重点扶持500家企业渡难关上水平，壮大科技型中小企业、高新技术企业群体，抓好重大项目实施，加快一批新兴科技产业化基地规模化发展，在加快高新技术产业发展上取得新突破。二是进一步解放思想，加强重大问题的调研与战略研究，创新工作思路与招法，在破解制约科技创新、成果转化、产学研结合、科技资源聚集与配置等深层次问题上取得新突破。三是加快聚集国内外科技资源，探索国际国内以及产学研合作的新型创新模式、公共技术平台管理运行模式，建设一批高水平创新机构，在滨海新区研发转化基地和科技创新体系建设上取得新突破。四是加快实施科技惠民、科技惠农工程，在推动和谐天津建设和城乡一体化战略实施上取得新突破。五是建立市、区县联动机制和部门间协调会商制度，统筹科技资源，优化创新创业环境，在合力推动创新型城市建设上取得新突破。2008年全市完成高新技术产值3444.4亿元；专利申请17425件，专利授权6621件；科技成果登记2010项；各类技术合同成交额87亿元；获得国家科技奖励14项；获得国家基础研究经费2.44亿元；全市公众科学素质达标率达6.54%，处于全国先进行列；全市R&D经费支出占GDP的比重预计达到2.3%。全市综合科技进步水平继续位居全国第三位。

市科委着眼于形成有利于科学发展的长效机制，取得了一批制度创新成果。制定并实施了《滨海新区科技体制改革行动方案》、《京津冀生物医药产业化示范区优惠政策》，在引进创业领军人才政策措施等方面取得突破。会同市财政局、国税局、地税局颁布了《天津市高新技术企业认定管理工作的实施意见》，举办了4000多人次认定管理培训会，完成467个高新技术企业认定。会同市发改委、财政局、知识产权局制定了《天津市自主创新产品认定管理办法》，促进政府采购中优先采购自主创新产品。印发《天津市科技保险保费补贴办法》、《天津市高新技术企业科技保险投保流程》，为15家参加科技保险的高新技术企业给予200万元的资金补贴。完善了科技两委中心组学习制度。健全完善科技系统基层党建工作责任制。修订和完善《基层党组织换届选举工作程序》，加大对任期届满党组织换届选举工作的推动力度。健全领导班子调查研究制度，坚持深入基层了解情况、推动工作，全年深入基层调查研究的时间不少于五分之一的工作日。坚持工作联系点制度，每名班子成员联系1–2个基层党组织，每季度深入联系点进行调查研究和具体指导。建立健全惩治和预防腐败机制，加强对重点领域和环节的制度规范，提高有效惩治和预防腐败的能力和水平。

天士力研究院
TASLY INSTITUTE

天士力科研系统承担中药、化学药、生物药、保健食品和普通食品、水、茶等大健康产品的研究与开发，在研项目共90余项。管理和技术人员320余人，其中博士及在站博士后45人、硕士168人，共承担各级课题70多项，申报发明专利810多项。

天士力成立了企业博士后科研工作站、国家级企业技术中心，并被认定为国家级创新型企业。

天士力以建立“没有围墙的研究院”为发展理念，以“不求所在，但求所用，成果所有，利益共享”为合作原则，与美、英、日等国外多家科研机构展开广泛而紧密的产学研合作，建立起跨国界、跨地域、跨行业的具有天士力特色的大科研系统。天士力以项目为核心全面实施项目管理制度，建立以科学指数为主要依据的激励机制，激发科研人员的积极性和创新潜力，完善创新型企业的目标定位。

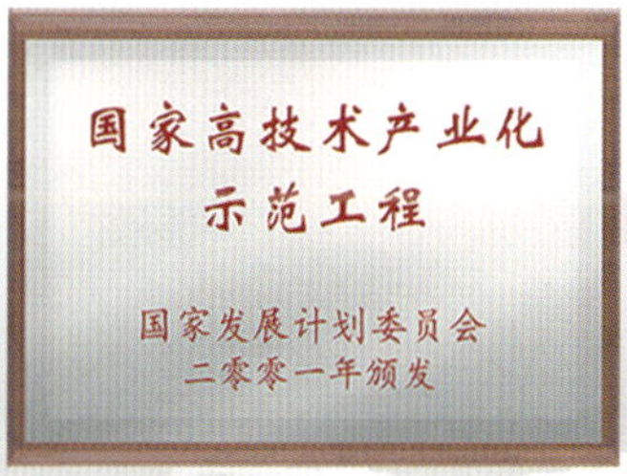

- 2000年通过国家人事部认定的博士后科研工作站。
- 2001年被国家发展计划委员会评定为国家高技术产业化示范工程。
- 2002年通过国家经贸委、财政部、税务总局、海关总署联合认定的国家级企业技术中心。
- 2008年通过国家科技部、国务院国资委、中华全国总工会认定的国家级创新型企业。

中国天津北辰区普济河东道2号天士力现代中药城　邮编 300410
Tel 86 22 26736688　Fax 86 22 26736898　www.tasly.com

天津市水利科学研究院

天津市水利科学研究所成立于1975年，为公益性水利科研单位。2009年1月18日，经天津市编办批准更名为"天津市水利科学研究院"。现有职工131人，科技人员达90%。其中，教授级高级工程师7人，高级工程师40人，工程师36人，博硕士30人。享受政府特贴专家6名，市政府授衔专家1名，水利部"十大科技英才"1名。形成了一支层次高、业务精、充满活力的科研队伍。

绿地灌溉与排水技术推广应用

水科院下设6个研究所，3个管理部门，5个技术服务中心和4个科技开发部门。水利部天津科技推广站、水利部科技推广示范基地、天津市南水北调工程质量检测中心、国家喷泉产品测试中心、天津市泵站测试中心均设于水科院。院内建有岩土实验室，水环境实验室、水力学实验室、节水设备性能试验室、水工结构实验室、物探实验室和工程质量检测实验室，具备开展水利科研工作的基础条件，为保证高质量科研成果奠定了坚实基础。

绿地灌溉与排水技术推广应用

多年来，共承担国家级、市部级、局级科研项目258项，主持并参与编制规划37项，多项成果达到国内领先和国际先进水平。获国家专利21项、获国家科技进步奖1项、获部市级科技进步奖61项、局级科技进步奖103项，其中2项专利被评为"天津市优秀专利奖"，1项专利获天津专利奖"金奖"。连续2年荣获水利部"大禹水利科学技术奖"。低位吹填土软基加固、绿色环保混凝土、水环境改善等多项技术在全国推广应用。具备开展水资源论证、水工质量检测、水景喷泉设计、建筑物安全鉴定、防洪影响评价等技术服务的能力，承担了百余项技术咨询与工程建设任务，得到业务委托单位的一致肯定和高度评价，为重大水利工程建设发挥了支撑作用。

城市水环境改善与水源保护技术示范工程全景

人工湿地水体净化技术

基础科学研究

数 学

【南开大学数学研究年度简况】 2008年，南开大学数学学院、陈省身数学研究所、组合数学中心（以下简称南大数学院、所、中心）在数学领域取得丰硕的科研成果。共发表论文215篇，其中被SCI、EI、ISTP收录180篇；出版专著2部、教材3部；研究成果在一些权威杂志如《J. Combin. Theory Ser. A》、《J. Combin. Theory Ser. B》、《Math. Comput. Chem.》、《Bull. Math. Biol.》、《Physical Review》、《Advanced Nonlinear Studies》等发表，得到国内外同行广泛关注和高度评价。

南大数学院、所、中心全年获得7项科学技术奖励。数学学院孙文昌和周性伟合作完成的项目小波分析与采样定理的研究获2008年度天津市自然科学一等奖。2008年2月，孙文昌获第九届天津青年科技奖。2008年4月28日，数学所微分几何自然科学基金委创新研究群体获天津市"五一"劳动奖状。2008年7月，组合数学中心的Christian Reidys与博士研究生靳宇共同完成的论文Asymptotic Enumeration of RNA Structures with Pseudoknots获国际数理生物学会（Society for Mathematical Biology）2006~2008年度李•西格尔奖（Lee Segel Prize）最佳学生文章。2008年9月，付梅的博士学位论文（指导教师陈永川）入选全国优秀博士学位论文提名论文。2008年11月11日，龙以明当选为发展中国家科学院院士。2008年12月，陈永川等撰写的论文Crossings and nestings of matchings and partitions获第二届（2007年度）"中国百篇最具影响优秀国际学术论文"。

2008年，南大数学院、所、中心共新增科研项目14项（国家自然科学基金9项，"973"项目子课题2项，教育部项目2项），经费共340.5万元；在研项目27项，其中国家自然科学基金19项（创新群体1项，重点项目1项，国家杰出青年科学基金1项）、"973"项目子课题5项、教育部项目1项，经费共1145.2万元；结题项目21项，其中国家自然科学基金15项（重点项目1项，海外杰出青年科学基金1项）、"973"项目子课题1项、教育部项目3项，经费共397.96万元。

2008年，南大数学院、所、中心学术交流活动活跃。①举办8次国际与国内学术会议，其中国际会议6次。会议涉及面广，除高水平的学术会议，还有关于科学教育及如何使数学所更快、更好发展的研讨会。数学学院7月主办的"巴拿赫空间理论研讨会"为开拓巴拿赫空间理论的研究领域作出了很大贡献。9月15日，数学所召开新一届顾问委员会与学术委员会会议，洪家兴、张恭庆、王诗宬、马志明、郭雷、李邦河、文兰、冯克勤、李安民、席南华等全国数学界举足轻重的数学家参加。新"两会"的成立将进一步促进数学所的发展。10月20~24日，在数学所召开的"中法偏微分方程理论及应用"国际学术会是中法关于"偏微分方程的奇异摄动及应用"的国际合作项目第三年的活动之一。12月22~27日，数学所成功主办第4届中日友好几何会议，70余名中外几何学家及研究生参加，会议探讨了几何学研究方向的热点问题和发展趋势。②全年举办多次学术报告，邀请国内及美国、俄罗斯、加拿大、印度、日本、瑞典等国际知名专家参加，共83人（包括52位国外学者）次。为纪念国际数学大师陈省身对数学事业的贡献，数学所特别设立"陈省身讲座"，俄罗斯欧拉国际数学研究所所长、2008邵逸夫奖获得者法捷耶夫作了第一场学术报告。③应邀出访交流及参加国内外学术会议共29人次。其中在7月20日至23日在华东师大召开的第三届全国组合数学与图论大会上，全国组合数学与图论学会理事长、南开大学副校长兼组合数学中心主任陈永川担任大会主席，全国128家高校和研究机构500名代表参加。

2008年度南大数学院、所、中心共同组织了"211"三期项目的申报及评审工作。数学学科申请的"数学及其应用中的前沿问题"获国家资助950万元，全年获拨款100万元。在科研合作方面，2007~2008年陈省身数学研究所与外单位签订合作协议6项。2008年，该所分别与世界科技出版公司、日本大阪城市大学数学所、加拿大太平洋数学研究所、意大利米兰比可卡大学数学系、法国巴黎第九大学CEREMADE数学研究中心签订合作协议；组合数学中心与中国航天标准化研究所合作，开展了网络树自动布图软件的研发工作，开发出网络树自动布图软件，得到合作方很高评价。与中国航天科技集团五院五〇三所合作，开展了卫星姿态参数优化的研发工作，改造后的算法在速度和精度上都比原来的程序有了明显提高。

（刘晓雨）

【左对称代数和经典杨—巴克斯特方程】 白承铭研究左对称代数和经典杨-巴克斯特方程的成果发表在《现代数学通讯》(《Communications in Contemporary Mathematics》)(2008，10：221-260)。他在该论文中给出非交换李代数相空间一般性构造方法，其结构等价于左对称双代数。特别由此得到一个相关于左对称代数的类似于经典杨—巴克斯特（Yang-Baxter)方程的代数方程，揭示出仿凯勒李代数(仿凯勒李群)与李双代数(Poisson李群)之间存在的某种对应关系。该研究可以被纳入一个更大的框架：其是代数和数学物理方面有重要应用的具有非退化满足某些不变性双线性型的代数的二重(double)构造的一种。

（刘晓雨）

【相对论氢原子模型的动力学对称性】 张福林、付博以及陈景灵研究相对论氢原子模型的动力学对称性，成果发表在《物理评论快讯》(《Rapid Communication in Physical Review A》)78(2008)040101。传统的相对论氢原子模型不具有SO（4）的动力学对称性，但该研究发现，如果对此模型中的库仑势能函数做了类似吉诺基奥(Ginocchio)在相对论谐振子中所做的修正后，那么此相对论量子力学系统的SO(4)动力学对称性就自然恢复了。

（刘晓雨）

【杨—巴克斯特方程的量子光学模拟】 胡双威、薛康、葛墨林研究杨—巴克斯特方程的量子光学模拟，首次提出用量子光学模拟杨振宁—巴克斯特方程，其成果论文发表在《物理评论》A78，022319(2008)上。

（刘晓雨）

【LDPC码的最小伪码字最小伪重量】 符方伟、夏树涛研究LDPC码的最小伪码字最小伪重量，证明了LDPC（Low-density Parity-check，低密度奇偶校验）码的伪码字伪重量达到坦纳(Tanner)界的充要条件是这个伪码字为LDPC码的码字的实数倍向量。而且，如果LDPC码的最小距离等于坦纳界，则这个LDPC码的最小距离码字、最小停止集和最小伪距离码字的等价类是一一对应的，从而证明线性规划译码算法对于这种LDPC码是渐进最优的。该研究成果论文发表在《IEEE 信息论汇刊》vol.53 no. 1 (2008) 480-485上。

（刘晓雨）

【克罗斯特曼指数和随p变化的性质】 扶磊与万大庆在研究克罗斯特曼指数和随p变化的性质中，构造了整数环上的代数簇，使其L-函数在每个素数p处的欧拉因子正好是克罗斯特曼(Kloosterman)表示的L-函数，这为研究克罗斯特曼指数和随p变化的性质奠定了理论基础。其论文发表在《数学年报》(《Mathematische Annalen》)342 (2008) 387-404上。

（刘晓雨）

【二维芬斯勒球上无理椭圆本原闭测地线问题】 龙以明与王嵬研究二维芬斯勒球上无理椭圆本原闭测地线问题，证明在每个2维芬斯勒球面上或存在无穷多条本原闭测地线，或存在至少2条无理椭圆本原闭测地线。其成果以《二维芬斯勒球上闭测地线稳定性》论文，发表在《泛函分析》255 (2008) 620-641上。

（刘晓雨）

【三维有理同调球面上本原地测线问题】 段华贵和龙以明研究三维有理同调球面上本原地测线问题，证明对于具有鼓包(bumpy)不可逆芬斯勒度量的每个三维有理同调球面上或存在2条非双曲本原闭测地线，或存在至少3条本原闭测地线。论文发表在《变分法》31 (2008) 483-496上。

（刘晓雨）

【没有单位元的C*—代数问题】 吴志强与梁子威及王毅青根据纽曼(Neumann)代数上Property(T)的定义，贝卡(M.Bekka)定义，研究了C*-代数上的Property(T)，证明了没有单位元的C*-代数是一定没有Property(T)的。其论文发表在《数学分析与应用》

341 (2008) 1102–1106 上。论文审稿人说，这是令他感到意想不到的结果。

（刘晓雨）

【布尔盖莱亚—哈勒猜想的解决】 张伟平与苏广想在《中国数学年鉴》29B (2008) 385–424 发表《关于对称双线性挠率的奇格尔—米勒定理》的论文，文中将比斯姆–张（Bismut–Zhang）关于解析挠率的著名研究成果推广到复值挠率，彻底解决了相关的布尔盖莱亚—哈勒（Burghelea–Haller）猜想。

（刘晓雨）

【非线性哈密顿系统拉格朗日边值解的存在性多重性】 刘春根与其博士生郭飞、李翀研究非线性哈密顿系统拉格朗日边值问题解的存在性、多重性及其指标性质，分别在《非线性分析》和《中国数学年鉴》上发表成果论文。他们对于在固定能量面的拉格朗日轨道的多重性证明了如下结果：在中心在原点的对称星形超曲面上，总存在无穷多条特征，从一个固定的拉格朗日子空间出发到达另一个固定的拉格朗日子空间；如果把这两个拉格朗日子空间当作一个琴的相对边框，则有无穷多条哈密顿琴弦把这两个边框连接起来。这是开弦问题的一个重要结论。他们对具有超二次增长的非线性哈密顿系统的拉格朗日边值解的存在性和指标理论进行的研究，尤其是有关指标的信息，对于在此类问题的进一步研究中具有重要意义。

（刘晓雨）

【弱对称芬斯勒空间的研究】 邓少强与侯自新在其论文《弱对称芬斯勒空间》中，首次提出弱对称芬斯勒空间的概念，并研究了其基本几何性质，证明了其测地线必为单参数等距变换群的轨道，并且证明了这样的空间其 S–曲率必为零。作为一个应用，他们解决了美国 IUPUI 大学教授沈忠民提出的一个公开问题，即存在绝对齐次的非贝瓦尔德（Berwald）空间使得其 S–曲率为零。该文已被《当代数学通讯》接受发表。

（刘晓雨）

【谱序列和球面同伦群】 刘秀贵利用其发展的方法：通过马伊（May）谱序列和经典亚当斯（Adams）谱序列交替使用，来发觉球面稳定同伦群的新元素族，发觉了球面稳定同伦群的多族新元素。该方法已经得到国际同行的认可和较高的评价。

（刘晓雨）

【质量控制图的设计】 王兆军课题组给出了基于非参数回归用来检测一般轮廓（profile）的控制图，并从理论上给出这种控制图的优良性质，其研究结果发表在国际工业统计权威杂志《技术计量学》上。

（刘晓雨）

【因析设计最优性理论的一个突破】 张润楚建立的 GMC 理论和 GMC 准则开创了试验设计关于最优设计理论的一整个新的领域，并相继发表和完成发展该理论的一系列论文，包括和国际一流教授的合作论文。该理论建立了最优设计的一个一致理论，把因析设计至今为止所有最优准则都统一在该理论之下，同时提出 GMC 准则而得到的 GMC 设计是真正具有最小低阶混杂的最优设计。该理论一发表，就被国际统计学顶极专家美国工程院院士 C.F.J.Wu 教授评价为是因析设计选优理论自 1980 年提出 MA 准则理论的里程碑工作以后的一个主要突破。国际统计学顶级专家、印度科学院院士慕克吉（R. Mukerjee）教授评价该理论已经打开整个新的领域，并称这是使国际专家们提高对最优试验设计策略理解方面很有影响的一步。美国加州大学伯克利分校统计系，国际统计学顶级专家 C.–S Cheng 教授评价张润楚正在领引着关于因析设计选优的一个创新途径研究，具有很大潜力 。

（刘晓雨）

【最优混合水平超饱和设计的构造】 刘民千与陈洁的刊登在《统计计划与参考》上的论文，给出了平衡的混合水平 k 循环超饱和设计存在的充分必要条件及这类设计为 E（fNOD）最优的充分条件，并构造了许多新的 E（fNOD）最优混合水平超饱和设计。审稿专家评价该文包含了“非常有趣的结果”、给出了一种“巧妙的”构造方法、是一篇“相当有分量的文章”。

（刘晓雨）

【自由迪克路、划分相关研究】 自由迪克（Dyck）路、划分以及迪克路都是计数组合学领域里的经典研究对象。陈永川、庞兴梅、曲晓英以及美国科学院院士斯坦利（Richard P. Stanley）对此合作研究并发表论文，探讨了不交叉的自由迪克路、块数固定的不交叉的划分与满足奇数位置有固定个数上升步的迪克路，借助徘徊杨表（vacillating tableaux）这个工具在它们之间构造了一系列双射。被审稿人评价为“作者能在已经得到很好研究的经典组合对象之间，找到这样漂亮而简单的对应，真是令人惊讶”。

（刘晓雨）

【q-卡塔兰数系数的极限分布】 陈永川、王健、王星炜在论文《q-卡塔兰（q-Catalan）数系数的极限分布》中，给出一个一般化结果，证明了多种 q-卡塔兰数的系数是渐近正态分布的，并提出关于 q-卡塔兰数单峰性的两个猜想，被《美国数学会刊》接受。审稿人评价该文“很好地运用了分析工具”。

（刘晓雨）

【二部图的极小能量问题】 李学良与合作者在化学图论方面研究了二部图的极小能量问题，彻底解决了卡波罗西（Caporossi）等在 1999 年提出的关于二部图的能量的猜想；证明了在最大度不超过 3 的树中只有 4 棵次能量树，部分解决了国际数学化学科学院院士古特曼（Gutman）近期提出的一个问题。在边着色图方面，Schiermeyer 在 2004 年确定了 $n\geq 3k+3$ 时匹配的彩虹数，但对于比较小的 n 仍未解决。利用匹配的 Gallai-Edmonds 结构定理，李学良等完全确定了匹配的彩虹数。在路图方面，得到了 P4 判定问题的一个好的结果；彻底解决了（Broersma）和赫德（Hoede）在 1989 年提出的一个公开问题，即是否存在一组 3 个互不同构的连通图具有同构的连通 P3 图。在组合优化方面，证明了判断最大度是 3 的无爪图是否是二阶条件 3 染色的问题是 NP 完全的。

（刘晓雨）

【RNA 伪扭结的分类以及逼近计数分析】 对 RNA 伪扭结的分类以及逼近计数分析一直是长期困扰计算生物学界的难题，并严重制约了后续的叠合 RNA 伪扭结算法的产生。基于陈永川等发表在《美国数学会刊》上的论文《匹配与划分的相交和嵌套》结果，克里斯琴 里迪（Christian Reidys）教授带领他的计算生物学团队攻破了这项难题，主要结果发表在国际数理生物学会的刊物《数理生物学通报》（Bull. Math. Biol.）上。

（刘晓雨）

【RNA 折叠的组合学研究】 克里斯琴 里迪（Reidys）与韩思伟完成 RNA 折叠的组合学研究，其论文被权威的《计算生物学杂志》接受，审稿专家认为“这是一篇研究 RNA 折叠的组合学，是计算数学领域长期以来的首次重要进展”。

（刘晓雨）

【小波分析与采样定理的研究】 该项目属于计算调和分析领域的前沿研究，由南开大学孙文昌、周性伟等完成，获 2008 年度天津市自然科学奖一等奖。项目系统研究了小波框架和 Gabor 框架，给出不规则小波和 Gabor 系统构成框架及其稳定性的条件。在 Birkhauser 出版的小波分析专著 O. Christensen，An Introduction to Frames and Riesz Bases ，(2003) 中引用了这些结果，并用“重要、最早、最终解决、不同寻常”等词语来赞许这些结果。项目给出了平移不变子空间上采样定理成立的充要条件并研究了不规则采样和误差估计。小波分析专著 G.G.Walter and X. Shen，Wavelets and Other Orthogonal Systems，2nd Edition，Chapman &Hall/CRC，2001 第二版修订时特别增加了 9.7 节，该节的主要内容全部出自该项目的论文，并认为“在孙和周的论文中（关于不规则采样的）结果是最全面的”。项目发展并完善了平均采样理论。对多种采样点列给出使得平均采样定理成立的平均函数支集长度的最优上界。美国《数学评论》(2003b：41002) 认为，“对所有研究逼近论、应用与计算调和分析、信号和图像分析的数学家来说，这是一篇好文章”。项目给出小波框架密度的定义并且对一大类小波函数证明相应的密度必定大于零。这一结果在 Springer 出版的 K. Gitta，Affine density in wavelet analysis，Lecture Notes in Mathematics，1914(2007) 中被多次引用，其中有一节专门讲述该项目的结果。该项目首次提出广义框架的概念，把构成框架的元素由希尔伯特空间中的有界线性泛函推广到希尔伯特空间到希尔伯特空间中的有界线性算子，从而统一了在此之前关于框架概念的各种推广，并应用广义框架理论得到一些关于普通框架的新结论。此外，还证明广义框架与 Peter Oswald 的稳定空间分解是等价的，而后者在计算数学中非常有用。该结果被国内外学者多次引用和进一步发展。该项目形成论文 27 篇，全部被 SCI 收录。这些论文被 Web of Science（SCI 网络版和 CPCI-S）收录的论文他引 100 多次，其中单篇最高他引 17 次。项目完成人都被采样理论方面的专业杂志《信号和图像处理中的采样理论》(美国)聘请为编委。

（卢　伟）

【对称函数中的组合方法】 该项目由南开大学陈永川、侯庆虎、杨立波等完成，起止时间为2005年1月~2007年12月，其成果达国际领先水平，结题后2008年登记为天津市科技成果。该项目涉及的对称函数理论是一门交叉性非常强的数学分支，在有限群表示论、代数几何、李代数、多项式方程理论、特殊函数和理论物理等方面有着广泛的应用。组合方法对揭示对称函数的本质和性质有着重要的作用，利用组合方法研究对称函数理论是组合数学的研究热点之一。该项目通过研究划分、匹配、杨表和格路等组合结构，利用组合方法解决了组合计数方面的一个重要问题和对称函数方面的两个重要猜想，并开展了与项目密切相关的组合恒等式机器证明理论的研究。这些研究成果不仅大大促进组合数学学科自身的发展，而且也为组合数学在群表示论和数学物理等方面的应用研究奠定了基础。

【q-级数与机器证明】 该项目由南开大学侯庆虎、穆彦平、付梅等完成，起止时间为2005年1月~2007年12月，其成果达国际领先水平，结题后2008年登记为天津市科技成果。该项目重点研究涉及q-超几何项的恒等式(简称为q-等式)及其自动证明，而q-等式在组合数学、数论和数学物理中发挥着重要的作用。研究给出了一种自动证明无穷q-等式的系统方法，为这恒等式的证明提供了一种重要的工具；给出了一种证明双重和等式的算法化方法，该方法非常有效并在实际中很有用；将核方法推广到线性递推关系组上，给出了自动求解递推关系组的软件包。

【力学非线性系统的几何控制理论及其应用】 该项目由南开大学王红、张忠旺、张振兴等完成，起止时间为2005年4月~2008年3月，其成果达国际先进水平，结题后2008年登记为天津市科技成果。力学非线性系统的几何控制理论研究是一个富有挑战性和具有研究潜力的领域，在国际上受到广泛关注。它是一个交叉课题，对于促进力学、现代控制论和整体微分几何学的结合和发展具有重要的意义。该项目主要研究定义在微分流形上的力学非线性系统的各种能控性和系统的稳定性及优化问题，并应用于机器人系统和航天飞行器系统的控制问题研究。该项目研究的具体实施上有两个层面：①在理论层面上，集中力量研究辛流形，Poisson流形和李群上的Hamilton系统和Lagrange系统的结构以及流形的变换对力学非线性系统的结构和稳定性的影响；采用映射、变换和估计等几何和分析的方法，研究非线性系统的结构和状态空间结构之间的关系，分析系统的能控性和稳定性，设计系统的优化控制律等。对于一些具有对称性的力学非线性系统以及具有群作用的力学对称系统，研究系统的可约化性和约化系统的结构稳定性，可控性和结构奇异性等问题，并与非线性系统的优化问题相联系。②在应用层面上，注重相关理论在机器人系统和航天飞行器系统的控制问题上的应用。针对来自于力学和工程的各种系统，如机器人系统，有轮的交通工具，航天飞行器等，从探讨系统的建模入手，研究系统的结构稳定性，设计系统的优化控制律，结合计算机对具体问题进行数值计算和模拟实验。该项目的研究有三方面特色：①理论基础深。直接应用流形理论、测地线变分和流形变换研究力学非线性系统的结构和约化理论。②应用背景强。在物理学和力学中有多具体的有应用背景建立的Lagrange系统、Hamilton系统和一些力学非线性系统，如机器人系统，有轮的交通工具，航天飞行器等。 该项目从探讨系统的建模入手，研究系统的结构稳定性，设计系统的优化控制律，并结合计算机对具体问题进行数值计算和模拟实验。③项目研究的问题是国际国内在现代数学控制领域和整体微分几何领域的同行关注的前沿交叉领域研究问题。所获研究结果发展了相关的理论，给出了有特色的设计方法。该研究不仅具有重要的理论意义，也为国家培养了该专业科技人才。

【连续伪压缩映像组的隐迭代过程收敛定理】 该课题为自选项目，由天津工业大学与石家庄军械工程学院合作完成，主要研究人员有陈汝栋、宋义生、周海云等，起止时间为2005年4月~2008年4月，其成果达国际先进水平，2008年4月8日通过国家教育部科技查新工作站评审结题，登记为天津市科技成果。关于各种非线性算子的迭代收敛性特别是关于伪压缩映像的各种迭代收敛性的研究，近年来受到数学家们的高度重视。该课题选择了其中的一个专题，针对迭代收敛的系数设定，创新性地首先得到了 Banach 空间中一类连续伪压缩映像有限族的隐格式迭代强收敛到公共不动点的充分必要条件，同时证明了一类 Browder - Petryshyn 型严格伪压缩映像族的强弱收敛定理，这些结果推广和改进了 M.O. Osilike [M.O. Osilike, Implicit iterationprocess for common fixed points of a finite family of strictly pseudocontractive maps, J. Math.Anal. Appl. 294 (2004) 73 - 81]的相应结果，在《J. Math. Anal. Appl. 314 (2006) 701 - 709》发表，SCI 检索号为 993ZV. 该成果对于伪压缩映像不动点的迭代收敛性具有重要意义。

物理学

【光纤激光激射理论与实验研究】 该项目是在国家自然科学基金重点项目、国家科技部“863”计划和天津市自然科学基金重点及科技攻关等项目资助下，由南开大学董孝义、袁树忠、刘艳格等历时 9 年完成的，获 2008 年度天津市自然科学奖一等奖。该成果主要创新点：①提出了多种光纤激光谐振腔构形，给出理论分析方法，并成功实现激光激射。研制出多种新颖的、原创性的光纤激光器。②通过理论研究，提出多种新颖的光纤多波长激射机制，并研制成功多种原创性的双波长、多波长光纤激光器。③发现了写入光栅的诸多规律，建立了相关理论，并研发出系列程序软件。研制的各种光纤光栅成功地用于光纤激光激射。④掌握了光纤超短脉冲激射规律，提出了有理数谐波锁模、脉冲幅度均衡、多波长锁模输出等理论，实现高重复频率、宽带可调谐与多波长的锁模激射以及主、被动调 Q 脉冲激射与窄化，研制出多种结构新颖、原创性的超短脉冲光纤激光器。⑤发现了光纤中喇曼效应与喇曼激射的诸多规律，给出了理论分析。研制成功具有自主知识产权的 S 波段光纤激光喇曼放大器、C 波段及混合链路光纤激光喇曼放大系统。⑥发现光子晶体光纤新功能，建立了相关理论，并研制成功具有自主知识产权的单模光子晶体光纤激光器、多波长和可调谐光纤激光器等。该项目发表学术论文 211 篇，在国际、国内重要学术会议上作特邀报告 10 余次，论文被 SCI、EI、ISTP 国际三大文摘收录 246 篇次，被引用累计 600 余次；9 项成果通过鉴定，均达国际先进水平；获授权国家发明专利 3 项，实用新型专利 2 项；培养博士 50 余名，硕士 60 余人，博士后 6 名，1 人获全国百篇优秀博士论文奖，2 人次获天津市优秀博士论文奖，6 人获全国王大珩光学奖。

（卢　伟）

【高性能非接触原子力显微镜系统设计与应用】 该项目由南开大学方勇纯、周娴玮、董晓坤等完成，研究起止时间为 2006 年 1 月至 2008 年 12 月。该项目针对普通的原子力显微镜进行改造，设计并实现一套基于 RT-Linux 的实时开放式纳米测量与操作系统。课题对原子力显微镜的复杂非线性因素进行了理论分析，建立了准确的数学模型。在此基础上，提出了一种非线性观测器实时观测样品与针尖的距离，进而设计了多种先进控制算法，能将针尖与样品间的距离快速稳定到设定值。所设计的基于逆的迟滞补偿环节有效解决了纳米测量与操作过程中定位不准确的问题，能满足基本的成像与操作要求。为了实现高速扫描时的准确成像，提出了基于压电扫描管动态特性的成像方法，并将小波变换的技术用于图像处理，进一步提高了原子力显微镜图像的质量。原子力显微镜在纳米科技领域应用广泛，是进行纳米研究的必备工具，该项目的研究解决了原子力显微镜成像精度低、速度慢的问题，因而具有广阔的应用前景。该项目成果达国际先进水平，申请发明专利 1 项，在国内外期刊、会议上发表论文 12 篇，其中 SCI 收录 1 篇，EI 收录 10 篇。

（南开大学信息学院）

【有机发光显示屏中 poly-Si TFT 的关键技术研究】 由南开大学吴春亚、孟志国、熊绍珍等人完成的该项目，对以 AMOLED 为目标的 poly-Si TFT 的先进核心制造技术、设计方法等进行了研究。在比较研究金属诱导晶化（MIC）和 TC-CVD 多晶硅的基础上，着重对 MIC poly-Si TFT 进行了研究。通过对溶液化学源（S-MIC）、基于 Mask 的定位诱导源（MMIC）、自缓释镍源、纳米纤维镍源金属诱导晶化机理的研究发现：S-MIC 可制备出蝶形大晶畴 poly-Si，晶化过程可用 Ni 收集诱导晶化模型解释，但工艺稳定和重复性较差；自缓释镍源与 MMIC 结合可较稳定地获得横向连续生长的多晶硅带（CZD）。截至 2008 年，研究出可改善 TFT 性能的 PSG 动态镍吸除、后热处理、三倍频 YAG 激光后处理、多指栅和金属栅等技术。发现 S-MIRC 和 CZD MIC poly-Si TFTs 在栅压和热载流子应力下都表现出较好的稳定性。建立了 poly-Si TFT 电路设计平台。用 S-MIRC poly-Si 和四掩膜工艺制备出全 p-type poly-Si TFT 扫描电路。采用自缓释镍源连续晶畴 poly-Si 制备出 128×3×128 的 AMOLED Demo。研制出可复用的 AMOLED 或 AMLCD 屏控制电路。

（南开大学信息学院）

【掺镁铌酸锂光学微结构级联二阶非线性频率变换的研究】 该项目由南开大学陈云琳、黄自恒、陈绍林等完成，起止时间为 2006 年 1 月至 2007 年 12 月，其成果达国际先进水平，2008 年 4 月 4 日通过南开大学结题评审，并登记为天津市科技成果。该项目在掺镁铌酸锂晶体上研制出可以实现级联二阶非线性频率转换的均匀周期光学微结构，然后用全固态激光器和直接用半导体激光器泵浦，实现多波段激光输出。并对准相位匹配周期极化掺镁铌酸锂微结构光学参量振荡进行了实验研究。通过改变微结构周期，实现信号光从 1.45~1.72 微米的输出，最小阈值为 30 微焦。在温度 30 摄氏度，抽运功率为 300 毫瓦，最大信号光输出为 56 毫瓦，斜率效率达 18.7%。该项研究将使宽带可调谐全固态光源在激光测距、测温、光电对抗、医学应用、国防应用、材料处理、光学信号处理、大容量光通讯、环境检测及光谱分析等诸多领域显示出广阔的应用前景。

【基于各向异性金属的一维磁性纳米分子材料的研究】 该项目由南开大学李立存、赵斌、高东昭等完成，起止时间为 2005 年 1 月至 2007 年 12 月，其成果达国际先进水平，2008 年 4 月 16 日通过结题评审，并登记为天津市科技成果。该项目以设计合成一维纳米磁性材料为目标，主要研究成果为：①合成了一系列氮氧自由基-金属一维配合物，研究了不同金属离子特别是各向异性金属离子金属配合物磁学性质的影响。②合成了一系列草胺酸桥联的同、异金属配合物，其中得到一个结构新颖的大环配合物和一个罕见的草胺酸桥联二维 Cu(II)配合物。③以叠氮、二氰胺为桥联配体，双齿、四齿 Schiff base 为共配体得到一系列 Mn(III)一维链状配合物，比较系统地研究了这些化合物的磁性与结构的相互关系。其中一个二氰胺桥联四核混价锰（MnII2MnIII2）一维配合物具有缓慢的磁化强度驰豫现象为一维磁体。

【单分子水平上体外成骨细胞、破骨细胞的实时电磁效应】 该项目是国家自然科学基金面上项目，由南开大学李任植、李俊英、孙海英等于 2007 年完成，其成果达国际先进水平，结题后 2008 年登记为天津市科技成果。利用磁场治疗疾病特别是骨病的历史悠久，但是至今关于电磁场对细胞以及分子水平上的作用机制还不清楚。该课题针对这一问题，开展一系列针对骨组织细胞电磁效应的实时探索性研究。应用原子力显微镜、共焦拉曼光谱仪、荧光分光光度计等纳米探测技术，在单分子水平上实时监测对电荷敏感的体外培养成骨细胞、破骨细胞表面以及胞内钙离子信号传导通路中产生的各种效应，并从细胞表面形态、力学特性、表面蛋白构象变化以及钙离子浓度方面提取有效参数，以期从根本上揭示电磁效应微观机制。该项目发展完善了 Wista 幼鼠成骨细胞分离培养技术，改进并自制了适合耦合到探测仪器中的磁场发生装置，确定了电磁场作用下细胞表面生物大分子的构象变化以及微电流刺激下成骨细胞内钙离子浓度的变化，系统研究了原子力显微镜周期性力刺激引起的细胞表面力学特性变化。该课题采用的刺激与观察同步的实时性单分子水平研究的研究思路与方案具有探索性与先进性，代表了物理因子刺激生物效应研究的发展方向。该项目在电磁作用下细胞表面形态、表面力学特性、细胞表面生物大分子构象以及胞内钙离子浓度等的变化和原子力显微镜探针周期性力刺激引起细胞表面力学特性变化等方面的研究成果具有国际领先水平。这些研究成果是关于生物电磁作用效应微观机制的第一手实时性单分子和细胞水平科研资料，对于电磁效应机制的理解具有重要意义。

化 学

【超临界温度吸附理论和氢气与天然气存储基础研究】 该项目由天津大学化工学院周理、周亚平、孙艳等完成，获 2008 年度天津市自然科学奖一等奖。该项目属清洁能源利用应用基础研究，成功地提出超临界温度吸附理论，有效地指导了氢和天然气储存技术的创新，主要内容包括：①超临界温度条件下气体吸附理论。在确认跨越临界温度吸附机理转变的基础上，阐明超临界温度条件下气体的单分子层吸附机理，解决了基于过剩吸附量的实验数据确定绝对吸附量的难题，建立了基于扎实理论基础的准确描述有极值点的吸附等温线模型。②以超临界温度吸附理论指导储氢研究。超临界温度条件下流体的不可凝聚性必然改变吸附机理，该项目成功地将超临界温度气体吸附理论运用于储氢研究，指出储氢材料的储氢容量取决于材料的比表面积，澄清了碳纳米管储氢误导，廓清了储氢研究方向。③以超临界温度吸附理论指导储天然气研究。在超临界温度吸附理论指导下，将吸附与水合物生成耦合，发明了天然气湿储方法，使碳材料的孔内空间在超临界温度条件下也能用于增强储气容量。该项目共发表论文 36 篇，其中被 SCI 收录 33 篇、EI 收录 27 篇。论文被引用 434 次，其中他引 226 次，其中 1 篇成为 2005 年全球化学工程论文网络点击率最高的 25 篇论文之一。其核心技术获发明专利。研究成果在国内外氢能开发中产生了很大的影响，被编入美国化学会化学进展系列丛书，多次应邀在国际会议作主题报告，主持召开了国际吸附学术会议，扩大了中国在国际氢能和吸附界的影响，推进了天津大学化工一级国家重点学科的建设。

（魏建红）

【新型发光配合物的设计、合成和性质研究】 该项目由南开大学程鹏、赵斌、师唯等完成，获 2008 年度天津市自然科学奖一等奖。新型分子发光配合物的研究属于化学、材料与生命科学的前沿交叉领域，课题组在该领域取得具有原创性的重要成果。主要内容：①通过溶剂热合成方法，在国际上率先制备出多个系列高对称性、吸附性能良好、具有奇特结构的 d-f 混金属纳米孔道配位聚合物。这种把过渡金属与稀土金属离子同时植入到微孔聚合物的框架中，使聚合物表现出独特的光、电、磁等性质，为探索新型发光材料开辟了新方向。②通过调控过渡金属离子上配位水分子的数目，实现从一维分子梯状聚合物向三维纳米管状聚合物的突变，为设计和构建异金属发光材料提供了新方法。③通过改变三维结构孔道中的客体分子的数目，首次实现对其发光在紫外和可见区进行调控，为先进变频发光材料的研究提供了实验和理论支持。④首次制备出在生命科学领域有潜在重大应用的 Zn 和 Mg 离子的微孔荧光探针，探索了对这些离子的荧光选择机理。该研究成果在 J. Am. Chem. Soc.、Angew. Chem. Int. Ed. 等国际著名刊物上发表论文 50 篇，均被 SCI 收录，被他人正面引用 569 篇次，其中 10 篇代表作被他引 417 次，单篇最高他引 111 次。影响因子大于 7.0 的论文有 3 篇，大于 3.0 的论文有 17 篇。获授权中国发明专利 3 项。该项目工作深受国际同行好评。该项目组培养毕业博士生 11 名，硕士生 6 名。大部分博士成为所在高校青年骨干教师。还培养了一大批优秀本科生，2000 级的易龙获 2004 年首届“中国青少年科技创新奖”。项目主要完成者程鹏获国家杰出青年基金资助（2004 年）、天津市第八届青年科技奖（2006 年）；赵斌获全国百篇优秀博士学位论文奖（2006 年）、中国化学会青年化学奖(2006 年)并入选国家教育部新世纪优秀人才资助计划（2007 年）。该项目的实施推动了本学科的发展。

（卢　伟）

【金属组学和环境化学中的分析新技术和新方法研究】 该项目由南开大学严秀平、李妍、尹学博等完成，获 2007 年度天津市自然科学奖一等奖。其主要内容为：①开拓性提出了（芯片）毛细管电泳与原子荧光、火焰加热石英炉原子吸收以及电热原子吸收等 4 种联用新技术，为痕量元素的形态分析和金属组学研究提供了简便经济、高灵敏和高选择性的新方法，填补了国内外在这些联用技术领域的空白。②发展了在线多步吸附和置换吸附预富集分离联用新方法，以简便、经济的方式实现复杂体系中超痕量元素及其形态的高灵敏和高选择性测定。③建立了包括在线胶束媒介富集等一系列在线预富集分离—原子光谱联用新技术。④合成了若干具有高选择性和良好吸附/解吸动力学性能的有机—无机杂化固相萃取材料，并应用于环境污染物的在线固相萃取。该项目创新性和系统性强，主要特点为：它既是分析化学的基础和前沿研究，又注重与环境科学、生物化学和材料科学等其他学科的交叉；针对金属组学和环境化学中的重要分析化学问题，发展了一系列化学污染物的在线吸附预富集分离与检测联用新技术，以及研究痕量金属离子与生物分子相互作用的新方法。其成果得到国内外同行的高度评价和广泛引用。项目在 SCI 期刊上发表论文 43 篇（包括 1 篇 Angewandte Chemie International Edition、8 篇 Analytical Chemistry 和 2 篇 Environmental Science &Technology），获国家发明专利 3 项。该项目培养博士生 15 名、硕士生 6 名，其中 1 人入选教育部新世纪人才计划和天津市优秀博士论文奖，1 人获第二届中国青少年科技创新奖。1 名主要完成人入选天津市授衔专家、长江学者特聘教授和新世纪百千万人才工程国家级人选，并应邀担任多种国际和国内重要学术期刊的编委。

（周其林）

【手性螺环磷配体及其催化剂的设计、合成研究】 该项目由南开大学周其林、谢建华、朱守非等完成，获2007年度天津市自然科学奖一等奖。该项目属于有机化学前沿研究领域——不对称催化合成，在新型高效手性磷配体及其催化剂的设计合成研究方面取得系列创新性成果，主要内容为：①设计了一类全新的手性螺环配体骨架结构，合成了200多个手性螺环双磷配体、单齿磷配体及其手性催化剂，这些手性磷配体以前从未有过报道。设计合成的12个手性配体由国际著名试剂公司实现商品化生产和销售。这是中国内地具有自主知识产权的手性配体或催化剂首次在国际上销售。②研究了手性环双磷配体钌络合物催化的简单酮和环状酮化合物的不对称氢化反应，发现手性螺二氢茚双磷配体是这些反应的最有效手性配体之一。③研究了手性螺双磷配体钌络合物催化共轭羧酸化合物的不对称氢化反应，发现在顺芷酸和肉桂酸衍生物的不对称氢化反应中手性螺二芴配体具有最高的对映选择性。④研究了手性螺环单齿磷配体铑络合物催化的各种烯酰胺化合物的不对称氢化反应。首次发现手性单齿磷配体能够高选择性地催化氢化—脱氢氨基酸酯和烯酰胺化合物。⑤应用单齿磷配体研究了多个金属催化的碳—碳键形成反应。其中在铜催化的不对称共轭加成反应、钯催化的不对称烯丙基化反应和铑催化的有机硼酸试剂不对称加成反应中都取得该反应的最高对映选择性。首次采用镍催化不对称烯氢化反应构筑手性季碳中心，发展了一个合成含季碳手性中心化合物的全新方法。项目共发表SCI论文37篇，其中在化学领域的顶级期刊JACS和Angew. Chem.上发表论文4篇，在影响因子大于3的高水平期刊上发表论文16篇。论文被他人引用394次。项目申请4项中国发明专利。项目负责人应邀在IUPAC Conference、Tetrahedron Symposium和Pacifichem Conference等重要学术会议和国际双边学术会议上作特邀报告26次。项目负责人2005年获中国化学会有机化学委员会有机合成创造奖银奖，2006年获中国化学会黄耀曾金属有机化学奖。

（卢　伟）

【有机氢键共晶及配位聚合物的晶体工程】 该项目由天津师范大学杜淼、赵小军、张致慧等完成，获2008年度天津市自然科学奖二等奖。这项研究成果不仅是该领域的重要进展，同时也推动了其他相关学科的发展，在可控构筑新型分子基晶体材料方面具有广泛的指导意义。该课题团队在国际学术刊物上发表被SCI收录论文48篇，其中17篇为专业权威期刊(影响因子大于3.0)，他人正面引用265次；申请发明专利2项(授权1项)；课题负责人多次在国内外作学术报告，并担任英国皇家化学会CrystEngComm等4种学术刊物的(顾问)编委及21届国际结晶学联合会共晶分会主席，在相关领域产生了重要影响。

（王　彬）

【蛋白质的流化床吸附色谱的基础研究】 该项目由天津大学孙彦、史清洪、董晓燕等完成，起止时间为2000年1月至2007年5月，其成果达国际领先水平，2008年4月通过天津大学结题评审，并登记为天津市科技成果。该项目在国家杰出青年科学基金的资助下，系统开展了蛋白质流化床吸附色谱的基础研究，包括FBA介质、流体力学特性和色谱过程数学模型，以发展该分离方法的创新技术和理论。系统研究了流化床吸附介质的研制方法。首先建立了硅胶介质的表面壳聚糖涂层方法；分别研制成功纳米磁胶粒、微米磁性粒子和两种100微米级MSFB介质，实现高流速、高柱效的蛋白质MSFB吸附色谱。研制成功4种高密度壳核型EBA介质。高密度壳核型介质中蛋白质传质吸附速率快、动态吸附容量大，蛋白质的EBA分离容量达到商品化介质的2倍，证明其具有快速、高容量分离纯化蛋白质的优点。研究了两种膨胀床介质的膨胀床流体力学特性和固相分级规律，包括密度均匀的ST介质和密度分布范围较大的AS介质，分别建立了两种介质的局部平均粒径和局部平均密度与床层相对高度的无因次关系式。在此基础上，建立了EBA过程的多分散一维两相流流体力学模型，可正确预测膨胀高度对流速的动态响应，以及吸附剂颗粒的局部浓度分布、局部粒度分布和轴向粒度分级行为。在这些研究的基础上，考虑ST介质的轴向粒径分级、孔内扩散和液固两相的轴向混合，建立了EBA吸附蛋白质过程数学模型(修正模型)。与传统的轴向均匀粒径模型相比，修正模型对EBA穿透曲线的预测精度大幅度提高，证明EBA中固相分级不仅是形成稳定膨胀床的重要因素，而且对蛋白质吸附行为有重要影响。

该研究发表学术论文40篇，其中SCI收录24篇；出版专著1部；获授权发明专利2项。论文他引236次，在国际上产生了重要影响。

【双桥连环戊二烯基金属有机化合物的结构及反应性研究】 该项目由南开大学徐善生、周秀中、林进等完成，起止时间为2005年1月至2007年12月，其成果达国际先进水平，结题后2008年登记为天津市科技成果。该项目系统研究了双桥连环戊二烯基金属金属键化合物的合成、结构与反应性，特别是双桥对化合物金属—金属键长及反应性的影响。发现碳硅双桥连二环戊二烯基双核金属羰基化合物由于配体的刚性而拥有同类化合物中最长的金属—金属键，并表现出一些特殊的反应性和催化性能，如可以活化断裂C–H、C–P、C=S、N=N、C–N三键，可以使两分子联烯偶联等，也可以催化苯乙烯的活性自由基聚合。发现RCHRCH桥连二环戊二烯配体与羰基钌反应，可以发生C–C键的断裂重排反应，并在此基础上开放出羰基钌催化的Cope重排反应。研究了吡啶及硅氢侧链取代的环戊二烯和茚与金属羰基化合物的反应，得到一系列结构新颖、涉及C–H和Si–H键活化的金属有机化合物。

【高效可见光脱除硝酸根催化剂的低温制备及反应机理研究】 该项目由南开大学章福祥、王祖鹓、杨雅莉等于2007年完成，其成果达国际先进水平，结题后2008年登记为天津市科技成果。水中硝酸根的净化研究是造福子孙后代的大事，对解决高硝酸根浓度的区域问题具有特别重要的现实意义。该课题提出低温条件直接合成可见光可激发的催化剂，深入探讨水中硝酸根的光催化还原净化的研究思路。项目系统考察了苯甲醇、乙二醇、乙二胺等非水介质体系中金属离子或N掺杂二氧化钛可见光催化剂的低温制备及其可见光脱除硝酸根性能，取得100%的生成理想产物氮气选择性；还考察了反应中间体亚硝酸根的光催化性能，发现负载金属尺寸对亚硝酸根的还原选择性具有重要影响。项目组成功于上述介质中低温合成了可见光催化剂，并取得100%N_2选择性的可见光脱除硝酸根的性能。

【新型化学计量学算法与应用研究】 该项目属分析化学领域，由南开大学邵学广、蔡文生等完成，起止时间为2004年1月至2007年12月，其成果达国际领先水平，结题后2008年登记为天津市科技成果。项目的主要内容为：①建立了自适应免疫算法、独立成分分析结果的后旋转方法和基于“移动窗口”的独立成分分析方法，开展了近红外光谱用于复杂体系快速分析的方法研究。可用于环境、食品等实际复杂体系分析。②建立了自适应免疫优化算法（AIOA）、动态格点搜索（DLS）算法以及基于建模的优化算法。其成果可用于团簇结构优化研究。

【茂金属催化的活性自由基聚合反应研究】 该项目由南开大学王佰全、任鸿平、庄岩等完成，起止时间为2005年1月至2007年12月，其成果达国际先进水平，结题验收后2008年登记为天津市科技成果。该项目设计合成多个系列茂金属化合物，用卤代烃作引发剂系统研究了这些化合物催化苯乙烯或MMA自由基聚合反应，发现多个性能优异的活性自由基聚合催化剂体系，其中二茂钴体系催化的MMA活性自由基聚合，分子量分布可达到1.1。二膦二卤化钴类可控链转移自由基聚合催化剂体系催化MMA和苯乙烯自由基聚合，可得到窄分子量分布（PDI= 1.1–1.4）的聚合物，而且可以方便地通过控制单体和引发剂的比例设计并实现聚合物分子量的控制，具有很好的应用前景。苯并茚基钌体系催化苯乙烯和MMA活性自由基聚合，分子量分布可达到1.1。

【二氧化碳的分子催化活化与碳酸酯的合成】 该项目由南开大学何良年、杜亚、王金泉等完成，起止时间为2005年1月至2007年12月，其成果达国际先进水平，结题后2008年登记为天津市科技成果。该项目研究二氧化碳对金属–氧键的插入反应以及与催化剂分子的相互作用，达到活化的目的，并实现资源化利用。研究结果表明，二氧化碳的活化以及与催化剂分子的相互作用是化学利用的关键。项目开展了以环氧化物和二氧化碳制备环状碳酸酯的工艺绿色化研究。采用超临界二氧化碳既作为反应原料，又作为反应介质替代传统挥发性有机溶剂，通过设计非均相催化剂和可溶于二氧化碳的均相催化剂，实现催化剂与产物的分离、循环使用。通过催化剂的分子设计，寻找稳定性好，活性更高，分离效果好的催化剂，使得反应能在更加温和的条件下进行，实现环境友好的绿色合成。金属催化的1，2–二醇与二氧化碳反应以及缩酮与二氧化碳反应研究，探讨合成环状碳酸酯的新方法。设计、合成既适用于环氧化物与二氧化碳加成反应又适用于甲醇与环状碳酸酯的酯交换过程的催化剂，实现以环氧化物、甲醇、二氧化碳为原料一步法制备碳酸二甲酯。单组分、双功能基功能化季鏻盐负载的碳酸钾催化剂具有反应快、催化剂易分离并通过磷核磁检测分离效果，达到简化工艺、降低能耗的目的。该项目对于可再生资源利用和减轻环境负荷具有重要意义。

生命科学

【南开大学生命科学学院科研简况】 南开大学生命科学学院积极组织对2008年度国家科技部、国家自然科学基金委、天津市科委项目的申报工作。“973”项目获批2项：李鲁元作为首席科学家的项目“癌细胞微环境中蛋白质因子的功能与调控”，总经费3500万元；刘林作为首席科学家的项目“猪诱导多能干细胞(iPS)及其分化发育研究”，总经费3000万元。“863”专项“口服长效促胰岛素激素超产菌的构建及其应用技术研究”获批，李明刚为负责人，项目总经费88万元。国家自然科学基金项目获批23项，其中包括面上基金15项，青年基金5项，重点基金1项，杰出青年基金1项，基础基金1项，资助经费总计994万元。“天津科技计划项目”获批8项，总经费110万元。2008年度到位经费总计5000多万元。2008年入选国家自然科学杰出青年的周军在微管结构与功能、微管/细胞分裂药物及肿瘤耐药性等方面，取得一系列研究成果，包括发现微管结构蛋白EBI调节Aurora-B激酶活性，CYLD等蛋白调节微管组装及微管介导的细胞活动，JNK、Hsp70等蛋白调节微管/细胞分裂药物的敏感性等。用英文发表论文32篇，其中回国3年来，作为通讯作者在Proc Natl Acad Sci USA(1篇)、J Biol Chem(4篇)、Cancer Res(1篇)、J Pathol(1篇)等刊物上发表论文9篇，并编著《Microtubule Protocols》一书。2008年，该院共发表SCI论文130余篇，获授权专利5项，出版专著5本。天津滨海新区开发开放纳入国家战略和国际生物医药联合研究院的建立为南开大学生物学科的发展创造了宝贵机遇，生命科学学院师生正积极与国际生物医药联合研究院开展项目交流与合作。

（南开大学生命科学学院）

【微管结合蛋白EB1调节细胞增殖的分子机制】 该项目由南开大学周军领导的课题组完成。微管结合蛋白EB1在多种恶性肿瘤中高表达，能促进肿瘤细胞的增殖，但是有关的分子机制一直不清楚。该项目主要利用生物化学、分子生物学和细胞生物学的方法对此进行研究，发现EB1通过阻止磷酸酯酶PP2A对有丝分裂激酶Aurora-B的去磷酸化，增强Aurora-B的磷酸化水平，从而使其激酶活性显著提高，进一步促进细胞增殖。这一结果为理解EB1在细胞增殖和肿瘤发生中的作用提供了一个崭新的思路，并加深了对Aurora-B激酶活性调节的理解。该项研究成果2008年5月发表在国际重要学术刊物《美国科学院院刊》上。随后国际知名学术刊物《细胞》在其Leading Edge栏目，以“EB1使Aurora-B保持在高速挡”为题，对该项工作作了专门介绍。

（周　军）

【体质人类学与人类群体遗传学研究】 汉族成人体质人类学研究是重要的基础研究，为国家提供汉族体质人类学方面完整的资料，为国际学术界报道中国汉族体质数据，是中国体质人类学工作者的职责和夙愿。汉族体质研究可为中华民族体质数据库及世界民族体质数据库提供一份最重要的奠基资料。2008年，天津师范大学郑连斌承担的“汉族体质人类学研究”获国家自然科学基金重点项目150万元资助。郑连斌多年来一直从事体质人类学研究，完成3个国家自然科学基金面上项目，对中国36个族群进行了研究，其中包括18个内蒙古族群、11个少数民族、6个特殊族群、1个宁夏回族。对内蒙古7个民族18个族群25项人类群体遗传学指标进行了系统研究。在国内首次调查并报道了宁夏回族等8个族群人的体质特征，首次调查了广西京族等10个族群人的体质数据、应用Heath-Carter体型法研究了回族等13个族群人的体型。在此基础上，他获批承担国家自然科学基金重点项目——汉族体质人类学研究。该项目遵循国际学术界统一的研究方法，以汉族方言为汉族族群的分类依据，对16个汉族族群同期开展成人体质人类学研究，调查样本量大，达27200例，测量指标达111项。该项目在城市和乡村同时开展汉族体质调查工作。中国少数民族体质研究成果丰硕，但尚无完整的汉族成人体质资料，仅有零散的汉族成人体质数据的报道。该项目除报道体质数据，还开展汉族成人Heath-Carter法体型研究，探讨体质随年龄增长而变化的规律，分析汉族各族群群体遗传学经典指标方面的特征，结合社会人类学因素初步分析汉族各族群体质形成的原因，分析汉族不同族群在蒙古人种各类型中的分型地位。

（王　彬）

【微生物遗传与分子进化的研究及细菌分子分型系统的建立】 该项目由南开大学王磊、冯露、刘斌等完成，获 2007 年度天津市自然科学奖一等奖。课题组以细菌染色体上最具多样性的区域—表面多糖抗原基因簇为突破口，对微生物的遗传基础与分子进化机制进行了系统的研究，经过近 20 年的不懈努力，取得一系列创新成果：首次提供了 DNA 分子的横向转移对生物进化具有重要作用的直接证据，具有重要的科学意义；全面解析了细菌表面多糖抗原多样性的形成机制，发现种属间/内基因簇的横向转移、DNA 重排和转座子介导的同源重组是形成这一多样性的主要途径，为认识细菌的分化机制和致病菌的形成机理奠定了坚实的基础；首次对一个属中所有种的表面多糖抗原的遗传基础和进化机理进行了系统的研究，证明抗原多样性对细菌适应不同的生存环境具有重要作用；提出了以细菌表面抗原特异基因为基础筛选分子标志的理论，建立了较完善的细菌分子分型系统。

（卢　伟）

【BHV-1 IE 基因产物 BICP0 介导的 AP-1 转录因子激活机制研究】 该项目由南开大学耿运琪、刁丽榕、宣成昊等完成，起止时间为2005 年 1 月至 2007 年 12 月，其成果达国际先进水平，2008 年 1 月 5 日结题，登记为天津市科技成果。该项目通过瞬时转染、体外磷酸化反应、免疫共沉淀、GST pulldown 等实验技术，证实超感染疱疹病毒的调控蛋白可“劫持”感染慢病毒的宿主细胞内 MAPK 信号转导途径，激活通路中重要的激酶，借此完成对慢病毒基因表达的调控，激活潜伏态的慢病毒和细胞内基因的表达。该研究不仅可为信号转导研究丰富数据，也可为特异抗病毒药物的研制提供思路。①证实 ICP0 可以特异性地激活 AP-1 依赖的转录，而且这种激活作用不存在细胞特异性。②证实 ICP0 通过活化 JNK 实现对 AP-1 因子的磷酸化，进而使 AP-1 转入核中激活转录。③证实 ICP0 对 AP-1 的激活与通路上游的 TAK1 而非 TRAF6 相关。表明 ICP0 能通过 TAK1→JNK→AP-1 模式激活 AP-1 信号通路。④BIV 感染引发细胞凋亡，而 BTat 蛋白参与这种细胞应答过程。项目利用末端脱氧核糖核酸转移酶介导的 dUTP 缺口标记技术以及采用 DNA 染料 DAPI 将细胞核染色，均证实 BIV 感染细胞后可以引起细胞凋亡的发生。项目利用 TUNEL，DAPI 染色，DNA ladder 等实验进一步发现 BIV 编码的调控因子 BTat 蛋白可以引发凋亡反应，而且 BTat 引发的凋亡是与 caspase 信号通路相关的。研究证实，BTat 通过影响微管的动力学过程进而引发细胞的凋亡。该项目发表论文多篇，其中被国内外重要学术期刊刊登 5 篇，1 篇在中国生物化学与分子生物学会第九届会员代表大会暨全国学术会议西安分会宣读。

【牛心朴子草抑制植物病毒活性成分—安托芬及其衍生物的全合成和活性及毒性研究】 该项目由南开大学汪清民、王开亮、李昊等完成，起止时间为 2005 年 1 月至 2007 年 12 月，其成果达国际领先水平，2008 年通过国家自然科学基金结题评审，并登记为天津市科技成果。该项目首次发现牛心朴子草中的生物碱－安托芬对危害极大的烟草花叶病毒（TMV）具有很高的抑制活性。项目对牛心朴子草的活性成分继续分离提取，又得到几种生物碱，发现 2，3－二甲氧基－6－羟基菲并吲哚里西啶的抗 TMV 活性与安托芬相当。开展剂型研究，得到新型的绿色环保适于实际应用的安托芬水剂；进行田间小区试验，发现安托芬的效果明显好于两个商品化对照药剂宁南霉素和病毒 A，对烟草安全；检验安托芬水剂的急性经口经皮毒性为低毒。全合成光学活性的(+)－2－脱甲氧基娃儿藤碱，首次发现在路易斯酸三氯化铝存在下，进行 Friedel 酰化反应的同时可高收率地脱掉 N 保护基 Cbz，合成的 2－脱甲氧基娃儿藤碱也具有极高的抗 TMV 活性。项目首次利用三氯化铁成功实现 α－取代苯基肉桂酸酯的分子内氧化偶联形成菲环，以此为关键步骤合成菲并吲哚里西啶生物碱取得重大突破，设计完成一条全新的路线合成娃儿藤碱，该路线只有六步，原料易得，反应条件温和，原子经济性高，总收率高达 48%，可大量制备。进行先导结构修饰，合成一系列苯并吲哚里西啶和氮杂菲并吲哚里西啶及氮杂菲并喹喏里西啶衍生物，还偶然得到骨架结构为全新的菲并吲哚里西啶化合物。

【非光合微生物次生代谢中的光调节作用】 该项目是国家自然科学基金项目，由天津科技大学王昌禄主持完成，2008年12月通过验收。光作为环境因子之一，影响着大多数生命体的生长和代谢。在真菌中，光对真菌生长和代谢的影响早在19世纪已开始引起人们的关注。光照对真菌的影响包括代谢、生长、有性和无性繁殖、向光性和色素生成等。该课题旨在研究光照培养对红曲霉液态发酵产生的红曲色素和桔霉素的影响，同时研究光照培养对红曲色素和桔霉素的降解效应。研究结果表明，光照培养较黑暗条件下培养其发酵周期缩短了48小时，蓝光光照条件下培养144小时，较黑暗避光培养时色素产量提高了28.5%，而桔霉素含量却下降了79.0%。红曲色素和桔霉素的降解均符合一级动力学反应，桔霉素和红曲色素的半衰期分别是黑暗避光下培养半衰期的4.7%和47%。尽管红曲色素在蓝光光照培养条件下不稳定，但光照培养后其色素产量却显著提高。以上研究结果表明，蓝光作为一种信号因子，可刺激红曲色素的合成，蓝光辅助发酵下的低桔霉素含量可能主要归因于蓝光对桔霉素的高降解率。

（李明琪 王 琥）

【低聚硒酸软骨素的制备及其诱导K562细胞凋亡的机理研究】 该项目是国家自然科学基金项目，由天津科技大学刘安军主持完成，2008年12月通过验收。项目研究了硒酸软骨多糖的氧化还原制备，即将硫酸软骨素强碱脱硫、脱乙酰后，用膜过滤法除离子并制备聚合度低于25的氨基多糖，即脱乙酰软骨素；将脱乙酰软骨素通过氧化-还原法将硒酸根($HSeO_3$)导入到软骨素的氨基基团(-NH)上，经过DEAE葡聚糖离子交换树脂分离纯化制备成低聚硒酸软骨多糖；探讨了低聚硒酸软骨多糖抗肿瘤活性及诱发肿瘤细胞凋亡的机理，结果表明低聚硒酸多糖能显著抑制人白血病K562细胞、HL-60细胞、人乳腺癌MCF-7细胞、人肝癌BEL7402细胞的生长，50克/毫升作用72小时，对细胞生长的抑制率即可达80%以上；低聚硒酸多糖30毫克/天腹腔给药治疗小鼠S180肿瘤动物模型，小鼠肝癌H22模型，鼠白血病L1210模型，预防治愈率达到100%，治疗治愈率33%。细胞周期分析、PI-Hoechst33342荧光染色、DNA琼脂糖凝胶电泳、TUNEL染色等显示，低聚硒酸多糖能明显诱发肿瘤细胞凋亡。药物作用后，细胞的Fas、Bad蛋白表达上调，Bcl-2蛋白表达下调，MAPK信号通路相关激酶、ROS等可能参与了低聚硒酸多糖诱导肿瘤细胞凋亡的信号途径。

（李明琪 王 琥）

【基于DNA自动机过程的双链DNA序列测定的新方法】 该项目是国家自然科学基金项目，天津科技大学张治洲主持完成，2008年12月通过验收。该研究中双链DNA序列作为输入分子，由限制性内切酶对DNA进行切割，露出黏性末端，与状态转移分子通过碱基配对相结合并发生连接。由于状态转移分子仍然含有限制性内切酶的识别位点，连接后的DNA分子继续新一轮的切割和连接循环并使作为输入分子DNA序列逐渐变短。输入分子的长度变化反映了DNA序列的信息，该长度变化是可设计和可阅读的，从而实现测序。该研究有效地避免单链DNA分子高级结构引起的测序困难，克服原有技术中单链模板二级结构影响测序的不足，并在此基础上降低成本。初步研究表明该策略有明朗的应用前途，值得立即完善并考查其实用价值。

（李明琪 王 琥）

【环境中痕量雌酮分子印迹吸附检测的基础研究】 该项目是国家自然科学基金项目，天津科技大学王硕主持完成，2008年12月通过验收。分子印迹材料是新兴的具有特异性选择吸附功能的高分子材料，以分子印迹材料作为人工抗体建立酶联仿生免疫检测方法是免疫检测研究的一个前沿性课题。该研究以雌酮的人工抗体仿生酶联免疫检测方法为研究内容，以雌酮作为模板分子，离子液体作为辅助模板，采用氧化引发与分子印迹相结合技术，在酶标板表面直接制备了雌酮可控水相分子印迹膜，以此印迹膜作为仿生抗体，建立了直接竞争仿生酶联免疫分析方法(BELISA)。该研究获得雌酮分子印迹聚合物的最佳功能单体和合成条件，阐明了聚合反应条件对印迹分子与印迹分子聚合物之间结合异性和亲和力的影响机理，建立酶联分子印迹免疫吸附检测反应的酶反应体系，突破了化学反应与生化反应共反应体系的关键技术难点。课题的研究成果对于进一步发展分子印迹作为人工抗体的酶联免疫仿生检测方法打下了良好的理论基础，使这一领域的研究进入一个新阶段。课题共发表SCI论文8篇。

（李明琪 王 琥）

【拆分手性药物(2-芳基丙酸类)工程菌的构建】 该项

目由南开大学张金红、张秀明、高才昌等完成，起止时间为2005年3月至2007年12月，其成果达国际先进水平，结题后2008年登记为天津市科技成果。该项目通过构建NK13基因文库，获得两个新的基因，对这两个基因分别进行了克隆表达，及对2-芳基丙酸类药物拆分能力的鉴定，最终构建高表达特异拆分2-芳基丙酸类药物工程菌，解决生物法拆分该类药物高效酶源的短缺难题。

【副新翅类昆虫目级阶元的18S rRNA及线粒体基因组系统发育分析】 该项目由南开大学谢强、田颖、花吉蒙等于2007年完成，达水国际先进平，结题后2008年登记为天津市科技成果。分子系统发育领域是国际上近30年来迅速发展的交叉领域，18S rDNA是使用最为广泛的分子标记，尤其是在高级结缘系统发育研究中，对于其二级结构也有多年研究，但是将二级结构信息应用于指导校正分子系统发育研究中的序列比对结果，国际上研究薄弱。线粒体基因组是国际上21世纪以来动物分子系统发育研究领域逐步被重视的一个基因组水平的分子标记。昆虫纲中的各目间关系尚存诸多待解之处，副新翅类昆虫的目级阶元关系就是其中重要的一部分。副新翅类昆虫中多个类群的18S rDNA比模式生物中存在显著加长，这一现象严重影响序列比对的准确性，需要进行二级结构模型研究并应用其结果。这也为确切地认识18S rDNA显示的各种动物高级结缘系统发育关系开辟了新的途径。该项目通过对100条代表昆虫各目的18S rDNA序列的热力学模拟计算rRNA二级结构研究，得到的合意结果显示，国际上已有的18S rRNA二级结构模型需要做2处调整。将调整后的二级结构模型用于指导分子序列比对结果的校正，在半翅目亚目间系统发育关系研究，对于真半翅类中（古喙亚目+（盾喙亚目+（鞘喙亚目+异翅亚目）））的系统发育关系给出了国际上最有力的证据。18S rRNA二级结构模型的修正，为18S rDNA序列比对（alignment）过程中基于二级结构信息对比对程序输出结果进行校正打下基础，这将提高将18S rDNA作为分子标记（之一）的系统发育重建的准确性。

【中国盲蝽科叶盲蝽亚科系统分类研究】 该项目由南开大学刘国卿、陈晨、李晓明等完成，起止时间为2005年1月至2007年12月，其成果达国际先进水平，结题后2008年登记为天津市科技成果。该项目对该区系分类进行修定总结，全面整理、鉴定、订正物种。记述新种，建立新单元，研究中应用传统和现代分类技术解决了近缘种等疑难问题。揭示了中国该区系的构成特点，明确本类群中国种类的组成情况、分布和有关经济害虫的生物学特性。这一成果为此动物志的立项和编研准备了丰富的素材，有利于该类昆虫资源的合理开发和应用，对农林害虫防治和益虫利用有一定的应用前景。

【五大类植物激素对拟南芥ACC合成酶基因家族调控网络的初步研究】 该项目由南开大学王宁宁、常立、汤雪奴等于2008年3月完成，其成果达国际先进水平，结题后登记为天津市科技成果。该项目利用启动子-报告基因系统和多种激素信号传导及ACS基因突变体，研究了拟南芥ACS家族各成员在拟南芥生长发育过程中的表达谱和不同激素刺激对这些ACS基因表达的调控作用，初步建立了植物激素通过不同ACC合成酶所介导的对拟南芥乙烯生物合成的调控网络框架。项目执行期间有多篇学术论文分别发表在《Journal of Experimental Botany》、《Plant Science》和《科学通报》等国际国内重要学术期刊上，并被《Plant Physiology》等国际重要学术期刊多次他引，在相关研究领域产生了重要影响。

【麦蛾总科系统发育和动物地理学研究】 该项目由南开大学李后魂、王淑霞、Oleksiy Bidzilya等完成，起止时间为2005年1月至2007年12月，其成果达国际先进水平，结题后2008年登记为天津市科技成果。麦蛾总科是鳞翅目中最大的总科之一，其系统学地位十分重要，许多种类是严重的农林业害虫。该类群在中国分布广泛，种类丰富，但过去却所知甚少。该课题组的研究取得较好进展，该项目在已有的基础上对以往很少涉及的类群进行了系统研究。主要取得以下成果：①较大规模地调查研究和补充采集了标本，并首次在香港、台湾以及欧洲进行了采集，积累了大量生物学、生态学、分布类型等方面的野外资料，为进一步的研究打下了良好基础。②开展了小潜蛾、遮颜蛾、尖蛾、绢蛾等科的系统学研究，澄清了一些重要的分类学问题。③初步完成中国狭义织蛾科分类修订工作，出版了英文专著《中国织蛾》。④新发现一些麦蛾科、细蛾科昆虫的访花习性与寄主植物间协同进化的关系，并进行了一定研究该项目在国内外重要学术期刊上发表论文13篇，其中SCI收录10篇。

高新技术研究

计算机与信息技术

【计算机入侵取证关键技术】 该项目由天津大学计算机学院孙济洲、姚鹏海、张加万等完成，获2008年度天津市技术发明奖三等奖。计算机入侵取证关键技术是在网络信息安全问题日益严峻，国内外对网络入侵进行检测与取证技术的研究成为热点的形势下，在国家“863”计划、天津市重点科技攻关计划及国家公安部科技预研项目计划支持下研究开发完成的。该项目首先从数据流与控制流、入侵状态跃迁等角度，结合对入侵过程的空间分析和时间分析，提出了建立在图论基础上的基于状态跃迁的二维总体模型。针对应用层检测中包重组技术在大规模入侵情况下响应速度慢造成丢包率高的问题，提出了利用分布式网络中冗余资源的并行重组的解决方法，使对“拆包发送”攻击行为的检测漏报率小于5%。该方法显著提高了NIDS的性能参数进而大大提高其处理极限，使高速网络下的实时入侵检测成为可行。该项目提出入侵取证信息安全保护理论模型（DT-BLP安全模型），为取证信息安全保护系统的设计与开发提供了理论指导和应用基础，使在入侵前和入侵过程中进行犯罪证据的安全保护成为可能，极大地减少了入侵者在入侵前和入侵过程中进行其犯罪证据破坏的可能性。项目所提出的取证信息一致性算法能够成功地对入侵前、入侵中的取证信息完整性进行严格的技术保护。此外，该项目实现了网络信息智能化查询与海量数据分析功能，通过引入模糊查询和智能检索机制，保证了对入侵事件、发生规律、攻击来源等信息进行快速查询/查证。该项目分别通过国家863专家组验收、天津市科委鉴定及国家公安部专家组验收，达国际先进和国内领先水平。项目组撰写的学术论文有31篇发表在国内外学术期刊与国际会议上，16篇为EI收录。研究成果在天津市公安局和天津市边防出入境检查总站应用推广，取得很好的效果。该项成果的应用推广，不仅在节约网络管理经费及有效降低网络犯罪破坏后果方面带来可观的直接和间接经济效益，而且对国内拥有自主知识产权的信息安全产品的进一步开发有重要参考价值与推动意义。

（魏建红）

【数字视频压缩与码流测试技术的研发及应用】 该课题属数字电视视频压缩技术及数字码流测试设备开发类项目，由天津大学电信学院、天津市德力电子仪器有限公司合作完成，主要承担者有李华、刘开华、陈韬、蔡宏忱、张淑芳等，获2008年度天津市科技进步奖二等奖。电视由模拟向数字、标准清晰度向高清晰度转变过程中，各种视频压缩技术和编码标准的制定及相应数字测试设备的研发异常活跃。天津大学紧跟国内外该领域的发展形势进行了有关数字高清晰度电视、视频压缩编码技术和数字视频码流分析技术的研发，并参与国家音视频标准AVS的制定工作，取得理论研究和应用技术研发成果。在国家自然科学基金和科技攻关计划等项目的支持下，项目重点研究了视频编码技术，完成HDTV/TV编码系统软件编制；提出了运动补偿和帧模式选择等技术方案或算法；进行了MPEG-2 TS流分析、MPEG-4、H264、H263和AVS视频码流分析技术的研发，并将这些技术向天津市德力电子仪器有限公司进行技术转让，通过产学研联合开发DS9000码流分析仪、DS9000-T数字电视调谐器自动检测系统等达国际先进水平的产品。这些产品应用到四川长虹、重庆康佳、广东TCL、绵阳九洲和深圳特纳等单位，替代国外昂贵的同类产品。项目总产值为6750万元人民币，利税合计1781.82万元人民币，出口创汇301.11万元美元。天津大学研发的AVS视频基本流分析仪为国内唯一产品，填补了AVS标准测试的空白，在AVS标准制定中发挥了重要作用，对上海广电(集团)有限公司和清华大学等单位生成的码流进行了测试。该分析仪被中国电子技术标准化研究所和国家广电总局广播电视规划院使用，得到好评。项目发表论文98篇，获授权发明专利1项。

（魏建红）

【清代皇家古建筑彩画信息数字化保护与应用系统】 该项

目由天津大学建筑学院和北京市园林局颐和园管理处共同承担，主要完成者为马剑、高大伟、刘刚、刘瑗、张明宇等，获2008年度天津市科学技术进步奖三等奖。该项目针对颐和园古建筑彩画（世界文化遗产）的保护与修复展开研究，并完成数个应用案例。主要内容如下：①首次系统建立颐和园建筑彩画电子原始档案库，实现颐和园建筑彩画这一世界最全彩画基因库的图形信息、色彩信息及历史信息数字化遗产保护。②首次建立颐和园彩画数字化标准图形图谱库和色彩库，为彩画修缮保护提供规范化、科学化、定量化的设计方案、施工工艺和验收标准。③首次得出颐和园彩画光照衰变规律，为彩画断代、彩画整体与局部修复（修旧如旧）以及人工照明光照保护提供科学手段。④首次研究并确定了颐和园建筑彩画修缮标准的科学主体，为彩画修缮保护行业制定规范提供科学范本。针对颐和园彩画面临形、色失真和工艺失传的严重情况，项目立足于保护颐和园彩画原真性，通过查阅颐和园始建至今200余年的历史资料，调查走访1200多名专家和工匠，应用数字化测量、图形矢量化、色彩数字化定标等现代科技手段，历时4年完成40000余幅彩画的测定、分析与归档，并进行天然光及常见人工光源的光照影响实验，最终建立国内外容量最大的清代皇家古建筑彩画信息库。该项目通过京津两地专家组成的鉴定委员会鉴定，属国内外首创，达国际领先水平。该项目成果在颐和园、天坛、北海等世界文化遗产和国家级重点文物保护单位的彩画大规模修缮项目中应用，修缮后彩画的图形、色彩原真性达到98%，施工效率提高30%，得到国家文物局、中国文化遗产研究中心、中国国家文物研究所、故宫博物院等权威机构和使用单位的一致好评。

（魏建红）

【天津市勘察设计市场监管系统】 该项目属计算机与自动控制领域，由天津大学机械学院王洪礼、郑玉昕、郭嘉良、郭龙、张华等完成，获2008年度天津市科学技术进步奖三等奖。在勘察设计市场上，图纸设计违反“强制性条款”现象经常出现，设计企业越级设计时有发生，企业和执业人员资质虚设挂靠屡禁不止，管理不规范也比较严重。所有这些不仅造成效率低下，严重影响施工进度，而且因建筑安全问题导致的死亡事故屡屡发生，建筑质量纠纷也呈逐年上升趋势。该系统主要是针对这些问题进行开发的。采用多层体系结构、B/S模式构建，系统开发平台为Microsoft Visual Studio .NET2003，采用基于XML的ASP.NET技术，后台语言使用C#。数据库工具采用Microsoft SQL-Server2000，数据库设计符合建设部的行业标准。该系统创新点为：①首次将施工图设计中的“不良记录”与设计企业和设计人员的资质挂钩，建立设计企业及人员资质的动态监管新模式。②首次通过数据挖掘（关联分析）找出施工图设计中易犯的错误的概率及关联，从而可提请设计人员注意，减少今后犯同样错误的机会。③首次运用数据包络分析法（DEA），通过审查中发现的设计人员的“不良记录”，结合业绩、成果等，对设计企业和人员作出科学的综合评价。该系统在天津市全部13个审图公司中使用1年多，大大提高了工作效率，在基本不增加人力和成本的前提下，多审图302万平方米，2007年增加利润678万元。在天津市勘察设计协会和天津市注册办及全市300多个设计单位及1600多名执业注册工程师中广泛使用1年多，方便了企业和人员的工作，加强了动态监管，提高了设计质量，避免了建筑安全事故的发生。2008年新增区县管理模块，在全市各区县建委推广使用，提高了建委的管理水平和服务功能。该系统申请软件著作权登记。

（魏建红）

【制造网络协同与集成测控技术】 该项目属先进制造系统以及计算机与自动控制领域，由天津大学机械学院、山东潍柴控股集团有限公司、天津市鼎成现代集成制造技术工程有限公司合作完成，主要承担者为郭伟、黄田、谭旭光、邵宏宇、王磊等，获2008年度天津市科学技术进步奖三等奖。项目所涉及的对象是大型复杂制造网络，研究目的是开发一套关于制造网络的协同与集成测控理论方法与技术，以提高制造网络协同管理能力、制造网络库存控制水平等。该技术主要包括制造网络集成评测技术、制造网络协同策略方法与技术以及制造网络库存管控技术。制造网络集成测评技术是指围绕制造网络的基本目标，基于制造网络业务流程，对制造网络整体、各环节运营状况以及各环节之间的营运关系等所进行的事前、事中和事后分析评价。制造网络协同策略方法与技术，是指通过理论的方法尽可能消除节点企业之间的不协调之处，实现或基本实现整个制造网络的利润最大化。同时，通过所开发的协同与监控软件系统平台，使各节点企业充分实现彼此之间的信息共享，以及实现制造网络运行状况的动态分析与监控。制造网络库存管控技术主要是基于管理手段和计算机仿真技术，优化制造网络中的库存，从而达到减低呆滞库存、减少库存占压资金的目的。该项目的主要特点：针对一个复杂的大规模制造网络，基于国际上通用的工业标准 SCOR 理论，提出了一套具有通用性的制造网络绩效测评技术、数据采集技术和组织实施方法；从质量保证的角度，提出了制造网络协同控制策略；基于系统集成的思想，将制造网络绩效测评、分析诊断、策略制定、协同交互与管控等多种技术有机地结合在一起，形成一套完整的技术体系。该项目的研究成果成功地应用于一个拥有200余家供应商年、销售收入超过400亿元的大型复杂制造网络中。

（魏建红）

【光栅谐振子检测地震波的理论和方法研究】 天津科技大学李淑清主持完成的该项目获2008年度天津市技术发明奖三等奖。该成果可用于石油、矿藏、地热工程和水文地质等地震勘探领域，特别是用于高精度、高分辨力地球物理勘探。主要技术指标：①工作频带10~500赫兹。②加速度灵敏度：≥1.5毫伏/厘米/秒。③动态范围≥80分贝。④工作温度-40~+60摄氏度。这是一种全新原理的地震检波器，以光栅谐振子作敏感元件，完成光栅谐振子检测地震波的方法和理论研究，主要包括敏感元件结构设计的合理性、横向限振理论及可调阻尼的研究；光栅莫尔条纹动态检测技术研究；光学系统研究与设计；信号检测与处理、电路设计、测试数据重构系统的研究等。该研究成果形成的光栅数字地震检波器产品具有以下特性：①传感器直接输出数字脉冲信号。从莫尔条纹的产生到信号的输出，均以数字信号为传输对象，不需要 A/D 转换环节，因此具有抗干扰、易传输和信号处理方便等优点，从本质上不同于现有的数字化地震检波器。②动态测试能够真实重构被测的输入信号。③动态测试检测振幅的分辨力达2.5微米。④响应快、动态范围大。⑤横向振动对光栅莫尔条纹记数信号无任何影响，有利于压制干扰。⑥所采用的原理使传感器制造具有优生特点，保证了制造精度，降低了产业化的风险。⑦结构中设计了横向限振片、光栅调节器及阻尼调节器，保证检波器参数的一致性，易于工业化生产。该产品性能明显优于现有检波器产品，特别是在高频弱地震信号勘测方面，具有强大的创新优势。国家自然科学基金委组织的对该课题的结题评估认为，该项目提出将光栅莫尔条纹技术应用于石油地震勘探，为高分辨力的地震勘探提供一种全新方法和途径，有创造性见解，有重要的理论意义和应用前景。

（李明琪　王　琥）

【作物水胁迫声发射机理及视情灌溉系统研究】 该项目是天津市科委应用基础研究面上项目，由天津科技大学杨世凤主持完成，2008年8月15日通过验收。课题组以温室番茄为主要研究对象，构建作物水分胁迫声发射（AE）微机监控系统。主要研究成果为：①探索声发射产生机理。当作物受到水分胁迫时，由于作物内部水分子之间的内聚力失效，在导管中出现连续水流断裂，产生“空穴”，使导管内处于真空状态，由于外界的压力作用，张力会突然释放而产生冲击波，以弹性波的形式出现，通过声发射传感器及检测系统能及时检测得到，其声发射的频率在100~300千赫之间。②着重探讨声发射的形成过程。发现声发射现象与作物的水力结构及抗旱性能有很大关系，是植物长期以来为适应环境进化的结果。③发现在某种程度上，随着环境的温度、湿度、CO_2浓度及蒸腾量的变化，AE 的发生次数会发生规律性变化。④基于作物水分胁迫程度与 AE 信号的定性关系，深入研究其变化曲线，找到适合于实时精准灌溉的数学模型，并在此基础上进行实验研究，以最简化的公式来概括复杂的变化规律。⑤确立声发射信号与蒸腾速率、温湿度、CO_2浓度之间的关系，开发了作物水分胁迫声发射检测与视情灌溉控制系统，用于指导农业节水灌溉的实践。⑥开发了基于虚拟仪器的作物水分胁迫声发射检测系统软件，可进行声发射信号、温度、湿度等信号的显示、数据处理和频谱分析等。为考察按照植物生理需水信息控制灌溉的效果，在监测系统的基础上建立了计算机控制的滴灌系统，灌溉系统内水压来自距地2.5米高的水箱，滴头实际流量为3.6升/时。为保证根区土壤湿润的均匀性，植株根部区域相对方向上等距地安装两个滴头。通过对灌溉策略的传统控制算法及作物非充分灌溉制度控制算法的研究，确立对系统的水分供应采用“声发射控制+时控”的控制方案。在天津科技大学温室实际试用结果表明，该系统工作稳定可靠、操作方便灵活，适应现代化农业科学生产和自动化管理的需要，并为开展植物生理、生态研究提供一个崭新的研究手段，具有较高的实用价值和广阔的应用前景。

（李明琪　王　琥）

【生态校园建设标准、模式及智能化管理信息系统研究】 该项目是天津市社会发展科技项目，由天津工业大学张宏伟等人完成，2008 年 4 月 23 日通过天津市科学技术评价中心组织的结题验收。该项目在分析国内外生态校园建设现状的基础上，对生态校园建设模式进行总结和归类；编制了一套适合中国国情的生态校园建设标准指标体系；提出并建立针对以上指标体系和评估模式的指标评估体系；研究并建立生态校园物流分析—能值分析—关键要素模型优化的规划方法体系，开发成在规划指导下的生态校园设计方法；通过物流分析和能值分析的结果，辨析出对校园建设生态性水平影响较大的关键因素，开发生态校园要素规划的方法及与之相应的优化模型与求解技术；围绕生态校园指标体系，提出生态校园系统管理方法，并建立与之相应的智能化管理信息系统。该项目将以上规划方法和信息管理方法应用于天津工业大学新校区建设规划中，经对该校新、老校区已建和拟建效果进行评估，结果显示新校区校园建设生态性效果显著，符合以人为本、生态性和可持续性的科学发展观，对校园管理有积极的示范性作用。

（郭建辉）

【数字化、网络化汽车模具开发系统集成技术研究与应用】 该课题是国家“863”项目，由天津汽车模具股份有限公司 2005 年 12 月至 2006 年 12 月完成，获 2008 年度天津市科技进步奖二等奖。项目提出并完善适合汽车模具特点和满足国内汽车模具企业需要的，以信息集成和企业集成为重点内容，以数字化和网络化为主要手段的企业信息化集成应用方案。解决的主要技术问题及创新点包括：①汽车模具企业信息化集成应用总体方案研究。②基于 CAE 的精细模具设计技术研究与应用。③模板化全三维快速模具设计技术研究。④汽车模具工艺规划管理系统研究与集成应用。⑤基于 PDM 的汽车模具 CAD、CAE、CAM 集成技术研究。⑥异地网络化汽车模具协同设计制造平台开发及应用。课题成果在该公司得到充分应用，直接促进企业设计制造能力的提高，并取得显著的经济效益。仅 2007 年上半年，其成果创产值 1 亿元，创利润 1500 万元，创出口额 2400 万元，创税收 1700 万元。形成的数字化网络化模具开发系统集成技术以及数字化模具设计制造技术，不仅得到成功的应用验证，而且形成了一批国内领先水平的成果软件系统和工具，可以有效地推广应用到其他汽车模具企业。同时，在取得的技术应用成果的基础上，进一步发展形成能够支持汽车模具产业链业务的技术服务平台，带动整个汽车模具产业信息化水平的提高，支撑汽车模具行业的快速发展。

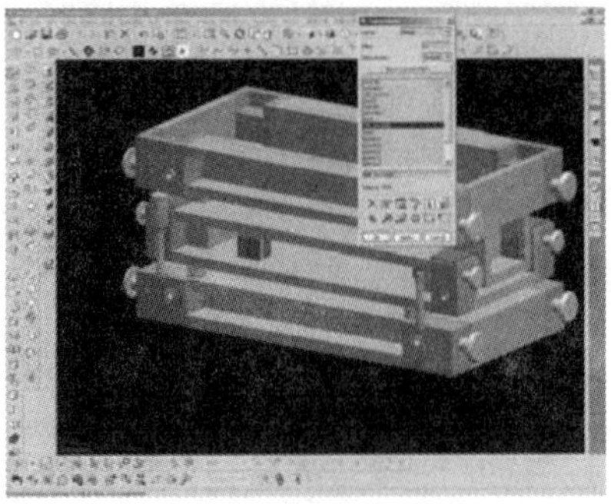

基于 UG 的模板化模具设计系统

（常世平）

【利用 OFDM 技术实现 VHF、UHF 频段高速数据通信的研究】 该项目由南开大学吴虹、吴岳、孙冬艳等完成，2008 年 6 月通过天津市科委验收，其成果达国际先进水平。该项目在 VHF/UHF 频段采用 OFDM 调制技术实现高速数据通信的研究和软件仿真正确的基础上，完成实验系统（包括基带和射频部分）的硬件制作。项目创新之处在于：①在 VHF/UHF 频段，采用 OFDM 技术，大幅提高该频段的有效频带利用率，可以解决如何在频带资源有限的情况下，显著提高数据通信速率的技术问题。②采用自适应变速率 MQAM-OFDM 技术，可同时保证高的通信速率和通信质量。③在 20 千赫占用带宽内实现速率大于 64 千比的通信，有效频带利用率明显高于现行技术指标。系统产品化后可用于地矿、水利、能源部门、国家地震局、建设部、气象局、军队等机构的专用无线数据通信，研制的系统频带利用率达到现有系统的 6 倍以上，可有效解决该频段频率资源严重不足的问题。该项目申请国家发明专利 3 项、实用新型专利 1 项，在国内外核心期刊上发表论文 10 篇，其中 4 篇被 EI 收录。

（吴　虹）

【Linux 系统安全审计技术研究】 该项目由南开大

学信息技术科学学院贾春福、段雪涛、高敏芬等完成，起止时间为2005年4月至2007年12月，其成果达国际先进水平，2008年4月8日通过天津市科委验收。该项目研究了Linux系统的安全审计技术，提出了一套基于System call和Library call的安全审计方法，包括与系统安全事件相关的System call和Library call的确定、获取和存储技术；审计信息分析与特征提取方法；系统异常行为的识别与记录等。在此基础上开发具有相应功能的安全审计原型系统。原型系统基于LSM(Linux安全模块)框架，具有系统层和应用层的审计功能，具有较好的实时监控能力；加载后对系统的性能影响很小。该原型系统是基于最新的Linux系统内核版本（内核版本为2.6.22)的。项目的创新点主要体现在：①系统调用System call和Library call是系统运行状况和安全状态在内核空间和用户空间的直接反映，通过审计分析这些内容可以更为准确地把握系统的运行状况，兼顾内核空间和用户空间的安全事件，同时可以确保审计数据的可靠性。该项研究可以实现系统审计功能向系统底层扩展，也是防范内部攻击和滥用的有效措施。②将审计技术纳入到LSM框架下，利于技术的标准化发展。③将系统调用和Library call序列作为系统运行状况和行为的载体，建立适用的行为分析方法，如Markov模型和隐马氏与层次隐马氏模型等。Linux是一个非商业操作系统，其内核代码公开，它的出现为中国发展具有自主知识产权的操作系统提供了可能。随着Linux在国内应用的普及，该研究成果不仅可以提高信息系统的安全防护能力，也对国内具有自主知识产权的信息系统安全基础技术研究有重要的促进作用。同时还可以带动基于Linux系统的应用软件业的发展。

【多载波无线通信系统联合高效算法研究及系统实现】 该项目由南开大学吴虹、吴岳、刘海员等完成，2008年12月通过天津市科委验收。该项目针对甚高频、特高频频段的多载波无线通信系统，在前期研究基础上，提出两种联合高效算法。两种联合高效算法均达到在较好地实现各模块功能的同时，极大程度地使其得到优化。在软件仿真正确的基础上，选用DSP和FPGA作为核心器件实现调制、解调以及其他基带处理部分，同时，研制成功射频电路部分，完成整套多载波实验系统的硬件制作。该项目创新之处在于：①提出采用统一的编码方案实现信道编码、同步和降低峰均比的联合高效算法，利用有限的冗余信息，同时实现系统的检错与纠错、加强同步和降低峰均比的功能，有利于提高系统有效频带利用率。②提出利用同一组训练符号进行信道估计、同步和降低峰均比的联合高效算法，使系统在进一步提高总体性能的同时，仍保持很高的有用数据传输速率。③将两种联合高效算法用于甚高频、特高频频段的多载波无线通信系统中，在该频段20千赫有效频带宽度内有效频带利用率达到3.2~6.4比/赫的高速数据通信，相当于现有无线数据通信系统的6倍以上。该项目的研究成功，可有效解决甚高频、特高频频段频率资源严重不足的问题。该系统产品可首先用于专用无线数据通信系统，进而可向其他应用领域逐步推广。其关键模块可集成为Modem芯片，便于工程化生产，甚至系统涉及到的关键技术和算法也可推广到其他频段的移动通信系统中。该项目申请国家发明专利4项、实用新型专利1项，在国内外核心期刊上发表论文8篇，其中4篇被EI收录。

（吴　虹）

【竞争型网络机器人机理及人机智能和谐分配研究】 该课题是国家自然科学基金和天津自然科学基金资助的项目，由南开大学刘景泰、孙雷、李海丰等承担，研究始于2006年1月，计划2009年4月完成。该项目结合机器人遥操作系统研究的发展趋势，在首次提出面向竞争型机器人遥操作的概念和相应的对抗度和竞争度概念的基础上，根据各种多操作者多机器人遥操作系统的特点进行分类研究。通过这种系统化和定量化的研究，使竞争型机器人遥操作的研究对象更加明确，研究目标更加精准；设计并实现Tele-dart和Tele-LightSaber两种典型的竞争型机器人遥操作作业，为研究竞争型遥操作系统的机理提供了理想的实验平台；此外，设计并实现一套支持多用户的，集离线编程、控制、仿真、实验数据采集再现为一体的可配置多机器人三维仿真平台，并形成了面向市场的β版商业软件系统；通过利用可配置的软件仿真系统和在硬件平台上的实验，在获得大量的实验数据的基础上，充分考虑人的智能与机器智能在系统中的不同功能与地位，构建一套适用于竞争型机器人遥操作系统的智能体系结构——I-RANCR体系结构，该体系结构将人机智能分配到不同的控制层，实现人机智能的和谐分配；同时提出并完善以客户满意度为核心的竞争型机器人遥操作系统的评测体系。该成果为国内远程服务机器人的应用和军事机器人的发展提供较广泛的借鉴作用。截至2008年，该项目申请发明专利1项，软件著作权登记1项，在国内高水平杂志和国际会议上发表论文14篇，其中EI收录9篇。

（南开大学信息学院）

【企业产品更新供应链的最优控制】 该项目由南开大学与天津理工大学合作完成，主要承担者为涂奉生、孙俊清、全雄文等，起止时间为2005年1月至2007年12月，其成果达国际先进水平，结题后2008年登记为天津市科技成果。该项目重点从动态博弈论角度研究销售环节的供应商（厂家）与代理商之间各自定价动态最优决策（含库存问题）以及从信息更新角度研究在动态随机需求下采购的订货动态最优策略（含库存问题），做了一些有益的探索，取得创新性成果：研究了供应商（生产商）与代理商（零售商）关于新老产品的最优定价问题。研究了零售商的新老产品最优采购/库存问题和供应商新老产品的原部件最优采购/库存问题。从零售商的角度建立对原产品和更新产品的最优采购（库存）模型，给出不同情形下零售商最优采购决策的表达式，得到最优采购决策的一些性质。对于生产商的原部件的最优采购/库存问题，基于需求预测和信息更新，建立的原部件最优采购模型可归结为一个两阶段的随机非线性规划问题，证明总收益函数的可分性和子收益函数的凹性质。得到部件最优订购数量所满足的条件。此外，还研究了一些扩展问题，如非对称信息情况下最优定价合同设计、差异产品厂家选址决策和更新产品投放市场时间优化等问题。该项目所研究的问题，是从企业产品更新供应链管理中提炼出来的实际问题，具有原创性。项目组在3年的研究过程中，撰写完成21篇学术论文，已发表17篇，其中有8篇被EI和ISTP检索，支持完成博士论文3篇，其研究成果具有一定的理论意义和实际应用价值。

【面向信息技术的开放式考试系统关键技术研究】 该项目由河北工业大学与天津市教育招生考试院、河北省信息资源管理中心、天津商业大学合作完成，主要承担者有武优西、肖玉宇、冯丽平等，起止时间为2003年9月至2008年4月，2008年5月9日通过天津市高新技术成果转化中心鉴定，其成果达国际先进水平。该项目在吸收社会现存考试系统的精髓和问题的基础上，从知识表示的角度出发，建立开放式考试系统。该系统使得当考题发生变化后，自动评分系统易于调整和修改。其相关工作可由任课教师而不是专门的软件开发人员来完成。项目在如下方面实现了原始创新：①选用产生式知识表示方法作为自动评分系统的知识表示，并为此建立了开放式考试系统模型语言的语法规则。②建立评分答案脚本的书写器，即评分答案录入系统，以方便用户编写评分答案脚本。③依据编译原理建立评分答案分析器，执行评分答案脚本，并可对多种操作（Windows操作、Word操作、Excel操作、PowerPoint操作、FrontPage操作、画图操作、网络操作、电子邮件收发操作等）模块进行计算机自动评分。该系统应用在天津市初等信息技术考试和河北省高校计算机等级考试这两个省级的大型考试中，历时多年，累计在上万台计算机安装使用，使用者达上百万人次。采用这套先进的技术系统，实现从报名到考试、评分、收分、分数发送等考试过程管理以及后期分数处理等全部考试工作的计算机管理和控制，在保证考试的公平与公正的前提下，大大减轻考试全过程中相关人员的劳动强度，降低了考试管理费用。该系统得到考试管理者、考试组织者、考试承办者、监考人员和考生等考试相关各人员的普遍好评，成为一个在天津市和河北省乃至全国范围内影响力较大的考试系统。

【海上事故快速反应搜救及影响分析系统开发】 该项目由交通部天津水运工程科学研究所张征、李蓓、杨华等完成，起止时间为2005年1月至2008年6月，2008年6月通过国家交通部鉴定，其成果达国际先进水平。该项目开发研制成一套用于模拟海难事故时的海况及海难后船只、人、物以及石油等危险物品在潮流、风吹流推动下的自然漂移情况，为搜救人员迅速提供搜救目标的正确位置和石油等危险物品的污染扩散范围。该"搜救定位支持系统"主要由5部分组成：海洋基本数据库、潮流、风吹流数值模拟系统，石油漂浮扩散系统，仿真动态显示系统，卫星遥感分析系统，地理信息系统。研究成果主要有：①海洋数据库平台的建立：建立潮流、风吹流数值模拟系统和石油漂浮扩散模拟系统，用来模拟预报事故海区发生海难时刻的海流和风吹流流场，并模拟海难中人、物、船漂移轨迹和石油等危险品漂浮扩散范围，为搜救提供正确定位。②建立以地理信息系统为平台的仿真动态显示系统，集成大量海洋基本数据库、数值模拟计算数据和仿真动态显示等大量数据资料，应用计算机技术对数据进行集成、存储、检索、操作和分析，生成并输出各种信息。系统建立了一整套友善的人机界面和灵活简便的操作接口，以及仿真、动态的可视画面，在屏幕上显示海难区的潮流、风吹流流动情况，并显示搜救目标的漂浮轨迹和扩散范围。对搜救目标进行及时方便准确的预测。该项目在黄骅港、洋山港、钦州港等项目中得到成功的应用，取得显著的经济和社会效益。该系统成功用于渤海湾内两个海事仲裁项目，为类似项目的开展打下基础。

【北方海区海上船舶交通监控系统的研究与开发】 该项目由中华人民共和国天津海事局、北京东方网脉科技发展有限公司合作完成，主要承担者有徐津津、孔繁弘、史光平等人，获2007年度天津市科技进步奖二等奖。从2004年起，天津海事局充分利用和有效整合了VTS、AIS、DSC、CCTV等多种现代信息技术，将北方海区船舶交通现场图像实时传输至天津市海上搜救中心值班室及其他用户。经过两年多来的实践证明，该项目能够为海上通航安全管理、重大事件应急反应和搜救指挥提供有效的技术手段和辅助决策依据。项目的研制开发代表国内海上交通安全与信息化管理的发展方向，具有前瞻性和首创性，是一项具备自主知识产权的高水平科技信息成果。项目在船舶交通管理系统（VTS）、船舶自动识别系统（AIS）技术和船舶数据处理以及系统集成方面，开发了多项新技术，实现原始创新、系统集成创新和引进吸收消化再创新。该系统功能齐全，运行可靠，扩展性和适用性强，实现实时监控、快速反应、预警预控，提升了海上搜救和应急反应的效能。该项目应用到天津市海上搜救中心值班室、天津海事局通航处、天津港口集团调度指挥中心，并接通到天津市交通委员会信息中心。2005年、2006年相继参加全国首届安全与技术装备展览会和第八届国际水运、公路技术装备展览会。紧急处置“燕京”轮紧急避险、“地中海乔安娜”特大碰撞事故等10余起，为天津滨海新区建设和天津港的快速发展做出了贡献。该系统的基本概念和运行效果，被业内人士普遍认同，在海事部门有很大的应用价值，推广前景良好。

（庹培林）

自动化与精密测控技术

【低压保护电器的关键技术研究及其应用】 河北工业大学陆俭国等完成的该项目解决了国内外长期未能解决的断路器瞬动特性调试准确度不高的难题，在国内外同类技术中处于先进水平，获2008年度国家科技进步奖二等奖。项目对低压保护电器的可靠性进行了开创性研究：在国内外首次制订出其可靠性指标及其可靠性试验方法标准，出版了专著《低压保护电器可靠性理论及其应用》，并在国内外学术会议及刊物上发表重要论文38篇，获发明专利3项，实用新型专利1项，推动了电器可靠性技术的发展，有重要创新，所制订的标准对提高国内低压保护类电器产品的质量与可靠性水平奠定了基础。通过该项目的研究，在国家电器产品质量监督检验中心等6家检测机构及企业建立了可靠性试验平台，研究成果推广应用到70%的低压保护类电器主要生产厂家，实现产学研相结合，使这些企业的产品在国家重点工程领域中广泛应用。

（丛继坤）

【低速大转矩伺服传动系统分析设计方法及其应用】 该项目属电气传动系统工业设计与运行控制领域，由天津大学自动化学院、天津市佳利电梯电机有限公司合作完成，主要承担者有夏长亮、史婷娜、陈炜、施立钦、施志明等，获2008年度天津市科学技术奖科技进步奖一等奖。电气传动系统电能消耗大，其效率指标亟待提高。由于结构复杂、参数繁多而又相互耦合，传统电气传动设计理论有一定局限性。该项目针对低速大转矩伺服传动系统运行效率与动态性能等问题，建立了低速大转矩伺服传动系统模型，提出了一种基于RBF神经网络和遗传算法的低速大转矩伺服传动系统设计技术，为电气传动系统分析与设计提供了重要的理论依据和关键的技术支撑。该项目的主要创新成果有：①建立了基于有限元法和解析法的低速大转矩伺服传动系统模型，为伺服传动系统设计奠定了理论基础。②提出一种基于RBF神经网络和遗传算法的低速大转矩伺服传动系统设计技术，通过并行计算优化设计方案，有效提高了伺服传动系统的性能指标。③发明了Halbach无齿轮永磁同步曳引系统，提高了无齿轮电梯曳引系统整体的转矩控制稳定性和动态特性。④发明了永磁无刷直流电机无齿轮电梯曳引系统，降低了制造成本，提高了系统的可靠性和控制特性。⑤成功将低速大转矩伺服传动系统分析设计技术应用于电梯曳引系统，优化了系统结构参数，改善了系统运行性能。研究成果成功应用于天津市佳利电梯电机有限公司生产的传动系统产品中，具有效率高、动态性能好、温升低、噪音低、可靠性高、使用寿命长等优点，产品的技术含量、技术附加值及性价比很高。2005~2007 年累计新增产值 34510 万元，新增利润 2590 万元，新增税收 2268 万元，利税合计 4858 万元。该项目申请国家发明专利 2 项（已公开 1 项），发表学术论文 30 余篇，培养该研究领域博士生 6 名、硕士生 7 名。该研究成果在改善伺服传动系统性能方面有着显著的优势，且技术辐射能力强，属国际先进水平。发展该项技术有利于打破国外行业垄断和技术壁垒，创造自主品牌，降低相关产品价格，对节能减排、缓解能源紧张、减轻环境压力也具有重要意义。

（魏建红）

【TP-601PLS 集中式玻璃窑炉配料时效自动控制系统】 该项目由天津市工业自动化仪表研究所郭吉仁、李萌、张明等人完成，起止时间为 2005 年 12 月 1 日至 2008 年 1 月 5 日，获 2008 年度天津市科技进步奖三等奖。该系统的研究开发主要完成玻璃窑炉所用原料的配制工作，从节能环保出发，结合全新控制理念与算法，创新性地成功解决了传统系统中存在的问题，以保证最终配合料的质量。其创新点为：在满足多种玻璃原料制备的工艺要求下，研制出横向时效优化软件控制模块、纵向时效优化软件控制模块和物料水分跟踪控制软件模块，实现对同级别生产设备、工艺各环节间的时效配比调节和含水量调节，充分提高动态称量精度、保证均化度与最终配合料质量。该系统的产业化直接为企业创造产值达 3000 多万元，系统建设成本节省 15%以上，系统运行能耗节省 5%以上，同时提高了成品率。典型用户五粮液环球集团建成中国中东部最大的晶白料玻璃瓶罐及特种玻璃生产基地。烟台张裕玻璃制品有限公司建成北方最大红酒瓶生产、出口基地。该项目已进行成果登记并获著作权保护。

（张　明）

【BDY-1 型气体流量仪表比对仪】 天津市燃气集团有限公司完成的 BDY-1 型气体流量仪表比对仪，获 2007 年度天津市科技进步奖三等奖。该比对仪是自主创新项目，首次作为国内产品应用在燃气贸易计量的在线比对上，对国内气体流量在线比对产品的再开发及应用具有深远意义。该成果基于标准表法气体流量校验装置的原理，在不拆卸被检表的条件下，判断在线仪表的运行状态是否正常。在工作过程中，将标准表和现场在线被检仪表串联，使用现场在线被检仪表中的流通介质作为比对介质，通过判断标准表和被检表之间在相同时间段内测量值的误差，达到在线比对的目的。其创新点：①采用实流检测，即使用工作流量计中的被测介质（而不是空气）作为检测介质，从而有效地避免了物理参数不一致造成测量结果的影响。②在线比对检测，不只停留在理论研究上，而是以产品来解决计量实际问题。③供电及比对多样化，有两种供电方式，即人工比对时，设备采用内部电池供电；自动比对时，设备需要外部 DC24V 供电，从而能尽量满足各种现场条件使用。④拓宽功能，不仅能比对流量，而且能比对在线温度和压力。BDY-1 型气体流量仪表比对仪以解决燃气计量工作中的实际问题为设计出发点。重点解决离线检测带来的附加误差和在检定周期内工作流量计运行状态的判断。产品突出技术特点是在线和实流比对，操作性强、成本低；适用于腰轮流量计的比对；可配备 USB 接口，实现资源共享。该项成果为燃气行业计量管理科学化、准确化提供可靠的依据，填补国内燃气计量管理领域工作流量计在线实流比对产品的空白。其主要性能指标达国内领先水平，具有广阔的应用前景。

（周琳生）

【天然气计量系统 GPRS 无线远传安全监测技术研究】 天津市燃气集团有限公司完成的天然气计量系统 GPRS 无线远传安全监测技术研究，获 2007 年度天津市科技进步奖三等奖。该成果的创新点是利用 GPRS 无线网络实现燃气流量计数据远程采集监控。系统集计算机、通讯、网络、自动化技术于一体，具有数据定时上报、任意查询、异常报警、远程监控处理等功能。数据传输采用先进的 UDP 及TCP、IP 传输协议，传输效率好稳定性高。管理中心由通讯服务器和数据服务器等设备组成，分别负责抄表及数据存取分析工作，以确保数据完整、准确。系统设置设备维护管理中心，通过无线网络实时监控设备的运行情况，根据需要进行远程维护。该系统建成投入使用后,对燃气用户实现远程实时动态管理,强化管理和监测力度,对在用的燃气用户实施无线远传监测燃气的运行压力、温度、流量及用气量等主要技术指标参数,做到对用户实施全天候安全监测,在线分析管网运行状况。为降低企业供销差率、保证稳定供气起到积极科学的指导作用。为管理人员和决策者提供有效、科学的管理依据。同时提高了调度、营业收费、计量管理工作效率。通过对用气量的监测,适时调节外网的供气压力,保证安全稳定供气。该项技术在行业应用中达到国际先进水平。

(周琳生)

【石英晶片全自动装片机】 该项目由天津必利优科技发展有限公司承担,主要完成人有李建平、刘贵枝、朱凌云等,获2008年度天津市科技进步奖三等奖。该设备是一种用于将放在散料盘上的石英晶片进行更快速、准确、自动装载的经济、无污染的新型机器,通过运动控制卡对各快速轴进行运动控制,完成装片过程的全部运动。采用视觉原理对图像精确定位,把数据传输给控制软件,通过算法对散料位置坐标精确计算后,把散装石英晶片从供料托盘吸取,通过高速轴快速运动和视觉系统对其进行X(横向)、Y(纵向)和R(角度)方向上的算法补偿,根据补偿后的数据将散料放入镀膜夹具中。在工艺上,采用机器自动装片方式,降低晶片的破损率,降低污染,提升产品的良品率,特别是DLD特性的提升显著。其主要创新点:①自主开发高速图像处理软件,实现机械手高速运行过程中抓拍并计算晶片空间位置。为保证机械手精确定位,发明了一种消除传感器触发误差的方法,进一步提高机械手重复精度。②开发模板上定位方式,替代传统的下定位方式,保证模版工作面的高度一致。③晶片向模板插入,采用平插和垂直插入结合的方式,突破传统的单一方式,使机械定位精度显著提高。该产品达国际先进水平,部分参数国际领先,特别是插入方式,属于首创。该产品在国内市场占了95%以上的份额并受到了客户好评,改变了只能依靠进口的局面。

(李建平)

【智能化可通讯低压电器及其装备】 低压电器是机械装备的基础元件,需要用现代的计算机技术、通讯技术、现场总线技术改进和提升其技术水平,使之成为智能化可通讯的低压电器,实现输配电系统中用电部门配电自动化。智能化可通讯低压电器及其装备项目由天津市百利电气有限公司承担,主要完成人有梁燕、高云旭、刘凤琨等,起止时间为2006年4月至2007年7月,获2008年度天津市科技进步奖三等奖。该项目主要内容:①利用微型计算机实现电网主要低压电器元件智能控制。②利用已申请的无飞弧专利,开发自主知识产权的无飞弧断路器。③利用自主知识产权的限流断路器、磁通变换技术开发系列高分断能力指标的断路器。④利用已申请的14项专利开发新一代自动转换开关。⑤开发带有区域连锁、电能检测、多种总线接口的系列断路器。上述成果中,复合灭弧断路器(CDC消游离技术)、限流断路器、带机械连锁的双电源切换开关操作器、多功能的智能控制器、用于交流接触器的智能模块及通讯接口等都是创新点。2007年7月至2008年底,该产品销售收入近7亿元,实现利税2亿多元。

(梁 燕)

【智能型弧齿锥齿轮铣刀盘测量调整仪】 该项目是天津市科委应用基础研究面上项目,由天津科技大学王永强主持完成,2008年7月26日通过验收。该测量调整仪在结构上的创新点是:将传统调刀仪径向及刀高两个互相独立的测头机构集成到一个测杆测头上,实现集成化测量,并且两种测量过程可独立进行互不干涉,使仪器机械结构大大简化,具有更高的性能价格比。其技术创新点是:采用高精度数字式位移传感器及微测量机构,铣刀盘刀具径向测量分辨力可达0.1微米,数字显示无人工读数误差。配备标准串行通讯接口,可通过微机实现数据的实时采集、数据库存储。仪器配备功能完善的软件系统,建立智能化分析、测量数据评定及管理的数学模型。该铣刀盘测量调整仪具有测量精度高、智能化程度高、操作简便等特点,能够满足企业数字化、信息化制造及管理的需求,技术上达国际先进水平。它作为铣齿机数字化成套装备的配套产品,可提升铣齿机数字化成套装备的附加值,符合国家产业政策和科技发展规划的要求。该产品国内市场前景好,并可实现出口。

(李明琪 王 琥)

【生物医学工程中大范围多目标、运动目标的显微视觉反馈与定位研究】 该项目由南开大学赵新、张建勋、黄大刚等完成,起止时间为2005年1月至2007年12月,其成果达国际领先水平,结题后2008年登记为天津市科技成果。该项目主要内容:①针对光轴方向“深远”范围内定位问题,实现离焦状态显微图像的深度信息和平面位置信息的提取,并利用基于离焦状态模糊显微图像反馈的全自动双针互插实验验证上述方法的有效性和实时性,从而将微操作机器人的工作空间在Z方向(光轴方向)进行拓展。②针对显微图像平面视野狭小问题,提出基于操作域地图的多目标微操作的视觉反馈方案,建立不同分辨率层次上的多目标定位策略并进行了系统实现。③针对显微目标在光轴方向游离出景深范围问题,实现基于Canny边缘检测的显微图像复原算法,确保在高噪声级别下仍能得到较好的图像复原效果。④针对显微目标游离出屏幕视野问题,提出基于小波变换的显微视频目标监控策略,设计并实现“细胞观测中的三维自动跟踪”实验。

【安全型数字显示瓦斯报警矿灯KLW6LM(A)】 该项目由天津市马克尼电子仪器有限公司刘宏儒、李卫群、马永泰等完成,起止时间为2005年7月至2007年10月,2008年4月10日通过天津市科委鉴定,其成果达国际先进水平。该技术产品把矿灯的照明功能和甲烷检测报警仪功能组合成一体,在煤矿安全生产上是国内和国际上的首创。它的照明采用最先进的LED技术,主、辅光源采用1瓦和0.4瓦的大功率白光LED封在同一透明体内,制成符合矿灯要求的复合光源,具有亮度高、省电、寿命长、安全、不漏电等特点。灯头采用该公司的专利技术,用特殊的焊接方法,将LED与金属质反射器结合,满足LED低部散热不高于65摄氏度的要求,更安全可靠,解决电源过充光衰的难题。在灯体上,嫁接了技术较成熟的便携式瓦斯检测报警仪。该仪器与矿灯共用一组电源,采用单片机编程,使其各项指标达到或超过了国标、行标。整机结构紧凑,便于携带,它的大规模使用,有效地补充了国内瓦斯监测手段,提高了煤矿的安全水平。

【2CLG0203-2CLG0216系列彩色复印机用塑封高压硅堆】 该项目由天津中环半导体股份有限公司从培金、李萍、张学涛等完成,起止时间为2007年1月至2008年4月,通过天津市经委鉴定,其成果达国际先进水平。该项目产品是由多个微型单元PN结芯片串联构成组件型器件,还具有高压、高耐放电、可承受严酷的使用条件的特点。该产品主要采用了管芯的特殊切割、耐高热的结构设计和新型聚酰亚胺钝化等技术,微型化塑封高压硅堆的耐湿性达到国际先进水平。该产品具备批量生产能力,产品性能完全符合设计标准。

【2CL2060安全电表用塑封高压硅堆】 该项目由天津中环半导体股份有限公司从培金、李宝香、张学涛等完成,起止时间为2007年1月至2008年4月,通过天津市经委鉴定,其成果达国际先进水平。安全电表用高压硅堆产品是应印度SECURE METERS LIMITED公司的要求而开发的一种高技术含量的半导体分立器件,其生产工艺复杂。产品是由多个微型单元PN结芯片串联构成组件型器件,具有低正向压降、大电流、可承受严酷的使用条件的特点。该类产品的开发,填补国内空白,为电子信息产业增添了新型基础元器件,打破国外公司垄断安全电表用高压硅堆市场的局面。该产品具备批量生产的能力,产品性能完全符合设计标准。

【2CLG1015特殊电源用塑封高压硅堆】 该项目由天津中环半导体股份有限公司张学涛、王锐、梁效峰等完成,起止时间为2007年1月至2008年4月,通过天津市经委鉴定,其成果达国际先进水平。特殊电源用塑封高压硅堆,具有超快恢复时间、低正向压降、耐大电流和高反向击穿电压的技术特点。它的开发成功,填补国内空白,代表了该类产品世界最高水平。产品是由多个微型单元PN结芯片串联构成组件型器件,具有高压、大电流、快恢复时间,可承受严酷的使用条件的特点。该产品采用的主要技术是:耐高压特性的产品结构设计技术;耐高热结构设计技术;管芯的特殊切割技术;采用新型聚酰亚胺钝化,确保微型化塑封硅堆的耐潮湿性能达到国际先进水平;采用新型塑封料模塑封装,确保硅堆的耐潮湿性能和耐高温性能达到国际先进水平。该产品具备批量生产的能力,产品性能完全符合设计标准,开始批量供货。

【HBM-400匀质器】 该项目由天津市恒奥科技发展有限公司刘自国、王志利、可贵京等完成,起止时间为2006年2月至2008年6月,2008年9月3日通过天津市高新技术成果转化中心鉴定,其成果达国际先进水平。HBM-400匀质器是光机电一体化实验仪器,主要应用在食品、药品、临床、分子学、毒素及细菌检测等领域的检验前处理过程，使从固体样品中提取细菌的过程变得非常简单。工作时只需将样品和稀释液加入到专用无菌的样品袋，一起放入匀质器中，关上门便可自动开始和完成样品处理过程。该匀质器技术指标达到国外同类仪器的先进水平，已完成企业标准制定。它的推出，有效地保证了产品质量，替代了进口设备，节约了资金。HBM-400均质器已申请实用新型专利。

【七自由度控制功能的船体板材成型数控生产线】 该生产线是天津市科技攻关计划重点项目，由天津理工大学与天津市天锻压力机有限公司合作完成，主要承担者毕大森、李森、张淳等，起止时间为2005年1月至2008年5月，2008年5月10日通过天津市科委鉴定，其成果达国际先进水平。该生产线是采用数字技术、自动化控制技术、计算机信息化技术和智能化与系统集成技术等关键技术，通过对加工制品—模具—装备一体化耦合研究分析的方法，开发而成的用于大型船体板材成型的具有数字化智能化功能的新型成套系列装备。具有以下技术特点：①由进、出料遥控起吊装置，具有运输和升降二个自由度功能的板材数控上、下料传输装置，具有压头压制、移动、旋转和工作台移动、旋转功能的五自由度的数控压制中心，以及数控系统所构成的具有七自由度控制功能的船体板材成型数控液压机生产线，实现对大型船体板材吊装、输送、弯曲、弯边、压筋、折边、矫平等冷成型工序的连续加工。②以触摸屏和PLC可编程工业微机及上位机构成的数控系统，可设定存储200多套模具的工艺参数，对压头移动、旋转和压制、工作台移动和旋转、辊道升降和输送共七个自由度进行控制，使其自动定位，并对其运动参数进行设定，完成板材压制工艺参数的集中控制。③五自由度的数控压制中心，采用组合框架预紧龙门式结构；压头和工作台的移动及旋转采用计算机控制变频电机直接驱动传动装置，实现数字重载机械驱动；压头的压制采用比例调压，各位置控制采用行程数控系统。④板材送料和出料输送装置采用动态转矩矢量驱动控制技术，辊道具有双向运输和升降二个自由度的运动功能，其升降距离有液压驱动和机械驱动两种方式供选择。该生产线装备适合不同规格大型船体板材冷成型加工。

【电阻抗断层成像电极系统优化设计】 该项目为天津市应用基础研究计划面上项目，由中国医学科学院生物医学工程研究所王妍、沙洪、赵舒等完成，2008年4月结题。该研究采用基于强制等势点的优化设计方法，从理论、计算机仿真和实际系统实验等方面，对电阻抗断层成像（EIT）电极系统的电极数、电极类型、电极结构参数和激励测量模式等进行优化设计，为实际EIT系统提供理论和实验依据，克服了EIT电极系统构建的随意性。项目将原有的线电极强制等势点法加以改进，使其应用于复合电极，对不同的电极数、电极类型、各种结构参数组合和多种激励测量模式进行仿真实验和盐水槽实验，研究各因素对成像结果的影响，找到针对不同成像目标的电极系统优化方案。研究结果表明：对于非中心区的成像目标，增加电极数可以提高成像质量，而对于中心区目标，电极增加到一定程度，图像重建质量反而会下降。不同深度的目标有不同的最优电极数。复合电极4个结构参数互相影响制约，重建质量并没有显著的提高，反而增加了系统不确定因素，不利于成像。电极宽度的增加在一定程度上提高重建图像质量，但加宽到一定程度，重建质量会下降，不同的目标深度对应不同的最优宽度。激励方式从相邻、相隔、直到相对，可以显著提高系统检测灵敏度，但减小了独立测量数。实验结果表明，相邻激励方式更具优势，但相对激励模式可以提高测量数据的精度，有利于中心区目标阻抗分辨率的提高。项目共发表论文10篇，其中在中文核心期刊发表7篇，在国际会议发表3篇，培养研究生2名，获实用新型专利一项。

（王　妍）

【基于DSP控制的数字化管道专用焊接逆变电源】 该项目由天津工业大学李亮玉等人完成，2008年4月29日通过市科委鉴定。项目的研制涉及电力电子技术、微电子技术、计算机控制技术和焊接工艺等多门学科，在研制过程中跟踪国际数字化焊接电源前沿技术，解决大功率IGBT高频逆变的驱动和保护、DSP全数字化控制、送丝直流电机速度稳定性控制、弱电和强电的电磁兼容等多项技术难题。该研究成果主要用于石油、天然气运输管道等的焊接，开发的数字化焊接电源在功能上实现一机多能，设备成本大幅降低，可取代同类进口产品。该项目总体上达国际先进水平，获2008年度天津市科技进步奖三等奖。

（郭建辉）

【基于多源信息融合的弧焊机器人质量控制技术】 该项目为市科委自然基金重点项目，由天津工业大学李亮玉等人完成，2008 年 4 月 20 日通过市科委验收。弧焊机器人大多数为示教再现机器人，对作业条件稳定性要求非常严格，缺乏“柔性”。该项目以克服焊接过程中各种不确定性因素对焊接质量的影响，提高机器人智能化水平为目的，通过对其相关理论进行系统研究，取得如下成果：首次对弧焊过程中电弧光对温度的影响进行定量分析，建立电弧辐射模型，为实施温度信号的准确采集提供理论支持；首次将熔滴热焓对温度场的影响考虑在内，建立新型的三维温度场解析模型；首次将视觉信息和温度信息融合，实现对焊接过程熔透及微观组织的实时控制；研制新型 GMAW 熔池图像自适应采集系统，实现不同焊接规范条件下自动获得清晰均衡的熔池图像。该项目发表论文 22 篇，其中在国内外重要刊物发表 15 篇，申请国家发明专利 2 项，参编专著 1 本。该项目总体达国际先进水平。

（郭建辉）

环境科学与环保技术

【南开大学环境科学与工程学院简况】 南开大学环境科学与工程学院拥有 3 个省部级重点实验室和 1 个国家教育部“985”工程基地：国家教育部环境污染过程与基准教育部重点实验室、国家环保部城市颗粒物污染防治重点实验室、天津市城市生态环境修复与污染防治重点实验室、国家教育部“985”工程“循环经济”哲学社会科学创新基地。设有 11 个教学、科研机构以及校挂靠单位：环境科学系、环境工程与管理系、环境科学研究中心、南开大学环境评价所、南开大学泰达膜分离技术研究开发中心、南开大学环境与社会发展研究中心、南开大学城市公共安全研究中心、南开大学战略环境评价研究中心、南开大学循环经济研究中心、南开大学清洁生产研究中心、中美环境修复与可持续发展研究中心。截至 2008 年底，学院有教职工 104 人，专职教师 80 人，其中教授 24 人（博士生导师 17 人），副教授 36 人，讲师 20 人。专职教师中具有博士学位 71 人，占教师总数的 88.8%。教师队伍中有长江学者特聘教授和讲座教授各 1 人，国家杰出青年科学基金获得者 2 人，国家新世纪“百千万人才”2 人，国家教育部“跨世纪人才”1 人、“新世纪人才”5 人。2008 年度内，引进和招聘教职工 16 人，调出和辞职 4 人。增列博士生导师 2 人。晋升正教授 2 名，副教授 11 名，副研究员 3 名，讲师 7 名，助理研究员 1 名。全院在校学生 695 人，其中本科生 290 人，硕士研究生 285 人，博士研究生 120 人，学院在站博士后 8 人（年度进站博士后 3 人）。学院图书资料室藏中外文图书 1300 余册，期刊 80 余种，过刊 1200 余册，学位论文 600 余册。

（王海勇）

【南开大学环境科学与工程学院学科建设】 2008 年，该院启动“211 工程”三期建设，院长周启星主持并参与具体工作。完成并递交了题为“环渤海地区环境污染形成机制与修复调控”的《“211 工程”三期重点学科建设项目申报书》。南开大学对此进行了评审和论证，并确定了 5 年 380 万元的建设经费额度；4 月，国家教育部学科评估中心组织并启动对环境科学与工程一级学科评估工作。该院积极准备，制定了“学科评估简况表”，完成申报工作；作为该院学科建设的重中之重所提出的“环境基准与修复”重点实验室，2008 年列入学校申报的 3 个重点实验室之一，11 月院长向国家科技部相关部门汇报筹建该室的思路和基础，并提交了书面报告；在省部级重点实验室和国家教育部“985”基地建设上，天津市重点实验室积极与美国 Rice 大学合作。“中美环境修复与可持续发展战略研讨会暨南开大学中美环境修复与可持续发展中心挂牌仪式”于 2008 年 3 月在滨海新区召开；国家环境保护城市颗粒物污染防治重点实验室充分发挥“局校合作”和科研优势，积极参加大气环境保护工作。1 月 11~12 日，该院白志鹏作为会议特邀代表参加了 2008 年全国气象局长会议。6 月 10 日南开大学/天津市气象科学研究所承担的中国气象局气候变化专项通过验收；9 月 23 日“国家环境保护城市空气颗粒物污染防治重点实验室第一届学术委员会会议”在南开大学召开。10 月 15 日国家环境保护部组织专家对“国家环境保护城市空气颗粒物污染防治重点实验室”进行了评估；南开大学“985”工程“循环经济”哲学社会科学创新基地，长期关注国家战略资源的综合循环利用。2008 年，该院完成世行项目“湖北骨架公路网战略环境影响评价”、国家社会科学基金项目“外国直接投资（FDI）与国家生态环境安全研究”和天津市金融工委课题“天津市循环经济试点城市建设若干问题研究”；还完成《昆明生态市建设规划》、《天津市国家循环经济试点城市实施方案》、《中新生态城规划环境影响评价》等编制工作；为推进“十一五”期间节能减排目标，基地清洁生产中心积极实施天津大港油田集团有限公司清洁生产审核工作，完成大唐国际唐山热电有限责任公司清洁生产审核和唐山顶峰热电有限公司清洁生产审核等项目；积极建设环境污染过程与基准教育部重点实验室，4 月召开成员大会，起草并颁布了教育部重点实验室科研奖励计划，全面启动该室建设工作，重点实验室建设计划书 6 月通过专家论证。

（王海勇）

【南开大学环境科学与工程学院科研工作】 2008 年，南开大学环境科学与工程学院到位科研经费 2478 万元，其中纵向经费 1736 万元（增长超过 1000 万元），横向经费为 594 万元，其他经费 148 万元。年度新增的国家级项目有：主持国家环境保护公益项目 1 项，与其他单位合作 1 项；主持“863”重点项目 1 项，主持“863”前沿探索项目 2 项；与其他单位合作主持国家基金重点项目 1 项；主持国家水体污染控制与治理科技重大专项子课题 1 项；主持国家社科重大项目 1 项。新获批准国家基金面上项目 8 项。新增天津项目有：作为第一技术负责人主持天津市科技创新专项资金项目 1 项；主持天津市重点攻关项目 2 项；同时还承担滨海新区战略环境影响评价、中心生态城环境影响评价等重点研究项目。横向课题经费较多的项目包括冯银厂承担平顶山市监测站横向项目、沈伯雄承担福建省丰泉环保控股有限公司项目等。2008 年度发表科研论文 300 余篇。检索到 2007 年论文被 SCI 收录 33 篇，EI 收录 38 篇，ISTP 收录 19 篇。全年申请专利 26 项，其中发明专利 23 项，实用新型 3 项，获专利授权 7 项。出版著作 7 部。

（王海勇）

【南开大学环境科学与工程学院学术交流活动】 ①聘请高级学术人才：2008 年，该院聘请英国环境委员会主席 Patricia Anne Nuttall 博士为南开大学名誉教授，聘请美国莱斯大学汤姆森（Mason Tomson）教授和甘智明（Amy Kan）教授为南开大学客座教授，聘请中国科学院寒区旱区环境与工程研究所所长王涛教授为南开大学兼职教授。②主办多次有影响的学术研讨会。5 月 16 日，召开中法“城市矿化技术处理城市生活垃圾处理项目”研讨会；6 月，组织“中国化学学会 2008 年学术年会”环境化学分会，期间还协助安排了“第二届中国化学会环境化学专业委员会”会议；6 月 14 日，创新基地循环经济促进中心与开发区环保局共同组织召开“天津开发区跨区域静脉产业发展研讨会”；7 月 21~23 日，承办“中国自然资源学会 2008 年学术年会”；年会围绕“生态文明与资源节约”的主题，设立了 11 个专题。年会收到论文及摘要 482 篇。11 月 5~6 日，中国环境科学学会与南开大学战略环境评价研究中心联合召开“第三届全国规划环境影响评价技术与管理交流会暨汶川地震灾后重建规划环评研讨会”。12 月 26 日，南开大学 985 工程循环经济哲学社会科学创新基地和天津市发展改革委员会联合主办《中华人民共和国循环经济促进法》宣传培训会。③积极开展与国外高校和科研机构的交流合作。3 月，该院和学校分别与瑞士联邦水科学技术研究所（Eawag）签订科学研究和人才培养合作协议，建立长期合作关系。5 月 31 日，新加坡国家发展部、新加坡国立大学、新加坡南洋理工大学、生态城管委会、南开大学以及天津大学在泰达国际会馆举行了六方会晤，商讨未来生态城内科研合作，培训合作和教育合作等议题。9 月 19 日，南开大学战略环评研究中心与香港中文大学中国环境战略研究中心合作协议签字，双方互派学生进行短期学习和研究。④参加国际学术交流：2008 年，该院有 20 余人次出国参加学术会议或进行学术访问，出访 10 余个国家。该院全年邀请和接待 40 多人次外国专家访问，为促进双方的科学研究做出了贡献。

（王海勇）

【天津建设生态城市的若干重大科技问题研究】 该课题是天津市科技发展战略研究计划项目，由天津市环境保护科学研究院承担，2008 年 9 月通过天津市科委验收。该课题主要研究天津建设生态城市在资源环境方面面临的重大科技问题，即通过区域经济发展与产业布局、可持续利用的资源支撑体系、海岸带生态环境与经济协调发展、生态城市建设重点项目筛选等多方面的研究，构建适于天津和谐发展的生态城市框架格局，提出以科技进步引领和支撑全市建设生态城市的思路、目标及对策措施，为天津市生态城市建设规划提供指导意见。该课题研究的天津建设生态市这一全新发展模式，能够优化全市经济结构，彻底取代传统的资源依赖型经济发展模式；能够因地制宜，大力发展绿色产业，实现经济发展方式的根本性转变；能够以提高经济效益为中心，依托现代科学技术全面促进绿色产业发展，把经济建设与生态环境建设和社会文化建设有机结合起来，实现经济效益、社会效益和生态效益的统一；能够根据天津市自身特点，充分发挥天津市在生态环境资源、科技教育资源、技术资源、人力资源等方面的比较优势，科学运作生态资产，真正把生态环境资源的优势切实转化为绿色产品优势、绿色经济优势和市场竞争优势，将生态环境中潜在的巨大经济价值转化为较高经济效益；能够推进和实现天津经济的跨越式发展，同时为生态环境建设提供资金支持，为生态文明建设提供物质基础。该课题研究成果开始应用于天津市生态城市建设中。其中生态市建设内涵、目标、指标体系、对策方案及重点项目等研究成果在《天津市生态市建设规划纲要》中体现，并通过天津市人民代表大会常务委员会批准实施。项目研究成果被纳入天津市"十一五"经济社会发展规划，中共天津市第十七次代表大会提出的六大战略目标之一的"建设生态城市"也是基于该项目研究成果。

（张　圆）

【城市和农村非点源污染控制研究】 该项目是天津市环保局GEF（全球环境基金）项目办下达的世界银行赠款海河项目的子项目，由天津市环境保护科学研究院辛志伟、杨勇、宋兵魁等完成，起止时间为2005年8月至2008年6月，2008年9月25日通过天津市高新技术成果转化中心鉴定，其成果达国际先进水平。该项目旨在研究控制天津市的城市及农村非点源污染，为实现天津市水资源与水环境综合管理服务，并为全流域的非点源污染控制提供基础资料和借鉴经验。项目通过理论和实践相结合的手段，研究城市地区地表径流和农村地区农田化学品流失、畜禽养殖粪便及农村生活垃圾产生的非点源污染负荷，有针对性地提出各类非点源污染的控制对策。主要内容有：非点源污染调查基础数据、污染负荷、控制指标及目标、对策措施及控制方案，非点源污染分布图等。项目首次全面、系统地研究了作为特大城市的天津市非点源污染的来源、影响、控制措施及治理方案；集成已有技术提出一套适合天津市的北方平原、缺水地区非点源污染负荷计算方法；结合国家"十一五"节能减排政策，首次提出非点源污染控制指标体系。项目整合提出适合天津的各类成熟的国内外非点源污染研究及控制方法，成果应用于天津市各区县城市和农村不同类型非点源污染控制，也应用于海河流域缺水地区及北方其他平原地区的非点源污染控制。研究成果纳入天津市水资源与水环境综合管理规划中，并正逐步深入应用到宁河县、蓟县、汉沽区三个重点区县的水资源与水环境综合管理规划中，也应用到海河流域相关地区。项目推广前景良好。该项目发表论文5篇，培养硕士研究生2名，完成硕士毕业论文2篇，2008年建立示范工程2个。

【天津近岸海域生态环境特性研究】 该项目属于海洋动力学、环境科学和计算技术等多学科交叉的新型学科，是渤海湾的生态环境保护和治理的一项基础性研究，由天津大学机械学院陶建华、袁德奎、李清雪等完成，获2008年度天津市科学科技进步奖三等奖。项目通过现场监测、实验室试验、数值模拟等方法，研究了渤海湾的海洋动力学特性、水质分布特性、浮游生态特性和生态环境特性的综合评价方法及其在天津近岸海域的应用。8次渤海湾现场监测和历史资料收集，是该项目的重要基础。进一步完善的水动力学模型，在连续72小时潮位、流速和流向的验证上达到了高精度。项目基于水动力学模型，首次提出了计算水交换的新概念和方法，用"关联矩阵"描述海湾之间及其内部的水交换，从而可知所研究水域的水交换能力和周围水域对它的影响。项目详细研究了渤海和渤海湾的水交换特性。项目建立了空间变异模型，在大量水质监测数据的基础上，首次得出天津近岸海域水质的时空分布特性。项目通过向海水中添加氮、磷、硅、铁等营养盐进行加富试验，首次得出渤海湾天津近岸海域表层枯水、丰水和平水期营养盐与叶绿素、浮游植物的响应关系，即营养盐限制特性。首次分析了自养细菌（硝酸盐菌和亚硝酸盐菌）和异养细菌在渤海湾的分布及它们和环境因子的相互关系，提出了化学和生物指标结合的生态环境评价指标，建立了灰关联评价模型，对渤海湾近岸海域水环境进行了综合评价。基于二维水动力学模型和浮游生态系统模型，建立了由氮、磷、浮游植物、浮游动物和碎屑等构成的生态系统和生态水动力学数学模型，首次对天津近岸海域的生态系统进行了数值模拟。该课题详细研究了天津港与邻近水域的水交换及其周边的工程建设对近岸生态环境的影响；评价了永定河口建闸后，闸上闸下水质分布及对邻近海域生态环境的影响，并提出了相应的对策；对海水淡化工程排海浓盐水的环境影响进行了评价等。研究成果为天津市海岸带规划、开发和管理提供了重要科学依据，为天津海岸带的环境保护提供了多项直接服务。

（魏建红）

【流动源污染控制技术研究——车用燃油乳化剂】 该项目系天津市社会发展科技计划项目，由天津市环境保护科学研究院承担，2008 年完成。项目涉及绿色柴油制备技术，以“地沟油”、“油脚”等废弃物为原料，经三步胺解法制取出质量百分比为 99%的复合乳化剂烷醇酰胺；在深入研究微乳化、胶团化成品性能、形成原理、影响因素的基础上，总结出微乳液配方优化方法，并以正交试验结果为依据确定了乳化燃料油的配方；在充分研究各种油品调配药剂性能及功效基础上，有针对性地选择添加剂，解决了乳化油的安定性及稳定性、乳化油与柴油的互溶性、乳化油的腐蚀性、流动性等问题，以乳化剂制备方法、配方优化方法为支撑，形成了成套的微乳化柴油制备方法，制备出外观清澈透明、热值高、性能稳定、可与柴油通用的微乳化燃料柴油，其质量全面符合 GB252-2000《轻柴油》中+5 号轻柴油指标。项目提供的三步胺解合成烷醇酰胺的方法可用于高质量复合乳化剂的制备，配方优化方法可用于微乳液配方研究，开发出的微乳化燃料油（A、B、C 三种类型）可用于公交车、农用车和各种燃烧器，而且具有明显的节能减污功效。经天津市巴士公司运行车辆行驶 18695 千米试验证实，采用微乳化燃料柴油后的平均节油率可达 15%~22%，尾气排放下降 30%~60%。

（张 圆）

【动态稀释法恶臭测试研究】 该课题是天津市应用基础研究计划面上项目，由天津市环境保护科学研究院承担，2008 年完成，主要用于恶臭动态稀释测定以及恶臭污染源气体采样领域。课题组针对恶臭气体特点，采用引进消化吸收的方式结合恶臭重点实验室技术经验，使用微小气流流量控制、高稀释比气体混合等技术，成功研制出高稀释比动态恶臭测定仪；依据“肺”呼吸原理以及气流方向控制技术成功开发出污染源恶臭气体采样器。项目首次结合动态稀释方法和三点比较式臭袋法，研究适合于国内的动态稀释法测定恶臭样品，形成恶臭动态测定稀释技术。上述技术均具有自主知识产权。该项目研制的动态恶臭测定仪与国外各种恶臭动态稀释测定装置的技术指标相比，在稀释倍数精确性以及重现性方面均符合欧洲标准，并在某些稀释倍数下能够达到更佳的稳定性。稀释倍数指标与德国、荷兰以及美国的装置基本相同。项目研制的动态恶臭测定仪主要用于测定环境以及污染源异味的臭气浓度、强度以及愉悦度等。污染源恶臭气体采样器主要用于排放恶臭气体的污染源采样工作。动态恶臭测定仪属初期研究阶段，污染源恶臭气体采样器成功销售。恶臭污染源采样器以及采样袋快速形成产品，销往全国各地。项目实施后，动态恶臭测定样机校准试验获得成功，恶臭采样器小批量生产，并迅速推广至国内部分省市环境监测站。该项目对劳动就业、恶臭监测技术升级、完善恶臭监测手段等方面做出了贡献。监测技术完善后，可以较好地掌握恶臭对环境污染的程度以便更好地为环境管理服务。

（张 圆）

【循环经济型企业示范工程研究】 该课题是天津市社会发展科技计划项目，由天津市环境保护科学研究院承担，2008 年 6 月通过天津市科委验收。该项目以天津北疆电厂和天津荣程联合钢铁集团有限公司为例，对能源产业和冶金产业的循环经济示范性工程进行研究，完成以热电、冶金为基础的循环经济示范工程方案。项目通过对能源企业天津北疆电厂的研究，将电力、供热、海水淡化、海盐和建材生产一体化及能源优化配置的循环经济设计方案成功应用于电厂的生产实践，使电厂效应提高的同时也减少了其对环境的不利影响，这对沿海电厂循环经济建设具有良好的示范作用；项目通过对冶金企业天津荣程联合钢铁集团水资源梯级利用和循环利用方案的研究，对厂区的废水排放方案进行了优化，将大沽排污河的城市污水、葛沽镇市政污水集中处理后作为厂区生产用水，有效地降低了厂区新鲜水耗，同时也降低了区域的污染物排放量，实现冶金企业废水零排放，这对冶金类行业企业与周边区域的协调发展具有一定的借鉴意义。该项目研究建立的循环经济型企业示范工程，可以在天津市燃煤能源型企业大面积推广应用，为冶金产业群下一步实施循环经济，提供科学依据，利于推动天津市循环经济的发展。

（张 圆）

【天铁 180 吨转炉干法除尘开发与利用】 该项目由天津天铁冶金集团有限公司罗永生、王振营、宋勇军等完成，其成果达国际先进水平，2008 年 4 月 25 日通过天津市高新技术成果转化中心鉴定。该项目是落实国家引进与自主创新相结合、发展循环经济、节能减排的相关政策，以及满足现代化钢铁冶金企业日益发展对环境保护及节能增效要求的重要课题。在研制过程中应用如下技术：①雾化喷头装置的应用和技术开发。②在雾化喷头装置上开发气相可调节技术。③开发 ID 风机流量串级 PID 调节控制技术。④为避免系统爆炸，转炉在开始冶炼时，采用梯级供氧模式。⑤对干法除尘设备结构进行技术研发。⑥自主研发电除尘器省电供电模式。该项目取得如下主要成果：①除尘烟气排放浓度远远低于国家规定的烟气排放浓度标准，每立方米只有 3~5 毫克。②系统回收转炉煤气非常高，吨钢水达到 120 立方米以上。在给转炉烟气净化后还可以得到副产品——转炉煤气。天铁热轧转炉煤气回收量达到 120 立方米每吨钢水以上。③工序耗电低，仅为 2.06 千瓦时每吨钢水。④工序耗水量低，仅为 25.5 千克每吨钢水。⑤除尘工艺设备运行使用安全、稳定，设备运转率在 98%以上。

【基于物理过程的重金属污染物迁移转化和归宿数值模拟】 该项目由南开大学黄岁樑、李金中、汤显强等完成，起止时间为 2005 年 1 月至 2007 年 12 月，其成果达国际先进水平，结题后 2008 年登记为天津市科技成果。该项目采用数字摄影技术和开发的图形图像数据信息提取软件，研究污染水体中泥沙运动，提出一整套方法测定泥沙颗粒的沉速。将环境科学与水利工程科学结合起来，研究受泥沙运动的污染物迁移转化数学模型方程。模型方程包括水流运动控制方程，泥沙运动（河床变形）方程和受泥沙运动污染物迁移转化控制方程及其相应的初始、边界条件。采用密西西比大学国家计算水科学与工程研究中心提出的“有效元”法离散方程，数值模拟模型具有国际水平。在“吉化爆炸”引发的苯系污染物水污染事故数值模拟研究中，该模型得到实际应用，预报成果为国家决策提供服务。

【土壤和沉积物中持久性有机污染物的生物可利用性】 该项目由南开大学陈威、段林、齐亚超等完成，起止时间为 2005 年 1 月至 2007 年 12 月，成果达国际先进水平，结题后 2008 年登记为天津市科技成果。该项目研究了典型有机污染物在典型土壤和沉积物中的吸附和解吸特征以及共溶剂对污染物解吸和锁定的影响，并结合对不同性质有机污染物在纳米碳管上的吸附，进一步探讨和揭示了影响有机污染物锁定的机理以及新型污染物解吸模型。在此基础上，研究了锁定对于土壤和沉积物中多环芳烃污染物生物富集和微生物降解特性的影响，并建立了能够定量描述土壤和沉积物中有机污染物生物可利用性的数学模型。该研究的主要发现有：①影响土壤和沉积物中疏水性有机污染物锁定的主要机理是污染物分子在土壤/沉积物颗粒的微小孔隙中或土壤/沉积物有机质中的物理锁定。②有机物极性和极化度等因素是影响污染物吸附特性的重要因素，但影响机制需要进一步研究。③土壤和沉积物中污染物的释放规律可以用一个新型解吸模型定量描述。④锁定能够在很大程度上导致土壤和沉积物中污染物生物可利用性的降低，这一效应可以用一个新型的数学模型定量描述。该课题研究成果为土壤和沉积物污染的风险评价和修复工程设计以及合理的环境质量指标的建立提供了一个量化手段。

【城市污泥对园艺作物土壤理化性质及生长响应研究】 该课题是天津市应用基础研究项目，由天津农学院基础科学系李建颖主持完成，2008 年 8 月通过结题验收。项目研究表明，污泥可在园艺作物生产中正常使用：可部分替代土壤进行园艺作物的生产；可替代部分肥料对土壤施肥；在园艺作物上的应用可降低污泥处理成本和减少肥料等投入的 30%。项目确定了污泥对园艺作物生长、土壤肥力、土壤化学性质的影响因素（pH、有机值、N、P、K 等）。污泥的施用不仅能够促进植株的生长，并且对于营养物质贫乏的土壤也能够起到一定的改良作用。如在油菜收割后的土壤中仍含有较高的营养物质，可以进一步加以利用。该项研究成果为污泥进一步在园艺作物生产中的广泛利用提供了理论依据。污泥肥料的利用不仅减少了化肥的用量，降低了肥料的生产成本，而且解决了城市污水处理厂污泥的出路问题，缓解污泥对环境的污染。污泥肥料的研制和推广，具有较大的应用价值。

（李建颖）

【染料中间体废水减排及处理新技术】 该项目由天

津城市建设学院与天津大学合作完成，主要承担者为费学宁、张天永、池勇志等，起止时间为2002年11月至2007年8月，2008年9月5日通过天津市高新技术成果转化中心鉴定，其成果达国际先进水平。该项目的主要内容：①在强酸离子交换树脂、铜粉、乙醇溶液体系中，溴氨酸的Ullmann缩合反应产物收率达94%，反应温度在68~72摄氏度范围内，较传统合成方法的温度下降10摄氏度。树脂回收后可以重复利用10次以上仍具有良好的催化性能，乙醇回收率70%~80%，铜粉损失率8%~12%。②制备出的多孔耦合光催化剂，表面浸渍CdS晶粒，CdS的耦合增强了催化剂对光谱的响应范围。煅烧温度为700摄氏度，CdS掺杂比例为3%时，制备的多孔耦合CdS/TiO_2催化剂性能较优，在太阳光下对溴氨酸溶液的降解色度去除率达到100%，TOC去除率达到80%以上。③采用冷冻-光催化组合方法对高含盐量难降解染料中间体废水进行降解，褪色率和TOC去除率分别达到100%和87.04%。该项目所研究的新型光催化剂、冷冻及冷冻—光催化组合工艺可在污废水处理领域进行推广应用，尤其适用于高含盐量、高浓度、难生物降解工业废水的处理。该项目将高新技术与先进的催化技术引入到传统有机颜料生产工艺中，对于拉动传统产业，降低污染，提高经济效益具有重要的意义，推广前景广阔。

【制药行业减少甲醇溶媒的环境污染及节能降耗新技术开发】 该项目由河北工业大学承担，李春利等人共同完成，达到国际领先水平，2008年12月通过专家鉴定。该项目开发了适用于制药行业甲醇溶媒回收过程的双塔双效节能工艺技术及系统控制技术，实现节约蒸汽40%，节水30%，节电15%。开发出鼓泡-喷射复合立体传质塔板，该塔板分离效率比F1浮阀塔板提高10%以上，板压降比F1浮阀塔板低10%左右，操作范围大，操作稳定。该塔板的应用使回收的甲醇含量达到99.8%以上，回收率超过99%。这项研究成果解决了甲醇应用企业在回收甲醇过程中存在的能耗高、收率低、成本高、污染严重的难题，而且具有广泛的普适性。在河北维尔康制药有限公司实施后，每年因节汽、节水、减少消耗及处理等产生的经济效益约3300万元。

（丛继坤）

【油污水处理系统改造及完善工程可行性研究】 港口油污水处理是港口环境保护工作的重点和难点。天津水运工程勘察设计院联合天津港港务设施管理中心，依托天津港南疆污水处理中心内油污水处理系统，有针对性地开展试验研究。通过小试和中试试验，成功开发出“隔油预处理+混凝沉淀+水解酸化+MBR（膜生物反应器）+活性炭吸附”为主的物化与生化相结合的适合港口含油压舱水、洗舱水综合处理的工艺，为港口含油污水的达标排放开辟了新途径。该工艺具有对废水的适应性强、运转灵活、耐冲击负荷能力强、运行维护简便、自动化程度高等优势，对各类港口含油污水处理具有推广价值。该项目获2008年度国家交通运输部优秀咨询成果奖三等奖。

（孙百顺 宋维敏）

【港口散货堆场防风网建设关键技术研究】 该项目由交通部天津水运工程科学研究所张光玉、詹水芬等完成，2008年4月17日通过天津市科学技术评价中心鉴定，获2008年度天津市科技进步奖二等奖。该项目通过总结防风网研究取得的成果及工程经验，致力于港口散货堆场无组织源的有效控制，提出了港口散货堆场防风网建设关键技术成果。通过采用数值模拟方法进行流体流动、粉尘运动等相关分析研究，突破以往风洞试验仅限于研究单板防尘效果，采用大比例的风洞试验对超大堆场防风网整体布置及其效果进行研究，采用欧文探头进行多点流场测定，采用2400万网格微小尺度的数值模拟计算，并与风洞试验结果进行耦合，优化防风网布置方案，形成一套完整的防风网防尘效果评价技术。在防风网工程设计方面，开创性地通过风洞试验和数值模拟研究防风网的阻力系数等结构问题，为大规模的堆场防风网工程安全设计提供技术保障。该项目创新性地提出防风网建设“五步逐层优化技术”，填补了国内外防风网优化技术的空白，其研究成果总体达到国际领先水平。该项目获两项授权专利：实用新型专利“高强度的防风网”和发明专利“升降式移动防风网装置”。该项目成果为港口煤炭粉尘的无组织排放源的治理提供了新方法，提高了港口煤炭粉尘治理的效率。在天津神华煤炭码头、秦皇岛港煤三–五期煤炭堆场、福建罗源湾港区堆场、曹妃甸煤码头起步工程等防风网工程中得到成功应用，优化了防风网设置方案，节省了工程投资，改善了堆场和周边的空气环境，减少了物料损失量，节省大量的防尘用水和用电。

（孙百顺 宋维敏）

【DFQ 抑尘挡风墙】 国内港口堆料场的吞吐量每年以 10%~20%的速度增长，料场污染给大气环境保护带来了巨大的压力。DFQ 抑尘挡风墙是一种能大大减少煤炭、矿粉，散料等固体引起扬尘的理想装置。其基本原理是：抑尘挡风墙选定的孔形、孔径、开孔率使通过该装置的风产生挠动而降低风速达到抑制扬尘的目的。天津市新奥环保节能设备有限公司、天津市环境保护技术开发中心对挡风墙抑尘技术的研究始于 2001 年，2003 年“DFQ 抑尘挡风墙关键技术研究及示范工程”在市科委立项，2005 年被国家科技部列入中小型企业创新基金项目，获 2007 年度天津市科技进步奖三等奖。项目实施期间，在北京航空航天大学流体力学研究所的协作下，获得对粒径 30~300 微米起尘速度、扬尘的特性、孔径孔形、开孔率对风速的影响等相关数据。确定了最佳挡风板板型和得出这一特殊体型的风荷载系数，解决了常规建筑设计规范中无法确定的问题。合理的工程设计可得到 80%以上挡风效果。该产品结构简单、施工安装方便、占地小、效率高、一次性投资后长期不需人工维护，是不消耗能源的新型大气环境保护设施。截至 2008 年底已应用到包括华能集团杨柳青电厂、石化集团、大港石化电厂、天津钢厂等在内的几十项工程，销售额达数千万元，受到用户及老百姓的好评。该项目获 2 项实用新型专利。

（徐玉喜）

【秦皇岛煤炭堆场防风网建设工程可行性研究】 该项目由交通部天津水运工程科学研究所主持，秦皇岛港股份有限公司参与共同完成。项目通过模型试验研究提出防风网板参数优化技术，解决了超大堆场风洞试验的模型制作及测点设定的技术难题，首次采用欧文探头进行多点的流场测定，提出了防风网防尘效果风洞试验优化技术。解决了超大网格数值模拟计算边界条件、阻力系数等参数设置的难题，提出了完整的防风网防尘效果评价技术，创新性地提出防风网建设“五步逐层优化技术”，填补了国内外防风网优化技术的空白，获得国家知识产权局授权 2 项专利。该研究不仅提出了秦皇岛港防风网建设工程的可行性，而且对防风网在中国散货堆场的推广应用具有重要意义。该项目研究成果在秦皇岛煤炭堆场得到应用，取得较好的防尘抑尘效果，对于港口环境防污染和空气质量改善起到突出作用。该项目获 2008 年度国家交通运输部优秀咨询成果奖二等奖。

（孙百顺　宋维敏）

【新型除静电吸尘超净工作台】 该项目由天津市滨海净化设施有限公司与天津大学合作完成，主要承担者有刘新国、刘俊杰、李金亭等，起止时间为 2007 年 1 月至 2008 年 1 月，2008 年 4 月 3 日通过天津市科委鉴定，其成果达国际先进水平。该新型除静电吸尘超净工作台采用多级过滤保护，有效提高末端 H14 级别高效过滤器使用寿命。采用栅网均流装置，保证送风断面风速均匀，使风速不均匀度小于 15%；在工作台面设置洁净压缩气吹扫设备，同时在工作台面设置自动负压吸尘口，及时消除工作区内的残存大颗粒物。在工作区外侧设有高速气流（8 米/秒）空气幕，维持良好的气流流型。采用静电离子棒安装于高效过滤器下游，有效去除空气和管道及过滤器摩擦产生的静电；采用静压箱壁面上敷设多孔吸声材料，有效消除系统运行过程产生的噪声污染，使得设备运行噪声值低于 63 分贝，满足国家标准的要求。应用该产品可大幅度降低空气净化技术的原始投资，在相同面积下达到相同净化效果时，使用新型除静电吸尘超净工作台将比老的设计方案节约投资 30%以上，同时运营及维修成本也可降低 20 %以上，推广前景广阔。

【畜禽废弃物生物处理与资源化循环利用技术研究与示范】 由农科院高贤彪、王正祥、何宗均等完成的该项目，结合天津市科技支撑项目和天津市农业技术推广项目的阶段性研究成果，运用微生物处理和农业节水等技术，研究出适合农村分散式生活污水处理技术，使农村污水经处理后达到农田灌溉标准。其主要内容：①粪污水处理的厌氧和好氧微生物菌剂与处理技术研究。②固体生物发酵菌剂研究。废弃物无害化生物处理技术体系和标准研究。③利用温室效应的设施改进研究。实现水的循环利用和沉淀污泥转化成液体肥料技术研究以及废弃物资源化产品使用技术及质量评价和监控。研究表明，应用高效生物絮凝菌，低温复合菌技术、日光增温技术和自流式厌氧好氧一体化污水净化设施的组装配套，对农村生活污水进行无害化处理，出水达到国家农业灌溉标准。处理后的生活污水进行膜下微滴灌技术，实现水资源高效循环利用，提高作物产量。该项目结合规划村实际污水排放量，设计总水力停留时间为

3天的处理规模，实现吨水投资成本低于1500元，吨水处理成本低于0.05元，出水水质COD（重铬酸钾法）含量小于150毫克/升，BOD5小于80毫克/升，粪大肠菌群含量小于1×10^4个/升，蛔虫卵个数小于2个/升。经济作物区优先铺设喷灌、滴灌等节水设施，有效节约用水45%，肥料利用率提高20个百分点。该项目成果对于农村水资源利用、改善生态环境具有重要意义。

（何宗均）

生物技术

【酒精浓醪发酵生产技术的研究与应用】 该项目由天津科技大学肖东光主持完成，获2008年度天津市科技进步奖三等奖。该项目主要内容：①采用传统透变育种与现代基因重组技术相结合方法，在已有的具有优良性能的酿酒酵母菌株的基础上，构建耐高温、耐高渗和耐高酒精浓度的生产菌株，以提高酒精产量和降低制冷能耗。②对不同糖化剂的酶学性质和功能因子对酵母菌酒精耐性和发酵速度的影响进行研究，在此基础上研制出淀粉质原料酒精浓醪发酵的专用糖化剂，提高浓醪发酵条件下酵母菌的代谢机能。③以代谢工程理论为指导，建立多酶协同糖化动力学及“糖化—发酵”耦合动力学模型，控制发酵过程的物流平衡，最大限度地消除酒精浓醪发酵过程中的前期高渗抑制与后期糖化速度限制，从而提高浓醪发酵的速度。使酒精浓醪发酵达国际先进水平，为燃料酒精的大规模生产和应用创造条件。该技术主要特点：①选育的生产菌种，经小试、中试和生产试验证明具有耐高温、耐高渗、耐高酒精度、发酵速度快、生产性能稳定等特点，具备大规模推广应用的条件。②确定的多酶协同糖化发酵工艺，不仅可大幅度提高酒精发酵的浓度，同时可提高原料出酒率，适合于各种淀粉质原料酒精浓醪发酵。③确定的辅助发酵因子为农副产品，价格低廉，具大规模推广应用价值。该技术应用推广情况：2007年9月开始在承德避暑山庄企业集团有限责任公司进行大规模生产应用试验，发酵醪酒精浓度由原来10.8%~12.1%提高至14.0%~15.2%，淀粉对95%酒精出酒率由原来的54.92%提高到55.59%，达国际先进水平；截至2008年4月累计生产酒精35680吨，吨酒精生产成本下降136.65元，累计经济效益487.57万元。

（李明琪　王　琥）

【温和压力提高生物反应的生产能力】 天津科技大学贾士儒主持完成的该项目，提出了一种对生物无热源影响，利用压力提高反应速率常数和有效物质溶解性，以提高微生物转化反应或酶促反应效率的方法。其主要特点是在生物催化过程中的一定阶段采用温和压力（即压力<3.0兆帕）提高生物反应效率，减少了压力生物反应所需设备费用的大量投入，同时，确保工艺路线的简单、可靠。主要研究内容：①以酿酒酵母为模式菌，从细胞存活率、细胞形态、细胞膜通透性、细胞内代谢变化等方面，较系统地研究了温和压力对酵母菌细胞生物活性的影响。同时，研究温和压力对酿酒酵母细胞内海藻糖和谷胱甘肽等生物代谢方面的影响，温和压力下酿酒酵母细胞内海藻糖和谷胱甘肽的产量分别提高20%~70%和42.6%~58.7%。建立了一种采用加压提高应激代谢产物生物合成的方法。②以蓝色犁头霉为模式菌，研究建立新型的加压生物转化技术。通过温和压力对蓝色犁头霉生理活性的影响，以及加压生物转化条件对提高蓝色犁头霉氢化可的松产量的研究，建立一条切实可行的氢化可的松加压生物转化工艺路线，并优化了工艺条件。与对照相比，提高氢化可的松转化率4.2%~28.2%，副产物生成量和种类减少，简化了下游提取工艺。建立了一种加压生物转化方法。该成果为工业微生物在温和压力下的应用提供了基础数据，为选育耐压微生物菌株提供了一定的理论依据。同时，由于建立了一种新的生物反应方法--加压生物转化法，对提高微生物细胞的应激产物和提高生物转化效率具有重要的实用价值。该项目获2008年度天津市技术发明奖二等奖。

（李明琪　王　琥）

【微生物转化法生产美雄酮】 该项目是天津市科委应用基础研究面上项目，天津科技大学路福平主持完成，获2008年度天津市科技进步奖三等奖。美雄酮是一种重要的蛋白质同化激素，对治疗人类疾病、动物疾病优于其他同类产品且副作用少。它还是其他激素类药物的重要中间体。国内外生产该药品均采用全化学合成路线，工艺复杂、收率低、成本高，且产品中含有少量硒，污染环境，因而未能广泛应用。在采用微生物法制备美雄酮的研究方面，国内外虽有报道，但都尚处于实验室研究阶段。该项目主要研究微生物转化法生产美雄酮的产业化技术，重点研究在5吨发酵罐规模上的发酵过程和反应规律，确定生产工艺和技术参数，优化美雄酮的分离提取工艺，进行产品结构分析和质量检测，建设年产 5 吨美雄酮的生产车间，为实现利用生物法工业化生产美雄酮奠定理论和实践基础。采用生物转化法替代化学脱氢法生产美雄酮，不仅大大降低生产成本，提高终产物美雄酮的质量，而且减少生产过程对环境的污染。

（李明琪　王　琥）

【纳米生物传感器的研究】 该项目是天津市科委应用基础研究面上项目，由天津科技大学张娟琨主持完成，2008 年 6 月 16 日通过验收。该纳米生物传感器的特点在于：与传统生物传感器比较，纳米多孔硅芯片具有极大的表面积，并且具有发光和电化学特性。①在很小的表面上可固定大量的特异性识别分子，以增加检测的特异性及灵敏性。②由于该纳米生物传感器本身具有发光和电化学特性，所以省去了荧光分子、放射性元素等标记物，简化了操作手续，大大降低了成本，可用于非专业人员现场检测。③该技术基于荧光和电信号检测，灵敏度更高。该创新性研究涉及生物传感器领域致力解决的难题及发展方向，填补了国内空白，技术属国际领先。

（李明琪　王　琥）

【金属冠脉支架上携带基因的新途径】 介入性血管成形术（PTCA）和放置血管支架是临床治疗心血管狭窄和栓塞一类疾病的主要方案，但术后再次狭窄和栓塞的发病率高达 30%~40%，基因治疗可能是从根本上防治再狭窄的唯一途径，而血管内靶向基因投递是实现临床基因治疗的主要技术难关。支架携带基因多采用浸泡吸附方式，但吸附的基因非常容易被血流冲刷掉，到达病变部位的基因量很少，达不到治疗需要的剂量。中国医学科学院生物医学工程研究所在天津市应用基础重点项目和国家自然科学基金的支持下，开展了金属冠脉支架上携带基因的研究，创造性地提出和实施了“化学和免疫双重偶联”的思路和方案，到 2008 年，已成功将质粒 DNA—抗 DNA 抗体—阳离子脂质体三元复合基因载体（DAC）固定在支架上。用同位素标记证明基因结合量和结合稳定性显著高于物理吸附的对照组。细胞实验证明，化学和免疫双重偶联携带 DAC 复合载体的支架比物理吸附基因的支架介导的细胞转染率高 31%。机理研究表明，DAC 复合载体自组装形成稳定的纳米胶束，其中抗 DNA 抗体起到富集和保护质粒 DNA 并促进其进入细胞核的作用，是一种新型高效低毒的非病毒基因载体。兔颈动脉和猪冠状动脉模型实验证明，携带 DAC 的血管支架实现血管内基因靶向定位投递和局部高效转染。猪冠状动脉损伤模型实验证明，携带治疗基因 iNOS 的冠脉支架能明显降低损伤血管内膜的增生，与对照组相比有显著抑制再狭窄的效果。该研究成果提供了在金属表面有效携带基因、蛋白等生物大分子的新概念、新方法和新技术，开辟了血管内基因靶向投递的新途径，具有广泛的可实施性和广阔的应用前景。该研究发表被 SCI 收录的论文 3 篇（其中 2 篇的影响因子为 3.9），在国内核心期刊发表论文 4 篇；获授权中国发明专利 2 项。

（宋存先）

【双层功能型胶原基复合组织引导再生材料的研究】 该课题是天津市科技攻关项目，由中国医学科学院生物医学工程研究所张其清、刘玲蓉、李学敏等完成，2008 年通过天津市科委验收。课题组在分析国内外引导组织再生技术研究现状和发展方向的基础上，选择具有良好生物相容性的胶原和具有细胞迁移、黏附和增生作用的透明质酸钠为原料，通过多级多次冷冻干燥、低温复合以及化学交联等工艺，制备成双层胶原基复合引导组织再生材料。研究成功的材料具有双层复合结构，同时具有引导组织再生的隔膜作用及促进细胞黏附、增殖功能。课题组在对制备的材料进行系统理化研究的基础上，通过动物实验和生物学评价研究发现，通过构建的动物肌腱组织缺损模型，利用该材料进行修复研究结果材料不但具有隔膜作用，还能选择性地引导内源性的肌腱细胞向受损的部位附着，促进组织修复，对缺损肌腱有很好的引导再生功能，可用于肌腱损伤治疗；生物学安全性符合国家标准（GB/T16886）和国际标准（ISO 10993）的要求。临床实验研究结果显示，这种复合材料对因腭部良性瘤切除造成的组织缺损病人具有显著的引导组织再生效果，生物相容好。由于该材料可生物降解，不需要二次手术取出，患者容易接受。该项目的研究成果达国际先进水平，在组织修复领域的应用前景广阔。

（李学敏）

【荧光偏振基因探针及其在肿瘤诊断中的应用】 该项

目由南开大学孔德明、沈含熙、刘六战等于2008年完成，其成果达国际先进水平，结题后登记为天津市科技成果。该项目围绕端粒酶活性的特异性定量检测及单碱基基因突变的高度特异性识别，开展了相应的荧光基因探针及荧光偏振基因探针的研究工作。①在荧光偏振基因探针方面，开发了一种适用于单碱基基因突变检测的发夹型单标记荧光偏振基因探针，与线型探针相比，其识别单碱基错配的能力大大提高。在此探针的3′—端引入一段与靶基因无关的碱基序列，可使反应前后的信号差别进一步增强；另外，开发了一种用于端粒酶活性检测的荧光偏振基因探针，利用该探针，可使有无端粒酶活性的检测体系的荧光偏振信号呈现出两种相反的变化趋势，该探针可用于抗癌药物对端粒酶活性的抑制作用研究，进而可进行抗癌药物的筛选。②在荧光基因探针方面，通过采取一种特殊的PCR扩增策略，成功地将端粒序列特异性分子信标探针引入到端粒酶的活性检测当中，分子信标探针的引入极大地增强了端粒酶活性检测的特异性，在此基础上，内标探针的使用则消除了组织或细胞提取液中酶抑制剂的存在对检测所带来的影响。③将该法应用于金属配合物类抗癌药物的筛选，发现一种对端粒酶活性具有抑制作用的大环镍配合物及一种对端粒酶活性具有激活作用的联吡啶锰配合物，并对它们非特异性切割DNA的能力进行了研究，有望被开发成为有效的化学核酸酶。

【环境因子对河蟹眼柄神经多肽激素分泌的调控作用】 该课题是天津市科技发展计划应用基础研究面上项目，由天津师范大学孙金生、潘宝平、薛淑霞等完成，起止时间为2005年至2007年，2007年11月29日通过天津市科委结题评审，2008年登记为天津市科技成果，其成果达国际先进水平。该项目旨在了解环境因子对河蟹眼柄神经多肽激素分泌的调控作用，为实现人工控制河蟹等经济甲壳动物的生长和繁殖奠定基础。通过控制河蟹的繁殖和生长提高河蟹的养殖效益，解决生产中存在的个体偏小和早熟等问题。项目采用全细胞膜片钳技术，通过检测膜电容变化的方法建立了河蟹眼柄神经多肽激素分泌敏感检测技术，在单个细胞水平上实现对细胞兴奋和分泌活动的实时监测。在河蟹眼柄神经内分泌系统兴奋与分泌偶联机制研究的基础上，观察了体内外关键环境因子对眼柄神经多肽激素分泌调控作用。该项目的新发现：①钙离子是细胞兴奋与分泌偶联的关键，细胞外钙离子通过细胞膜离子通道的内流启动了细胞的分泌过程。②甾醇类内分泌因子，特别是胆固醇直接作用在神经内分泌细胞产生负反馈调节作用，它通过控制钙离子的内流和钙激活通道的活动抑制神经多肽激素的分泌。③代谢产物因子和环境理化因子通过中枢神经系统调控河蟹眼柄神经内分泌系统的兴奋和分泌活动。④代谢产物因子和环境理化因子通过中枢神经系统调控河蟹眼柄神经内分泌系统的兴奋和分泌活动，其中葡萄糖、乳酸、甘油三酯等代谢因子产生双反馈调节作用。该项目期间培养硕士研究生3名；在水产学报等刊物发表文章3篇，撰写和提交文章3篇。

【多结构域抗虫基因EQKAM在黄瓜上的转化及表达】 该项目是天津市应用基础研究计划项目，由天津科润农业科技股份有限公司黄瓜研究所张文珠、魏爱民、杜胜利等完成，起止时间为2005年4月至2008年6月，2008年7月9日通过天津市科委验收，其成果达国际先进水平。该项目通过完善黄瓜遗传转化体系，将外源抗虫基因EQKAM导入黄瓜组织，获得抗虫黄瓜新材料，为选育抗虫黄瓜新品种奠定基础。该项目的主要成果是：①建立高效稳定的黄瓜离体体细胞再生体系。芽诱导培养基为以MS为基本培养基，附加BA2.0毫克/升，NAA0.5毫克/升，ABA10毫克/升，蔗糖60克/升和琼脂7克/升。②优化农杆菌介导的黄瓜遗传转化体系。利用子叶节或子叶作为外植体，在菌液和共培养基中同时添加加乙酰丁香酮，延迟筛选等手段显著提高了抗性芽诱导率，研究中最高抗性芽分化率达到37%，不同品种材料抗性芽分化方式和分化率不同。③研究花粉管通道法转化技术及收获种子幼苗期阳性植株卡那霉素抗性初步筛选方法。④采用农杆菌介导法和花粉管通道法，将抗虫基因EQKAM导入黄瓜基因组，获得转基因植株13株。该成果的创新点在于：①完善黄瓜离体体细胞再生体系，建立并优化了以子叶节为外植体稳定的黄瓜农杆菌介导遗传转化体系。②研究建立花粉管通道法收获种子的阳性植株卡那霉素抗性筛选体系，对花粉管通道法不同处理方法进行了比较研究。③在国内首次以根癌农杆菌介导法和花粉管通道法，将复合抗虫基因EQKAM导入黄瓜基因组。该研究是通过基因转化手段创造抗虫黄瓜新种质的首次探索，具有重要的学术价值和应用价值。

【糖化温敏凝胶及其与细胞相互作用研究】 该项目为国家自然科学基金项目，由天津工业大学陈莉主持完成，2008年12月通过国家自然科学基金委验收。聚异丙基丙烯酰胺(PNIPAAm)凝胶具有对温度敏感的特性，可以对温度的变化作出迅速反应，因而在医学、药学、生物工程和分离工程等领域存在着很多潜在的应用。项目设计合成了异丙基丙烯酰胺(NIPAAm)与壳聚糖、半乳糖、葡聚糖共聚的三类糖化温敏凝胶，对所得凝胶在去离子水和细胞培养介质中的较低临界溶解温度、溶胀行为、温度响应性等进行了系统研究。结果表明，三类糖化共聚凝胶均显示出较聚(N-异丙基丙烯酰胺)(PNIPAAm)凝胶更优越的温度敏感性、溶胀性能和力学性能，从而为进一步研究凝胶生物相容性及对细胞的吸附脱附行为奠定了基础。以鼠成纤细胞、人肝肿瘤细胞为模型细胞，对所制备生物材料进行了细胞吸/脱附行为研究。结果表明，糖类化合物的引入，增强了PNIPAAm温敏凝胶的细胞相容性，且随糖基含量的增加，细胞表现出更好的生长趋势，特别是半乳糖糖化温敏凝胶表现出对肝肿瘤细胞的生长具有更好的促进作用；利用PNIPAAm的温度敏感性，三类糖化温敏凝胶均实现细胞脱附智能化，特别是壳聚糖糖化温敏凝胶由于更高的亲水性，表现出更快的细胞脱附速率；从温敏材料表面通过降低环境温度而自动脱附的细胞，均比采用传统酶解法进行脱附的细胞具有更强的生物活性。这些研究成果不仅为开发新一代生物活性刺激响应材料提供了实践基础与技术支撑，也为解决传统酶解法进行细胞脱附而造成细胞功能受损的难题提供了重要的科学依据。

（郭建辉）

【噬菌蛭弧菌的研究与开发】 该项目是沧州华雨药业有限公司和天津农学院联合承担的河北省省科技攻关计划项目，由天津农学院农学系童应凯主持完成，2008年5月通过验收鉴定。该项目首先对外源购得的噬菌蛭弧菌进行活化扩大培养，确定生长的最适宜培养基、温度、培养时间及其与宿主菌的最佳配比量，并进行菌谱测定。同时从河水中采集蛭弧菌，进行筛选、分离、纯化，取得抗逆性强的优势菌株。并从动物体内分离出蛭弧菌菌株对其进行纯化培养，通过改变蛭弧菌的培养条件来提高蛭弧菌的数量并确定蛭弧菌发酵培养的各项工艺参数，包括培养基、温度、通气量、pH值等。通过小试、中试确定产品的生产工艺流程，成功实现在5吨发酵罐中的蛭弧菌规模化生产，并形成年产液体制剂200吨的生产能力。通过试验选择确定吸附剂，研究吸附后的干燥处理方法，确定吸附干燥的操作工艺，成功研究出噬菌蛭弧菌固体制剂(商品名华雨猪菌007)，并形成年产固体制剂100吨的生产能力。分别对鱼、虾、鸡、猪、牛进行应用试验，表明它是一种效果较好的微生态制剂。蛭弧菌固体粉剂的研制填补国内空白。

（童应凯）

【用于检测巴氏杆菌耐药性的基因芯片】 该基因芯片由天津农学院金天明等人发明，2008年11月12日获实用新型专利。该专利从巴氏杆菌临床耐药株中扩增并荧光标记包含磺胺耐药基因sulI、sulII、链霉素耐药基因strA、strBy、氯霉素耐药基因CatB2和四环素耐药基因TetG多态性位点和突变位点的基因序列，设计特异性探针，构建成耐药基因检测芯片。经优化，它可同时对多个样品进行检测，芯片杂交特异性高，重复性好，具有较高的准确性，实现6种耐药基因及2个突变基因的同时检测。实现巴氏杆菌耐药基因的高通量、并行化、自动化的快速检测，提高了对巴氏杆菌病的临床响应程度。利用该芯片对巴氏杆菌耐药菌株的检测结果与药敏检测结果完全一致。该基因芯片的发明为进一步研制和开发兽医临床常见病原菌耐药性检测通用芯片奠定了理论和实践基础。

（金天明）

【姬松茸多糖对动物疫苗的免疫佐剂效应研究】 该课题由天津农学院马吉飞主持完成，2008年4月通过市教委验收结题。该项目研究姬松茸多糖的提取工艺条件，建立具有良好预测性能的姬松茸多糖提取条件模型，并利用回归模型对提取工艺条件的最优化组合进行探讨。研究发现攻毒组GPT活性显著高于对照组，证实姬松茸多糖具有护肝作用。一定剂量范围内的姬松茸多糖未见有毒性反应，且对肝脏的保护呈现良好的量效关系。分别通过灌胃、皮下注射的方法，连续7天给予小鼠姬松茸多糖灭菌溶液，然后经四氯化碳染毒12小时，采血并制备肝组织匀浆液进行GPT、GOT活性及SOD、MDA含量的检测。结果表明：用姬松茸多糖灌胃，比皮下注射能更快、更有效地护肝，而 SOD 活性及 MDA 含量未见有统计学差异。项目还以四氧嘧啶糖尿病小白鼠为动物模型，分健康对照组、病理模型组、2%多糖组、4%多糖组和 8%多糖组进行姬松茸多糖的降低血糖动物试验研究。结果证实：2%多糖组降低血糖浓度不明显，4%和 8%多糖组可以明显降低四氧嘧啶型糖尿病小白鼠的血糖浓度。该课题成果为深入研究多糖的性质及其应用方法，并开发新的多糖药用食用产品奠定了理论和实践基础。

（马吉飞）

【新型种衣剂及环境相容性农药品种的产业化】 该项目是天津科润北方种衣剂有限公司、中国农科院植保所李少华、杨代斌等完成的天津市农业科技合作项目。项目引进中国农科院植保所专利技术可逆弱凝态悬浮种衣剂，解决了传统种衣剂结块问题。在国内率先开发出 3%苯醚甲环唑小麦悬浮种衣剂，并取得临时登记。田间试验表明，以 1:320~1:480 药种比包衣对小麦散黑穗病、小麦全蚀病防效分别达到 93.0%、79.9%，对小麦出苗及生长安全。项目还完成一种大豆悬浮种衣剂的技术更新，所得到的产品具有可逆弱絮凝特性，成膜时间缩短至 2~8 分钟，提升了产品的包衣性能。完成的可逆弱絮凝态悬浮种衣剂生产线达到年产 3000 吨的规模。已生产销售可逆弱絮凝态悬浮种衣剂产品 120 吨，新增效益 70 万元。

（市农业局）

【噻虫啉原药产业化】 该项目是天津市科技攻关培育项目，由天津市农药所、天津市兴光农药厂胡敏、吴兵兵等完成。项目完成新农药噻虫啉合成工艺的优化和小试，形成了成熟的工艺并解决了工业排放问题。其产品技术指标处于国际领先水平：噻虫啉总收率达到 60%~62%，噻虫啉原药纯度达到 97.5%。项目确定了噻虫啉悬浮剂加工工艺和配方，取得噻虫啉原药和 480 克/升噻虫啉悬浮剂的登记，填补了中国农药有效成分的一个空白。截至 2008 年该项目在国内核心期刊上发表论文 2 篇，申请专利 2 项。

（市农业局）

【盐藻生物资源综合开发与产业化研究】 该项目由中国盐业公司制盐工程技术研究院承担，主要完成人郭连城、张俊杰、崔志强等，获 2008 年度天津市科技进步奖三等奖。项目建成室外 10000 平方米盐藻养殖池及附属设施，提出了室外大面积养殖盐藻，生产盐藻粉的工艺及设备设施，并研制出保健食品软胶囊，填补了国内空白。经筛选发现的一株高 β-胡萝卜素含量的藻种，得到国内外有关专家认可。研制的盐藻粉软胶囊是一种新的保健品，获卫生部卫食健字批件。天津微藻生物技术有限公司采用该技术进行了中试生产，技术可靠，产品各项指标均达到标准，功能确切，深受消费者欢迎，市场前景较好。产品已出口日本。盐藻粉及软胶囊每年为该公司新增效益 80 万元，新增税收 17 万元，创收外汇 3 万~5 万美元。该项技术已获国家专利。

（郭连城）

现代化工技术

【3，4-二氢吡喃的技术开发与应用】 该项目由南开大学刘桂龙、严东文、张树军等完成，获 2008 年度天津市科技进步奖三等奖。该项目以工业四氢糠醇为原料，使用纳米氧化锆为催化剂，采用常压固定床连续反应，制备 3，4-二氢吡喃。其温度为 260~280 摄氏度，反应物料停留时间 15~25 秒，催化剂寿命 240 小时以上，收率 70%，转化率 90%。该项目主要创新点为：①利用专利纳米催化剂 C 固定床催化剂将四氢糠醇脱水得 3，4-二氢吡喃。②发现催化剂的活性与选择性、时间成反比，与温度成正比，并用此关系指导生产。③利用盐塔分离产品中的水分，对产品与水层中的原料进行回收。④设计了先进的生产工艺，实现 3，4-二氢吡喃的连续反应。⑤产品含量高，稳定达到 98%以上。截至 2008 年，生产销售该产品 120 吨，占有国内 80%以上的市场，替代了进口，销售额 1800 多万元人民币，利税 670 万元人民币。并且成为国际市场的主供产品，出口创汇近 150 万美元。

（卢　伟）

【中水造纸过程中溶解胶体物质和高阳电荷聚合物的动电特性及反应机理研究】 该项目是国家自然科学基金项目，由天津科技大学陈夫山主持完成，2008 年 12 月通过验收。该项目使用新颖的合成及改性技术，合成制备改性的高阳电荷密度水溶性聚合物，并用于城市污水处理后的中水制浆造纸，消除了可溶性胶体物质对造纸过程和纸的质量的影响，节约淡水资源，提高了纸的质量，使造纸用水全封闭循环使用。利用胶体滴定和纤维电位测定，通过对中水中溶解胶体物质和高阳电荷密度聚合物的性能动电分析和电荷测定分析，研究高阳电荷密度聚合物的动电特性及对水中溶解物质或悬浮物的吸附和凝聚作用，探讨高阳电荷密度水溶性聚合物对城市污水处理回用中水和造纸封闭循环用水中的可溶性物质去除机理。该研究在新型聚合物合成和改性及其动电理论方面取得突破，为城市中水再利用和制浆造纸用水实现全封闭循环并达到零排放，奠定了理论基础。

（李明琪　王　琥）

【乙烯裂解焦油的综合利用技术】 该项目由天津天大天海化工新技术有限公司与山东齐隆化工股份有限公司合作完成，主要承担者有张曾、郝守增、李崇等人，起止时间为2002年1月至2008年1月，其成果达国际领先水平，2008年5月14日通过天津市高新技术成果转化中心鉴定。该项目对乙烯裂解焦油的综合利用作了深入研究，使来自乙烯装置的乙烯裂解焦油脱水后依次进入脱重塔、茚类树脂油塔、甲茚类树脂油塔、萘塔、中间馏分塔、甲基萘塔，得到茚树脂油、甲茚树脂油、工业萘、中间馏分、甲基萘、重油。95%的工业萘产品根据市场情况可选择直接外销，也可进入结晶装置进一步提纯生产精萘；副产的重组分一部分生产黑色石油树脂，另一部分与副产的重油、中间馏分调和成炭黑原料油；茚树脂油、甲茚树脂油生产茚树脂和甲茚树脂，同时副产高品质芳烃溶剂油产品。该技术具有如下特点：①通过制定科学、合理的工艺路线和加工方案，解决了乙烯裂解焦油加工装置对原料依赖度高、资源利用率低、经济效益差等问题。②通过完整有效的加工手段，开发出五大系列十几种高品质产品，实现乙烯裂解焦油的全部化工利用，可为市场提供急需的工业萘等产品和有机化工原料，避免乙烯裂解焦油作为燃料油造成的环境污染。③分离的茚类树脂油中含萘量≤0.5%，可用于生产色号小于4的优质浅色石油树脂。甲茚树脂油中含萘量≤5%，用于生产色号小于6的浅色石油树脂。甲基萘为α、β-甲基萘的混合物，含量大于90%，可用作医药和表面活性剂的原料，或者用于生产MF型分散剂等。部分重油热聚合生产黑色树脂。另一部分调黏后可用作生产炭黑的原料。该工艺技术在山东齐隆化工股份有限公司投入工业化生产，年处理乙烯裂解焦油12万吨。该项目为乙烯副产的裂解焦油提供了一种切实可行的利用途径，对提高产品附加值、提升企业效益具有重要意义。

【新型高效脱氧剂制备技术及产品】 该项目由天津化工研究设计院于海斌、姜雪丹、成宏等完成，其成果达国际先进水平，2008年5月14日通过天津市高新技术成果转化中心鉴定。超纯气体精制、合成气消除微量氧、食品药品保鲜都需要超深度脱除微量氧。特别是随着高含硫煤制合成气使用的增多，对耐硫型脱氧剂需求增多。该研究研制成两种脱氧催化剂，即 $Pt-Mo/Al_2O_3$ 耐硫催化脱氧剂和 $Pd-Mn/Al_2O_3$ 双功能脱氧剂。第一种脱氧剂可用于含硫气氛，第二种脱氧剂适用于各类含氢及不含氢气体中杂质氧的精脱除。项目开发的高效双功能脱氧剂有效解决了国内耐硫型脱氧剂脱氧深度不足、易粉化以及化学吸附型脱氧剂强度差、需定期再生、再生易飞温导致脱氧剂失活等缺点。两种脱氧剂质量均达到国外同类产品指标，填补国内空白，获授权国家发明专利2项。2003年至2007年，该项目开发的高效双功能脱氧剂在吉林石化公司两套丁辛醇装置使用累计7批，节省脱氧剂采购费2500多万元，为天津化工研究设计院创造产值3148.33万元，经济社会效益显著。

【中药微囊化技术开发】 该项目由天津大学药学院、天津市博爱制药有限公司合作完成，承担者有张韻慧、晋兴华、李培凡、赵振宇、肖莉等，获2008年度天津市技术发明奖三等奖。该项目创新了传统中药成分共混的入药方式，首次研制出含挥发性及黏稠液体中药成分的"苏冰口崩片"。该项技术将现代药剂学包裹、载药微囊（球）技术、固体分散技术与稀释剂、崩解剂等协同作用，使之达到高效快速释药起效，迅速缓解心血管疾病症状的目的。现代固体分散技术可提高药物的溶出度，现代包裹技术可确保"苏冰口崩片"制剂在贮存期间冰片成分既不会升华流失，又改善了冰片这一难溶于水中药的溶解和分散性，在用药中有效成分有节律地释放，药物的生物利用度大大提高。患者用药时将"苏冰口崩片"置舌下无须喝水，危重病人通过黏膜吸收迅速崩解可达快速高效释药，迅速缓解心血管疾病症状的效果。"苏冰口崩片"是将中药制剂的挥发性成分冰片、苏合香等包裹成微囊、微球，这是微囊技术用于中药产品的重要工艺改进。它防止冰片挥发，解决了苏合香等挥发性成分在生产过程的制剂阻力和不能机械化连续生产的工艺问题及贮存期的不稳定等技术问题。项目研究成果获授权国家发明专利1项，进入实审的国家发明专利2项。在国内、外学术期刊发表论文13篇。中药微囊化技术为国内、外首创，居国际领先水平。

（魏建红）

【多羟多胺新螯合剂在微电子技术中的应用】 该项目是国家中小企业创新基金项目“FA/O抛光液及其抛光技术”的延伸项目，由河北工业大学与天津市晶岭微电子材料有限公司合作完成，主要承担者有刘玉岭、周建伟、檀柏梅等，起止时间为1999年3月至2008年8月，2008年8月8日通过天津市科委鉴定，其成果达国际领先水平。随着微电子技术向180、130、100、90、65、45纳米及其以下16纳米的技术节点方向发展，晶片表面达到光刻要求的平坦化关键技术与关键材料——CMP浆料及清洗剂成为制约集成电路发展的关键核心技术，而研制一种新型多功能的CMP浆料及清洗剂的主要成分——无金属离子螯合剂有着至关重要的作用。该课题发明的乙二胺四乙酸（四羟乙基乙二胺，简称多羟多胺新螯合剂），具有4个氨基、16个羟基，无金属离子，与水互溶，并具有13个螯合环，其在微电子中的应用效果完全优于国内外通用的乙二胺四乙酸二钠盐（EDTA）螯合剂。其主要创新点是：①该试剂用于GLSI多层铜布线化学机械平整化抛光（CMP）中，同时起到络合剂、螯合剂、胺化剂、助氧剂、PH调节剂、缓冲剂、缓蚀剂的作用，一剂多功能，提高了性能，且节省成本，简化工艺。同时使金属氧化物氢氧化物转化为可溶物，实现抛光液碱性化，解决了酸性抛光液存在的技术难题。②该试剂在IC硅衬底切削液、磨削液、倒角液中加入1%~10%，将原来的纯机械加工变为化学机械加工，大大降低损伤、应力、破碎、微裂，提高效率10%~15%，提高了出片率和成品率，同时降低金属离子玷污。③清洗剂中加入该试剂，将金属离子降两个数量级。该成果发明的多羟多胺新螯合剂，可用于GLSI硅衬底切削液、磨削液、倒角液、多层铜布线化学机械平整化抛光（CMP）及后清洗工艺中，在国内多家企业和研究机构应用，提高效率近10%，降低了损伤。洛阳鼎晶电子材料有限公司采用该成果实现IC衬底高可靠，唯一应用在“神五”、“神六”高可靠专用集成电路上。该成果有着重要的应用前景。

【水垢调控功能铜锌合金的研制及应用开发】 该项目由河北工业大学梁金生、汤庆国、丁燕等完成，起止时间为2006年4月至2007年12月，2008年1月通过天津市科委鉴定，成果达国际先进水平。该项目主要内容为：①水垢调控功能铜锌合金的化学组成设计与性能优化技术、制备工艺技术。应用微电解原理设计、制备一种复杂铜锌合金，使合金与水作用后能产生多种原电池反应、调控水中成垢离子的运动行为，实现对锅炉水系统新生水垢晶体结构和形貌的有效控制。②水垢调控功能铜锌合金的应用技术。应用研制的水垢调控功能铜锌合金开发工业水处理、锅炉水处理、循环水处理用系列活化床新技术，克服锅炉及热交换系统硬垢的形成。③水垢调控功能铜锌合金及水处理活化床的节能与环保性能评价方法。提出用表面自由能法评价铜锌合金的理化性能，并用蒸汽产量和水垢颗粒的团聚力指标评价水处理活化床节能和环保性能。在纺织印染、能源动力、钢铁、化工、水冷式中央空调、太阳能热水器、家庭饮用水、农业灌溉水及水产养殖业等工农业领域具有广阔应用前景。

【燕麦胶中试提取工艺】 该项目由天津科技大学张民、王昌禄、王娜等完成，起止时间为2005年4月至2007年12月，2008年7月5日通过天津市科委鉴定，其成果达国际先进水平。燕麦胶可广泛应用于食品、医药、化妆品行业。该项目比较了不同方法对燕麦麸皮中酶的灭活效果，确定以热处理方法对原料中的酶进行灭活，创新同步进行燕麦麸皮灭酶与燕麦胶提取技术，简化燕麦胶的生产工艺，降低燕麦胶的生产成本。利用气相色谱对燕麦胶进行定性定量测定。根据燕麦胶水解物中葡萄糖含量计算燕麦胶含量及纯度，并根据燕麦胶水解物中单糖种类及其比例对燕麦胶进行定性，简化了同步进行燕麦胶检测的定性与定量测定方法，提高了测定结果的可靠性。

【高速公路护栏长效防护涂料体系的研究】 该项目由天津科瑞达涂料化工有限公司田铁梁、李华宁、孟昭杰等完成，协作单位是天津渤海职业技术学院，起止时间为2007年3月至2008年2月，2008年6月

7 日通过天津市经委鉴定，其成果达国际先进水平。该项目通过对电泳涂装工艺二次创新，将汽车漆涂装技术运用到高速公路护栏上，采用不含铅、锡的节能环保型阴极电泳漆作为配套底漆，研制适用于 2C1B（两涂一烘）涂装工艺的环氧改性聚酯中涂漆和具有自清洁功能的氟碳面漆，解决了一般氟碳涂料产品涂膜表面产生静电带来的吸附灰尘问题，使底、中、面成为一个整体，从而提高涂装体系的防腐性、抗石击性和装饰性。通过新防腐配套体系的实现，使高速公路护栏的防腐和装饰效果达到一个新水品。该成果解决了高速公路护栏（热镀锌板）长效防护问题，防护效果保持 20 年以上，从而减少修复频次，降低养护成本、提高外观装饰性，有利于高速公路网络的快速发展。

【新型液晶环氧树脂的合成及其应用研究】 该项目由河北工业大学刘国栋、瞿雄伟、刘柏松等完成，起止时间为 2005 年 4 月至 2008 年 6 月，2008 年 6 月 25 日通过天津市科委验收，其成果达国际先进水平。该项目获得的主要成果是：①合成并表征含 6 种联苯及酯类液晶环氧树脂（LCER），MPEPEB 熔点为 78 摄氏度，可以极大改善 LCER 的固化成型性能。②用合成的 LCER 对通用双酚 A 环氧树脂（E-51）进行改性研究，制备得到的改性交联网络综合性能最高冲击强度达到 36.1 千焦/米 ^{2}，弯曲强度 108 兆帕，热变形温度达到 155 摄氏度，为此类特种高分子材料的开发应用奠定理论和工艺基础。

【复合支撑插管的成型工艺】 该项目由天津市塑料研究所王铭、张东惠、曹常等完成，获 2007 年度天津市技术发明奖三等奖。该项目是针对医用塑料特殊导管制品的加工而研究设计的工艺和设备，其核心在于把先进的变径挤出技术、复合成型技术、支撑材料的缠绕技术集成在一起。在成型过程中，有效控制各因素的变量，最佳化选择和协调工艺参数，实现变径复合管的连续成型。创造性地摒弃传统的糊树脂浸渍成型工艺，采用自主开发的挤出法成型间断性金属增强变径管成型技术，提高生产效率，降低生产成本，极大地提升产品的品质和档次，使产品有很强的市场竞争力。该工艺成型过程中对材料、机头模具设计、支撑材料的缠绕技术、不同材料层的复合技术以及各项工艺参数的协调控制要求很高。项目编制了编程自动控制选件，能够通过触摸屏来控制牵引设备的转速，实现生产的连续化、自动化和控制管理的人性化。该项目采用的挤出复合成型机技术是现代生产工艺，属首创，达到国际先进水平。

（天津市塑料研究所）

【逆流提取与超滤纯化联用制备中兽药注射液蒲地蓝的研究】 该项目由天津瑞普生物技术股份有限公司承担，主要完成人有李旭东、鲍恩东、付旭彬等，起止时间为 2005 年 2 月至 2007 年 2 月，获 2008 年度天津市科技进步奖三等奖。该项目核心创新点：①采用逆流提取工艺实现蒲地蓝的常温提取，有效解决水煎煮提取使酚酸等有效成分分解失活问题，使有效成分收率提高 30%，乙醇消耗降低 28%，热量单消耗降低 55%。②采用超滤纯化工艺可除去中药提取液中含鞣质、树脂、蛋白质、淀粉、热原等大分子物质，使澄清度和稳定性较传统工艺显著提高，降低药物对注射部位的刺激性。③创新研发的蒲地蓝注射液对奶牛乳房炎和子宫内膜炎疗效显著，并可明显提高奶牛发情率和受孕率，并解决了奶中化学药物残留问题。截至 2008 年底，项目实现销售收入 1200 万元、利税 450 万元。

（李旭东）

纺织新技术

【基于三维数字图像的编织复合材料热弹性多尺度分析】 该项目为天津市应用基础研究计划面上项目，由天津工业大学陈利等人主持完成，2008 年 6 月 30 日通过市科委验收。树脂基三维编织复合材料是近年来迅速发展的一类高性能复合材料，具有优良的综合力学性能，广泛应用于航空、航天等高科技领域。项目针对三维编织复合材料在实际工程应用中的热稳定性开展研究，探索该类材料的细观结构优化关键问题，建立材料低膨胀设计的新方法，为该类材料的进一步推广应用奠定理论基础。项目研究从分析三维编织复合材料的细观结构入手，采用细观图像分析方法，并考虑纱线挤压影响，建立三维编织复合材料的单胞模型；通过实验方法研究编织结构参数对材料热膨胀系数的影响；基于渐进均匀化理论，通过引入宏观和细观双尺度，建立描述三维编织复合材料热弹性的细观均匀化问题和宏观均匀化问题的控制方程；采用单胞数字化技术，建立三维编织复合材料均匀化问题的三维数值求解方法（DCB-

FEM)；以热膨胀系数作为优化目标函数，刚度为约束条件，建立三维编织复合材料细观结构优化设计的遗传算法，实现材料的低膨胀设计，与实验结果一致性较好。该创新性的研究成果具有较重要的科学意义和工程应用前景，达到了国际先进水平。

（郭建辉）

【改性聚丙烯腈聚合及熔融纺丝研究】 该课题为国家自然科学基金项目，由天津工业大学张兴祥主持完成，2008 年 12 月通过国家自然科学基金委验收。该项目在相变材料纳胶囊悬浊液中引发丙烯腈与醋酸乙烯酯或马来酸酐等改性单体的水相沉淀聚合，形成的聚合物淤浆中包含有相变材料纳胶囊，从而一步实现聚合物与纳胶囊之间的混合。得到的混合物经洗涤、干燥后，在双螺杆中熔融挤出纺成纤维，该工艺既可避免因使用溶剂纺丝带来的环境污染问题，也可以缩短相变材料纳胶囊改性纤维制备的工艺过程，减少纳胶囊的团聚和破损，提高纤维中相变材料的热效率。采用水相沉淀聚合技术用过硫酸钾—亚硫酸氢钠引发丙烯腈（AN）分别与丙烯酸甲酯（MA）、甲基丙烯酸甲酯、醋酸乙烯酯和丙烯酰胺在有或没有正十八烷微胶囊存在下的水相沉淀共聚合反应，研究增塑剂、热稳定剂对共聚物热稳定性的影响，并研究熔纺共聚物纤维的成形与性能。水相沉淀聚合的温度低于乳液聚合或溶液聚合，水相沉淀聚合既不使用乳化剂，也不使用溶剂，而聚合时间由乳液聚合或溶液聚合的 6 小时缩短到 3 小时。在 30 摄氏度下制备的 AN/MA（85/15）共聚物具有良好的耐热稳定性，其熔融温度为 155 摄氏度，热分解温度达 310 摄氏度，其组成与投料比最为接近，该温度下水相沉淀聚合为最佳聚合工艺。通过在 AN/MA（85/15）共聚物中添加硼酸，可以熔融纺丝制备出含有或不含有正十八烷微胶囊的纤维。该项目发表被 SCI、EI 收录的论文 16 篇；申请、获发明专利共 4 项；培养博士后、博士研究生 3 人，硕士研究生 5 人。

（郭建辉）

【新型功能中空纤维膜制备技术及其产业化应用】 该项目由天津工业大学肖长发主持完成，获 2008 年度国家技术发明奖二等奖。该项目针对常规膜品种抗污染能力差、使用中易发生不可逆嵌入式污染等难题，根据热力学相容性理论和聚合物共混界面相分离原理，开发出具有界面微孔特征的中空纤维膜制备技术，将其成功产业化用于常规溶液纺丝法中空纤维膜改性，制备出具有多重微孔结构的熔融纺丝法压力响应型中空纤维膜、高性能中空纤维膜及其装置等。该项目申请发明专利 18 项，获授权 8 项。相关技术产品用于纺织、化工、食品、电力等行业废水处理与回用，有力地提升了国内中空纤维膜产业的核心竞争力，为污水资源化提供了更为优秀的产品，对节能减排具有积极推动作用。

（郭建辉）

【棉纺喷气织机数据采集监控整合系统】 该系统由天津工业大学和天津天纺投资控股有限公司联合完成，已运行 2 年，2008 年 3 月 29 日通过天津市高新技术成果转化中心组织的鉴定，成果达国际先进水平，获 2008 年度天津市科技进步奖三等奖。该项目构建了分布式异构网络形式的系统架构。基于自主研发的信号转换器、监测器、软硬区域处理器，整合了工业以太网、CAN、RS485、RS422 和 RS232 等多种总线；研制成基于 ARM 嵌入式系统的硬件区域处理器和基于 IPC 服务组件的软件区域处理器：通过并行技术和并发程序设计，使监控系统具有高响应性和大吞吐量，可对上千台织机同时监控。该系统具有实时监控、数据处理、信息查询、报表生成、系统配置等功能，在此基础上实现织机效率分析、物料流动记录及质量追踪分析等功能。通过实时和历史生产数据迁移整合服务的设计与实现，完成织造数据整合 Web 应用系统，加强企业信息系统的应用集成，提高车间管理效率及生产水平。该项目对于纺织生产的过程监控，提高产品质量，对于改善国内传统的纺织业管理具有重要意义。

（郭建辉）

【纱线沿横截面剪切性能的研究】 该项目为天津市应用基础研究计划面上项目，由天津工业大学姜亚明等人完成，2008 年 5 月 22 日通过市科委验收，其研究成果达国际进水平。课题首次系统研究纱线沿横截面的抗切割性能，探讨纱线沿轴向的拉伸性能对防割性能的影响，为防割纱线的设计和沿横截面的抗切割性能的预测提供了理论基础。为实现纱线沿横截面的抗切割性能的研究，课题组自行制备大量的纱线试样，自行设计用来测试纱线沿横截面的抗切割性能的刀架切割装置。该装置可以和流行的各种纱线强力仪相连接，通过这种独特的装置和纱线强力仪，给出纱线沿横截面的切割力与切割位移之间的关系曲线，得到切割断裂强力、抗切割初始模量以及切割功等参数，基本实现对纱线沿横截面的抗切割性能的表征。利用这种装置，课题系统研究不同原料的纱线沿横截面的抗切割性能以及不同纱线结构对纱线沿横截面的抗切割性能的影响，提出设计和分析纱线沿横截面抗切割性能的“面积论”和“动态响应论”的观点。研究还发现，芳纶、高性能聚乙烯、芳纶短纤纱等高性能纤维，切割和拉伸性能均突出，可作为防切割产品的首选材料；一般情况下，加捻（在一定的捻度范围内）、合股等方式对不同原料纱线抗切割性能的影响趋势基本相同，即加捻及合股均有利于提高纱线的切割断裂强力，但通常会引起抗切割初始模量的降低；二维编织包缠复合纱具有很好的沿横截面抗切割性能，通过对芯纱和外包缠纱的合理选择，可以使抗切割性能得到显著提高。该课题的实验方法、研究方法以及所得出的结论，对防割纱线的防割性能的研究和表征具有重要的参考考价值，为防割纱线的设计及防割性能的预测提供了理论依据。

（郭建辉）

【C/C 刹车盘用三维编织材料的研制】 该项目是天津市应用基础研究计划面上项目，由天津工业大学杨彩云等人完成，2008 年 9 月 1 日通过市科委验收。碳刹车材料以其重量轻、耐磨损、耐高温、耐腐蚀、摩擦系数稳定等优点成为飞机刹车材料的首选，也成为衡量飞机机轮刹车系统是否先进的一个重要标志。高性能 C/C 刹车材料是理想的飞机制动材料，在国外应用非常普遍，近 10 多年来新研制的飞机大多采用碳刹车技术。国内碳刹车材料还处于初步应用阶段，在一些性能指标上与国外相比还存在一定差距。该研究将三维编织体的结构设计理论与样品试制相结合，采用自行编织三维预制体、委托 CVD 渗碳处理、性能自行测试与外协测试相结合的研究方法，结合三维预制体的结构参数对性能测试结果进行分析，探索预制体、致密化工艺与 C/C 材料性能之间的关系，自行设计、编织多种不同结构、参数的三维编织体，对其进行渗碳处理和高温热处理，制成 C/C 复合材料。这种刹车材料具有优异的层间剪切强度和摩擦系数，对于开发新型高性能 C/C 刹车材料具有指导意义。该成果具有重要的应用基础研究价值和工程应用意义。

（郭建辉）

【在染色纺织品中纳米氧化物对人体安全性影响的研究】 该课题为天津市应用基础研究计划面上项目，由天津工业大学姚金波等人完成，2008 年 6 月 13 日通过市科委验收。项目针对纺织品普遍应用的纳米 TiO_2、ZnO、SiO_2 等氧化物对织物上所含的合成染料是否会诱导生成“禁用”有害芳胺物质问题进行系统分析。以常用、正常使用条件下不能释放有害芳氨的偶氮型染料为对象，以纳米 TiO_2、ZnO、SiQ 等氧化物与染料间的作用产物分析为基础，分析纳米氧化物与纤维上染料的作用规律，进而推测纳米氧化物对人体的安全性。研究证实，常用的纳米TiO_2、ZnO、SiO_2 对染色纺织品上的常规染料具有良好的化学安全性，不会诱导染料释放出新的有害芳胺，符合 Oeko-Tex Standard 200 要求，此结论对生产实践具有重要的理论指导意义；合成得到的纳米相羟基磷灰石/丝素蛋白复合材料能够应用于医学工程材料；常用的 TiO_2、ZnO、SiO_2 等纳米氧化物经过与拒水拒油整理剂的配合，能够使纺织品达到良好的三防效果；当纳米氧化物自身具有抑菌、杀菌效果时，同样会赋予整理产品良好的抑菌抗菌效果；在纯棉织物的抗皱整理中，添加纳米 TiO_2、SiO_2 可以有效提高织物的抗皱性能，并且能够减少织物的强度损失、减少路易斯酸型催化剂的使用量。项目获得以不同纳米氧化物整理剂为对象的加工产品 3 种，以及相应的工艺技术路线。该研究对纺织化学与染整工程学科发展具有积极影响，成果达国内领先水平。该项目申请中国发明专利 3 项，获授权发明专利1 项；发表论文 4 篇；获省部级科技进步奖二等奖 1 项。

（郭建辉）

【现代纺织关键技术的研究】 该项目为天津市科技攻关计划项目，由天津工业大学李嘉禄等人完成，2008 年 7 月 19 日通过市科委验收。20 世纪 90 年代后，随着现代高新技术在纺织工业中的大量运用，国际纺织结构发生了深刻的变化。“现代纺织关键技术的研究”项目重点解决现代纺织技术中的几个关键问题。该项目在三维纺织技术的应用和开发中，研制和开发了异型构件一体化编织成型技术，解决了几何结构复杂的一类构件的三维整体预成型的难题。研制和开发了大型壳体的三维机织技术，解决了采用三维机织技术实现大尺寸变厚度旋转体的三维整体预成型的难题。并研制出星载相机三杆加环整体镜身组件预成型制件和发动机壳体连接裙三维机织预成型制件。在高新纺织产品开发技术研究中，采用果胶酶对彩棉进行处理，同时优化了酶的浓度，溶液的温度，反应时间以及溶液的 pH 值，使彩棉的回潮率提高 15%以上。在纺纱毛羽控制技术研究中，设计了减羽喷嘴并将其安装在自动络筒机上。实验证明减羽喷嘴可以有效地降低络筒纱毛羽的增长幅度，特别是对于有害长毛羽的减除效果较为显著。减羽纱和减羽织物的表面光洁程度和摩擦性能均有较大改善，特别是减羽纱经织造、退浆和烘干后，其织物的抗起毛起球性能、表面的光洁程度和摩擦性能均较普通织物好。在羊毛拉伸技术研究中，研究开发了 TJGD—ERDS-02 拉伸机，利用该机成功开发出多种规格的毛条，细度降低，长度增加，达到设计要求。在数字化“量体、打板”系统的研究与开发中.掌握了计算机立体视觉的理论和技术，解决了系统构成、系统标定、立体匹配、三维重构等关键性理论和技术难题；研发了适应服装领域应用的成本低、重量轻、体积小、对测量环境要求低的人体测量系统，测量精度小于 0.5 厘米，相对精度小于 1%，满足服装人体测量的要求；确定了服装样板尺寸规格、样板选择的方法和路线。

（郭建辉）

【先进纺织技术在制造复杂形状制件中的应用】 该项目为天津市科技攻关计划项目，由天津工业大学李嘉禄等人完成，2008 年 7 月 19 日通过市科委验收。先进的三维编织复合材料具有高的比强度和比模量，热膨胀系数小，尺寸稳定性好，在各种空间环境下性能变化范围小，已成为提高卫星性能、增加卫星有效载荷、降低卫星运营成本的主要技术突破口。该项目先后成功研制了两种空间角度对称分布双圆管与弧形底板组合型连接件预制件的三维整体编织工艺，创建了空间结构接头三维整体编织工艺理论计算方法，创新性地开发出圆管根部纱线预留技术、弧形底板和圆管根部三维整体编织成型技术和倾斜圆管的局部整体编织技术，开发成功树脂基三维整体编织复杂结构连接件复合材料制件 RTM 成型工艺技术和设备。该项目开发了三维编织复合材料卫星发动机支架多向接头的生产线；三维编织复合材料比金属支架减重 40%。该研究成果采用三维编织技术，为进一步开发复杂形状的三维编织复合材料制件奠定了坚实的理论和实践基础。该项目实现三维整体编织复合材料卫星发动机支架连接件的批量生产，满足了用户的使用需求。该项目的研究成果具有创新性，还可以应用到其他复杂形状制件的制造上，具有良好的应用前景。

（郭建辉）

【半精梳赛络纺技术与产品开发】 该项目由天津工业大学与承德可大毛纺织有限公司合作完成，2008 年 11 月通过市科委鉴定。半精梳工艺是国家毛纺、棉纺行业资助开发的一种新型纱线，缩短了纺纱工艺流程，但由于纱线质量方面存在的缺陷，如条干差、毛羽多、易掉毛、易起球问题等，不仅造成织造效降低且影响织物质量。该项目首次采用半精梳和赛络纺结合的方法来提高纱线质量。项目以承德可大毛纺织有限公司半精纺设备为基础，使用赛络纺技术，以羊绒、羊毛、粘胶、涤纶等纤维为原料，纺制半精梳赛络纺纱线。利用几何模型分析赛络纺减少纱线毛羽的原因，计算出在同等情况下赛络纺纱线较环锭纺纱线毛羽减少 22%。分析赛络纺须条间距对纱线耐磨、强力和毛羽的影响。对纺纱工艺进行优化，得到不同条件下半精梳赛络纺的最优工艺，解决原有半精梳工艺纺制的纱线毛羽多、耐磨差、条干不匀率高、强力低等问题，使平均织造效率达到 85%以上。以羊毛、羊绒、粘胶、涤纶等多种纤维为原料，以半精梳赛络纺工艺为基础，开发并生产多组分赛络纱和 AB 纱两大类，13、26 和 32 三个纱支系列的半精梳赛络纺纱线产品。根据半精梳赛络纺纱线结构特征，开发系列半精梳赛络纺面料新产品。经产业化实践验证，该项目技术路线合理，纺纱工艺稳定，纺纱质量好，织造效率得到明显提高，填补了国内在半精梳纺纱工艺中的一项空白，达到国内领先水平，成果在纺织企业具有较高的推广应用价值。

（郭建辉）

新型能源与新材料技术

【内燃机替代燃料高效清洁燃烧基础理论研究】 该项目由天津大学机械学院尧命发、郑尊清、张惠明等完成，获 2008 年度天津市自然科学奖二等奖。该项目属动力与电气工程专业。替代燃料高效清洁燃烧理论是替代燃料推广应用需要解决的关键科学问题。项目立足于国家中长期发展的能源和环境需求，围绕内燃机潜在的替代燃料二甲基醚、甲醇和天然气，系统开展替代燃料高效清洁燃烧基础理论研究，研究二甲基醚喷雾混合理论和燃烧理论、二甲基醚均质压燃燃烧理论和燃烧反应动力学机理、二甲醚/天然气或甲醇双燃料（混合燃料）均质压燃燃烧理论和燃烧反应自由基作用机理、甲醇燃料高效清洁燃烧模式设计理论和预混合天然气分层压燃燃烧理论。构建替代燃料高效清洁燃烧理论框架，丰富和发展新一代内燃机燃烧理论，为替代燃料高效清洁利用奠定理论基础。该研究首次开展替代燃料燃烧反应动力学研究，揭示替代燃料燃烧反应中自由基的作用机理，提出简化动力学模型，建立简化动力学机理与CFD耦合的燃烧过程计算分析模型，发展相应的燃烧模型，为替代燃料燃烧理论研究和燃烧系统优化构筑了理论工具。该项目的特点是开展有应用前景的基础理论研究，提出双燃料（混合燃料）均质压燃燃烧新技术、甲醇复合燃烧新技术和复合供气天然气分层燃烧系统，并申请发明专利。这些燃烧技术可以显著扩大替代燃料高效清洁燃烧运行工况范围，克服均质压燃发动机所带来的问题，有很高的实用价值和应用前景，为替代燃料高效清洁利用探索新的技术途径。该项目取得位于国际前列的创新性基础理论成果，在国内外发表论文69篇，其中国外发表23篇，SCI检索论文14篇，EI检索论文37篇，SCI他引22次，代表性论文他引110次；申请了国家发明专利4项，获发明专利1项，实用新型专利2项。

（魏建红）

【6XNF10锌镍蓄电池组】 该项目由天津蓝天电源股份有限公司姜惠成、张雄、张健等完成，起止时间为2006年5月至2008年3月，2008年4月通过天津市高新成果转化中心鉴定。该项目为蓝天高科电源股份有限公司自选课题，其成果6XNF10锌镍蓄电池组主要性能指标居国际领先水平。常温放电：在（25±5）摄氏度环境温度下，放电容量不低于7安时；低温放电：蓄电池组在（–25±2）摄氏度环境温度下，放电容量不低于5安时；高温放电：蓄电池组在（40±2）摄氏度环境温度下，放电容量不低于5安时；大电流工作能力：以30安放电至终止电压为8.10伏时，蓄电池的放电容量不低于5安时；循环寿命：蓄电池组的循环寿命不少于350次。与国内外同类电池相比，电池100%DOD放电深度循环寿命达到350周期；最高比能量达到108瓦时/千克；最高体积比能量达到172瓦时/升。该成果采用自主研发的锌酸钙制备工艺、自主研发的湿法拉浆式柔性锌电极工艺、无汞化锌电极工艺、新型隔膜等先进技术，均取得突破性进展。该电池组可以替代部分铅酸电池，降低对环境的污染。用于电动车电源对电动车的发展具有促进作用。该项目预期目标：日产100组，年最高销售额为555万元，最高年利润为95万元。

【尼星用氢镍蓄电池组】 该项目由中国电子科技集团公司第十八研究所檀立新、周亦龙、鲁文东等完成，2008年4月25日通过天津市高新技术成果转化中心鉴定，其成果达国际先进水平。该项目针对总体指标，实现自主设计、开发，重点解决了电池组长寿命、轻量化两大技术关键。其创新点涉及单体电池、电池组的结构设计，重点采用有效的单体电池的可靠性试验方法。该电池组均应用在国内外大型静止轨道通信卫星上，为数十亿通信用户提供了优质服务。它已成功应用于中国第一颗出口的大功率商业通信卫星NIGCOMSAT–1星上，在轨工作良好。尼日利亚卫星2007年5月14日成功发射，电池组在轨工作正常，截至2007年10月28日，鉴定批电池完成充放电循环2195次，正样批电池完成充放电循环1174次，粗略估计分别相当于24年、13年的在轨工作寿命，试验电池性能正常。该项目获2008年度天津市科技进步奖三等奖。

【DFH–4卫星太阳电池阵】 DFH–4卫星太阳电池阵为中国国新一代长寿命、高可靠、大容量通信广播卫星公用平台配套研制的，由中国空间技术研究院委托中国电子科技集团公司第十八研究所研制，主要完成人为孙彦铮、程保义、崔新宇等，2008年4月23日通过天津市高新技术成果转化中心鉴定，其成果达国际先进水平。该电池阵太阳电池板尺寸为2360毫米×3300毫米，总面积达到62.3平方米，太阳电池阵面积、输出功率、输出电压、布片率等多项技术指标均为国内太阳电池阵之最。其技术进步点与创新点突出表现在：①国内首个万瓦级太阳电池阵，初期分点输出功率可达12248.9瓦，末期两分点功率输出达10736瓦，是国内航天器太阳电池阵输出功率之最。②国内首次成功进行高压太阳电池阵防静电放电设计和应用，解决100伏高压太阳电池阵与空间带电环境的耦合问题，预防由于空间静电放电（SESD）引起的新的失效模式。③国内首个设计寿命达到15年的太阳电池阵，多项太阳电池阵设计技术和试验验证保证太阳电池阵满足设计寿命要求。④国内首次大面积使用平均效率大于19%的单结GaAs/Ge太阳电池，布片系数高达93.4%。它的研制成功避免了国内大功率太阳电池阵的进口，实现太阳电池阵从3000瓦到10000瓦供电的技术飞跃，填补了国内在高压大功率太阳电池阵上的空白，满足了DFH-4平台系列卫星的需求，产品达到甚至优于国际同类产品技术水平，提高了中国航天在国际上的地位。该技术成果应用前景广阔，已成功应用于DFH-4卫星平台，包括尼日利亚卫星太阳电池阵、委内瑞拉卫星太阳电池阵的研制。

【镍氢电池及镍氢动力电池隔膜的研制】 该项目为天津市科技支撑计划项目，由天津工业大学和天津和平海湾电源集团合作完成，2008年9月12日通过市科委鉴定，研究成果处于国内领先水平。项目所研制出的镍氢电池隔膜性价比高，性能优于国内同类产品，达到国外同类领先产品水平，完全可以替代进口隔膜，可广泛用于国内众多高档镍氢电池及镍氢动力电池生产中。该技术可大大降低镍氢电池的生产成本，有效推动环保电动车产业的发展。项目中试阶段生产出批量满足要求的电池隔膜，用于组装各种规格的镍氢电池，电池性能优异。该项目的隔膜产品，是国内非织造行业附加值高的高端产品，填补国内空白，应用前景广泛，可以广泛应用在各种高性能镍氢电池中，对促进国内非织造企业高附加值产品开发和镍氢电池相关产业的发展具有较强的推动作用。

（郭建辉）

【甲醇燃料电池新型阳极纳米电催化剂】 该项目由南开大学陈军、高峰、林进等完成，起止时间为2005年4月至2007年12月，2008年1月8日通过南开大学结题评审，并登记为天津市科技成果，其成果达国际先进水平。该项目探索直接甲醇燃料电池（DMFC）中阳极电催化剂的催化机理；结合最新纳米技术，合成电催化活性高、能抑制CO中毒、且成本相对低廉的新型纳米电催化剂。为高效、实用、长寿命和廉价的DMFC新型阳极纳米电催化剂的发展提供理论和实验依据，从而推动燃料电池向使用化的方向发展。

【微小型元器件用高性能高频、微波介质陶瓷材料】 该项目由天津大学电信学院李玲霞、张平、张为等完成，获2008年度天津市技术发明奖二等奖。该项目属材料科学的无机非金属材料领域及电子元件与器件技术领域。所研制的高性能高频、微波介质陶瓷材料体系主要包括：①低介系统，损耗为1×10^{-6}，介电常数为12±1。②高Q系统，介电常数为20~30，Qf=181915（fo=10.084吉赫兹）。③中介系统，介电常数为51~53，损耗低至10^{-6}数量级，谐振频率大于2吉赫兹。④高介高压系统，介电常数大于150，击穿强度大于20千伏/毫米。⑤超高介热稳定系统，介电常数高达500，温度系数为$(0\pm30)\times10^{-6}$/摄氏度。该项目研制出高频、微波全系列中低温烧结（小于1150摄氏度）介质陶瓷材料。通过对结构—工艺—性能内在机理研究和严格控制各项物理参数，确保高性能介质陶瓷材料的一致性和稳定性。尤其在MLC应用上，满足中低温烧结特性，确保材料与Ag（大于70%）内电极相匹配，从而大大降低MLC生产成本，实现物理兼容和化学兼容，解决MLC的关键制备技术。该项目成果在北京七星飞行电子有限公司、宇阳科技发展有限公司、潮州三环股份有限公司等单位成功转化，生产出系列高频、微波微小型元器件。高性能高频、微波介质陶瓷材料广泛应用于微波通信、移动通信、卫星通讯、导航、定位、雷达、制导和预警系统等领域。该成果申请发明专利8项，其中5项已获授权。

（魏建红）

【燃烧节能环保功能无机/有机复合材料的研制及应用开发】 该项目由河北工业大学梁金生、丁 燕、薛刚等完成，起止时间为2006年4月至2007年12月，2008年1月通过天津市科委鉴定，成果达国际先进水平。该项目主要内容是：①将电气石矿物粉体与镧、铈、铁、锰等稀土及过渡金属元素的水溶性无机盐按照一定比例配料，经矿物材料表面化学反应、过滤、干燥、焙烧、研磨等加工过程，制得高效辐射远红外线的节能环保功能无机矿物复合粉体材料。②将节能环保功能无机矿物复合粉体材料进行表面物理化学性能的综合调控，然后与邻苯型改性不饱和聚酯树脂复合，经过成型、加工后，制得节能环保功能无机/有机复合材料。③将节能环保功能无机/有机复合材料分别制成燃料活化床和空气活化床，安装在燃油锅炉或燃气装置等燃烧装置的燃料供给系统和空气供给系统，可显著降低燃料消耗、减少污染物排放。在工业、民用锅炉燃烧等领域具有广阔应用前景。

【射频同轴电缆生产线新技术开发】 该项目由天津大学材料学院、天津安讯达科技有限公司合作完成，主要承担者有杨立军、阎红、孙贵铮、李 桓、李志强等。项目属机械制造技术领域，所制造的产品主要用于移动通信产业。射频同轴通信电缆是发展迅速的移动通信重要配套产品，该种电缆内外导体一般由0.2~0.7毫米铜带经卷管成型、焊接、轧纹等几道工序形成。该项目的工作是在分析电缆的铜带焊接、轧纹等问题和解决措施基础上，研制电缆生产线高速生产系统，提高生产效率。该项目将国产电缆生产线的生产速度提高1倍以上，并解决了高速生产带来的技术问题。主要的关键技术包括：①生产速度提高，要求系统更快速更精确地对牵引速度、焊接电流、轧纹速度协调控制。项目以可编程控制器PLC+C8051F020单片机为控制核心，采用多路反馈的多信息融合控制，实现生产过程高速自动有序进行，确保轧纹节距的稳定和焊缝热输入的稳定。②提出更换耐磨材料，并通过利用纳米粉末技术实现新耐磨材料与轧纹环基体的钎焊连接，性能指标大大超过进口部件，使这一关键部件不再依赖进口。③采用多路信息检测和多余度控制的电气方法及相关机械措施，提高设备运行稳定性，保证生产线高强度生产。2005~2007年，在天津安讯达科技有限公司陆续安装投产3条生产线，实际生产表明，牵引和焊接速度最高可达35米/分，(该公司2005年引进的德国生产线的最大速度为30米/分左右)。焊缝均匀美观，轧纹尺寸稳定，产品质量合格稳定，生产效率大大提高，成本降低。与引进同样生产率水平的德国生产线相比，节省投资3000万元以上。该公司2005年产值1亿元，2007年达3亿元，2008年前4个月1.5亿元。第4条生产线安装后合计节省固定资产投资4500万元。该项目技术达国际先进水平，获2008年度天津市科技进步奖三等奖。

（魏建红）

【植物类生物质低温催化热解制氢的研究】 该课题是天津市科委应用基础研究面上项目，由天津科技大学王昶教授主持完成，2008年7月22日通过验收。项目自行设计和建立一套控温好、过程稳定的连续催化热解反应系统。以可再生植物类生物质为原料，利用它们本身氧含量高、挥发份多以及热解时易产生的水和含氧碳氢化合物的特点，借助于催化剂的作用，在自行开发和设计的双颗粒流化床中，使初期热解反应和二次气相催化反应集为一体，充分发挥初期热解产生的各种自由基的反应活性，促进焦油、含氧碳氢化合物、水等分解产物进一步发生气相催化反应，使反应产物更多向氢气和一氧化碳清洁能源转化，实现过程的连续操作。对连续热解过程中至关重要的粉体供料装置，申请了专利并获授权。利用热天平TGA-50Q，调查木材、秸秆生物质的热解特性，建立相应的动力学模型，通过热解数据的解析，获得相应的活化能以及频率因子参数，揭示植物类生物质低温催化热解二次气相反应的温度范围。连续催化热解更接近工业化生产过程，实验数据具有实际应用价值，初次热解挥发性物质可以在催化剂的作用下，转化成富氢气体，固体焦炭可以用于催化热解工艺过程加热燃料。在$NiMo/Al_2O_3$，723开[尔文]条件下，实现植物类生物质中氢向氢气转化58%的高收率。与无催化、1173开[尔文]条件下纯粹的热解氢气转化23%子相比，具有更多的优越性，热解温度低，氢气转化率高，而且产物气体80%是H_2和CO，只有8%的CO_2，富氢气体的热值高，显示了节能高效，开发了一种新的制氢工艺。由于植物类生物质元素组成相同，催化热解的产物分布以及收率基本相同，因此开发的催化热解系统对植物类生物质的低温催化具有较强的适应性。在研究过程中还发现了活性适中的加氢催化剂有助于中间产物向高附加值轻质芳烃转化，从而揭示了可以通过生物质催化热解过程，获取有机化工重要的基本原料苯、甲苯、二甲苯。这是一个崭新的研究课题。

（李明琪　王　琥）

【以木质资源为原料用生物转化法制备燃料乙醇】 该课题是天津市科技攻关计划培育项目，由天津科技大学刘忠主持完成，2008年3月15日通过验收。课题以农业废弃物麦草为原料，用生物转化法，通过原料预处理→半纤维素和木质素组分的分离→纤维素组分的水解→水解产物的发酵→乙醇回收等步骤，制备燃料酒精，同时，利用分离得到的半纤维素和木质素制备高附加值的副产品。研究要点是：①通过有效的预处理，提高纤维底物的生物酶可及度，减少残余木质素及半纤维素和预处理产物对纤维素酶水解的抑制。②优化酶水解工艺，提高纤维素的水解率。该研究利用实验设计软件 SAS，首次通过响应面法(RSM)建立酸催化乙醇法预处理麦草纤维素得率的二次多项式模型，经检验证明是合理可靠的。同时利用模型的响应面及其等高线对影响纤维素得率的关键因子及其相互作用进行探讨，优化出纤维素得率取得最大值(99.92%)的外界条件、适宜的酶解条件、最佳发酵条件及用分离出的乙醇木质素合成木质素基聚氨酯的最佳合成条件等技术参数。研究结果表明，采用乙醇法预处理麦草，可以制备出乙醇、木糖和乙醇木质素，其综合经济效益具有较高的市场竞争力，对以木质资源为原料用生物转化制备燃料乙醇有积极推动作用。

（李明琪　王　琥）

【材料设计中的局部输出量的自适应计算机模拟】 该项目由天津工程师范学院宣兆成、杨晓辉、殷虹等完成，起止时间为 2005 年 10 月至 2007 年 9 月，2007 年 10 月通过天津市科委验收，其成果达国际先进水平。该项目主要内容为：①给出了均匀材料的局部输出量的上下界计算方法，给出了位移的二次泛函表示的均匀材料断裂处的能量释放率-J 积分的上下界计算方法。②给出了双材料应力强度因子的上下界的计算方法，包括 I 型裂纹应力强度因子 K1 和 II 型应力强度因子 K2，以及和能量释放率直接相关的总应力强度因子 K0 和比例应力强度因子 Kr。③给出了复杂工况下的混合模式能量释放率-J 积分的上下界的计算方法。④给出了基于梯度和几何性能的有限元自适应网格优化设计。⑤把上下界算法引入离散变量布局优化设计和连续体拓扑优化设计。⑥给出了功能梯度材料的 J 积分的上下界计算方法，并在 COMSOL 上实现功能梯度材料的 J 积分的计算。该技术对工程结构可靠性分析和优化设计具有重要意义。

【原位自生 Sm2Fe17N3-Fe3Pt 双相纳米磁性材料】 该项目由河北工业大学崔春翔、孙继兵、李艳春等完成，起止时间为 2005 年 4 月至 2007 年 12 月，2007 年 12 月通过天津市科委验收，其成果达国际先进水平。该项目以有潜力作为第四代稀土永磁材料的 Sm2Fe17N3 型硬磁相材料和分子磁矩高的 Fe3Pt 纳米软磁相作为双相纳米材料制备合成的研究对象，对 Sm2Fe17N3-Fe3Pt 双相纳米材料的合金设计、原位合成热力学、双相纳米粉体制备工艺、Sm2Fe17N3-Fe3Pt 双相界面界面微结构进行了系统的基础研究。在完成成分设计的基础上，首先炼制 Sm2Fe17-Pt 双相合金，然后将双相合金熔体甩带快冷非晶化、晶化处理、机械粉碎、氮化加原位合成制备 Sm2Fe17N3-Fe3Pt 双相纳米磁粉的粉体；成果采用现代电子显微分析技术和最新进展以原子尺度实验观察和理论分析了软硬相界面结合程度与交换耦合强度的关系与规律；研究软硬磁相间各项异性差、相间错排取向分布对磁能积的贡献。用原子尺度测试与分析双相纳米 Sm2Fe17N3/α-Fe、Sm2Fe17N3-Fe3Pt 复合永磁材料的界面微结构，从理论上解释界面微结构的晶间过度层对软硬两相纳米颗粒磁性复合材料磁学性能的影响机制等科学问题。最后制备成型出了磁学性能较高的 Sm2Fe17N3-Fe3Pt 双相纳米永磁复合材料。

【锰锌软磁铁氧体纳米粉体的烧结性能及掺杂效应】 该项目由河北工业大学王新、姜延飞、张广林等完成，起止时间为 2006 年 1 月至 2008 年 3 月，2008 年 3 月通过天津市科委验收，其成果达国际先进水平。该项目的创新在于，提出采用锰锌铁氧体纳米粉体制备锰锌铁氧体器件的新工艺，用共沉淀沸腾回流相转化法，制备出尖晶石结构的锰锌铁氧体纳米粉体，然后压制成型，再经低温两步烧结工艺，在烧结过程中只需进行材料的致密化，而无需进行固相化学反应而得到烧结样品，从而达到简化工艺、节能降耗的目的。

【纳米有序多孔体材料的组装与分子器件基础研究】 该项目由天津师范大学杜淼、赵小军、孙建华等完成，起止时间为 2004 年 9 月至 2007 年 9 月，2007 年 9 月通过天津市科委验收，其成果达国际先进水平。该项目以新型多功能柔性有机配体为桥联建筑块与金属离子自组装构筑了各种具有特殊拓扑结构的无机-有机杂化晶体材料，研究外因变化对其形成过程的影响及其离子交换、光、磁、热和吸附性能；总结归纳其形成的一般规律和内在机理，对定向控制合成具有特定性能的新型分子基晶体材料具有重要的理论和实际意义。

【特高压平波电抗器用薄膜绕包圆铝线】 该项目由天津市经纬电材有限公司董树林、张金生、董树锋等完成，2008 年 1 月通过天津市高新技术成果转化中心鉴定，成果达国际先进水平。特高压平波电抗器用薄膜绕包圆铝线，是为500~800千伏的特高压平波电抗器所配套的绕组线产品，也是以铝代铜的典型产品之一。该项目选定包头铝业股份有限公司的优质铝杆材作为这种产品的原材料。生产过程中应用先进的涡流无损探伤技术进行实时监测，以消除导体在生产过程中的缺陷，使拉拔的铝导体保证无缺陷、无损伤。在铝线薄膜绕包的过程中，利用经纬公司设计的耐压监测装置，对薄膜绕包圆铝线成品进行工频6000伏以上的实时耐压监测，在出现击穿点时立即停机，修复后继续开机生产；在绕包设备上应用了磁粉张力控制技术，使绕包生产中的节距稳定，提高了薄膜绕包的质量。薄膜绕包圆铝线耐电压6000伏以上。特高压平波电抗器用薄膜绕包圆铝线应用前景广阔。

【新型高得率清洁制浆技术–TSE APMP的研发】该项目由天津科技大学胡惠仁主持完成，获2008年度天津市科技进步奖三等奖。为扭转国内APMP（碱性过氧化氢机械浆）和PRC APMP生产线的主体设备和工艺技术全部依赖进口的局面，该项目研究开发了一种新型高得率清洁制浆技术——TSE APMP制浆（双螺旋挤压碱性过氧化氢化学机械法制浆），用国产双螺旋挤压疏解机（Twin Screw Extruder，TSE）替代进口的APMP制浆关键设备——单螺旋挤压疏解机（Model Screw Device，MSD），并取消浸渍器，实现制浆关键设备国产化。该制浆新技术与传统APMP和PRC APMP制浆技术相比，可生产相同质量的APMP纸浆，但可降低设备投资，简化工艺流程。TSE APMP制浆具有植物纤维资源利用率高（纸浆得率高）、节能节水、污染物产生量少等优点。该技术除适用于漂白化机浆生产，还适用于不同纤维生产本色未漂浆。该项目还进行利用农林废弃物生产未漂浆的研究，在天津广聚源纸业有限公司形成高得率浆5万吨、10万吨高强瓦楞原纸生产能力。该技术和设备已完成工厂中间试验，2005年以来，共售出MS120型双螺旋挤压疏解机10多台。其中有3台采用TSE APMP制浆工艺生产纸浆，用于配抄书写印刷纸和多层纸板；售出MS240机器5台，其中3台生产未漂浆用于瓦楞原纸生产。该项目获发明专利1项。项目技术总体达国际先进水平。

（李明琪　王　琥）

海洋技术

【编制《天津市科技兴海行动计划（2009~2015年）》】天津市海洋局、市科委依据《全国科技兴海规划纲要（2008~2015年）》、《天津市海洋事业发展规划》和《天津市海洋经济发展规划》，以“加快转化，引导产业，支撑经济，协调发展”为指导方针，从天津海洋科技和海洋产业发展的现状与需求出发，在《促进天津市海洋经济发展的科技行动方案》的基础上，开展了《天津市科技兴海行动计划（2009~2015年）》的编制工作。2008年10月，市海洋局会同市科委组织编写组专家赴浙江省、上海市开展科技兴海工作调研，与当地海洋行政主管部门进行了深入的交流，考察了海洋开发研究院和海洋科技研发转化基地等海洋研发机构。截至2008年底，已完成《天津市科技兴海行动计划（2009~2015年）》（第四稿）。为整合海洋科技力量，发挥全市海洋技术领域的优势，进一步促进海洋技术创新与成果转化，市海洋局与市科委共同组织编制了《国家海洋技术创新与成果转化中心建设方案框架》，对“国家海洋技术创新与成果转化中心”科技研究平台建设和中心管理体制机制进行了设计和规划。该方案实施后，将在渤海监视监测基地内启动海水综合利用、海洋工程技术等科技试验平台以及国家重点实验室建设，全面提升天津市海洋科技创新和成果转化的能力。

（李东民）

【近海海洋综合调查与评价专项（“908”专项）】2008年，该专项中的国家指定和地方增设的调查和综合评价项目（17个）已全部完成，其中2006~2007年完成4项，2008年完成13项。在做好结题项目管理基础上，重点完成2008年度专项资料汇交工作，汇交了包括水体调查（4项），春、秋航次调查，海岸带、海域地质调查等8个专题调查成果资料。到2008年底，天津市“908”专项调查类专题（10项）成果资料全部向国家汇交完毕，累计汇交资料300余册，各种数据表格5000余张，数码影象照片近千张。该“数字海洋”专项正式签订任务合同书，启动项目建设。“数字海洋”技术控制中心建成，相关硬件设备和软件系统到位，历史资料搜集整理、人员培训工作稳步展开。在做好“908”专项成果应用基础上，市海洋局注重对成果的深化，做好相关领域的延伸研究，其研究成果被天津市新一轮城市总体规划采纳。

（李东民）

【海洋科技项目管理】 2008年，市海洋局组织申报的“天津滨海新区风暴潮监测预报预警技术与示范”和“杜氏盐藻品种改良与番茄红素规模化开发技术研究”两个海洋公益性项目，通过国家海洋局和国家科技部等部门的多重审查与论证，获批准实施。2008年，市海洋局向市国土房管局申报的科研专项“七里海湿地植物资源保护与科学管理模式的研究”获批准，该专项由天津古海岸与湿地国家级保护区管理处与华勘局合作开展研究，对七里海湿地植物区系和植物资源种类、数量、分布、经济和科研价值及特有的生态价值进行研究，为科学有效地保护好区内的生物多样性和自然资源奠定基础。2008年，市海洋局向市国土房管局申请的科研专项“天津市汉沽区海域活动断层研究”，通过市国土房管局验收。承担单位国土资源部天津地质矿产研究所通过系统的外业调查、物探数据的解释及表层沉积物沉积速率分析，获取断层的走向、倾向、埋藏位置等基本数据，分析断层与基底断裂的关系，讨论该断层活动性等，为该区域的建设和海域规划决策科学化提供了地质方面的依据。

（李东民）

【海域使用动态监视监测系统建设】 该项目由市海洋局与国家海洋信息中心完成。2008年底，基本完成业务平台建设，建立包括岸线、海域勘界等数据的1:25万、1:5万、1:1万基础地理数据库，2001年、2003年、2006年、2008年等多个时序的高精度遥感影像数据库，以及海洋功能区划、海域使用规划（初稿）等专题数据库。积极开展地面监视监测业务，累计开展各类地面监测14次，行程约2000余千米，测量各类界址点400余个。开展遥感监测4次，编制各类图件30多幅，编制《天津市海域使用动态监视监测报告》6期。2008年12月26日，天津市海域使用动态监视监测管理系统通过国家验收。

（李东民）

【渤海监测监视管理基地建设】 2008年，根据天津市政府与国家海洋局签署的《关于天津海洋开发与保护问题会议纪要》精神，市海洋局全面启动渤海监测监视管理基地建设。该基地依托天津市、国家海洋科研院所和高校资源，构建包括科技实验平台和人才队伍在内的海洋科研体系，承担国家、地方和企业的重大科技和工程项目，建成国家海洋技术创新与成果转化中心。

（李东民）

【古海岸与湿地国家级保护区范围调整】 该项工作由天津市海洋局联合市滨海委、规划局、国土房管局、环保局等部门以及涉及保护区的区县政府共同完成。2008年，市海洋局与天津华北地质勘查局华北有色工程勘察院、国土资源部天津地质矿产研究所、国家海洋信息中心、交通部天津水运工程科学研究所等4家科研机构开展“天津古海岸与湿地国家级自然保护区地质勘察一、二期工程”。勘察区域涉及保护区贝壳堤、牡蛎礁实验区全域，总面积约888平方千米，总钻孔3058个，总进尺17108米。完成《天津古海岸与湿地国家级自然保护区地质勘察一、二期综合研究报告》和近60万字的综合考察报告、子报告和动植物名录，以及多达15吉比的电子资料，编制了天津古海岸与湿地国家级自然保护区范围调整申报书、论证报告和范围调整后总体规划。2008年5月30日，将保护区范围调整各项要件报送国务院和国家环境保护部。2008年12月，保护区调整方案通过国家级自然保护区评审委员会评审。

（李东民）

【聚丙烯中空纤维微孔膜及其系列产品研发与应用】 该项目由国家海洋局天津海水淡化与综合利用研究所（以下简称海水淡化所）完成，获2008年度天津市科技进步奖三等奖。该成果集“聚丙烯中空纤维微孔膜研发及应用”和“新型聚烯烃中空纤维微滤膜、组件及装置的研制与开发”两个项目为一体。前者完成微孔膜及系列产品生产工艺及设备的创新和改造，以及污水处理用帘式膜组件、空气过滤膜组件及装置、液体脱气膜组件及装置的研制开发；后者完善规模化系列化生产工艺，提高和改善聚丙烯微孔膜质量性能及其稳定性，实现多位连续恒速纺丝、程序升温、恒定拉伸速率以及冷拉伸连续制膜工艺创新。截至2008年4月，“聚丙烯中空纤维微孔膜及其系列产品研发与应用”项目累计实现产值2000余万元，利税600余万元，形成年产40万平方米聚烯烃中空纤维微滤膜、组件及装置的生产规模。该成果在家用净水器滤芯、污水处理用膜组件、液体分离、充气及脱气、空气除菌净化等领域具有广阔的应用前景。

（国家海洋局天津海水淡化与综合利用研究所）

【海水循环冷却成套技术与装备研究】 该课题是天津市科技支撑计划重点项目，由海水淡化所承担，2008年各项研究工作进展顺利，取得阶段性研究成果。在海水水处理药剂产业化生产技术研究方面，完成海水利用缓蚀剂、阻垢剂、菌藻杀生剂等海水水处理药剂产业化生产技术研究，并于2008年11月完成海水循环冷却水处理药剂生产线设计和设备选型工作。在海水循环冷却水处理药剂生产基地建设方面，完成设备采购、设备基础和钢平台建设，为2009年上半年投产进行设备安装和调试。在海水冷却塔成套设计研究方面，完成海水循环冷却系列机力通风塔设计工作，具备系列海水冷却塔的设计能力。在海水冷却系统自动化管理系统研究方面，完成自动化管理系统设计和硬件购置工作，升级原海水循环冷却动态模拟装置，到2009年可完成自动化管理系统开发工作。

（国家海洋局天津海水淡化与综合利用研究所）

【人工湿地污海水净化技术研究】 海水淡化所承担的该课题是天津市社会发展科技项目。2008年该课题在耐盐耐污湿地植物的筛选培育和驯化、人工湿地基质组成和配比优化、适于高盐度污海水处理的植物—微生物—基质—污海水复合生态系统构建等方面取得重要突破：成功筛选出适用于污海水人工湿地处理系统的植物和基质，确定污海水人工湿地基质的最佳级配方案，完成污海水人工湿地模拟处理系统建设，研究了盐度、季节、污染负荷、停留时间等因素的变化对污染物去除效率的影响，分析了污海水人工湿地系统中微生物分布状况与群落结构，初步确定了适应海水水质特征的人工湿地工艺构造及运行参数。

（国家海洋局天津海水淡化与综合利用研究所）

【浓海水制取氢氧化镁关键技术与装备研究】 海水淡化所和天津长芦海晶集团有限公司联合承担的该课题是天津市科技计划项目。2008年该课题进展顺利：开展了中试技术优化研究，完成氢氧化镁合成反应器的优化与设计。课题申请发明专利2项，发布行业标准1项，并在核心期刊发表相关论文2篇。

（国家海洋局天津海水淡化与综合利用研究所）

【海水深度除浊及联产酸性废水中和剂关键技术开发】 该项目是天津市科委科技支撑计划项目，由天津科技大学衣守志主持完成，2008年6月23日通过验收。该项目采用具有独立知识产权的实验室自制无机高分子复合絮凝剂对渤海近海海水进行深度预处理研究，设计制备了混凝—沉淀一体化的海水深度预处理装置，海水预处理后的出水指标可达到反渗透装置的进水要求。并且在实现海水深度预处理的同时，可联产氢氧化镁浆料，大大降低了海水预处理成本，不仅使海水预处理成本低于单独使用絮凝剂法的成本，并且还有盈余，其联产所得的氢氧化镁浆料的价值大于海水预处理成本。在小试装置的基础上，设计制备了3吨/日规模的海水深度预处理中试装置，探讨了海水深度除浊工艺。结果表明，海水经预处理后，对海水的浊度、SDI、有机物、固体悬浮物等去除效果明显，出水满足反渗透进水要求。该研究探讨预处理过程对海水中硼的预脱除效果的影响，结果表明，体系pH对海水中硼含量影响显著，在pH为10.5~11.5时，海水中硼可被氢氧化镁浆料吸附70%左右，剩余硼含量仅为0.7毫克/升，可达到灌溉用水含硼量的国际标准。该课题还对副产物氢氧化镁浆料的成分、形貌和应用性能进行分析研究，主要考察其对废水的浊度、CODCr、$Cr6^{+}$等的去除效率。结果表明，体系pH和PAM投加量对氢氧化镁浆料的密度和形貌影响显著。与市售浆料产品对比，自制浆料在废水除浊方面与商品浆料的效果相当，浊度去除率达到93%以上，其去除固体悬浮物的效果优于商品浆料。该项目撰写论文11篇在国内外重要期刊上发表（国外1篇，国内8篇，国际国内会议论文2篇）。申请发明专利4项。培养博士研究生2名，硕士研究生4名。

（李明琪　王　琥）

【适用于复杂海况的保证海域安全的冰区浮标】 加快冰标项目研制，提供与交通流量和航行风险程度相适应的助航服务，关系到助航安全保障和港口经济效益。2003年，天津海事局天津航标处与天津大学合作立项研发冰区灯浮标，主要完成者有辛艺强、孙洪志、袁立武等13人；2004年完成研发；2005年至2007年的3个冬季，在天津港、黄骅港及京唐港投放使用190余座，性能稳定；2008年5月整个项目完成，获2008年度天津市科技进步奖三等奖。冰区浮标主要创新点：①提出了一种变“抗冰”为“导冰”的设计理念，通过对复杂海况条件下的风、流、浪、流冰对浮标的受力分析计算，设计纺锤形的钢质浮体和新型锚系结构，成功地解决传统浮标在流冰情况下移位和灭失的难题，并保障助航效果显著。②采用聚碳酸脂材料开发高强度、高透明度的防冰灯罩，提高浮标灯罩的透光率和强度，解决冬季浮标因灯器无法在冰情下生存、实现发光困难的难题。③冰标电源首次采用锂离子聚合物电池，解决密闭、低温、狭小空间条件下的供电问题。这是一种在通常冰况下不位移且能有效发光的冰区灯浮标，获国家实用新型专利。冰区灯浮标的投入使用，实现冰冻港口水上标志全部发光的目标，其正常率达到部颁标准要求，使天津港每年有效运营天数增加 17.2 天，取得 600 余万元的直接经济效益，可直接带动 17.48 亿元 GDP，促进 3.6 万人就业。

（辛艺强　董　辉）

工业科技

概况

【天津市技术创新年度概况】 2008年，天津市企业技术创新工作按照市委九届三次全会提出的"站在高起点、抢占制高点、达到高水平"的要求，结合开展"解放思想、干事创业、科学发展"大讨论，坚持以解放思想为先导，立足"高端化高质化高新化"，增强企业自主创新能力和核心竞争力，推动企业技术创新工作取得新突破。具体做法主要是：以平台建设为抓手，推动技术创新体系建设上水平。全年认定国家级企业技术中心3家，累计国家级企业技术中心达到19家。认定市级企业技术中心30家，累计达到266家。企业级技术中心完成备案300家，累计达到3600家；围绕优势产业发展，组织实施一批重点标志性技术创新项目。全市安排市级技术创新项目421项分六个专项组织实施。重点组织了30项赶超世界先进水平、带动作用明显的重大新产品项目和20项关键核心技术研发项目，一些项目已取得阶段性成果。一批重点项目取得重大突破；重视知识产权保护，促进自主创新。企业专利申请实现大幅度增长：全市工业企业全年申请专利8700件，占全市专利申请量的51.2%；抓好机构建设，积极开展活动，产学研合作取得新突破。上述各项重点工作的全面落实，推动了全市经济又好又快发展，主要经济指标完成情况好于往年。全年完成新产品产值3887亿元，同比增长24.3%，新产品产值率达到32.04%，比上年提高1个百分点。全市规模以上工业企业科技投入达到264亿元，同比增长26.3%，科技投入率达到2.2%，技术创新的贡献明显提升。

（齐宝琴）

【天津市高新技术产业发展年度概况】 2008年天津市高新技术产业克服国际金融危机的不利影响，运行平稳。全市高新技术产业产值3444.4亿元人民币，占全市工业产值的28.39%，实现增加值837.3亿元人民币，占地区生产总值的13.2%，高新技术产品出口149.1亿美元。高新技术产业发展呈现的主要特点是：①产业自主创新的政策环境更加优化。国家生物医药国际创新园天津国际生物医药联合研究院被列为国家新药创制重大专项综合性大平台。中意中医药联合实验室被列入首批国家级国际联合研究中心。出台了《京津冀生物医药产业化示范区优惠政策》、《天津市高新技术企业认定管理工作的实施意见》、《天津市科技保险保费补贴办法》、《天津市高新技术企业科技保险投保流程》等鼓励保护自主创新的政策。全市综合科技进步水平保持位居全国第三位。②产业自主创新能力增强。石化工业水处理国家工程实验室、工业酶国家工程实验室得到批复，实现国家工程实验室零的突破，获得国家资金支持2500万元人民币。水泥节能环保国家工程研究中心获批组建。新增国家级企业技术中心3个，总计达到19个。新建生物质化学利用、轨道交通勘察设计、机动车节能减排、动物生物制药等市级工程研究中心（实验室）。国家及市级工程研究中心（实验室）、企业技术中心的建设，使全市产学研创新体系更加健全。③高技术产业化稳步推进。组织实施了智能化自动跟踪监控系统产业化、心脏外科体外循环用品及麻醉耗材产品高技术产业化、节能环保型客车变速器产业化等14项重大产业化项目。新增天津迈达医学科技有限公司眼科超声影像诊断设备与治疗系统高技术产业化示范工程、天津国瑞数码安全系统有限公司基于网关认证授权审计安全监管平台产业化项目等6个项目列入国家高技术产业发展计划，获得国家资金支持3850万元人民币。天津力神电池股份有限公司卷绕式聚合物电池高技术产业化示范工程、天津天士力集团有限公司复方丹参滴丸系列中药现代化高技术产业化示范工程等4个项目获国家高技术产业化十年成就奖。④高技术产业重大项目取得重大突破。卫星有效载荷、直升机、无人飞机、光通信产品、3G通讯技术和产品、LED新型光源、新一代聚光太阳能电池、风电成套设备、超大马力发动机等一大批标志性项目落户天津，填补了天津市产业产品的一些空白，提升了产业水平。力神锂离子电池扩能项目开始设备安装，非晶硅薄膜太阳能电池项目完成设备安装调试，空客A320总装线开始组装飞机，新一代运载火箭项目加快建设。这些项目的实施对全市高技术产业的发展起到了重要的支撑和带动作用。启动实施了35项自主创新产业化项目，成功开发了世界上首套特巨型子午线轮胎一次法成型机、国内首台超百万亿次高性能计算机、国际最大规格的坐标轴式数控弧齿锥齿铣齿机等一批具有自主知识产权的技术和产品。⑤高技术产业聚集度进一步凸现。天津市被国家发改委认定为综合性国家高技术产业基地，重点发展电子、生物、新能源、新材料、航空航天等产业领域。组织完成了《天津市建设国家高技术产业基地指导意见》和各行业基地建设规划，制定了天津市国家高技术产业基地总体规划和基地建设项目规划。

（李　晶）

【抓好平台建设推动技术创新体系上水平】 2008年，天津市经委进一步加大工作力度和投入，推动技术研发平台建设上水平。在已建成的钢管、汽车等7个产业技术研发平台基础上，继续推动渤化、天钢、一轻等3个研发平台的建设，年底前10个产业技术研发平台全部搭建完成。钢管、汽车等7个产业技术研发平台各获得滨海委国家专项资金1000万元的支持，市经委和滨海委分别与钢管、汽车等7个企业集团签署了建设产业技术研平台合同书。同时，重点抓好平台建设上水平，组织各平台按照3年建设目标，编制了全年的实施方案。每个季度对平台建设情况进行调度，协调解决平台建设中存在的问题。继钢管、天铁等研发大楼投入使用后，机电、纺织、天钢研发大楼年内建成并投入使用。金耀、渤化、汽车研发大楼已进入设计或土建施工阶段。研发平台取得新进展具体体现在：①加大平台科技投入。10大平台全年科技投入32.82亿元，其中基础设施建设投资4.68亿元，用于购置研发仪器设备的投入达到1.94亿元，用于项目研发投入资金26.2亿元。②建立完善激励机制。如建立科技投入奖励机制、产学研合作机制、新产品开发奖励制度等，给予在科技创新中有突出贡献的人以奖励，充分调动技术人员的创新积极性，同时吸引国内外优秀人才向平台集聚。10个平台全年共引进高层次科研人员176人，其中博士13人，硕士40人。③加大关键共性技术研发力度。围绕全市的发展战略和世界前沿技术的发展趋势，提出一批重大新产品、关键共性技术和前瞻性技术开发项目，其中“高强船板钢的研制与开发”、“夏利换代车”、“生物脱氢氧化新工艺”、“高档精密机械表”等一批关键技术工艺及产品研发取得了阶段性成果。10大平台全年共启动研发项目346项，完成专利申请285项，其中发明专利99项。汽车研发平台开发的“夏利换代X121/X111”全新车型，完成整车设计。该产品首次应用自主研发的TA1发动机，有效地提高了动力性能。已完成试制样车15辆，有2辆参加2008年北京车展，年底完成实验验证，预计达产后年产4万台，实现产值20亿元。在抓好平台建设的同时，围绕增强自主创新能力，天津市经委还着力加强三级技术中心建设。

（齐宝琴）

【围绕优势产业实施重点标志性创新项目】 在围绕优势产业发展，组织实施一批重点标志性技术创新项目方面，市经委做了大量工作。全年安排市级技术创新计划项目421项，并按照“产业技术开发”、“引进消化吸收再创新”、“高新技术产业化”、“工业可持续发展”、“企业信息化”和“产学研合作开发”六个专项组织实施。其中围绕优势产业，重点组织了YH9150坐标轴式全数控曲线齿锥齿轮研齿机、GPS汽车导航系统、新型模锻液压机、D型轿车、笔记本电脑用锂离子聚合物电池等赶超世界先进水平、抢占国内同行业技术制高点、经济效益好、市场容量大、产业链条长、带动作用明显的重大新产品项目共30项，雄烯二酮新工艺、高炉混喷技术、沸腾干燥造粒等关键核心技术研发项目20项，到年底这50个重大项目进展顺利，一些项目已取得阶段性成果。

（齐宝琴）

【一批重点项目取得重大突破】 2008年，天津市天津市工业企业一批重点项目取得重大突破，填补了国内空白，形成自主核心技术。其中：曙光计算机产业有限公司研发并产业化的百万亿次超级计算机“曙光5000”，是国内运算速度最快、密度最高、效率最高、能耗最低的计算机，标志着中国成为继美国后世界上第二个自主设计并制造百万亿次高性能计算机的国家；精诚公司用不到一年时间自行研制出国内第一台YH9150型全数控曲线齿锥齿轮研齿机，改变了长期以来中国齿轮加工机床一直沿袭测绘仿制国外产品的历史，产品达到国际先进水平，使国内弧齿锥齿轮加工机床的制造实现了由传统机械式向数控化技术的成功跨越。其中“锥齿轮研齿机研磨室的活动隔离装置”申请了国家发明专利；天铁钢板公司的冷轧薄板项目于5月18日实现了冷轧热负荷试车一次成功，第一卷冷轧板成功下线，6月10日正式投产。轧制速度最高超过1000米/分钟，能够生产强度最高达到590兆帕、厚度从0.25~2.0毫米、宽度从700~1600毫米的不同规格的产品。项目定位于汽车、家电和高档建筑用冷轧板，品种级别包括CQ~SEDDQ、低合金高强度级别，几乎涵盖了所有冷轧板高端产品的范围，填补了天津市冷轧产品的多项空白。截至2008年年底，生产22万吨，实现产值10亿元；天津百利阳光环保设备有限公司研制开发了中国第一条生活垃圾精分选线处理系统，采用了光电垃圾分选，风力垃圾分选以及全自动液压打包等多项世界一流、国内领先的处理技术，解决了以往人工分拣、处理垃圾的效率低、分拣质量差、工矿条件艰苦的问题，实现了垃圾处理的机械化与自动化。该项目是国内第一条采用先进的近红外分选技术针对垃圾进行精细分类的分选线，它的建成和使用标志着中国采用工业化高效分选处理生活垃圾的技术又上了一个新台阶。

（齐宝琴）

【一批关键工艺取得新的突破】 2008年，天津市工业企业一批关键工艺取得新的突破。其中：天药药业公司自主研发的雄烯二酮新工艺，通过基因技术筛选特异菌种，简化了反应步骤，转化周期缩短24小时。通过添加新型培养基使发酵周期缩短24~48小时。利用新的膜蒸发器代替原工艺的浓缩罐，实现了连续生产并降低能耗40%。该工艺的研制成功，打破了国外企业对中国实行的技术封锁，实现了利用生物技术替代传统工艺的技术升级；天津纺织工程研究院有限公司和天津工业大学联合研制的恒张力纺纱技术，采用自动化控制技术，提供一种逐层调速纺纱的方法，使气圈张力恒定，可在不改变成纱质量，不增加纺纱断头和不增加挡车工劳动强度的情况下，提高产量5%~10%。恒张力纺纱技术不仅在纺织园区棉纺上可以运用，在毛纺上也可以推广，技术水平达到国内领先。该技术在园区棉纺细纱机37万锭上推广，每年可增加工业总产值7300万元，增加毛利2100万元；天铁冶金集团研制的高炉混喷技术进一步降低了冶炼焦比，节能降耗，混合煤粉挥发份控制在18%~25%，喷煤比能达到180千克/吨以上。该项目通过设备改造使高炉采用混合煤粉喷吹技术，满足高炉提高煤比的需要，年经济效益为3780万元；天津水泥工业设计研究院有限公司研制的节能型水泥技术装备制造关键技术，突破传统燃烧、反应、换热理论，实现单位水泥能耗比现有先进技术节能7%左右（单位水泥煤耗从98千克每吨，降低至91千克每吨）。2008年开发了适用于2000吨每天到10000吨每天水泥工艺线的分解炉、预热器、两档回转窑、无漏料冷却机、水泥立磨等关键设备。实施该项目每年可减少耗煤2855万吨，CO_2减排7170万吨、NOx减排73.75万吨。项目完成后，产品年销售收入20亿元，利税3亿元。

（齐宝琴）

【天津市企业专利申请大幅增长】 为提高全市工业集团和重点企业运用知识产权制度能力和扩大自主知识产权拥有量，天津市经委组织企业制定专利实施战略，进一步加大企业专利申请及保护授权专利的力度，专利申请量实现新突破。2008年，在全市范围内继续对工业集团和重点企业主要领导、专利机构负责人进行知识产权保护、专利制度建立、专利申请技巧及运用专利维权的专业知识培训，促进企业领导不断增强知识产权保护意识，推动企业增强自主研发能力和自主知识产权保护、主动维权能力。重点抓好10大研发平台和市级企业技术中心的专利申请工作，对市级企业技术中心全年没有专利申请的给予警告。全年全市工业企业申请专利达到8700件，占全市专利申请总量的51.2%。

（齐宝琴）

【产学研合作取得新突破】 2008年，天津市继续开展产学研合作，取得新成绩。①市经委把共建产学研研发机构作为产学研合作的基础，继续推动企业采取各种形式与国内著名高校、科研机构开展各种形式的技术合作与交流，采取请进来或走出去方式，与高校科研院所建立长期稳定的合作关系，共建技术中心，提高企业的技术能级，并引导有条件的大企业集团到海外建研发机构。截至2008年10月底，市级以上企业技术中心与大学科研院所合办研发机构149家。②在共建产学研研发机构的同时，积极开展“企业博士行”活动。全年组织天津市高校科研院所的专家博士到重点企业进行项目对接，针对企业提出的技术瓶颈问题，与企业开展联合攻关。为更好地发挥产业技术研发平台的作用，市经委组织天钢、天铁、渤化、机电、金耀等六个平台与天津大学、天津理工大学、天津科技大学、天津化工设计院等高校、科研院所进行重点项目对接，开展产学研联合攻关，实现关键工艺技术的突破。全年共签订20项产学研联合攻关项目协议。天铁集团、渤化集团还分别与天大、天津化工设计院签署了全面战略合作协议。③组织策划重大产学研联合攻关项目。组织实施数控弧齿锥齿铣齿机、TMCP中厚板工艺、1500吨丙烯直接氧化生产环氧丙烷项目等63项产学研联合开发项目。这些项目全部实施，一批重大关键技术难题取得突破性进展。天津纺织工程研究院有限公司和天津工业大学联合研制的恒张力纺纱技术，每年可增加工业总产值7300万元。天铁集团和河北工业大学联合开发的高性能热镀锌板的关键技术上半年取得突破性进展。该项目针对于国内热镀锌产品钝化剂六价铬污染等问题，研制新型钝化剂和耐指纹涂料，填补了国内热镀锌领域的技术空白，达到了国际先进水平。项目达产后新增产值达到8.5亿元，利税1亿元。

（齐宝琴）

信息产业和信息化建设

【信息产业简况】 2008年，天津市电子信息产业健康发展，继续保持全市第一支柱产业地位。全年全市电子信息产品制造业完成工业总产值2086.5亿元，出口交货值1171.5亿元，利润总额47亿元；信息服务业实现营业收入277亿元(其中软件业135亿元，含嵌入式软件)，税收19亿元，利润总额61亿元，增加值120亿元，同比分别增长了18.6%、11%、36.4%和18.6%。制定发布《天津市电子信息产业导向目录(2008—2009)》，对推进全市电子信息产业结构调整和技术升级起到良好指导作用。圆满完成全国改革开放30周年电子信息产业成就展天津展区的组展工作，获展览优秀奖和最佳产品展示奖。组织申报电子信息产业发展基金项目28个，获基金资助1200万元，拉动产业投资2亿元以上。组织申报国家“核高基”等重大专项项目9项。认证批准系统集成资质和监理企业16家。举办高级项目经理培训班，培训239人。绿色电子制造业发展取得新进展，建成北方循环经济网和循环经济园区管理平台，在子牙环保产业园投入试运行。联合市工商局、天津海关等部门开展了《电子信息产品污染防治管理办法》执法监督工作。

（市信息化办）

【信息技术应用于社会服务】 2008年，天津市信息技术得到广泛应用，信息化惠民工程顺利展开。①社会信息化领域进一步延伸。社区服务平台建设取得初步成效。初步建成数据、语音、视频三网合一的区域医疗系统，实现区域内医疗信息的共享及交换。全市医保联网医院已达388家。教育文化信息化步伐加快，多层次、交互式的网络教育培训体系初步形成。农村党员干部现代远程教育平台开始发挥作用，在乡镇、村街和社区建成4020个终端站点，培训18万人次。完成数字电视转换190万终端户，数字电视高清系统正式开通。启动国土资源和房屋管理公众信息服务系统建设。妇女就业服务平台、民政公共服务平台和区域医疗系统获得群众好评。截至2008年底，全市公网固定电话用户396.1万户，普及率35.5部/百人；移动电话用户866.5万户，普及率77.6部/百人；宽带接入用户达到141.2万户，普及率居国内先进水平。②金卡工程应用不断扩展。社会保障卡实现一卡多用和全国通用，城市一卡通得到广泛应用。组织参加了第十一届中国国际智能卡博览会。银行卡产业快速发展，全市发卡总量达3717万张，同比增长9.6%；POS机6.5万台，同比增长23.4%；ATM机3853台，同比增长13.6%；持卡消费1121亿元，占社会消费品零售总额的46%，交易成功率稳定在98%以上，应用范围扩展到医疗、餐饮、汽车、房地产、网上支付等十几个领域。

（市信息化办）

【农业信息化建设进一步深化】 RFID技术在农产品食品安全领域应用效果明显，在市、区、企业三级开展奶业质量监管系统建设，猪肉质量安全数字化监控和可追溯系统试运行，为信息化保障食品安全提供了经验。配合国家农业部开展“三电合一”信息服务应用试点工作，开通全市农业系统公益服务统一专用号码“12316”。天津市被评为中国农业信息化10个领先地区之一。天津农业信息网连续3年名列全国第三。静海县获中国农村信息化杰出贡献单位称号。

（市信息化办）

【电子政务建设】 2008年，天津市建成高水平的电子政务网络系统，电子政务建设继续走在全国前列。①全面建成天津市电子政务专网，形成全市统一的电子政务顶层网络平台。专网覆盖全市副局级以上单位385个，建设光缆路由3400芯千米，核心交换能力达2.5吉，节点单位千兆互连，实现了市委、市人大、市政府、市政协、市高检、市高法六大机关的高速互联和各委办区县局的宽带接入，为部门间互联互通、信息共享和业务协同创造了条件。市政府办公厅、市统计局、市规划局、市经委等单位建成17个业务应用虚拟专网（VPN），专网作用开始显现。②全面推进网上信息公开、网上办事，政民互动。制定《关于进一步加强<天津政务网>网上办公大厅内容保障工作的意见》，全市政府部门和公共事业单位业务事项梳理工作全面展开。出台《天津市政府信息公开办法》及其相关配套制度，建立健全政府信息公开工作考评制度。信息公开系统上线运行，在政府信息公开工作中发挥了重要作用，成为全市信息公开的第一平台。大港区政府网站在全国区县政府网站绩效评估中进入前20名。③一批重要业务应用系统建设取得新成果。金税工程成效显著，远程电子申报纳税质量不断提高，去年累计入库金额228.4亿元，同比增加35.8亿元，增幅18.6%。非税收入收缴管理系统上线，提高了入库速度。现场审计实施系统强化了审计项目质量控制，降低了审计成本。启动劳动保障公共服务平台建设，提升了工作效率和公共服务水平。数字城管工作全面启动，市区两级城市管理平台建设取得重要进展。金盾、金财、金水等业务系统建设稳步推进。④政务信息资源开发利用取得新进展。政务空间地理应用建设取得新突破，制定实施《天津市政务空间地理信息资源共建共享规则》，规范了空间地理数据建设，促进了全市政务空间地理信息资源共建共享。企业基础信息平台应用进一步深化。市领导决策服务系统启动建设。市应急指挥中心信息平台建设完成，实现与56个部门应急网络的连接。完成应急指挥多台合一报警与预案共享系统、消防应急指挥案例分析与辅助决策系统等应急指挥系统的项目建设工作。开发区应急中心、河西区应急联动系统等一批项目发挥了良好作用。

（市信息化办）

【信息化兴业工程启动】 2008年，天津市推进信息化与工业化融合、信息化兴业工程启动。①启动实施信息化兴业百项工程。重点安排企业信息化、农业信息化、电子商务、物流信息化等信息化项目74项，总投资近4亿元。其中，倍增计划项目18项，总投资3亿元，贷款2.2亿元；信息化发展计划项目56项，总投资9310万元，拨款730万元；信息化工程与软件产业发展互动计划项目10项，总投资1855万元；争取国家倍增计划贴息项目两项，分别获50万元的贴息资助。信息化带动作用明显，有力地促进了经济发展。②推进企业信息化。天津市政府颁布实施了《关于推进本市中小企业信息化的实施意见》。应用信息技术提升改造传统产业步伐明显加快，CAD、CAM、ERP等信息技术在化工、纺织、冶金、医药等行业广泛应用，节能降耗、减排增效成效明显，企业自主创新能力进一步增强。组织开展了“加快信息化与工业化融合，全面提升企业竞争力”主题活动。郊区工业企业信息化“2155”工程启动实施，全市中小企业、乡镇企业信息化工作进一步活跃。③电子商务应用逐步扩大。天津市公共服务行业、批发市场、出口贸易和商贸流通企业积极开展电子商务。初步建成滨海汽车、北方化工、五金批发等专业电子商务平台，启动建设天津市国际电子商务应用平台。全市国有大中型企业集团门户网站基本建成，阿里巴巴、谷歌等第三方电子商务平台丰富了企业市场信息渠道，增强了企业市场应变能力，天津作为北方商品交易中心的辐射功能进一步加强。

（市信息化办）

【滨海新区信息化建设】 2008年，天津市信息化服务滨海新区开发开放步伐加快。围绕建设北方国际物流中心和航运中心，港口、公路等信息平台发挥了重要作用。电子口岸、“无水港”信息服务、空港检验检疫网上服务平台、亚欧大陆桥物流公共信息平台等一批重点项目进展顺利。天津港EDI、集装箱码头自动化管理、仓储物流信息集成系统等项目居全国领先地位。中新生态城土地项目管理实现网上审批。滨海新区主服务区实现无线网络全覆盖，成功地为夏季达沃斯论坛、北京奥运会足球赛等重大活动提供高水平无线服务，获得高度好评。滨海新区空间地理信息系统建设完成。滨海信息产业创新园项目纳入全市服务业重点项目规划。国家软件与集成电路公共服务平台天津分中心建设获国家工业与信息化部立项支持。滨海新区信息化发展规划及信息产业、电子政务、信息基础设施建设规划编制完成。

（市信息化办）

【加强信息化环境建设】 2008年，天津市进一步加强信息化立法、安全、人才和无线电工作，信息化发展环境不断优化。①天津市信息化促进条例实施意见颁布出台。信息化工作制度化、规范化建设得到加强。以市政府办公厅名义发布了《关于贯彻落实<天津市信息化促进条例>的实施意见》，制定了《市信息化办落实“关于贯彻落实<天津市信息化促进条例>的实施意见”工作责任分解表》。开展了《天津市无线电管理条例》立法工作和2008年依法行政考核工作。②信息安全保障工作经受了实践检验。周密部署奥运会和达沃斯论坛期间全市信息安全保障工作，组织开展信息安全检查，形成了全市重大活动和特定时期信息安全协调管理机制。建立全市信息安全责任制，出台《关于建立我市网络与信息安全责任制的意见》、《关于加强政府信息78系统安全和保密管理工作的意见》。建立全市信息安全应急处置机制，制订了《天津市网络与信息安全突发事件应急预案》。积极协调全市电子认证工作秩序，出台了《天津市重要信息应用系统电子认证证书使用管理办法(试行)》。2008年，全市未发生重大信息安全事件。③信息化人才建设得到加强。开展了天津市信息化专家库征聘工作，推荐计算机网络、通信、信息安全等领域专家126名。天津市信息技术人才知识更新工程顺利实施。④无线电保障系统在重大活动中发挥重要作用。圆满完成奥运会天津赛区和达沃斯论坛无线电安全保障任务。无线电执法和监管力度加强，无线电频率使用和台站设置进一步规范。无线电检测网工程有序进行，EMC实验室通过国防科工局的资质认证，通信设备型号通过工信部核准。

（市信息化办）

【基于胜任特征模型的干部综合考核评价系统】 2006年1月至2008年12月，中共天津市委组织部李惠玲、张连祥、麻涛等人，根据不同层级、不同类型党政工作部门领导班子的基本职能、干部岗位职责及绩效形态特点，应用现代公共部门绩效管理理论、模糊评价理论、胜任特征理论和计算机技术，研究建立了党政工作部门综合考核评价的考核指标体系、评价主体体系、考核方法体系和权重体系，形成了具有普遍使用价值的综合考核评价系统。该系统的主要创新点有：①建立了基于专家系统的领导班子和领导干部胜任特征模型。②建立了系统内各要素的量化关系及相关规律的数学表达方式。③开发了具有读卡、统计、综合量化分析功能的综合考核评价软件，建立了快速、全面、准确、直观反映考核对象素质能力和工作绩效的技术平台，实现了真正意义上的综合量化分析，提高了干部考核工作效率和社会公信力。该系统达国内领先水平，2008年5月获得国家版权局的软件著作权登记证书，获得2008年度天津市科技进步奖三等奖。

（张连祥）

【电子文件归档管理指南研究】 天津市档案局承担的“电子文件归档管理指南研究”2008年获国家档案局的优秀科技成果奖二等奖。该项目旨在研究电子文件归档管理的相关国际标准和指南，重点研究澳大利亚文件管理系统设计与应用手册和澳大利亚维多利亚电子文件战略，掌握国际电子文件归档管理动态。根据国家档案局《电子文件归档管理办法》和国家标准《电子文件归档与管理规范》，对天津市近几年来承担的国家关于电子文件管理的相关课题的研究成果和经验进行总结，归纳出电子文件管理的基本原则和方法。进行技术方法和操作规范的研究，主要研究电子文件产生、流转直至办理完毕等过程中，在归档、移交和利用环节的主要技术指标和相关的操作流程，总结电子文件归档的技术要求和移交过程中数据组织形式及结构特点，形成电子文件归档管理的操作指南并指导实践。课题研究成果比较系统地集成电子文件归档管理的理论和实践经验，全面分析电子文件归档管理产生的问题和对策，不但能比较清楚地了解问题之所在，也能提供一些方法，如系统评估、系统分析、双套保管、文件中心、一体化保管和成本分析等，对电子文件归档管理有一定的指导作用和应用价值。该成果对各级机构从事电子政务及其相关活动产生的电子文件的归档管理提出了具体的操作方法，规范了电子文件归档管理，提高了电子文件归档效率，较好地解决了电子文件归档无序化问题，避免了档案信息资源形成信息孤岛，更好地向社会提供利用服务。

（宋富强）

【非结构化异构档案数据库集成技术研究】 天津市档案局和天津商业大学共同完成的“非结构化异构档案数据库集成技术研究”2008年获国家档案局的优秀科技成果奖三等奖。该课题研究形成了两项成果：异构档案数据库集成的中间件XAware和基于中间件技术的数字档案集成管理系统。XAware处于档案数据库系统和用户之间的中间层。中间件与档案数据库系统之间是相对独立的，仅仅对中间件进行一些相应的配置就可以实现档案的集成与访问，从而有效地降低系统集成的成本。XAware与两端的通信主要采用TCP进行网络传输，保证了访问指令在用户与中间件之间、中间件与档案源之间进行可靠的数据传输的协议，使得大范围的分布式档案集成成为可能。基于中间件技术的数字档案集成管理系统基于XAware中间件，采用J2EE技术进行开发，系统服务器采用Tomcat 5.5，用户客户端可以是浏览器或第三方系统（需支持XML标准和FTP协议），网络环境为局域网或Internet。系统实现了支持网络环境的非结构化异构档案数据源集成；通过对外提供统一的标准接口，支持外界各种应用系统（浏览器或管理系统）与之相连；系统与现有的档案管理模式相吻合，有效支持现代数字档案集成需求。该项目研究成果对天津市各区县档案局、各行政机关归档单位具有普遍的适用性。天津市各委办局200多个用户，区县各委办局2100多个用户，可以通过异构档案数据库集成的中间件XAware和基于中间件技术的数字档案集成管理系统，实现数字档案与天津市档案管理系统无缝衔接和不同数据库之间的数据迁移。天津市存在2300多套的潜在用户市场，实现数字档案异构数据库的集成化管理，便于全市档案系统数据库资源共享。该研究成果在异构数据库集成方法、理论和实用化应用方面都具有一定的学术价值。企业的技术档案管理也面临着同样的问题，基于中间件技术的数字档案集成管理系统具有广阔的推广应用前景。

（宋富强）

【滨海新区档案信息资源整合对策研究】 天津市档案局完成的“滨海新区档案信息资源整合对策研究”课题，2008年获国家档案局的优秀科技成果奖三等奖。该课题旨在构建滨海新区统一的政府机关文件信息管理及发布平台，整合机关企事业单位现有资源，消灭信息孤岛；对滨海新区各机关单位形成的信息资源进行科学、合理的归整、分类，以实现对资源的有效再利用；采用基于因特网的电子档案资源信息管理平台，实现电子政务信息的直接网上存储，减少重复劳作，实现电子政务信息有保障的全局共享；对滨海新区内企事业单位的基本信息进行统一管理，多层次分类，以便实现信息发布过程中的快速、统一定位。该研究成果为各政府机关、中小型企业单位节省人力、物力、财力资源。定向智能搜索引擎与基于分词的快速检索技术相结合，实现管理部门对于现行文件信息的智能采集，将原有的由发文单位的政务信息分布式管理转变为集中式管理，降低了人工成本。该成果为社会大众提供一个全方位了解滨海新区全貌的平台，便于企业及时、全面把握滨海新区的发展动向，消除信息资讯盲点。该项目成果应用于滨海新区电子档案信息资源的接收、管理及网上发布。利用现代计算机技术、通讯技术及信息技术，以系统建设的方法搭建整合平台，在报送与审查机制的保障下，通过录入、采集、数据接口导入导出等方式做好信息的接收，以定制开发的操作平台做好信息的管理及发布，实现电子档案信息资源的有效利用。该系统采用了生命周期法和快速原型法，引入先进的数据仓库、定向智能搜索引擎功能及基于分词的快速模糊检索等技术，实现对全文的快速准确检索，支持对异构数据库的导入，支持大量的并发访问。“天津市滨海新区档案资源整合平台”提供了网络环境中政府机关信息发布一种整体解决方式，是政务信息资源整合模式的扩展与延伸，该平台将传统意义上被动的信息采集方式转变为现代化的信息主动提取方式，降低了政府机关的信息传达成本，使政府机关的政务公开工作更加贴近社会，为企事业单位和社会公众提供了一个切实有效的信息利用平台。

（宋富强）

【博物馆智能化与信息管理系统】 该项目由天津市中环系统工程有限责任公司、天津博物馆筹建办公室合作完成，主要完成人秦克景、张晓明、李禄等，获2007年度天津市科技进步奖三等奖。该项目是根据国家对博物馆及馆藏文物的要求及建设标准开发的，为国内博物馆提供了一套能够保持文物所需环境要求、保护文物的安全，使博物馆的文物管理、行政管理、业务管理实现数字化、信息化、自动化的硬件与软件系统。其主要创新点：①各子系统之间通讯建立在高速以太网基础上，可基于网络浏览的方式，监测到所有集成的信息。②强大的数据库管理功能，将所有现场设备的运行参数进行分析处理，并按规则进行分类记录，实现对数据的管理。③开放性系统集成，灵活的集成模式，支持多种通信接口和协议，解决了多种通讯协议的整合与数据上传问题。将楼宇自控、电梯控制、变配电、智能照明、门禁、广播、观众导览、安全防范系统、消防报警、UPS等系统均通过系统集成平台统一到一个软件界面进行集中监测和控制。该系统的成功搭建，为保护国家文物起到了重要作用。同时定制开发的楼宇自控系统、智能灯光控制系统，使博物馆藏文物在最适合的温度、湿度、照度下存放，降低了博物馆的运行成本及能源消耗。

（尹　洁）

【交通诱导信息发布显示控制系统】　天津市中环系统工程有限责任公司杨栩、李军、韩春龙等人完成的该项目，是为缓解城市交通压力，实现路网交通动态均衡、动态优化的目的而开发的。主要创新点：①提出一种交通诱导策略软件的新算法。②开发交通诱导信息发布系统控制系统。③实现超远程通信可靠性高。④实现远程显示屏自动监测。该系统隶属于快速路智能交通管理系统，是各个系统中能够被交通参与者直接看到的一部分系统。该系统具有更多功能，实现超远程控制，在线升级刷新控制程序，并新增亮点、坏点、风扇、温度、门禁、烟感等检测功能，准确提供故障点，方便快捷维修。该系统的建设改善了交通运行状况，降低交通事故发生率，并在节日或重大庆典期间，成为天津大都市的一大亮点。该项目获2008年度天津市科技进步奖二等奖。

（尹　洁）

【数字化体育场安全防范系统】　天津市中环系统工程有限责任公司丁金婵、黄伟、王宝华等人完成的该项目，起止时间为2005年10月10日至2007年9月20日，获2008年度天津市科技进步奖三等奖。该项目是在迎接2008年北京奥运会的背景下立项的课题，旨在利用现代化技术用更少的资源使体育场馆更加安全，达到防患于未然的效果。该系统对提高体育场馆的现代化管理水平、应对突发事件、增强快速反应能力，维护奥运会天津分赛区的稳定方面产生了不可替代的作用。其主要创新点：①将数字化安防产品应用于体育场馆特殊环境。②使用先进的基于安防专网的IP数字化监控系统。③高清晰度数字压缩图像处理技术。④监控图像在模拟和数字形式之间的相互转换（逆向解码）。⑤图像监控与入侵报警、出入门管理的有机集成和相互联动。⑥动态网络资源分配和自动图像传输补偿。该系统以现代计算机和通讯技术为核心，建立基于IP的数字化安防专网平台。系统采用先进的数字图像摄取技术、图像传输技术、图像显示技术、出入口管理控制技术、视频报警联动技术，为大型奥运体育场馆提供多层次的安全技术保障。该系统的应用，提高了管理效率，为用户减少了管理人员，降低了管理成本。

（尹　洁）

【京津城际高速铁路GSM覆盖专网】　京津城际高速铁路是全国第一条时速达到300千米以上的城际快速铁路，也是2008年北京奥运会配套工程和中国铁路现代化示范工程。为了满足奥运期间往返京津两地国内外高铁乘客的手机通信需求，中国移动通信集团天津有限公司（以下简称中国移动天津公司）投入大量资金和技术力量打造精品网络，设计并建设了京津城际高铁GSM无线覆盖专网，2008年8月1日随京津高铁通车同步开通。该项目采用“基站+GSM数字射频拉远（GRRU）系统”作为整体架构的专网组网方案，共设置8个信源，每个信源配置3~10个GRRU远端，57千米内设置55个物理站点。全程专网由常规专网的55次切换减少为7次切换，解决了高速移动状态下手机频繁切换问题。该项目特别设计了“喇叭口”和“鱼刺型”切换方案，实现了高铁专网与公网之间顺畅切换；提出了专网内不同小区交界站点的双向非对称重叠覆盖技术，保证专网内小区的顺利切换；通过在京津交接处设计2个物理站点，每个站点设置2个小区重叠覆盖，解决了大量用户快速位置区更新问题。该专网开通后，高铁列车上的无线覆盖率和无线接通率均达到99%以上，掉话率为0.3%以下，网络质量优于常规铁路铁路线或高速公路的无线网络质量标准，大大提升了用户感知度。该项目解决了高速铁路列车车厢内信号电平差、高速移动状态下手机频繁切换、接通率低、掉话率高、通话质量差等一系列网络难题，填补了时速高达300千米以上的，特别是途经密集市区等复杂无线环境情况下的高速铁路无线网络覆盖技术空白。该专网为高铁乘客提供了优质的手机语音通信和无线数据业务服务，移动用户的满意度明显提升，得到社会高度评价。该技术具有很大的推广应用价值。该项目获国家工信部“科技奥运最具产业前景技术项目”、第三届信息化应用通信技术创新优秀成果无线通信技术和案例创新成果奖金奖、中国移动通信有限公司“2008年科技进步奖”优秀奖等奖项。

（中国移动天津公司）

【基于资源状态的电路调度系统】 由中国移动天津公司资源项目组闫五四、李安平、王家新等承担的该课题，是建立在开发人员对电信运营商网络资源模型和电路调度过程中资源状态的充分分析和总结基础之上的，于2008年7月上线应用。电路资源的调度，实质上是对设备端口资源的分配及端口间连接资源、时隙复用资源的使用分配问题。该系统依据端口、连线、时隙的资源状态、触发条件以及在触发条件作用下的状态转换关系，抽象出一个统一的模型——基于资源状态的电路调度模型，并根据此模型建立了对现网电路资源以及设计中电路资源的有效管理和调度。该系统的主要功能有：实现新开电路、停闭电路和调整电路资源的调度；实现端到端网络资源的调度；实现一对多电路资源的调度，如MSTP管理；实现跨专业设备连接关系资源的调度；支持各类资源的预占、预释放等资源调度的设计能力；支持跨专业电路拓扑的图形化展现和图形化调度功能；支持资源反复分配、资源预约分配、资源割接等复杂电路调度模型。该系统使全程全网的电路调度效率大幅度提升，以前那种单纯靠纸质文件、电话沟通的联络方式彻底被自动化的工具和系统所代替，降低了维护部门的劳动强度，进一步提高了电路调度和开通的效率。该电路资源调度模型在设计之初就充分考虑了资源重用、再分配和割接等复杂电路调度情形，进一步提高了网络资源的利用率。这种实现方式达国内领先水平，在网络资源管理领域是一个新的技术突破，为整个电信行业的资源管理提供了很好的指导作用，具有很高的推广价值。

（中国移动天津公司）

【实现企业信息化管理的企业管家业务】 该项目是中国移动集团重点产品之一，由中国移动天津公司于2008年完成。该业务主要推动人员为赵承林、徐江、聂晓川等。企业管家业务针对集团客户的营销推广、内部办公、员工管理、生产控制等多层次全方面的信息化需求，进行深入的挖掘，提供了种类丰富的业务功能，为企业客户提供了全方位的移动信息化服务。企业管家是为企业客户量身打造的多功能综合服务平台，整合了多种移动通信技术，如短信、彩信、VCARD、二维码、GPRS等技术。企业名片和员工电子名片功能，取代传统的信息传递方式，实现无纸化的交流沟通。企业彩铃，尤其是广告彩铃，是B-B-C（Business－Business－Customer）的应用模式，向集团客户的客户延伸，深入到集团客户的客户关系管理流程中，服务于集团客户的客户。在为集团客户的客户创造价值的同时，实现集团客户的信息增值。企业管家的指纹考勤功能依托于GPRS技术，实时传送指纹信息，作为B-B-M（Business－Business－Machine）的应用模式，从人到机器提供监控、数传功能的服务，是向自动化生产管理流程延伸，充分利用移动通信平台实现企业管理的自动化和智能化。企业管家业务充分发挥移动信息技术的特点，在企业内部建立了高效、畅通的运营支撑系统，提高工作效率，由此推动办公资源、交通资源以及各类能源的节约，以信息化促进节能减排，提高资源的使用效率，促进节约型社会的建设。企业管家业务还降低了企业的运营成本，以最小的成本投入，获得最佳、最优质的信息化服务，间接提高了经济收益。

（中国移动天津公司）

【双屏异显系统提升服务和营销水平】 中国移动天津公司在对支撑系统的支撑能力进行评估和分析的过程中，结合客户满意度调查的反馈结果，发现在面向客户接触的工程中，支撑系统可以提供更好的用户交互手段和能力，进而达到服务能力的提升。该公司2008年3月自主创新研发了双屏异显系统，开发出可独立安装的软件产品，实现任意基于扩展终端（含虚拟扩展终端）的双屏控制和显示功能，而不受业务软件控制，无需特定的硬件终端，其通用性强，扩展性强，应用领域广泛，从而使服务和营销水平得到提升。该项创新是面向普通的计算机终端，任意软件系统的解决方案。通过双屏异显技术，在不同屏幕实现不同的展示，且展示的内容是个性化的动态信息，展示方式可通过预定义模板进行定义，与硬件终端和软件系统无关。双屏异显产品在业务受理过程的主要实际效果有：协助营销前端有效识别客户需求，找准适应客户的主推产品，让客户能够对产品有清晰的认识和自主选择；统一的产品展示界面，用清晰简洁的描述、感染力强的话语点明产品特点。该创新比原有的支撑技术方案，无论是通用性、实用性、灵活性还是资金投入等方面，均具有比较明显的优势，对中国移动天津公司的市场营销和客户服务，都提供了强有力的支撑手段，具有很大的商业推广价值。

（中国移动天津公司）

【GSM核心网与TD-SCDMA核心网走向融合】 中国移动天津公司于2008年10月完成2G GSM核心网与TD-SCDMA核心网的融合实验并取得成功，两网融合工作全面展开，走在了行业的前列。该公司对于GSM网络的建设和优化持续了10多年的时间，积累了丰富的网络建设和运维经验，为用户提供了优质服务。与此同时，该公司初步建成了天津的TD-SCDMA网络（天津市是国家确定的首批TD-SCDMA网络建设的城市）并为用户提供了3G业务。GSM网络和TD-SCDMA网络的融合，是技术演进的方向也是提高网络质量、降低网络成本的需要。2008年10月底该公司完成了2G和TD核心网网络融合的测试工作：验证了2G用户在“不换卡、不换号、不登记”的情形下，可携号转网至TD网络，可使用TD基本业务和特色业务，为2G用户实现携号转网功能提供了方便，提高了用户的满意度；验证了2G网络的BSC和TD网络的RNC可同时共接入同一核心网节点，实现了BSC和RNC的共接入，为提高网络质量，优化网络资源提供了技术保证，也为TD-SCDMA二期城市建设TD网络提供了建设依据。GSM网络和TD-SCDMA网络的融合是一个长期过程，中国移动天津公司在2008年底之前全面实现了现网HLR/AUC设备的2G、TD融合，为客户提供2G用户携号转TD网络的功能，并根据技术、设备的实际情况逐步实现BSC与RNC的共接入功能。

（中国移动天津公司）

【室内场景使用TD-SCDMA的HSDPA MX倍速技术】 TD-SCDMA是所有3G技术中起步最晚的技术，也是发展最快的技术，从R4到HSDPA、HSUPA，再到HSDPA+、LTE，TD-SCDMA在技术标准演进上是和WCDMA基本同步的。TD-SCDMA在发展中吸收了其他3G技术的成果，其技术的先进性和独特性随着TD-SCDMA的发展正逐步显现，并在一系列严格测试和应用中逐步得到印证。在终端的配合下实现真正意义的TDD LTE的商用还需要时间的积累。因此提高TD-SCDMA网络的数据吞吐量能力，保证TD-SCDMA用户数据业务良好体验，保持及吸纳数据业务用户使用TD-SCDMA网络高速数据业务，使TD-SCDMA网络具有竞争优势，实现真正意义的高速数据网络，成为TD-SCDMA网络建设的关键。HSDPA MX倍速技术是一种不需要对TD-SCDMA系统和终端进行修改的前提下，利用TD-SCDMA自身特有的多通道之间相互隔离的MX倍速技术，是实现多用户情况下成倍提高系统HSDPA吞吐量的技术。尤其是在室内分布系统中，利用TD的多通道特性以及建筑物的自然空间分隔，可以更加有效地发挥HSDPA MX倍速技术的特点。这项技术对TD-SCDMA在HSDPA领域的发展和演进，可以起到巨大的提升和推动作用。中国移动天津公司于2008年9月8日完成了TD-SCDMA的HSDPA MX倍速技术对网络容量影响的试验。室内场景使用HSDPA MX倍速技术第一次在外场进行试验，选择了天津TD试验网，该项试验无需调整网络规划、也不需要对无线硬件和手机终端进行改造，只需通过软件设置开启HSDPA MX倍速功能即可。测试结果与理论推导相符。主要结论是：采用HSDPA MX倍速技术后，实测的HSDPA吞吐量提高到1.90~2.16倍，达到理论速率的1.6倍左右，大大提升了HSDPA资源效率，提高网络容量；采用MX倍速技术后，系统的平均开销提升不超过3%。该项目研究成果对于拥有TD网络的城市推广HSDPA业务具有借鉴价值。该项目获中国移动通信有限公司“2008年度网络发展规划与研究评优”网络发展研究优秀项目奖二等奖。

（中国移动天津公司）

【本地网交换设备网络瘦身项目】 该项目是天津联通公司为降低公司网络运营成本、提高在网设备实占率达到节能降耗目的而实施的。项目主要牵头人为公司网络运维部魏梦瑜、网管中心边桂风、设备维护中心张悦斌。2007年10月由网管中心组织设备中心和分公司对全网交换机架和电路使用情况进行核查，根据核查数据拟定《本地网部分交换机机架停电的技术方案》，并根据方案内容组织实施。该项目主要工作内容：核对交换机、ADSL用户线的资源使用情况，制作割接表格和电路割接计划；停用设备机架MDF处布放跳线，综服系统新数据的录入；割接后交换机机架进行停电处理；腾空的电路板的清理、测试，并将合格的电路板入库管理。截至2008年12月底，节省交换设备容量66万门，交换设备的实占率，由2007年8月的72.82%提高到2008年12月的79.44%。停用的机架每年可节约电费164.52万元，设备维护费125.51万元，电路板利旧节约购置费3988.66万元。

（张沈玲）

【七号信令监测系统IT平台监控】 天津联通公司网管中心柴智、张勇共同完成的该项目，是为落实公司网运部2008年维护作业计划，提高IT平台的维护效率，提升IT系统的日常维护支撑能力，克服手工日常维护的不足而自主开发的。七号信令监测系统IT平台的日常作业计划需要人工登录到16台服务器查看设备硬盘等信息，对于七号信令集中监测系统使用中出现的问题只能事后判断处理，如曾出现windows进程掉，造成统计数据未能及时生成，而该问题厂家也不能解决。为杜绝这些问题的发生，提高工作效率，研发人员在不增加任何硬件成本的前提下，开发出“七号信令监测系统IT平台监控”，实现对网络和系统的管理和监控，包括对所有的网络设备、主机系统、各种系统软件和应用软件进行全面的管理。该技术的最大优点是可以动态地管理各种网络设备、主机设备信息，节省维护工作量，提高工作效率。这是一套基于PHP、MySQL、SNMP及RRDTool开发的WEB网络监测图形分析工具，可以管理路由器、交换机、防火墙、集线器等，同时支持跨平台监测，可以对Windows XP/2000/2003、Linux、IBM-AIX等不同平台的服务器进行远程监测。它通过snmpget来获取数据，使用RRDtool绘画图形。它具有非常强大的数据和用户管理功能，可以指定每一个用户查看树状结构、host以及任何一张图，界面友好。该系统的主要特点：在远程监测方面，通过该系统，网管人员可以远程对网络系统进行维护和管理，通过各种警报方式、拓扑图颜色的变化以及报表数据等方式，及时了解系统的性能和运行状况；在业务保障方面，对关键进程、关键应用进行实时监控，保证业务系统运行正常；在应用管理方面，可以监视各种应用程序和服务器，包括应用服务器、数据库、操作系统、web服务器等。

（柴　智）

【天津联通交换机PB化改造工程】 该项目是为解决天津市公安局报警台110、122不明呼叫而实施的。此类异常呼叫给公安系统出警造成极大的困扰，严重影响了公安系统的正常出警秩序。天津联通网管中心根据公安局提供的呼叫记录进行分析调查，发现造成此问题原因是由于交换机根据用户线电压变化判别摘机。当外线质量不好，地气会导致电压变化，交换机识就会识别为摘机、误发脉冲码号。因为地气原因产生的超短话单和异常话务量，造成用户听到铃音后摘机无音，产生误计费。而交换机接收这些脉冲发码，识别摘机时间设置过短，设备自身抗干扰能力低也是重要原因。这类问题主要存在于贝尔S1240、华为C&C08交换机上。针对上述原因，天津联通公司对交换机进行PB化改造，即将用户由脉冲拨号改为双音频拨号。通过PB化改造，有效地屏蔽地气引发的脉冲拨号，防止了号码误拨。经过多次测试和验证，从2008年5月用户申告起，3个月完成全网交换机PB化改造，有效地解决了短号码误拨问题。该项目主要由何翔、吴承英、宋葵等完成。

（蔡东岳）

【国际定向卡业务决策支持系统】 2008年由天津联通公司网管中心监控分析中心赵琳、姚瑞和运行监管中心柴智、张勇共同完成的“天津联通国际定向卡决策支持系统”，是根据公司市场部的业务需求，为国际定向卡客户营销对象而开发的。该系统的应用，为有针对性地开展天津联通国际定向卡业务的营销工作起到了关键作用。该项目主要利用网管中心“七号信令监测系统”数据库中相关内容进行再次的深入分析利用，即从“七号信令监测系统”监测数据中筛检出本网固定电话客户和小灵通客户在指定时间段内使用各运营商国际长途业务的客户信息进行分析（约10亿条CDR记录、近1太比数据量）。分别挖掘出本网客户到日本、韩国、美国等216个国家使用本网国际长途业务的呼叫总量和本网客户到日本、韩国、美国等158个国家使用异网国际长途业务（包括：“铁通17991、197、17996”、“移动17951”、“电信190、17901、17969”业务）的呼叫总量。在抽取主叫号码的同时，并标注出该客户呼叫的被叫目的地国家代码，以及使用各运营商的长途接入码。系统可支持不同运营商的长途接入码在相同时间内的多次查询和查询结果比较。该系统实现以下主要功能：本网国际长途及异网国际长途业务比较；使用本网各种国际长途业务的情况比较；使用各种异网长途业务的比较。该系统的应用，为国际长话业务的推广提供有力的数据依据，同时为联通公司实现精确营销、精确资源调配，降低业务营销成本，实现业务收入高效增长提供有力的技术支撑。

（柴 智）

【天津联通网络学习系统】 2008年由天津联通公司网管中心何翔、赵虎生、魏建陶等共同完成的“天津联通网络学习系统”，是根据中心人力资源部的业务需求，为网管中心全体工作人员实现的网上专业培训和网上考试而开发的。该系统的应用，为有效地开展专业技能培训和考试，解决“工学矛盾”起到了关键作用。2008年，该系统累计完成网络智能化、传输网、PHS网、线路及动力知识等技能培训考试686人次，员工考试覆盖率100%，员工满意度100%。该网络学习系统的架构：该平台由网管中心自主研发的网络学习管理系统（LMS）及其运行环境LAMP（LAMP= Linux + Apache + MySQL + PHP）组成，系统采用B/S的三层架构（数据层、应用层和展现层），支持Internet/Intranet及分布式部署。该网络学习系统的特点：LAMP为开源产品，无投资，对硬件要求不高（硬件可利旧），有效降低了CAPEX和OPEX，提高了ROI。系统安装简单、易于维护，移植性好，可以在Linux/Windows平台进行平滑移植，可支持较多的并发用户操作需求。硬件平台部署快速，支持横向扩展（可进行分布式部署），用户易于使用，操作简便。后台管理功能强大，支持二次开发。该网络学习系统为知识在企业内部快速运转，为实现随时随地的培训及效果验收，提供了保障手段。其独有的快速的信息发布与反馈机制，解决了传统的信息发布模式中反馈缺失的弊端，在互动中发挥信息的时效性与有效性。该平台建立了一套培训管理激励机制，鼓励员工学习知识、激励内训师的课件开发和授课热情。该平台将维护手册、操作流程、问题诊断视频化、立体化，支持“三分屏”流媒体教学及视频的在线播放。强大的后台分析功能，可针对反馈结果进行360度分析报告，并对学习效果进行归类统计，提供相应报表。

（柴 智）

【天津联通MSTP本地传输网网络规划】 天津联通公司经过多年建设，本地传输网络具备一定规模，但随着城域数据业务的出现和发展，以支持单一TDM业务为主的SDH已不能满足网络进一步发展的需要，这就需要对原有网络进行规划和建设。2008年，天津联通科技咨询委传输工作组专家对此进行了深入探讨，进行了MSTP网络的引进和规划，使对数据业务支持能力大大提高。并通过内嵌RPR，提高带宽的利用率，提供基于50毫秒的数据业务保护；通过支持内嵌MPLS，进一步提高对数据业务QOS的支持能力。完全针对多业务设计的全新的MSTP设备，能够为数据业务提供足够的网络支撑，真正适应数据业务的大量应用。考虑到以后网络可能由几个厂家建设，专家组对设备互通性进行了深入调研。为了寻找新的业务增长点，专家组认为在投资传统光网络时，应该考虑数据业务的发展。根据对城域网业务流向的分析，提出首先在核心层、汇接层引入MSTP，通过叠加新的MSTP传输平面实现对新业务的承载和处理。有了MSTP的网络支撑，可以通过各种接入方式，快速开展城域数据业务。在接入层建设时，专家组建议可以直接采用MSTP接入设备实现多业务的接入，也可以充分利用已有接入环空闲带宽。该项目主要完成人是董普选、兰立松、张恩杰等，项目于2008年3月开始实施，10月完成网络规划研究，该项目研究结果为天津联通MSTP网络建设和规划提供了指导性意见。

（张恩杰）

石油与石化工业

【大港油田公司科技工作简况】 2008年，大港油田公司围绕勘探开发主战场（歧口凹陷预探突破、陆上油田硬稳定、滩海油田高效开发等）和重大基础研究与工程技术瓶颈的问题，坚持“超前、适用、先进、特色、高效”的科技理念，加快勘探开发基础研究步伐，推进科技创新，使一批科研项目取得重要进展，为全面完成全年生产经营任务，早日实现“增储10亿吨、建设大油田”目标，提供了有力的技术支撑。全年立项科研项目69项、168个课题，取得科研成果128项，获2007年度天津市科技进步奖5项；申请专利28项（其中发明专利3项），获授权实用新型专利24项、发明专利2项，“无残渣压裂液配制方法”发明专利获第十届中国专利优秀奖。

（张景成）

【大港埕海一区滩海油田开发关键技术攻关与应用】 该项目由大港油田公司何树山、王贺林、周明信等完成，获2008年度天津市科技进步奖一等奖。滩涂及极浅海地域一直是石油勘探开发的盲区，海上设备上不来，陆地设施下不去，没有可借鉴的成熟技术。该项目主要解决滩涂及极浅海地域石油勘探开发所面临的技术难题。项目涉及地质、钻井、采油、地面工艺及海工建设等领域，依托陆地设施集输管理和生产保障，着眼于海上油气勘探开发中少井、高产、集约、智能化等目标，并立足于减少排放、保护环境、保障工程安全，有针对性地全面开展科技攻关。经过两年多的研究及应用，取得5项技术创新成果：①“相控分析+属性反演+砂控建模”技术实现了薄砂层精细预测。②首创软土地基对拉板桩路及混合结构人工岛。③首创“井口槽+模块化钻机+批钻”快速钻井技术。④大位移钻井技术达国内领先水平。⑤首创人工岛采、注、输立体集成配套技术体系。在埕海一区技术攻关及应用中，多项指标突破全国或渤海湾地区指标。其中，水平井最大水垂比2.74、漂浮下套管长度2492米、电泵下入最大倾斜角87.74°，创全国新记录；套管钻井机械钻速83.13米/小时、砾石充填井段732米、单井最长水平段888.6米，成为渤海湾地区最新记录。采用该技术，2007年7月至2008年3月累积生产原油8.811万吨，新增利润2.18亿元，节支1.27亿元。

（张景成）

【滨海地区分层系立体含油气评价及勘探】 该项目由大港油田公司何树山、李洪香、杨池银等完成，获2008年度天津市科技进步奖二等奖。项目从滨海地区基本成油条件与油气富集规律出发，通过思路创新、认识创新以及新技术应用，进一步完善了适用于复杂地区立体分层系评价的技术手段与方法，在复杂地区勘探研究中居国际先进水平，具有较大的适用领域与应用价值。同时通过指导钻探，发现多口高产油井。主要研究成果为：①提出滨海地区上第三系浅层构造受基底构造晚期活动等作用控制，进而发现7个大型浅层构造，有效指导了井位部署。②深化基底结构研究，理顺断裂结构，提出滨海断裂属下第三系构造受大断裂、基岩潜山控制形成的4个大型构造，控制各区油气聚集。③提出对斜坡带古沟槽、断槽控制沙一段重力流砂体分布的新认识，以此指导发现滨海断鼻低斜坡区大型砂体带，实现钻探取得突破，进一步拓展了预探领域。④完成了滨海地区分层系工业化成图、立体含油气评价和勘探部署，新发现85个有利钻探目标，部署井位73口，已钻探的26口井获工业油流或厚油层，新增控制石油储量3030万吨。新增预测石油储量1.17亿吨，新增利润12亿元。

（张景成）

【大港歧口富油气凹陷地层岩性油气藏勘探研究与突破】 该项目由大港油田公司祝文亮等完成，获2007年度天津市科技进步奖二等奖。其主要研究内容：以层序地层学、成藏动力学理论为指导，以物探、测井、钻井新技术为依托，以歧口连片三维地震资料为载体，开展宏观层序格架、沉积体系、构造格架、油气运聚规律研究，指出了有利的勘探方向；对重点目标区开展精细研究，提出了勘探部署方案；开展最优钻井及其配套技术研究，实现了勘探效益最大化。在项目研究中，首次开展3000平方千米大面积三维地震叠加体连片处理，解决了全凹陷整体研究、整体评价的技术难点；首次提出歧口凹陷结构具有“三横三纵”的特点（三横三纵具有控层、控砂、控藏、控坡折带的规律），指出岩性油气藏勘探的有利地区；首次发现颗石藻灰岩既是十分重要的生油岩又是储集岩；首次开展油气运聚规律研究，归纳出6种输导体系组合类型、7种控藏模式，依据重新计算的油气聚集量和控藏方式指出了勘探方向；首次在深层砂岩（5000米）应用欠平衡钻井配套技术，实现了大港油田深层碎屑岩地层欠平衡钻井零的突破。这些研究进展使油田勘探开发成效明显：在北大港东翼中浅层发现了以东营组三角洲河口坝等为主的预探目标区，在港深41x1井等多口探井获得100吨以上的高产油气流，预测有利圈闭面积125平方千米，资源量1.66亿吨；在歧口深层新发现了沙三段大型低位扇体（约260平方千米），所部署实施的风险探井歧深1井在沙三段发现气层185.4米/45层，预测天然气资源量1633亿立方米，形成新的资源接替领域。

（张景成）

【歧口凹陷三维地震采集、处理、解释一体化技术】 该项目由大港油田公司熊金良、祝文亮、岳英等完成，获2008年度天津市科技进步奖二等奖。项目针对大港油田歧口凹陷地表复杂、勘探目的层多，并且纵向跨度大、油气层组合和断裂结构复杂的地质特点，围绕提高地震分辨率、精细构造解释和储层预测的需要，以地震采集为基础，按照地震采集、处理、解释一体化的思路，深入开展方法研究和技术攻关，为解决深层弱反射等高成熟油田勘探开发难题，实现歧口凹陷增储10亿吨奠定了基础。主要研究成果为:通过对3000平方千米地震数据采集、精细处理与解释，为2008年整体部署方案的优化提供了依据,明确了北大港地区、埕海地区、滨海Ⅰ号构造为三个主要勘探区,发现了30个有利钻探目标,部署井位20口。截至2007年12月,新增探明储量2644万吨,控制石油储量6908万吨,大大缓解了储量接替紧张的局面,为大港油田增储上产作出了贡献。

（张景成）

【苏20区块气田开发综合研究与应用研究】 该项目由大港油田公司白武厚、张宝增、杨莉等完成,获2008年度天津市科技进步奖二等奖。项目针对苏里格油田苏20区块低压、低渗、非均质性强、有效储层成窄条带状、预测难度大的特点,以现代低渗透油气开发理论为指导，从地质综合分析预测入手,进行气田地质特征研究和气藏工程评价,并综合运用二维地震资料叠前AVO分析及储层预测技术、层序地层学对比技术、气藏描述与储层地质建模等新技术,进行有效储层分布特征研究,完成了含气富集区优选、井位部署、产能评价、储量评估、合理配产等方案的编制及应用,形成了一套低渗透砂岩气藏开发特色技术，为苏20区块有效开发奠定基础,对复杂气田开发具有重要应用价值。主要创新点为:应用二维地震资料进行储层、气层的三维分布预测，二维地震资料达到三维地震资料应用效果,预测技术水平达到国际先进水平;用三维地质建模技术建立苏20区块构造、砂体、孔渗、含气饱和度等三维地质模型,进行储量计算与评价,有效指导了苏20区块气田开发；建立并成功应用以二维地震资料反射特征为依据,结合叠前AVO、叠后地震属性和综合地质研究成果等的综合布井技术,应用效果十分显著。2006年至2008年3月,累计完成天然气商品量2.54亿立方米，创产值2.03亿元，实现利润5574.23万元，新增税收1839.49万元。项目实施后新增探明天然气地质储量330亿立方米,可采储量99亿立方米。

（张景成）

【水平井筛管完井技术及配套工具研究】 该项目由大港油田公司王绍刚、徐学军、刘延平等完成,获2008年度天津市科技进步奖三等奖。项目研究形成了国内领先的水平井、分支井完井综合配套技术,能够顺利实施2至3个分支井眼的完井施工。所研制的新型滤砂管,防砂有效率100%;所研制的筛管悬挂器适合管径244.5毫米套管，悬挂管径177.8毫米、管径139.7毫米筛管,尾管重合段最短17.41米,悬挂器悬挂处最大井斜角87.2°,技术指标达国际先进,并实验36口井,成功率100%。获筛管悬挂器、尾管悬挂器两项专利，开发了一套具有自主知识产权的筛管强度校核软件。截至2008年7月,为苏丹以及冀东油田提供了大量的技术服务，实现科技增效3.6亿元。

（张景成）

【信息技术在大港油田勘探开发中的研究与应用】 该项目由大港油田公司吴永平等完成,获2007年度天津市科技进步奖二等奖。项目明确提出以信息化带动勘探开发主营业务现代化、建设“数字智能油田”的战略目标,进一步完善网络基础,夯实数据资源。在网络基础建设上,尽管大港油田横跨津、冀、鲁三省市,探区面积1.8万余平方千米,但仍开发了覆盖公司总部、所属二级单位、基层小队、基层班站的四级网络体系,联网率100%;完成了数据中心千兆核心骨干网、百兆到桌面局域网以及百兆光纤接入国际互联网等系统建设;同时,将两条8兆专线接入中国石油股份公司广域网。这些构建形成了覆盖广、高带宽、快速率、全天候、安全稳定的互联互通的油田网络体系。在数据中心建设上,构建了自动化程度高、模块化管理、设备先进可靠、可扩展性强的高水平数据中心机房环境,实现了网络、存储和服务器的安全高效管理；建设覆盖勘探开发业务范围的数据主库、专业数据库和生产经营数据库,实现海量异构数据的有效管理。在建设一体化油藏研究环境上,统一规范油藏研究流程,配备专业应用软件,构建协同决策中心,实现了勘探—评价—开发工作一体化、解释—建模—数模—动态监测流程一体化、动态—静态数据管理一体化。在生产经营管理系统规模推广应用上,利用网络实现了钻井、录井、测井、试油全过程的现场实时跟踪、监控和生产报表的网络化、无纸化,提高了决策时效,降低了生产成本。此外,项目在混合组网技术、海量异构数据管理及统一业务模型的规模应用上效果显著，在勘探开发主营业务中已全面推广应用。

（张景成）

【新型修井作业防漏失材料研究与试验】 该项目由大港油田公司葛红江等完成，获2007年度天津市科技进步奖三等奖。项目解决了修井液向地层漏失的问题。通过进行单体原料优选、合成工艺优选、性能评价、中试生产和现场试验，研制了一种高强度、易降解防修井液漏失的暂堵材料，对修井液漏失比较严重的地层具有很好的暂堵效果，并且在地层水浸泡的条件下，一般2~3天就可以完全降解，对地层基本无污染，渗透率恢复性能良好，也可以用于油水井非目的层暂堵，适应的井温范围为40~110摄氏度，可以适合中国中东部油田90%以上的漏失井，现场试验82口井，一次成功率达到90%以上，投入产出比达到1:5.6。

（张景成）

【大港油田停产井恢复工程配套技术优化应用】 该项目由大港油田公司权秀英等完成，获2007年度天津市科技进步奖三等奖。项目主要用于挖掘停产油水井的潜力，盘活油田闲置资源和资产，提高油田开发效果。针对导致油水井停产停注的技术问题，开发了LC复合堵剂，该堵剂一次性封堵井段超过1000米，具有高强度浅封堵的技术特点，为有效挖掘多层系、长井段、高含水停产井的层间潜力提供了一项经济有效的技术手段；改进找卡水一次完成管柱，提高了技术适应性，能有效解决高含水停产井地下油水关系复杂、潜力认识难度大的问题；优化软地层压裂防砂技术，用压裂的手段解决了疏松砂岩油田老井地层能量亏空和近井污染并存、多次防砂后效果变差的问题，实现出砂油层的有效动用；针对出砂井砂卡封隔器管柱造成大修的问题，自主开发提拉脱卡器，该脱卡器可以在200~250千牛的负荷下通过活动管柱实现管柱与封隔器脱离，冲洗打捞可将封隔器顺利取出，避免造成大修作业；为恢复虾池、盐池、河道等污染敏感区域的停产井正常生产，自主研制光杆断脱自动防污染装置，解决了光杆断脱后油井内及计量站地面干线倒流油气的环境污染问题；开发停产井管理软件，可以对停产井进行统一管理，将为油田强化停产井管理提供有力的技术支持。依托上述停产井综合治理配套技术，实施停产井恢复178口井，其中成功恢复154口，井下措施修复成功率为86.5%，恢复（增加）原油生产能力430吨/天，日注水能力2904立方米，当年累计增油4.69万吨，累计增注36.37万立方米。

（张景成）

【综合碱渣高效生物处理技术】 该项目由中国石油大港石化分公司（以下简称大港石化公司）崔秋凯、牟彤、崔毓利等完成，获2007年度中国石油天然气股份有限公司技术创新三等奖。该项目在韩国SK集团研究开发的处理高浓度有机废水的高效生物处理技术基础之上，开发适用于处理碱渣废水乃至高浓度有机废水处理技术。其特点是利用特效生物菌种，以高于传统活性污泥法10倍以上的容积负荷将传统生化法难以处理的高浓度、高毒性废水，处理成低浓度、低毒性、易生化的一般废水。它的适用对象是需要采用焚烧、稀释、湿式氧化等方法处理的废水，可以有效地降低一次性投资和高额处理费用。该技术可以有效处理大港石化公司每年产生的常压柴油碱渣、催化汽油碱渣、液化气碱渣和常压汽油碱渣，解决了过去采用罐储限流排放对污水处理厂的运行造成冲击的问题。该项目所提供的干化菌种是专门针对设计水质进行培育的，大大缩短了传统微生物法需要的培育及驯化时间，使调试周期大为缩短，3~4天内微生物激活恢复活性后，即可达到正常处理负荷。在高浓度废水的COD及其他污染物浓度超出装置设计值，相应的容积负荷也偏高，而且水质情况波动频繁、幅度较宽的情况下，整个装置在波动中始终保持正常稳定的运行状态，显示出较强的抗冲击能力和良好的操作弹性。该技术对挥发酚、硫化物等有毒物质具有非常高的处理效率，综合碱渣废水处理达到设计标准。项目实施后能解决石化公司碱渣废水的出路问题，既可获得可观的经济效益，同时又可减少对环境的污染。该技术填补国内空白，为其他高浓度有机废水的处理开辟了一个新的思路，在石油、化工、制药等多领域拥有广阔的应用前景。

（靳海燕）

【UOP单段全循环最大化生产中间馏分油加氢裂化技术】 随着炼油技术的不断发展，加氢技术尤其是加氢裂化技术在炼油行业中的作用越来越重要。为进一步完善该技术的装置结构，实现产品质量升级，大港石化公司引进美国UOP单段全循环最大化生产中间馏分油加氢裂化技术，新建100×10^4吨/年蜡油加氢裂化装置，2008年6月投产。加氢裂化装置既可全循环，又可多出尾油，生产化工用油和催化进料，加工灵活。采用加氢裂化—延迟焦化的重油加工方案，拓展了该公司的原油选择面，可轻可重，可用国产也可用进口，提高了生产运行灵活性，降低了加工成本。该加氢裂化装置产出的混合柴油的十六烷值为62.7，硫含量仅为1微克/克。调和后柴油的整体品质得到提高，利用加氢裂化柴油与其他组分调和可以部分生产京四柴油。加氢裂化重石脑油组分是优质的重整原料，硫含量不大于0.5×10^{-6}，芳烃潜含量大于50%，进入重整装置后，高辛烷值汽油组分产量增加，为公司汽油调和提供了保证。加氢裂化投产后使公司轻油收率增加，柴汽比由原来的1.76左右增加到3以上。公司二次加工能力得到提升，实现了500万吨/年的全面配套达产。

（靳海燕）

【应用 Prime G+工艺改善催化柴油产品质量】 为保证在2008年奥运会前向北京供应京Ⅳ汽油，大港石化公司新建一套80万吨/年催化汽油加氢脱硫装置和一套40万吨/年烃重组装置。该技术采用Axens的Prime-G+工艺首先对催化汽油进行选择性加氢，然后分成轻、重两个馏份。其中轻汽油馏分与烃重组装置来的芳烃混合作为汽油调合组分出装置，重汽油馏分经过加氢脱硫后作为烃重组装置的原料。该技术易操作，反应器均采用固定床，操作条件缓和，可采用普通控制方案；加工损失少，产品收率高；易维修，催化剂易装填和卸载，反应器可更换国内催化剂；反应器内无专利内件；可提供预硫化好的催化剂，缩短了开车/停车的时间；催化剂不含贵金属，对杂质敏感度低、抗污染能力强。2008年5月项目建成投产，混合汽油硫含量降低到40微克/克，使大港石化分公司的汽油质量达到GB17930-2006和京Ⅳ乃至欧IV标准的要求，成功销往北京地区。汽油质量升级项目中汽油加氢脱硫装置投产后，大大降低了汽油产品中硫、烯烃含量，有效地减少汽车尾气中有害物的排放量，使大港汽油销售北京等地区环保状况得到改善。

（靳海燕）

【大港石化公司低温热利用】 该项目由刘华林、刘凤立、姚丹郁等人为主于2008年3月完成。通过对大港石化公司催化裂化、焦化低温热数据的收集核算以及气分、MTBE装置温位情况的核算，确定利用低温热水回收催化、焦化装置的低温热，再集中用于给气分装置加热。由于气分装置原两塔流程所需温位较高，无法直接利用，所以对气分和MTBE装置流程进行了调整，气分装置恢复常规的三塔流程，从而保障低温热的利用。项目硬件由催化装置、焦化装置、气分装置、管线系统4部分组成。项目主要内容为：催化装置顶循、轻柴油组分、重柴油组分的低温热给气分装置作热源，可产生49.1140万千克/时、96摄氏度（考虑系统管网上的温降≤1摄氏度）低温热水，总热负荷为1.5428万千瓦；焦化装置顶循、轻柴油、蜡油的低温热给气分装置作热源，可产生24.8538万千克/小时、96.5摄氏度（考虑系统管网上的温降≤1.5摄氏度）的低温热水，总热负荷为7954千瓦；改造气分装置，利用原有30万吨/年气分装置脱乙烷塔和丙烯塔、5万吨/年MTBE装置的脱丙烷塔。三塔流程：脱丙烷—脱乙烷—丙烯塔、脱乙烷塔底重沸器、丙烯塔底重沸器设计成新的塔底热水介质重沸器。在气分装置界区增设1台低温热水罐和1组机泵，用于输送低温热水，并增设1组空冷，用于冷却可能多余的热量，增设1组低温热水加热器，用于热量不足时的补热；系统管线用于连接催化装置、焦化装置和气分装置之间的低温热水。低温热利用项目投用后，催化装置能耗降低了4.5千克标油每吨，焦化装置能耗降低了4.6千克标油每吨。气分、MTBE运行正常，热源稳定，节约蒸汽20吨/小时。使公司能耗降低了3.5千克标油每吨，年创效3780万元。

（靳海燕）

【回用水除盐工艺技术研究与应用】 大港石化公司污水回用工程建成投产后，因没有除盐工序，回用水的电导率由开始的800微西（门子）/厘米逐渐增至1500微西（门子）/厘米，夏季最高涨至3000微西（门子）/厘米，Cl-浓度由150毫克/升到最高，涨至1100毫克/升，对新鲜水和循环水系统的腐蚀较为严重，不能实现真正意义上的污水回用。为解决此问题，大港石化公司在2006年建成回用水除盐工程，采用超滤反渗透工艺对回用水进行除盐，可以达到减少腐蚀、实现节水和优化用水的目的。该项目主要由崔秋凯、刘华林、李建忠等完成。该项目应用超滤和反渗透的回用水除盐组合工艺。超滤可以用酸碱等介质进行多次反复清洗，并为反渗透进水提高了可靠保证。收水率和除盐率高，超滤收水率

90%以上，反渗透收水率75%以上，除盐率97%以上。污染物去除率高，COD、氨氮和悬浮物等可去除95%以上。污染物排放量低，只有在进行膜化学清洗期间使用少量的酸碱，无其污染物产生。回用水除盐装置投用后，出水稳定，出水水质达到设计标准，每小时处理回用水220吨。经过超滤和反渗透的淡水均送入新鲜水和循环水系统，可以作为新鲜水和循环水的补充。工程投产后，2007年的新鲜水单耗由原来的0.92可降低到0.75左右。该项工程的建立和投产，为石化公司的长远用水规划——应用海水淡化产新鲜水提供了理论、实践和技术基础。

（靳海燕）

【质量信息管理系统开发与应用】 为达到全面提升公司质量管理水平和实现实验室检验数据自动采集、手工检验数据的自动处理及检验数据快速传递、信息共享的目的，大港石化公司与汇博精瑞公司结合企业的实际情况和具体要求，对质量信息管理系统（LIMS）进行相应的客户化开发。项目由王凯、邹冬梅、郭丽等完成。大港石化公司LIMS质量信息管理系统项目于2007年6月启动，2008年4月投入运行。系统投用后，实现了质量数据共享与快速传递，面向企业整体环境，联接管理层、生产部门、采购与销售部门、质量管理及检验部门，通过WEB发布质量数据，建立起快速高效的质量数据共享平台。同时提高实验室管理水平，对实验室按照ISO/IEC 17025（检测和校准能力的通用要求）标准体系进行管理，以程序化方式规范质量检验和质量管理工作流程，提高实验室综合检测能力和分析水平，而且可以有效预防不合格品的产生、控制产品质量成本、确定产品质量改进方向。提高分析数据采集自动化水平，通过LIMS系统，将具有标准硬件和软件接口的分析仪器与LIMS直接连起来，实现分析数据的自动采集，减少人工干预，确保数据的原始性和准确性。自动采集大批量分析数据极大地缩短了分析数据的产生周期，同时节约了人力成本。自动采集的数据不但是分析结果，而且包括原始数据及谱图数据，为确保每个分析数据的可溯性提供了技术保障。通过LIMS系统，为每个分析样品在实验室的流转建立严格程序，实现分析检测工作流程化，包括样品登记、采样、分样、检测、审核、出报告等各个环节。流程式管理方法及工作痕迹记忆功能，使实验室管理人员对分析工作的每个情况了如指掌，可以轻松浏览每个员工的工作痕迹，及时发现不符合质量管理体系的行为，并加以改进，规范实验室工作流程。该系统对公司质量管理水平的提升具有深远的意义。

（靳海燕）

【催化与柴油加氢装置以可靠性为中心的维修】 该项目主要由大港石化公司王洪涛、郭巍、苗海滨等承担，于2008年5月完成。项目包括160万吨/年催化、50万吨/年柴油加氢装置的所有工艺系统（包括机、泵、关键阀门等通用机械、塔器、换热设备、设备启停用电器、安全连锁装置等）的RCM分析。RCM研究分析建立在风险和可靠性方法的基础上。使用该项技术，对设备不同的失效模式分析其相应的失效概率和失效后果，确定设备失效的风险/关键性。进而制定出针对失效原因的、适当地降低风险的维护策略，制定出精准、目标明确及最佳效益的维修策略。RCM分析对催化裂化、柴油加氢装置进行了系统划分，对系统中压缩机、泵、电机、透平、塔类、反应设备、换热、容器以及动设备本身启停用电器、安全连锁报警装置等进行了RCM分析，对催化裂化、柴油加氢装置进行了系统与设备层面上的筛选分析。在此基础上制定了失效可接受准则，在详细的失效模式与影响和关键性分析中，催化裂化装置纳入详细分析的设备总数为230台，全部失效模式有903项。柴油加氢装置纳入详细分析的设备总数为111台，全部失效模式有453项。对每项失效，均确定了其失效频率区间以及对安全、环境、生产损失、维修成本的影响后果，进而确定了其失效关键性等级。对所有纳入详细分析的设备，依据失效后果与关键性制定了相对应的维修策略；对所有中高关键性失效模式，分析了其失效原因，在此基础上制定出相应的维护任务；维护/维修任务表中规定了维护任务的内容及执行周期等，为装置长周期、安全运行和优化维修/维护提供了决策依据。该RCM项目有利于设备运行维护经验的系统化以及实现资源共享，可追踪、可更新、可传承；同时通过RCM分析过程与培训，建立了RCM的维修理念，有助于提升大港石化公司的设备管理水平。

（靳海燕）

【催化裂化装置余热锅炉省煤器节能技术应用】 该项目由大港石化公司刘华林、刘凤立、姚丹郁等承担，于2006年9月完成。针对催化裂化装置再生烟气能量回收系统不完善，烟机出口余热回收系统仅设置中压蒸汽过热器，过热器出口烟气（温度330~360摄氏度）直排烟囱，造成烟气余热的浪费等情况，大港石化公司与上海宁凇热能工程公司合作，利用过热器省煤器一体化方案对烟气能量回收系统进行改造，使排烟温度降到180摄氏度以下，降低催化装置及公司能耗。项目内容：将原来需要更换修的过热器拆除，恢复成旁通烟道；在原过热器旁西侧空地位置依次呈л形布置改造后的过热器和省煤器。为节约空间，减少烟气阻力，强化换热，节省现场安装时间，改造后余热锅炉过热器和省煤器换热元件均采用螺旋翅片管，结构采用箱式模块化结构；为防止省煤器发生低温露点腐蚀，增设给水预热器，利用低温段省煤器出口的高温水加热低温锅炉给水，使实际进入低温省煤器的给水温度达到140摄氏度，从而使省煤器换热管的最低管壁温度高于烟气露点温度，避免了露点腐蚀发生，确保省煤器长期安全运行；在过热器和省煤器上布置了脉冲激波吹灰器，脉冲激波吹灰器采用PLC控制，定期自动吹灰。改造后在高炉入口温度和二再密相温度相同的情况下，余热锅炉进行防腐节能技术改造后，排烟温度可以由改造前的355摄氏度降低至155摄氏度，中压过热器蒸汽产量由改造前55吨/小时提高到68.84吨/小时，虽然除氧水消耗量增加，不考虑其他因素的影响，也可使催化装置的能耗降低4.5千克标油每吨原料；每年新增效益1075万元。随着原料的变重，装置发汽量远高于以上数值，实际取得的经济效益还要显著。

（靳海燕）

【天津石化科技工作简况】 2008年，中石化股份有限集团公司（以下简称中石化集团）天津分公司（以下简称天津石化）面对复杂多变的市场和原油劣质化的挑战，积极开发、推广、应用新技术、新工艺、新产品，着力自主创新，提升创新水平，大力推动科技成果转化，科技对生产经营的支撑作用显著。全年在研项目133项，新开公司项目30项，结转公司项目43项。新开中石化集团项目26项，结转中石化集团项目34项。使用科研经费2844万元，其中集团经费1578万元，公司科研经费1143万元，政府科研经费123万元。有45项科技成果通过鉴定（验收）。1项科技成果获中石化集团技术发明奖三等奖，3项成果分别获中石化集团科技进步奖一等奖和三等奖，1项成果获天津市科技进步奖三等奖。评出2008年度公司科技进步奖特等奖1项、一等奖5项、二等奖5项、三等奖14项。软件登记1项，申报4项发明专利，1项实用新型、2项发明专利获授权。天津石化深入开展新工艺技术研究与应用，为优化生产、稳定运行提供手段。通过优化工艺条件，提高了裂化重石油及尾油的收率。紧密围绕现场，研究降低馏出口杂质醛含量处理技术，延长脱醛树脂寿命。降低环丁砜抽提系统设备腐蚀装置投入使用。对炼油工艺设备和管道系统地进行腐蚀评价，降低了各装置设备运行风险。在13套主装置上推广流程模拟。天津石化还加大新产品研发和生产力度，开发生产了高透明线型低密度聚乙烯棚膜专用料、冷模塑PU软泡用聚合物多元醇TPOP05/45、聚合物多元醇POP06-32等新产品，异形涤纶纤维系列产品的开发与市场推广取得成效。开发和生产的差别化纤维品种有：异形涤纶纤维系列产品、超棉高舒适聚酯短纤维、细旦FDY长丝等。开发和生产的树脂专用料品种有：高透明线型低密度聚乙烯棚膜专用料DFDA-9086、高流动聚丙烯注塑专用料、线型聚乙烯己烯共聚重包装袋专用料以及9085、9020、EPS30R等。节水减排和水资源综合利用成套技术开发、100万吨/年乙烯成套技术工程化研究等4个中石化集团“十条龙”科技攻关项目取得阶段性成果。

（杨　昕）

【高透明线型低密度聚乙烯棚膜专用料的研制】 随着农膜市场对棚膜透明性能越来越高的要求，国产DFDA-9085吹塑薄膜已不能满足农膜市场需要。鉴于这一情况，中石化股份有限集团公司将研制高透明线型低密度聚乙烯棚膜专用料，确定为“十一五”规划中线型低密度聚乙烯专用料的一个开发方向。结合聚乙烯生产的实际情况，天津石化2008年完成了这一专用料的研制。该项目开发了适用于生产高透明LLDPE的添加剂配方，并生产出合格的高透明度LLDPE专用料DFDA-9086。与DFDA-9085相比，在生产农用棚膜时，雾度从13%降到10%以下，其他各项物理机械性能与DFDA-9085基本相当。DFDA-9086比DFDA-9085每吨净利润增加100元。该项目工艺路线成熟，用于气相法聚乙烯工艺路线生产高透明线性低密度聚乙烯专用料，该成果填补了国内空白，对线型低密度聚乙烯在棚膜及包装膜方面的应用具有重要意义。高透明线型低密度聚乙烯棚膜专用料 DFDA-9086 已成功实现工业化，可以部分替代茂金属线型低密度聚乙烯。该项目获 2008 年度天津石化科技进步奖一等奖。

（杨 昕）

【环氧乙烷生产工艺的模型化与操作优化】 环氧乙烷（EO）银催化剂的催化性能（活性、选择性、稳定性），尤其是选择性，不仅影响装置产量、单耗和产品质量，还影响装置的运行安全和经济效益。如何提高催化剂的性能是国内外 EO 技术的发展重点，EO 反应器模拟、装置用催化剂的优化操作是主要研究方向之一。为延缓催化剂活性衰减速率，提高催化剂的选择性和降低乙烯的单耗，从而合理调整产量与催化剂选择性之间的关系，指导氧化反应器处于最佳操作工艺状态，创造催化剂的最大价值，天津石化对环氧乙烷生产工艺的模型化与操作的优化进行了研究。通过对环氧乙烷装置银催化剂的工艺数据的分析与处理，在已有的理论研究成果基础上，开发出一套乙烯氧化生产环氧乙烷工艺优化的软件。在不降低生产负荷的前提下，催化剂的选择性预期值为 78.25%~78.11%，实际达到了 79.10%~78.70%，平均选择性提高了 0.5 个百分点。该离线模拟优化软件具有创新性和实用性，达到提高银催化剂选择性和降低乙烯单耗的目的，对环氧乙烷生产装置具有实际的指导意义。该项目 2008 年 5 月通过中石化股份有限集团公司鉴定，获 2008 年度天津石化科技进步奖二等奖。

（杨 昕）

【节水减排科技创新工程提升工业水管理水平】 天津石化集成技术优势，产学研联合攻关，借助天津化工研究院等专业研发机构的专业优势，组织和实施了节水减排科技创新工程，将公司原来分散的节水工程进行了系统优化和技术集成，实施了全流程的工业节水成套技术集成开发和示范建设，取得了显著的经济、社会效益，也为天津石化大项目建设提供了技术参考。该项目针对废水含盐量较高的特性，采用膜法深度处理回用和分流治理适度处理回用工艺进行污水回用技术的开发，实现了生物增效、曝气生物滤池等膜前预处理技术与微（超）滤、反渗透深度处理组合工艺的开发应用，污染密度指数（SDI）由 5.0 降至 3.0 以下，提升了膜回收系统稳定运行水平。采用高效缓蚀阻垢药剂，加酸调碱度，自动加药控制系统等在线检测技术的集合研发，形成了一套循环水高浓缩倍数运行技术，实现了天津石化循环水系统的高浓缩倍数运行，循环水系统浓缩倍数控制在 4.5~7.0。采用离子交换树脂脱盐及不同等级水的串级工艺，成功开发了化学水、锅炉水等主要工业耗水系统节水降耗技术，化学水制水单耗由 1.1 吨/吨降至 1.035 吨/吨。开发实施的一体化凝液高温回用工艺，达到了“热量利用、节能节水”高质量凝液回收利用目标，凝液回收利用率提高到 74%。开发的工业水专业信息管理系统具备生产预警、自定义监控、自动报表等功能，并能与 MES、LIMIS 等系统实现数据共享，满足了工业水管理的需求，提升了工业水系统的管理水平。项目结合天津石化工业节水重点，以集成创新和成果转化为手段，形成了工业节水技术集成，其技术处于国内领先水平，促进了天津石化节水减排指标的持续进步。节水减排科技创新工程获 2008 年度天津石化科技进步奖特等奖。

（杨 昕）

【冷模塑 PU 软泡用聚合物多元醇 TPOP05/45】 聚合物多元醇是以聚醚为母体经接枝聚合制得的聚醚改性品种，它既保持了聚醚主链原有的柔性，又具有支链聚合物的某些特性（如刚性、阻燃性等），从而使聚氨酯制品的物理性质得到改善，拓展了聚氨酯制品的应用范围。天津石化成功研发出一种新型冷模塑 PU 软泡用聚合物聚醚多元醇 TPOP05/45 产品。项目采用“马来酐”法合成高固含量冷模塑 PU 软泡用聚合物多元醇专用分散剂，确定了合成“大分子分散剂”的工艺路线，在 TPOP05/45 的合成中使用，工艺技术具有创新性。项目确定了连续工艺路线及工艺条件，小试所合成的产品固含量为 45%，粘度≤7500 毫帕秒/25 摄氏度，过滤性（150 目）100%，稳定性良好，达国内领先水平，申请两项中国发明专利。该成果已在万吨级工业化生产装置应用，其产品应用到高回弹泡沫生产，泡沫的物性明显提高。该项目 2008 年 4 月通过中石化集团鉴定，获 2008 年度天津石化科技进步奖一等奖。

（杨 昕）

【炼油工艺设备和管道腐蚀性评价】 石油资源的日益紧缺使得中石化股份有限集团公司做出战略决策，大力加工高硫油和劣质油，并实现装置在新形式下的安稳长满优运行。天津石化炼油部在经过检修改造后，具备了加工含硫油的能力。在开始加工含硫油后，腐蚀现象成为装置安稳长满优运行的首要问题。国内外一些加工高硫油较早的炼油企业，通过开展对设备和管道的系统的腐蚀评价，采取材质升级、工艺防腐、腐蚀监测、控制原油进厂品种、加强腐蚀管理等措施，成功地控制了腐蚀问题，也为高硫油加工积累了一些经验。该项目在学习借鉴这些经验的基础上，全面分析天津石化所有炼油装置中的腐蚀物流，确认这些物流经过的设备和管道的材质，识别设备和管道的腐蚀隐患，提出腐蚀潜在的部位，列出防腐对策措施，为腐蚀控制和预防打下坚实基础。应用 RBI 定性分析手段，通过收集大量数据，结合行业专家组意见，确定了炼油部 12 套装置 1375 台静设备和 1930 条主要管线的腐蚀模式及风险程度，总结出各装置日常腐蚀监测方案、工艺防腐措施优化方案及 2008 年大修各炼油装置材质升级方案。按照装置日常腐蚀监测方案，实施了定期腐蚀监测和定点测厚检测。该评价实施两年来，共发现装置设备和管道减薄隐患 207 处，避免了装置非计划停车，降低了各装置设备运行风险，在炼油装置的应用取得了良好的效果，获得了较大的经济效益和社会效益。该项目 2008 年 5 月通过中石化股份有限集团公司鉴定，获 2008 年度天津石化科技进步奖一等奖。

（杨　昕）

【海油工程 BZ25-1 获国家优质工程奖】 海洋石油工程股份有限公司承建的渤中 25-1 油田位于渤海湾南部海域，是中国海洋石油总公司在渤海海域的第三个上亿吨级整装大油田。该油田海上工程设施包括 6 个生产平台和一座 15 万吨级的 FPSO（浮式生产储油轮），分两期建造，创同等规模油田建设时间、导管架建造周期、组块海上安装工期、建造质量等多项行业纪录。2008 年 12 月 21 日，该工程项目获国家工程建设质量奖银质奖。

（孙佳澳）

【亚洲海上油气田最大导管架成功下水】 番禺 30-1 导管架是中国海洋石油总公司自主开发的、投资最大的番禺/惠州天然气联合开发项目的一部分，是海洋石油工程股份有限公司首次涉足 200 米水深的工程项目。导管架安装所在的南海深水区，气候恶劣，春夏季有台风侵扰，还有大风浪和内波流，施工气候窗短暂。该公司改变大型拖拉装船作业以国外专业公司为主、中方为辅的作业方式，首次采用自主设计、自主作业的模式，在深水领域进行超大型海上导管架水下作业和安装，获得新进展。2008 年 4 月 3 日，导管架的拖拉装船将亚洲最大导管架 1.62 万吨的番禺 30-1 导管架由亚洲最大（世界第二大）的国产下水驳船海洋石油 229，从亚洲最大海洋工程建造场地——青岛场地码头首航拖往南海海域。在施工人员的精心设计下，避过“浣熊”台风，2008 年 4 月 28 日，亚洲海上油气田最大平台导管架——番禺气田深水导管架成功下水并扶正，经水下机器人检测，各项指标满足技术规范要求。

（孙佳澳）

电力及新型能源产业

【基于机器人与开放式在线监测平台的变电站技术支持系统】 该项目由天津市电力公司、中国电力科学研究院、山东鲁能智能技术有限公司、天津市普讯电力信息技术有限公司刘志刚、刘继平、郭铁军等合作完成。该项目首次将自主管理机器人、基于即插即用开放式在线监测平台、信息门户等高新技术应用于枢纽超高压变电站，开发了基于机器人与开放式在线监测平台的变电站技术支持系统，建立了变电站智能机器人巡检体系，代替运行人员对室外高压设备进行巡测。采用 CMS-CAN 总线技术，实现各在线监测系统的集成。利用光纤环网实现数据远方传递，通过 SOA 构架和 Web Service 技术，整合变电站专业信息。主要创新点是，自主研发了具有自主管理能力、三维展示巡视效果的变电站巡视移动机器人和基于即插即用开放式的在线监测平台。该项目的成功应用直接经济效益显著，通过提高设备的可用系数，减少停电检修次数，以及节约人力物力成本，每年可创造 4000 万元的经济效益。该成果获 2008 年度天津市科技进步奖三等奖。

（张力晨）

【电缆输电能力裕量的光纤实时监测系统】 该项目由天津市电力公司李志坚、郝文霞、杨华等完成。项目是为解决在用电高峰期间，有效提高电缆短时间带负荷能力，避免拉闸限电给电力用户造成损失的难题。通过研制导体温度及电缆输电能力裕量的实时监测系统，实现在线监测绝缘外层温度，准确掌握电缆导体温度，预测电缆在大电流情况下导体温度变化趋势。项目利用光纤测温技术，通过预先埋设在电缆绝缘外层的光纤，测量绝缘外层温度。根据所测温度和负荷电流，计算出电缆导体温度。根据电缆导体温度和负荷电流的历史数据，预测电缆在大电流下导体温度变化趋势，实现根据电缆导体温度控制电缆输送电流，充分发挥电缆的输送能力。项目创新点在于：建立了由电缆任意层推导计算出电缆导体温度的计算模型，得出计算只与电缆本体几何参数和物理参数有关，与电缆敷设环境无关的结论；测量电缆绝缘外层温度和负荷电流，计算出电缆导体温度，根据电缆导体温度和负荷电流的历史数据，预测出大电流情况下导体温度变化趋势；利用特殊结构光缆，内嵌在电缆缓冲层，有效减少电缆敷设和测量过程中各种外界因素对测温光纤和测量精度的影响，提高监测精度，减少施工难度。该成果应用于天津11条电缆线路中，覆盖35千伏、110千伏、220千伏3个电压等级，总长约120千米。电缆载流量比原设计值提高10%~30%，节约资金3989万元。全国每年敷设上万千米电缆，该项技术对节约资源作用很大。该成果填补了国内空白，在输电能力裕量的预测研究方面达到了国际领先水平，已通过中国电力企业联合会组织的鉴定，获2008年度天津市科技进步奖二等奖。

（张力晨）

【天津电网稳定在线监控系统】 该项目由天津市电力公司和天津大学合作完成，主要完成人为王强、房大中、王海林等。项目旨在通过电网在线实时监控，准确了解天津电网的安全稳定水平，特别是在高峰负荷或者负荷情况变化很大时，计算电网的稳定裕度。当电网存在安全稳定隐患时，提供有效的稳定性预防控制措施。该监控系统在高性能服务器构成的分布式集群计算机上实现，具有对天津电网进行在线暂态稳定故障扫描、在线暂态稳定裕度评估、在线发电厂发电极限计算和在线预警及调度辅助决策等功能。能够实现调度预案的在线预演和分析比较，为调度方案的在线评估和修正调度方案提供了技术支撑平台。项目的创新之处在于：将外网方式计算数据和天津电网EMS实时数据接口，提高了天津电网在线安全稳定性分析的可靠性；首次将电力系统模块组件树算法应用于跨区域电网仿真，速度达到在线分析要求；首次提出电力系统的角半径的新概念，并用于描述电网全局一摆或多摆稳定性，简化了分析过程；首次应用天津大学投影归一化暂态能量函数的新理论进行暂态稳定裕度分析，快速计算暂态稳定约束下的发电厂极限发电量，提高了电力系统安全分析的效率和可靠性。该系统对提高电网安全运行水平、避免稳定事故发生具有重要意义。减少天津电网一次稳定事故，可避免1.17亿元损失。该成果获2008年度天津市科技进步奖二等奖。

（张力晨）

【200MW三缸三排汽纯凝汽轮机组供热改造技术及应用】 该项目由天津市电力公司、天津军粮城发电有限公司、国电电力发展股份有限公司大同第二发电厂合作完成，主要完成人为刘卫平、张其显、曲守富等。该项目是对200兆瓦三缸三排汽纯凝汽轮机组进行抽汽供热改造技术研究，提出该类型机组供热改造的技术原理，并通过有效控制手段，满足供热抽汽的压力和流量需求，使该机型具备发电和供热两用功能。其主要特点是：提出三排汽纯凝机组进行供热改造的技术原理，并成功应用于现场改造，实现发电和供热两用功能；该技术在抽汽供热时保持中压末级后压力维持与纯凝方式运行时相同的原则下，采用中低压连通管和抽汽供热调节阀并结合主汽流量调节来有效控制供热抽汽参数的原理和方法，保证了中压末级叶片和直排单流程低压缸的安全，攻克了三排汽纯凝机组供热改造的技术难关，填补了三排汽纯凝机组供热改造领域的空白。该技术在国电大同第二发电厂和军粮城发电有限公司4台机组上成功应用，2007年采暖期两厂总供热154万吉焦耳，直接经济效益2100万元，减少SO_2排放400吨、CO_2排放11.3万吨、粉尘排放708吨。该成果获2008年度天津市科技进步奖二等奖。

（张力晨）

【配电系统分析管理技术及其应用】 该项目由天津市电力公司、天津新技术产业园区天大求实电力新技术有限公司、天津市普迅电力信息技术有限公司合作完成，主要完成人为顾强、杨华、肖峻等。项目针对配电信息系统不能很好支持高级分析应用的问题，基于电力企业现有和将来的数据资源并进行合理整合，研究建立配电网分析数据管理平台，开发配网供电能力评估和现状优化及近期规划的高级功能并进行实际应用。项目的创新点是：开发了配电网分析数据管理平台及高级应用系统，提取各应用系统底层数据，快速实现配网全面技术评估，并在城市典型示范区域成功应用；扩展配电网 CIM 模型，提出数据校验修复化简等深度加工方法，基于 ETL、软总线、统一信息视图等技术，建成企业数据中心；提出了配电网分析数据共享标准及底层业务系统数据要求和接口标准；建立了适应大型城市的配网评价指标体系，提出基于自适应遗传算法的配网改造优化方法。项目开发的系统于 2007 年安装到天津市电力公司城东分公司，运行效果良好。该系统具有非常良好的实用性，对提高电力企业技术管理水平，提高电网建设合理性，保证巨额资金的合理投入，优化网架结构，降低系统运行费用，大幅提高电网供电安全可靠性，有显著的推进作用。该成果获 2008 年度天津市科技进步奖三等奖。

（张力晨）

【力神公司科技创新简况】 成立于 1997 年 12 月 25 日的天津力神电池股份有限公司（以下简称力神公司）是专业从事绿色高能锂离子蓄电池研发和生产经营的现代化国有股份制高科技企业。公司以国家级企业技术中心为技术支撑，拥有 2.5 亿只电池的年生产能力，产品包括圆型、方型、聚合物、动力电池四大系列几百个型号。公司拥有一流的技术研发人才，有员工 3600 余人，其中博士 14 人，硕士 88 人，工程师 500 余人，外籍及归国专家 6 人，具有大学本科学历的员工占技术和管理人员总数的 90% 以上。公司拥有先进的硬件设施，建有国家级企业技术中心、博士后科研流动工作站和具有国际先进水平的 UL 实验室，具备世界先进水平的科研实力。在圆型电池、方型电池、聚合物电池、动力电池、超级电容器和原材料基础研究等领域，公司掌握有先进的技术，并拥有自主知识产权，已授权专利 130 项。以此为依托，公司建立了全自动的生产线和完善的生产控制、质量管理体系，产品性能和质量达到国际先进或领先水平。公司坚持质量型、技术型、国际化经营理念和高端市场定位，为客户提供整体电源解决方案。力神公司以自身具有的自主知识产权和创新机制为依托，加上国家移动通信国产化配套政策的大力支持，迅速发展成为国内投资规模最大、技术水平最高的锂离子电池专业生产企业，跻身世界锂电行业前列。2005 年公司销售量排名全球第七、中国第二；2005 年和 2006 年获《福布斯》杂志“中国潜力 100 榜”第 10 名和第 8 名；2006 年和 2007 年连续获“中国电池企业自主创新能力第一名”称号；2007 年力神锂离子电池被国家授予“中国名牌产品”称号；2008 年力神公司被国家科技部评为“国家重点高新技术企业”，同时被国家确立为“国家创新型试点企业”。2008 年力神公司在新型动力电池、新型聚合物锂离子电池、超级电容器等多项产品的开发及产业化方面，都做出了很多新的成绩。其中，电动工具用锂离子电池开发及产业化项目获国家发改委立项，国家及天津市给予科研经费支持共 1600 万元。“电动汽车高性能锂离子动力蓄电池系统研制”项目 2007 年获国家科技部“863”立项，国家给予科研经费支持 479 万元。“锂离子动力电池系统产业化技术研究”项目 2008 年获国家科技部“863”立项，国家给予科研经费支持 1821 万元。“新型聚合物锂离子电池产业化项目”获 2008 年国家火炬计划项目立项，国家给予经费支持 100 万元。“千法级超级电容器研制与开发项目”获天津市科技计划项目立项，天津市财政给予经费支持 100 万元。力神公司以节能和环保为主体，开展二次创业，致力于新能源技术的开发和产业化。在承担国家“863 计划”节能与新能源汽车领域的“电动汽车高性能锂离子动力蓄电池系统研制”项目和“锂离子动力电池系统产业化技术研究”项目、天津市科技计划项目的基础上，成功开发动力型锂离子电池的关键工艺、关键技术和关键装备，开发出电动工具用和电动汽车用的动力锂离子电池系列产品，通过世界高端客户的认证，得到全球市场认可。2008 年初，该公司启动了锂离子动力电池建设项目，总投资 16 亿元人民币，新增土地 20 公顷。计划到 2010 年，建成国内规模最大、水平最高的动力型锂离子电池研发和产业化基地，进入世界前三强。

（马檬檬）

【新型动力电池产业化项目】 基于国内多数锂离子电池制造企业技术水平、利润率较低，难以进入国际一级市场的状况，力神公司加大研发投入力度，进行新型锂离子动力电池的研发，增大设备改造及技术开发投入，以提高新型动力电池制造的自动化程度。为适应市场发展的需要，进一步提高企业效益，提出了新型动力电池开发及产业化项目，研发电池比能量高、循环寿命长、高低温放电性能好、电池安全性能好的新型动力电池。该项目研发内容:通过新型正极材料、新型电解液体系等新型电化学体系的研究,开发出高安全性、高容量、高功率动力型锂离子电池关键材料、技术及生产工艺,开发锰系、铁系动力型锂离子电池系列产品;联合国内外技术力量,共同研究开发适应先进动力电池工艺技术的关键装备,包括制浆、涂布、碾压、剪切、卷绕、正负极焊接、入壳、滚槽、注液、封口、X-RAY 检测、分选等。项目建设内容:完善现有的动力电池实验室,建立动力电池性能检测室、动力电池分析仿真软件试验室以及安全评价试验室;建设 5 万平方米生产厂房及洁净车间,建成年产 6000 万安时动力型锂离子电池生产线。2008 年 4 月至 9 月,项目启动实施,完成了锰系、铁系动力型锂离子电池的产品关键技术的研发工作,并完成产品小批量试制和测试。土建工程完成公开招标,并进行现场打桩工作。2008 年 10 月起,进行产品中试生产、生产定型和产品认证。采购关键设备,与相关厂家进行技术交流等,进展顺利。整个项目建设工期两年,计划到 2010 年 3 月完成。

(马檬檬)

【新型聚合物锂离子电池】 力神公司自主研发的聚合物锂离子二次电池,区别于世界其他大型锂离子二次电池企业技术(以 Sony 公司为代表的卷绕式电极涂胶技术、以 Valence、ATL 等为代表的叠片式 Bellcore 技术),拥有独立的知识产权,其性能达到同类聚合物电池的国际先进水平,比能量可达到 210 瓦时每千克,可以适用于-40~60 摄氏度的工作环境,循环次数满足 500 次大于 80%,厚度膨胀小于 5%。尤其通过对材料平台、隔膜技术、电解液技术等专项攻关,完全解决了聚合物电池在高温条件下(45 摄氏度,60 摄氏度)的循环使用问题,同时有效抑制聚合物电池在高温循环和存储过程中的膨胀,提高电池安全性能,而且制作工艺相对简单,有很好的性能优势、成本优势和产业化优势。2008 年 6 月至 9 月,该项目完成产品开发、设备调研。2008 年 10 月起采购设备。计划 2009 年底完成试生产形成聚合物电池年生产能力 8000 万只产能。该项目突破关键技术,解决聚合物凝胶电池技术面临的问题,提高聚合物锂离子电池的工艺技术水平,同时减少环境污染、节约能源。生产的聚合物锂离子二次电池,相继取得摩托罗拉、三星电子、苹果、微软等国际化大公司的认证,并向他们批量供货,广泛用于蓝牙耳机,音频播放器(如 MP3),视频播放器(MP4)、手机、GPS、数码产品、笔记本电脑等技术领域,在行业里声誉较高。该项目的开发生产提升了企业创新能力和核心竞争力,带动区域相关产业的发展,促进了天津市国家级新能源产业基地的发展,带动了全国锂离子电池产业技术进步与升级。

(马檬檬)

【超级电容器】 超级电容器兼有高容量、高功率(1~100)千瓦每千克和超长使用寿命(10 万次以上)等优点,在电动汽车、风能与太阳能发电、航空航天、国防、通信等领域具有广泛的应用前景,已大量应用于电动汽车的辅助电源系统、风电变桨系统等领域,市场迫切需要开发千法级有机超级电容器,但国内没有企业能独立生产此类产品。超级电容器被列入《国家中长期科学发展和技术发展规划纲要》(2005~2020 年),是国家长期发展的能源领域中重要的前沿技术之一。力神公司 2003 年开始由两名博士跟踪国内外的研发和生产动态,2006 年成立超级电容器部,与美国 Maxwell 公司开展战略合作。该项目主要内容包括:掌握压膜法连续制备活性炭电极的关键技术。截至 2008 年,已完成小试工艺开发;电解液的优化与密封注液技术;结构设计与封装技术;制备超级电容器,使其达到电容量不小于 1500 法,工作电压不小于 2.7 伏,有效功率密度不小于 3 千瓦每千克,最大功率密度不小于 10 千瓦每千克,能量密度不小于 4.0 瓦时每千克。该项目研究以压膜法连续制备活性炭电极为核心,拟完成活性炭膜的连续制备、活性炭电极的制备、对电解质盐(Et4NBF4、Et3MeNBF4)和溶剂(PC、AN)组配的电解液进行优选及结构设计与封装技术的改进等。独特的粘结工艺和导电胶技术是该项目的主要创新点。项目的实施,将推动超级电容器技术与产业的逐步成长。该项目计划到 2011 年 9 月完成。

(马檬檬)

化学工业

【2008 年渤海化工集团科技发展简况】 2008 年,天津渤海化工集团公司(以下简称渤化集团)坚持以科学发展观为统领,科研工作坚持面向市场、面向生产、面向制约发展的技术难题,积极开发适销对路的新产品,积极开展科技攻关,积极采用先进适用技术

改造传统工艺，为企业保增长、渡难关，保持经济平稳较快发展提供强有力的技术支撑。

加大创新力度，提高企业竞争实力。通过市场、技术、竞争能力的调研和论证，认真组织策划重点科研项目和成果产业化大项目，并积极申请列入国家、市专项计划，全年共争取到政府资金支持近2000万元，有力地推动了科研项目的顺利实施。在项目实施阶段，加强项目管理，把项目责任层层分解，责任落实到人，明确了各级的责任、权利和义务，及时协调解决项目实施过程中出现的问题，进一步提高了项目的成功率和运行质量。在市场开拓方面，加强应用技术开发，加大销售服务力度，充实新产品销售队伍，为科研成果产业化、增强竞争力创造了条件。天津乳胶厂通过自主创新，在继为“神五”、“神六”配套之后，经过上百次的改进，2008年研制开发成航空舱外掌指气密手套，由神州七号宇航员安全戴出舱外活动，为中国航天事业的发展作出了积极贡献；天津市双安塑料制品有限公司自主开发了新的橡胶注塑手形手套制造方法、橡胶注塑胶面靴的制造工艺和独特的模具设计，研制出多种规格的高压带电作业绝缘系列产品，产品质量达到国际先进水平，并申请了5项专利。该产品的开发成功，打破了国外高压带电作业防护品的垄断局面，创造了民族品牌，填补国内空白并替代进口，制约了进口品价格，为国家电力、电器等行业赢得了效益。国际轮胎有限公司利用自主开发的农用子午胎成套技术，研制出35个规格新产品，填补了国内农用子午胎的空白。部分规格产品经过北美、德国等国外客户实际里程试验达到使用要求，室内轮胎耐久性测试值远高于欧洲标准，获得用户认可，并初步形成了2万条农业子午胎生产规模。橡胶研究所针对国际乒联“禁胶令”，配合无毒胶水研制开发了“新型乒乓海绵729-08”，该海绵的合理配方及先进的制造工艺、模具，保证了海绵发孔质量均匀、孔壁薄、形成均匀的微观气孔，增加了海绵的弹性，降低海绵的受力变形，减少了能量滞后损失。通过设备的创新改造，保证了海绵的尺寸精度和受热均匀。所制成的海绵产品经国家、省、市级运动员试打，一致认为该产品制造弧线能力强，易于控制，得到了国家女子一、二队运动员的普遍认可，满足了国家专业运动员使用要求。渤天化工有限责任公司实施的市科委重大攻关项目“隔膜电解槽节能降耗新工艺示范工程”，通过采用石棉绒新品种和工艺控制提高改性隔膜效果。应用纳米技术提高阴极活性，将先进的扩张阳极技术应用于生产装置中，有效地降低了隔膜烧碱的能耗。2008年有11台电解槽投入生产，改进后节电851万千瓦时，节约资金432万元。海晶集团公司通过集成创新，在药用氯化钠生产中，采用两效真空蒸发、外加热强制逆循环制取药用氯化钠技术，取代单效自然循环真空蒸发工艺，实现了节能降耗、高产。集成了小加热室、大蒸发罐、育晶器及低流速循环泵等关键设备，有效提高了晶体粒径，解决了药用氯化钠产品易板结的技术难题，提高了产品质量。在药用氯化钠生产中优化选用钛材和钛钼镍合金材质，解决了设备腐蚀难题。该技术及产品质量达到国际先进水平，并在行业内起到示范作用。

加大产学研合作力度，提高企业创新能力。为提高企业创新能力，本着“不求所有，但求所用，广博众彩”的原则，加大产学研合作力度，利用中国工程院化学冶金学部委员在津开会之际，不失时机，针对渤化园建设及企业发展的难点热点技术问题，与院士专家进行座谈；围绕渤化园引进技术装置的消化吸收，以及企业重大科技攻关和节能减排等方面存在的20个技术难题，渤化集团与中海油天津化工设计研究院在一些领域初步达成产学研合作的共识，签订了《全面合作框架协议》。双方技术人员就工业废水循环利用、石化专用催化剂等项目合作开展了技术攻关。渤天化工有限责任公司与中科院过程所、攀枝花市科技局共同合作的“4500吨/年 $TiCl4$ 新型氯化工艺及产业化研究”项目，2008年完成了快速氯化炉的外保温和烤炉等准备工作，于10月底点火试验。710小时的试验表明，新型多级快速氯化床装置关键工艺流程可行，上排渣效果良好，中试试验总体基本成功，为钛矿资源的新型氯化工艺产业化的实现提供了关键技术基础。大沽化工股份有限公司与华东理工大学合作开发的“乙炔制氯乙烯高效非汞催化剂”，替代现有含汞催化剂，消除汞污染，使催化剂成本大幅下降，为实现产业化奠定了基础。

加强激励机制建设，提高知识产权保护力度。制定了《天津渤海化工集团公司知识产权管理试行办法》，使集团知识产权工作在有法可依的基础上，进一步做到有章可循，促进了知识产权工作的开展。2008年全集团共申请专利242项（其中发明专利189项），同比增长57%。授权专利57项，同比增长14%。加强激励机制建设，制定了《天津渤海化工集团公司进一步调动技术人员积极性的意见》，修订完善了《天津渤海化工集团公司科技进步奖励办法》。组织评选2006~2007年集团科技进步奖，共评出各类科技进步奖116项，其中科技开发成果奖17项，科技成果产业化奖10项，专利鼓励奖76项，软课题调研成果奖13项。2008年渤化集团有3个项目获天津市科技进步奖，其中二等奖1个，三等奖2个；有7个项目获天津市技术创新优秀项目奖，其中一等奖1个，二等奖2个，三等奖4个；有2个项目获国家石油和化工协会科技进步奖，其中二等奖1个，三等奖1个；海晶集团公司张德强获市政府授予的天津市技术创新标兵称号和2万元奖金。

（周 蕊）

【高档带电作业防护产品系列】 天津市双安塑料制品有限公司承担的市级重点创新项目高档带电作业防护产品系列，2008年2月28日通过天津市经委验收。该项目开发出新的橡胶注塑手形手套制造方法和橡胶注塑胶面靴的制造工艺，研制出7种规格品种的带电作业绝缘系列产品。该系列产品在配方设计、工艺路线的确立、设备研制、模具设计等方面进行了多项创新，达到国际先进水平，申请了5项专利。该项目的开发成功，填补国内空白，创造了民族品牌。产品满足了国家电力、电器行业以及工业企业发展的需要。产品替代进口，打破了国外带电作业防护品的垄断局面。在进入了国内电力行业的同时，该产品还批量出口至美国、加拿大、泰国等国家和地区。

（周 蕊）

【颗粒再生橡胶】 2008年12月30日，天津市橡胶工业研究所开发的"颗粒再生橡胶"新产品通过天津市经委鉴定。该项目采用催化、活化技术开发了高表面活性的颗粒再生橡胶，产品配方合理、工艺先进，提高与橡胶材料的掺和能力，实现与沥青1:1的高掺合，大幅度降低成本，具有独创性，产品填补国内空白，达国内领先水平，申请了国家发明专利。其开发的具有"空气通道"作用的初期硫化加压新工艺，能有效排出胶料中空气，减少橡胶制品的外观缺陷，提高外观合格率。该产品工艺与传统工艺相比，流程短，无废气、废水产生。设备投资少，生产实现了废弃橡胶综合利用。该产品可广泛应用于橡胶工业、市政工程、地下工程等领域。应用于改性沥青路面可降低噪声50%~70%；应用于轮胎中，提高轮胎使用寿命5%~10%。

（周 蕊）

【天津市化工产品市场信息服务平台建设】 该项目由渤化集团化工科技信息研究所承担，2008年3月6日通过天津市信息化办公室验收。天津市化工产品市场信息服务平台建设项目，面向天津市石油和化工行业发展，以企业产品供求信息数据库建设为中心，建设了化工时讯、专家咨询、化工商贸城等栏目，建立了化工企业、化工产品信息数据库建库和专家资讯库。该项目对全市化工企业、产品信息进行收集和整理，搭建全市化工企业宣传平台，为供求双方提供良好的产品信息服务。项目技术路线合理，建立了相应的信息更新机制，保证网站信息及时、准确。天津化工科技信息网设有化工商贸城、化工时讯、学会动态、化工市场、化工专利、化工杂志、咨询于服务等栏目，链接Internet网及全市高校、相关科研机构、集团公司内重点企业，并与国内外重点化工专业网站链接，开辟了友情链接、化工网址和科技网站等区域。还设有专家咨询栏目，为行业开展全方位的技术服务。

（周 蕊）

【新型乒乓海绵729-08】 天津市橡胶工业研究所开发的这项新产品，2008年12月12日通过天津市经委鉴定。该项目海绵配方设计合理，工艺可行，模具设计先进，保证海绵发孔质量均匀、孔壁薄、形成均匀的微观气孔，增加了海绵的弹性，降低海绵的受力变形，减少了能量滞后损失；通过对硫化设备的创新改进，使硫化机的温度偏差控制在±2摄氏度，保证了海绵的尺寸精度和受热均匀。这款新产品经国家、省、市级运动员试打，一致认为该产品制造弧线能力强，易于控制，特色突出，得到了国家女子一、二队运动员的普遍认可，满足了国家专业运动员使用要求，产品达到国内先进水平。该产品投入批量生产，全面投产后预计年产值1000万元，利税370万元，市场前景好。

（周 蕊）

【橡胶沥青水分散体】 天津市橡胶工业研究所开发的该新产品，2008年12月30日通过天津市经委鉴定。该项目采用阳离子表面活性剂使再生橡胶、橡胶乳液、沥青分散到水中，制成橡胶沥青水分散体，具有加合增效作用，提高了耐热性（170摄氏度）及低温柔性，粒子径在3微米以下，是聚合物沥青防水涂料的新突破，达到国内领先水平。填补国内空白，已申请国家发明专利。该新产品可在常温下生产、施工，减少了生产过程中的能耗及有害物质的挥发，放宽了施工温度条件，达到节能环保双赢效果。该新产品采用多种技术集成，梯度利用，提高了技术附加值，实现了废橡胶资源的综合利用。产品可广泛用作铺路材料、防水材料和防腐保护，也可与硅酸盐水泥混合成地面用料等。

（周　蕊）

【长芦海晶集团获天津市技术创新先进企业称号】 2008年，天津长芦海晶集团有限公司（以下简称长芦海晶集团）获天津市技术创新先进企业称号。张德强获技术创新标兵称号。“逆循环真空蒸发技术在药用氯化钠生产中的研究与应用”项目获天津市技术创新优秀项目一等奖。

（刘晓惠）

【逆循环真空蒸发技术在药用氯化钠生产中的研究与应用】 2008年3月1日，长芦海晶集团自主开发的“逆循环真空蒸发技术在药用氯化钠生产中的研究与应用”通过天津市经委鉴定。该项目采用两效真空蒸发、外加热强制逆循环制取药用氯化钠技术，取代单效自然循环真空蒸发工艺，实现节能降耗、高产；集成小加热室、大蒸发罐、育晶器及低流速循环泵等关键设备，有效提高了晶体粒径，解决了药用氯化钠产品易板结的技术难题，提高了产品质量；在药用氯化钠生产中优化选用钛材和钛钼镍合金材质，解决了设备腐蚀难题。项目关键技术及产品质量达国际先进水平。该技术可为市场提供高质量的药用氯化钠产品，应用前景广阔，对国内药用氯化钠行业整体技术水平的提升具有示范作用。该项目2008年5月5日登记为天津市科技成果，并申请专利。

（刘晓惠）

【海水提取氯化钾铵项目取得阶段性成果】 长芦海晶集团实施的该项目，利用国家科技部资助的资金进行了百吨级中试研究，获得了工艺和设备参数，测定了物料消耗指标，为万吨级工程技术开发提供了依据。在此基础上，投资500万元对海水提取硝酸钾万吨级示范工程装置进行适当调整，建成年产1万吨海水提取氯化钾铵生产装置，随后进行了项目试车。截至2008年9月，“万吨级海水提取氯化钾铵项目”取得了阶段性成果，确定了工艺参数，设备运转平稳，取得了批量产品，产品质量接近预期指标，产量达到设计能力的90%。

（刘晓惠）

【磷酸二氢钾项目完成中试研究】 天津市技术创新项目“浓海水（卤水）制取磷酸二氢钾及高效复合肥200吨/年中试”是长芦海晶集团与河北工业大学合作开发的产学研项目。该项目旨在通过对沸石法海水提取磷酸二氢钾及高效复合肥关键技术的中试研究，获得生产成本比现行磷酸二氢钾生产技术更经济的工业化新技术，为进一步工业化开发提供技术依据。2008年度该项目进行了现场试验生产，产品复合肥及磷酸二氢钾的各项指标达到预期要求，中试研究取得成功。

（刘晓惠）

【溴化聚苯乙烯项目进行应用试验】 长芦海晶集团承担的该项目，2008年解决了产品结块、颜色较深等问题，成功完成了千克级试验，制定了产品检测方法和中试实施方案，并转入300吨/年中试设计及产品应用研究试验。该项目产品溴化聚苯乙烯是环保型阻燃剂，顺应绿色化工的发展趋势。对溴化聚苯乙烯的生产和应用技术的研究可促进国内阻燃剂的生产与发展，满足快速发展的塑料工业的需求，促进国家阻燃剂工业产品的结构调整。

（刘晓惠）

【溴化氢—冰醋酸中试项目完成千克级试验】 该试验是长芦海晶集团在原有高纯溴化氢平台基础上开发溴系列新产品的项目，2008年进行了扩大千克级试验方案的确定、设备及管道安装工作，并于3月底完成了试验工作。在试验基础上，编制完成年产500吨冰醋酸溶液中试项目可行性研究报告。试生产的300千克产品送至山东省客户试用。

（刘晓惠）

【ZS-75注塑树脂工业化技术开发】 该项目由天津渤天化工有限责任公司崔玉霞、王志东、田爱娟等完成，2006年列为天津市技术创新项目，获市经委拨款40万元支持，2008年2月22日通过天津市经委鉴定。此前国内尚无此类专用树脂的生产和开发，该产品的生产技术达国内领先水平。ZS-75型树脂是系列 PVC 注塑专用树脂一种，是一种低聚合度的聚氯乙烯树脂，具有分子量低、熔融及凝胶化温度低、熔融粘度低、易于加工的特点。因为其粘度低，所以可用于 PVC 芯层发泡管及发泡板领域，减少加工厂家发泡剂、助发泡剂用量，降低成本。由于其独特的结构具有比普通 PVC 管材质量轻、成本低、隔音隔热效果好、抗冲击高等优点，可用于制作低压给水管、排污管、室内通风管、排气管及电信电缆管等。ZS-75 型注塑树脂也是一种新型绿色环保材料，可以做 PVC 发泡板，能以塑代木、以塑代钢，具有多种加工性能且优于木材，可作为展牌、标志牌、室内外装饰板、车船的内饰装潢板及用于家具制造、环保工程等。ZS-75 型注塑 PVC 专用树脂采用主分散剂和辅助分散剂为单一醇的分散体系配方，改变了以往所用分散体系中羟丙基凝胶温度不够高给分散体系带来不稳定的因素，提高了分散体系的保胶能力，减少了出粗料的几率，提高了产品的质量。在反应过程中采用一次加入链转移剂代替传统的分二次加入链转移剂的工艺，同时严格控制反应温度，不仅简化了操作，而且分子链长短更为集中，引入润滑剂，提高了树脂加工的流动性和熔融塑化性能。该项目经过逐级放大的研究过程，进行了 13.5 立方米中试配方及工艺条件的研究，使产品达到设计要求。中试批量生产，选取生产 PVC 芯层发泡管和发泡板的加工厂家进行了定点加工应用试验，证明该树脂具有加工塑化性能好、流动性好，生产耗能小的特点，可以在 PVC 发泡制品领域能够广泛应用。还在 30 立方米釜上进行了单釜试验，产品指标达到要求。该产品在小试、中试成功的基础上已形成年产万吨级工业化生产能力，预期实现年销售收入 7960 万元，利税 2110 万元。该产品是国家大力推广应用的产品，市场前景较好。

（孟翠敏　周　蕊）

【消光电线电缆聚氯乙烯专用树脂的研制】 该项目由天津渤天化工有限责任公司田爱娟、王志东、崔玉霞等完成，2006 年被列为天津市汉沽区重点科技创新项目，2008 年 2 月 22 日通过天津市经委鉴定，技术水平为国内领先，2008 年 12 月获天津市技术创新优秀项目奖三等奖。消光 PVC 专用树脂是以氯乙烯为主链，含有部分交联结构，颗粒形态规整，内部结构疏松，消光性能和塑化性能良好，具有加工时不损害加工性能，采用通常的成型方法就能得到表面消光的、外观良好的成型体的优点。该树脂因结构中有凝胶组分，其制品还具有良好的机械性能和耐热性。它可以与通用 PVC 树脂混合使用来制造消光塑料制品，通过调整其用量来调整制品的光泽度，制品表面的光泽度比较均匀。消光电线电缆 PVC 专用树脂采用从小试聚合配方和工艺研究到中试逐级放大的研制过程，并在生产型聚合装置上试验生产。该树脂是在特定的反应温度下，在辅配有稳定剂等功能助剂的聚合体系中，采用消光剂与氯乙烯共聚合成的适于制备消光电线电缆的 PVC 新品种。采用高分子消光剂和特定的加料工艺相匹配，有效地控制了树脂结构中的凝胶含量和溶胶聚合度。特定的加料工艺，一方面可以避免交联剂在反应前加入对分散剂体系和聚合体系稳定性的破坏作用，避免所制备的树脂颗粒变粗或爆聚，也避免了在体系中大量增加分散剂的用量，而导致的生产成本增加；另一方面，与交联剂在反应中均匀流加料相比，避免了交联剂浓度达不到临界浓度时，交联剂主要起扩链作用，即增加聚合度而不能有效地产生所需的凝胶。该技术容易控制聚合物可溶部分的聚合度和不溶于四氢呋喃部分的凝胶含量。该产品是制备消光电线电缆的优良专用树脂，在福建、广东、浙江、江苏等地加工厂进行加工应用，所制得的消光电线电缆制品的消光性能、机械性能、电性能、外观等均符合要求，质量优良，用户应用效果良好。该树脂已形成生产能力并批量生产，成为该公司特种树脂主打品种之一，市场前景较好。消光 PVC 专用树脂的合成方法已申报国家发明专利。

（孟翠敏　周　蕊）

【钛系列产品研发能力建设】 该项目由渤天化工有限责任公司邵宝顺、周荣会、王志东等完成，2005 年被列为天津市重点技术创新项目，获市经委拨款 10 万元支持，2008 年 2 月 26 日通过天津市经委鉴定，获 2007 年度天津市技术创新优秀项目奖三等奖。该项目研制开发了海绵钛生产的关键设备电加热炉、还原—蒸馏设备和真空系统，其设计独特，延长了设备使用周期，效果良好，运行平稳。项目研究开发了先进的生产工艺条件，确保了海绵钛产品质量，一次开车成功并生产出优质产品，技术达到国内领先水平。该项目研制的适合于海绵钛生产工艺的倒 U 型的新型过渡段加热器，获两项实用新型专利。通过海绵钛系列产品研发能力建设，促进了高附加值的钛系列产品的研究，同时扩大了生产规模。该项目建成年产200吨海绵钛试验线，生产合格海绵钛88.3吨，产品质量均在2级品以上，实现销售收入1059万元，利税307万元，产品质量和成本具有较强的竞争优势。该公司将进一步开发工业化技术，实现1000吨/年海绵钛工业化生产。

（孟翠敏 周 蕊）

【8911在线调色阳极电泳漆】 该项目2007年1月至12月由天津灯塔涂料工业发展有限公司莫书庚、么锡坤、张双印等人完成，获2008年度天津市科技进步奖三等奖。该项目通过新的聚合工艺，合成8911在线调色阳极电泳漆专用水性树脂，使其具有很好的颜料润湿分散功能及理化性能。优选颜填料、防沉剂、助剂等原材料，研制在线调色阳极电泳漆，达到在线调色漆的技术要求。其创新点为：①利用可再生资源，采用接枝共聚法，通过引入功能性物质、极性基团及链调节剂合成较高分子量，并控制分子量分布，且具有颜料润湿性及优异理化性能的水性树脂。②用该树脂研制性能优异的8911在线调色阳极电泳漆。③利用分光测色技术，控制电泳漆生产线工件漆膜的L、a、b值及色差ΔE，保证各阶段漆膜颜色的一致性。④实现在线调色创新工艺，节能环保，避免槽液换色造成的损失，可产业化。该项目改变了原有黑、灰两色电泳漆的单一性，可底面合一，提高了外观装饰性。通过在线调色的工艺创新，避免了更换颜色造成巨大的槽液损失。该技术可广泛用于汽车、轻工、农机、家电等行业。

（莫书庚）

冶金工业

【天津钢管公司跻身首批国家创新型企业】 2006年7月，国家科技部、国资委和中华全国总工会启动建设创新型企业试点工作，天津钢管集团股份有限公司（简称天津钢管公司）等103家企业被确定为首批试点企业。天津钢管公司不断深化创新型企业建设，提高自主创新能力。经过两年来的以企业为主体、市场为导向、产学研相结合的创新型企业建设，在拥有自主知识产权和知名品牌方面取得了显著成效。2008年7月，国家科技部、国资委和中华全国总工会联合发布名单，天津钢管公司等91家企业被批准为首批“创新型企业”。

（王惠斌 武玉峰）

【天管制铁公司高炉喷煤水平进入国内先进行列】 提高煤比是钢铁企业降低焦比、降低生铁成本的一项重要措施。天津钢管公司所属制铁公司开炉以来，煤比一直处于国内同类型企业“末三甲”的水平。从2008年二季度起，该公司制定了稳步推进的量化操作方法，改变了煤比大起大落的局面，保证了煤比的稳步提高。采取的主要措施是，确保槽下岗位各振筛无黏料，减少入炉的粉末含量，确保热风炉岗位燃烧废气可连续供焦炭仓预热使用，确保炉前岗位出铁正点率，出尽渣铁高炉接受风量，确保配管岗位喷煤枪的角度合适，喷煤枪畅通无阻，确保炉内工长精心操作，超前判断炉况的发展方向等等。通过对各工序的严细管理，实现了标准化作业，使高炉日平均煤比达到144千克/吨铁，高于国内同行业平均水平。该公司高炉日最高煤比达162千克/吨铁，进入国内先进行列

（王惠斌 武玉峰）

【天津钢管公司168厂产量突破设计能力一倍】 PQF机组是由天津钢管公司和德国西马克米尔公司共同研发的世界第一套PQF三辊式连轧管机组，设计能力为35万吨/年。天津钢管公司168厂充分借鉴轧管一套MPM机组的成功经验，创造性地解决了设计理论与生产实践结合的难题，掌握了具有世界顶尖水平的无缝钢管轧制技术，并使PQF机组先进的工艺技术在生产中得以充分体现，2004年实现当年投产当年达产的目标。为了进一步释放产能，几年来168厂共进行设备改造800余项，攻克了液压伺服压下系统、大冷床不同步等重点课题，日历作业率由2004年的51.33%提升至81.63%。设备的高效运行带动了交库量的持续攀升，2005年168厂交库量突破50万吨，2007年达60万吨。2008年上半年，168厂超前进行工艺准备和设备调整，克服了外购坯质量问题较多、产品单重低、工艺控制复杂等难题，截至6月30日交库量突破35万吨，完成了全年考核计划的55.6%，产量突破原设计能力1倍。

（武玉峰 王惠斌）

【PQF三辊连轧管生产线工艺及装备】 天津钢管公

司与德国西马克米尔公司联合研发了世界第一套PQF三辊式高精度连轧管机组,成功开发了以"在线脱管/芯棒前行循环技术"为代表的一系列关键技术。三辊连轧工艺与二辊连轧工艺相比,孔型速度差小,轧制稳定,变形均匀。其各项技术指标达国际先进水平。2003年该机组热试成功,2004年投产以来累计新增利润12亿元。天津钢管公司完成的"PQF三辊连轧管生产线工艺及装备自主集成与创新",2008年1月获国家科技进步奖二等奖(这是该公司第四次获此奖)。该项目的成功实施,标志着天津钢管公司在无缝钢管轧制技术方面不仅驾驭了引进的无缝钢管轧制设备,而且掌握了世界第一套PQF三辊式高精度连轧管机组的技术,从而引领世界无缝钢管轧制技术的潮流,加速了公司向"世界第一"目标迈进的步伐。

(武玉峰 王惠斌)

【新一代特殊扣接头TP-JC顺利下井】 随着采油对套管性能的进一步提高,原有的API圆螺纹扣型已无法完全满足要求。油田急需一种性价比高的新型特殊扣来代替API圆螺纹扣接头,既要求在下井过程中有很好的使用性能,也要有很好的价格优势以降低开采成本。为适应这一发展趋势,天津钢管公司在原有特殊扣扣型的基础上,自主设计开发了新一代锯齿形特殊扣接头TP-JC——第三代特殊扣接头。2008年11月,该新型特殊扣接头在长庆苏里格气田首次下井成功。

(王惠斌 武玉峰)

【天津钢管公司720机组成功轧制特大口径钢管】 "中石化天津大港乙烯建设用φ610×26毫米20G高压锅炉管无缝钢管"是天津钢管公司720钢管厂承接的第一个国家重点工程项目,合同任务1000吨。该规格钢管是斜轧扩径工艺当中扩径量最大的,而且轧制工艺新、难度大。该厂进行了充分的技术研究和精密的设备校验,攻克技术难关,于2008年7月成功轧制出这种新孔型的钢管。该无缝钢管的开发,不仅填补了国内特大口径无缝钢管轧制的空白,也使产品的规格得到扩充、产品质量有了质的飞跃,为进一步优化天津钢管公司产品结构做出了积极的贡献。

(武玉峰 王惠斌)

【TP150P射孔枪管开发】 射孔枪管是用于石油开采井下射孔作业中携带聚能射孔弹药的一种超高开发难度管材,对强韧性要求极高,主要出口美国市场。天津钢管公司技术中心承担的"TP150P高强韧射孔枪用管的开发"新产品开发课题,历时2年多,全面完成了立项指标,在质量与工艺、技术性能指标等方面不断地改善,最终通过了美国斯伦贝谢公司的射孔测试评价。该产品的实际检测性能指标超过国外同类型产品,达国际先进水平,在世界范围内率先打破了斯伦贝谢公司在这一产品上的垄断地位。该项目通过天津市经济贸易委员会验收与鉴定。

(武玉峰 王惠斌)

【天津钢管公司大口径管线管首次进入塔里木油田】 新疆南疆地区库车-塔北气区作为西气东输的主力气区,能够满足120亿立方米稳定供气20年的需求,此气区成为塔里木油田的重点工程。天津钢管公司销售公司从2008年3月开始,密切关注跟踪这项工程进展情况。4月接到塔里木油田的投标邀请,在有国内众多生产厂家参加竞标的情况下,该公司凭借强大的设备和技术优势,一举中标塔里木油田迪那2气田用管线管合同。2008年8月,天津钢管公司完成2589吨大口径φ457毫米×17.5毫米L415QB管线管的生产,陆续发往塔里木油田。这是该公司大口径管线产品第一次进入塔里木油田,为其大口径产品在塔里木油田的推广起到推动作用。

(武玉峰 王惠斌)

【大口径特殊螺纹接头开发成功】 天津钢管公司技术中心研发成功大口径φ339.72毫米×12.19毫米特殊螺纹接头,为该公司特殊螺纹接头再添新品种。该项目是天津钢管公司2008年科技大会确定的50项重点项目之一。这次开发的新品为3牙/英寸快速上卸扣接头,主要特点是在满足产品使用性能的基础上实现快速上扣。该项目开发人员在利用有限元方法对扣型参数进行研究分析的基础上,完成了产品设计和刀具设计,对加工的样品进行反复试验验证,不断改进和优化设计尺寸,加工出合格的样品。经过上卸扣(三上二卸)试验、静水压试验、滑脱试验,表明其各项性能指标均超过设计值,顺利通过套管实物性能评价试验。

(王惠斌 武玉峰)

【炼钢厂氮合金化控制达国内先进水平】 电炉钢水

氮含量偏高是电炉工艺的共性问题。有效固定氮，特别是通过微细氮化物沉淀析出是解决高氮问题并充分利用高氮钢水的最有效方法，国内外均利用钒氮合金化的技术。天津钢管公司技术部门将此项技术应用于新产品开发。从历次试验结果看，钒氮合金中氮的收得率波动大（20%~60%），无法稳定控制钢中氮的含量，不能满足新品开发的设计要求。把氮作为钢中合金元素利用成为炼钢厂冶炼工艺的难题。针对这一状况，天津钢管公司炼钢厂将重点放在解决钒氮合金化技术中氮的收得率和铸坯质量的控制上。经过反复论证和多次含氮钢生产试验，从原料到连铸出坯环环相扣，工艺技术人员与研发人员现场采集参数，最终通过调整含氮合金加入方式、加入时间、加入地点等工艺摸索，确定了最优方案，掌握了氮的合金化要领。2008 年 12 月，成功冶炼出 4 炉 φ270 毫米规格氮合金化 N80 级新钢种 32MnCrVN，铸坯化学成分、质量均符合设计要求，氮合金化控制水平达国内先进水平。

（王惠斌　武玉峰）

【天津钢管公司 258 机组全线热负荷试车一次成功】 “258”项目是天津钢管公司确立的钢管扩能改造项目，是天津市 40 项重大工业项目子项之一，是该公司 2008 年的重要经济增长点。该项目占地面积约为 7.6 万平方米，其中厂房面积为 51408 平方米。产品以油井管用管体料为主，还包括管线管、锅炉管、气瓶管、结构管、流体管、石油裂化管、高压化肥管、液压支柱管等专业用管。该项目的建成使该公司的产品在产量和质量上得到进一步提升，更广泛地满足用户个性化需求。该项目 2007 年 3 月 1 日打桩，8 月底厂房主结构封顶，2008 年 1 月 12 日环形炉点火烘炉，3 月 28 日穿孔机热试成功。4 月 24 日，管坯区、精整区联动负荷试车取得成功，为全线贯通创造了先决条件，这在该公司无缝钢管机组建设中尚属首次。4 月 25 日，258PQF 连轧管机组热轧区域热负荷试车一次成功，实现了从管坯区到精整区的全线贯通。14 个月就打通整条生产线，又一次刷新了一个世界纪录。

（王惠斌　武玉峰）

【超深复杂井用高强度高韧性石油套管 TP140V 的设计开发】 该项目由天津钢管公司孙开明、卢小庆、贾应林等人完成，获 2008 年度天津市科技进步奖一等奖。该项目的主要创新成果有：充分掌握了超深复杂井对套管的性能要求，设计了合适的超深复杂井用高强度高韧性套管的各项性能指标；提出了超深复杂井套管的解决方案、特殊接头的设计方案和加工制造方案；设计了专用钢种，制定了特殊的冶炼工艺，解决了钢的冶炼质量、化学成分控制、夹杂物形态控制等关键技术问题；通过采用国际上最先进的 PQF 三辊连轧管技术，成功解决了高强度套管轧制力大、规格特殊和几何尺寸要求高的难题；形成了可以满足超深复杂井特殊钻井施工要求的非 API 规格的接头的设计、制造及入井作业技术；研究制定了独特的高强高韧性套管的热处理工艺，解决了高强度与高韧性的合理匹配问题；采用高精度数控机床和先进的表面处理技术，解决了石油套管的粘扣难题。

（王惠斌　武玉峰　钟剑锋）

【φ400 毫米连铸圆坯工艺开发及应用】 φ400 毫米低合金钢连铸圆管坯工艺的成功开发及应用，标志着天津钢管公司连铸自主开发水平步入全国先进行列。φ400 毫米铸坯的及时投产，扩大了连铸机的产品规格范围，提升了天津钢管公司产品的竞争力，减少了因外购连铸坯质量不稳定造成的钢管质量异议，提高了市场占有率。该项目的开发成功，填补了国内空白，对国内弧性连铸机的设计选型产生重要影响。该项目获 2008 年度天津市科技进步奖三等奖。

（王惠斌　武玉峰　钟剑锋）

【热轧方法生产钻铤用无缝钢管】 该项目由天津钢管公司陈洪琪、李培达、袁文宽等人完成，2008 年 6 月通过天津市科委鉴定，成果达国际先进水平，项目运用纯净钢冶炼和夹杂物控制技术，克服了有害元素和夹杂物对钢管内表面质量的不良影响，解决了内表面横向微裂问题。采用缩径穿孔、ASSEL 轧机缩径轧管的二次斜轧工艺，根据钢种热变形特点合理分配工序变形量以及采用专用定经孔型，并实施温矫直工艺，确保了产品的最终几何尺寸和外形。合理的加热制度与定径工序的速比配置，解决了钢管纵向壁厚不均的问题。该项目首次成功地批量使用钢管替代原坯镗孔方法生产钻铤，节省了能源并提高了生产效率，符合国家的环保政策，受到厂家欢迎。同时完成了钻铤用管企业标准的初步制定。用热轧方法生产的钻铤用无缝钢管可广泛应用于石油、地质等行业的企业，在山西风雷机械制造有限公司、辽河油田、牡丹江石油机械厂等多家使用，均得到用户肯定。该产品和技术在冶金行业具有很大的推广价值。该项目获2008年度天津市科技进步奖二等奖。

（王惠斌 武玉峰 钟剑锋）

【低铬抗腐蚀石油专用管的研制与开发】 该项目从油气井的可开采寿命出发，率先提出腐蚀控制与风险评估相结合的理念，解决了低二氧化碳、低硫化氢含量、低产出油气田的腐蚀问题，为油田合理选材和降低钻采成本找到了一个好的平衡点。以腐蚀控制投入与风险评估相结合的理念解决低CO_2低H_2S低产出油田的腐蚀问题，对油田弱腐蚀环境率先采用采用3%Cr增加0.5%Mo，将抗腐蚀性能提高2~3倍，大大地降低了油田的钻采成本。该项目采用独特钢种、工艺设计和控制技术，夹杂物球化弥散分布、晶粒度细小、组织均匀一致，达到了材料高强度高韧性的良好平衡。采用独特的螺纹表面复合镀层工艺，大大提高了抗粘扣性能，保证石油专用管具有优良的使用性能。该项目获2008年度天津市科技进步奖三等奖。

（王惠斌 武玉峰 钟剑锋）

【TP-FJ特殊扣套管开发研究】 该项目产品为金属-金属密封结构和双对顶扭矩台肩的无接箍的内外平直连型套管接头；螺纹采用可API偏梯扣螺纹齿型，连接强度高，方便使用已有量具进行生产检验和现场商检；中径值的设计原则为接头公端母端的危险截面积相等，使接头连接强度达到最大；密封面采用金属—金属锥面密封结构，气密封性能优良；在公端螺纹尾部设计有主扭矩台肩，以防止密封面轴向应力过大发生变形；公母端的内外孔平齐可降低流阻，有利于提高整管抗腐蚀能力；检验量具设计合理，测量精度高，使用和校对方便，易于掌握，形成独特的检验技术。开发生产具有自主知识产权的特殊扣套管，填补了国内不能生产直连型特殊扣套管的空白，占领国内特殊扣套管市场并参与国际竞争。该项目获2008年度冶金科学技术奖三等奖。

（王惠斌 武玉峰 钟剑锋）

【天钢通过八国船级社高强度船板认证】 2008年，美国船级社、法国船级社、英国劳氏船级社、德国劳氏船级社、意大利船级社、韩国船级社、中国船级社、日本海事协会的验船师对天津钢铁有限公司（以下简称天钢）高强度船板生产条件进行了工厂认可现场审核，各国验船师对该公司工艺装备、技术能力、人员素质、管理体系以及船板生产过程、产品质量、各种理化性能等进行了全程的检查和考核，对天钢船板质量及工厂管理体系给予肯定，并共同确认，天钢高强度船板及工厂管理体系通过上述各国船级社船板认证。这标志着天钢拿到了进军国际高质量船板市场通行证，为参与板材国际市场竞争打开了又一个通道，为天钢向一流的现代化钢铁企业目标迈进了坚实的一步。

（天津钢铁有限公司技术中心）

【天钢理化检验中心获国家实验室认可证书】 2008年，天钢理化检验中心通过中国合格评定国家认可委员会（CNAS）的现场评审，获中国合格评定国家认可委员会实验室认可证书。中国合格评定国家认可委员会（CNAS）经国家认证认可监督管理委员会授权，负责实施合格评定国家认可制度。CNAS是国际实验室认可合作组织（ILAC）和亚太地区实验室认可合作组织（APLAC）多边互认协议成员。通过实验室认可，提高了实验室的质量管理水平，减少其可能出现的质量风险和实验室的责任，平衡实验室与客户之间的利益。天钢理化检验中心获国家实验室认可证书，提高了社会认知度和信任度，增强市场竞争能力，表明其检测数据可得到国际双边和多边的互认，有机会参与国际间合格评定机构认可双边、多边合作交流等。

（天津钢铁有限公司技术中心）

【天钢一制造新工艺被列为中国企业新纪录】 天钢采用连铸小圆坯轧制高碳钢盘条的制造新工艺，为国内首创，2008年被列为中国企业新纪录（第十三批）。该工艺具有工艺流程短、成本低、效率高、产品质量稳定等优势。与小方坯轧制相比，主要体现在铸坯冷却更均匀，碳偏析相对较小，可控制在平均小于1.12~1.08；铸坯低倍缺陷明显减少，平均内裂纹达到2级以下；盘条综合性能稳定，通条性能散差小，下游工序深加工断头率低，使最终产品钢绞线达到高性能指标。与大钢坯经过开坯后再经高速线材轧机轧制工艺相比，明显降低了制造成本。

（天津钢铁有限公司技术中心）

【460B 英标高强度钢筋系列产品成分设计及工艺开发】 天钢开发的 φ12~40 毫米 460B 高强度钢筋的生产工艺 2007 年 8 月 22 日通过天津市经委鉴定。该工艺将穿水冷却与合金成分调整有机地结合起来，通过控轧控冷进一步提高了钢材强度，降低合金加入量。该工艺具有创新性和自主知识产权，获国家发明专利授权。采用该工艺生产的 460B 高强度钢筋（成分与 Q235 相当）系列产品的实物质量性能指标：ReL≥500 兆帕，延伸率≥22%（自然时效 3 个月后），达到国际先进水平。产品合格率达到 99.84%，与 20MnSi 相比显著地降低了制造成本。该项目获 2008 年度天津市科技进步奖二等奖。

（赵玉秀）

【φ50mm 英标高强度螺纹钢筋的产品研制与工艺开发】 该项目由天钢自主开发，2008 年通过专家鉴定，成果达国际先进水平。自主开发的大规格高强度钢筋及生产工艺申请了国家发明专利。国内大部分钢铁企业所生产钢筋的最大规格为直径 40 毫米，极少数企业生产直径 50 毫米螺纹钢筋，采用 20MnSi 添加钒、氮化钒、铌、钛微合金化和热轧工艺来实现，产品性能仅满足 HRB335、HRB400 的性能要求，很少能达到英标 460B 钢筋高强度的要求。直径 50 毫米英标 460B 高强度螺纹钢是英标中规格最大的，其屈服强度要求较高，由于受引进设备和工艺技术的限制，生产难度很大。为占领国际螺纹钢市场，提升螺纹钢产品的档次，天钢利用引进意大利达涅利棒材生产线配套的低温控轧装置，采用 20MnSi 加钒微合金化与轧后控制冷却工艺相结合的方法，研制开发了直径 50 毫米英标 460B 高强度螺纹钢产品。该项目在充分消化吸收进口控轧控冷装备的基础上，自主设计钢种的化学成分，独立改造在线低温控轧水箱，创新开发低温控制冷却工艺，成功研制出直径 50 毫米英标螺纹钢筋产品，产品的力学性能均匀稳定，满足并超过英标的要求。该产品的研制成功，为天钢产品占领国外螺纹钢市场、提高国际市场产品竞争力，打下了坚实的基础。同时为进一步提升企业自主创新能力，增强企业抗风险能力，提供了强有力的技术支撑。

（天津钢铁有限公司技术中心）

【高炉系统集成技术的研究与应用】 由天钢完成的该项目，结合国内外炼铁行业的先进工艺技术及装备的发展情况，主体工艺设备采用了最能代表国内外炼铁行业的先进工艺技术及装备，同时自主研发了多项先进技术，使天钢高炉技术装备水平跃居国内同行业先进行列。该高炉系统投产以来，生产稳定，运行可靠，生产技术经济指标稳步提升。该项目 2008 年通过鉴定，科技成果达国际先进水平。

（天津钢铁有限公司技术中心）

【天钢 2008 年申请专利 16 项】 天钢为提高企业核心竞争力，增强自主创新能力，打造一流现代化钢铁企业，十分重视知识产权保护，专利申报工作有了突破性进展。2008 年申请专利 16 项，超过天钢历年申请专利的总和。

（天津钢铁有限公司技术中心）

【天钢高炉煤气回收利用项目获国家节能财政奖励资金】 天钢东移搬迁后，新厂区有 5 万立方米/小时的高炉煤气没有回收利用。按照国家“十一五”节能规划和十大节能工程的要求，天钢拟将高线厂搬迁至公司预留场地内，利用富裕的高炉煤气为高线加热炉作为替代燃料，实现节能减排。搬迁改造后的加热炉采用蓄热式设计，使之能够使用低发热值的高炉煤气作为燃料。生产线能力保持原有 65 万吨/年的水平，同时产品规格同原有加热炉保持一致。该项目的主要技术特点是，采用蓄热式加热炉加热钢坯，最大限度地回收利用高炉煤气。采用 PLC 控制系统对燃烧系统进行控制，优化燃烧控制，合理利用燃料，降低燃料消耗，减少炉内钢坯氧化烧损。生产用水采用循环使用，减少水消耗。该项目建成投产后可回收利用大量的点火放散高炉煤气。该项目获国家 2008 年节能财政奖励资金。

（天津钢铁有限公司技术中心）

【天钢 360 平方米烧结工程获国家优质工程银质奖】 2008 年 12 月 21 日，天钢 360 平方米烧结工程获

天钢 $360m^2$ 烧结作业区全貌

2008年度国家优质工程奖银质奖。这是继2000立方米高炉工程和265平方米烧结工程获国家优质工程奖银质奖后，天钢东移工程建设项目第三个获此奖的工程，也是该次获奖的唯一的烧结工程项目。

（天津钢铁有限公司技术中心）

【天钢3个产品获冶金行业品质卓越产品奖】 天钢钢筋混凝土用钢—热轧带肋钢筋(英标)、优质碳素结构钢热轧圆钢和优质碳素结构钢用管坯3个产品，被冶金行业质量协会评为2008年度冶金行业品质卓越产品。天钢长期坚持把提升产品质量、树立品牌形象作为企业发展的基石，以"三高"产品为主导，坚持走"精品"之路，有效地促进和加强了技术创新的各项基础工作，促进了生产和经营。通过加强关键技术的研究开发，开展工艺与产品质量技术评估和优化、典型钢种工艺开发等课题的技术研究，实施了一系列技术攻关项目，实现了核心技术的新突破。通过产学研结合，实施了一批战略性项目，在合作创新、集成创新、自主创新方面，增强了持续创新能力。同时，通过强化技术部门自身建设，强化专业职能，优化人员结构，完善基础设施，健全运行机制，不断完善了技术开发体系，加快了科技创新步伐，提高了科技贡献率，为推进天钢自主创新提供了有力支撑。

（天津钢铁有限公司技术中心）

【"天钢"牌被认定为著名商标】 "天钢"牌盘条，被天津市工商行政管理局认定为第8批天津市著名商标。这标志着天钢品牌建设向着更高的标准迈出了坚实一步，树立了天钢产品的良好形象和品牌标志，为争创中国驰名商标、打造世界级品牌打下良好基础。

（天津钢铁有限公司技术中心）

【高强度管桩钢丝用盘条的研制与开发】 该项目由天钢与天津市银龙预应力钢材集团有限公司合作研制与开发，2006年12月5日通过天津市科委鉴定。项目通过对国内外用户使用管桩钢盘条实物化学成分及质量的综合分析，根据高强管桩钢丝成品性能的要求，最终筛选并确定合理组合的钢种化学成分，保证了钢丝的热处理工艺稳定，与同牌号钢相比强度提高150兆帕。项目科学制定各工序关键控制点，主要包括：复吹转炉终点成分控制、脱氧合金化工艺以及钢中夹杂物的控制；研究与优化精炼造渣工艺，研究夹杂物的变性及去除，强化喂硅钙丝的效果，全程无氧化浇注技术应用，避免钢水二次污染；优化轧钢各道次压下量、温度、速度、冷却等工艺参数等。确保成分控制精确，盘条性能均匀，散差小，实物质量达到国际先进水平。该项目获2007年度天津市科技进步奖三等奖。同时主持制定了预应力混凝土钢棒用热轧盘条的行业标准。

（赵玉秀）

【高强度预应力钢绞线用盘条制造新工艺开发】 天钢完成的该项目2007年2月6日通过天津市科委鉴定。项目开发出国内外全新的高碳钢生产工艺路线：采用顶底复吹转炉 → LF精炼炉 →VD真空处理炉→φ150毫米小圆坯连铸机 → 高速线材轧机 → 钢绞线生产厂家。根据高强度钢绞线用盘条的质量要求，优化设计合理的合金元素成分，科学制定各工序的工艺及关键控制点，主要包括：复吹转炉终点成分控制、脱氧合金化工艺、钢中夹杂物控制等；研究精炼过程工艺控制，夹杂物变性和去除；研究圆坯连铸的工艺控制及冷却制度，保证铸坯内在组织均匀；优化轧钢各道次压下量、温度、速度、冷却等工艺参数等。通过转炉—小圆坯连铸—高线轧制工艺生产的高强度预应力钢绞线用盘条，与方坯相比，表面及内在质量更趋稳定，实物质量达到国际先进水平。该项目获2007年度天津市科技进步奖二等奖。高碳钢盘条生产工艺技术获国家发明专利授权。

（赵玉秀）

【圆坯连铸结晶器电磁搅拌技术开发与应用】 天钢完成的该项目2007年12月28日通过天津市经委鉴定。项目在天钢引进圆坯连铸机结晶器电磁搅拌工艺的基础上，进一步开发了结晶器内流场、温度场、电磁场及夹杂物行为的多场耦合数学模型，采用数值模拟仿真技术进行了系统的研究与开发，确定了电磁搅拌工艺的优化参数。根据模拟的优化参数，组织现场测试、试验和应用，进一步制定37Mn5、82B连铸结晶器电磁搅拌优化工艺，取得了良好的冶金效果：37Mn5圆坯的中心疏松≤1级，等轴晶率达到48.7%，82B圆坯的中心疏松≤1级，等轴晶率大幅度提高，平均C偏析指数达到1.02。其铸坯质量达到国际先进水平。该项目获2008年度天津市科技进步奖三等奖。已申报国家发明专利。

（赵玉秀）

【12Cr1MoVG 高压锅炉管用钢的研制与开发】 天钢完成的该项目 2007 年 12 月 28 日通过天津市经委鉴定。天钢开发的"复吹转炉→LF-VD 精炼→小圆坯连铸"生产 12Cr1MoVG 高压锅炉管用钢的新工艺技术，以优质铁水为原料提高了钢水的纯净度，采用小圆坯连铸，显著改善了圆坯内部质量。该工艺明显区别传统电炉生产高压锅炉管用钢的工艺，生产效率高，成本低，有利于大规模生产。产品有害残余元素含量低，气体含量低，铸坯内在质量均匀，达到国家标准，完全满足用户的要求。该新工艺达国际先进水平。获 2008 年度天津市科技进步奖二等奖。获国家发明专利授权。

（赵玉秀）

【1×7-φ21.6mm 高强度低松弛预应力钢绞线】 天津钢线钢缆集团有限公司采用先进技术、工艺，独立研制开发的 1×7-φ21.6 毫米高强度低松弛预应力钢绞线，其破断力比广泛应用的直径为 15.20 毫米、1860 兆帕级钢绞线提高了 94%以上。主要用于大型桥梁、超大跨结构、矿井巷道支护及岩土锚固等工程，从而节约钢材，简化锚固配筋构造，方便施工，提高工作效率。该产品填补了国内空白，符合预应力应用领域的需求，适应国际预应力锚固体系的发展，具有广阔的发展前景。该项目获 2007 年度天津市企业技术创新优秀项目奖三等奖。

（赵玉秀）

【高速铁路用 PC 钢绞线】 天津钢线钢缆集团有限公司研发的高速铁路用 PC 钢绞线，与一般使用的高速铁肋钢丝相比，具有抗拉强度高（达 1960 兆帕）、疲劳性能及延伸性能好、松弛率低（≤2.5）、节材（达 18%以上）等特点。该产品与混凝土之间"握裹力"大，锚固性能和预应力传递性能良好，是建设市场上急需的预应力钢材。该项目开发的三股钢丝捻制的小规格（1×3 结构）低松弛预应力钢绞线，主要用于无砟道轨和工民建建筑构件等领域的预应力混凝土结构。该项目实现了以下创新：自主研发了 1×3 结构，并形成了 5.20 毫米、6.35 毫米、7.60 毫米、8.90 毫米规格系列；抗拉强度级别从 1570 兆帕提高到 1960 兆帕（国内外最高级别），自主研发生产了 1×3 结构预应力混凝土用钢绞线的专用设备。该项目于 2008 年 12 月 10 日通过市经委鉴定。

（孙春水）

【耐高温腐蚀铁素体不锈钢管】 天材科技发展有限公司自主开发耐高温腐蚀铁素体不锈钢管，以改善铁素体不锈钢的性能，降低脆性，提高低温塑性，改善细化晶粒，提高加工性能 r 值（平均塑性应变比），解决冷加工困难问题。铁素体不锈钢除具有不锈性和耐一般腐蚀性能外，其耐氯化物应力腐蚀、耐点蚀、耐缝隙腐蚀等局部腐蚀性能优良是此类钢耐蚀性方面的主要特点。与用量最大的 Cr-Ni 奥氏体不锈钢相比，铁素体不锈钢不含镍或含少量镍，因而是节镍不锈钢。铁素体不锈钢的强度高，热膨胀系数低。天材公司研制的铁素体不锈钢管 AISI446，其抗缝隙腐蚀能力超过 316L 奥氏体不锈钢，比奥氏体不锈钢显著节约镍资源。该产品性能符合德国 DIN EN 10216-5 标准，达国际先进水平。这种新型铁素体不锈钢管为国内首创，获国家发明专利。获 2007 年度天津市企业技术创新优秀项目奖三等奖。该项目被列入天津市 2008 年重点扶持专利产品目录。

（孙春水）

装备制造工业

【智能型阀门电动装置】 天津百利二通机械有限公司为主，联合北京航空航天大学共同承担的天津市 2007 年科技创新专项资金项目"智能型阀门电动装置"于 2008 年 4 月 7 日通过市级鉴定并投入批量生产。该项目针对国外同行业电动执行机构厂家产品的技术发展情况，结合国内电动执行机构自动化控制水平的发展程度，开发出具有自主知识产权的智能型阀门电动装置。该产品技术达国际先进水平，获 5 项实用新型专利，填补了国内空白，缩短了与国外同行业产品技术差距。该项技术的主要创新点为：采取多圈绝对值编码器为主要部件的行程控制机构，替代原有机械齿轮计数器方式行程控制限位开关以及阀门开度位置反馈机构；采用中英文可选语种显示的液晶屏，作为现场显示替代原有机械指针刻度盘，并结合中央控制单位实现人机交互功能；采用拉压测力式传感器将转矩转化为连续量信号，替代原有机械式转矩控制机构；采用非贯通式磁开关组合结构，替代原有现场贯通式旋钮控制机构；采用双密封方式防爆端子接线腔、防爆端子板，替代原有条形端子板；采用铝合金材质轻型材料，替代原有铸铁材质产品主箱体及其他零部件；通过全新的设计，将产品的防护等级从原有的 P65 提高到 IP67、IP68，扩大了产品应用范围；通过全新的设计，将产品的防爆等级从原有的 EXdⅡBT4 提高到 EXdⅡCT4、EXdⅡCT6，增强了产品防爆性能。该项目将电动装置的技术水平从原有机械式的行程、转矩、开度等控制机构，向数字化、精确化电子式行程、转矩、开度控制机构方式转化，使产品向智能化、宜人化迈进。从而大大提高国产智能型电动装置的国际化竞争能力，增加产品的附加值，增加出口，扩大了产品的市场占有率。

（万卫红）

【电液控制筒阀及水轮发电机组成套设备】 该项目由天津市天发重型水电设备制造有限公司承担，管传明负责，于 2007 年 12 月通过验收。在原有的机械同步控制（包括液压和电气）基础上研发而成的电液控制筒阀及水轮发电机组成套设备，使筒形阀控制同时具有机械同步和电液同步的优点。该设备液压控制系统采用插装阀装置实现；筒形阀启闭速度控制由插装阀装置实现，创新的结构消除了原有控制启闭速度要在管路上安装不同孔径的节流片的麻烦；在插装阀装置系统中实现分段启闭功能，使筒形阀具有分段启闭能力；在插装阀装置系统中实现全手动开关功能，即使在设备失电、电气失灵的情况下，也使筒形阀具有启闭能力，防止设备事故；电气控制采用 PLC 实现，在基准接力器上安装一只接力器位移变速器，由 PLC 采样、分析、计算，实现接力器运行速度具有调节性；从工艺、制造、安装上保证筒形阀各接力器的同步；电液同步也可通过选用可靠电器、液压元器件，在软件上优化控制的方式，使整个系统可靠性大大提高，克服了已投产电液同步系统的缺点。该成套设备采用该公司自有的水轮发电机组核心技术，系国内独创，技术达到国内领先水平，其运行高效、稳定，各项经济技术指标在国内处于先进行列。该成果的应用，使该公司产品在单机容量、转轮直径等主要经济技术指标方面在国内具有优势，并朝大型化、国际化方向发展。截至 2008 年，该项目实现产值 1.145 亿元，销售收入 9000 万元，利税 600 万元。该项目技术的产业化，对天津发挥生产特种水电成套装备的特长起到积极作用，使天津市的水轮发电机组阀门配套技术处于国内领先地位，也为全市相关行业带来商机。

（王惠明）

【节能型干式非晶合金变压器的研制】 天津市特变电工变压器有限公司承担的天津市科技创新专项资金项目“节能型干式非晶合金变压器”研制再创佳绩，继 SCBH10-315/10 非晶合金样机通过国家变压器质量监督检验中心的严格检测之后，SCBH10-1000/10 干式非晶合金变压器在海河沿岸改造工程中挂网运行 1 年，性能优良、质量稳定，用户满意，2008 年该项目被天津市列为 20 项自主创新产业化重大项目。非晶合金变压器是以环保、节能作为出发点，利用非晶合金这一新型节能环保型材料，研制开发的新一代环保型电力产品。非晶合金材料具有极低的磁损耗，采用非晶合金材料取代常规的硅钢片作为变压器铁心制造变压器，是新材料在变压器上应用的创新点。其空载损耗比普通变压器低 70%以上，具有无油无污染、难燃、损耗低、防潮性能好、机械强度高、体积小、重量轻、不需要单独的变压器室等优势。采用非晶合金变压器是输变电系统节能的一项重要举措。该产品申请了 2 项专利。

（曾美艳）

【高效环保低水头水电成套设备关键技术研发及产业化】 该项目由天津市天发重型水电设备制造有限公司承担，单庆臣负责。针对高效环保低水头水电成套设备关键技术研发及产业化，展开多领域分析优化关键技术研发与实施，包括：水轮发电机组轴系动力学分析与振动特性研究；水轮机轴承的弹流体动压润滑性能有限元计算；多域耦合的发电机通风散热与流道设计技术的研究；以参数化分析为目的的参数化建模、参数化装配；水轮机转轮水力的设计；结构优化设计技术研究。该项目通过建立水轮机转轮数字化技术开发平台，应用 CFD 等软件，利用流场分析提高模型转轮效率，开展高于 93%模型效率技术开发、仿真试验和效率优化，达到迅速和经济地开发贯流式水轮机的要求。该项目开发 10 个以上适用于不同水头的高效环保低水头水电成套设备品种并产业化，创建水轮发电机成套装备多领域分析优化关键技术及集成化数字化设计平台，构建国家高效环保低水头水电成套设备研发产业化基地。项目的创新技术有：过流部件采用新材料+复合涂层，刚度增强，耐腐蚀，耐侵蚀，密封性能好；建立仿真电磁场模型；开展发电机优良电气性能计算；采用保证发电机良好通风的“V”型钢板焊接结构；磁极线圈多边形铜排绕制技术；热弹性变形情况下的轴承油膜刚度系数、阻尼系数计算；分析油膜、刚度对轴系固有频率的影响；水轮机受油器及桨叶高压控制新结构技术等。该产品是水电站产生电力能源的主机设备，可应用于水位差在1~400米的各类型水电站。利用该技术，按截至2008年的技术水平与制造能力可制造：适用于1.3~25米水头、单机容量2.5万千瓦、转轮直径6.5米以下的灯泡贯流式水电机组；适用于4~25米水头、单机容量4万千瓦、转轮直径5.5米以下的轴流式水电机组；适用于20~400米水头、单机容量17万千瓦、转轮直径4.5米以下的混流式水电机组；单机容量1.5万千瓦，抽水蓄能机组。贯流式机组、轴流式机组、混流式机组、蓄能式机组和大型水泵机组等成套设备，具有能量比高、水资源再利用、无污染等优点，是不可或缺的能源设备。项目建成后，可使产品重量下降10%，从而使产品制造成本下降6%。静态投资回收期9.13年，盈亏平衡点69.23%。

（王惠明）

【国内最大吨位双工位锻造液压机】 国内重型液压机在锻造环形锻件时，需要进行多次加热烧灼，经过多次锻造才能成型，锻造时间长，锻件氧化损耗率高，硬度韧性不能满足要求。天锻压力机有限公司研制的35000/5800千牛重型双工位锻造柔性液压机成套装备，突破性地采用了双工位锻造方式，由PLC可编程逻辑控制器控制机械手，将在第一个工位墩扁的锻件直接转移到第二个工位完成冲孔操作。通过这种设计，环形锻件可以一次成型，减少了因为多次加热烧灼形成的氧化物损耗，提高了锻件的硬度；由于所有制造环节均实现了电脑控制，冲孔对中的精度高，误差不超过0.2毫米；降低了工作强度，提高了锻件质量。该设备的研制成功为大型精密机械部件的生产提供了技术装备上的保证。该项目是天津市重点技术创新项目，2008年通过验收。该产品申请了9项专利。

（王学凤）

【天津雷沃动力公司技术开发简况】 天津雷沃动力股份有限公司（以下简称雷沃动力）是一家集发动机研发、制造、销售为一体的技术型企业。该公司消化吸收具有70多年历史的英国珀金斯先进技术，拥有从英、美、德、法等国家引进的7条现代化生产线，具有年产6万台发动机的生产能力。2007年7月，为适应动力产品国际化趋势，该公司建立了自主品牌。主要产品有雷沃飞驰、雷沃1000两大系列，100多个品种，300多种型号，产品功率范围30~170千瓦，适用于汽车、工程机械、发电、农业装备、船舶等领域，销往100多个国家和地区。产品通过了ISO/TS16949质量管理体系认证及中国汽车认证中心的CCAP产品认证，发电产品通过了欧盟CE认证。该公司坚持自主创新，在消化和吸收原有技术和满足英国珀金斯的质量标准的基础上，进行产品技术升级。针对全球动力领域的需要，公司与世界顶级技术咨询公司及国内著名科研院所合作，设计开发了具有欧洲血统和现代领先技术、排放标准达到欧Ⅲ乃至欧Ⅴ、满足国内外市场要求的经典动力产品。该公司重视知识产权保护，2008年，雷沃动力技术中心申请专利21项（2006年以来，累积申报45项）。

（杨春晖）

【高端智能工程机械动力系统开发及产业化】 该项目是2008年天津市科技创新专项资金项目，获750万元拨款资助，由雷沃动力公司完成。该公司的高端四气阀高压共轨智能动力系统平台、支撑智能机械动力系统系列产品，达到国际先进水平，填补了国内高端智能工程机械动力系统领域的空白。该产品具有国际先进水平的每缸4气阀结构，具备高效、节能、清洁燃烧系统。内部EGR技术，利用先进的凸轮型线的设计，实现发动机的废气再循环，以最简单可靠的方式，进一步降低发动机的有害排放物NOx，实现发动机的高效、清洁，使发动机排放达到先进的Tier3水平，而且具有满足Tier4排放法规要求的升级潜力。根据产品结构和性能要求，匹配电控高压共轨系统，通过电控ECU单元对发动机全工况的运转控制，保证智能工程机械动力的先进性和可靠性。产品可广泛用于客车、卡车、农用装备及高端智能工程机械产品。该产品已完成开发，进入应用匹配阶段，产业化目标为年产销量2.5万台，销售收入10亿元，利税1.2亿元。该产品申请13项专利。

（杨春晖）

【机械泵Tier3发动机】 2008年末，雷沃动力技术中心成功开发出机械泵Tier3发动机，项目通过天津市汽车研究中心Tier3发动机的排放认证，获福田汽车科技进步奖二等奖。该系列发动机具有油耗省、噪音振动小、附加值及性价比高等竞争优势。

（杨春晖）

【赛象公司一项目获国家科技进步一等奖】 在2008年1月8日召开的国家科技奖励大会上，天津赛象科技股份有限公司（以下简称赛象公司）与山东三角轮胎集团共同申报的“巨型工程子午线轮胎成套生产技术与设备开发”项目获2007年度国家科技进步奖一等奖。赛象公司主要完成人有获天津市科技重大成就奖的张芝泉，还有张建浩等人。全钢工程子午线轮胎主要用于煤矿、铁矿、铜矿等复杂、恶劣工况路面，国外只有美、法、日三家轮胎制造巨头企业拥有核心制造技术及制造装备，不向其他国家出售。赛象公司在天津市重大技术创新专项和国家“863计划”的支持下，通过与山东、上海、贵州等轮胎生产企业的“强强联合”，根据各种不同轮胎制造企业的生产工艺进行潜心研究，在关键成套设备制造技术方面进行了集成创新，成功研制出全钢工程子午线轮胎专用成套设备。该成套设备是国内首创，所生产的全钢工程子午线轮胎与传统的斜交轮胎相比，油耗降低8%左右，翻新率可增加到12次，寿命和安全性能超过国外先进水平，对节能降耗和发展循环经济意义重大。国内轮胎制造企业用赛象公司开发的设备，制造出中国人自己的全钢工程子午线轮胎，从设备到工艺打破了跨国公司严密的技术封锁和市场垄断，形成了完整的自主知识产权，成为世界上第四个拥有该项制造技术的国家，产品具有很强的国际市场竞争力。

（刘文安）

【大型飞机运输工装夹具】 建设空客A320飞机总装生产线是天津滨海新区的重点项目。空客A320飞机的部件生产均在欧洲，需海运至天津进行组装，必须有一整套运输的工装夹具来支撑。经法国空客公司多次考评，赛象公司在国内外十几家强手的竞争中一举中标。在项目实施中，赛象公司按照空客A320飞机运输夹具的质量标准和BV标准控制产品质量，进行夹具力学建模分析，掌握生产工艺流程、质量控制和检测方法，掌握大型曲面的定位、编程和加工方法，攻克大曲面加工、超长件的焊接、热处理、装配等制造技术难点，解决了飞机大部件安全运输的一系列关键问题。按照飞机部件重心及不同曲面设计出适合机头、机身、机翼、垂直尾翼、水平尾翼、发动机等各部件的运输夹具；根据飞机部件属贵重金属及贵重材料，在运输过程中，不得由于船体摇晃、相关冲击造成部件松动的要求，采用特殊弹簧减震机构，保证飞机夹具运输的安全稳定；通过表面张力分析、精确设计安装插件，解决了夹具与飞机接触部件既要保证与飞机部件的连接，又要保证不损伤飞机表面的问题；为满足飞机和夹具曲面设计加工的高精度要求，确保加工质量，设计制造了模拟实验装置，对加工强度和精度进行测试；工装夹具可重复折叠，组合精度和重合精度高，适应集装箱运输，节约运输费用。2008年3月，该公司研制出第一套工装夹具并通过欧洲BV公司的权威检验，4月通过模拟负载检验，运往德国汉堡港。7月24日至8月下旬，这套工装夹具运载着第一架A320飞机大部件从德国汉堡港运抵天津港。

（刘文安）

【特巨型轮胎X光检测机】 2008年9月23日，国内首创、世界上最大的轮胎X光检测设备——特巨型工程子午线轮胎X光检测机，在天津赛象公司完成了对该公司设计制造的特巨型全钢工程子午线轮胎的内部X光质量检测工艺程序。这是赛象公司承担的天津市自主创新产业化重大项目中的又一成果。项目主要完成人为张芝泉、张建浩等。TST-YLX-Z特巨型工程子午线轮胎X光检测机，可检测的特巨型工程子午线轮胎胎圈直径范围为0.64~1.60米，轮胎外径最大可达4米多，重量约5吨。该设备的研发成功，填补了国内橡机领域的一项大型关键专用检测设备的空白，对于国内生产巨型工程子午胎的企业起到关键的产品质量监控和保障作用。该设备主要由大型铅房、隔离主控制室、轮胎运送定位车、固定机架组、对称转动轮胎支撑轴调整装置、射线球头伸缩调整机构、升降机构、U型X射线接收器及反馈系统、水循环冷却系统及高压电能发生器等系统构成。其主要创新点为：针对工程轮胎体积庞大，不容易被送入铅房以及轮胎的定位和升降，开发设计出轮胎定位运送车，很好地解决了相关难题。检测时装卸轮胎和转动轮胎的各项动作均采用全自动化操作；开发设计了射线球头伸缩调整机构，射线球头的自动伸缩范围和射线发射角度满足特巨型工程轮胎的检测要求；开发设计了可对称转动的轮胎支撑轴调整装置，解决了对检测特巨型轮胎升降及旋转检测问题。

（刘文安）

【子午巨胎一次法成型机】 2008年3月20日，赛象公司研发的具有完全自主知识产权的49/51英寸全钢巨型工程子午线轮胎一次法成型机带料试车成功,生产出33.00R51全钢巨型工程子午线轮胎。该项目被列入2008年天津市自主创新产业化重大项目之一。项目主要完成人为张芝泉、张建浩等。成型机是生产巨型子午胎最关键的核心设备。国际上只有极少数企业拥有巨型子午胎生产技术和装备,可以工业化生产和供应巨型子午胎,但他们的成型设备均是二段法。赛象公司在确定技术路线时坚持原始创新,采用一次法成型,在没有任何参照物和资料的情况下,经过近两年努力,打破了国外的垄断,开发出世界上首台一次法巨型子午胎成型机。该设备占地面积约1500平方米,最高达到9.2米,总重量约800吨,全部过程采用计算机控制和闭环控制,所有的成型动作都在一条导轨上完成,因而轮胎成型精度高、质量好、生产率高。用该设备制作的巨型子午胎,直径达3.1米,周长误差仅为0.72毫米,重量误差1.5%,各项指标完全符合工艺要求。该设备在研发过程中,解决了成型鼓制造、主轴材料配方、胶囊反包等一系列技术难题,形成了两项发明专利。该成果填补了国内空白,在世界上也是一项重大突破。它标志着中国巨型子午胎的生产设备达到了国际领先水平,表明中国橡胶机械实现了由中国制造向中国创造的飞跃。

(刘文安)

【建筑构件耐火性能试验系统建成并点火验收】 该试验系统由机械工业第五设计研究院为公安部天津消防研究所国家固定灭火和耐火构件监督检验中心总承包、与天津消防研究所共同研制。2008年10月28日,试验系统在国内最大的消防试验基地——公安部天津消防研究所南河基地一次点火成功,通过总体验收。系统由非承重墙、承重墙、承重柱、承重梁板、防火阀(风机)等多台耐火性能试验炉、烟气除臭净化处理装置及余热回收系统等组成。系统除用于一般墙体、梁、板、柱、门、窗等建筑构件及风机、阀门等设备部件的耐火性能试验,还能进行碳氢曲线、超高层建筑构件承载、超大风量的排风机等耐火试验研究,并能完成各种国际标准试验,满足ISO 834.1标准燃烧曲线、BSEN1363-2标准碳氢燃烧曲线、缓慢加热燃烧曲线、低温加热燃烧曲线、外部火焰燃烧曲线等耐火试验要求。还能进行世界上最先进的Rabet燃烧曲线试验,适应现代隧道及地下工程、大型高层建筑物突发火灾时的模拟试验,要求在5分钟内温度由室温升到1200摄氏度,技术难度非常大。该系统采用了一系列先进技术,控制可靠,达国际先进水平。

(王立新 陈国廷)

【G系列平地机】 鼎盛天工工程机械股份有限公司2002年2月至2007年12月开发生产的G系列平地机,是一种集机、电、液为一体的高端产品,是国防工程、矿山建设、道路修筑、水利建设、机场建设和农田改良等施工中的重要设备,可以完成公路、机场、农田等大面积的地面平整和挖沟、刮坡、推土、除雪、疏松、压实、布料、拌和及开荒等作业。2008年5月15日通过天津市高新技术成果转化中心鉴定。该产品型号齐全,包括PY120G、PY160G、PY180G、PY200G、PY220G、PY280G六种规格,功率范围覆盖广,分别为120hp、160hp、180hp、200hp、220hp、280hp(即分别约为90千瓦、120千瓦、135千瓦、150千瓦、165千瓦、210千瓦)。该机主要特点为:①滚盘回转装置可以提高平地机的平整精度(国际最高水平)。②安装NO-SPIN差速器,可以自动结合和脱开,使平地机始终保持足够的牵引力。滚盘回转装置免维护,优于世界知名厂商同等产品。③动力换挡变速箱操纵简单、方便,铰接机架回转半径小,可以在较狭窄的工矿作业。这种后桥平衡箱为国内首创,可以满足高端市场的要求。④电喷发动机低排放,可满足欧美等发达国家的要求。⑤电子监控技术可实现三级报警。该机综合性能指标达到国际先进水平。产品销往全国各地,并出口到东南亚、非洲、南美洲等地区,广泛用于高等级公路、港口、铁路等行业的建设,截至2008年年底累计售出1000多台,销售收入5亿多元。

G系列平地机

(王金哲)

【港口轮胎系列产品开发】 该项目由天津国际联合轮胎橡胶有限公司承担，主要完成人有赵巍、王礼均、张之兵等，获2008年度天津市科学技术进步奖三等奖。该项目创新点：①开发了整套的港口轮胎设计、制造、检验技术。②在轮胎结构设计方面，优化了内外轮廓及材料分布设计，使各层材料均匀分布受力更合理；在胎体的特定帘布层间增加高模量胶片以增强帘布间抗剪切脱层的能力；为了解决港口轮胎在高负荷下由于频繁启动制动、频繁转向而导致胎圈受力集中而极易发生早期损坏的问题，在整个胎圈区域设计了一种单丝布加特种耐磨胶片的复合护圈包布结构。③根据港口轮胎的作业特点，在配方方面对胎冠胶、胎侧胶、气密层胶料进行了重新设计，并且专门设计了子口护胶。④在工艺方面，首次创新性地提出将胶囊反包指形正包工艺应用于大型工程及特种轮胎的制造上，并在港口轮胎生产工艺上取得成功，大大提高了高层级轮胎的成型质量。2007年全年累计销售2734.65吨、10048条，销售收入6100.18万元人民币，其中出口259.16万美元，新增利润815.05万元人民币，新增税收281.75万元人民币。

（赵　巍）

汽车　船舶工业

【《汽车产业发展政策》实施效果评价研究】 该课题由中汽中心承担，是国家发改委立项课题，2008年结题。该项目站在汽车行业健康发展的高度，以《汽车产业发展政策》目标实现程度为标准，以客观事实和数据为依据，采取资料梳理、专家咨询、前后对比等方法，对《汽车产业发展政策》实施效果进行深入研究，分析实施过程中出现的关键问题，提出在新形势下完善《汽车产业发展政策》的相关建议。其主要内容有《汽车产业发展政策》实施效果的总体评估和实施过程中若干关键问题分析，具体包括整车特征、投资管理、节能与新能源汽车、“走出去”战略以及相关建议等。

（马建勇）

【中国新车评价规程(C-NCAP)新标准研究】 中国新车评价规程(C-NCAP)是基于乘员保护性能对乘用车产品安全性的综合评价体系。以国家标准为基础，借鉴国外经验，初期适当增加试验强度和考核项目，更贴近中国的实际情况，能够反映市场上车辆在结构设计、安全装置等方面的相对技术水平，为消费者提供了比较直观和真实的车辆技术信息，受到媒体及社会公众的广泛关注，更成为生产企业产品开发的重要参照。中国汽车技术研究中心(以下简称中汽中心)发布实施C-NCAP3年以来，共计进行了64款车型的试验评价（被评价的车型所属的乘用车企业超过国内乘用车企业的80%）和结果发布，获得国外同类机构和广大车辆生产企业的认可。2008年，中汽中心继续深入研究各国NCAP的特点，对世界各国NCAP和中国市场车辆技术状况进行综合比较，为更贴近中国的实际情况，反映市场上车辆在结构设计、安全装置等方面的相对技术水平，为消费者提供符合中国特点的比较直观和真实的车辆技术信息，提出了C-NCAP规程2009年新版标准。

（马建勇）

【《乘用车燃料消耗量限值》国家标准实施效果评估】 中汽中心2008年完成的该研究成果是中国首次采用科学合理的方法对汽车标准的实施效果进行综合全面的评估，将确定标准限值所参照的2002年作为研究的基准年份，将标准第一阶段限值全面实施的2006年作为评价的结点，采用对比分析的方法，对标准制定实施前后全国乘用车的技术状态、燃料消耗量水平进行分析，并与欧洲、美国、日本的同期数据进行对照，综合评价《乘用车燃料消耗量限值》国家标准在淘汰落后产品、促进技术进步、提高汽车燃料经济性以及节能减排等方面的作用和影响，第一次向全世界报告了中国乘用车平均燃料消耗量(NAFC)，为国内外对中国乘用车燃料消耗量水平的研究提供了比较基准。该成果首次明确提出并计算乘用车全国平均燃料消耗量(NAFC)；首次提出并计算分析不同技术来源平均燃料消耗量（TSAFC)；首次全面计算中国乘用车企业的公司平均燃料消耗量(CAFC)；研究确定不同试验循环工况下燃料消耗量试验结果的换算关系；对比分析中国乘用车在标准实施前后技术状态变化；对比分析国内乘用车在标准实施前后燃料消耗量水平变化；科学评估乘用车燃料消耗量限制标准在节能减排方面的整体效果；对汽车燃料消耗量方面的生产一致性进行评估，结果表明裂化系数对汽车燃料消耗量是否满足要求具有重要影响。该成果为制定下阶段乘用车燃料消耗量限值标准提供了技术支持。

（马建勇）

【代用燃料汽车普及政策研究】 中汽中心通过代用燃料汽车普及政策的研究成果，提出了国家代用燃料汽车技术发展路线，指出未来10~20年是中国汽车的能源结构发生重大调整的时期。近期将以传统燃油车辆为主、同时大力推广CNG天然气、LNG液化天然气、LPG液化石油气车辆。在燃油汽车中，柴油车的比例会有所提高，各种节能技术，尤其是混合动力汽车将大量投入使用。中期除以上方式外，以煤、天然气、生物质为原料的替代燃料将逐步进入市场，成为车用替代燃料的主体。根据国家的能源资源状况和国际汽车技术的发展趋势，未来10~20年，汽车能源将是一个能源多元化、多种汽车技术路线并存的局面。基于各种液体燃料及其基础设施的先进内燃机与混合动力车、基于各种气体燃料及其基础设施的燃气与燃料电池车、基于电力及其基础设施的纯电动车将会长期并存。项目提出了近期和远期国家代用燃料汽车普及目标，提出代用燃料汽车战略发展路线建议，提出了技术开发、基础设施建设与行驶测试阶段的政策建议，通过实施模拟重点提出针对消费者的经济激励政策建议（2010年和2020年对各种代用车型的补贴与征税额度）。其中通过数学模拟定量分析各种代用燃料汽车为达到普及目标而需要的补贴和税收额度的方法在国内同类研究中处于领先水平。在项目研究过程中，项目组召开的“代用燃料汽车普及政策”报告会，引起政府部门、行业专家、汽车企业的高度重视。该研究成果2008年上报国家发改委、工信部、财政部等部门，成为政府部门在代用燃料汽车领域进行相关决策的重要参考。

（马建勇）

【高低温汽车座椅组合试验台】 该课题是2008年中汽中心在原有试验台技术基础上研制开发的一种功能更加齐全的汽车座椅试验台。它集机械、气动技术，伺服电动技术、比例控制技术、高低温控制技术和计算机控制技术为一体，较好地解决了有关汽车座椅部件和总成试验的有关问题。该试验台的技术优势是：构成用户自定义试验平台，组合试验控制思想，控制软件模块化设计。为用户提供了一个通用的试验平台，用户可以依据不同的试验规范，抽象每个动作特征。可自定义作用通道、闭环方式、加载波形等试验参数。自行编排每个通道的动作类型，以每个动作特征连接成整个试验程序。模块化设计，各加载通道独立控制，构成独立的动力模块，各加载通道间可任意组合。高低温箱除可与加载通道组合控制外，还可单独控制，不仅满足座椅组合试验的要求，还可进行其他产品的高低温试验。引入了气动比例复合控制技术，采用特定的硬件电路设计和软件控制，各作用通道可实现独立的位移和载荷闭环控制以及两种控制方式间的无扰动切换，对力传感器可实现过载保护。采用特定的处理程序，实现座椅极限调节位置的判断处理。通过软件自动控制气源的开启，自动检测气源压力，当压力满足要求时系统允许工作。气源打开时缓慢控制压力，可避免因突然通气造成气缸的冲击。

（马建勇）

【新型中型商务车CNG发动机专用催化转化器】 中汽中心2008年完成的该项目主要采用“贵金属+钙钛矿”配方，得到基本能满足国Ⅳ排放标准的催化剂，对催化反应的机理进行了深刻探讨，从反应机理上分析了钙钛矿催化剂优势；还根据发动机的排放数据及排气温度通过数值模拟计算对催化剂配方及催化转化器的选型与匹配进行了精心研究，不仅提高了催化剂的低温活性和高温耐热稳定性，而且大幅度降了贵金属用量，降低了成本。该成果开发的新型排气后处理催化转化器用于CNG汽车（包括NG、LPG点燃式发动机），催化剂具有低起燃、高净化（国Ⅳ排放标准）、耐高温（1100摄氏度）等特点。其主要性能指标达到：催化剂中钯等贵金属总量低于1.5克/升，（国内一般≧1.8克/升）达到国内先进水平；高温老化后，催化剂对HC、NO化合物的起燃温度低于320摄氏度，转化效率（复试）：CO=97.3%，HC=93.0%，NOx=97.1%。预计汽车尾气整车排放满足国Ⅳ标准GB 18352.3-2005排放限值要求：CO<1.00克/千米，HC<0.5克/千米，NOx<0.08克/千米。该成果建立的数学计算模型可以全面反映催化转化器的速度场、压力场、浓度场和温度场的分布，居国内领先水平，实际应用检验证明该模型有较强的实用能力。

（马建勇）

【清源电动汽车技术平台研究开发通过中期检查】 天津清源电动车辆有限责任公司（以下简称天津清源公司）和国内多家单位联合承担的清源电动汽车技术平台研究开发项目及相关项目，2008年在天津通过国家 863 重大专项节点检查。这是国家 863 计划节能与新能源汽车重大项目监理公司组织召开的第一次现场检查评审会。此次现场检查采取联合申报课题团队集中检查的方式，其中包括天津清源公司动力系统技术平台课题、哈飞汽车股份有限公司整车产品课题及天津清源公司、天津力神电池股份有限公司、天津蓝天高科电源股份有限公司、北京有色金属研究总院等配套关键零部件课题。专家组听取了各项目的进展汇报，查阅了相关技术文件，审查了有关技术文件和产品图纸，参观了电动汽车动力总成生产线、开发样车、样件等，全面了解项目的整体执行情况。充分肯定项目组的工作和成绩，同时也提出了指导性的意见和建议，为下一步的具体工作起到了重要的指导作用。

（马建勇）

【节能与新能源汽车整车和关键部件标准相关关键技术研究】 这是中汽中心承担的国家 863 计划项目，2008 年全面启动，各方面进展情况良好。根据国内新能源汽车产品研发需求，该课题重点在以下 4 个方面开展标准的研究与制定：①在电动汽车方面，研究制定包含超级电容器车辆在内的纯电动车辆技术条件，完善电动汽车安全要求。结合全国实施的新的排放标准，深入研究重型混合动力电动汽车能耗与排气污染物试验方法，进一步完善轻型混合动力电动汽车的能耗与排气污染物试验方法，研究中考虑具有 plug-in 等结构特点的多种混合动力汽车。研究制定燃料电池电动汽车的氢排放、动力性、能耗等试验方法。②根据各类新型动力电池特点，深入研究动力电池及管理系统的测试规范。根据不同类型电动汽车的使用特点，研究电机、电机控制器、动力电池及其系统等关键零部件的故障模式和寿命历程，建立相应的可靠性试验方法和快速寿命评价方法。研究制定燃料电池系统的安全性评价方法。③在代用燃料汽车方面，重点研究醚类发动机的技术条件和相关试验方法，进一步研究完善液化石油气、天然气汽车关键零部件的相关标准。④该项目还继承相关标准的阶段性研究成果，开展深入研究，推进标准的进程，将成熟的一批关键部件（电机、动力电池）等试验方法和研究成果提升为标准。同时结合其他“863”课题和研究项目取得的成果，研究制定标准的可行性。通过该课题的研究，建立纯电动汽车、混合动力电动汽车较为完整的标准体系；基本形成电动汽车关键零部件安全性、可靠性、耐久性评价方法体系；制定燃料电池电动汽车整车主要性能的试验评价方法；建立替代燃料汽车及其关键部件较为完整的标准体系。

（马建勇）

【混合动力汽车动力总成评价试验台的开发】 这是中汽中心承担完成的天津市科技计划项目，2008 年 10 月 28 日通过天津市科委结项评审。该项目完成了课题计划任务书规定的研究内容和各项技术指标，其中部分指标优于规定要求。在惯量加载模拟技术和油门控制技术方面有创新性。

（马建勇）

【满足国 IV/V 排放法规的重型柴油机 OBD 技术研究】 中汽中心 2008 年完成的该项目针对重型柴油机 OBD 型式认证所涉及的信息进行了深入细致的分析整理，广泛调研了国内外关于重型车 OBD 的发展和应用现状，并对欧、美、日等海外市场的OBD 法规相关情况进行了详细总结。该项目针对国内重型柴油机的技术水平和技术状况，率先从实际应用的角度系统地提出了为满足国 IV/V 法规关于 OBD 要求的实施方法和技术路线。同时，针对广西玉柴机器集团有限公司提供的基于一款发动机的三种典型电控系统平台，提出了具体的技术措施和改进意见。包括：确定故障后导致排放超过 OBD 限值的排放相关组件及故障类型；故障 DTC 的编写规则、树立及清除策略；故障的冻结帧参数组；故障的MIL 驱动（含激活、熄灭过程）策略；故障的失效保护策略；故障的诊断使能条件；OBD 系族的确定条件；依据 MIL 驱动及失效保护策略对故障进行分类；确定排放相关组件控制器间的接口及通讯信息的技术要求。该项目还对玉柴的三种典型电控系统平台+SCR 排放后处理系统为满足 OBD 法规认证提出了改进意见，即分别针对 BOSCH 共轨电控系统+SCR 排放后处理单元系统平台、DELPHI 单体泵电控系统+国产 SCR 排放后处理控制单元系统平台、另一国产电控系统+国产 SCR 排放后处理控制单元系统平台，确定为满足国 IV/V 排放法规中 OBD 认证要求所需要的修改、添加的技术和部件等。

（马建勇）

【DDCL 燃料发动机排放试验研究完成】 根据神华

煤制油化工有限公司的需求，针对其煤制油应用于发动机燃料市场的目的，中汽中心完成的该课题，设计开发了一套针对油品评价的试验方案以及数据分析处理程序。在一款用于重型货车或中大型客车的国Ⅱ排放水平柴油发动机上，将神华提供的煤制油(DDCL)与试验用的基准油(GB2D)进行比对试验，试验研究内容包含动力性、燃料经济性、常规污染物排放和非常规污染物排放。此前国内还没有对煤制油(DDCL)在发动机上的应用和研究的报道。设计开发评价DDCL的科学、合理的试验方法，是该项目的一个关键技术（国内没有应用FTIR进行在线非常规排放测试的先例），准确测量、科学的统计方法在该项目中得到应用。项目组对SOF测量的精度及准确性进行了大量的试验验证，将经过多次试验验证的合理性最高的一种方法应用于该项目。发动机VOC的测试在国内没有报道，国外也鲜见报道。该项目开发出合理的采样方法保证VOC不凝结，解决了这一技术难题。而能对发动机进行全方位的性能、油耗、常规排放和非常规评价是该项目的一个突出的创新点。该项目采用的研究方法科学合理、研究内容全面、数据处理标新立异，结论推导正确，其研究成果为神华集团生产DDCL油的去处指明了方向。该项目2008年通过神华集团的评审验收。

（马建勇）

【机械五院完成麦格纳在津建设新厂设计】 加拿大麦格纳国际集团是世界知名的汽车零部件生产商，全球500强之一。其分属的麦格纳技术与模具集团，在高档轿车外覆盖件模具研发技术领域一直保持全球领先地位。2005年该集团在天津空港物流加工区建设新厂，组建麦格纳技术与模具系统(天津)有限公司，主要产品为汽车车身外覆盖件冲压模具、检具及车身焊接夹具，年产汽车冲压模具200~400套，3000~4000吨，同时生产市场需求的汽车车身覆盖冲压件。2005年8月机械工业第五设计研究院承担该项目设计。同年10月该项目打桩施工，2006年12月竣工验收。该项目设计获得2008年度中国机械工业科学技术奖三等奖。该项目建成推进了京津及全国汽车模具装备水平的提高，加快国内汽车升级改型的步伐，其产品还出口到北美、欧亚市场。

（王立新　陈国廷）

【钢轨与船舶甲板的焊接方法】 国内在天津新港船舶重工有限责任公司以外其他船厂制造火车轮渡时，U71Mn钢轨直接放在船舶甲板上焊接，焊完后，沿角焊缝方向会出现裂纹，并在轨道的纵向断裂。材质由U71Mn改用可焊性比较好的16MnRe钢材，虽可避免角焊缝裂纹的出现及钢轨纵向断裂，但它的硬度和强度远低于U71Mn钢轨，使用时间一长16MnRe钢轨易变形。该公司康双喜、王莲设计研发的“钢轨与船舶甲板的焊接方法”，解决了这两个问题。该技术为国内首创，入围第十二批“中国企业新纪录”，2008年6月18日获国家发明专利权。

（王震寰）

【一种平整船体用板列的加工】 船体平行中体部分的甲板、舷侧板、外底板、内底板和上层建筑内外围壁板，皆为由单列板（一般长宽为8000×1600毫米)，由埋弧自动焊或手工焊等拼接成板列。由于焊接的热影响，使焊道区域发生变形，影响板列的平整度。为达到船舶建造的质量要求，必须进行矫正。传统矫正的办法有两种：一是用9~11辊的板列辊平机对板列进行整体矫正，利用机械产生的挤压力来消除焊接应力和变形，矫正效果良好，而且对钢材的性能没有不利的影响，但这种大型板列辊平机(宽度在6~12米)的投资约为600万元~1000万元，要有专门的场地安放，占地面积大，工作效率低；二是采用水火矫正的办法，快速冷却，这种方法影响钢板的强度和韧性，且操作较难，往往达不到预期效果，产生不合格品的机率增大。天津新港船舶重工有限责任公司的“一种平整船体用板列的加工”方法，同时解决了上述两种方法存在的问题。该方法2008年2月20日获国家发明专利权。

（王震寰）

【火车轮渡渡船船岸交通信号控制系统】 该项目由天津新港船舶重工有限责任公司孟宪伟、杨根科、陈黎平等完成，2008年1月9日获国家实用新型专利权。该系统的设计目标是，协调、控制和记录渡船在港装卸作业时的抗横倾系统信号、船桥连接信号、艉门状态信号、火车速度、火车股道挂脱钩信号、交通信号系统和报警信号等。渡船船岸交通安全监控系统有确保安全操作的软硬件逻辑与规范。当出现股道选择操作不当、抗横倾系统故障、船横倾角超限、火车超速等异常情况时，作出相应的自动/人工报警或提示。信号系统状态有自检和恢复等功能。信号系统有自动和人工操作功能。计算机系统有相应的操作人员登录注册、操作日志、信号系统警示模拟画面、报警日志和数据存档等功能。该项技术为国内首创，入围第十三批“中国企业新纪录”。

（王震寰）

【新港船舶公司5项器具获实用新型专利】 天津新港船舶重工有限责任公司研发的安装螺旋桨的液压顶、一种曲线坡口切割器、钢板铣边机快速液压压紧装置、脚手架连接索扣、插栓式艉锚擎锚器等5项器具，于2008年获国家实用新型专利。①安装螺旋桨的液压顶，由王树清、张洪博、邢志广等设计。该器具包括有油缸和柱塞两部分，柱塞插入油缸内形成工作油腔，柱塞在油缸内的行程为15~20毫米。柱塞与油缸接触的部位设有密封槽，该槽内装有起密封作用的胶圈。在油缸的本体上设置有两个孔，一是进油口，另一个为排气口。采用该液压顶至少使修造船厂坞期提前半天，使用非常方便省力，价格较进口的液压顶低60%。②曲线坡口切割器，由李庭详设计。该器具包括传动杆、连接板及靠轮。连接板通过螺钉固定在半自动切割机的一侧，传动杆的一端插入连接板固定，另一端套在靠轮上部的连接孔内，通过螺钉调整靠轮与切割机的距离并加以固定，通过螺钉调整传动杆与被切割板的高度。从而避免了过去切割靠视觉观察的误差，劳动强度降低，作业环境改善。使用该切割器，可保证切割各种线形结构件的几何尺寸精度和切割断面的光洁度，直线切割坡口，减少人工摆放导轨的时间和导轨与割线的误差，提高坡口精度和工作效率，切割速度提高3倍。③钢板铣边机快速液压压紧装置，由张洪博、张树桐设计。该器具是一种钢板铣边机快速液压压紧装置，包括有液压系统和机械系统。机械系统中有设在移动支撑梁上部的主梁，主梁的端部与液压缸底座固定连接，另一端部设有导向筒，主梁通过多个杠杆转轴与多个杠杆的中部相铰接；液压缸连接座板上连接有移动长梁的一端，移动长梁的另一端穿过导向筒，并在导向筒内滑动，在移动长梁上设有多个螺孔，通过多个顶推销轴使多个杠杆的上部与移动长梁相连接，并在顶推销轴的另一端通过锁母锁紧；在多个杠杆的下部通过多个销轴与压板相铰接，并能使压板绕销轴转动。该压紧装置中的多个压点只需一个液压缸带动，整体传动结构简单，操作方便，可实现高密度压紧，使切削震动大为降低，提高钢板出板率，并可延长设备的使用寿命。④脚手架连接索扣，由康双喜设计。该器具包括有连接索扣的螺栓及螺母。在连接索扣螺栓的外周套有保护帽，并与连接索扣螺母相连接，保护帽外形为筒状。该脚手架连接索扣通过设在螺栓上的保护帽实施保护，避免了外力破坏与锈蚀，延长了脚手架连接索扣的使用寿命，提高了生产效率和安全性。它可广泛用于造船或建筑等行业。⑤吊舱式电推进装置与船台安装结构，由邢建设设计。该器具是一种插栓式艉锚掣锚器，卡在艉锚索上。在其大链环的两侧分别设有插栓座，在大链环的孔内插入有插栓，插栓的两端部插入插栓座两侧的插栓孔内，在插栓座的端部开设有与插栓孔轴向垂直的螺栓孔，调整螺栓旋入螺栓孔与插栓的两端部位置相接触，在调整螺栓旋入过程中推动插栓，带动大链环移动收紧艉锚索，通过锁紧螺母将调整螺栓的位置固定，以防止调整螺栓的松动。该掣锚器为刚性紧凑结构，占用空间较小，操作方便，可延长锚机和艉锚索的使用寿命。

（王震寰）

【新型多功能海上火车渡轮设计建造关键技术研究】 天津新港船舶重工有限责任公司在“烟大”铁路系列渡轮的设计建造中，实现了新技术、新工艺上的全面突破。其主要技术创新点和关键技术有：在设计技术方面，完成了海上火车渡船船型选择与主尺度优化、火车渡船操纵性能安全性、渤海湾火车渡船安全性、结构设计优化、货舱通风及消防系统、渤海湾海域海洋环境、船体结构设计规范等研究；在建造技术方面，完成和创新了吊舱式电力推进装置船台上整体安装、安装环加工工装工具、船舶高压中心电站调试方案、火车轨道焊接、船岸交通信号控制系统、减鳐鳍分段安装及船台调试、总体建造等技术的研究。有4项关键技术属于自主创新，申请了国家专利。这些成果对提高国内建造多功能客滚船整体设计和建造技术，形成自主知识产权，推动新工艺、新技术的产业化，形成成熟的设计技术、建造技术和工艺，填补国内全电力推进客滚船的某些技术上的空白具有重要的意义。2009年3月10日，该项目通过国家工业和信息化部验收。

（王震寰）

【倒灌水法解决低水位时船舶进出坞难题】 天津新河船舶重工有限责任公司修船用坞是一座3000吨级老式阶梯式干船坞，坞底有效使用长度只有125米、宽度16米，坞内设有横向50排钢筋水泥墩基础，在水泥墩上设有固定木墩。当坞内墩上水位小于船舶尾吃水时，船舶进出坞非常困难。为满足修船需要，该公司采用倒灌水的办法解决船舶在低水位时的进、出坞难题。但其前提是必须保证坞门水密状态即密封性良好。为此首先改造坞门，由单面密封改为双面水密橡胶密封，利用坞门自身设备向坞内注水，利用海河水位和坞内水位形成压差，使坞内水位高于海河水位形成压差的侧向推力，保证坞门内、外密封。其次，通过调节船舶的压载水、压重块，使船尾部吃水与墩上水位基本适应，保证在海河低水位时一般型号船舶的安全进、出坞。对于3000吨以上特殊船舶(调节压载水、压载重块后吃水仍大于坞内墩上水位150~300毫米，型宽超过14米)，则通过精确计算，找出可能影响船舶出坞的坞墩位置，同时将最上层坞墩用棕绳系牢，然后拆除固定把据，待船舶随坞内水位升高上浮时，将棕绳系牢的坞墩拉出船底，并用坞边吊车配合将坞墩吊出，保证船舶尾部吃水深度，以使此类型船舶顺利出坞。采用这种新工艺，船坞利用率从2007年的87%提高到2008年的93%。

(邵跃兵)

【旋转体静平衡仪技术的新进展】 螺旋桨静平衡仪是船舶螺旋桨制造过程中不可少的用来检测静平衡试验的专用检测工具。天津修船技术研究所研究螺旋桨静平衡仪十余年，为多家螺旋桨制造厂生产不同吨位的静平衡检测设备。2008年，旋转体静平衡仪获塘沽区科技进步奖，10月15日获实用新型专利权。2008年该所在仪器的无轴技术方面取得新进展，解决了有轴大型静平衡仪操作不便、装配旋转体时吊装难度大、垂直吊装距离长、旋转体吊装的晃动易对中轴以及仪器造成损害等问题，使仪器具有操作简单、施工安全、检测精确等特点。2008年，该所申请了“大型无轴重力自动对中旋转体静平衡检测仪”、“大型无轴激光对中旋转体静平衡检测仪”两项实用新型专利。

(王　鑫)

【绞吸式挖泥船暨洲一号绞刀改制】 运输船舶的大型化和多元化，要求航道的深度和宽度必须大大增加，从而要求工程船舶的工作量和工作效率需进一步提升。为适应这一要求，天津修船技术研究所从2008年初开始进行绞刀臂外型的改制研究，完成了绞刀臂弧度、尺寸和角度的改良工作，承接了暨洲一号绞刀刀臂的改造任务，年底完成刀臂从A型到B型的转化。改制后刀臂的工作量和工作效率大幅度提高，其优异性能得到使用单位中交天航有限公司的赞赏。

(付智超)

【激光固态相变硬化处理技术】 天津修船技术研究所完成的“铬钼铜激光固态相变硬化处理”项目，采用激光束对铬钼铜球墨铸铁工件的曲拐部位进行照射，通过控制激光功率、扫描速度等工艺参数，使被照射区域发生固态相变，从而提高硬度。通过设计光束移动路径，使被照射区域在曲拐上呈螺纹线分布，形成软-硬相间区，在磨损时软区将起到储油作用，进一步改善配副性。该成果将激光固态相变硬化处理技术成功用于铬钼铜球墨铸铁曲轴的生产，解决了原曲轴存在的耐磨性差、易断轴等问题，使激光强化技术成功进入食品机械领域。该成果大幅度提高了食品机械均质机曲轴寿命，节省了大量金属材料及检修所带来的损耗，也使使用单位——廊坊通用机械厂市场竞争力大幅提高，成为国内均质机生产领域的龙头企业，其生产的均质机被伊利、露露等多家知名大厂采用。该技术获2007年度塘沽区科学技术进步奖，已申请国家专利。

(张春丽)

【激光技术推广应用项目通过验收】 天津修船技术研究所10余年来致力于开展激光固态相变硬化、激光合金化、激光熔覆和激光焊接技术的研究，以在提高零部件表面耐磨、耐蚀、抗冲击、抗高温氧化和燃气冲击能力等性能，开发出具有自主知识产权的激光原位自生颗粒增强复合表层制备技术、强韧性表层激光熔覆制备技术、异种材料焊接技术等多项创新技术成果。通过组织激光加工技术发布会、研究成果推介会、现场技术演示等推广活动，在舰船、兵器、航空、制药机械、食品机械等制造行业成功地实现了7个单位17个关键件的推广应用，于2008年底在北京通过国防科工委科技与质量司验收。

(张春丽)

现代制药工业

【津康制药公司技术中心科技开发简况】 天津市津康制药有限公司技术中心2007年被认定为市级企业技术中心，并获得工业科技开发基金专款10万元资助。2004年成立的津康制药公司主要生产头孢菌素类药物中间体、原料药与药物制剂，具有药品新药证书、批准文号、国家专利等知识产权20余项。该公司与天津医药集团技术发展公司紧密结合，围绕市场发展趋势及企业具体情况，积极寻求市场看好的新品种进行立项开发，积极开展对公司拳头产品GCLE等下游品种的生产工艺研究，以满足企业发展对产品科技创新的技术需求，在降低成本，提高质量，节能减排等方面取得了显著的效果。

（崔　洋）

【力生制药技术中心科技开发简况】 天津力生制药股份有限公司技术中心2008年7月被批准为市级企业技术中心，设有合成研究室、制剂研究室、中药研究室、分析中心和注册情报室等，有硕士研究生4名，中级以上职称人员54人。该技术中心承担天津市科技创新项目、新产品开发项目和企业技术改造项目等科技开发任务，开发出美扶（伊曲康唑胶囊）、益欣雪（阿司匹林肠溶胶囊）、硫酸沙丁胺醇渗透泵型缓释片等新药，建立了微丸制备、渗透泵型缓控释制剂等技术平台，积累了新产品开发工作经验，奠定了科研工作基础。该中心从美国、意大利、德国、日本等国家购置了500多万元的精密仪器和中试设备（如高效液相色谱仪、气相色谱仪、ROCHI-8压片机等）。中心注重招聘吸纳具有丰富经验和理论知识的优秀人才，不断提升科研人员技术水平与综合素质，增强科研开发能力。该技术中心的目标是建成设备先进的以心脑血管、抗感染类药物、新制剂和新原料药开发为发展方向的具备国内一流技术水平的药物研发中心。

（徐　慧）

【宏仁堂药业技术中心科技开发简况】 天津宏仁堂药业有限公司技术中心，2008年6月被批准为市级企业技术中心。技术中心分为8个专项研究岗，集中优秀的科技人才，承担企业所有科技项目活动。该中心的科技工作思路是“加大科技开发力度，以科技创新带动产品研发，以自主研发与科研院所相结合”。技术中心建立了一套良好的激励机制和分配制度，采用多种方法激发员工的工作热情。为提高企业的研发能力，宏仁堂药业公司每年将销售收入的3%作为科技活动经费，购买国外具有先进水平的现代化设备和检测分析仪器，并积极与高等院校、科研院所建立多种形式的合作协作关系，加强与国内外同行企业的交流与合作，有效地组织和运用社会资源为企业创新服务，推动产业技术的发展与创新。合作双方共同承办了多项国家级科技专项开发，建立了紧密的技术合作关系。技术中心与天津大学药学院合作，完成了“血府逐瘀胶囊”大品种系统开发项目，还在进行的有“养血生发胶囊”的大品种系统开发项目。与天津药物研究院合作完成了“良附滴丸”的临床前研究、“血府逐瘀胶囊”工艺改进等项目。

（杨欣莹）

【生物化学制药技术中心科技开发简况】 天津生物化学制药有限公司技术中心2008年7月被批准为市级企业技术中心。该技术中心成立以来，一直以“国内领先，国际一流”的标准作为发展目标，创造性地开展工作。通过吸引国内外优秀人才、引进现代化的检测分析设备等措施，建立了设备先进、研究方向齐全、具备国内一流技术水平的研发中心和原料药中试基地及品质化验中心。技术中心拥有一支来自全国著名高等学府具有硕士、学士学位和高、中级技术职称比例高的科技队伍。技术中心从美国、德国、日本等国家购置了大量精密仪器（如高效液相色谱仪、红外光谱仪、酸度计、电子天平等）装备实验室，气—质联用、液—质联用等一批大型试验用仪器设备的引进工作已经开展。该中心密切关注产品市场动向，不断完善产品工艺技术，提高产品质量标准，强化质量领先、技术领先的优势，提高产品附加值，做精做优各产品，增强市场竞争力。技术中心始终坚持与公司技术创新体系、创新制度和产品结构相结合，实行中心主任负责制，下设1个委员会、1个中心办公室、5个研发室、1个仪器检测室、1个低温保藏室中心、2个中试基地、1个知识产权办公室。中心承担了多项科技攻关项目，其中“琥珀氢考喷雾干燥工艺研究与出口产业化”属国内首创，填补了国内用喷雾干燥技术生产非抗生素无菌药品的空白。“注射用脑苷肌肽”被列为天津市企业技术创新重点项目。“注射用氢化可的松琥珀酸钠”被市科委认定为成果转化项目。该中心注重产学研合作，积极与高等院校、科研院所建立多种形式的合作协作关系，通过合作开发米屈肼注射液、注射用脑苷肌肽等品种，提高了企业技术中心的能力和研发水平，加快了新产品研发速度，丰富了产品结构，为公司的持续性发展注入了强大的活力。该中心重视加强与国内同行企业的交流与合作，有效地组织和运用社会资源为企业创新服务，推动产业技术的发展与创新。

（武　琳）

【复方吲达帕胺片】 天津力生制药股份有限公司和北京市石景山区高血压联盟研究所联合研制的 1.5 类新药“复方吲达帕胺片”，于 2008 年 11 月被列入天津市科技创新专项资金项目。“吲达帕胺”和“马来酸依那普利”是临床一线抗高血压药物，降压特点和作用机理不同，临床上联合应用可以增强降压效果，减小副作用。但此前国内外均没有将两种药制成固定剂量的复方制剂。“复方吲达帕胺片”是在低于已批准的各自单药最低有效剂量下，联合发挥两种药的降压效果，从而降低剂量依赖性不良反应。该药被列为国家 1.5 类新药，填补了国内空白，达国际领先水平。它的研究开发，为高血压治疗用药提供了一种选择，是对高血压联合用药原则、个体化用药原则的一种补充和延伸。

（徐　慧）

【伊曲康唑关键中间体三唑物合成工艺改进】 2008 年 5 月，天津力生制药股份有限公司新品试制部合成组针对原料药伊曲康唑合成工艺进行了改进。伊曲康唑中的“三唑物”合成工艺操作复杂繁琐，生产周期长，反应中需用到易燃易爆化合物氢化钠，存在很大的安全隐患，生产危险性大。通过工艺改进，确定了用无水碳酸钾代替氢化钠进行反应，消除了安全隐患，反应步骤由三步缩短为一步。该工艺路线于 2008 年 12 月申请国家发明专利。

（徐　慧）

【头孢菌素 7–系列药物产业化】 天津医药集团津康制药有限公司的头孢菌素 7–系列中间体及其下游原料药物产业化项目于 2008 年被列入天津市重大高新技术产业化项目计划。7–系列中间体是头孢克肟和头孢地尼的关键中间体，随着这两个产品市场的成熟，其需求量逐年增加。头孢克肟在 80 多个国家广泛用于临床，该产品是极少数第三代口服头孢品种，市场需求更大，仅头孢克肟原料每年需求 10 吨左右，因为国内技术水平滞后，该产品进口量较大。因此，抓住生产 7–系列中间体主要原料 GCLE 自给自足的巨大优势，引进国际先进技术，既可以形成该产品的市场优势，又可完善天津医药集团头孢菌素类产品产业链。

（黄　薇）

【第二代注射头孢菌素药物注射用头孢呋辛钠获准生产】 天津医药集团津康制药有限公司于 2008 年9 月获得国家食品药品监督局关于注射用头孢呋辛钠的生产批件。头孢呋辛钠属于第二代注射用广谱抗菌头孢菌素，对葡萄球菌和革兰阴性杆菌产生的 β–内酰胺酶的作用相当稳定，对甲氧西林葡萄球菌、肠球菌属和李斯特菌属耐药，其他阳性球菌（包括厌氧球菌）对本品均非常敏感。头孢呋辛钠为临床致病菌未查明之前的经验治疗，以及术前术后的预防用药争取宝贵的时间，并提供有益的选择。同时，头孢呋辛因药物不良反应小，其安全性为医生和患者的使用提供了保障，为控制临床感染提供了新思路。

（黄　薇）

【阿德福韦酯列入国家重点新产品计划】 天津药物研究院药业有限责任公司生产的阿德福韦酯，于 2008 年列入国家重点新产品计划。阿德福韦酯针对慢性乙肝治疗具有确切的疗效和较低的耐药发生率，是新一代核苷酸类似物，于 2005 年 4 月获得国家食品药品监督管理局颁发的生产批件，成为国内首家上市产品。2008 年进入工业化生产阶段。该品的国产化，打破了国内乙肝治疗药市场被进口药品垄断的局面，有效地降低了产品的价格。该类药物的开发与改进，对抢救生命、提高患者生活质量有着巨大的现实意义。

（侯珏卓）

【加替沙星原料药获准生产】 天津药物研究院药业有限责任公司于 2008 年 3 月获得国家食品药品监督管理局关于加替沙星的生产批件。加替沙星为化药一类，是 8–甲氧氟喹诺酮类外消旋化合物，体外具有广谱的抗革兰氏阴性和阳性微生物的活性，其抗菌作用是通过抑制细菌的DNA旋转酶和拓扑异构酶IV，从而抑制细菌DNA复制、转录和修复过程实现的。体外试验和临床使用结果均表明，其对革兰氏阳性菌中金黄色葡萄球菌（仅限于对甲氧西林敏感的菌株）、肺炎链球菌（对青霉素敏感的菌株），革兰氏阴性菌中大肠杆菌、流感和副流感嗜血杆菌、肺炎克雷伯杆菌、卡他莫拉菌、病奈瑟菌、奇异变形杆菌，其他微生物中肺炎衣原体、嗜肺性军团杆菌、肺炎支原体等微生物的大多数菌株，均具有抗菌活性，且R-和S-对映体抗菌活性相同。

（侯珏卓）

【甲磺酸瑞波西汀原料药获准生产】 天津药物研究院药业有限责任公司于2008年3月获得国家食品药品监督管理局关于甲磺酸瑞波西汀的生产批件。甲磺酸瑞波西汀为化药二类，为选择性去甲肾上腺素（NE）重摄取抑制剂，通过对NE再摄取的选择性阻滞，提高中枢内NE的活性，从而改善患者的情绪，临床用于治疗抑郁症。该品除了有效阻滞去甲肾上腺素的再摄取，几乎没有其他药理活性，对5-羟色胺、多巴胺重吸收位点没有亲和力，对毒蕈碱、组胺或肾上腺素受体几无亲和作用。其在改善患者与他人的交往和自我感觉以及动力和精力方面优于氟西汀。尤其在重度抑郁方面的疗效更是明显，长期服用可预防抑郁病人症状复发。该药安全性好，耐受性良好，不良反应相对较少。与其他抗抑郁药相比，该药品性功能障碍发生率低，无体重增加和镇静作用。

（侯珏卓）

【注射用头孢西酮钠获临床批件】 天津新丰制药有限公司2008年获得国家食品药品监督管理局关于注射用头孢西酮钠的临床批件。头孢西酮钠为一代头孢菌素。对革兰阳性球菌中的肺炎链球菌、β-溶血链球菌、甲氧西林敏感的金黄色葡萄球菌和凝固酶阴性的葡萄球菌显示良好的抗菌活性。其药效学特点是MIC与MBC浓度差别小，因而杀菌作用强。药动学特点是血药浓度维持时间长，在血清中存在时间长。国外多年临床使用证实，该品具有疗效好、副作用小、血药浓度维持时间长的优势。

（李红梅）

【福莫司汀产品通过GMP认证】 天津太河制药有限公司的福莫司汀产品于2008年11月21日一次性通过GMP认证。此次认证在软件上建立和完善了包括技术标准、管理标准、操作标准和生产记录在内的成套GMP文件。其中包括工艺规程、原辅料质量标准、包装材料质量标准、中间体质量标准、粗品制备标准、回收标准、成品标准等技术标准文件。操作标准有中间体Ⅰ、Ⅱ、Ⅲ制备，粗品生产记录，回收记录等。管理标准包括设备清洗、设备验证、地漏、厂房、工艺服等清洁规程。因该产品使用的大多是有毒、有害、易燃、易爆的原辅料，因此在防火、防爆、治理三废保护环境方面做了细致的工作，制定了可行的方法和措施，涉及消防安全、厂房设备、质量检验、环境卫生等诸方面。在此期间，按照GMP的要求，进行自查，不符合要求的及时整改，配齐质量控制点要求的合格的检测仪器和设备。该公司加强了对员工的GMP培训（包括GMP基础知识、技术标准、管理标准、操作标准等内容），员工通过考核后合格上岗。

（徐爱蓉）

【氢化可的松琥珀酸钠喷雾干燥技术产业化】 2008年，天津生物化学制药有限公司科研小组完成氢化可的松琥珀酸钠喷雾干燥工艺研究，完成对喷雾药液浓度、喷雾热风温度、产品无菌保证、待喷药液的雾化速度及喷雾设备的清洁等关键技术的考察，确定了相关技术参数和完整的生产工艺，根据工艺参数要求改进喷雾干燥设备，获得了高品质的产品。喷雾干燥生产工艺提高了产品质量、增大产量、降低能源消耗、提高工作效率，克服了传统冷冻干燥工艺中能耗高、产量受限的缺点，产品收率大于90%，含量高于97%，水分不超过2.0%，而有关物质和游离氢化可的松的含量分别小于2%和3%。产品质量达到《英国药典》、《美国药典》标准，且工艺稳定，适宜工业化大生产。该工艺填补了国内喷雾干燥技术生产非抗生素无菌原料药的空白，被认定为天津市科技攻关计划重点项目。氢化可的松琥珀酸钠无菌粉产品已出口巴西、智利等多个国家。

（武　琳）

【注射用氢化可的松琥珀酸钠列入高新技术成果转化项目】 2008年6月，天津生物化学制药有限公司承担、常淑梅等人完成的注射用氢化可的松琥珀酸钠研制项目，被列为天津市高新技术成果转化项目。注射用氢化可的松琥珀酸钠属于肾上腺皮质激素类药，具有抗炎、抗过敏和抑制免疫等多种药理作用。该产品具有水溶性，不含醇，避免了不良反应，而且吸收快、见效快、副作用少，适用于急性肾上腺皮质功能不全、哮喘、休克等替代疗法及过敏性、自身免疫性、风湿性诸多变态反应性疾病，尤其是急性发作时的治疗。该公司在全国首家推出注射用氢化可的松琥珀酸钠，采用先进的水相成盐技术，以注射用水代替丙酮作为反应溶剂，从根本上避免了环境污染和有机溶剂残留，一步合成，反应过程平稳，操作简单，产品质量稳定，降低了生产成本，收率提高到95%以上。该项目基于《中国药典》，参照《美国药典》、《英国药典》标准，将"游离氢化可的松"指标范围控制在3.0%以下，并增加"有关物质"检测，已获国家食品药品监督管理局的生产批件。2008年该产品销售收入5541万元。

（武　琳）

【50种中药饮片质量标准的制定】 由天津市中药饮片厂郑宗玉为主承担的"50种中药饮片质量标准的制定"的科研项目2002年6月被列入天津市科技发展计划，2008年11月20日通过天津市高新技术成果转化中心验收。该项目完成了制首乌、炒牛蒡子、炒益智、炒槟榔、焦槟榔、蜜炙麻黄、姜厚朴、炙甘草、醋制香附、酒白芍、炒白芍、炒栀子、姜栀子、焦栀子、煅磁石、煅赭石、酒大黄、熟大黄、蜜炙紫菀等共44个品种50个规格饮片的炮制工艺研究。针对不同品种及影响产品质量的工艺因素，从堆润程度、切制规格、干燥温度、蒸制时间、炒制温度等方面优化了炮制工艺，建立了上述中药饮片的质量标准，并对蜜炙甘草、蜜麻黄、醋香附等品种增加了含量测定。

（于爱颖）

【脉管复康片大品种系统开发】 天津同仁堂集团股份有限公司承担的脉管复康片大品种系统开发项目于2008年4月得到天津市科技创新专项资金立项支持，获天津市科委财政拨款200万元。脉管复康片由于其疗效确切，无毒副作用，产品质量稳定，深受患者欢迎，产值和销售额连年呈上升趋势。该大品种项目的开发，有利于提高生产加工的整体水平，有利于加速实现中药现代化，打造治疗脉管炎及硬皮病知名品牌，以丰富和构建天津市中药大品种集群。

(苗淑杰)

【牛黄化毒片】 牛黄化毒片是一种治疗疮疡、乳痈及红肿疼痛的常用药，该药处方源于中国医学科学院血液研究所科研成果，后经天津同仁堂集团股份有限公司开发为中药片剂。牛黄化毒片主要由天南星、连翘、白芷、甘草及人工牛黄等药材组成，具有解毒消肿、散结止痛功效。现代药理研究表明，该药具有显著抗病原微生物作用，有明显的解热镇痛作用，而且能够明显增加血流量，改善微循环。该药是预防和治疗热毒血瘀型疮疡的首选用药，于2008年1月9日获得国家发明专利。

（王卫东）

【冠心苏合胶囊大品种系统开发】 天津宏仁堂药业有限公司的"冠心苏合胶囊"大品种二次开发，2008年10月列入天津市科技创新专项资金项目，是该公司的重点品种之一，应用于临床治疗冠心病、心绞痛、胸闷憋气等症状。其制作工艺独特、疗效显著、质量稳定、安全有效，是临床上治疗冠心病、心绞痛、胸闷憋气的代表方剂，深受广大医患者青睐，年销售收入达500多万元。由于该药是20多年前开发的产品，缺乏药效和安全性基础研究。随着销售市场扩大，其技术弱点不断暴露。因此用3年时间，对"冠心苏合胶囊"进行系统的二次开发研究。通过对工艺操作方法、质量指标控制、药效作用机理、毒理指标等进行试验研究和评价，保证从原材料投产、中间体制剂过程到出成品的全过程质量控制，使该产品更加安全有效、质量可控，作用机理明确，并通过进行学术推广和该产品技术知识的普及，提高销售量，扩大市场占有率。

（杨欣莹）

【血府逐瘀胶囊工艺改进获准临床试验】 天津宏仁堂药业有限公司的"血府逐瘀胶囊"的工艺改进项目，2008年10月获国家食品药品监督管理局药物临床试验批件，准许进行Ⅱ、Ⅲ期临床试验。"血府逐瘀胶囊"具有服用量小、溶解速度快、质量稳定、内容物不吸潮等特点，用于瘀血内阻、胸痛或头痛、内热瞀闷、失眠多梦、心悸怔忡、急躁善怒及冠心病心绞痛、血管及外伤性头痛等症。血府逐瘀胶囊工艺改进，是在原血府逐瘀胶囊的基础上，改变提取工艺，纯化有效成分，减少药物的服用量，使其成为血府逐瘀胶囊的新一代产品。

（杨欣莹）

【血府逐瘀滴丸获准临床试验】 天津宏仁堂药业有限公司自主研制开发的“血府逐瘀滴丸”,2008年11月获国家食品药品监督管理局药物临床试验批件,准许进行Ⅱ、Ⅲ期临床试验。“血府逐瘀滴丸”是根据《中华人民共和国卫生部药品标准》中药成方制剂第五册和第十六册中血府逐瘀胶囊的改进剂型,具有活血祛瘀、行气止痛的功效。针对现代治疗药物中存在的西药副作用大和中药服用量大的弊端,宏仁堂依据药物中的有效成分,应用现代剂型先进技术手段开发研制出血府逐瘀滴丸,使其有效成分更完全,起效更迅速,安全性更高,为患者带来一个疗效好、剂量小、剂型易于被接受的中药新药。临床前试验已对血府逐瘀滴丸进行了制剂工艺、药效学、毒理学以及质量标准的研究试验。通过重新建立质量标准,可以更有效地控制产品质量。该药是宏仁堂“血府逐瘀胶囊”的新一代储备产品。

(杨欣莹)

【菌检实验中移液器替代刻度吸管的可行性分析】 天津宏仁堂药业有限公司的该项目获天津市2008年度优秀质量公关成果奖二等奖。该方法在确保检验结果准确的前提下,用移液器替代刻度吸管(原先使用刻度吸管时,由于不同化验员的操作方法如胶皮头的按压控制、数据的量取存在差异,所以对试验结果会有所影响),移液器已标定好了吸取容量,而且在控制上采取按钮吸量,大大节约了整体的检验时间,并去除了人为控制的差异,使检验结果趋于准确稳定。

(黄　洁)

【中药6类新药血脂胶囊完成Ⅲ期临床】 天津达仁堂京万红药业有限公司的中药6类新药血脂胶囊,是根据王永炎的临床经验方研制的中药6类复方制剂新药,具有滋阴补肾、活血化瘀的功能,用于高脂血症,症见胸痛、胸闷、心慌、头晕、耳鸣,股体麻木、腰膝酸软,舌质红,脉弦等症。2008年该产品在天津、河南、吉林等5家医院完成了Ⅲ期临床试验研究。

(滕　娜)

【京万红外观质量工艺攻关获奖】 天津达仁堂京万红药业有限公司“京万红”外观质量工艺攻关项目获天津市2008年度优秀质量攻关成果奖二等奖,其QC小组获2008年度全国医药行业优秀质量管理小组奖。“京万红”是该公司在具有千年历史的民间验方基础上,分析研究祖国传统医学对于烧伤、疮疡、刀伤、外伤、创面溃疡等症的治疗方法,研制的中药油膏制剂。投入市场以来多次获国内外奖项,是国家中药保护品种、国家秘密品种、全国中医医院急诊(室)必备中成药,并被载入国家首批非处方用药(OTC)目录,首批医保目录甲类品种,还被选为国家基本用药目录品种。该项目根据“京万红”外观质量存在的问题,在原有京万红外观质量攻关的试验基础上,进一步细化攻关方案,完成工艺研究试验,确定最佳工艺路线,提供了可行的技术参数。该攻关基本上实现了京万红膏体细腻(细度达100目以上)、无黑渣、无分层,为提升京万红的质量打下了基础。

(王景文　李晨菁)

【35种植物药标准提取物的研究】 天津中新药业研究中心完成的35种植物药标准提取物的研究是天津市科技发展计划项目,获天津市2008年度科学技术进步奖三等奖。该项目共完成35种相关植物提取物工艺,申报专利15项,累积了植物药相关成分对照品80余种,完成10余种中药材质量控制研究,有10余个提取物品种实现大规模投产和销售,为进一步发展植物提取物业务奠定了良好的基础。该项目为中新药业产业园作为中药现代化技术孵化基地提供了软件支持,并通过该项目为中新药业公司新的经济增长点和可持续发展提供了帮助。

(张　卉)

【中新药业达仁堂制药厂QC课题获奖】 天津中新药业达仁堂制药厂技术部奋进QC小组的活动课题“提高清肺消炎丸干燥效率”完成后,使该产品的干燥效率有了很大提高。且采用新干燥技术和引进的新干燥设备,大大提升了该产品的工艺、技术含量,使生产成本大为降低。2008年7月在山东济南举行的第二十九次全国医药行业质量管理小组成果发表交流会上,该QC活动课题获二等奖。

(李艳华)

【降低清肺抑火片崩解时限】 清肺抑火片为天津中新药业隆顺榕制药厂的老品种。该厂通过添加崩解剂,降低该品崩解时限,以更好地控制其质量标准,进一步提高最终产品的质量。降低清肺抑火片崩解时限项目获2008年全国医药行业质量管理协会QC成果发布会一等奖。

（刘　伟）

【降低制药提取车间耗电量】 在第二十九次全国医药行业质量管理小组成果发表会上，天津中新药业集团股份有限公司第六中药厂一车间增效QC小组的活动课题“降低提取车间耗电量”获2008年度中国医药行业QC小组活动一等奖。该项目完成后，降低了车间的耗电量，降低了生产成本，为保护环境、节能降耗作出了贡献。在这次大会上，该厂杨晓红、刘方还获得全国医药行业质量管理小组活动优秀推进者称号。

（刘俊静）

【速效救心丸、舒脑欣滴丸列入中药大品种群系统开发】 天津中新药业集团股份有限公司第六中药厂的速效救心丸和舒脑欣滴丸，是市场畅销的治疗心脑血管疾病的姊妹产品。速效救心丸是享誉海内外的心脑血管疾病的急救药，舒脑欣滴丸是2005年上市的新药品，功能为理气活血、化瘀止痛，用于治疗由血虚血瘀而引起的偏头痛，症见头痛、头晕、视物昏花、健忘、失眠等症。2008年，这两种药被列入天津市现代中药大品种群系统开发项目，分别得到天津市科委230万元和200万元的资金支持，项目为期两年。进入天津市现代化大品种群系开发项目，是要通过对速效救心丸和舒脑欣滴丸的质量标准、药理药效、作用机理及临床等方面进行全面、系统的研究，提升产品质量和科技含量，增强产品的市场竞争力，扩大市场份额，从而打造现代中药大品种。

（刘俊静）

【《滴丸制剂技术》出版】 2008年，天津中新药业集团股份有限公司第六中药厂的特聘专家、享受国务院特贴专家郭长源编写的学术专著《滴丸制剂技术》由天津科学技术出版社出版发行。该书从多角度全面介绍了当今滴丸制剂领域的理论、技术和方法，汇集了作者近30年的研究成果和实际经验，填补了该剂型的理论空白。该书突出了滴丸制剂理论与研究的实用性，反映了新技术、新设备及新辅料在滴丸制剂中的应用和发展前景，是一本对滴丸研制和生产实践具有指导意义的现代制剂学专著。

（刘俊静）

【通脉养心丸重金属砷汞检测的质量攻关】 天津中新药业乐仁堂制药厂的重点品种通脉养心丸中重金属砷汞检测的质量攻关项目，获2008年度天津市质量技术监督局优秀成果奖一等奖。国内测定中药重金属砷汞含量的主要依据是2005年版《中华人民共和国药典》。其中，比色法只能标定药材和成药的限量，不能得到准确数据。原子吸收法中的冷原子检测方法虽是2005年版药典规定的方法之一，但其检出限为10^{-6}~10^{-9}数量级。而原子荧光法的检出限为10^{-9}~10^{-12}数量级，该方法为2005年版药典检测砷汞方法提供了有效的补充，其方法的检出限与国际接轨。该项攻关不仅使用原子荧光光谱技术对样品进行检测，而且充分利用微波消解技术对样品进行处理，缩短样品的处理时间，提高了工作效率。利用此项技术对中药的重金属砷汞检测，在技术上居国内领先水平。

（闫　安）

【胃肠安丸的二次开发】 天津中新药业乐仁堂制药厂“胃肠安丸”的二次开发项目为天津市科技计划项目，2008年1月通过市科委结项验收，获2008年度天津市科技进步奖三等奖。“胃肠安丸”是天津中新药业乐仁堂制药厂的独家品种，为纯中药制剂，用于湿浊中阻、食滞不化所致的腹泻、纳差、恶心、呕吐、腹胀、腹痛和消化不良、肠炎、痢疾等的治疗，以见效快、疗效高、剂量小、便于服用和携带等优点，深受医生和患者的欢迎。但“胃肠安丸”采用朱砂包衣，虽经临床使用20多年，未发现不良反应，而随着人们用药安全意识的不断提高，其产品的销量受到了影响。因此该厂对“胃肠安丸”进行二次开发，主要完成以下研究：①通过药效学实验明确了去除朱砂包衣的可行性。②进行了巴豆霜及胃肠安丸的急性毒性研究，验证了胃肠安丸用药的安全性。③提高质量标准、增加定性定量检测指标，制定重金属限量及农残限量标准。④完成了“胃肠安丸”对病毒抑制作用的研究及对实验动物的胃肠运动作用的研究。

（杨　瑾）

【注射用黄芪多糖大品种系统开发研究】 天津赛诺制药有限公司的注射用黄芪多糖大品种系统开发研究项目获2008年度天津市科技创新专项资金支持。该项目总体目标为：改进提取工艺，提高收率，降低成本；全面提升产品质量；完成四期临床研究，完成品种再注册；进一步深入研究注射用黄芪多糖作用机理，做好基础研究。项目主要内容是：改进提取工艺，通过调整部分工艺设备，和工艺处理过程，提高产品收率，降低成本；在原有质量标准中的基础上再增加两项动物试验——异常毒性和降压物质检测项目，从而更好地控制产品质量；完成2000例的四期临床研究，进一步完善用药方案，细化适用范围，完成品种再注册；进一步深入研究注射用黄芪多糖作用机理，为市场的深度开发及增加适应症提供理论依据；到2010年项目结束时，产能达到年产60万支注射用黄芪多糖。在注射用黄芪多糖的系统开发和生产中，充分利用了现代制药工艺中最有效的膜分离及柱层析等先进的分离精制技术，为提取较高纯度的目标有效成分奠定基础。该项目采用中药指纹图谱技术，有效保证了中药制剂批与批之间有效成分含量的稳定性，从而保证了该品在临床疗效上的稳定。

（张弘颖）

【食源性致病菌基因芯片检测试剂盒】 食品安全检测范围广泛，涉及领域较多，检测物质的品种庞杂，建立一套快速、简便、敏感、准确的食品安全检测体系，是保障人民身体健康，防止食源性疾病发生的有效手段。天津生物芯片技术有限责任公司成功开发出“食源性致病菌基因芯片检测试剂盒”，并于2008年9月在天津开发区技术监督局完成企业标准备案登记工作。该试剂盒检测范围内的12种食源性致病菌（沙门氏菌、志贺氏菌、金黄色葡萄球菌、肺炎克雷伯氏菌、化脓性链球菌、阪崎肠杆菌、单增李斯特氏杆菌、产酸克雷伯氏菌、粘质沙雷氏菌、蜡样芽胞杆菌、奇异变形杆菌、普通变形杆菌）系国内食品检测中最常见的致病菌。该技术在提高国家食品安全检验技术水平，突破国外技术性贸易壁垒具有重要意义。

（郭　玺）

【转基因热带水果植物——木瓜的基因组草图】 天津生物芯片技术有限责任公司和美国夏威夷大学共同主持完成了《转基因热带水果植物—木瓜的基因组草图》。这一工作对农作物育种、农业生产和人类对转基因植物的认识具有极重要的意义。这是中国继人类基因组计划和超级杂交水稻计划后参与的又一项大型国际基因组合作研究计划。该重大科技创新成果的取得，不仅极大提高了该公司在国内外同行业领域中的地位，而且对天津市科技发展，特别是现代农业和生物医药领域的跨越发展具有重要意义。2008年4月24日，英国出版的权威刊物《自然》以封面文章的形式发表了《转基因热带水果植物—木瓜的基因组草图》。

（郭　玺）

【对大肠杆菌O108型的O-抗原特异的核苷酸】 天津生物芯片技术有限责任公司研发的对大肠杆菌O108型的O-抗原特异的核苷酸，2008年1月2日获得中国发明专利授权。该公司围绕生物芯片研发核心技术还申请了6项发明专利，其中包括1项国际发明专利。

（郭　玺）

【天津医药集团年专利申请量在全市医药系统排名第一】 天津医药集团有限公司2008年申请专利138项(较上年增长34%，其中发明专利89项、实用新型7项、外观设计42项)，在全市21个工业集团中排名第7位，医药系统排名第1位。专利实施项目105项，在全市48个工业集团中排名第6位，医药系统排名第1位。

（吴志成）

【天津医药集团8个企业被认定为高新技术企业】 2008年，天津医药集团有限公司共有8个企业被天津市科委认定为高新技术企业。即天津力生制药股份有限公司、天津市中央药业有限公司、天津药物研究院药业有限责任公司、天津宜药印务有限公司、天津中新药业集团股份有限公司、天津宏仁堂药业有限公司、天津同仁堂集团股份有限公司、天津达仁堂京万红药业有限公司、博福—益普生（天津）制药有限公司。

（石姗姗　冯　宁　侯珏卓）

【达仁堂制药厂通过国家级计量体系认证】 天津中新药业达仁堂制药厂于2008年4月28日一次性通过ISO 10012:2003体系AAA认证。通过国家级计量体系认证，而标志着该厂计量管理水平又上一个新台阶。

（徐　娜）

【达仁堂京万红药业公司获计量检测体系评定合格证】 2008年12月3日，天津达仁堂京万红药业有限公司获天津市企事业单位计量检测体系评定合格证书。该公司健全了计量管理网络，配备了专兼职计量员17名。有计量器具556台(件)，按A.B分类管理：其中A级236台(件)，包括液相色谱仪、紫外分光光度计、气相色谱仪、崩解仪、电子天平、压力表等；B级320台(件)，包括温度表、微差压表、磁翻转液位计、衡器等。公司建有两项计量标准为衡器、四等砝码按时进行移动式杠杆秤、增砣的自检，其他主要的计量器具均按规定委托检验。

（*石姗姗　张长霞*）

【天津药物研究院重视自主知识产权开发和保护】 2008年被重新认定为高新技术企业的天津药物研究院药业有限责任公司，历来重视知识产权工作，新产品在实验室开发阶段就重视自主知识产权的开发和保护，在产品中试技术研究过程中注重对创新技术的消化吸收与二次创新，对所形成的工程化技术、新制剂、新的技术标准、质量检测方法、商标、外观设计等都依法取得知识产权保护。公司通过开展有效的知识产权工作，构建专利保护网，加强保护知识产权力度。公司迅速发展，2008年资产总值1.49亿元，净资产1.05亿元，主营业务收入1.98亿元，利润总额3813万元，缴纳税金3781万元。

（*侯珏卓*）

纺织　轻工

【纺织集团科技工作简况】 2008年，天津纺织集团(控股)有限公司(以下简称天纺集团)科技工作取得新成绩。高新纺织工业园建设进展顺利，截至年底，完成投资3亿元，累计完成投资额42.4亿元。施工项目20个，施工面积88万平方米。竣工项目16个，竣工面积62.6万平方米。竣工子项为棉纺项目(一、二、三工厂)、服装项目、健龙、抵羊绒线项目、开发新特服装面料印染项目(天一印染)、物流生产车间、赛远项目、仁立毛精纺、飞天绿色生态家用纺织品、物流仓库项目、1号和2号35千伏变电站、高档出口色织面料项目和白玫瑰项目等。在建项目为棉纺四工厂项目、营销调度中心项目、绿色生态装饰织物项目、配餐中心项目等。全集团“五高”产品产值完成12.5亿元；完成新产品试制630项，新产品投产350项，实现新产品产值8亿元。申请专利141项。为推动科技事业全面发展，天纺集团全年主要抓了6项工作。①加快自身建设，完善创新体系，从开发关键技术、共性技术入手，围绕“产品、品质、高速、高效、节能、减员”六大技术创新方向，开发出一批高附加值、高技术含量新产品。纺织工程研究院与仁立分公司开发出以航空阻燃面料、航空建筑特种复合材料为代表的功能性产品。天纺投资公司棉纺织工厂开发出以数码仿真为代表的大提花类产品。赛远公司开发出竹炭纤维及锦纶纤维交织夏季面料产品等，为园区发展起到技术支撑作用。②加大产品开发和品种创新力度，使产品结构适应市场需求。健龙公司围绕“健康产品”开发理念，应用新的功能材料开发锗元素、碳纤维、负离子除臭功能窗帘，将立体磁在寝具中的应用的研究成果，引用到睡眠系统中。③新原料、新技术、新工艺的应用提升产品的水平。天纺投资公司整合棉、印、色织产品技术开发的天一品牌面料，受到国内外品牌服装客户关注，成为上海国际展主推产品。2008年，开发棉印联合产品339个。棉与天丝交织龙纹大提花织物等10个新产品通过了市级鉴定，棉与天丝交织龙纹大提花织物等6项产品达国内领先水平，棉涤天丝牛奶锦纶混纺小提花织物等4项产品达国内先进水平。④以研发平台为载体，推动科技创新。围绕关键技术创新，通过构筑纺织全流程产品的研发平台和研发体系，建设研发试验基地、阻燃实验室、化学生态实验室、检测中心，使纺织工程研究院成为天纺集团关键共性技术的研究平台、产品技术的决策咨询平台、产学研联合的对外合作交流平台、领军关键人才的吸引培训平台、科技成果的推广辐射平台。该研究院已成为天津市工业系统首批七大研发平台之一，得到国家专项资金支持。⑤充分发挥企业技术中心在产品创新中的显著作用。天纺集团有市级企业技术中心8家，均逐渐完善和建立起以市场为导向，产学研相结合的技术创新体系，成为企业自主创新的基础支撑平台，企业自主创新能力明显增强。2008年技术中心申请专利140件，占控股公司全年申请量的99.3%。科技技术开发经费投入占产品销售收入的比重达到4.71%。天投公司技术中心成立了产品开发部和面料设计室。发挥了技术中心产业链整合的技术优势，提高了产业链集成设计的产品比重，提高产品技术含量和附加值。⑥搭建产、学、研合作平台，主动与高校和科研院所合作，借助他们的设备、仪器、人才优势，提升行业创新能力和天津纺织行业整体技术水平。纺织工程研究院与天津工业大学合作开发了以碳纤维、玄武岩纤维为基材的航空、建筑特种复合材料技术；建筑用增强布形成小批量生产能力；在双方提出的54个项目中筛选出8个项目，专家论证后实施。

（王 泓）

【高支高密棉织物高效短流程前处理工艺】 天津三环纺织印染公司生产高支高密纯棉织物采用高效短流程前处理技术，即把前处理的退煮（退浆）段采用宽温酶退浆、煮练，漂白段采用碱氧工艺，结合湿短蒸设备，通过洗涤很容易地去除纤维中的杂质及浆料。该项目基于节能减排、缩短工艺流程、提高生产效率、提高产品质量，提供了一种高支高密棉织物高效短流程前处理工艺。①将高效环保型助剂与清洁生产新工艺相结合，为前处理工序制定合理流程，合并工序节约能源，减少污染和实施清洁生产提供了依据。②酶退浆工艺为环保工艺，退煮段无碱，排放污水pH仅为7。③高效短流程相对成本较低，比常规三段工艺每米降低0.03元。④白度和毛效的半制品指标完全达到染色及印花布的工艺要求。⑤由于煮漂段独特的设备选择，反应时间短，节约蒸汽3吨/万米，电18千瓦/万米，缩短了生产周期，降低了工人劳动强度。高效短流程前处理工艺设备投资少，运行费用低，各项半制品指标完全满足染色或印花后工序对半制品的工艺要求。高支高密纯棉织物的高效短流程前处理工艺2008年申请了国家发明专利。

（王 泓）

【纯棉强捻提花织物的研制】 天津天纺投资控股有限公司陈秀敏、王美兰、李晓洁等完成的该项目是2008年天津市技术创新项目，12月10日通过市经委、市科委鉴定。该产品织物组织复杂，织造难度大，从服装整体设计需求进行面料设计，使之与服装应用紧密结合。通过对整经、浆纱、织造工艺改进，解决了生产中出现的技术难题。产品选用特殊纱线，提高了织物的舒爽效果。织物组织由稀到密层次感强，其中的缎纹光滑柔软有绸缎效果，透孔组织镂空透气，平纹介于两种差异较大组织之间，使布面整体风格协调一致，达到了服装面料的设计要求。该产品各项指标均达到国家标准，其技术达国内领先水平。该产品2008年申请了国家实用新型专利。

（王 泓）

【纯棉双向强捻纬二重织物的研制】 天津天纺投资控股有限公司刘迪、张海霞、卢雅君等完成的该项目是2008年天津市技术创新项目，12月10日通过市经委、市科委鉴定。该产品打破传统强捻织物稀薄轻爽的特性，以合股强捻纱为经纬纱，采用纬二重组织，使面料厚实、丰满、悬垂、爽滑，有四面弹效果，并具有麻、毛产品的风格特征，适于作女装面料。该研究攻克了强捻纱织前准备的难题，摸索出生产该类产品的成熟工艺。产品各项指标均达到国家标准，其技术达国内领先水平。纯棉双向强捻纬二重织物及其加工工艺2008年申请了国家发明专利。

（王 泓）

【纯棉特高支小提花织物的研制】 天津天纺投资控股有限公司文顶山、闫江荣、葛晓华等完成的该项目是2008年天津市技术创新项目，12月10日通过市经委、市科委鉴定。该技术通过生产工艺的优选，采用长度为36.2毫米新疆长绒棉纺制JC2.9特特细号纱，解决了同类产品需使用埃及长绒棉的技术难题，使纺纱条件满足国产长绒棉纺制JC2.9特特细号纱的要求，技术成熟，提升了原料附加值，降低了成本。其产品为高支（JC2.9特×2）高密（经纬密加和在1250根/10厘米以上）的1/1+3/1联合组织织物，织造难度大，通过浆纱、织造工艺的改进，保证了产品的织造效率和质量。该产品花型新颖、质地细腻轻薄、手感爽滑、风格独特，是高档衬衣面料。产品各项指标均达到国家标准，其技术达国内领先水平。纯棉特高支小提花织物及其加工工艺2008年申请了国家发明专利。

（王 泓）

【活性染料印花高温固色工艺】 天津三环纺织印染公司的该项目基于节能减排，提高活性染料印花的生产效率，提高产品质量，提供了一种活性染料印花高温固色工艺。活性染料在纤维素纤维织物上进行印花，采用高温固色技术，固色温度高，时间短，使活性染料与织物纤维快速反应，生产效率高，着色率和色牢度高，节能环保。其技术特点是：①对经过前处理的织物进行印花前预处理，即用纯碱、吸湿剂、元明粉等的代替品与加白剂同浴、浸轧、烘干。吸湿剂采用尿素，元明粉采用氯化钾，加白剂采用VBL。②对印花后的织物进行高温固色，减少水、蒸汽及能源消耗，较少粉尘、二氧化碳、一氧化氮等废物的排放，既节能减排又能降低产品成本。固色温度高，时间短，使活性染料与织物纤维快速反应，提高了生产过程的稳定性，增加了产品着色率和色牢度高，大幅度提高了产品质量。减少了工时，提高了生产效率。该工艺在生产过程中稳定性好，重现性强，避免了用汽蒸固色造成的水点、搭色、风印等残疵，有利于染料的固着，提高着色量和固色牢度，降低了劳动强度，保证了产品质量。活性染料印花的高温固色工艺2008年申请了国家发明专利。

（王 泓）

【棉涤赛络菲尔纺提条织物的研制】天津天纺投资控股有限公司邢欣、于灏、田伟等完成的该项目是2008年天津市技术创新项目，12月10日通过市经委、市科委鉴定。该项目采用赛络菲尔纺新型纺纱技术，纺制了61/39（JC7.3特+T40D）纱，织造复合提条织物，通过纱线原料的变化及织物结构的设计，使面料具有闪烁的条状特征。通过细纱机的改造和工艺设计上的改进，达到赛络菲尔纺工艺和技术要求，使产品质量达到较高水平。在染整加工后不同的原料出现不同的染色效果，从而使织物产生花式效应，缩短工艺流程，降低了成本。产品各项指标均达到国家标准，其技术达国内先进水平。该产品2008年申请了国家实用新型专利。

（王 泓）

【棉涤天丝牛奶锦纶混纺小提花织物的研制】 天津天纺投资控股有限公司於涛、王绍华、孙晶等完成的该项目是2008年天津市技术创新项目，12月10日通过市经委、市科委鉴定。该项目通过对各种纤维优缺点的分析，探索了棉/涤/天丝/牛奶/锦纶五元混纺纱线工艺，探索了浆纱工艺，织造成多元混纺织物，具有特殊风格，为多组分纤维的开发奠定了基础。产品各项指标均达到国家标准，其技术达国内先进水平。棉涤天丝牛奶锦纶混纺小提花织物及其加工工艺2008年申请了国家发明专利。

（王 泓）

【棉绢丝混纺织物的研制】 天津天纺投资控股有限公司绳丽云、杨耀斌、葛晓华等完成的该项目是2008年天津市技术创新项目，12月10日通过市经委、市科委鉴定。该产品是采用棉与绢丝混纺的新颖织物，通过原料合理选配和纱支、密度及织物结构的正确设计，使面料手感滑糯，悬垂性好，吸湿透气，可与纯绢丝面料相媲美。通过精心设计纺纱工艺，克服了绢丝这种含长纤维较多且长短差异较大的特殊纤维与棉纤维混纺的困难，使成纱质量满足织造要求。通过优选浆纱工艺和浆料配方，调整织机工艺和技术参数，使产品质量达到设计要求。产品各项指标均达到国家标准，其技术达国内领先水平。该产品2008年申请了国家实用新型专利。

（王 泓）

【棉天丝交织龙纹大提花织物的研制】 天津天纺投资控股有限公司孙晶、王美兰、李婷等完成的该项目是2008年天津市技术创新项目，12月10日通过市经委、市科委鉴定。该产品是在电子提花织机上采用纹织CAD技术开发的具有中国古典文化韵味的大提花织物。采用明暗层次的多种组织结合，把大龙和中国书法用不同的表现形式突出在底纹上面，使图案在布面上栩栩如生。产品构思巧妙，将艺术与工艺技术有机结合，使面料具有了丰富的内涵。通过优选原料，将原料特征与产品风格融为一体，产品质地细腻，手感柔软，悬垂性好，具有高档丝绸产品风格。产品各项指标均达到国家标准，达国内领先水平。该产品设计2008年申请了国家实用新型专利。

（王 泓）

【天丝锦纶闪光织物的研制】 天津天纺投资控股有限公司王梅、张红、张立绢等完成的该项目是2008年天津市技术创新项目，12月10日通过市经委、市科委鉴定。该技术是将有光异型锦纶单丝与天丝纱线在倍捻机上合股加工成复合纱线，采用3/1斜纹组织结构，使产品具有闪烁光泽，质地细腻，手感丰满，穿着舒适，有时尚感，符合流行趋势。通过工艺调整，解决了天丝纱与锦纶这两种伸长差异较大的纱线倍捻时的起圈断头问题，掌握了该品种的生产特性，使成纱质量达到设计要求。产品各项指标均符合国家标准，其技术达国内先进水平。天丝锦纶闪光织物及其加工工艺2008年申请了国家发明专利。

（王 泓）

【天丝棉高支细旦弹力提条织物的研制】 天津天纺投资控股有限公司陈宝建、王梅、赵增芬等完成的该项目是2008年天津市技术创新项目，12月10日通过市经委、市科委鉴定。该产品是经纱采用高支天丝棉混纺纱、纬纱使用高支天丝棉混纺弹力包芯纱织造而成，织物通过整理加工后色彩艳丽，质地轻薄，手感滑爽，柔软而有弹性，穿着舒适，具有新颖性，是高档女装面料。通过优选工艺参数和加强操作管理，解决了在高支细旦氨纶包芯纱在纺纱过程中出现的技术难题，使纱线满足织造要求。产品各项指标均达到国家标准，其技术达国内领先水平。天丝棉高支细旦弹力提条织物及其加工工艺2008年申请了国家发明专利。

（王　泓）

【粘胶PTT毛混纺织物的研制】 天津天纺投资控股有限公司高雨田、童玉春、张海霞等完成的该项目是2008年天津市技术创新项目，12月10日通过市经委、市科委鉴定。该产品采用粘胶纤维55%、PTT纤维30%、羊毛纤维15%的混纺比例，织物风格既体现了羊毛、PTT织物的柔软、丰满、有弹性，又保留了粘胶织物的舒适性，满足了设计要求，是理想的秋冬时装面料。根据3种纤维的分子结构，选用适合于粘胶/PTT/羊毛混纺纱上浆的主浆料，使浆料易于粘附粘胶/PTT/羊毛混纺纱，有效地贴伏毛羽，保证浆纱的耐磨性，满足织造要求。产品各项指标均达到国家标准，其技术达国内先进水平。该产品2008年申请了国家实用新型专利。

（王　泓）

【H型截面低软化点速透水聚乙烯短纤维及其制造方法】 建设高速公路等工程钻孔浇灌淤泥基桩时需要土工布，对土工布的韧性、强度、抗冲击性、抗老化性等指标有很高的要求，同时还要求其纤维应具备软化点低、熔点低、热变性大、蓬松有间隙、能速透水等功能。而普遍使用的无纺布（主要为粘胶纤维）或单纯的锦纶、涤纶、丙纶、乙纶制成的土工布，还不完全具备这些性能，关键在于所采用的纤维无法满足要求。为攻克这个技术难题，天津纺织工程研究院提供了一种H型截面低软化点速透水聚乙烯短纤维及其制造方法。该纤维由80%（重量百分比，下同）的PE切片和20%的功能母粒组成，其中功能母粒由10%的低分子PE蜡、0.5%的低熔点脂肪酸酰胺、0.3%的LS-744光稳定剂、0.3%的硅酸脂偶联剂、0.2%的季铵羧酸内盐共聚物、0.2%的1010抗氧剂和88.5%的PE切片组成。该纤维的制造方法包括混料、纺丝、冷水浴牵伸、绕丝、集束、七辊热牵伸、卷曲、干燥、切断、打包等工序。该技术中，加入PE蜡和低熔点脂肪酸酰胺（熔点75~76摄氏度），能使纤维熔点和软化点进一步降低，并能起到润滑作用，便于纺丝成纤。加入光稳定剂对聚乙烯的光老化有显著的稳定作用。加入硅酸脂偶联剂改善分散效果和粘接性能。加入微量季铵羧酸内盐共聚物，防止静电过大。加入抗氧剂，防止纺丝过程中原丝的热老化。采用该技术制成的纤维比重轻，抗老化、抗紫外线，抗寒性、耐腐蚀性也较好，其H型截面中间有间隙呈微孔状，具有快速透水功能。该纤维织造成本低，也可用回收料生产，适用于土工织物，特别是淤泥基桩管袋布，是不可缺少的产品。H型截面低软化点速透水聚乙烯短纤维及其制造方法2008年申请了国家发明专利

（王　泓）

【涤纶低弹长丝在整浆联合机上的上浆工艺】 丝绸行业对于经丝无捻或弱捻的品种，必须在浆丝机上进行浆丝工序的操作。整浆联合机是传统的棉纺浆纱设备，在该设备上进行长丝品种的浆丝工艺，是丝绸产品生产工艺的一次技术上的创新和突破。技术上主要应解决：①长丝在整经架上退绕时，出现严重的打捻并形成小辫，这样张力不可以进行控制。②针对长丝尤其是低弹长丝不耐高温的性质，必须降低浆液温度和前后锡林及烘房的温度。③针对长丝不耐磨的性质，避免在浆液里互相粘并，在分开时相互之间摩擦使长丝表面起毛。为攻克技术难题，天津纺织工程研究院提供了一种涤纶低弹长丝在整浆联合机上的上浆工艺。该工艺的实现缩短了工艺流程，提高了工作效率，同时减少了设备的投资。涤纶低弹长丝在整浆联合机上的上浆工艺2008年申请了国家发明专利。

（王　泓）

【强捻纱在整浆联合机上的浆纱工艺】 强捻纱的浆纱工艺是整个棉纺领域内的瓶颈技术，一般采用自动化程度较高的贝宁格分批浆纱机进行高速浆纱，要投入大量的人力、物力，技术上没有可靠的理论依据，存在很大的偶然性和不确定性，不能保证浆纱的质量，天津纺织工程研究院研制出一种强捻纱在整浆联合机上的浆纱工艺。采用整浆联合机后，整经和浆纱工序合并为一道工序，减少了整经工序的人员和纱线在整经轴上卷绕和退绕时对纱线强力的损失

和再生毛羽的发生。在整经架上加放消静电剂装置。浆纱过程中，双浆槽同时使用，但只在后浆槽放浆，前浆槽为干区，纱线通过前浆槽干区导辊，增加纱线的张力控制，减少强捻纱打捻的几率。所有的排气通过管道统一排放到车间外，减少了强捻纱与湿热空气接触的机会，避免了纱线打捻互相纠缠。该技术缩短了工艺流程，提高了工作效率，减少了人力、物力的投入，工艺成熟、稳定，保证了产品的质量，减少了浪费。强捻纱在整浆联合机上的浆纱工艺 2008 年申请国家发明专利。

（王 泓）

【一种防鼠咬防白蚁特种纤维及其制造方法】 在国内尚未发现防鼠咬防白蚁特种纤维及同类产品，国外的同类产品因主要用于军事上而处于保密状态。天津纺织工程研究院研制成防鼠咬防白蚁特种纤维，其制造方法是：在 PP 聚丙烯中加入抗紫外、抗老化剂进行改性，再加入已知的最辣的化合物及微量纳米级竹炭粉，在其他化工助剂配合下，形成强力高、韧性好、抗老化、绝缘性高的防鼠咬、防白蚁特种纤维。该纤维的研发成功可有效防止老鼠咬电线、电缆，白蚁酸食所造成的变电室、电厂、军用通讯指挥事故及贵重仪器损坏等损失。该纤维的母粒也是注塑、吹塑、绝缘材料、塑编等的原料，用途十分广泛。该纤维涉及到的所有物质均为无毒、无害的环保产品。生产条件宽松，化纤行业一般企业均能生产。这种防鼠咬防白蚁特种纤维及其制造方法 2008 年申请国家发明专利

（王 泓）

【高荷载抗冲击可降解土工布】 为克服一般土工布产品和技术的不足，天津纺织工程研究院研制成高荷载抗冲击可降解土工布。该土工布采用该院研制的高荷载聚丙烯纤维和 H 型截面低软化点速透水聚乙烯纤维以及普通的维纶纤维作为纱线，并采用独特的加筋网状织物结构。这种加筋网状结构为，织物的经向、纬向编织有间距为 4 厘米网格和间距为 1 厘米的筋，其间为平纹织物。特殊的纤维和特殊的织物结构，能够满足土工布袋（修高速公路使用的淤泥基桩管袋）的强度高、抗冲击、耐酸、耐碱、耐高温及快速透水、软化变形温度低、遇水部分降解等综合技术要求。该产品成本较低，适合于推广使用。其所采用的特殊纤维和织物结构均为首创，不仅适应于土工布，而且对于其他工程用布也具有很好的借鉴价值。该项目在土工布技术领域填补了一项技术空白。这种高荷载抗冲击可降解土工布 2008 年申请国家发明专利、实用新型专利。

（王 泓）

【毛条细化加捻拉伸试验设备】 羊毛物理细化是毛纺行业一门新兴技术，其工艺国内外大致相同，一般都是采用毛条加捻拉伸方法。在拉伸细化过程中，软化助剂、湿热条件和机械拉伸三者缺一不可，必须有机结合。实现羊毛拉伸细化，除了深入研究细化机理和化学助剂的作用机理，通过试验获得相关工艺参数，如捻度、加热时间和温度、拉伸力的大小等，对指导产业化设备的设计具有十分重要的意义。但市场上尚无现成的适合毛条拉伸细化的拉伸试验机可供使用。天津纺织工程研究院研制出一种毛条细化加捻拉伸试验设备，解决了这一难题。该设备提供了一种在湿热条件下拉伸毛条的试验机型和手段，填补了该技术领域的一项空白。该设备设计精确，工作过程精密，获得了产业化拉伸设备重要的设计依据。该设备性能可靠，操作方便，可获得加捻毛条在湿热条件下拉伸的各种工艺参数，如捻度、加热温度、加热时间以及助剂等综合因素对毛条拉伸力和毛条质量的影响，同时可以方便地调整各种参数，以保证最佳的拉伸效果和最佳的拉伸毛条质量。毛条细化加捻拉伸试验设备 2008 年申请国家发明专利。

（王 泓）

【羊毛物理细化设备的毛条连续喂入装置及方法】 羊毛是一种重要的高档纺织原料，随着服装面料向轻薄化发展的趋势，对羊毛高支纱线和细支羊毛、超细羊毛的需求量越来越大。天津纺织工程研究院研制的多根毛条同时喂入的羊毛物理细化设备、毛条连续喂入装置及方法。该技术采用多根毛条同时连续喂入，毛条从毛球内侧抽出，喂入过程中毛条自然获得小的捻度，各根之间接头错开，不易产生弱节，多根毛条相互靠拢，提高了毛条整体抱合力和整体均匀性，有利于连续喂入和提高拉伸后毛条的产量和质量，尤其在产量上较现有的一根毛条喂入方式有了很大的提高。羊毛物理细化设备的毛条连续喂入装置及方法 2008 年申请国家发明专利。

（王 泓）

【用于土工布的高荷载聚丙烯纤维及其制造方法】 天津纺织工程研究院研制成一种用于土工布的高荷载聚丙烯纤维及其制造方法。即在聚丙烯切片中加入抗冲击高分子聚合物和无机纳米刚性微粒子及其他化工助剂，对聚丙烯进行增强增韧、抗冲击及耐低温、抗老化等综合性能改性。所生产的纤维具有如下功能：①增强，载荷高，断裂强度比普通 PP 纤维高出 1 倍左右，在潮湿时强力不变。②增韧，抗冲击强度比普通 PP 提高一倍左右。③抗老化、耐光性超过尼龙，可长期暴露于空气中，能抗暴晒，在120 摄氏度条件下使用。④耐腐蚀性好，耐酸耐碱，不与生石灰及其他化工品发生反应。⑤抗脆化、抗寒性高，在冻土地段能正常使用。⑥吸水性很小，不降解。尺寸稳定性良好，在泥土中不腐烂。⑦耐磨性和刚性比普通 PP 高出 10%左右，可起到软钢筋作用。该纤维成本低，用途广泛，非常适用于土工布生产，特别是淤泥基桩管带布，加入灰石等建筑材料时，能承受大冲击力，耐磨擦，荷载高，深埋于淤泥中耐腐蚀、不腐烂，暴露于阳光下抗老化、抗紫外线、抗寒性高，可在冻土地带使用。用该纤维织造的产品可广泛用于水利、水电、公路、铁路、海港、采矿、机场、建筑等工程领域。用于土工布的高荷载聚丙烯纤维及其制造方法 2008 年申请国家发明专利。

（王　泓）

【生态拟真热能 PU 健康床垫】 天津市健龙保健品有限公司生产的这种高弹性垫体的热能健康床垫是运用高科技材料精心设计、研制而成。由高性能的医用磁条及远红外、负离子材料、生态拟真碳纤维热能材料、高弹性垫体组成，可以起到促进血液循环、刺激穴位、指压按摩、热疗保健、活化细胞、解除疼痛、解除疲劳、舒适睡眠的作用。床垫罩由经过远红外、负离子、抗菌防螨整理的绿色织物制成，有防止细菌、螨虫滋生的功效。床垫的磁条，能有效促进人体血液循环，缓解腰酸背痛。远红外、负离子材料连续不断发射空气负离子，使卧室充满着森林般的新鲜空气，给人以干爽的感受。波长 8~15 微米的远红外生物波，可改善人体微循环，促进人体新陈代谢。精心设计的高弹性垫体能均匀承托身体，持久弹性集成按摩块，起到静态指压按摩作用。碳纤维发热材料采用双温双控，热传导效率高，节省电能，安全性高，减少、屏蔽低频电磁强度对人体健康的干扰，使温热疗法的效果更突出。生态拟真热能 PU 健康床垫 2008 年申请了国家实用新型专利。

（王　泓）

【锗元素多功能健康护膝和护腿】 天津市健龙保健品有限公司生产的锗元素护膝和护腿，能够调整人体机能提高抗病能力。由于锗元素、远红外、负离子和磁场直接作用于腿部的经络和穴位，可改善膝部、腿部的微循环，增强组织的再生能力，对关节炎、关节积水、骨刺（增生）、腱鞘炎、脉管炎、运动扭伤和因风湿、类风湿、抽筋引起的疼痛和腿部肌肉无力等有很好的保健作用。该产品采用锗纤维、碳纤维、涤包氨纶弹力纱等纤维制成，具有以下特点：①采用提花四面弹性结构，克服了以往只有横向弹性缺陷，使穿着更加舒适，佩带时不下滑。②不同的部位采用不同的织物组织结构，使弹力分布更加合理，提高了运动舒适性，杜绝了因运动造成的滑脱现象。③采用拉架布缝合镶磁方式，克服了磁石脱落现象，提高了磁疗效果。④外形美观，保健效果好，提高了产品档次。锗元素多功能健康护膝和护腿 2008 年申请了国家实用新型专利。

（王　泓）

【天津镁合金自行车产业化开发取得初步成果】 天津自行车协会在深入调研的基础上，制订并实施镁合金自行车产业化开发和锂电池推广应用发展规划，打开自主创新的突破口，推动了天津自行车和电动自行车高端化发展，2008 年取得初步成果：①龙头企业积极参与开发，富士达、金轮、大通、亨利等企业研制出镁合金自行车新品。镁合金自行车产品开发吸引了国内镁业到津投资建厂。2008 年 5 月，山西东义集团投资 3.7 亿元在天津武清中华自行车王国园区建设天津东义镁制品公司（建成投产后年产 1 万吨高品质镁合金管材、棒材、板材、型材及高性能压铸件，年销售收入可达 8 亿元），项目进展顺利。②电动车高性能电机等核心电器件的研发创新取得显著成果。天津瑞宸科技开发有限公司在行业协会和红桥科委的积极扶持下，研制成功的高性能中置式机电一体化的新型电动车驱动器，非常适合开发出口型电动车产品，受到检测机构和试用企业好评，已有外商洽购该产品。③进一步加强天津自行车产业基础平台建设。武清区开辟“中华自行车王国”产业园区，规划面积 20 平方千米。该园区按照新型工业化发展的要求，以技术创新和产业化开发为依托，有机融入小城镇开发的创新模式，已完成一期开发。园区吸引投资50多亿元，正在形成一流企业、一流品牌、一流高新技术材料和产品的集聚发展基地。上述创新举措，有效地改变了天津自行车产业粗放型的发展模式，开拓了产业发展的新路径。

（天津市自行车行业协会）

【高性能方波永磁无刷电动车电机研发成功】 天津市瑞宸科技公司设计成功研发出具有自主知识产权的新型电动自行车电动机——小型三相高性能方波永磁直流低速无刷电机。该电机可使电动自行车以及小型电动车的使用更加安全、节能和高效，已通过市科委鉴定，申请了国家发明专利。该技术对改变国内电动自行车电机制造完全依赖手工绕线的落后局面，促进电动自行车行业产品整体性能的提升，加快自行车产业高效有序健康发展，具有重要意义。该项目获天津市科技型中小企业技术创新基金无偿资助30万元、科技部科技型中小企业技术创新基金无偿资助70万元。

（天津市自行车行业协会）

【天津自行车行业加强展会知识产权保护】 为落实国家商务部、国家工商总局、国家版权局、国家知识产权局2006年第1号令关于《展会知识产权保护办法》的要求，天津市自行车行业协会、天津市知识产权局、天津市知识产权举报投诉服务中心等主管部门与张盈律师事务所在2008年3月召开的第八届中国北方国际自行车展会上联合组成“知识产权举报投诉服务中心”，做到维权关口前移，在展会现场为广大参展企业及时提供知识产权保护法律咨询和维权服务。这一措施明显增强了参展企业对专利权的保护意识，展会知识产权举报投诉机构接到的投诉案件比往届明显减少。由于保护得力，更多的创新展品出现在展会上，参展单位对展会的知识产权保护工作表示满意。此举对其他展具有示范作用。

（天津市自行车行业协会）

【召开“光宇锂电池大举措开发暨天津自行车产业创新发展推进大会”】 2008年9月24日，天津自行车行业协会召开“光宇锂电池大举措开发暨天津自行车产业创新发展推进大会”。会议强调用企业创新发展的大举措来加快天津自行车产业创新发展的步伐。哈尔滨光宇电源有限公司介绍了该公司大举措开发锂电池方面的有关情况。该公司几年来一直致力于磷酸铁锂动力电池的开发与推广，并与天津自行车三厂技术中心合作，投资1.5亿元组建了科斯特电动车公司。天津市自行车行业生产力促进中心宣读了天津市经委“关于同意天津市自行车行业协会设立分支机构的批复”和镁合金专业委员会的名单。协会理事长龚孝燕就天津自行车产业如何加强镁合金和锂电池的推广应用力度，加快天津自行车产业创新发展步伐做了发言，提出了四点意见：①积极转变观念，认清镁合金自行车产业化开发和推广锂电池的意义。把企业的开发同产业整体的创新开发规划有机结合起来，加强企业间合作，共同推进镁合金自行车产品开发和产业链发展。②加快镁合金型材和焊接车架等关键产品的开发。有开发镁合金焊接车架能力的生产企业加大产销量，有能力的架叉企业积极参与镁合金焊接车架的研制和生产。③加强镁合金应用技术研究和技术培训。继续加强镁合金应用技术的研制开发。吸引国内有实力镁金属企业和高校研究院所的专家，参与天津自行车行业的技术攻关。举办专业技术培训，增强企业技术骨干队伍，为开发高性能、高端镁合金自行车产品创造条件。④加强镁合金自行车标准化建设。整合国内相关骨干企业和院所等科技资源，申办成立镁合金自行车标准化专业委员会和专家库，并成立镁合金自行车技术研究机构。

（天津市自行车行业协会）

【《电动自行车实用技术》和《电动自行车维修精要》出版】 由天津市自行车行业生产力促进中心策划、自行车行业专家库编著的《电动自行车实用技术》一书，2008年3月由人民邮电出版社出版发行。该书40余万字，内容包括电动自行车车型与车体设计、电机驱动控制系统设计原理、各类动力电池及恢复保护器件技术结构与性能、电动自行车生产工艺及质量性能检测等八篇三十三章及附录（日本、欧盟等电动自行车国际标准）。该书是一部具有一定专业技术理论深度和实用指导价值的电动自行车技术集成专著，对广大从业人员特别是专业技术人员有所帮助的重要教材。继该书之后，行业生产力促进中心于2008年下半年又组织专家库成员编写成《电动自行车维修精要》，也已由人民邮电出版社出版发行。

（天津市自行车行业协会）

【编辑《自行车产业创新发展之路论文集》】 天津自行车行业协会围绕近两年实施的镁合金自行车产业化开发规划和锂电池的推广应用，在2008年第八届中国北方国际自行车展会中专门举办了镁合金材料应用专业展区和锂电池推广应用专业展区，并与中国有色金属工业协会镁业分会合作，举办“天津自行车产业创新发展之路高层论坛”，邀请国内知名专家学者就镁合金应用技术和锂电池技术性能进行专题演讲，会后汇集了多名专家学者在这方面的专题论述，编辑出版了《自行车产业创新发展之路论文集》。

（天津市自行车行业协会）

【海鸥表业集团研制成高档精密机械表机芯】 经过几年的开发，天津海鸥表业集团有限公司完成了具有自主知识产权具有复杂结构的高档精密机械表，包括陀飞轮、三问机械表、万年历表、多功能计时表机芯等四个系列26种产品的设计研制及批量生产。1. 在原有陀飞轮的基础上开发陀飞轮系列机械表。其创新点有：①开发设计一款陀飞轮同轴式结构，将摆轮的回转中心与陀飞轮旋转框架的旋转中心置于同一轴心线上，使擒纵轮、擒纵叉与摆轮三个部分形成一个角度。②自主研发双陀飞轮手表，特点是将两个陀飞轮放置于同一个手表里，采用了同轴式与偏心式两种陀飞轮，将两个陀飞轮与整个机芯融为一体。③为减轻陀飞轮的重量，将陀飞轮旋转框架的夹板改用钛合金替代铜合金(钛密度约为铜合金的1/2)，提高了陀飞轮的稳定性和防磁性，并解决了钛合金的加工工艺。2.研制成三问机械表。这是一套精密的系统，包括定位部分、启动部分、保险结构等，通过精密的复杂杠杆联动结构，依靠11根弹簧实现了几十个零件的协同工作，实现一整套的实时报时、报刻、报分功能。其创新点有：①呈扇叶状带有60个凸台的复杂异形凸轮的设计和加工。②微型内齿齿轮的加工。③用来控制报时速度的离心式飞轮限速器的设计制造。④机械联动式的报时保险机构的设计制造。3.研制成万年历表。采用48个台阶的凸轮进行万年历的总控，相应的有一套连杆结构进行日历、周历、月历、月相的控制，并有闰年指示。日历部分还有另外的凸轮进行大月、小月和闰月的选择。其创新点有：①根据历法设计一个凸轮，使凸轮每4年转一周，凸轮上对应每月有一个齿，自动识别大、小月及二月份的28天或29天。②通过凸轮控制杠杆与4年一周凸轮和日历凸轮的配合，实现大小月自动调校。4.开发出具有计分、计秒等功能多功能的计时表。其创新点有：①多功能计时机械表中的定时轮、心型凸轮、三角齿等特殊零件的加工。②杆簧零件满足3000次以上的疲劳强度，保证了结构的可靠性。截至2008年9月底，该公司总计生产上述系列产品的机芯14.02万只，实现销售收入6842万元人民币，利税合计2260.9万元人民币，出口创汇372万美元。产品各项技术、综合指标等达到国家行业标准QB/T1249-2004《机械手表》规定的优等水平，达到国际先进水平，填补国内生产高档复杂机械表的空白。申请专利47项，其中发明专利7项。该系列产品的成功研制与生产推动了该公司整体水平向高端产品发展，确立了“海鸥”品牌在国内的榜首地位。

（杨 瑾 张 君）

【王朝酿造的产地葡萄酒风味物质研究及产品开发】 该课题是天津市自然基金项目，由中法合营王朝葡萄酿酒有限公司(以下简称王朝公司)王方、李景明、张岱等完成。于2008年12月获天津市2007年度技术创新优秀项目奖一等奖。该项目采用专家感官分析与科学仪器分析相结合的方法，通过对王朝公司不同产地、不同品种干红和干白葡萄酒中一系列的呈香和呈味物质研究，完成各产区、各品种葡萄酒风味物质的含量范围检测，明确了不同的典型性和特征性，分别构建了不同的识别模型用以实现对未知样品的判别。王朝公司将该成果用于各产区和不同品种葡萄酒的检测、勾兑、陈酿等重要生产环节，并直接指导该公司“王朝梅鹿辄干红葡萄酒”、“王朝赤霞珠干红葡萄酒”、“王朝布根地干白葡萄酒”、“王朝经典干白葡萄酒”等4款葡萄酒新产品的开发，第一次投入生产产生直接经济效益200万元，生产一直正常、稳定。该成果在通过风味对产区命名葡萄酒和品种命名葡萄酒的识别方面发挥着重要作用，为国内原产地域命名、品种命名葡萄酒的检测标准体系奠定了基础，对于扭转国内葡萄酒行业产区酒、品种酒混乱的局面、增强葡萄酒新国标的可操作性，具有重要理论意义和应用价值。

（张 军）

【葡萄酒微过滤系统与灌装系统一体化研究】 该课题由王朝公司刘建华、韩雪梅、王岩等完成，属国内首创。于2008年12月获天津市2007年度技术创新优秀项目奖二等奖。该项目在利用仪器检测分析、物理学、分析化学、自动化控制、机械学、葡萄酒学等方面的技术，进行了葡萄酒微过滤系统与灌装系统一体化的综合研究,建立了完善的生产工艺流程。该成果用于葡萄酒生产，实现了多条葡萄酒微过滤、灌装生产规模化、自动化、节约型的生产新工艺,延长过滤膜使用寿命,大幅度提高了灌装生产效率,节约了水电等多种资源,降低了生产成本,有利于环境保护。2005~2007 年王朝公司应用该技术新增产值 3600 万元，新增经济效益 500 万元,节约资金350 万元。

（张　军）

【红葡萄酒酒脚的综合开发利用】 该项目由王朝公司、天津市农业资源与环境研究所与天津天阳葡萄榨汁有限公司张斌、郑鹤龄、张福庆等合作完成，2008 年 12 月获天津市 2007 年度技术创新优秀项目奖三等奖。其成果全部拥有自主知识产权,属国内首创。项目根据物理学、机械学、化学分析、葡萄酒学、微生物发酵、土壤学、农学等方面技术原理，在国内率先进行酒脚的综合开发利用,完善了生产工艺各环节,从酒脚中提取出酒液,用于生产葡萄酒,节约了处理成本,对环境无污染。该技术将固体残渣酒泥研制成复混肥，使酒脚变废为宝。2004~2007 年，天阳葡萄榨汁有限公司采用该技术共提取酒液 400 吨,实现工业利润 180 万元,在郊区县推广酒泥复混样品肥料 180 多公顷,实现农业产值 560 万元。

（张　军）

【玫瑰香低醇起泡桃红葡萄酒及其酿造工艺】 该项目由王朝公司王树生、张春娅、徐秀玲等完成，于 2008 年 7 月 16 日获中国发明专利权。市场上常见的起泡葡萄酒的酒精含量较高(酒精度都在 12%左右),限制了一些特殊人群对葡萄酒的饮用。王朝公司的以玫瑰香葡萄为原料酿造的低醇起泡桃红葡萄酒,能够满足更多消费者的需求,填补了国内低醇起泡型葡萄酒种类及酿造工艺上的空白。该酿造工艺精选玫瑰香葡萄为原料,其工序为:压榨、澄清、发酵、陈酿、澄清处理、冷冻处理、灌装、包装。产品是一种起泡低醇的营养保健饮品，具有典型玫瑰香葡萄的果香、浓郁的酒香、悦人的玫瑰红色泽,酸甜适度,酒体丰腴,泡沫细腻。

（张　军）

【用贵人香葡萄酿制的甜白葡萄酒及其酿造工艺】 该项目由王朝公司王树生、张春娅、尹吉泰等完成。于 2008 年 8 月 27 日获中国发明专利。国内市场甜白葡萄酒基本上都是用干白葡萄酒加糖兑制而成的,口感单薄不细腻,缺少浓郁醇厚的陈酿酒香,而且品种相对较少,不能满足人们的需求。该发明精选成熟度高的贵人香葡萄的 100%全汁作原料，酿造工序为:压榨、澄清、发酵、陈酿、澄清处理、冷冻处理、灌装、包装。产品属高档陈酿型甜白葡萄酒,具有成熟的葡萄浆果及木桶香,甘香馥郁、酸甜适中,营养丰富,具有较好的保健功能。

（张　军）

【玫瑰香产地葡萄酒的开发】 该项目为王朝公司与天津科技大学生物工程学院合作完成,获 2008 年度天津市农委农业科技成果转化与推广项目资助。该项目研究内容丰富。在栽培方面,进行玫瑰香葡萄质量和产量协调关系的探索,研究其产量的平衡阈值;分析气象和土壤因素对果实生长发育影响，制定合理栽培技术;根据植株生长发育特性,进行玫瑰香葡萄施肥技术的研究;研究病虫害发生规律,自然气象因素及栽培技术措施对病害发生的影响以及施药效果的因素等,制定农业化学防治方法;制定产地玫瑰香葡萄的栽培标准；确定产地玫瑰香葡萄原料的理化指标。在酿造工艺方面,研究葡萄果实成熟期,分析浆果化学成分和物理指标，确定不同酒种工艺适宜采收期；完善优化关键工艺技术，筛选最适合酵母，生产出具有地域特色的玫瑰香汉沽产地葡萄酒系列产品并推向市场；确定玫瑰香产地葡萄酒的相关指标；对玫瑰香汉沽产地葡萄酒风味物质的特征研究、分析,便于识别鉴定,指导生产。该项目将玫瑰香汉沽产地的优势和王朝公司优异的工艺与天津科技大学生物工程学院的科研实力相结合，形成优势的集成,扩大天津产品的国内和国际的认知度,带动汉沽玫瑰香产业的发展、栽培和酿酒工艺技术的整体提高,大大提高农产品深加工附加值,促进天津葡萄酒业的发展。

（张　军）

建材工业

【自乳化粉状树脂产业化与应用技术研究】 可再分散乳胶粉是一种具有特种功能的高分子材料，是聚合物乳液经喷雾干燥而成的粉末状聚合物产品，具有在水中可再分散成乳液的特性，是国际建筑砂浆粘结胶的主流产品，是中国将建筑节能工作推进至“三步节能”阶段（节能65%）及实施国家商务部等四部两局自2007年9月1日起在全国127个中心城市分三年“限期禁止搅拌砂浆、推广使用预拌砂浆”计划不可或缺的砂浆改性剂。天津市建筑材料科学研究所郭玉清、何玉禄、夏冬等人在完成小试、中试的基础上，进行自乳化粉状树脂产业化研究，项目于2006年12月完成。该项研究在国内首先选用弱化保护胶体成膜强度的原料和技术，使制品还原性更佳；其技术创新点显著，自主创新了连续喷雾干燥微胶囊包覆技术，使粉体流动性和储存稳定性大幅度提高。该所和天津市建材集团（控股）有限公司于2006年9月组建天津市科垣化学建材有限公司，专事该项目产品的开发与生产。经国家建材测试中心检验，该产品质量不低于同类进口产品，受到国内外用户的好评。该项目成果达国内领先水平，2008年6月13日通过天津市科委验收，获2008年度天津市建材行业科学技术奖二等奖。

（马玉隽）

【加气混凝土干法施工技术及配套材料的研究】 传统的砌筑和抹面大多采用普通砂浆、湿法施工，需先对砌块进行多次淋水处理，灰缝厚度为15~20毫米，导致墙体自重增加，保温隔热性能下降，引起抹灰层空鼓、开裂和渗漏，制约了加气混凝土制品（国家实施“三步节能”首推的新型墙体材料）的推广和发展。为解决这一问题，天津市建筑材料科学研究所及所属的天津天盈新型建材有限公司于继光、王冬梅、殷宝贤等研发出适用的干法施工技术及配套材料。该技术通过复合保水材料及聚合物乳液的选用，改善材料微观结构，解决了传统施工材料由于加气混凝土吸水而导致失水过快产生的施工性丧失问题，并提出了相适应的干法施工工艺。采用干法施工可实现加气混凝土材料的薄层砌筑（灰缝厚度由20毫米降至3毫米）、薄层抹灰，防止空鼓、开裂现象的产生，传热系数降低了约0.1瓦每平方米开，保持加气混凝土自重轻、保温隔热性能好的特性，同时简化了施工操作（省略了淋水作业），保证了施工质量，缩短了工期，节约了水资源，并使冬季施工成为可能。该技术已成熟应用，开发出的加气混凝土制品砌筑用胶粘剂、专用界面剂、专用聚合物水泥基腻子及专用修补材料等产品，受到用户好评。截至2008年，累计销售1.4万吨，实现销售收入约890万元，利税约178万元。为了更好地规范设计与施工，天津市制定了地方标准《蒸压砂加气混凝土砌块应用技术规程（DB29-128）》及标准图集《围护结构保温构造（干法施工砂加气砌块保温墙）（DBJT29-172）》。该项目2005年12月启动，2007年6月完成，2008年6月通过天津市科委验收，获2008年度天津市建材行业科学技术奖三等奖。

（马玉隽）

【天津水泥院跨入技术创新先进企业行列】 天津水泥工业设计研究院有限公司（以下简称天津水泥院）院长于兴敏被评为2007年水泥行业十大年度人物之一，并以公司董事长兼总经理身份获2007年度天津市“五一”劳动奖章。他就任院长3年以来，实施“中国技术与制造”战略，构建完整的产业链，走出一条符合市场需求、具有设计院特点的工程总承包之路。在科技创新、市场开拓、产业发展、公司治理、文化建设等方面均取得了优异成绩，科技型企业特征进一步体现，企业综合实力与核心竞争力进一步加强。2007年全院设计咨询合同总额在控制总量又有储备的原则下新增1亿多元，承接项目的主流规模由2500吨每天变为5000吨每天，继续保持了在全国大中型规模水泥生产线设计市场中的主导地位以及在国内行业中的位置。国际化转型速度进一步加快，新签海外项目12个，合同金额6亿美元，特别是埃及、印度、美国、俄罗斯等一批国外高端客户的EP或EPC总承包项目合同的成功签约，为天津水泥院业务逐步转向国际高端市场打下了良好的基础。2007年全院实现营业额40亿元，利润2.53亿元，新签合同额94亿元，同比分别增长60%、48%、77%，经济效益大幅攀升，创该院历史最好业绩。全院科研与技术创新成果不断突破并投入应用，成功开发了新一代水泥生产创新技术和优化工艺装备，填补国内空白。大型辊式磨、六级预热器、分解炉、两档窑、冷却机、煤粉燃烧器、高效袋收尘器等装备的研制，取得重大突破并推向市场，取得良好经济和社会效益。2007年天津水泥院获天津市技术创新先进企业称号，多个项目分别获天津市科学技术进步奖一等奖，国家科技进步奖二等奖，天津市技术创新一等奖、二等奖、三等奖。2007年，“天津市水泥技术装备工程中心”获准成立，成为天津市首个直接认定的市级工程中心。装备制造加工中心完成总体建设规划。"节能减排型水泥成套技术创新及产业化项目"被列入天津市20项自主创新产业化项目。

（肖秋菊　韩仲琦）

【天津水泥院及所属单位获多项技术类荣誉称号】天津水泥院被评为天津市2007年度技术创新先进企业，两个项目获技术创新优秀项目一等奖，院长于兴敏被评为技术创新带头人；2008年初国家科技部、国资委、财政部公布，天津市有8家企业入选国家级创新型企业试点，天津水泥院名列其中；2008年2月，天津水泥院获首批"AAA"级信用等级企业称号；2008年12月，中国水泥发展中心物化检测所获全国水泥化学分析大对比"全优单位"称号；在2007年度全国工程总承包完成合同额排序中，天津水泥院位列第23名；在2007年全国工程勘察设计企业全年营业收入前100名排序中，天津水泥院位列第18名；2008年4月，天津水泥院粉体公司获天津市"五一"劳动奖状荣誉称号。

（肖秋菊　韩仲琦）

【新型干法水泥生产线重大配套装备研制和工程化应用】2008年1月8日，在国家科学技术奖励大会上，天津水泥院和合肥水泥院共同研发的"新型干法水泥生产线重大配套装备研制和工程化应用"成果，获2007年度国家科技进步奖二等奖。该项目属国家重大技术装备研制项目"10000t/d水泥熟料新型干法生产工艺与成套设备研制"课题，旨在实现日产5000吨以上级新型干法水泥生产线重大配套装备国产化。其主要研究内容包括：水泥原料大型破碎装备、大高度机械输送装备、水泥窑炉煤粉计量与控制装备等。这些新研发的技术装备已投入工业化应用。

（肖秋菊　韩仲琦）

【水泥窑无烟煤煅烧技术研究及应用】2008年1月14日，天津水泥院俞为民等完成的该项目获2007年度天津市科技进步奖二等奖。福建龙岩合丰等水泥厂成功应用该技术并经工业性试验考验，表明该技术是成熟可靠的，为无烟煤的推广应用开辟了广阔的前景，使水泥企业能因地制宜就近采用廉价的无烟煤煅烧水泥熟料以降低生产成本。

（肖秋菊　韩仲琦）

【处理工业和生活污泥的方法获专利金奖】天津水泥院发明专利"处理工业和生活污泥的方法"获天津市2007年度专利金奖（全市共10项金奖）。该专利的发明人是该院技术研发中心胡芝娟、陶从喜和沈序辉等。该专利技术是将含水量75%的湿污泥送入烘干机烘干，干化后污泥直接送入分解炉焚烧。污泥中有机组分在分解炉内燃烧，其热值得到利用，细菌及恶臭气体彻底燃尽，无机组分作为替代原料利用。该方法系统简单，投资省，无二次污染，具有较高的创造性、新颖性和实用性。

（肖秋菊　韩仲琦）

【天津水泥院多项软件类技术成果获奖】2008年9月，在全国第二次建材行业优秀工程建设标准设计奖评选中，天津水泥院的"水泥工厂节能设计规范"获一等奖，国家建筑标准设计图集《挡雨板及栈台雨篷》获二等奖；在第五次建材行业优秀工程勘察设计计算机软件奖评选中，天津水泥院的"工程协同设计管理平台——项目管理信息系统"获一等奖，"厂房信息模型系统（美国规范版）"获二等奖；2008年9月，在全国建材行业第七次优秀工程咨询成果奖评选中，天津水泥院完成的"阿尔博安庆白水泥有限公司40万吨每年熟料白水泥生产线建设工程项目申请报告"、"汉中尧柏水泥有限公司4000吨每天熟料水泥生产线建设工程项目申请报告"获一等奖，"阿荣旗蒙西水泥有限公司4800吨每天熟料生产线二期工程项目申请报告"、"互助金圆水泥有限公司3200吨每天熟料生产线（含6兆瓦纯低温余热电站）项目申请报告"、"亚泰集团哈尔滨水泥有限公司资源综合利用技术改造工程（4000吨每天二期）项目申请报告"获二等奖。

（肖秋菊　韩仲琦）

【TRM3131S型矿渣辊磨被列入国家重点新产品计划】天津水泥院研发的"TRM3131S型矿渣辊磨"被列入2007年度国家重点新产品计划。2002年以来，天津水泥院有6个装备产品被列入国家重点新产品计划，获财政拨款补助及贷款利息补贴100余万元。

（肖秋菊　韩仲琦）

【水泥厂窑尾高层钢管混凝土塔架结构研究及应用】窑尾塔架是水泥厂最高的建筑物，高度大部分在

80~120 米之间。为了能够精确计算风载对塔架的作用，天津水泥院在行业内首次采用全模型风洞实验方法测出了相应于塔架本身真实的体型系数和风振系数，降低了梁的截面高度。与高等院校合作，对钢管混凝土框架布置、梁柱节点等进行了理论分析和优化设计等工作。通过天瑞石龙、大连天瑞、广东佛山三水等水泥厂的应用，在 5000TPD 系列窑尾塔架设计上节省钢材 176 吨。在 2500TPD~3200TPD 系列窑尾塔架设计上节省钢材 98.7 吨。降低了投资和施工成本，缩短了施工周期。该项目 2005 年 12 月完成，2006 年 1 月起在该院设计的国内外水泥厂中全面推广。"水泥厂窑尾高层钢管混凝土塔架结构的研究及应用" 项目 2008 年 12 月 4 日通过中国建材联合会组织的鉴定，达到了国际先进水平。

（肖秋菊 韩仲琦）

【辊压机水泥半终粉磨系统】 水泥料床终粉磨系统是粉磨技术的发展方向和最终目标，国际上应用的实例越来越多。但国内缺乏自主装备技术，料床终粉磨装备技术还没有被广泛应用。由辊压机和球磨机组成的联合粉磨系统已成为水泥粉磨系统的首选方案，该系统的关键装备是辊压机，关键技术是辊压机和球磨机的组合形式。天津水泥院对辊压机系统进行了深入研究，开发出这种工艺简单、运转率高、节能效果更好的用于水泥粉磨的辊压机半终粉磨系统。该技术优化辊压机半终粉磨系统，取消了 V 型选粉机后的旋风筒和循环风机，解决高含尘气体直接进入循环风机造成的风机磨损问题，简化工艺流程，有利于降低系统通风电耗，提高系统的运转率。研发的 TESu 型高效涡流选粉机，满足底部进入高含尘气体和顶部喂料的要求，采用特殊的耐磨材料，抗磨性能好，设备运行稳定、可靠。该半终粉磨系统在亚泰集团哈尔滨水泥有限公司使用表明，吨水泥电耗比现有圈流球磨系统节电 10 千瓦时以上。2008 年 7 月 18 日，天津水泥院的"辊压机水泥半终粉磨系统技术开发"项目通过由中国建筑材料联合会组织的鉴定，主要技术经济指标达到国际先进水平。

（肖秋菊 韩仲琦）

【水泥窑尾电改袋技术开发与应用】 为改变水泥生产线上原有电收尘器无法满足国家新的《水泥工业大气污染物排放标准》规定的局面，中天仕名环保公司开发了水泥窑电收尘器改为袋收尘技术。该技术充分合理利用原电收尘器部分壳体，通过拆除电收尘内部构件、增设气流均布装置、整体式喷吹装置、过滤元件等袋收尘部件，将原电收尘器改造为低压脉冲袋收尘器，具有排放远低于国家标准（小于10 毫克每立方米）、运行稳定低阻（收尘器进出口压差低于 1300 帕）节能、投资节约、施工简单、停窑时间短（10~14 天）等突出优点。采用该技术先后成功改造了琉璃河、天瑞集团、鹿泉鼎新、蒙西海拉尔等多条 2500~5000 吨每天水泥窑尾，还有焦作 5000 吨每天窑头，琉璃河烘干机电改袋收尘器，最长运行达 3 年 8 个月，深受广大用户欢迎，取得了良好经济环保和社会效益。2008 年 12 月通过技术鉴定，该项目达到国际先进水平。

（肖秋菊 韩仲琦）

【国内首条水泥生产节能减排综合示范线】 天津水泥院为河北省鹿泉市河北燕赵水泥有限公司设计的日产 4000 吨水泥熟料生产线，是国内首条水泥生产节能减排综合示范线。其技术与装备水平先进，采用了国内最先进、最成熟的节能减排新技术，实现了资源的综合利用和节能减排。该项目仅节能减排资金投入就达 1.41 亿元，占该项目设备总投资的53%，确保了节能减排效果。熟料热耗小于 2969 千焦每千克，熟料电耗小于 58 千瓦时每吨，吨熟料的余热发电 40 千瓦时，噪音优于环保要求指标，比同规模生产线热耗降低约 125 千焦每千克、节电 8 千瓦时每吨，综合节电 5%，每年可节省标煤 5300 吨，节电 992 万千瓦时，余热发电可供电量 4960 万千瓦时，可减少二氧化碳 2.48 万吨。该生产线预留了能焚烧处理废弃物的设置。该新一代节能环保高效水泥生产线节能减排效果达到国际先进水平。它的推出，对国内水泥行业发展循环经济、实现节能减排产生深远影响和推动作用。

（肖秋菊 韩仲琦）

【冀南第一条日产 5000 吨熟料线竣工投产】 2008 年 6 月 9 日，天津水泥院为河北奎山集团设计投建的冀南第一条日产 5000 吨熟料线竣工投产。这是继华润南宁、卫辉天瑞、山东丛林、大连天瑞之后，采用天津水泥院第三代预热器的第五条日产 5000 吨生产线。第三代预热器系统是该院按照国家"节能减排"原则开发的最新烧成系统，热耗、电耗、对原燃材料的适应性等指标都达到了一个新的水平。

（肖秋菊　韩仲琦）

【国内首台第四代行进式稳流冷却机投产】 2008年12月，天津水泥院自主研发、设计、制造的中国首台第四代行进式稳流冷却机在江西圣塔集团日产3500吨熟料生产线投产并达标。国产化TCFC型第四代行进式稳流冷却机是天津水泥院与国际专业公司丹麦富士摩根公司合作的最新成果，使用了多项专有技术，具有高热交换效率、高输送效率、高运转率、低磨损等技术优势，其工艺性能达到国际先进水平。该机的成功使用，为水泥工业节能减排、可持续发展、提升行业竞争力起到促进和支撑作用。

（肖秋菊　韩仲琦）

【天津水泥院EP项目土耳其TRACIM水泥厂投产】 由天津水泥院总包（EP）的土耳其TRACIM水泥厂5000吨日产生产线，2008年12月21日投产，这是国内水泥工业走向国外、承建的大型水泥厂之一。

（肖秋菊　韩仲琦）

【天津水泥院通过环境与职业健康安全管理体系认证】 经过长城（天津）质量保证中心审核，2008年12月26日天津水泥院通过质量管理体系复评和环境、职业健康安全管理体系认证。天津水泥院推行质量管理体系13年来，体系不断改进和完善，以国际标准的管理模式、以持续的技术创新，为中国水泥技术发展做出了贡献。该院以GB/T28001-2001、GB/T24001-2004标准及国家法律法规为依据，在环境管理体系建设方面，着眼于污水、固体废弃物、粉尘均达标排放，施工噪声达标，做到文明施工改善环境。在职业健康安全管理体系建设方面，该院将体系建设与安全生产流程再造工作有机结合，深入研究企业的组织管理特征和安全生产特性，大力推进制度建设，系统建立了目标与责任管理、安全投入管理、日常监督管理、应急管理、信息管理、安全教育培训管理、危险源管理以及绩效评价、考核、奖惩管理8个体系。2008年公司安全生产管理以危险源识别与控制为主线，充分落实安全生产责任制，健全安全生产组织机构，加大安全教育培训，加强安全生产监督检查及隐患排查治理，实现了全年无重大安全事故的目标。

（肖秋菊　韩仲琦）

【针对天津地区钢筋混凝土的腐蚀防护研究】 该项目由建筑科学院承担，从钢筋混凝土被腐蚀机理出发，针对天津及滨海地区水质、土壤环境等特点，研制出JTF-Ⅰ型高性能防腐剂。该产品不仅具有抗冻融、减水、密实等功能，而且其防腐阻锈效果和抗蚀抗渗性能均优于国内外同类产品，是一种无毒无害的环保型混凝土防腐材料。项目所研制的产品可广泛用于全国各地的盐渍土地区、盐湖、滨海盐场、沿海港口、海水渗入区等不良地质区域和海洋水域的钢筋混凝土工程。截至2008年，产品已经应用于秦皇岛金海湾森林逸城工程、天津天管元通管材制品工程、天津东疆保税区物流加工区工期A段工程等。

（天津市建筑科学研究院）

【带空气夹层的外墙保温性能的研究】 该项目由建筑科学院完成，2008年1月11日通过天津市建委验收。课题组通过对几种基层材料、保温材料、饰面材料与空气夹层组合墙体的保温性能的理论计算数据的比较，筛选出组合方案进行试验。通过试验及计算提出，带空气夹层的外墙保温系统传热系数为0.35~0.42瓦每平方米开，可满足天津市三步节能的要求。

（天津市建筑科学研究院）

农业科技

概　况

【农业科技简况】 2008年，天津市在农业抗旱保水技术、淡水水产品健康养殖技术、种猪良繁体系示范工程与推广、肉羊产品加工技术、奶牛饲料营养知识咨询及配方优化网络系统和棉花秸秆机械化收获加工及循环利用等技术领域取得了国内领先水平。全年共执行271个项目，推广番茄(百利、佩雷斯、3-409)、彩椒(曼迪、塔兰多)、花卉(安祖花、宝莲灯)、玉米(纪元一号、京单28)等243个新品种。引进推广现代物理农业工程技术、设施蔬菜病虫无害化控制技术、优质原料奶牛生产技术、激光平地技术、污水处理等151项技术。共建立各类农业科技示范户4900多户，在12个有农业区县建立试验示范基地1066处，总面积19万亩，种植业累计推广面积589万亩(包括市外)，养殖业累计推广规模28万头(只)，新增经济效益12亿元。通过项目的实施带动，提供了设施农业发展所需的大批新品种新技术，展示了多种农业节水技术，初步示范了5种农村污水治理方式，筛选出一批适宜绿化、美化农村生态环境的植物品种。2008年天津市农业领域获国家、天津市科技奖励21项。市科润公司“黄瓜育种技术创新与优质专用新品种选育”获国家科技进步奖二等奖；“黄瓜主要病害分子标记的研制及应用”获市技术发明奖二等奖(一等奖空缺)、“便携式微型保鲜冷库研制与应用”获市技术发明奖三等奖；“甜瓜育种技术创新及设施专用型新品种选育”和“水稻新品种津原45选育与应用”分别获市科技进步奖一等奖；“淡水健康养殖”、“海水养殖鱼类病害防控”、“种猪繁育体系示范”、“反刍家畜专用高能高效饲料生产”4个项目获市科技进步奖二等奖；“棉花秸秆机械化收获加工及循环利用技术集成示范”、“渗灌节水关键技术研究”等13个项目获市科技进步奖三等奖。天津市黄瓜等果蔬育种、水稻育种、海水养殖病害防控、农产品保鲜技术领域保持或达到了国内领先水平。

(天津市农委)

【农民素质提高工程全面实施】 2008年，天津市在圆满完成农村劳动力“351”培训工程的基础上，围绕提高农民综合素质，加快农村劳动力的转移，启动实施了农民素质提高工程。2008年2月，市委办公厅转发了市委农村工委、市农委拟定的《天津市农民素质提高工程实施方案》，5月经市委批准成立了天津市农民素质提高工程领导小组，办公室挂靠在市农委。实施方案总体目标是，从2008年至2011年，对全市广大农民进行普及性教育培训。到2011年底，累计培训40万农村实用人才，向非农产业转移农村劳动力30万人，使非农就业率达到72%。培养造就一大批高素质的专业农民、高技能人才、第三产业服务人员、创业带头人和基层管理人员，全市农民思想道德素质、科学文化素质和法制观念明显提高。健全与社会主义新农村建设相适应的新型农民(居民)教育培训体系和长效运行机制。2008年有9.07万人参加了培训，其中30224人取得了相应证书。

(天津市农委)

【启动建设滨海农业科技园区】 2008年6月天津市政府办公厅转发市农委、市滨海委、市科委《关于推进滨海农业科技园区建设工作实施意见的通知》，对天津滨海农业科技园区建设工作作出了总体部署和安排。实施意见计划，到2011年，在天津滨海新区建成各具特色的集生产、生活、生态、文化、教育等功能于一体的6个现代农业科技园区：天津滨海国际花卉科技园区、天津滨海耐盐碱植物科技园区、天津滨海茶淀葡萄科技园区、天津滨海生态农业科技园区、天津滨海海水养殖科技园区和天津滨海津南循环农业科技园区。要把园区建设成为全国重要的农业科技创新与成果转化基地，成为滨海新区发展现代农业的主要形式，成为全市现代农业发展的重要引擎，成为辐射带动环渤海地区乃至全国的重要创新基地。2008年天津滨海国际花卉科技园区、天津滨海耐盐碱植物科技园区和天津滨海茶淀葡萄科技园区3个园区建设规划已通过论证，正在稳步推进建设工作。

(天津市农委)

【启动农业10大种业基地建设】 2008年3月，市农委、市科委、市财政局共同制定了《关于印发<天津市农业种业基地建设意见>的通知》。决定围绕满足天津市农业主导产业良种需求和提升优势种业国际竞争力，建设优质高效蔬菜良种、猪良种、奶牛良种、淡水鱼类良种、海珍品水产良种、花卉良种、林果苗木良种、食用菌良种、转基因棉花良种等10大种业基地，培育5个标志性企业；到2011年，基地优良品种在全市市场占有率达到60%以上，在全国同类产品中占有率达到10%以上，种业整体技术水平得到明显提升；全市种源农业产值占全市农业产值的比例超过10%，新增经济社会效益达到100亿元。2008年初步确定了10大种业基地实施方案，其中蔬菜、猪、转基因棉3个种业基地建设总体实施方案已通过了专家组可行性论证。

（天津市农委）

【天津沿海都市型农业功能区划】 该课题是农业部办公厅调研课题，2008年3月立项，2008年12月完成，由天津市农业经济与区划研究所、天津市农村工作委员会计划处李瑾、杨青松、黄学群、李树德等共同承担。该课题一是调查了12个有农业区县，2004~2006年农产品商品性生产能力、农村能源作物及其分布、农村富余劳动力及分布、耕地占用及分布等情况。二是根据新时期天津沿海都市型农业的内涵、特征与功能定位，提出天津沿海都市型农业的功能体系。三是以区县为单位，建立数学模型，采用聚类分析、农业地域分异定量定性相结合的方法，提出天津沿海都市型农业功能分区方案和未来10年各农业功能区的主导功能定位、发展目标及发展方向。四是针对各农业功能区主导功能实现与协调发展，提出可操作的政策措施，为全面推进农业现代化提供科学依据。

（孙国兴）

【滨海农业科技园区运行机制研究】 该课题是天津市农委调研课题，由天津市农业经济与区划研究所和天津市农村工作委员会科教处沈欣、吕福旭、李瑾、黄学群等承担。该课题为落实天津市委、市政府《关于推进城乡一体化发展战略加快社会主义新农村建设的实施意见》和市政府办公厅《关于推进滨海农业科技园区建设工作的实施意见》中提出的在滨海新区建设6个不同特色农业科技园区的战略部署，积极探索符合滨海新区现代农业发展要求的管理运行机制。课题在对国内外农业科技园区管理模式分析基础上，研究了滨海农业科技园区运行机制发展定位及目标、运行主体确定、园区运行机制设计、园区运行机制内涵；课题组对已经启动建设的天津滨海耐盐碱植物科技园区、天津滨海东丽农业科技园区、天津滨海茶淀葡萄科技园区等3家滨海农业科技园区运行机制进行典型分析，并提出了完善滨海农业科技园区运行机制的政策建议：出台园区发展促进条例，加强园区科技项目扶持，保障园区建设用地，鼓励园区多渠道融资，制定企业税费减免优惠政策，搭建滨海农业科技园区交流平台，完善利益分配机制，创新市场开拓机制等，为滨海农业科技园区持续健康发展提供了有价值的决策建议，该课题2008年结题。

（孙国兴）

【天津市农民教育培训长效机制对策研究】 该课题是天津市农委调研课题，2008年9月立项，2008年11月完成，由天津市农业经济与区划研究所李瑾、巩前文、陈丽娜等承担。该课题对江苏省农民教育培训进行实地调研的基础上，分析了天津农民教育培训的现状与问题。提出了天津农民教育培训长效机制建立的思路与目标。研究构建政策导向机制、财政投入机制、教育资源整合机制、监督评价机制、依法教育培训机制等农民教育培训长效机制。

（孙国兴）

【蓟县富民工程总体规划】 该课题是蓟县政府调研课题，2008年5月立项，2008年12月完成，由天津市农业经济与区划研究所组织天津农学院经管系、天津商业大学经济学院和天津师范大学经济学院李瑾、于战平、刘禹宏、戴学来等承担。该课题重点围绕蓟县富民的现状、潜力与问题，富民的思路与目标，富民的重点项目和富民的组织实施等内容等提出了15个专题调查研究报告，在此基础上，课题组进行了总体规划研究。一是在分析蓟县农民收入基本现状与面临的形势基础上，提出了蓟县实施富民工程规划的指导思想、原则与目标任务。二是明确了蓟县富民工程4个行动计划。三是提出了进一步解放思想、创新观念，创新富民工作推动机制，加大政策扶持力度，深化开放合作，发展富民现代产业组织等保障措施。该课题已通过蓟县政府的审定。

（孙国兴）

【基于 webgis 的天津市滨海新区农用地评价信息系统研究】 该项目是天津市科委应用基础研究项目，由天津市农科院信息研究所马享优、吕雄杰、宋治文等完成，2006 年立项，2008 年结题。项目组针对滨海新区的农用地实际情况，在详细分析当地土壤农用地质量是土地自然属性和社会经济属性因素的基础上，充分利用有关部门的经验和成果，严格依据国家《农用地分等规程》的具体规定，建立包含土壤有机质含量、表层土壤质地、土体构型、盐渍化程度、灌溉保证率和排水条件等评价因素科学合理的农用地质量评价体系，为作好天津市滨海新区农用地评价打下基础。采用国际上先进的 WebGIS 平台，使用面向对象的开发方法、可视化的开发工具，以微软 windows2000/windows2003 为运行平台，开发了可以通过互联网远程调用的功能丰富、操作简便、易于掌握的天津滨海新区农用地评价信息系统。依据建立的天津滨海新区农用地评价体系，将滨海新区相关图件进行数字化，建立多因子的空间属性库，确定自然质量等指数、确定作物光温（气候）生产潜力指数、计算农用地自然质量分、确定产量比系数、划分自然质量等别，最终将天津滨海新区农用地作出评价，详细分析出从 1 至 5 级的农业用地在滨海新区各地分布具体面积和比例。

（马享优）

【设施农业建设快速发展】 天津市委、市政府《关于推进城乡一体化发展战略 加快社会主义新农村建设的实施意见》，确定了到 2011 年全市设施农业面积达到 100 万亩的发展目标。2008 年全市共落实设施农业（种植业）16.76 万亩，共涉及到 11 个区县和农垦集团的 97 个乡镇、426 个村。已投入生产面积 7.15 万亩，播种面积累计达 13.7 万亩，实现总产量 38.7 万吨，总产值 8.85 亿元，实际为农民创收 6.4 亿元。与以往种大田或露地蔬菜相比，农民平均每亩增收达到 1.25 万元。全市通过举办培训班、现场指导、科技项目、科技下乡和技术人员包区县包乡镇以及电视、电话、互联网、报纸等宣传媒介，共培训菜农 5.2 万人次，发放技术资料 8 万份，引进推广设施专用新品种 152 个，专用技术 48 项，技术普及率达到 92%以上。为了扩大宣传面，市农业局与天津电视台、天津电台等部门合作，联合录制设施农业专题节目，开展科技直通车、专家连线等技术服务活动 20 余次。2008 年建成的设施超过以往近 20 年的设施规模。

（市农业局）

【大港区南台镇科技示范场】 该项目是大港农林畜牧局窦峰、窦崇财等完成的国家农业部农业科技示范场项目。示范场以大港区农业服务中心为依托，以现代企业管理制度为核心，完善了基础设施，购置了部分配套机具。引进新品种 40 个、新技术 24 项开展试验示范和组装配套。全年共生产无公害绿色食品 34.8 万千克，良种 3.6 万千克，优质蔬菜种苗、果树幼苗及接穗 13.4 万株。实现总产值 74.2 万元，利润 35 万元。为周边村镇举办农、林、蔬菜等各类实用技术培训班 98 期，参训农民 6018 人次，其中懂技术、会经营、善管理的农村基层干部和青年科技骨干 1015 名。带动周边种田大户 1200 余户。

（市农业局）

【完成四项成果转化项目】 2008 年，天津市林业局组织完成了 4 项天津市农业科技成果转化推广项目合同的签署：“青龙湾沙区生态风景林的建设与示范”、“设施葡萄高效配套技术推广”、“天津市林业有害生物实时监控管理系统”、“八仙山国家级自然保护区无线传感器网络监测技术”。

（市林业局）

种植业

【农作物品质近红外快速检测技术】 该项目是天津市农科院中心实验室与中国农业大学信息学院孟兆芳、赵龙莲主持完成的天津市农业科技合作项目，2003 年立项，2008 年 10 月 22 日通过了结题验收。该项目在引进中国农业大学信息学院开发的近红外定量分析软件的基础上，选择了天津地区小麦、玉米样品，测定其化学值并采集其近红外光谱，添加到引进模型中，对模型进行了转化，构建了适合天津地区的模型，进行了小麦、玉米和大豆样品的快速检测；建立了拥有自主知识产权的大豆粗蛋白质和粗脂肪含量的近红外快速无损及粉末定量分析模型，并对构建的模型进行了验证、优化和应用；制订了天津市地方标准《小麦、玉米粗蛋白质含量近红外快速检测方法》，并已颁布实施。应用近红外快速分析技术较化学分析方法提高分析效率 94%，节约分析费用 85%。

（张丽华）

【优质粮食作物良种产业化示范工程】 该项目是天津市种子管理站、天津市农作物研究所王家琥、张俊英、王继忠等完成的天津市农业科技成果转化与推广项目。该项目使天津市粮食作物小麦、水稻、玉米种子实现了育、繁、推的一条龙产业化经营。种子精选、加工、包装率达 100%，玉米种子包衣率 50%以上，以精选、加工、包装、标牌销售和包衣为突破口，大幅度提高了种子质量，实现了自有知识产权品种的种子产业化。完善了小麦、水稻、玉米良种繁育体系，制定繁（制）种技术规范，累计生产良种 762 万千克，种子质量达国家标准。建立示范基地 54 个，示范面积 3.8 万亩。开展技术培训 4856 人次，建立科技示范户 54 户。累计推广面积 340.25 万亩，种业产值 5518 万元，新增效益 3.13 亿元。

（市农业局）

【杂交粳稻新品种 5 优 190】 该品种属粳型三系杂交水稻，由天津市农作物研究所王胜军等人育成，适宜在北京市、天津市、河北省冀东及中北部的一季春稻区种植。2008 年通过国家品种审定委员会审定。该品种全生育期 179.6 天，抗病性较强，株高 130.7 厘米，穗长 21 厘米，每穗总粒数 211.8 粒，结实率 83.1%，千粒重 24.1 克，米垩白粒率 25%，垩白度 2.9%，直链淀粉含量 15.1%，胶稠度 85 毫米，米质达到国家《优质稻谷》标准 3 级。

（李素敏）

【常规稻新品种津稻 9618】 该品种属粳型常规水稻，是天津市农作物研究所刘学军等人选育的常规稻新品种，适宜在北京市、天津市、河北省冀东及中北部的一季春稻区种植，2008 年通过全国农作物品种审定委员会审定。该品种全生育期 172.3 天，株高 97.2 厘米，穗长 19.7 厘米，每穗总粒数 102 粒，结实率 93.8%，千粒重 25.9 克。米质主要性状：整精米率 68.1%，垩白粒率 8.5%，垩白度 0.8%，直链淀粉含量 16.2%，胶稠度 83 毫米，达到国家《优质稻谷》标准 1 级。

（李素敏）

【杂交粳稻新品种 5 优 280】 该品种属粳型三系杂交水稻，是天津市水稻研究所刘学军等人育成的杂交粳稻新品种，适宜在辽宁省南部、北京市、天津市稻区种植，2008 年通过全国农作物品种审定委员会审定。该品种全生育期 161.2 天，株高 109.6 厘米，穗长 18.8 厘米，每穗总粒数 185.7 粒，结实率 84.2%，千粒重 24 克，整精米率 67.5%，垩白粒率 30%，垩白度 4.4%，直链淀粉含量 15.1%，胶稠度 83 毫米，达到国家《优质稻谷》标准 3 级。

（李素敏）

【杂交粳稻新品种 6 优 160】 该品种属粳型三系杂交水稻，是天津市农作物研究所刘学军等人育成的三系杂交粳稻新品种，适宜在河南沿黄、山东南部、江苏淮北、安徽沿淮及淮北地区种植，2008 年通过国家品种审定委员会审定。该品种全生育期 156.1 天，株高 127.2 厘米，穗长 21.9 厘米，每穗总粒数 212 粒，结实率 74.9%，千粒重 23.4 克，整精米率 64.9%，垩白粒率 24.5%，垩白度 3.0%，直链淀粉含量 15.1%，胶稠度 84 毫米，达到国家《优质稻谷》标准 3 级，良种良法配套米质可达国标 2 级。

（李素敏）

【优质高产多抗广适水稻新品种津原 45、47、9540 中试与示范】 该项目是天津市原种场于福安等完成的国家科技部农业科技成果转化资金项目。项目组创新提出了“整穗育秧法”水稻原种繁育技术，改进并完善了水稻原种繁育技术体系；创新提出了拱棚打孔、旱育秧炼苗技术，研究并形成了一整套津原 45、47、9540 配套栽培技术。3 个品种经大面积生产实践检验，抗病性、耐盐碱性稳定，品质达到部标一级优质米标准，平均亩产达到 650 千克，其中津原 4.5 万亩连片产量达到 745.8 千克/亩，百亩连片产量达 860.6 千克/亩。2007~2008 年，津原 45、47、9540 累计生产原种 350 万千克，纯度达 99.99%。津原 45 成为天津地区主栽品种，覆盖率 95%；津原 47 成为河北省主栽品种之一；津原 9540 成为辽宁省南部稻区主栽品种、河北省搭配品种。2008 年示范和推广津原 45、47、9540 面积 161.5 万亩，原种实现销售收入 534.9 万元，获直接经济效益 152.5 万元。

（市农业局）

【津原系列糯稻新品种—津糯 1 号】 该品种由天

津市原种场于福安等选育，2008年通过国家农作物品种审定委员的审定。该品种属粳型常规糯稻，在京、津、唐地区种植，全生育期175.2天，综合抗性指数2.6。整精米率68.5%，直链淀粉含量1.4%，胶稠度100毫米，达到国家《优质稻谷》糯稻优级标准。区域试验平均亩产592.9千克。适宜在北京市、天津市、河北省冀东及中北部的一季春稻区种植。津糯1号综合性状优良，特别是对近年北方地区暴发的水稻条纹叶枯病达到高抗水平（经天津市植保所鉴定和大面积生产考验），已成为津京唐地区糯稻主栽品种，并已示范推广到冀南、山东省的沿黄稻区和临沂库灌稻区。

(市农业局)

【津原系列糯稻新品种—津糯2号】 该品种由天津市原种场于福安等人选育，2008年通过天津市农作物品种审定委员的审定。该品种属粳型常规糯稻，全生育期179天，株高118.9厘米，植株紧凑，茎秆粗壮，分蘖较强。高抗条纹叶枯病；苗瘟表现抗(R)，叶瘟表现抗(R)，穗颈瘟表现中抗(MR)，综合抗性表现中抗(MR)。田间抗稻曲病，抗早衰，活棵成熟。糙米率82.6%，精米率74.6%，整精米率72.9%，透明度糯级国标等级优。适宜京、津、唐地区一季春稻栽培。

(市农业局)

【青贮玉米新品种津青贮0603】 该品种是天津市农作物研究所李凤华等人育成的青贮玉米新品种，适宜在宁夏中部、新疆北部、内蒙古呼和浩特春播区作专用青贮玉米品种种植，2008年通过国家农作物品种审定委员会审定。该品种出苗至青贮收获期114天，株型半紧凑，株高298厘米，成株叶片数22~23片。经中国农业科学院作物科学研究所两年接种鉴定，高抗矮花叶病，抗丝黑穗病和小斑病，中抗大斑病和纹枯病。经北京农学院植物科学技术系两年品质测定，中性洗涤纤维含量49.56%~52.61%，酸性洗涤纤维含量21.79%~22.42%，粗蛋白含量9.95%~10.07%。2006~2007年参加青贮玉米品种区域试验，在西北区两年平均亩生物产量（干重）1880.7千克，比对照增产15.6%。

(李素敏)

【糯玉米新品种—天农糯2号】 该品种由天津农学院农学系吴锡冬等人选育，2008年2月29日通过天津市农作物品种审定委员会审定。该品种属中秆大穗黄糯类型，播期3月初至7月下旬，采用地膜覆盖栽培，种植密度3000~3500株/亩，出苗至采收82天，株高194.4厘米，穗位81.8厘米，穗长19.9厘米，穗粗4.8厘米，穗行数15.9行，秃尖1.4厘米，平均亩产鲜穗742千克，亩产干籽500千克以上，支链淀粉含量95.9%，抗倒伏，抗主要病害，感玉米螟。活秆成熟，品质优，鲜食皮薄无渣，甜粘清香，品质优良。商品率高，采收期较长，适宜鲜穗加工储存和鲜食。

(吴锡冬)

【热带、亚热带育种材料利用和青饲玉米新品种选育】 该项目由天津农学院农学系王鹏文主持完成，是天津市科技支撑计划项目成果，2008年6月通过结题验收。该项目将热带、亚热带玉米种质导入常规玉米自交系中，创建了青饲(贮)玉米自交系选育的基础群体，选育出性状优良的玉米自交系5个和有利用价值的高世代育种材料36份。利用选育的自交系组配出鲜重生物产量高，适应性好的青饲(贮)玉米新品种“津农青饲1号”。该品种生物产量比对照品种(中原单32)增产57.7%，且各试验点产量差异不大，完成了“津农青饲1号”配套栽培技术研究。

(王鹏文)

【高产专用玉米新品种和玉米自交系的引进、改良及利用】 该项目是由天津农学院、天津市种子管理站王鹏文、王家武、张俊英等完成的市农业科成果转化与推广项目。项目组引进了高产专用玉米新品种22个。筛选淀粉发酵工业用玉米新品种4个；饲料用玉米新品种3个；高淀粉玉米新品种1个。引进国内外玉米种质资源268份，经过改良筛选，已获得有价值的自交系16个，先后组配了玉米新组合158个。项目组在试验、示范、展示的基础上，针对主推品种京玉11、郑单958进行了配套栽培技术研究。京玉11、郑单958等成为天津市夏玉米主栽品种。建立引种示范基地8处，占地1031亩。开展技术培训500人次，建立科技示范户30户，使100人掌握相关技术。累计推广高产专用新品种169.42万亩，每亩平均增收127.8元，共增加社会效益2.165亿元。

(市农业局)

【高淀粉玉米新品种凌玉 4 号】 该品种由玉米良种场刘文政、常雪艳等育成，2008 年经过天津市农作物品种审定委员会的审定。该品种株型半紧凑，叶片宽大，长势强，根系发达，茎秆粗壮，抗倒性强。中早熟，高抗玉米螟，抗大斑病，中抗茎腐病、弯孢菌叶斑病，活秆成熟，保绿度好。品质达到普通玉米国标一级，淀粉发酵工业用玉米国标一级，高淀粉玉米部标一级。适合在天津市夏季种植，平均亩产 772.1 千克。

（市农业局）

【小麦津春 6 号】 该品种为春性品种，由天津市农作物研究所王继忠、时晓伟等人育成，2008 年通过国家农作物品种审定委员会审定，适宜在辽宁沈阳、铁岭、锦州，吉林公主岭，内蒙古赤峰和通辽，河北张家口及天津的春麦区种植。该品种全生育期 85 天左右，穗呈纺锤形，长芒，白壳，红粒，硬质，株高 83 厘米左右，较抗倒伏，抗旱性好。平均穗粒数 32 粒，千粒重 32 克，容重 789 克/升，粗蛋白（干基）16.34%，湿面筋 33.8%，吸水率 54.1%，稳定时间 6.5 分，拉伸面积 87.8 平方厘米，是较好的中筋小麦品种。抗病鉴定表现为中感至中抗秆锈病，慢叶锈病，高感白粉病。2007 年参加国家东北春麦区早熟旱地组区域试验，平均亩产 307.7 千克，比对照辽春 17 号增产 4.06%，居第一位；2007 年参加国家东北春麦区早熟旱地组生产试验，平均亩产 310.4 千克，比对照辽春 17 号增产 2.28%，居第一位。

（李素敏）

【农大小麦新品种 3753 的引进试验】 该项目是天津市种子管理站和蓟县农作物研究所贺长征、李广全共同完成的天津市农业科技合作项目。3753 小麦新品种是中国农业大学以京冬 8 号和黑小麦 76 杂交选育出的紫色富硒强筋小麦新品种。在天津市种植分蘖力强，成穗率高，冬季带绿越冬，抗寒性强。该品种加工品质好，富含微量元素硒，是制作富硒面包和特色小杂粮的优质原料。2008 年市农业局批准引种。项目执行期间，在全市建立原原种繁种田 10 亩，展示示范田 200 亩，制订了以半精量播种和水肥后移技术为特色的栽培技术规范。

（市农业局）

【黄瓜育种技术创新与系列专用新品种选育】 该成果由天津科润农业科技股份有限公司黄瓜研究所杜胜利、李淑菊、李加旺等完成，获得 2008 年度国家科技进步奖二等奖。该成果在国内首次建立了高效稳定的利用黄瓜未受精子房培养获得加倍单倍体的技术体系，并规模化应用于黄瓜种质创新与新品种选育；建立了分子标记辅助育种技术体系，获得了与黄瓜抗白粉病、霜霉病、黑星病、炭疽病紧密连锁的分子标记，应用于黄瓜资源材料筛选；首次明确了黄瓜亲本间分子遗传距离与其杂种优势的相关性，提出利用亲本间分子遗传距离预测杂种优势；系统研究完善了 8 种黄瓜病害苗期人工接种抗病性鉴定技术，研究了 4 种黄瓜病害多抗性鉴定技术；对来自国内外的优良黄瓜资源进行纯化和创新，获得了一批性状优异的育种新材料；育成了优质、高产、多抗的优良黄瓜新品种 14 个，成果国内领先。2006~2008 年，累计推广销售自主产权的“津春”、“津优”黄瓜良种 35.6 万千克，直接经济效益 1.06 亿元；为 210 万亩黄瓜生产提供了良种，创社会经济效益 12.6 亿元。

（孙玉河）

【甜瓜育种技术创新及设施专用型新品种选育】 该项目由天津科润农业科技股份有限公司蔬菜研究所李秀秀主持完成，获 2008 年度天津市科技进步奖一等奖。课题组历经 15 年时间，开展了创新隐性基因控制性状的转育技术、快速创制育种资源及甜瓜矮化育种模式的研究，利用分子标记技术辅助甜瓜花性型基因转育的技术体系研究，建立甜瓜耐低温、耐热材料的鉴定方法和评价指标体系，创新耐热、耐低温资源材料，选育出一批特色、优质甜瓜新品种并用于设施生产。该项目发明甜瓜隐性基因控制性状转育新技术，突破传统转育周期过长的技术难点；率先开展分子标记技术对性型基因 A 转育过程中的轮回亲本及近等基因系的多态性研究，创建新技术体系，成功地将花性型基因 A 与矮化株型基因 si 有效聚合，实现优异资源创新；首创甜瓜多基因控制性状和目标性状高效聚合的关键技术，温敏资源鉴定技术，耐低温材料创新及育种技术体系；育成国内首个具成熟标记的网纹甜瓜新品种“金蜜龙”，早熟花皮品种“丰雷”甜瓜新品种，国内首批温度钝感型品种“甜 9 号”。该成果育成的厚皮甜瓜新品种推广到全国 12 个省市。

（李素文）

【春保护地甜椒育种资源创新及专用型新品种选育】 该项目由天津科润农业科技股份有限公司蔬菜研究所刘文明主持完成，获2008年度天津市科技进步奖三等奖。课题组突破甜椒耐低温、耐热育种关键技术，创建甜椒资源耐低温、耐热鉴定方法和评价指标体系及耐低温、耐热资源材料和创新育种技术体系，拓宽了甜椒育种研究领域；解决了甜椒抗病育种技术难点，丰富和创新甜椒抗病资源与材料，提高甜椒抗病育种研究水平，促进甜椒育种研究的科技进步；率先育成国内第一个适宜北方春保护地和越夏栽培的甜椒优良新品种"津椒四号"，该品种已在天津、北京、河北、山西、内蒙古等国内北方省市和地区广泛应用。2005~2007年累计推广应用面积达到3.28万亩，新增总产量1952.7万千克，新增效益1860.7万元。

（李素文）

【抗病、耐热甜椒育种材料创新及新品种选育】 该项目是天津科润农业科技股份有限公司蔬菜研究所刘文明主持完成的天津市科技攻关项目，2008年10月21日通过结题验收。该研究育成的抗病、耐热甜椒新品种"津椒18"，能够适应35~38℃高温，中熟，10~11片真叶现蕾，开花后25~28天成熟，果实长方形，果色深绿，果肉厚0.45~0.55厘米，平均单果重为208.7克，最大单果重可达到280克，在温室和大棚内栽培每亩产量达到60吨（如果进行越夏连秋再生栽培，每亩产量可达到75~82吨），比"中椒五号"增产11.4%。该品种口感脆嫩，品质好，高抗TMV病毒、耐疫病。适合国内北方地区春保护地及越夏连秋栽培和南方部分地区的春、秋露地栽培。

（李素文）

【克服日光温室冬季生产障碍关键技术推广】 该项目由天津农学院园艺系王学利主持完成，是天津市农业科技示范推广项目成果，2008年4月通过验收结题。科研人员针对天津市低温寡照的气候特点，开发应用保温、增温及补光等配套措施，推广了多层覆盖及高保温材料技术、热风炉增温技术、生物菌肥、有机肥施用、地热线增温技术、光源补光技术、温室内地上蓄水膜下暗灌技术以及病虫害综合防控技术，引进推广了耐低温、耐弱光的8个保护地专用番茄新品种、3个黄瓜品种、荷兰五彩椒、耐低温的草莓和叶菜番杏等新品种，其中番杏在天津市保护地栽培成功，并实现了周年生产。开发应用了5种高效栽培模式和猪-沼-菜"三位一体"种养结合模式，同时应用沼气增温补光技术，提高室温2~3℃，可有效降低室内湿度，利于蔬菜生长，减少肥料污染，提高蔬菜质量。综合技术的运用可提高温室的生产能力，实现冬季温室内最低温度不低于8℃，连阴15天以下不减产，平均亩产量提高14.7%，投入产出比达1:3以上。项目实施期间，在全市涉农区县累计推广面积2.97万亩，制定了黄瓜和番茄栽培技术规范，技术培训1.3万人次，实现经济效益2.7亿元，增加经济效益3363.84万元。

（王学利）

【有机蔬菜生产技术研究】 该项目是由天津市蔬菜技术推广站、天津市植物保护研究所、天津市西青区辛口镇当城农林开发公司刘振华、王万立等完成的天津市科技攻关培育项目。项目组按照有机蔬菜生产要求，总结出黄瓜、大白菜、青萝卜、菜豆有机生产模式。在挖掘和改进传统农艺防治病虫害方法的基础上，研制出沼液加木酢液的防蚜配方，提高了防效，大白菜主要病害防效达到78%~82%、菜青虫和蚜虫防效达到90%，韭菜主要病害灰霉病的防效达到82%~84%，韭蛆的防效达到90%，卫青萝卜病毒病的防效达到65%。项目制定出4种蔬菜的有机栽培技术规程，比常规栽培总体经济效益提高31.6%，筛选出11个适宜有机栽培的蔬菜品种，总结出3种高效有机栽培茬口模式，建立了当城、水高庄300亩示范区，辐射推广3000亩。

（市农业局）

【野菜新品种引种筛选及配套栽培技术开发】 该项目是天津绿色东方科技发展有限公司、大港防蝗站孙淑蕴、哈津玲、谢志庚等完成的天津市农业科技成果转化与推广项目。项目组引进了23类野菜品种，通过适应性栽培和繁育技术研究，筛选出枸杞菜、荠菜、水白菜、紫苏、山莴苣5种保健效果和口感好，市场认可度高的野菜品种。项目实施期间，在北辰、西青、大港建立野菜种植科技示范户5户，累计示范种植50亩以上，亩均效益超过6000元。

（市农业局）

【优质小果脐紫圆茄新品种选育】 该项目是天津科润农业科技股份有限公司蔬菜研究所王利英主持完

成的天津市科技攻关项目，2008 年 10 月 21 日通过结题验收。课题组对紫圆茄果脐的发育进行了探讨，对主要果实性状进行了相关性分析，并对影响果脐大小的诸多因素进行了通径分析，认为果型指数、纵径、果肉颜色与果脐面积呈负相关，选择果型指数高和纵径大的材料会提高对小果脐的选择效率。但是必须控制在合理范围内，以免使果型过于高圆。加强对绿肉性状的选择更有利于提高小果脐的选择效果。选育出白肉小果脐紫圆茄组合 1 个，果脐面积小于 2 平方厘米，果脐面积指数小于 1.62，果实圆形，果型指数 0.89，单果重 400 克左右，开展度 60 厘米，株高 95 厘米，抗性达到中等水平。果实深紫色，有光泽，最高亩产达 7992.6 千克，最低比对照快圆茄增产 17.0%，好果率在 83.3%以上，果肉质地细嫩，口感好，商品性佳。

（李素文）

【全红型专用胡萝卜杂交新品种的中试与示范】 该课题是国家农业科技成果转化项目，由天津市园艺工程研究所管长志、尹立荣、陈磊等承担，2008 年 3 月通过天津市科委组织的结题验收。该项目研究完善了胡萝卜规模化的杂交制种技术体系，使制种单产每亩达 59 千克，较项目实施前增加近一倍，成本降低一半。项目执行期间，建成了标准化的原种繁育场(网室)4 亩，繁育原种 149.5 千克；建立了杂交制种基地 420 亩，繁育良种 3.2 万千克，全红率和纯度分别达到 100%和 99%。项目执行期间，建立了 3 级制种管理模式，为胡萝卜新品种转化提供了技术支撑和组织保证。

（尹立荣）

【天红系列胡萝卜新品种的中试与示范】 该课题是天津市农业科技成果转化项目，由天津市园艺工程研究所管长志、尹立荣、陈磊等承担，2008 年 4 月通过天津市农委组织的结题验收。项目执行期间，建成标准化的原种繁育场（网室)4 亩，繁育原种 149.5 千克，纯度达到 99.99%。建立良繁基地 3 个，面积 420 亩，累计繁种量达到 32 吨，纯度达到 99%。建立了“项目承担单位—代理人—专业户”3 级繁种管理模式，通过制种相关技术研究，制定了胡萝卜杂交制种技术规范，使制种单产由 25 千克 /亩提高到 59 千克 /亩，同时显著的降低了种子成本。建立了种子可追溯档案，为保证种子质量起到了一定的监督作用。建立种子质检室 1 个，改建种子贮藏库 150 平方米，低温冷库 20 平方米，加工包装车间 30 平方米，配备了种子加工相关设备，并制定了胡萝卜种子加工规范。举办繁种技术培训班 3 期，共培训相关技术人员 60 人次。举办新品种示范推广现场观摩活动 13 次，建立并推广天红系列胡萝卜新品种栽培技术规范，使全国 400 余人掌握了胡萝卜种植的相关技术，提供了 200 个就业机会，培育科技示范户 6 个。在国内 26 个省(市、区)建立示范基地 25 个，示范面积 4.1 万亩，其中在天津市建立新品种示范基地 2 个，示范面积 3100 亩。

（尹立荣）

【山楂果胶高度利用技术的开发】 该项目是天津市科技攻关计划项目，由天津农学院食品科学系李托平主持完成，2008 年 9 月通过鉴定验收，其成果达国际先进水平。研究人员首次确认山楂果胶的粘度高于同等条件下商业性柠檬果胶的粘度，系统明确山楂果胶分子的化学构造特征；确立果胶酶高效固定化技术，设计山楂果胶寡糖连续大量制备的生物反应器，并成功确立果胶酸性寡糖大量制备的技术工艺路线，生产聚合度 2~11 的新型半乳糖醛酸寡糖；明确了山楂果胶寡糖对食品腐败微生物的抗菌性以及抗菌性的影响因素与作用机理；发现了山楂果胶寡糖作为保健功能食品或药品配料的抗氧化，抗溃疡，抗过敏，改善肠道菌落，促进植物生长等的生理功能；开发出两种高粘度与低粘度食用果胶、4 种天然食品防腐剂系列产品和 11 种研究用标准试药。项目执行期间发表 5 篇核心刊物论文，4 篇 SCI 检索文章，申请了 2 项发明专利。

(李托平)

【出口型蔬菜及甘薯新品种引进与安全高产栽培技术示范】 该项目由天津市农业高新技术示范园区管理中心李洪安主持，2006~2008 年，项目共引进国内外蔬菜、甘薯新品种 11 种类近 200 余个品种，包括菠菜、白菜、甘蓝、生菜、萝卜、洋葱、大葱、番茄、南瓜、彩椒、甘薯等，根据该项目要求，初步筛选出参试 164 个品种，从中再次筛选出适销、高产、优质、抗病性强、性状稳定的蔬菜 30 个品种、甘薯 2 个品种落户天津。最后确定示范推广的蔬菜类别为 7 类 21 个品种和甘薯品种 2 个。根据落户品种的特征特性，总结出蔬菜安全高产栽培技术及应用脱毒种苗的甘薯有机栽培技术规范 9 项，研发了辣白菜工艺流程图、甘薯加工工艺流程及标准 2 项。举办培训班、现场会等活动，对技术人员、管理人员和种植户进行了蔬菜安全高产栽培、甘薯有机栽培技术培训。2008 年举办各类培训 11 次，培训 550 多人次，使 300 多人掌握了相关技术。截至 2008 年 10 月，蔬菜、甘薯新品种累计推广面积 1615 亩，累计新增经济效益 240.55 万元。

(马洪英)

【利用拮抗细菌防治设施蔬菜土传病害的研究】 该项目由天津市植物保护研究所杨秀荣主持完成。科研人员针对土传病害，从天津各蔬菜产区采集土样，分离获得对该类病菌抑制活性最高的拮抗细菌菌株 B579，经初步鉴定该菌为芽孢杆菌(bacillus sp)，在 LB 培养基上培养 10 小时就能进入平稳期。该菌来源于天津地区蔬菜种植区，适合天津地区偏碱的土壤条件。研究结果表明该菌对作物生长具有较强的促生作用，能够提高黄瓜发芽率 13.9%(浸种)和 10.0%(灌土)，对黄瓜的促长率为 11.3%。对番茄株高促长率为 27.4%、对根长的促长率为 10.6%、提高地上部干重 46.2%、提高地下部干重 6.7%。生防细菌 B579 对黄瓜立枯病的防治效果达到 71.8%(浸种)和 60.4%(灌根)。对黄瓜枯萎病的防治效果达到 73.5%(预防)和 51.2%(治疗)，对番茄猝倒病的防治效果 68.5%。

(刘晓琳)

【苦瓜皂甙的测定方法】 该项目由天津农学院刘金福等人发明，2008 年 8 月 6 日获国家发明专利。科研人员将苦瓜籽粉加入纤维素酶，微波处理并过滤，将上清液过中空前纤维膜，取透过液过截留分子量 6000 的中空纤维膜，纯化干燥得到苦瓜皂甙粗品，然后经 HPLC 预纯化、分离制备和分离制备后产品重结晶，以此制备苦瓜皂甙对照品。采用分光光度法在 468 纳米的波长处吸光度，计算即得供试品中苦瓜皂甙的含量。该测定方法，为苦瓜类保健食品及中草药苦瓜皂甙的标准化定量分析提供了标准对照品。

(刘金福)

【大白菜耐抽薹种质资源创新及其留种方法的研究】 该项目是天津科润农业科技股份有限公司蔬菜研究所闻凤英主持完成的天津市应用基础研究计划面上项目，2008 年 4 月进行成果登记。该项目对大白菜种质资源抽薹性及其遗传性、耐抽薹大白菜种质资源生殖期调控技术及耐抽薹种质资源采种方法进行了研究。制定出了适宜耐抽薹材料留种的方法，即采用半大株采种法可比小株采种法提高产量 62.2%，单株结籽量达 7.09 克，与普通材料的平均结籽量(7.0 克)接近。对耐抽薹性转育技术及小孢子培养纯化技术进行了研究，纯化筛选出 3 个兼具青麻叶特点和较强耐抽薹性的材料 424、427 和 433，这类材料在 13℃以上条件下不发生先期抽薹，能够正常结球。项目执行期间发表 4 篇论文。

(李素文)

【农田防护林、用材林新品种繁育与造林技术推广】 该项目是天津市农业科技成果转化与推广项目，由天津市林业工作站承担完成，2008 年 11 月通过结题验收。项目组引进了转双抗虫基因 741 杨、深州杨和大叶红花刺槐 3 个树种，及“移棚不移苗扦插繁殖”、“遮荫间歇喷雾扦插”苗木繁育技术，推广了生根粉苗木喷根、施用保水剂、地膜覆盖保温等综合造林栽培技术。通过项目实施，苗木直接收益达 420 万元。项目推广的树种抗性强，病虫害发生率远远低于黑杨树种，节省防治经费降低化学药剂的污染。

(市林业局)

【天津市危险性、突发性食叶害虫无公害综合防治技术的推广应用】 该项目是天津市农业技术推广项目。项目组通过对天津主要食叶害虫油松毛虫、侧柏毒蛾、春尺蠖、杨扁舟蛾、美国白蛾等 5 种害虫进行监测，掌握其发生和危害特点，筛选和组装了 14 种无公害防治技术，制订了《天津市侧柏毒蛾监测预报办法》和《天津市危险性食叶害虫综合防治技术规范》。该项目在蓟县、宝坻区、武清区、西青区、津南区建立 13 个示范点，示范面积 3.2 万亩，辐射推广 34.2 万亩，减少投放化学农药 68.4 吨，挽回经济损失 2210 万元。

(市林业局)

【转 BtCry3A 抗天牛基因杂种毛白杨中间实验技术】 该项目是国家林业局重点科研项目，2008 年 12 月 31 日通过结题验收。该项目对已获得的具有高抗虫性的 7 个转基因 741 杨株系，在天津市宁河县、宝坻区和河北省衡水地区建立了 3 个中间试验点，建成环境释放试验林70亩，对转基因抗虫杨的生长表现、抗虫效应、环境安全性作出了科学评价。该种抗虫杨树品种科技含量高，生长优势明显，减少农药污染，抗育成本底，推广应用前景广阔。

（市林业局）

【利用耐盐牧草及遗传工程技术实施盐碱地改良的研究】 该课题是天津农学院园艺系杨静慧主持完成的天津市农业科技合作项目，2008年11月24日通过验收结题。课题组引进了4个耐盐基因，经转化大肠杆菌获得3个耐盐基因克隆菌种，构建表达载体pCB302获得耐盐基因工程菌种。同时，从国内引进26个苜蓿品种，筛选出了5个耐盐品种；引进9个草木樨品种并收集3个野生品种和类型，筛选出2个耐盐草木樨品种。建立了耐盐苜蓿和草木樨的高效基因转化体系，通过愈伤组织和农杆菌介导其基因转化率分别达10%和12%。通过转化获得3个转基因耐盐紫花苜蓿新品种（类型）和3个转基因耐盐草木樨新品种（类型），并对试管苗和盆栽苗进行试验，其耐盐性均可达0.9%~1.0%，较非转化株提高50%。制定了《应用耐盐牧草实施天津市盐碱荒地改良的技术规程》，建立了林牧间作示范区10亩。通过栽培耐盐苜蓿和草木樨，使重度盐碱土壤含盐量降到了中度和轻度盐碱，盐碱土质得到改良。

（杨静慧）

【抗旱抗盐高产油树工程育种】 该项目由天津农学院张伟玉主持完成，2008年7月11日通过天津市科委组织的结项验收。科研人员通过引种、资源调查和收集、选种、育种、扦插、组培快繁等研究方法和手段，进行了抗旱、抗盐、高产油树的工程育种，研究了大量野生的、耐瘠薄的能源植物。从国内引进麻风树、银合欢等20余种，从加拿大引进高油高抗油菜、亚麻等品种，在国内收集16个高油、抗旱油葵品种、2个续随子品种、12个高油野生大豆品种、22个草本野生植物品种；选出抗旱抗盐速生的麻风树和银合欢，抗旱性、抗寒性强的能源植物文冠果和黄连木；通过生物技术育种获得了抗寒性大大增强的多倍体麻风树、银合欢等；通过组织培养技术建立了麻风树、银合欢等能源植物的组织再生体系，建立了文冠果和黄连木的耐盐基因转化体系，获得了专基因突变体；培育出了2种适合天津地区发展、可在盐碱地和荒地上种植、抗旱、抗盐、产油量高的油树品种，其中试管苗100株，入地苗1000株；建立了高产高抗逆能源植物筛选体系、优良能源植物评价体系、能源植物生物技术多倍体育种体系、高效的能源植物苗木繁殖技术体系；申请了“离体培养条件下麻风树多倍体诱导方法”和“一种麻风树的高效离体再生方法”2项发明专利。

（张伟玉）

【转基因棉花良种繁育基地】 该项目由天津市农业技术推广站承建，2008年通过了市农委、市科委、市财政局组织的专家论证。该项目列入了“天津市城乡一体化发展战略，加快社会主义新农村建设的实施意见”。棉花是国内的重要经济作物，天津市年播种面积已经超过100万亩。目前棉花黄萎病、干旱、盐碱、低温等已成为影响天津市及国内外棉花产业的主要因素，在大面积生产中尚缺乏“多抗”优良品种。中国农业大学生物学院与天津市农业局合作转育获得了多个稳定高抗黄萎病品系；抗旱、耐盐碱基因已获得国际发明专利，转基因后代正在加速繁育；免去雄杂交制种技术能大幅度降低杂交棉制种成本、保证杂交种纯度。基地启动后，对积极利用生物技术培育、繁殖多抗、优质、高产棉花杂交种，对提高棉花产量和品质、增加农民收入等具有重要意义。

（市农业局）

养殖业

【天津市畜禽饲养小区建设规范】 该项目包含6个天津市地方标准，涉及生猪、奶牛、肉羊、肉牛、肉鸡和蛋鸡6大畜禽养殖品种，对每一畜种饲养小区的建设从小区建设的选址、布局、畜禽舍建筑、配套设备、粪污处理设施及环境绿化等几个环节入手提出了规范性要求，并对小区的养殖规模提出明确指标。规范性附录提供了具体饲养规模和养殖形式的小区的建筑设计的具体参数和示意图。标准发布实施后，项目组以宣传、培训和发放标准文本等形式，贯彻标准技术内容和科学理念，掌握技术内容人员，包括各级技术人员和从业人员达2000人。该项目获得2008年度天津市科技进步奖三等奖。

（郭士明）

【固态发酵饲用高活力非淀粉多糖酶的规模化生产技术】 该项目由天津市民发科技饲料有限公司和

中国农业大学共同承担。项目引进中国农业大学的高效产酶菌株和生产工艺，在天津市静海县团泊洼石油基地投资210万元，建成年产非淀粉多糖酶干曲能力720吨的固态发酵车间，达到正常生产，累计生产合格产品548吨。该产品采用托盘式固态发酵生产工艺，每克干曲中含有木聚糖酶6000u(pH5.0)、β-葡聚糖酶3000u(pH5.0)。产品在天津市津发试验鸡场、大港猪场和陕西陇县同富奶牛场进行了应用试验，在动物饲料中添加400~800×10^{-6}的粉状干曲，饲料利用率提高了3%~5%、生长速度提高了5%，奶牛产奶量提高了9%。

（郭士明）

【鸡重组干扰素γ冻干粉的研制】 该项目由天津农学院水产科学系蔡中华主持完成，2008年6月11日通过鉴定验收，其成果达国际先进水平。科研人员研究并克隆编码cIFNγ的cDNA全序列，构建其原核表达载体，筛选获得具有自主知识产权、稳定、高效表达的cIFNγ工程菌。优化重组cIFNγ表达，纯化工艺参数，制定生产工艺流程，制备了1.6亿羽份的cIFNγ干粉制剂。通过重组cIFNγ离体与体内毒副作用、代谢动力学、重组cIFNγ与鸡新城疫疫苗联合使用等试验，确定cIFNγ活性和应用方法。发现cIFNγ是通过干扰病毒的入侵达到对细胞的保护作用，证明对鸡新城疫疫苗的免疫增强作用，对cIFNγ在养鸡生产中的应用具有指导意义。试验产品通过在养鸡生产中的应用，有效控制了鸡新城疫的发生和流行，获得经济效益130万元。

(蔡中华)

【鸡传染性贫血DIGFA快速诊断试剂盒的研究与开发】 该项目由天津市禽病诊断培训中心承担。课题采用分子克隆方法将鸡贫血病毒VPI基因片段克隆至PMXB10表达载体，通过培养、诱导获得表达CAV VPI基因的重组蛋白，实现了国内首次应用基因工程重组蛋白，建立了鸡传染性贫血病毒抗体检测的DIGFA诊断方法。采用该方法，临床检测2.2万羽份，检测准确率达到95%以上。项目采用新研制的CAV DIGFA诊断试剂盒，在全市范围对易感鸡群进行了快速、准确的检测，早期发现感染鸡只。通过及时采取隔离、消毒、免疫和治疗等有力措施，使应用蛋鸡群的发病率和死亡率分别下降18.2%和9.7%；肉鸡群的发病率和死亡率分别下降15.7%和8.9%。项目执行期间，发表论文3篇，申请专利1项。

（郭士明）

【犊牛、羔羊高效健康养殖标准化生产技术推广与应用】 该项目由天津农学院动物科学系宋桂敏主持完成，2008年5月通过验收结题。该项目转化犊牛、羔羊早期断奶代乳品组方配方技术，生产代乳粉并在犊牛出生后9~60日龄、10~60日龄分别断奶饲喂，60日龄改用固体饲料，研究其对日增重、羔羊成活率等影响。制定《犊牛高效健康养殖标准化生产技术规范》和《羔羊高效健康养殖标准化生产技术规范》。在全市示范推广奶牛养殖小区5个和肉羊养殖场(户)示范12个；示范犊牛1056头，犊牛饲养成本降低156.4元/头，后备牛培养费降低了315.6元/头，后备牛提早配种15.4天；示范羔羊3024只，母羊产后配种天数缩短35.8天，技术推广规模犊牛1.02万头、羔羊1万只，社会经济效益达382.92万元。

（宋桂敏）

【奶牛科技入户示范工程】 2008年全市奶牛科技入户示范工程扎实开展。该项目实施过程中，根据武清区奶牛养殖状况和养殖户急需解决问题，研究推广了10项技术，示范区奶产量年均递增10%，纯收入年递增8%，参配奶牛优质冷精改良率达到100%，实现了科学选种选配，奶牛品质得到提高。通过科技入户，初步建立了以推广主导品种、技术和实施主体培训为关键措施的农业科技成果转化体系，促进了农业持续增效和农民持续增收。

（郭士明）

【天津市奶牛乳房炎综合防治技术示范】 该项目是天津农学院动科系、中国农大动物医学院、静海县科委、武清区奶业办公室和蓟县畜牧局共同承担的天津市农业科技合作项目，由天津农学院贾英科主持完成，2008年12月30日通过验收结题。科研人员在天津市首次引进新兽药“复方大黄灌注剂”和“木黄乳炎搽剂”，改变以往单纯抗菌治疗奶牛临床型乳房炎新的理念，把控制炎症反应，改善局部微循环障碍作为治疗的要点之一，提高治愈率并降低乳头坏死率，示范推广应用31个奶牛场和养殖小区。2006年~2008年，年累计治疗患病奶牛1.4万例，治愈1.27万例，示范点辐射推广5.44万头，治愈率91%。

申报了1项国家发明专利，成功实现体外培养动物乳腺微血管内皮细胞，为乳腺炎相关单位研究和治疗乳腺炎药物的筛选提供了新实验材料。制定《奶牛场防疫与综合卫生保健规范》、《奶牛乳房炎防治技术规范》。改善了示范区奶牛场卫生管理，培训熟练技术人员16人。示范区奶牛单产6500千克，乳汁体细胞数降低35万个/毫升，乳房炎总发病率降至30%，临床型总发病率降至6%。

（贾英科）

【可移动的母仔同居羊栏】 该项目由天津农学院动科系宋桂敏等完成，2008年12月3日获新型专利。该羊栏属于牲畜房舍，由支撑围栏站立的支撑柱和按预设目数设置的铁丝网围墙组成闭合圈围的围栏，有供母羊“就餐”的食槽固装杆。该食槽固装杆上固装两个可以放置食盆或水盆槽架，围墙的铁丝网预设目数以不会使仔羊钻出为限设置，食槽固装杆的设置仅满足母羊站食的高度，食槽固装杆上方有便于母羊伸出头来“就餐”的窗口。羊栏围栏的上部由角铁封边，盖体由封闭的边框和间隔固装的钢筋组成。该羊栏结构简单，移动便利，可满足母羊、仔羊同栏圈养的需要，适合产业推广应用。

（市农学院）

【波尔山羊胚胎克隆技术研究】 该研究是天津市农业重点攻关项目，由天津市畜牧兽医研究所刘海军博士主持，天津市畜牧兽医研究所、天津市农业生物技术研究中心和天津市中敖畜牧业有限公司联合承担完成。该研究建立了完善的波尔山羊胚胎克隆技术体系，获得了世界首例胚胎克隆的波尔山羊，并对胚胎克隆山羊进行了DNA亲子鉴定，从分子水平上鉴定了供核胚胎的父母；在国内首次采用荧光指导法进行山羊卵母细胞去核，使卵母细胞去核率达到100%。对不同成熟培养时间染色体与极体的位置关系进行了研究，确定了卵母细胞去核的最佳时间；首次获得了来自体外成熟卵母细胞作核移植受体胞质的胚胎克隆山羊，确立了波尔山羊2-细胞胚胎的卵裂球适宜的电融合参数，筛选出TCM199与绿猴肾细胞(Vero)共培养的重构胚最佳体外培养体系，桑椹胚率可达32.7%；重构胚经体内培养发育到桑椹胚阶段，移植后维持妊娠到期并产仔。该项目2008年7月25日通过专家鉴定，其成果达到国际先进水平。

（刘兰兰）

【中国首例体细胞克隆波尔山羊“津英”顺利产下龙凤胎】 2008年11月24日，由天津市畜牧兽医研究所刘海军博士率领课题组成功克隆的国内首例体细胞克隆波尔山羊“津英”，通过自然交配在天津市畜牧兽医研究所羊场顺利产下“龙凤胎”，小公羊体重4.4千克，小母羊体重3.7千克，两只小羊身体状况良好。“津英”顺利产下龙凤胎，证明体细胞克隆波尔山羊完全具备自然繁殖能力，标志着波尔山羊体细胞克隆技术能用于生产。

（刘兰兰）

【羊肉新技术应用与产品开发和工程示范】 该项目是天津市科委科技攻关项目，由天津农学院食品科学系马俪珍主持完成，2008年8月6日通过了鉴定验收，其技术达国内领先水平，获2008年度天津市科技进步奖三等奖。科研人员通过对冷却羊肉生产工艺流程的设计和综合保鲜技术研究，制定出冷却羊肉的操作规程、企业标准，在0~4摄氏度条件下使保鲜期达35天以上；确定了五香羊肉、酱羊肉、羊肝酱等产品的生产工艺流程、企业标准和操作规程；添加外源酶(蛋白酶、脂酶及复合酶)加速发酵羊肉香肠的成熟，确定了复合酶的最佳配比，使发酵羊肉香肠的成熟期由35天缩短至14天；利用酶工程新技术开发了羊肉发酵香肠、重组羊碎肉卷(太阳卷和鱼羊鲜)、羊骨酶解多肽营养饮料和羊骨酶解多肽产品4大类、10余种不同特色的新产品，确定了产品的配方、工艺技术和中试生产操作规程与企业标准。以羊骨为原料，利用酶工程技术，研究羊骨胶原降血压肽、羊骨胶原抗菌肽和羊骨胶原免疫调节肽的酶解用酶种类及适宜用酶的最佳酶解工艺，并首次利用酶解和发酵联用技术从羊骨中提取钙螯合肽，得到酶解和发酵的最佳工艺条件。

(马俪珍)

【羊肉鱿鱼卷及其制备方法】 该项目由天津农学院食品科学系马俪珍等完成，2008年7月2日获发明专利。羊肉鱿鱼卷是一种羊肉和鱿鱼巧妙配合的鱼羊鲜产品，首先把羊肉切3~4厘米小块、用1.5%食盐腌制，并与鱿鱼筒一起放入1.0%谷氨酰胺转胺酶酶溶液中浸泡1分钟，随即将羊肉装入鱿鱼筒中，用食用塑料布包裹，两端固定，在为 0~2 摄氏度条件下保持 6 小时作为谷氨酰胺转胺酶粘合反应期，然后在–18 摄氏度下冷冻、用切片机切片后包装即为产品。切片后产品是圆形的薄片，中间是羊肉的鲜红色，周围是鱿鱼的洁白色，涮锅时具有羊肉和鱿鱼的复合风味。突出优点是利用谷氨酰胺转胺酶的蛋白交联作用将羊肉与鱿鱼很好结合，即使切片、涮锅也不散开，可为消费者提供一种新型食品，利于改善大众合理膳食、提高人们健康水平。

(马俪珍)

【羊骨酶解多肽营养液的制备方法】 该项目由天津农学院食品科学系马俪珍等完成，2008 年 7 月 2 日获国家发明专利。该发明采用羊骨进行酶解制备多肽营养液，属于营养饮品技术领域，通过确定酶解羊骨的最佳用酶、最佳酶解条件即最佳工艺参数获得最佳效果的酶解液，采用掩蔽脱苦确定最佳脱苦材料和用量，从而提供一种具有较高营养价值的骨多肽饮料。主要工艺过程:首先，将羊骨和水按 1:1~5 重量比配制，加入中性蛋白酶 150~200μ/克；酶解温度 50~60 摄氏度，pH 中性，时间 5~7 小时，即羊骨的酶解；其次，在酶解液中加入 5%~10%蔗糖、0.5%~1%甘氨酸和 0.4%~0.9%柠檬酸进行酶解液脱苦；最后，将脱苦酶解液稀释 1~3 倍，加入重量比 5%~8%蔗糖、0.1%~0.4%柠檬酸、1%~3%蜂蜜，再加入 0.05%~0.2%黄原胶和 0.05%~0.2%的 CMC，进行酶解液调味，制得营养液。该方法具有反应温度低、时间短、无污染、产品营养价值高、速溶性好和易消化吸收等优点。

(马俪珍)

【羊骨胶原多肽系列产品的开发应用】 该项目是 2007 年度天津市科技星火计划项目，由天津农学院食品科学系甄润英主持完成，2008 年 8 月通过结项验收。科研人员在中试条件下，通过动物实验确定获得的胶原多肽可抑制 L–NAME 致实验性高血压大鼠血压的升高，证明羊骨胶原多肽具有降血压效果。利用羊骨酶解获得的活性肽，开发生产了羊骨胶原多肽营养饮料和口服液，色泽风味良好，稳定性高，有机氮含量分别达 0.42%、0.58%，并确定产品配方，制订生产操作规程及产品的企业标准。同时，以羊骨胶原多肽粉为食品基料，开发通用型、儿童专用型、老年专用型羊骨胶原多肽速溶冲调食品，并确定其配方和生产工艺。利用羊骨酶解后剩余的骨渣（骨泥），研究开发了骨泥香辣酱和骨泥果味酱以及小米鸡肉肠等三种高钙食品，每百克钙含量分别达 116.8 毫克、65.1 毫克 和 188.5 毫克 ，均为理想补钙食品，并提出其产品配方、生产工艺和生产操作规程，制订骨泥香辣酱和骨泥果味酱企业标准。项目执行期间，部分研究成果在中敖食品有限公司得到应用，销售羊骨胶原多肽营养饮料 3 吨，实现销售收入 3 万元，利润 0.6 万元。

(甄润英)

【天津市种猪良繁体系示范工程】 该项目是天津市农委重点推广项目，由天津市畜牧兽医局傅润亭主持完成，获得 2008 年度天津市科技进步奖二等奖。项目经过 2 年实施，推广了良种猪杂交改良技术、实用繁殖技术（人工授精技术、分娩控制技术、早期妊娠诊断技术）、饲料配制技术、饲养管理技术、疫病防治技术及信息技术。项目推广的关键技术使母猪情期受胎率达到 89.6%，窝产活仔数 11.57 头，窝断奶成活 10.32 头，生猪死亡率降低 2.3 个百分点，料肉比降低到 2.92:1，屠宰率达到 75%，瘦肉率达到 65%。项目实施期间，培育建立了宁河原种猪场、东丽世纪兴猪场、宁河农夫猪场、武清广阔猪场、静海旺顺猪场等 11 个科技示范基地，辐射带动养殖户 1.23 万户。在宝坻、武清、静海、北辰新建了 6 个人工授精服务站，提供优质猪精液 41.8 万头份，采用人工授精技术减少种公猪饲养 3912 头。进行技术培训 1600 人次，关键技术覆盖面 92.5%，项目示范区累计出栏优质商品猪 195.69 万头。年提高猪种改良速度 7.4%，全市优质二元母猪覆盖率 54.8%，2 年累计增加经济效益 8722.20 万元。

（郭士明）

【优良猪种引进繁育及仔猪高效生产技术研究】 该项目是天津市科技攻关计划项目。项目组经过 3 年实施，采用所研制的繁育技术、生产技术和计算机技术，在全市 7 个区县，对 8 个种猪场、2 个商品猪肠、1 个人工授精站进行技术示范，达到建立繁育体系、提高优良种猪生产性能的目的，同时通过及时采取隔离、消毒、免疫和治疗等有力措施，有效降低了死亡率。项目执行期间，共培育优良种猪 1.1 万头。育肥期饲料报酬 2.78、瘦肉率 65%、情期受胎率 89.9%、窝产活仔数 11.7 头、断奶成活 10.48 头、死亡率降低 2.3 个百分点。

（郭士明）

【天津市猪肉质量安全数字监控和可追溯技术集成与示范】 该项目是天津市科委资助的科技创新专项资金项目。项目对国内外先进的畜产品质量数字化可追溯技术进行开发、集成和示范，运用条形码技术、无线射频技术、数据库技术和网络等现代信息技术，建立天津市猪肉质量中央网络数据库和猪肉质量安全可追溯公共服务平台，实现规模化养猪场、屠宰厂和超市猪肉专销点全程猪肉质量的可追溯监控，改变传统的肉品质量监控方式。

（郭士明）

【特种毛皮动物养殖技术示范推广】 该项目是天津市津南区正大特种动物养殖场和天津农学院动物科学系共同承担的天津市农业科技示范推广项目，由天津农学院马文芝主持完成，2008 年 9 月通过结题验收。 课题组引进芬兰雪狐 40 组，乌苏里貉 100 组，通过自繁及人工授精建立了核心群，存栏种狐 550 只，种貉 590 只，两年累计人工授精母兽 1520 只，产仔 1.04 万只，种兽繁殖率达 91.2%，仔兽成活率达 85.6%，平均产仔 6.3 只，建立了 1 个特种养殖示范基地。进行特种毛皮动物疫病防治配套养殖技术示范与推广，确定毛皮动物常见寄生虫病、皮肤病及传染病的治疗方案及防控措施，并形成养殖配套技术。两年总计培育科技示范户 5 个、示范推广 22 个农户，出栏商品兽皮 1.2 万张，培训农民 105 人次，掌握相关技术人员 22 人，获得直接经济效益 79.96 万元，社会效益 215.175 万元。成立了特种养殖协会，增强养殖场户抵御市场风险的能力，通过产学研结合扩大技术推广覆盖面。

（杨　升）

【澳洲银鲈引种与养殖技术示范】 该项目是天津农学院刘金兰主持、天津金谷农业高新技术开发中心和天津农学院共同承担的天津市农业科技成果转化与推广计划项目，2008 年 5 月 14 日通过市农委组织的专家组验收。项目实施 3 年中，在大量观察和解剖的基础上，探讨了澳洲银鲈的外部形态、内部结构及其骨骼系统；对其外周血细胞组成特征及血液生化指标进行了测定；测定了澳洲银鲈蛋白酶与淀粉酶活性与影响因素，分析了澳洲银鲈肌肉中主要营养物质的含量，为科学合理地制备人工配合饲料提供基础理论依据；在比较不同饲料配方对澳洲银鲈生长速度和饲料利用率的影响的基础上，确定了人工配合饲料的适宜配方；测定了该品种对溶解氧的适应能力；检测了使用人工配合饲料集约化养殖澳洲银鲈的水体中氨氮、亚硝酸盐和溶解氧含量的变化，并对微生态制剂处理养殖用水效果进行了研究。项目组观察并跟踪测量了繁殖期间澳洲银鲈性腺发育情况，获得了繁殖生物学相关指标，为其人工繁殖提供了基础材料并制定了商品鱼养殖技术流程。

(刘金兰)

【粘性卵鱼苗孵化方法】 该项目由天津农学院邢克智、蔡中华、陈成勋等完成，2008 年 10 月 22 日获发明专利。粘性卵鱼苗孵化方法属于鱼类养殖技术领域，包括亲鱼培养、催产、授精和孵化过程，其特点是授精后的授精卵分布于网片上，布卵网片分布于布卵池，待授精卵在网片上黏结牢固后，放入孵化池进行孵化。相比传统的孵化方法，即室外催情产卵、自然产卵于棕榈片并环道孵化。该发明具有所得受精卵无影响呼吸的附着物，黏结强度比自然产卵的受精卵更高，不易脱落，更利于孵化，单位水体育苗量大、育苗成活率高，既适合于大批量规模化集中生产，有可进行连续多批次生产，具有过程简单、操作方便、安全高效的优点。

（邢克智）

【人工模拟池塘微生态装置】 该项目由天津农学院张树林等完成，2008 年 1 月 30 日获实用新型专利。该装置包括 4 根杆状物通过金属丝连接构成“井”字状，在各杆状物的外侧固装有发泡聚苯乙烯材料得以形成浮排架，在浮排架“井”中心部位套装有塑料桶，塑料桶内装有与桶容积相匹配的池塘底泥和池塘池水。在浮排架相对两个方向的杆状物上均紧固有系绳。作为一种新型实验系统，与其他池塘实验系统比较，其优势在于：结构简单、容易制造、造价低廉；体积小、使用方便；可控性强，易定量和保持物质平衡，便于取样；可使实验结果更精确可靠、更接近自然。

(张树林)

【斑节对虾高效高产养殖技术研究】 该项目由天津市天祥水产有限责任公司和天津农学院共同承担，

天津农学院孙成渤主持完成，2008 年 3 月通过鉴定，其成果达国内领先水平。项目组原始创新了北方地区适宜斑节对虾（Penaeus monodon Fabricius）的水环境浮游生物、水化学因子控制技术，成功研究了低盐度（4‰~5‰）复合生态高效高产研制技术。项目实施两年期间，完成养殖试验面积 200 亩，单季斑节对虾平均母产 505 千克，总产量 111.5 吨，总产值 602.35 万元，实现总利润 301.17 万元。同时，开发了无公害人工配合饵料，总结天津地区斑节对虾池塘高效养殖技术规范，为斑节对虾在天津及北方同类地区规模化推广提供有益尝试，填补了天津市斑节对虾养殖的空白。

（孙成渤）

【南美白对虾人工配合饵料及虾用中草药的研制与开发】 该项目是天津市海发珍品实业有限公司和天津农学院联合承担的天津市科技发展计划项目，由天津农学院白东清主持完成，2008 年 12 月通过鉴定验收，其成果达国内领先水平。科研人员首次将均匀设计方法与营养学有机结合，研究了南美白对虾对主要营养物质以及对维生素和矿物质的需求，研制出营养配比合理的人工配合饵料配方及虾用中草药配方，获得 1 项“虾复合预混料”发明专利。池塘养殖成活率平均 77.8%，饵料系数平均 1.08，虾的规格可达 10.5~12 厘米，最高产量达到 800 千克/亩；大棚反季节养虾中，养殖规格 80~90 头/千克，产量 500 千克/亩，饵料系数为 1.4~1.5。将免疫学与中草药学有机结合，首次研究出能治疗南美白对虾白斑病的中草药复方制剂，并申请了 1 项“南美白对虾饲养用中药组合物”发明专利。3 号中草药复方预防白斑病的有效率为 100%，个体重 74~76 尾/千克，亩产在 500 千克左右，可有效预防虾病，效果良好。同时，首次研究了南美白对虾用中草药和氨基酸诱食剂，并确定具有诱食作用的 6 种中药和 5 种氨基酸适宜添加量，为配制具有较好诱食效果的人工配合饵料提供依据。研究和开发的人工配合饲料和虾用中草药，使用面积覆盖天津市 12 个农业区县。

（白东清）

【漠斑牙鲆繁育及淡化养殖技术研究】 该项目是天津市科技攻关计划项目，由天津市水产研究所缴建华主持完成，2008 年 4 月 29 日通过天津市科委组织的鉴定，其成果达国内领先水平。项目组利用移植的漠斑牙鲆 F1 代苗种，在国内首次经过后备亲鱼淡化培育、后备亲鱼盐化培育和强化培育过程获得漠斑牙鲆可繁亲鱼，开辟了漠斑牙鲆亲鱼培育的新途径。项目在国内首次开展池塘循环水养殖漠斑牙鲆技术研究，创立了漠斑牙鲆、鲢、鳙、南美白对虾立体混养模式。该项目申请国内发明专利 2 项，发表论文 3 篇，实现销售收入 948.5 万元，利税 526.36 万元。

（白晓慧）

【节水型设施渔业技术示范与推广】 该项目是天津市农业科技示范推广项目，由天津市水产研究所李文抗主持完成，2008 年 7 月 4 日通过天津市农业科技项目管理办公室的验收。项目组经过 3 年的努力，针对天津市池塘养殖的技术特点，将池塘覆膜、低扬程汽浮提水、生物处理、自然净化、臭氧消毒等水处理技术有机结合，有效地发挥了技术集成的优势，形成了池塘封闭循环水处理养殖技术模式，利用该模式养殖南美白对虾，平均单产超过 15 吨/公亩，防渗节水效果达到 96%，起草并完成了《南美白对虾封闭循环水亩产吨虾养殖技术操作规范》。该项目进一步完善了工厂化全封闭循环水鲆鲽类养殖的工艺设计，养殖面积达到了 2 公亩，完成年单位面积产量 32 千克/平方米，总产量达 1527 吨。节水 95%以上，节能 44.35%，节能减排效果显著。项目组在国内首次完成了覆膜池塘漠斑牙鲆养殖技术示范，为漠斑牙鲆淡水池塘养殖的推广奠定了技术基础。

（白晓慧）

【天津市水库健康渔业生态技术研究】 该项目是天津市科技攻关专项课题，由天津市水产研究所王玉佩主持完成。项目组对静海团泊水库、武清于庄水库、黄港二库、北塘水库、蓟县环秀湖水库 5 个不同类型的水库进行了水质及生物资源调查。水质调查包括 8 大离子、三氮一磷、有机物耗氧量等 20 项指标；生物学指标调查包括浮游植物生物量、浮游动物生物量等 4 项指标，取得数据 3200 多个。项目组 2008 年从湖北武汉市引进细鳞斜颌鲴夏花 100 万尾，先后投放于蓟县于桥水库、环秀湖水库等 6 个水库，面积 13 万亩，并在天津市东丽区万乐水产养殖中心和天津市北辰区名特优淡水养殖基地实施细鳞斜颌鲴与丁鱼岁、南美白对虾混养。经专家多次测产验收表明，细鳞斜颌鲴在天津地区无论是池塘混养和水库养殖都有很好的效果，并且对混养的其他品种没有影响，在不增加投饵量的情况下，鱼产量可大幅度提高，投放细鳞斜颌鲴对水库及池塘水体也有较好的净化作用。项目在国内首次实施水库网箱养殖名优品种川鲶和丁鱼岁，2008 年 6 月投放的川鲶鱼种体重为 13~15 克，9 月 3 日测产验收时平均体长 38.55 厘米，平均体重达 666.66 克，大的个体达到 1400 克；网箱养殖的丁鱼岁平均体长 25.26 厘米，平均体重达 400 克以上。测产验收结果表明水库网箱养殖丁鱼岁和川鲶也取得了很大的成功，为名优鱼类在天津地区的推广奠定了良好的基础。

（白晓慧）

农业机械与设施

【发挥农机化科技支撑作用】 2008 年天津市农机系统通过项目实施，引进示范推广了新技术 4 项，新设备 733 件；在蓟县、宝坻、武清、宁河、静海、西青、北辰、津南等 8 个区县共建立试验基地 33 个、示范点 42 个，累计推广面积 34.90 万亩；建立科技示范户 384 个，举办技术培训班及现场演示会共 60 次，培训农民 4220 人，带动农户 7791 户，增加就业 200 人。项目总投入 863.35269 万元，其中市财政资助科技经费 188.85269 万元，自筹及农民投资 674.5 万元。新增经济效益 2612.78 万元，新增社会效益 1190.7 万元。

“棉花秸秆机械化收获加工及循环利用技术集成示范推广项目”、“旱作农业蓄水保墒资源节约型机械化技术示范推广项目”、“残膜回收机械化技术引进示范项目”、“市农机化青年创新基金项目”等 4 个项目 2008 年通过了结题验收。“自走式采棉技术及设备研究”完成样机试制，进入试验改进阶段。“玉米小麦兼用型联合收获机开发”项目处于样机试制阶段。市农机推广总站承担的国家科技部“十一五”科技支撑项目“玉米收获机械化”进入总结验收阶段。

（蒲小平　相俊红）

【国家农业部保护性耕作项目】 2008 年国家农业部保护性耕作项目新增一年一熟保护性耕作实施面积 8 万亩，新增一年两熟保护性耕作面积 3 万亩，共计 11 万亩。中央财政资金投入 81 万元，建立示范区 9 个，共投入各类机具 3223 台套，其中新增各类保护性耕作机具 374 台套。全年共发放宣传资料近 2 万份，召开现场会 19 次，培训农民和农机手 3600 余人，使保护性耕作技术推广工作得到极大加强。全年预计节本增效 642.3 万元，进一步促进我市生态农业建设，为旱作农业可持续发展奠定了良好基础。

（蒲小平　相俊红）

【筹建设施农业工程中心】 天津市农机部门在筹建设施农业工程中心过程中，从技术服务、项目建设两个方面开展工作，与市农科院联合召开专题会议 2 次，召开局属科技单位及专家座谈会、研讨会 3 次，研究制定了建设方案；根据设施农业发展和市场需求，组织专家开展调研，前瞻性地提出了设施农业发展中急需解决的重大共性技术、关键技术及机具方面的研究课题共 16 个。组织召开“2008 天津设施农业新技术、新产品交流展示会”。来自 12 个区县以及农口各局院管理人员、技术人员和农民 1000 余人到会参观。参展的近 40 家企业，在会上展示的温室建造新材料、节水灌溉、温室环境调控、蔬菜嫁接、温室植保、物理农业、土壤消毒、设施栽培等新技术、新设备、新品种。

（蒲小平　相俊红）

【农机化示范区建设】 2008 年武清、宝坻两个“全国农业机械化示范区”建设工作进展顺利，年内共建成农机化生产示范基地 9 个，其中粮食生产农机化示范基地（示范村）6 个，建立奶牛示范基地 1 个，建立“3 辣”特色产业机械化示范基地 1 个，建立设施农业机械化示范基地 1 个。在示范基地建设的推动下，武清、宝坻两区保护性耕作、秸秆裹包青贮、青饲收获、精量播种、化肥深施、土地深松、物理农业技术等 10 余项农机化新技术得到了普遍应用。

（蒲小平　相俊红）

【农机化青年科技人才培养】 2008 年天津市农机化青年创新基金项目的覆盖面有所拓展，对科技人才的培养机制日趋完善。2008 年初组织召开“2007 年市农机化青年创新基金项目结题验收会”，12 个青年创新基金项目通过了结题验收。参与评审的项目涉及研制、引进试验、调研和标准等 4 大类12 个项目，其中研制机具 3 种、引进试验新机具 3 种、提交调研报告 6 份。2008 年批准立项的 16 个市农机化青年创新基金项目，涉及研制、引进试验、调研等

3 大类，其中研制及引进试验类项目 8 项，调研类项目 8 项。项目涉及的技术领域包括种植业、水产养殖业、经济作物、特色农业和设施农业等。

（蒲小平　相俊红）

【普及农业科技知识】 2008 年天津市农机局在北方网举办"农机富民讲坛"系列技术讲座 5 期，在天津电视台公共频道制作、播放"谈天说地"节目 46 期，扩大了现代物理农业技术、保护性耕作技术及残膜回收机械化技术的辐射面；组织专家编印保护性耕作漫画、光盘等宣传资料 8 套；利用科技下乡、科技赶大集等形式，送农机化新技术、新机具到农民的田间地头。组织农机行业的专家到现场对新技术、新机具进行咨询服务。全年共组织现场咨询 10 次，展示新机具 120 台套，发放宣传资料 8000 余份，参观的农民达 1340 人次。

（蒲小平　相俊红）

【棉花秸秆机械化收获加工及循环利用技术集成示范推广】 该项目是天津市农业科技成果转化与推广项目，由天津市农业机械推广总站组织宁河、武清、津南、北辰农机推广站联合实施，2008 年 1 月 22 日通过专家组验收，获 2008 年度天津市科技进步奖三等奖。该项目推广了棉秆收获、粉碎、压捆贮存、压块贮存、收获加工联合作业等机械化技术；试验、示范了棉秆清洁造纸、造纸残渣制肥、制燃气、制食用菌菌棒、棉秆与垃圾混拌助燃焚烧发电 5 项利用技术；制订了适合天津市应用的棉秆收获、加工、利用 7 项技术规范。累计推广各类棉秆收获机具 1479 台套，完成棉秆机收面积 185 万亩，项目区棉秆机收率达到 90%、拔净率 97%，机械作业效率较人工作业提高 20 倍；推广各类棉秆加工机具 297 台套，加工利用棉秆 22.6 万吨；建立棉秆利用示范基地 6 个，核心示范区 26 个，科技示范户 94 个；新增经济效益 1.7 亿元。该项目在宁河县建立了棉秆清洁造纸示范基地，累计利用棉秆 16 万吨，生产棉秆纸浆 9.6 万吨，利用棉秆造纸残渣生产有机复合肥 0.85 万吨。填补了天津市棉秆收获加工利用技术空白。

（蒲小平　相俊红）

【便携式微型保鲜冷库研制与应用】 该项目由国家农产品保鲜工程技术研究中心研制，获国家专利和 2008 年度天津市科技发明奖三等奖。该项目综合考虑国内果蔬生产体制、农村经济与技术，果蔬采后流通规律和果蔬贮藏保鲜设施的应用特点，在多年微型节能保鲜冷库优化设计、制冷设备优化匹配与生产、保温材料研究的基础上，解决了库体保温材料选择与组合、一体式设备的关键技术（蒸发器、设备集成优化、结构设计）、应用技术等关键问题，研究开发出具有贮藏保鲜、预冷、展示等功能的可拆装新型差压式、夹套式库体、一体式多功能环保制冷设备与语音在线管理专家系统组成的多功能便携式微型冷库，并建立了生产技术及工艺流程、产品质量标准保证体系，最终实现产业化开发。该保鲜冷库拆装方便，适合果蔬产地的快速预冷。

（李丽秀）

【利用高压静电场贮藏保鲜果蔬技术】 该项目由天津农学院孙贵宝主持完成，2008 年 1 月通过市教委组织的验收结题，其成果达国内先进水平。科研人员以草莓、青椒、番茄、黄瓜、冬枣、葡萄、桃、梨、磨盘柿等 9 种果蔬为保鲜品种，研究了不同高压静电场强度处理对该 9 种果蔬品种的保鲜效果。结果显示，高压静电场具有投资少、能耗低、无污染、保质期长等优点，弥补了气调、化学保鲜以及辐射保鲜等技术带来的成本高、耗能大及二次污染等不足。首次确定青椒、番茄、黄瓜、冬枣、葡萄、桃、梨、磨盘柿等果蔬品种鲜度保持最佳的电场强度处理和草莓鲜度保持最佳的电场处理剂量，系统的研究了高压静电场保鲜果蔬的技术方法。

（市农学院）

【农产品冰温气调保鲜技术】 该项目由天津市农科院国家农产品保鲜工程技术研究中心承担完成，2008 年 9 月研发成功，建成具有自主知识产权、达到国际先进水平的国内第一座农产品冰温气调保鲜库，填补了国内在农产品高新设施保鲜领域的空白。该技术将食品贮藏在 0℃以下至各自的冻结点范围内，属于非冻结保存，是继冷藏、CA 贮藏后的第三代保鲜技术，适用于高档、易腐难贮果蔬的贮藏保鲜。与传统的保鲜技术相比，该技术在贮藏保鲜过程中，对生鲜农产品起最大限度的保护作用，对农产品活体不产生任何损伤和不良影响；最大限度地抑制有害微生物的活动，控制农产品贮藏期病害的发生；最大限度地抑制农产品呼吸作用，延长保鲜期；在贮藏保鲜中最大限度地保持和改善农产品的品质。该技术的研究成功，巩固和发展了天津市在农产品贮藏保鲜装备产业的优势地位，为生鲜农产品冷链供应和农产品低温物流进出口体系的建立与壮大，提供了强有力的技术和设备支持，具有广阔的应用前景。

（李丽秀）

【旱作农业蓄水保墒资源节约型机械化技术示范推广】 该项目由天津市农业机械试验鉴定站与中国农业大学合作承担，2008 年 3 月 12 日通过天津市农业科技项目管理办公室委托专家的结题验收。该项目在武清、蓟县、静海、北辰 4 个实施区县建立了示范点 14 个、科技示范户 27 户。开展了穴播条灌、苗侧开沟灌溉、农用运输车施水播种与苗侧开沟灌溉作业一体化技术及机具的推广应用；对小麦施水免耕播种、小麦对行免耕播种、固定道保护性耕作技术进行了试验示范，引进了示范高效植保喷雾机。推广各类节水机具 100 台套，完成示范面积 1.235 万亩，推广辐射面积 4.61 万亩，累计完成总实施面积 5.845 万亩，增收节支 529.75 万元。制定了行走式节水灌溉技术规范、小麦对行免耕播种技术模式和机具配套方案、天津市地方标准《保护性耕作植保机械作业技术规范》等技术规范。通过旱作农业蓄水保墒机械化技术在部分干旱缺水地区的实施，提高了水资源的利用率；保护性耕作技术及机具的试验示范，提升了小麦、玉米的机械播种精确度，杜绝重播、漏播；高效植保技术的应用降低了农药残留、减少环境污染。

（蒲小平　相俊红）

【残膜回收机械化技术引进示范】 该项目由天津市农业机械研究所、津南区农机局、宁河县农机推广站共同承担，2008 年 3 月 14 日通过市农委委托专家组验收。该项目引进示范残膜回收机械化技术，在宁河、津南两地建立了项目试验示范点 3 个，开展了棉花苗间残膜和棉花收获后残膜机械化回收技术的试验示范，对引进机型进行了适应性改进，完成试验示范面积 7250 亩，其中苗间残膜回收 800 亩，收获后残膜回收 6450 亩，残膜回收率≥80%，伤苗率≤3%，实现社会经济效益 68 万元，生态效益明显。制订了“残膜回收机械化作业技术规程”，提出了残膜回收机械化的作业模式，示范效果良好。培训农民 260 人次，建立科技示范户 6 户，使 40 人掌握了棉花残膜回收机械化技术。项目技术创新取得突破，根据天津市棉花生产条件，自主创新开发的 1ML-2.5 系列搂膜机，结构简单、造价低、经济实用。

（蒲小平　相俊红）

【市农机化青年创新基金】 2008 年 2 月 29 日，天津市农机局组织召开了 2007 年市农机化青年创新基金项目结题验收会，30 余名青年科技人员到会。10 名技术与管理专家组成的验收组对 2007 年实施的 12 个青年创新基金项目进行了评审。评审的项目涉及研制、引进试验、调研和标准等 4 大类 12 个项目（研制机具 3 种、引进试验新机具 3 种、提交调研报告 6 份），其中“无动力便携式大蒜播种器”已申报实用新型专利。

（蒲小平　相俊红）

【发酵香肠类制品加工技术产业化示范】 该项目是天津市农业科技合作项目，由天津农学院食品科学系马俪珍主持完成，2008 年 11 月 14 日通过了验收结题。项目执行期间，在天津市大海实业发展有限公司建成一条年产 72 吨发酵肠类产品的示范生产线，开发出 12 种不同风味的发酵肠类产品，确定了适合发酵香肠生产的质量指标和卫生指标，建立了相应的产品企业标准和技术操作规程。通过采用 SDS-PAGE 电泳等方法，验证发酵香肠的肌浆蛋白变性程度，找出鉴定发酵香肠是否经过加热处理的有效方法；利用发酵剂改善鲶鱼的加工性能，是国内首次利用多种技术和方法开发鲶鱼发酵香肠新产品，并对其产品特性、货架期内产品的营养变化特点做了系统研究，对鲶鱼制品的精深加工和技术水平提升提供了依据，填补了国内鲶鱼加工技术研究空白。

（马俪珍）

【天津地区持续发展中的菜田土壤养分管理及平衡施肥技术研究（PPIC）】 该项目是中国农科院立项的研究课题，由天津市农业资源与环境研究所植物营养研究室高贤彪、朱静华、王正祥等完成。研究人员对天津市 1~3 年、5~10 年和 10 年以上棚龄的蔬菜大棚进行了调查，从土壤和水的分析结果可以看出，蔬菜大棚的种植会使土壤各种养分、有机质、全盐及 NO_3-N 含量有较大的增加，尤其是速效磷的含量增加的最多。从现有蔬菜大棚生产中看，虽然土壤速效养分含量较高，已经能满足作物生长需要，但是在不施肥的情况下仍然存在减产现象。10 年以上棚龄的蔬菜大棚土壤中全盐含量明显高于其他两个棚龄的蔬菜大棚的土壤，导致土壤盐渍化的发生。从土壤中各土层 NO_3–N 含量及地下水中 NO_3–N 含量可见，蔬菜大棚的种植已经对土壤和地下水产生了一定的污染。而且随着棚龄的增加，NO_3–N 的污染越来越严重，尤其是 10 年以上棚龄的蔬菜大棚，NO_3–N 污染更为严重。在调查过程中发现，蔬菜大棚的种植对土壤 pH 值及地下水 pH 值没有太大的影响。

（高　伟）

【现代无公害设施蔬菜基地建设与示范】 该项目是天津市科技星火计划项目，由天津农学院园艺系李树和主持完成，2008 年 8 月 18 日通过结题验收。课题组在蓟县东施古镇建成现代双拱双膜日光温室 126 栋，种植面积 201 亩。该温室保温性能良好，通过观测表明冬季平均最低气温为 16.4 摄氏度，比普通日光温室提高温度 4.9 摄氏度，能满足果菜类的正常生长；上午的平均气温为 23.4 摄氏度，比普通日光温室提高 8.1 摄氏度；平均地温达到了 16.4 摄氏度，比普通日光温室增高 3.8 摄氏度。冬季生产蔬菜其平均亩产量达 6900 千克，比普通日光温室提高 49.2%，总体销售价格比普通日光温室提高 22.4%，平均每亩设施新增产值 6200 元，共增加产值 125 万元。同时，建立 2.5 万亩无公害蔬菜基地，引进 31 个蔬菜新品种，利用无公害栽培技术使产品达到无公害要求，亩新增经济效益 790 元，共新增产值 1975 万元。项目总新增经济效益 2100 万元。另外，利用 ABA、冻害必施等植物性抗寒诱导药剂，增强幼苗长势，使前期产量提高 20%；利用滴灌技术使黄瓜种植中节水 70%，番茄种植中节水 80%；使用草炭、蛭石、炉渣等基质，结合消毒鸡粪建成有机生态型无土栽培技术，使产品达到绿色食品的标准。项目执行期间，在蓟县东施古镇举办蔬菜无公害栽培技术培训班 2 次，培训蔬菜无公害种植人员 80 人次，开展蔬菜无公害栽培技术指导多次。

(李树和)

医药卫生

概　况

【天津市卫生局系统科技简况】 天津市卫生局2008年组织申报国家科技支撑项目“全科型乡镇卫生院科技综合示范及相应产品开发”，已列入国家科技重大计划，获得项目资助经费220万元。组织申报天津市重点基金和自然科学基金项目70项，其中科技支撑计划重点项目9项，重点基金34项，面上项目27项。2008年局系统共承担天津市科技攻关项目15项（重点基金项目1项，攻关项目4项，面上项目10项），获专项科研经费300万元。取得科技成果133项，其中国际先进25项，国内领先69项，国内先进35项。获得专利1项，行业标准1项。引进新技术填补天津市空白项目147项。组织专家评审，确定推荐35项科技成果参加市科委2008年的科技奖励评审，共有13项获得奖励。其中，天津市眼科医院王雁、赵堪兴等“波前像差在屈光不正眼的实验研究”获得2008年度天津市科技进步奖一等奖；天津市南开医院秦鸣放等“内镜、腹腔镜联合治疗恶性梗阻性黄疸的研究”和天津医院徐宝山等“椎体成形术的实验与临床研究”科技成果获得2008年度天津市科技进步奖二等奖；“天津市重点慢性病预防控制策略与效果评价”等10项科技成果获得2008年度天津市科技进步奖三等奖。

（刘　群）

【天津医科大学科技简况】 2008年，天津医科大学国家级在研科研项目120项，获得国家及省部级科研项目95项，获得科研经费3194万元。其中获国家自然科学基金资助项目38项/1085万元，获得项目数创历史新高，获得科研经费数首次突破千万元大关。医科大学附属肿瘤医院孙保存申请的国家自然科学基金重点项目“肿瘤血管生成新模式—血管生成拟态的形成机制及意义”获得批准，资助160万元。2008年获得各类文科项目8项/31.8万元，其中国家社会科学基金项目1项/8万元，教育部人文社会科学项目2项/10万元，天津哲学社会科学规划课题4项/3.8万元，天津市信息化发展计划项目1项/10万元。科技成果公开杂志发表论文1498篇，同比增长15.5%，其中SCI、EI收录170篇，同比增长36%。出版专著39部。获得专利20项。获天津市科技奖励20项，其中科技进步奖一等奖1项、二等6项、三等10项，自然科学奖三等奖3项。2008年度全校有700多人次获得校级科技奖励，最高单项奖金为7.5万元（SCI论文IF11.054），奖金总额达100.4万元。承办国际学术会议8次，全国性学术会议12次。出席国际会议905人次，会议交流论文194篇；出席全国性学术会议933人次，会议交流论文360篇。2008年，肿瘤学科郝希山院士作为中国唯一特约代表参加第10届世界恶性淋巴瘤大会并作题为“关于中国恶性淋巴瘤发病趋势及治疗现状”的特约报告，受到来自世界各国的2500余名与会代表的好评。2008年，郝希山连任中华肿瘤学学会主任委员；姚智当选中华微生物学与免疫学第七届委员会候任主任委员；崔乃强当选中国中西医结合普通外科学会主任委员；张建宁当选为中华神经外科学会副主任委员；孙光当选为中华泌尿外科学会副主任委员。

（侯军儒）

【天津医科大学完成“211工程”3期重点学科建设立项工作】 2008年7月，天津医科大学按照国家三部委《关于做好“211工程”3期建设项目规划编制及论证工作的通知》要求，根据《高等教育“211工程”三期建设总体方案》，完成了“211工程”3期重点学科立项工作及《“211工程”3期重点建设项目可行性研究报告》。通过了教育部组织的专家评审，天津市政府批准天津医科大学10个学科进入“211工程”3期重点建设子项目。10个学科是：中西医结合临床、肿瘤学、泌尿外科学、神外科学、内分泌与代谢病、影像医学与核医学、微生物学与免疫学、病理学与病理生理学、公共卫生与预防医学、药学。“211工程”3期建设资助学科建设项目1.9亿元，是“十五”期间“211工程”重点学科建设投入的2.5倍。

（侯军儒）

【天津中医药大学科技简况】 2008年中医药大学针灸推拿学科、中医内科学科和中药学科顺利通过天津市教委"十一五"综合投资规划中期检查。至此，中医药大学有2个国家级重点学科，2个国家中医药管理局重点学科，2个天津市"重中之重"重点学科。中医药大学国家中医药管理局中药药理学、分子生物学、细胞生物学、病理学、医用化学传感器5个3级科研实验室顺利通过换证评估；国家教育部与天津市共建方剂学重点实验室也顺利通过教育部专家组验收，该实验室在3年建设期间以传承和发扬方剂学优势为重点，充分发挥实验室的学术技术优势，建立了高水平的科技平台。该校中药药理、针灸学、中药化学与分析等3个天津市重点实验室亦顺利通过年度考核。2008年5月19日，该校天津市组分中药技术工程中心正式通过认定，并被准予授牌。该中心由天津中医药大学、浙江大学药学院、天津天士力集团联合筹措组建，其核心任务是组织多学科力量联合公关，有计划地开展组分中药研究，抢占全国中药现代化的前沿位置，促进天津市中药产业发展。2008年6月中意中医药联合实验室正式批准为国家级国际联合研究中心，合作双方签署了4项实施合作协议书。共获国家科技部国际合作项目资助3项，天津市科委国际合作项目2项。

（中医药大学）

【天津市疾病预防控制中心科技简况】 2008年，该中心取得天津市科技成果13项，其中5项成果水平达到国际先进；发表了3篇被SCI收录的第一作者论文；获得2项天津市科学技术进步奖三等奖。该中心积极推进两个国家自然科学基金项目和天津市科技支撑计划重大项目实施。获得天津市应用基础及前沿技术研究计划面上和重点项目2项；申报国家"十一五"重大科技专项项目1项，联合申报5项。该中心举办了"天津市CDC-美国密歇根大学公共卫生高层论坛"、"天津CDC-美国密歇根大学公共卫生学院科研合作研讨会"等国际学术交流活动，双方确定了今后的合作形式和方向，制定了长远的国际合作规划，为天津市与国际间公共卫生领域的进一步交流提供了平台。全年共接待美国密歇根大学交换学者5人和美国密歇根大学公共卫生学院交流访问团36人，并选派6名优秀专业技术骨干赴美工作并进行学术交流。24名青年科技骨干参加了由美国密歇根学者为讲师的公共卫生学术英语培训班。成功获得"公共卫生事件暴发调查和控制的研究"和"结核分子流行病学及发病机制研究"两项外专局的"专业技术人员出国(境)培训项目"。2008年该中心两位专家成为天津医科大学硕士生导师；两位青年科技骨干新入选"131人才工程"第3层次人才；经国家人力资源和社会保障部批准，该中心成为博士后科研工作站。

（李　芮）

【肿瘤分子影像联合实验室建立】 中国科学院高能物理研究所和天津医科大学附属肿瘤医院，2008年12月19日在津举行共建"肿瘤分子影像联合实验室"签字仪式。该实验室依托高能所在核技术方面的科研成果和肿瘤医院在临床、科研方面的优势，共同开展以肿瘤分子影像为重点的研究。实验室重点发展3个方向：国产乳腺专用PET(PEM)的临床试验、国产小动物PET及PET/CT应用、应用国产分子影像设备开展肿瘤分子影像基础与临床研究。

（医科大学附属肿瘤医院科教处）

基础医学与实验研究

【人胶质瘤的病理学与分子病理学研究】 该项目由天津医科大学总医院于士柱等人完成，获2008年度天津市科技进步奖一等奖。科研人员深入系统地探讨胶质瘤局部免疫状况、突变型p53和bcl-2异常表达、生长因子信号通路和细胞衰老调控紊乱对其细胞增殖和凋亡的影响，以及在胶质瘤发生发展中的作用。研究发现：Ki-67和PCNA表达水平是评价胶质瘤良恶性分级的客观指标；胶质瘤局部有以活化CD4和CD8T细胞及单核巨噬细胞为主的宿主抗肿瘤免疫应答，胶质瘤细胞表达HLA-Dr是其选择性抑制CD8T细胞浸润和功能及逃避宿主免疫监视而无限增殖的重要分子机制，宿主免疫系统与胶质瘤之间存在相互抑制消长的过程；胶质瘤PDGF-BB自分泌活性异常增加通过上调egr-1、c-myc和c-fos基因表达促进肿瘤细胞增殖和抑制其凋亡，肿瘤细胞分泌的PDGFBB还以旁分泌方式刺激间质血管增生，共同在胶质瘤发生发展中起重要作用，阻断该级联反应可发挥有效的抑瘤效果；肿瘤细胞端粒酶再活化及TRF1、TRF2表达减少，通过延迟端粒缩短抑制P33ING1b表达使其逃避衰老凋亡而无限增殖是胶质瘤发生发展的重要因素，阻止端粒酶表达及活化可上调P33ING1b表达并产生明显的抑瘤作用；AKT2是胶质瘤细胞EGFR通路的重要“桥梁基因”，反义封闭AKT2联合PTEN基因转染及RNAi靶向EGFR通路对恶性胶质瘤治疗有重要实用价值；筛选出一组对评判胶质瘤生物学行为及指导个体化治疗有重要参考价值的评价。

(谷建军)

【沙眼衣原体核酸疫苗免疫效应的研究】 该课题得到天津市科委自然科学基金资助，由天津医科大学总医院刘全忠、齐蔓莉、王敬等完成，获2008年度天津市科技进步奖三等奖。科研人员收集了非淋菌性尿道炎患者泌尿生殖道分泌物标本，设计引物扩增完整的沙眼衣原体E型omp1基因，将该基因定向克隆到真核表达载体质粒中构建出沙眼衣原体E型核酸疫苗；建立了小鼠生殖道沙眼衣原体感染模型，得到小鼠对于该型衣原体自然状态下的免疫水平；再用构建的核酸疫苗免疫实验动物，检测该疫苗产生的免疫保护作用。该成果的主要内容①成功构建E型沙眼衣原体核酸疫苗，序列测定与Genbank登陆的omp1基因全序列相似性99.92%，氨基酸序列相似性100%；②研究了所构建酸疫苗的细胞和体液免疫效应；③细胞免疫指标包括血清γ-干扰素、迟发型超敏反应、脾淋巴细胞增殖试验；④体液免疫反应指标包括血清和生殖道局部抗体检测、血清白介素-4；⑤创新性利用C.t的动物生殖道感染模型来研究疫苗对再感染的免疫保护作用，更接近于自然感染途径，结果更准确可靠。

(谷建军)

【靶向抑制人工晶体植入术后晶状体上皮细胞增殖】 该项目由医科大学眼科中心李筱荣主持完成，获2008年度医科大学科技成果奖。科研人员成功制备抗人晶状体上皮细胞单克隆抗体，并将最先进的靶向、控释技术融为一体，制备出具有靶向控释毫微粒复合物；应用基因工程技术克隆获得序列正确的PGEX-DT389-hbFGF重组表达质粒，制备重组免疫毒素DT389-hbFGF。为解决白内障和人工晶体植入术后后囊混浊这一眼科临床医师关注的重大难题奠定了基础。研究证实bFGF在人晶状体上皮细胞其殖中起到促进作用及5-FU的抑制作用；以聚乳酸为材料制备5-FU纳米微球，连接单克隆抗体制备免疫载药微球；应用基因工程技术克隆获得序列正确的PGEX-DT389-hbFGF重组表达质粒，构建重组免疫毒素DT389-hbFGF。并完成了相关体外评价实验。首次应用于防治后囊混浊研究。

(医科大学眼科中心)

【白内障的发病机理和防治的研究】 该项目由医科大学眼科中心孙慧敏主持完成，获2008年度天津市自然科学奖三等奖。科研人员在临床工作中发现了4个遗传性白内障家系，其中遗传性皮质性白内障表现型与老年皮质性白内障相关。采用经典遗传学细胞遗传学分析，分子遗传学基因克隆基因测序技术，筛查定位致病基因。差异显示技术比较老年白内障与正常人晶状体上皮细胞基因表达的异常改变。基因芯片技术检测SD大鼠ECLE后晶状体上皮细胞基因表达的差异，探讨细胞因子在后囊混浊中的影响作用。以氟—肝素表面修饰人工晶状体植入防治后发障。该研究首次在人类中确定CRYGS基因突变是皮质性白内障的致病基因。CRYGS基因第2个外显子的一个碱基突变，105G T (NM_017541)，导致第18位氨基酸由Gly变为Val。甘氨酸的突变破坏晶状体蛋白间的作用，并且导致钙离子结合和储存能力的改变。研究首次报告了中国先天性核性白内障家系GJA8基因第2个外显子第碱基突变(191T→G)-T191G，缬氨酸（V）变成甘氨酸(G)；GJA3基因外显子碱基突变(134G→C)，色氨酸(W)突变为丝氨酸(S)。该课题对于白内障发病的基因学机理和表面修饰人工晶状体预防后发性白内障进行了初步的基础研究和创新性的探索，为进一步研究老年性皮质性白内障的发病机制及后发性白内障防治提供了线索。

(医科大学眼科中心)

【眶成纤维细胞的体外培养及其细胞生长调控的实验研究】 甲状腺相关眼病(TAO)是眼眶病最常见的疾病之一。天津市眼科医院孙丰源、赵红、陈婷等通过原代TAO患者和正常人的眶成纤维细胞培养模型，探讨不同的细胞因子对TAO和正常人的眶成纤维细胞的作用。研究证实，IL-1、IL-2和IL-6，干扰素-γ是眶成纤维细胞产生粘多糖(GAG)的刺激因子。细胞因子(IFN-γ，IL-1 ，TNF等)可诱导眶成纤维细胞HLA-Ⅱ抗原异常表达。该研究选取了己酮可可碱和透明质酸酶作为实验药物进行实验研究，发现透明质酸酶对体外培养的成纤维细胞分泌的透明质酸具有促进分解作用，但对成纤维细胞增殖并无抑制作用；己酮可可碱能有效抑制眶成纤维细胞的增殖和透明质酸的分泌。该研究为丰富TAO的临床药物治疗提供实验基础和理论依据。该研究项目2008年11月12日通过专家评审，其成果达国际先进水平。

（刘 群）

【早产儿视网膜病变发病机制的实验研究】 早产儿视网膜病变（ROP）是未成熟或低体重出生婴儿的增生性视网膜病变，是儿童主要致盲眼病之一。天津市眼科医院韩梅、赵堪兴、孔怡淳等应用分子生物学、组织病理学等技术，探讨ROP的发病机制。通过氧环境的改变诱导新生幼鼠产生视网膜新生血管，建立C57小鼠恒定氧模型，应用逆转录-聚合酶链反应以及Western blot方法，在核酸水平、蛋白水平检测血管内皮生长因子、色素上皮衍生因子不同时期的表达，揭示ROP的发病机制，明确了ROP视网膜新生血管的发生系血管生成促进因子和抑制因子间平衡的破坏所致。通过建立甲巯咪唑（MMI）诱导的新生幼鼠模型，明确了甲巯咪唑可促进新生血管的发生，提示胰岛素样生长因子-1的水平与胎龄和出生体重是构成早产儿视网膜病变发生的危险因素。该研究为预防及治疗ROP提供了理论依据。该研究项目2008年11月12日通过专家评审，其成果达国际先进水平。

（刘 群）

【眼眶术后组织粘连防治的实验与临床研究】 天津市眼科医院赵红、孙丰源、林锦镛等通过损伤上直肌及对应的骨膜，建立眼眶内软组织粘连的动物实验模型，并应用壳聚糖膜和透明质酸钠对其进行治疗。研究发现，在眼眶损伤早期，壳聚糖膜和透明质酸钠凝胶，均可以有效减轻炎症反应，抑制TGF-β1的表达，减少成纤维细胞的增生，有效的防治眼眶软组织损伤后粘连的形成。临床应用于眼眶爆裂性骨折患者，发现其不但可以减轻患者术后眼球运动时牵扯感与头痛等症状，减少结膜瘢痕或肉芽组织的形成，而且可以减轻患者术后的再粘连的形成，减少患者复视的发生率或三棱镜矫正复视例数。该研究项目2008年11月13日通过专家评审，其成果达国内领先水平。

（刘 群）

【IL-4/STAT6信号传导通路的调控机制】 该项目是天津医科大学基础医学院杨洁主持完成的国家教育部“新世纪优秀人才支持计划”项目。科研人员揭示STAT6基因转录调控复合物由多个蛋白成分组成，包括CBP（CEBP结合蛋白）、RHA（RNA解链酶A）、RNApol II、SRC-1和p/CIP和p100蛋白等。p100蛋白是偶联基因转录和pre-mRNA剪接加工的多功能蛋白，通过不同的功能片段，参与组成不同的蛋白复合物。STAT6可能既作为转录因子调控基因转录，同时也参与调控转录后特异性剪接加工的进行。某些疾病（肿瘤、过敏性疾病等）的发生与细胞因子及其传导通路的过度活跃有关，研究细胞因子诱导细胞内信号传导通路及调控机制，为揭示细胞因子在细胞内引起生理作用的靶位点，发现新的诊断生物治疗方法奠定分子基础。

（寇 颐）

【ATP合酶在缺血预适应中的作用及OSCP作为新药靶标的研究】 该项目由天津医科大学基础医学院刘艳霞主持完成，2008年6月通过天津市科委组织的验收。科研人员采用大鼠延迟相心肌缺血预适应动物模型，研究了心肌蛋白质表达的变化，报道了大鼠延迟相心肌缺血预适应的心脏保护作用与ATP合酶F1部分的β亚单位过表达有关；研究ATP合酶上受寡酶素调节的部分OSCP的功能，对OSCP敏感部位基因进行了克隆及鉴定；构建原核表达载体pQE30-Xa-OSCP和两种真核表达载体pEGFP-N1-OSCP、pcDNA3.1-OSCP。为从能量代谢角度研究相缺血预适应对心肌保护作用机制提供了实验数据的支持，为新药的开发提供了新思路。

（寇 颐）

【致肾盂肾炎大肠杆菌新致病基因的研究】 该项目是天津医科大学基础医学院陈锦英主持完成的国家自然科学基金项目。科研人员首先采用抑制差减杂交（SSH）方法，以UPEC132为tester，以大肠杆菌K-12 MG1655为driver，构建UPEC132基因组消减文库。经PCR和斑点杂交筛选，从部分文库中获取93个阳性克隆，测序和BLAST比对后发现1个新SSH片段R049（789bp），以及39个与UPEC菌株相关和19个与非UPEC菌株相关的SSH片段。PCR检测国内分离UPEC菌株，R049序列阳性率为40%(8/20株)。R049阳性菌株进行脉冲场凝胶电泳和

Southern bolt，有 6 株杂交带为 350kb，具有共有性和聚集性分布特征。采用 Genome Walker 获取 R049-ORF（1311bp），并预测其启动子和表达蛋白的特征。构建原核表达系统，用纯化的 R049-ORF 重组蛋白制备抗体，经 Western blot 证实 UPEC132 全菌蛋白中确实存在 R049-ORF 编码蛋白，位于外膜，NCBI 查询显示 R049-ORF 为新基因。以 UPEC132 感染 EJ 细胞的基因表达谱变化为对照，发现 R049-ORF 转染的 EJ 细胞有 5 个涉及炎症反应的差异表达基因。动物实验证实重组 R049 蛋白具有免疫保护作用。该课题发现 UPEC132 一个新基因 R049，GenBank 注册号 EF488001。

（寇　颐）

【基因增强组织工程化尿道的实验研究】 该项目由医科大学第二医院、天津市泌尿外科研究所徐勇主持完成，2008 年通过专家验收，其成果达国际先进水平。尿道下裂、尿道狭窄是泌尿系统的常见疾病，患者不仅排尿困难，而且严重影响性生活。传统的尿道修复采用皮瓣移植，不仅创伤大，愈合时间长，而且易发生并发症。科研人员运用现代组织工程学的重建手段，进行长距离缺损尿道的修复，为今后尿道下裂、尿道狭窄的临床微创修复开辟新的途径。为了能构建理想的血供丰富的组织工程尿道，借鉴 VEGF 在缺血性心肌病治疗中所取得的巨大经验，将 VEGF 引入到新尿道成形中，用于增加新建尿道的血运、提高尿道质量，减少术后尿瘘及尿道狭窄的发生率。成功构建了重组分泌型血管内皮生长因子-绿色荧光蛋白逆转录病毒，体外和体内实验表明转染的上皮细胞可以表达和分泌 VEGF，可有效地促进组织工程尿道血管生成，增加尿道皮下组织的微血管密度，以解决尿道体内植入后血管化缓慢以及细胞发育不足的问题，将转染的上皮细胞种植在脱细胞血管材料表面，为构建高质量的血供丰富的组织工程尿道、预防尿瘘、尿道狭窄及尿道憩室等并发症的发生提供了一种有效的治疗方法，为临床长段尿道的替代治疗奠定基础。

（寇　颐）

【一株引起灵长类动物和人类下呼吸道感染的新型副粘病毒的研究】 该项目是天津医科大学基础医学院李梅主持完成的国家自然科学基金项目。科研人员经测序获得了副粘病毒 Tianjin 株全基因组序列，阐明了副粘病毒 Tianjin 株基因组结构特征。生物信息学分析，明确了该毒株属于副粘病毒科、副粘病毒亚科、呼吸道病毒属。在系统进化上构成独立分支，是仙台病毒(SeV)一个新基因型。Tianjin 株有 440 个独特的核苷酸变异和 110 个氨基酸变异，是宿主亲嗜性、致病性与已知 SeV 差异的分子基础。在此基础上，该研究进一步重组表达了 Tianjin 株 HN、NP 和 M，分析了 HN 主要生物学功能、抗原性和与主要呼吸道病原体的交叉反应，明确了 NP 蛋白抗原特点。同时还制备了重组 HN2 的单克隆抗体，建立了检测病毒抗原的双抗体夹心法。与 RT-PCR、血凝抑制试验(HI)、间接 ELISA 法比较，双抗体夹心法敏感性更高、特异性更强、操作简单快速，更适于临床诊断使用。用该方法检测了 400 余例临床标本，进一步证明了副粘病毒 Tianjin 株在呼吸道传染病高发季节，是婴幼儿下呼吸道感染的重要致病因子。

（寇　颐）

【人支气管上皮细胞的病毒受体 HYAL2 致瘤信号传导机制】 该项目由天津医科大学基础医学院朱泽主持完成。科研人员克隆了中国内蒙古羊携带的内源性和外源性 JSRV 病毒基因组序列，通过 ex-JSRV-NM 和 ex-JSRV-NM 部分结构基因序列，以及基因组全系列与 PubMed 上发表序列进行比对，应用生物信息学技术进行同源性比较分析和系统进化分析，研究通过构建含有 JSRV 病毒的 ENV 基因的质粒，转染人的 BEAS-2B 支气管上皮细胞系，分析人支气管上皮细胞膜的病毒受体 HYAL2 致瘤信号传导模式。阐明呼吸道 RNA 病毒与宿主共进化(co-evolution)原理，并通过体外细胞模型探讨了人类支气管上皮细胞表面的病毒胞膜受体对引起种间跳跃感染的分子机制。另一方面，构建了体内肺腺癌绵羊大型动物疾病模型和体外肺腺癌细胞模型，为进一步研究病毒性肺腺癌分子致病机制奠定基础，同时为通过阻断传导通路而构建的变异型占位病毒蛋白即可吸入性蛋白疫苗提供前期理论基础。

（寇　颐）

【伽玛刀联合 DNA-PKRNAi 治疗胶质瘤的实验研究】 该项目由天津医科大学第二医院徐德生主持完成，2008 年 8 月 26 日通过专家评审验收，其成果达国际先进水平。科研人员选择 DNA-PK 干涉靶点，设计并合成 RNA 干涉序列，构建干涉载体。通过体内、外实验，进行伽玛刀联合 DNA-PK RNA 干涉治疗胶质瘤的实验研究；探讨伽玛刀联合 DNA-PK RNA 干涉治疗胶质瘤的疗效及其机理，探索伽玛刀联合 RNA 干涉治疗胶质瘤的新策略，从分子水平阐述伽玛刀联合 DNA-PK RNA 干涉治疗胶质瘤的机理，证实此治疗方案的疗效，并为其最终应用于临床打下坚实的理论基础。

（寇 颐）

【腺苷对颅脑损伤后能量代谢影响的研究】 随着现代交通的发展，颅脑创伤的发生率逐年增加，给家庭和社会带来巨大的损失和负担。天津市环湖医院、河北唐山协和医院曹德晨、孙宏声、李宏等，为探讨继发性脑损伤后，腺苷在继发性脑损伤中能量代谢的影响，寻找颅脑创伤新的治疗手段。采用微透析技术结合液压致伤动物模型，观察颅脑创伤后对侧海马区脑组织细胞外液中早期葡萄糖、乳酸、丙酮酸、甘油的变化以及外源性腺苷、2-氯腺苷和腺苷激酶抑制剂（Abt-702）对其的影响。结果显示颅脑损伤后早期损伤对侧正常脑组织存在能量代谢失衡。研究发现腺苷、2-氯腺苷、ABT-702 均能在早期扭转脑组织缺血、缺氧，减少神经细胞的损伤，发挥神经保护作用。该研究项目 2007 年 12 月 20 日通过专家评审，其成果达国内领先水平。

（刘 群）

【神经生长因子对鼠脑神经干细胞功能和抗凋亡作用的研究】 天津市环湖医院吴剑涓、苏心、张文治等选用培养的胎鼠大脑神经干细胞作为实验对象，利用 3 气培养箱造成细胞缺氧损伤模型，从细胞生物学和分子生物学两方面，探讨并评价了缺氧对神经干细胞（NSCs）的损伤及鼠神经生长因子（NGF）对体外培养的神经干细胞缺氧的保护作用。研究证实，NGF 可保护 NSCs 在缺氧条件下细胞膜的完整性，可提高 NSCs 分化神经元的分化比率，在缺氧环境下，NGF 可引起 NSCs nne、nse、gfap 基因表达上调，表明 NGF 具有保护神经干细胞抵抗缺氧损伤的功能。该研究项目为开发 NGF 的新用途提高移植后 NSCs 分化为神经元的比率和功能再建提供了体外实验依据，2007 年 12 月 20 日通过专家认定，其成果达国内领先水平。

（刘 群）

【神经干细胞应用于脊髓损伤后结构和功能重建】 该课题为天津市卫生局科技基金资助项目，由天津市环湖医院刘暌主持完成，2007 年 12 月 20 日通过专家评审，其成果达国际先进水平。该研究利用神经干细胞移植治疗脊髓钳夹损伤模型，同时分别给予甲基泼尼龙（MP）、神经节苷脂（GM1）以及免疫抑制剂作为神经移植的促进剂，对损伤的脊髓和移植入的神经干细胞进行保护以及促进其神经轴突的生长和修复，从而建立正常的神经联系。通过组织病理学及电镜、运动功能评分、电生理检测等指标观察进行对比研究。研究表明，神经干细胞联合 MP 治疗对脊髓损伤大鼠的后肢运动恢复有显著的作用；神经干细胞联合 FK506 移植对修复损伤脊髓的上传神经纤维功能有明显的作用；MP、GM1、FK506 联合神经干细胞移植均能明显改善大鼠脊髓损伤后的结构和功能重建。脊髓损伤急性期应用神经干细胞移植联合 GM1、FK506，远期治疗效果要优于 MP 的治疗。该研究为神经干细胞移植在脊髓损伤治疗的临床应用提供了较为可靠的实验数据和理论依据。

（刘 群）

【骨髓基质细胞移植治疗脑梗死的实验研究】 该课题为天津市卫生局科技基金资助项目，由天津市环湖医院只达石主持完成，2007 年 12 月通过专家鉴定，其成果达国际先进水平。该研究采用骨髓间充质干细胞（MSCs）移植的方法，建立大鼠和人 MSCs 体外分离、培养系统。对大脑中动脉闭塞（MCAO）的大鼠模型，采用立体定向和尾静脉注射两种方法，将 BrdU 标记的 MSCs 移植到模型鼠的脑内，分别在移植后 1 天，2 周，1 个月、2 个月、3 个月时对 7 组大鼠进行神经功能评分检测，观察 MSCs 移植前后大鼠行为学功能的改善情况。结果表明，MSCs 可在体外分离、培养及传代，可在体外诱导分化为神经元样细胞及胶质样细胞；移植后的 MSCs 可在宿主脑内存活，并且在脑内分化为神经元样细胞及胶质样细胞，促进 MCAO 后大鼠神经功能恢复；MSCs 移植可促进脑内 BDNF 的分泌；立体定向移植 MSCs 神经功能缺损的恢复要好于经尾静脉移植。经过移植前后神经功能缺失评分结果比较，证实 MSCs 移植可以促进 MCAO 后大鼠神经功能恢复。

（刘 群）

【Wdl 小鼠遗传性小脑性共济失调的分子机制的研究】 天

津市环湖医院张佩兰与天津医科大学总医院、天津市南开医院合作，应用分子生物学技术对遗传性脊髓小脑性共济失调的分子机制进行研究。采用旋转试验和足印试验证实 Waddles(Wdl) 小鼠是具有共济失调和肌张力障碍而中枢神经系统无病理形态改变的动物模型，在此基础上应用毛细管电泳筛查比较 Wdl 小鼠和正常小鼠 Wdl 位点附近的 100 个基因的核苷酸序列，发现 Wdl 小鼠 Car8 基因的第 7 个外显子存在 19 个核苷酸的缺失。Wdl 小鼠遗传性小脑性共济失调突变基因的发现，对于人类的运动障碍性疾病的根本性治疗具有重要的参考价值。该研究项目 2007 年 12 月 20 日通过专家评审，其成果达国际先进水平。

（刘　群）

【糖尿病与牙周病相关性的研究】 天津市口腔医院、天津医科大学总医院黄青、高津福、王雅南等从分子生物学实验及流行病学调查两个方面对糖尿病与牙周病的关系进行研究。研究发现，天津地区汉族糖尿病人群中牙周炎患者易感性与 IL-1RN 基因多态性有关，特别是 IL-1RN 基因中等位基因 A2 有可能作为糖尿病人群中牙周炎遗传易感性的检测指标。首次以社区牙周指数和附着丧失为指标，探讨糖尿病与牙周病的相关性。结果发现，糖尿病人群中牙周炎患病率较高(51.41%)，病情较重(27.68%)，失牙率高(牙列缺损率 85.03%)，无牙率高(16.95%)。该研究对加强易感个体的检测和控制，降低患病率和影响率，具有较为深远的临床意义和社会价值。该研究项目 2005 年 11 月通过专家评审，其成果达国内领先水平。

（刘　群）

【急性白血病 RNA 负载脐血 DC 诱导的 CTL 抗白血病效应】 天津市第一中心医院李玉明、邓琦、赵明峰等利用脐带血中富含 CD34+细胞的特点，体外培养得到成熟树突状细胞(DC)。并与脐血来源 DC 和缓解后外周血单个核细胞来源 DC 负载急性白血病抗原后和急性白血病来源 DC 所诱导的细胞毒 T 细胞抗白血病效应进行比较。研究结果显示，脐带血来源树突细胞扩增速度快，产率高，可以在短时间内获得更足够数量的成熟树突细胞，急性白血病细胞 RNA 作抗原负载脐血来源树突细胞所诱导的特异性细胞毒 T 细胞分泌较高水平的干扰素-γ，并明显杀伤白血病靶细胞。该研究为急性白血病生物治疗奠定了基础。该研究项目 2008 年 4 月 9 日通过专家评审，其成果达国内领先水平。

（刘　群）

【载药组织工程皮肤和骨的研究】 该课题为天津市自然科学基金重点资助项目，由天津市天津医院、天津大学、天津医科大学李秀兰、王学谦、姚康德等共同承担完成。2006 年 12 月通过天津市科委组织的专家验收，其成果达国际先进水平。该研究将中医药与组织工程技术相结合，着力研究在治疗感染性开放骨折的复方中药生肌液的制备和优化，论证了优化的生肌液作为诱导剂对作为皮肤和骨种子细胞的表皮细胞、成纤维细胞和骨髓基质细胞在促进其增殖、抑制凋亡和调控表型表达中的作用。构建了壳聚糖—明胶皮肤载体和壳聚糖—明胶—磷酸三钙骨修复载体。对皮肤细胞和载体复合物进行了生物学评价，通过体内外实验研究，建立了细胞移植在感染创面应用的技术平台，将细胞移植技术与外用中药结合，修复感染和慢性溃疡创面患者 20 余例，成功率 100%，收缩率提高 20%~30%，为探讨新的细胞诱导因素和皮肤及骨种子细胞研究提供了理论和实验依据。该成果在国内外发表论文 14 篇(其中 SCI 收录 4 篇)，获得专利技术 1 项，培养硕士和博士 10 名。

（刘　群）

【骨髓干细胞移植和他克莫司联合应用治疗大鼠脊髓损伤研究】 脊髓损伤因其治疗方法相当有限，疗效不尽人意，致残率非常高。天津市天津医院王文宝、赵合元、孙志明等与天津大学合作采用骨髓间充质干细胞移植联合应用免疫抑制药物他克莫司(FK506)对大鼠脊髓损伤进行实验研究。结果显示，骨髓间充质干细胞移植联合应用 FK506 移植于受损伤的大鼠脊髓组织后，可以更有效地改善损伤局部的组织形态，减少空洞面积和疤痕形成，减少重要神经再生抑制相关分子 Nogo 在局部微环境中的表达，从而间接促进神经再生及大鼠后肢运动功能恢复。该研究项目 2008 年 3 月 21 日通过专家评审，其成果达国内领先水平。

（刘　群）

【周围神经缺血再灌注损伤与神经细胞凋亡和坏死的关系研究】 天津市天津医院、天津医科大学舒衡生、阚世廉、邵珩等,自2002年4月至2007年10月历时5年，采用流式细胞仪检测和透射电镜观察的方法逆向研究大鼠周围神经缺血再灌注损伤后神经元胞体和树突的超微病理变化及内在规律。研究发现,大鼠周围神经缺血再灌注损伤后,相应的脊髓神经元出现不同程度的细胞凋亡和坏死，其间有一定的时限关系。在缺血的早期(8小时以内),神经细胞损害以细胞凋亡为主，随缺血时间的延长神经细胞损害以凋亡和坏死并存,以坏死为主。缺血后的再灌注对细胞的损伤有一定的时限关系,短期内加重,72小时后再灌注损伤逐渐减轻。该研究对有效防治周围神经的缺血再灌注损伤具有重要的指导作用,为临床医生界定周围神经缺血再灌注损伤的有效治疗时间和筛选防治药物提供了理论依据。该研究项目2008年3月21日通过专家评审，其成果达国内领先水平。

(刘　群)

【亚低温治疗蛛网膜下腔出血导致迟发血管痉挛的实验研究】 天津市环湖医院黄慧玲、黄楹、姚鑫等采用改进枕大池2次注血法，建立蛛网膜下腔出血(SAH)导致迟发脑血管痉挛(DCVS)的大鼠模型。应用该模型动态监测SAH后脑血流(CBF)的变化,对基底动脉进行形态学测定和组织病理学检查，探讨SAH导致DCVS的脑代谢变化规律及其与皮质CBF变化的相关性。通过SAH模型的皮层脑血流变化、脑底大血管的病理改变、脑组织生化代谢以及不同脑区神经细胞凋亡等指标，初步阐明了亚低温保护蛛网膜下腔出血后迟发血管痉挛的机制。研究发现,亚低温可显著降低大鼠海马CA1区神经元损伤程度,减少细胞凋亡,显著提高SAH大鼠海马CA1区抑制凋亡基因Bcl-2和大脑皮层、海马以及脑干Bcl-XL mRNA的表达，从而提高脑组织抗凋亡能力,在一定程度上起到脑保护作用。该研究为蛛网膜下腔出血的亚低温最佳治疗时间和效果提供了理论依据,对减少SAH后的致死率和致残率具有十分重要的意义。该研究项目2008年5月3日通过专家评审,其成果达国际先进水平。

(刘　群)

【高原地区大骨节病骨代谢失衡机制的研究】 天津市第四医院、天津市胸科医院、西藏昌都地区人民医院张宏伟、高明东、加永泽培等通过观察调控破骨细胞活性的破骨细胞抑制因子(OPG)、破骨细胞分化因子(sRANKL)和骨吸收标志物脱氧吡啶啉(Dpd)、人抗酒石酸酸性磷酸酶5b(TRAP5b)和组织蛋白酶K(Cathepsin K)在不同严重程度的大骨节病患者体内水平变化，从细胞因子水平上探讨大骨节病骨代谢失衡的机制。结果显示，大骨节病的各个阶段OPG/RANKL系统的偶联平衡均遭到破坏，各阶段大骨节病患者的骨吸收标志物Dpd和TRAP5b存在不同程度的增加,提示sRANKL、OPG和sRANKL比值有希望成为反映大骨节病骨损害的标志物,为临床诊断和治疗提供依据。该研项目究2008年6月24日通过专家评审,其成果达国内领先水平。

(刘　群)

【Ad-hTIMP1基因治疗对内皮细胞表达金属蛋白酶影响的研究】 动脉粥样硬化(AS)是严重危害人类健康的常见病、多发病,其病变过程极为复杂。天津市心血管病研究所、天津市胸科医院毛用敏、李汇、崔让庄等采用分子生物学技术制备了携带人金属蛋白酶组织抑制剂基因的重组腺病毒(Ad-TIMP1),用于体外培养的脐静脉内皮细胞,观察TIMP1过表达对心血管疾病的影响。结果显示,病理剂量高同型半胱氨酸 (HHcy) 可引起TIMP1表达降低,MMP1、MMP9 mRNA表达明显升高。给予Ad-TIMP1基因治疗观察到TIMP1在内皮细胞中表达升高,MMP1、MMP9 mRNA的表达下降。表明TIMP1在细胞内的过表达有可能对抗HHcy引起的MMPs水平升高，对保护血管内皮细胞、防止血管壁重塑具有一定的治疗作用。该研究为今后AS的基因治疗和临床应用提供了理论依据。该研究项目2008年7月3日通过专家评审,其成果达国际先进水平。

(刘　群)

【bFGF siRNA表达质粒对胶质瘤中STAT3基因抑制作用的研究】 由于RNA干扰(RNAi)技术可以特异性剔除或关闭特定基因的表达，已被广泛用于探索基因功能和传染性疾病及恶性肿瘤的基因治疗领域。天津市第一中心医院王淑杰、周忆频、林娜等运用碱性成纤维细胞生长因子(bFGF) siRNA表达质粒作为bFGF的抑制剂来阻断STAT3信号通路，以达到对胶质瘤生长的抑制作用，通过脂质体介导的方法将该siRNA表达质粒转染到胶质瘤细胞系U251中，分别用免疫组化法和western-blot法检测

STAT3 及其下游分子 Bcl-xL 和 cyclinD1 的蛋白表达情况。结果表明，STAT3 及其下游分子 Bcl-xL 和 cyclinD1 蛋白表达明显降低，并抑制胶质瘤细胞系 U251 的增殖，达到对胶质瘤生长的抑制作用。该研究为胶质瘤临床治疗提供了参考。该研究项目 2008 年 5 月 26 日通过专家评审，其成果达国际先进水平。

（刘 群）

【DHMEQ 对头颈鳞癌细胞体外增殖抑制的研究】 天津市第一中心医院阮宏莹、林鹏、曹海光等选用下咽鳞癌细胞株 YCU-H891、鼻咽鳞癌细胞株 YCU-N861 和口腔鳞癌细胞株 KB 为研究对象进行体外细胞培养。应用 western blot 技术、WST-1 快速比色法、ELISA 细胞凋亡检测，证实核因子 NF-κB 的抑制剂 DHMEQ 能明显抑制头颈鳞癌细胞的体外增殖，并能诱导头颈鳞癌细胞发生凋亡。研究提示 NF-κB 可能是 NF-κB 过表达头颈部鳞癌治疗的分子靶，其抑制剂 DHMEQ 有望成为 NF-κB 过表达头颈鳞癌治疗的有效制剂。该研究为头颈鳞癌靶向治疗提供新策略。该研究项目 2008 年 8 月 20 日通过专家评估，其成果达国内领先水平。

（刘 群）

【Fas/FasL 与卵巢癌耐药、预后的研究】 Fas/FasL 系统是细胞凋亡过程中信号传递阶段的外在途径，起着非常重要的作用。天津市中心妇产科医院张虹、高燕、梁致怡等自 2005 年 11 月至 2008 年 5 月利用组织标本和体外培养细胞，采用免疫组化、RT-PCR 及基因转染等方法，探讨 fas、fasL 基因与卵巢癌临床病理特征、预后的关系，以及 fasL 基因和卵巢癌耐药的关系。结果显示，fas 低表达及 fasL 的高表达与肿瘤的发展进程有关。研究发现卵巢癌耐药细胞 fasL 表达低，通过构建 fasL 目的片段真核表达载体并转染卵巢癌耐药细胞，可以提高耐药细胞 fasL 的表达。该研究为卵巢癌耐药的基因治疗提供了理论依据。该研究项目 2008 年 9 月 7 日通过专家评审，其成果达国内领先水平。

（刘 群）

【多靶位防治局灶节段性肾小球硬化的实验研究】 天津市儿童医院、天津市第一中心医院张碧丽、李志军、宋兰云等自 2004 年 4 月至 2007 年 12 月采用单侧肾切除加小剂量重复注射阿霉素方法，建立局灶节段性肾小球硬化（FSGS）大鼠模型。应用血管紧张素Ⅱ受体拮抗剂缬沙坦、噻唑烷二酮类药物罗格列酮、中药制剂血必净注射液单独及联合应用治疗 FSGS，探索针对其不同发病机制多靶位综合治疗 FSGS 的有效性。结果表明，血必净、缬沙坦及罗格列酮可从生化水平、组织病理水平及细胞因子水平等不同的层面对 FSGS 有改善作用。显示了血必净-缬沙坦-罗格列酮联合治疗 FSGS 的优势，其可弥补单一药物治疗的不足，起到多靶位协同防治 FSGS 的作用。该研究为临床多靶位、短疗程、快速诱导缓解 FSGS 的进展提供了理论依据。该研究项目 2008 年 11 月 6 日通过专家评审，其成果达国际先进水平。

（刘 群）

【心肌梗死后组织修复与治疗相关技术研究】 该项目是武警医学院李贺、周欣、李玉明等完成的天津市科委应用基础与前沿技术重点项目，2008 年 3 月结题并通过专家验收。课题组对基因修饰和中药诱导提高骨髓间充质干细胞（mesenchymal stem cells，MSCs）移植对心肌梗死（myocardial infarction，MI）的修复作用、MI 后细胞外基质和心肌细胞联合修复治疗作用进行研究，分析了 MI 后心肌及间质修复变化，MSCs 迁移归巢等规律。研究结果表明：CXCR4 基因修饰的 MSCs 靶向迁移能力显著提高，促进 MI 后心功能恢复；MI 后 MSCs 移植/联合间质修复促进、加速心功能改善，减少心肌间质胶原；MI 后心肌巨噬细胞移植、血小板激活有益于心功能改善；中药复方促进 MSCs 增殖和分化，改善 MI 后心功能；MSCs 移植可能成为心脏交感去神经治疗的新方法；偏振光显微镜圆偏振光方法更适于检测 MI 后心肌间质胶原变化；新型高效、低毒高分子 PAMAM 树枝状高分子材料。有 13 篇研究成果论文发表于 Mol Therapy、Cardiovasc Drug Therapy、Coron Artery Dis、Med Hypotheses、中华超声影像学杂志、中国动脉硬化杂志、中国生物医学工程学报、武警医学院学报、心血管病学进展等国内外核心期刊，其中 SCI 收录 4 篇；申请国家发明专利 2 项，获得专利权；培养博士后 1 人，博士 6 人，硕士 4 人；项目后续得到国家自然科学基金、武警部队自然科学基金支持。

（何 冰 陈志红）

【玻璃化冻存对腱组织力学性能和生物学性能的影响】 该

项目是武警医学院王文良、王景贵、孙明林等完成的天津市科委应用基础与前沿技术面上项目，2008年3月结题并通过专家验收。自体肌腱移植是传统的方法，但肌腱来源有限，供腱处的形态功能可能受影响，而且扩大损伤范围，从而限制了其应用。人工肌腱组织相容性及其材料与受体肌腱愈合等问题，尚未完全解决。同种异体肌腱作为自体肌腱的替代，与自体肌腱有相同的结构和功能，而且来源广泛，特别是在多条或长距离肌腱缺损，而自体肌腱来源受限时，更显示出异体肌腱移植的优越性。低温保存冷冻处理后的异体肌腱，其抗原性大大降低，具有细胞活性，被认为是活细胞，并可长期保存，已成为当前异体肌腱保存、移植的热点。研究结果表明：玻璃化法保存的肌腱具有良好的细胞结构和组织形态，体外检测力学性能结果显示，玻璃化法保存的肌腱比正常肌腱稍差，比"两步法"深低温保存肌腱稍好，但无统计学意义。将自体肌腱、玻璃化保存肌腱、"两步法"深低温冷冻保存肌腱进行体内移植，发现自体肌腱、玻璃化肌腱与"两步法"深低温保存肌腱均存在不同程度炎症反应，但不影响肌腱的愈合与重建，玻璃化法可以较好的保存肌腱组织性能，自体肌腱、玻璃化肌腱其总体效果优于"两步法"深低温保存肌腱。该研究对异体肌腱的临床应用和组织库的建立具有一定参考价值。

（何　冰　陈志红）

【彗星实验预测肿瘤细胞辐射敏感性研究】 该项目由中国医学科学院放射医学院研究所曹嘉主持完成，2008年7月通过鉴定。判断肿瘤细胞放射敏感性较可靠的依据是低剂量照射后的细胞存活率（如SF2或D0），但是这种方法有许多不足之处，如细胞克隆培养需要的时间较长、活检细胞体外培养不易成功等，直接影响患者的及时治疗。因而开发快速、简便的肿瘤细胞内在放射敏感性预测方法，对临床上设计个体化的治疗方案以及提高肿瘤放疗的有效率具有重要意义。肿瘤细胞受到辐射后，可发生DNA双链断裂和单链断裂，DNA断裂与细胞的辐射敏感性有密切的关系。科研人员对辐射敏感性肿瘤细胞和辐射不敏感性肿瘤细胞用γ射线照射，经单细胞凝胶电泳分析后，发现二者存在显著差异，说明用该方法检测辐射引起DNA损伤的严重程度可以反映细胞对辐射的敏感性，采用中性SCGE技术检测具有不同辐射敏感性的肿瘤细胞株经不同剂量照射后诱导的DNA双链断裂，经CASP软件分析后，根据彗星尾长、尾矩和Olive尾矩等指标，判断肿瘤细胞对辐射的敏感性。研究发现，0~5Gy照射后，3种具体不同辐射敏感性的肿瘤细胞在5Gy照射后表现出的DNA双链断裂区别最为明显，说明该方法在5Gy这个剂量点能够较大程度地反映肿瘤细胞的辐射敏感性差异。该项目将中性单细胞凝胶电泳技术应用于肿瘤细胞辐射敏感性的预测。该方法具有简便、经济、快速等特点，特别是结合新的软件——CASP软件进行分析，实现了定量检测，省时，省力，而且避免了目测各项指标的人为误差，使结果更准确。

（杨　翊）

【核和辐射突发事件急性放射损伤诊断指标研究】 该项目为天津自然科学基金资助、由中国医学科学院放射医学研究所临床室姜恩海主持完成，2008年10月通过鉴定。该研究的第一步旨在检验全身照射和离体照射致DNA双链断裂的一致性，以明确单细胞凝胶电泳(SCGE)技术作为辐射生物剂量计的可行性。结果显示，1Gy和2Gy两个剂量组的全身照射和离体照射所得彗星头部DNA%、尾部DNA%、彗星全长、彗星尾长、尾矩和Olive尾矩等指标均有一致性，说明该技术离体实验可以客观准确地反映整体照射的淋巴细胞DNA损伤，进一步证明SCGE技术在辐射生物剂量学中的应用价值。科研人员采用中性SCGE技术，检测0~5Gy 137Cs γ射线照射后的淋巴细胞DNA-DSB，结果表明，随照射剂量增大，受损细胞增加，损伤程度加重，呈现明显剂量效应关系。综合考虑所得曲线的形态、方程的简易程度和拟合优度判定系数R2筛选符合要求的曲线方程。最佳方程在HDNA%、TDNA%、CL和TL符合Y=a+bD模式，而TM和OTM得到的方程符合Y=a+bD+cD2模式。在所有曲线中，彗星OTM的拟合优度最高，说明这个指标在实验选择的剂量范围内，最能灵敏、准确地反应辐射后的DNA损伤程度。另外，TL和CL的剂量—效应曲线并未出现平台，说明实验选择的剂量点尚未超出TL和CL的敏感剂量范围，所以，TL和CL也得到了较好的剂量—效应曲线。该项目早熟染色体凝集(PCC)部分，单独应用Calyculin A，且结合C显带方法，能在间期染色体中见到着丝粒区，对断片、双着丝粒体的判定有了更为直观的方法，减少了不必要的人为误差，减轻实验室工作人员的工作量,也容易形成标准化,从而可以更为准确地提供辐射剂量的估算。应用 Calyculin A 诱导 PCC 的方法检测不同剂量的 137 铯 γ 射线诱发的染色体总畸变率、断片率、双着丝粒体加环状染色体率,并拟合剂量效应曲线。结果表明,符合要求的方程为二次曲线。将该方法标准化,形成准确和简便的生物剂量计来评估核和辐射突发事件时对人员损伤的受照剂量。最终完成用 PCC 和 SCGE 技术估算核和辐射突发事件受照人员剂量估算的规范的国家职业卫生标准。

(杨 翊)

【辐射损伤生物剂量估算系统研究】 该课题是国家科技部经费资助项目,由中国医学科学院放射医学院研究所刘强主持完成,2008 年 7 月通过鉴定。细胞或机体对辐射的应答是多因素的共同作用,在寻找辐射剂量的生物标记物时,用一组指标的改变会比单个指标的改变估算辐射剂量更准确。该项目综合临床表现(呕吐时间)、血液学改变(外周血淋巴细胞变化)、细胞遗传学改变(染色体畸变)、DNA 损伤(单细胞凝胶电泳)、基因表达改变等多项指标,根据上述多种指标在不同剂量照射后的特征性变化,定量分析这种变化,并拟合多种指标改变与受照剂量之间的剂量-效应关系,以得到的数学模型为基础,开发出一套具有自主知识产权的辐射损伤生物剂量估算软件,用于辐射损伤后的生物剂量快速估算。重点解决了辐射损伤后的特征性临床症状、DNA 损伤、基因表达改变等与辐射剂量之间的数学模型的拟合,采用多种方法和指标建立起来的剂量效应曲线整合入计算机软件,多指标相互参照和补充,提高了剂量评价的客观性和准确性。该研究首次在辐射生物剂量估算中引入系统化的概念,综合上述多个指标,从宏观到微观,多层次进行分析,在暂时得不到染色体分析结果的情况下,可依据临床征兆和症状的严重性评估受照剂量。DNA 损伤和基因表达对辐射的高灵敏性,使其能对不同的辐射剂量作出灵敏、及时的反应。

(杨 翊)

临床研究

【波前像差在屈光不正眼的实验研究】 屈光不正(近视、远视、散光)是眼科常见病、多发病,在中国尤为高发。有关近视眼发生的病因、发生机制及相关治疗是目前眼科和视觉光学领域研究的热点和难点。天津市眼科医院王雁、赵堪兴、金颖等从视觉光学角度,借助先进的物理方法和数学手段,研究波前像差对屈光不正眼的视觉影响、近视眼与瞳孔的相互关系以及屈光手术前后的视觉质量变化的特点等。发现人眼瞳孔与波前像差之间的非线性变化关系,揭示了目前国际上流行的不同屈光手术后波前像差变化特点和可能的影响因素,为人眼视觉质量的相关研究奠定了重要的理论基础。该研究成果发表的相关论文被科学引文索引(SCI)收录 7 篇,被引用 38 次,在《中华眼科杂志》等专业核心期刊发表论文 7 篇。多次在全国性学术会议上进行大会发言或专题讲座。先后在北京同仁医院、协和医院、北京大学眼科中心、天津医科大学总医院、湖南省人民医院、第四军医大学西京医院等医院推广应用,临床治疗效果显著。该研究项目获 2008 年度天津市科技进步奖一等奖。

(刘 群)

【眼科用生物羊膜的制备与应用研究】 该项目由天津市医药科学研究所肖光礼、聂卫、高萍等完成,2008 年 12 月通过天津市卫生局组织鉴定,其成果达国内领先水平。该项目①研制出新鲜羊膜保存液,可以延长新鲜羊膜的保存时间至 30 天,通过光镜、透射电镜观察结果表明上皮细胞保存完好,为临床医生赢得安排手术的时间,同时也避免了制备新鲜羊膜的浪费。②研制了脱细胞羊膜的制备工艺,制备的脱细胞羊膜经过干燥、真空密封包装,辐照灭菌,可以常温保存 2 年,方便临床医生的使用,使羊膜移植手术可以在国内基层医院开展。③根据羊膜具有半透明、黏附性的特点,眼表修复手术中不易观察羊膜状况使手术不便。应用活体染料荧光素钠、丽丝胺绿等研究了羊膜的染色性质,研制出羊膜染色方法,该方法可作为一项新的技术在眼表修复手术中应用。

(肖光礼)

【肝细胞癌的发生和血管生成相关机制及临床意义的研究】 该项目由天津医科大学基础医学院赵秀兰主持完成,获 2008 年度天津市科技进步奖二等奖。该项目利用组织芯片技术、免疫组织化学技术、PAS 双染等技术,分析了乙型肝炎相关性肝硬化、肝癌为对象，观察了重要的伴侣分子热休克蛋白(HSP)与HBVx共同表达在肝癌发生中的意义，同时还检测了与HSP相关的多种细胞因子和基因的表达，利用组织化学与免疫组织化学双重染色方法检测VEGF、MMP家族等的表达。提出了肝癌中存在血管生成拟态这一特殊的血液供应模式，并初步观察其相关机制及预后意义。研究通过对乙肝病毒x抗原与HSP70关系的研究，提出HSP70在乙型肝炎相关性肝细胞癌发生发展具有重要作用。该研究还提出与HSP表达相关的分子参与肝细胞癌的发生和进展。研究结果为肝细胞癌发生和血管生成分子机制的研究提供了实验依据。

(寇 颐)

【根黄通道的发现及其临床意义】 该项目由天津医科大学总医院骨科雪原、王沛、马新龙等完成，获2008年度天津市科技进步奖二等奖。该项目利用CT仿真内窥镜技术发现了"根黄通道"这一病理结构，通过CT重建技术，测量其平均宽度为1.9±0.93mm。并在王沛提出的"层揭薄化法"治疗胸椎黄韧带骨化合并脊髓疾病基础上，在层揭薄化法的减压至第3层，进入"根黄通道"，用咬骨钳切断根黄通道顶壁，完整取下骨化组织。其优点在于，使手术风险可视化，有效避免了器械震动、滑落、挤顶，骨化块的沉降，出血过多等缺点，可以通过相对宽敞、内部空虚的"根黄通道"，绕过最危险的致残部位——盘黄间隙，将骨化组织完全切除，从而从根本上降低手术风险，使手术减压彻底、更加安全、器械和操作方法更加简单，有利于推广。现手术优良率达94.6%，未出现手术致残。这一技术已经推广到国内许多省市。术前利用CT对责任椎扫描，观察并测量根黄通道的最小径线，术中利用根黄通道并结合层揭薄化法对责任椎对应黄韧带骨化块进行手术，可以减少操作时间及术中出血，不仅针对"责任椎"减压，而且可以针对"候选责任椎"减压，避免了黄韧带骨化块的沉降，减少了术后病人并发症。在层揭薄化发基础上，利用根黄通道减压，提高了手术安全性，降低了手术难度。对临床治疗胸椎黄韧带骨化合并脊髓疾病上，起到了积极的推动作用。

(谷建军)

【内镜、腹腔镜联合治疗恶性梗阻性黄疸的研究】 天津市南开医院秦鸣放、吴瑜、王庆等采用腹腔镜胆肠、胃空肠吻合术联合内镜鼻胆管引流术微创治疗51例恶性梗阻性黄疸患者。通过与开腹手术的对比分析，证明手助腹腔镜胆肠、胃肠吻合术姑息治疗恶性梗阻性黄疸能取得与开腹手术相同的引流效果，并具有手术时间短，创伤小，恢复快，并发症少，减黄效果持久及长久保持经口进食等特点。一次性解决了病人胆道梗阻和十二指肠排空障碍，提高了带瘤患者的生活质量，为内镜、腹腔镜联合治疗晚期肿瘤积累了经验。应用该方法在河北省承德市医院、厦门市中医院、河北医科大学第三医院、大连医科大学附属第一医院等医院临床治疗晚期胰腺癌，取得很好的效果。该研究项目获2008年度天津市科技进步奖二等奖。

(刘 群)

【椎体成形术的实验与临床研究】 经皮椎体成形术(PVP)是通过在影像监测下向病椎内注入骨水泥(即甲基聚丙烯酸甲酯)起到增加椎体强度、防止塌陷、立即止痛等作用。天津市天津医院徐宝山、胡永成、夏群等通过体外实验和动物实验探讨PVP的热效应和热安全性以及负载甲氨喋呤的PVP药物缓释作用、磷酸钙人工骨PVP骨替代的可行性。临床应用PVP治疗脊柱骨质疏松性压缩骨折、症状性脊椎血管瘤、溶骨性转移瘤和多发性骨髓瘤92例，优良率83.7%，有效率99%。术后平均随访21.6个月，85.7%疗效稳定。证实PVP能立即止痛、增加椎体强度、防止椎体塌陷、抑制肿瘤生长，且效果满意。该研究成果已在国内专业核心期刊发表论文20篇。并在天津市第一中心医院、山东省立医院、唐山市第二医院临床应用，疗效满意。该研究项目获2008年度天津市科技进步奖二等奖。

(刘 群)

【慢性充血性心力衰竭的神经内分泌及治疗策略研究】 天津医科大学第二医院王林主持完成，获2008年度天津市科技进步奖二等奖。该研究采用回顾性流行病学调查的方法，分析30年3858例慢性心力衰竭患者病因及治疗的变迁，比较现今药物治疗与当前治疗理论的差距；探讨该病神经内分泌特点及评价可协助诊断和判断预后的生化指标；分析重组人脑利钠肽和神经内分泌拮抗剂对慢性心力衰竭的疗效和预后影响；动态监测慢性心力衰竭血流动力学、神经内分泌和心室重构等指标的变化，以及神经内分泌拮抗剂对上述指标的影响。主要创新点包括：指出心力衰竭治疗与指南的差距，提出规范化治疗要普及社区的新观点；把流行病学、临床研究和动物实验相结合，多角度、多层次研究心力衰竭神经内分泌特点；确定脑钠肽为协助诊断心力衰竭和判断预后的生化指标，为重组人脑肽在心力衰竭治疗的推广提供方法学指导；建立动物模型给药方法及心室重构评价指标等科研思路。该研究涉及的药物在天津市多家医院心力衰竭患者中应用达7780例次，在新疆地区医院应用350例次，一致反映这些药物临床疗效显著、应用者生活质量改善、寿命延长。

（高　杰）

【颈部非甲状腺肿物信息分析及相关数学模型临床应用研究】 该课题由天津医科大学附属肿瘤医院高明、李勇、于洋等完成，获2008年度天津市科技进步奖二等奖。该研究主要分为大宗病例应用分析研究和数学模型建立两个部分。针对该领域国内外研究空白的现状，依托肿瘤医院在颈部非甲状腺肿物（以下简称：NTMN）疾病诊断治疗方面的优势，通过采集录入NTMN病例3125例，总结NTMN的发病比例特点，分析各NTMN疾病之间临床特征的差异，针对临床常见的实际问题进行多角度分析总结。应用数学模型理论，筛选汇总与NTMN疾病初步诊断相关的多参数信息，构建NTMN疾病初步诊断数学模型，编写辅助分析程序，实现对新发病例的初筛分析，应用于临床，以辅助初步诊断。从而降低患者的经济负担和诊治时间，使患者获得早期及时正确的治疗。

（医科大学附属肿瘤医院科教处）

【肺血栓栓塞症凝血机制及新的诊断和治疗方法的研究】 该课题由天津医科大学总医院吴琦、于铁链、门剑龙等完成，获2008年度天津市科技进步奖二等奖。课题组从凝血、抗凝血、纤溶和血管内皮等方面探讨肺血栓栓塞症（PTE）的发病机制，寻找潜在的危险因素和PTE复发的预警指标；并建立PTE实验室检查的诊断方法；根据PTE在螺旋CT影像学上的特点，确立螺旋CT肺动脉造影对PTE的诊断价值；同时进行了PTE溶栓治疗新方法的研究。报道PTE患者凝血因子Ⅴ、凝血因子Ⅷ活性变化与正常人比较无差别；两项指标在PTE患者治疗前后变化亦无差别。说明凝血因子活性的变化不是患者的血栓形成的主要风险因素，而抗凝系统和纤溶系统功能的减弱与血栓形成有着更为密切的关系。进行复发与未复发PTE患者血栓性因素研究。报道复发PTE患者的PS活性明显减低。PS活性减低对PTE患者复发有警示作用，为临床预防PTE的复发提供有价值的参考指标。

（谷建军）

【肺血栓栓塞症的临床和实验研究】 该项目由天津医科大学总医院、天津市胸科医院及宝坻区人民医院的王佩显、吴琦、张敬霞、曹艳君等完成，获2008年度天津市科技进步奖三等奖。该项目临床研究涉及对肺血栓栓塞症不同类型（急性、慢性、大块型）临床特点及急性肺栓塞（APE）的介入性诊断和治疗的研究，并评价安置下腔静脉滤器（IVCF）预防PTE的有效性和安全性。系统分析了APE患者溶栓和抗凝治疗前后血浆凝血和纤溶因子水平的动态变化，确定APE患者t-PA和PAI-1血浆含量适宜的诊断截断点。对国人DVT患者PAI-1启动子4G/5G基因多态性基因型分布进行研究并分析PAI-1抗原水平影响因素，该基因多态性与DVT和/或PE没有直接的因果效应；吸烟、高血糖水平、高甘油三酯水平和PAI-1启动子4G/4G等位基因携带，在PTE的进展和预后中发挥不良作用。基础研究方面：建立了犬急性肺动脉高压动物模型和急性经颈静脉肺栓塞兔动物模型，检测PTE后肺动脉组织TF和TFPI，t-PA和PAI-1 mRNA的表达水平及抗原水平，分析栓塞局部环境及全身凝血和纤溶活性的变化。该研究成果10年间以专题讲座、查房或会诊、继续教育、医大授课和专著等多种形式在各医院进行推广应用，减少了漏诊和误诊，使大批患者得到了及时而准确的诊断和治疗。

（谷建军）

【胸腔镜下局部晚期非小细胞肺癌完全性切除的临床研究】 该课题由天津医科大学附属肿瘤医院王长利、张真发、王勐等完成，获2008年度天津市科技进步奖三等奖。该课题研究胸腔镜下肺叶切除+系统性淋巴结清扫术治疗部分II-IIIA期非小细胞肺癌的可行性，建立胸腔镜下肺叶切除术的手术规范，使此术式获得推广。进一步研究全胸腔镜下手术和小切口开胸手术治疗非小细胞肺癌的效果，比较胸腔镜手术和开胸手术后患者的急性期反应和两种手术对机体的创伤情况。110位患者入组，其中行VATS手术53例，开胸手术57例，研究结果证明了胸腔镜肺叶切除术可以应用于部分局部晚期非小细胞肺癌，并可以做到系统性淋巴结清扫，提高术后患者的生活质量。

（医科大学附属肿瘤医院科教处）

【急性呼吸窘迫综合症肺容量复张策略及急性心源性肺水肿治疗策略】 天津市第三中心医院徐磊、秦英智、张纳新等，对急性呼吸窘迫综合症（ARDS）实施肺容量复张策略，并进行了动物实验与临床研究。该研究使用纤维支气管镜利用温生理盐水肺泡灌洗，建立绵羊ARDS动物模型。采用低流速法（<10L/min）描记P-V曲线，并对P-V曲线分析。研究显示呼吸系统P-V曲线的描记，应避免进一步肺损伤及不可逆的血流动力学损害。复张压力上限应在Upper Iinflection Point（UIP）下5cmH_2O到UIP，维持复张的效果。呼气末正压（PEEP）应在10~20cmH_2O，对于治疗ARDS患者具有指导意义。该研究比较了自主通气模式（CPAP）与APRV两种肺复张策略在临床的应用，证实在相同的通气条件下，采用APRV的方法进行肺复张对血流动力学的干扰比较小，患者氧合改善更加明显。该研究还就在急性心源性肺水肿有创机械通气中的血流动力学监测，改善氧合的PEEP的设定方法，以及如何根据血流动力学调整药物的干预和机械通气参数设定、脱机方法的选择、评判预后等提出了一套完整的科学依据。该研究成果已在河南大学第一附属医院、大连医科大学附属第一医院、唐山市人民医院、天津市胸科医院、天津医科大学总医院、天津医科大学第二医院、天津市第一中心医院、天津市南开医院等医院进行临床应用，取得良好效果。该研究成果获2008年度天津市科技进步奖三等奖。

（刘　群）

【抗纤溶药物在心脏外科的临床应用研究】 非体外循环冠脉搭桥术（OPCAB）是近年发展起来的新技术，虽然避免了体外循环的应用，减少了相关并发症，但术后出血仍然是OPCAB的主要并发症之一。天津市胸科医院魏民新、武婷、简错陶等以OPCAB患者为研究对象，采用随机分组，观察围手术期D-二聚体、纤维蛋白肽A、血小板黏附率变化，同时记录术后出血量、输血情况以及其他相关临床指标。研究对比血液保护药物半量抑肽酶、氨甲环酸和6-氨基已酸的血液保护作用。结果表明，三种药物均能抑制OPCAB术后纤溶亢进，抑肽酶和氨甲环酸在抑制体外循环心脏术中纤溶系统激活方面有明显效果，均可明显减少术后的引流量及输血量，OPCAB患者未发现血栓并发症。提示在OPCAB应用适当计量的抗纤溶药物能安全有效地减少术后出血量，对心外科手术中减少非外科原因出血具有重要意义。该研究已在天津医科大学总医院、天津医科大学第二医院、天津市人民医院、蓟县人民医院、静海县医院临床应用取得理想效果。该成果已在国内外专业期刊发表7篇论文，培养硕士研究生2名。该研究项目获2008年度天津市科技进步奖三等奖。

（刘　群）

【慢性间歇低氧对动脉粥样硬化的影响及其机制研究】 该项目由天津医科大学总医院张蕴、田建立、冯淑芝等完成，获2008年度天津市科技进步奖三等奖。该项目模拟人睡眠呼吸暂停综合征（SAS）发病特点，建立慢性间歇低氧大鼠动物模型，动态观察在脂代谢紊乱基础上慢性间歇低氧对模型鼠动脉血管的影响，观察慢性间歇低氧模型鼠血管内皮细胞功能和结构受损过程以及动脉粥样硬化的早期改变。同时将动物实验和临床研究相结合，通过检测SAS患者动脉粥样硬化各项相关指标，从临床角度进一步阐明慢性间歇低氧与动脉粥样硬化的关系。研究发现：在慢性间歇低氧条件下模型鼠出现血管内皮细胞功能和结构损害；模型鼠出现动脉粥样硬化的早期超微病理改变；模型鼠动脉在形成动脉粥样硬化斑块前，已有可能形成动脉血栓性疾病，表明SAS患者易合并心脑血管疾病是通过促进动脉粥样硬化或促进动脉血栓性疾病的形成两条途径实现的；通过临床研究，对SAS患者进行动脉粥样硬化的无创检测指标血流介导的血管扩张（FMD）、脉搏波传导速度（PWV）和颈动脉内膜中层厚度（CIMT）进行测定，结果显示SAS患者存在更为明显的内皮功能障碍及动脉粥样硬化，且与SAS严重程度有关。FMD、PWV和CIMT三者联合应用，可作为SAS患者临床和亚临床动脉粥样硬化的早期诊断和评估指标。该项目对SAS心血管靶器官损害机制进行了有益探索，为SAS患者心脑血管并发症的防治提供可靠理论依据。

（谷建军）

【Human β -defensin 2 (hBD-2)在胃肠相关疾病中的研究及临床意义】 该项目由天津医科大学总医院姜葵、张庆瑜、李慕然等完成，获2008年度天津市科技进步奖三等奖。该项目应用RT-PCR、免疫组化等技术探讨Humanβ-defensin 2 (hBD-2)在胃肠道上皮，特别是胃上皮的表达；同时探讨了hBD-2、NF-κB、IL-8和TNF-α与溃疡性结肠炎之间的发病关系及临床意义。结果表明：hBD-2在幽门螺杆菌阳性及阴性慢性胃炎中的表达存在差异；hBD-2、NF-κB、IL-8和TNF-α在溃疡性结肠炎的发生发展中起重要作用；hBD-2、NF-κB、IL-8和TNF-α可能与肠易激综合征（腹泻型）的发生关系不密切；hBD-2、NF-κB、IL-8和TNF-α在溃疡性结肠炎和肠易激综合征（腹泻型）中存在差异。该项目率先在国内探讨Humanβ-defensin 2 (hBD-2)在胃肠道上皮的表达，在溃疡性结肠炎患者中探讨具有广谱的抗菌活性的hBD-2和不同类型的病变中的表达，对于临床的诊断和治疗具有重要意义。

(谷建军)

【早期胃癌临床及表遗传学研究】 该项目由天津医科大学总医院刘文天、王邦茂、姜葵、焦焕利等完成，获2008年度天津市科技进步奖三等奖。在临床实际工作中，开展对高危倾向的胃癌前病变的病人进行连续多年的内镜随访观察，结果发现多例早期胃癌，开展内镜下黏膜切除术治疗早期胃癌，经多年观察随访发现，其存活率高达90%以上，并且提高了病人的生活质量，降低了医疗费用。开展对胃癌及胃癌前病变肿瘤相关基因P16基因，钙粘蛋白基因和错配修复基因的CpG岛高甲基化的研究。应用基因甲基化特异性聚合酶链反应技术（MS-PCR）检测胃癌和胃癌前病变（慢性萎缩性胃炎伴中—重度肠化和不典型增生）中3个基因启动子CpG岛高甲基化的水平的并用免疫组化方法检测了基因的表达。结果发现，在胃癌中存在3种基因启动子区CpG岛高甲基化，在由正常胃黏膜、胃癌前病变组织到胃癌的发展过程中，其甲基化的水平呈逐步增加的趋势，而基因的表达受到了抑制，提示基因的甲基化可能是胃癌发生过程的早期分子事件，可以作为早期诊断胃癌的标志物。从表遗传学方面对胃癌早期发生原理进行了有益的探索，提出新的可能用于诊断早期胃癌的方法。对胃癌相关基因甲基化的研究从分子水平揭示由正常胃黏膜、癌前病变到胃癌发展中的转化规律，进一步了解这些基因的表达功能及其在胃癌及癌前病变发病中的作用，为今后开展胃癌前疾病的诊断和治疗，预防胃癌发病提供实验依据。

(谷建军)

【基因重组hIFN-α-2b-BCG菌苗的构建及其生物学功能研究】 该项目为天津市重大科技攻关项目，由天津医科大学第二医院、天津市泌尿外科研究所韩瑞发主持完成，获2008年度天津市自然科学奖三等奖。在膀胱内灌注野生型BCG（卡介苗）预防浅表性膀胱肿瘤复发、治疗原位癌的研究有20余年基础研究与临床经验，但国内尚无用于膀胱内灌注免疫治疗专用、野生型BCG菌苗，更无基因重组BCG。建立一种IFN分泌型、高效、低副作用生物免疫治疗专用型的重组BCG菌苗，发挥BCG与IFN在膀胱局部同步免疫介导与激活作用，是基础与临床亟待解决的重大理论和技术难题。该项目完成的主要内容：构建一种分泌型穿梭表达载体；建立了遗传表达稳定的、分泌hIFN-α-2b的重组BCG和新的BCG重组技术路线；发现重组BCG具有增强人PBMC钟样蛋白受体的表达活性，揭示了TLR是重组BCG免疫细胞介导抗肿瘤的新机制；建立了制备冻干重组BCG菌苗的参数与流程，为重组BCG的生物产业化提供了理论与技术支持；发现重组hIFNα2b-BCG具有显著增强人免疫细胞增殖、IFN-γ、IL-12、TNF-α的表达效应及生物免疫抗肿瘤活性，揭示了重组hIFNα2b-BCG同步免疫调节细胞和细胞因子介导的抗肿瘤网络效应机制；建立了拥有自主知识产权的膀胱腔内灌注预防与治疗浅表膀胱肿瘤的生物免疫治疗专用型，高效、低副作用的重组丹麦Ⅰ型hIFN-α-2b-BCG新型菌苗的技术路线，揭示了重组BCG预防与治疗浅表膀胱癌的生物免疫的重要机制。该项目获得两项国家发明专利，发表学术论文31篇，其中SCI收录8篇。该项目论文共被他人引用56次，出版《浅表性膀胱癌的基础与临床》专著1部。

(高　雅)

【雌激素缺乏对牙周炎易感性的实验研究及初步临床应用】 该项目由天津医科大学口腔医院王永兰主持完成，获2008年度天津市科技进步奖三等奖。科研人员对所构建的雌激素缺乏的大鼠实验性牙周炎模型观察其PD、PBS、PBL等指标，HE染色观察牙龈炎症和牙槽骨吸收等病理变化情况，免疫组化方法观察雌激素缺乏及补充雌激素后牙周组织中OPG、VEGF的原位表达情况，综合分析雌激素缺乏与牙周炎的相关性。该研究通过了解雌激素缺乏及补充雌激素对牙周组织OPG、VEGF的影响，证明雌激素缺乏可促进牙槽骨吸收、补充雌激素可预防因雌激素缺乏产生的牙槽骨吸收，为临床治疗更年期雌激素缺乏的牙周炎患者，建立局部与全身治疗相结合的新理念提供了依据。经过初步临床应用取得了令人满意的治疗效果。

（李宏捷）

【BCNU聚乳酸缓释膜片抑制脑瘤作用的研究】 脑胶质瘤局部缓释化疗是近年来神经外科研究的热点。为了改善胶质瘤的预后，天津市第一中心医院王金环与南开大学分子所合作，采用标准医用聚乳酸和临床治疗胶质瘤最常用的药物卡氮芥(BCNU)，研制出卡氮芥聚乳酸（BCNU-PLA）缓释膜片。将BCNU-PLA缓释膜片分别植入大鼠和家犬脑内，通过常规病理、电镜及免疫组化检查，观察该制剂对植入局部及其相邻的脑组织、心、肺、肝、脾、血液系统的影响。采用核磁动态观察肿瘤的生长情况，并观察BCNU在血中的代谢情况及对脑组织和肝肾功能的影响。结果显示，BCNU-PLA缓释膜片在体内外具有缓释效果，局部浓度高，全身毒性小。对植入局部及其相邻的脑组织、心、肺、肝、脾等器官及对血液系统的影响均很小，抑瘤效果良好。该研究成果已在天津医科大学总医院、肿瘤医院、天津市环湖医院、天津医科大学第二医院、武警医学院附属医院等5家医院应用。并申请专利1项，在核心期刊上发表论文4篇，培养硕士研究生4名。该研究成果获2008年度天津市科技进步奖三等奖。

（刘　群）

【PGC-1α在诱导多种肿瘤凋亡中的初步应用及分子机制研究】 该课题由医科大学附属肿瘤医院巴一、李鸿立、黄鼎智等完成，获2008年度天津市科技进步奖三等奖。该项目利用肿瘤组织资源库存肿瘤标本，对卵巢癌、肝细胞癌、甲状腺癌与相对应正常组织中表达PGC-1α情况进行了研究分析。并应用卵巢癌细胞株HO8910作为研究对象，通过腺病毒载体携带PGC-1α基因，使肿瘤细胞过表达PGC-1α分子，观察了其对肿瘤细胞生长及凋亡的影响，并应用定量PCR等方法研究了过表达PGC-1α肿瘤细胞中促凋亡基因以及抑制凋亡基因的变化。通过初步应用，发现PGC-1α表达降低有一定的普遍性，而且表达越低预后越差，术后易复发和转移，从而为这部分患者的下一步治疗提供了依据，为提高恶性肿瘤的整体治疗水平奠定了基础。

（医科大学附属肿瘤医院科教处）

【等中心射野和激光校准工具的研制及临床应用】 该项目由医科大学附属肿瘤医院王蒸、房爱玲等完成，获2008年度天津市科技进步奖三等奖。该课题使用AutoCad 2004设计等中心射野和激光校准工具的机械图，其中按机械制图规范提出公差、刻线精度、表面光洁度等技术要求。该工具分两部分：一是射野工具装有一块聚丙烯材料的坚实的底板，有3个可调底脚螺钉和2个嵌在里面的水泡测平装置。面板是用厚10 mm乳白色有机玻璃制成的，上有精密的十字线和5×5 cm^2、10×10cm^2、15×15 cm^2、20×20 cm^2方野刻线，面板可旋转并可准确定位于水平和垂直位置。便于快捷地核查各种治疗头装置的光野。背板也是用聚丙烯材料制作，可以与面板固定在一起，具有装胶片位置和固定装置。二是等中心检测模体是用尼龙棒经过加工制成的，中心插有不锈钢指针针体Φ4mm尖端Φ1mm。利用本课题研制的工具可以实现方法创新进行常规QA工作，同时作为放射治疗质量保证检测工具，在临床工作中具有重要的应用价值。

（医科大学附属肿瘤医院科教处）

【神经节和神经胶质细胞在肠闭锁中的分布研究】 先天性小肠闭锁（CIA）是新生儿常见的消化道畸形。天津市儿童医院詹江华、胡晓丽、叶祖萍等应用免疫组化技术，对15例CIA患儿的肠壁组织内NT-3，Trk-C，GFAR和Cajal细胞的表达情况进行检测。实验结果显示，在CIA盲端近侧肠壁中，越远离盲端肠间质细胞(ICCs)分布越多。CIA在距盲端11cm处ICCs分布与正常肠管的ICCs分布无显著性差异。距盲端8cm处的CIA肠管其肌层厚度正常，神经节细胞分布接近正常，且其神经节细胞的功能抗体表达接近正常。在CIA近段肠壁内存在卡哈尔间质细胞的减少，使ICCs所激发的起搏电活动减弱，从而引起肠壁节律性蠕动功能减弱，可能导致部分小肠闭锁发生术后肠功能不良原因。实验证实先天小肠闭锁患儿发生术后功能不良的原因与肠管结构异常密切相关，且手术切除范围是术后效果的关键。通过手术方式的改进，12例患儿术后经过2年的临床观察，没有发生肠道功能不良的反应，治疗效果满意。该研究成果经中国医科大学附属第二医院、深圳市儿童医院、郑州市儿童医院、河北医科大学第二医院等临床应用取得满意疗效。该研究项目获2008年度天津市科技进步奖三等奖。

（刘 群）

【儿童变应性鼻炎肺功能及相关因素的研究】 天津市儿童医院陈亚秋、丁文英、汪旭等应用肺功能测定技术，对94例变应性鼻炎患儿进行气道通气功能检测和支气管舒张试验，研究变应性鼻炎患儿肺功能改变特点。结果显示，患儿肺功能异常发生率为61%，肺功能异常患儿与过敏史、家族史因素明显相关，提示变应性鼻炎患儿存在着发生支气管哮喘的危险。该研究成果在昆明儿童医院、武汉儿童医院、重庆医科大学附属儿童医院进行成果推广应用，取得良好效果。该研究项目获2008年度天津市科技进步奖三等奖。

（刘 群）

【红斑狼疮患者雌激素受体与发病相关性及狼疮2号调控机制的研究】 天津市长征医院陈 宏与天津医科大学总医院、南开大学合作，采用反转录/聚合酶链反应/限制性核酸酶内切方法，检测不同性别系统性红斑狼疮（SLE）患者的雌激素受体（ER）基因三种主要基因型PpXx、Ppxx、ppxx多态性分布特点，及其与SLE临床症状和实验室指标的相关性。结果显示，不同性别SLE患者ER基因多态性的分布有显著性差异，男性患者PpXx基因型的携带率明显高于女性患者和正常男性对照组，提示该基因型与男性SLE患者的易感性相关。采用免疫组化–LSAB法研究了中药“狼疮2号”对SLE模型鼠皮肤和脾脏淋巴细胞中ER含量的影响及最大耐受量。结果证实，“狼疮2号”可通过改变雌激素受体的含量对狼疮鼠具有治疗作用。该研究项目获2008年度天津市科技进步奖三等奖。

（刘 群）

【应用皮瓣肌皮瓣修复小腿足部软组织缺损伴骨髓炎】 小腿及足部严重损伤导致的皮肤软组织缺损及深部骨与肌腱等组织外露并伴有感染临床时有发生，其创面的修复一直是临床医师处理的难点。天津市天津医院陈克俊、高广伟、陆芸等对97例小腿及足部感染性组织缺损的患者，采用皮瓣、肌皮瓣、肌瓣移植或转移等多种手术方法进行组织移植和修复。97例转移或移植的皮瓣、肌皮瓣的患者92例全部成活。其中5例，出现了皮肤边缘或少部分皮瓣坏死，但均无深部组织裸露，最终肢体外形及功能均获得满意效果。经过天津市第一中心医院、武警医学院附属医院、天津市第三医院、大港油田总医院和天津市静海县医院5家医院临床应用，证实该成果可使患者在短期内获得一次性治愈以及良好的肢体功能和外形的效果，具有重要临床应用价值。该研究成果获2008年度天津市科技进步奖三等奖。

（刘 群）

【肝移植术后胆道狭窄综合防治的前瞻性研究】 肝移植已经成为治疗终末期肝病的一种有效治疗方法，肝移植术后胆道狭窄是肝移植最常见的并发症之一，也是影响肝移植术后临床效果的主要问题。天津市第一中心医院朱志军 、张建军 、张雅敏等从胆道狭窄的病因、发生特点以及预防和治疗方面，对肝移植术后胆道狭窄的影响因素进行多元分析，探讨肝移植术后胆道狭窄的规律，得出门静脉阻断时间、CMVPP65阳性为胆道并发症发生的危险因素。针对不同类别的胆道狭窄进行利胆支持、胆道内支架、胆道外引流支撑、胆道镜取石、胆道扩张及再次肝移植治疗并提出治疗策略，明确预防、非手术及手术治疗的适应症及最佳时机。经过对胆道狭窄的综合治疗，肝移植术后患者的生存率大幅提高，胆道并发症的发生率由2000年的20.3%降至2005年的9.2%，其中非吻合口狭窄下降6.9%。该研究成果获2008年度天津市科技进步奖三等奖。其成果已在武警总医院、青岛大学医学院附属医院、山西省人民医院、暨南大学附属第一医院、兰州大学第一医院、西安交通大学第一附属医院等8家医院推广应用。申请技术专利1项，在专业核心期刊上发表论文8篇，为推动这一技术在全国的开展奠定了基础。

（刘 群）

【肝移植术后免疫抑制状态下乙型肝炎病毒生物学特性的变化】 移植肝乙型肝炎病毒（HBV）再感染是肝移植术后常见的并发症，亦是造成移植肝功能衰竭及发生慢性排斥反应的重要原因。天津市第一中心医院沈中阳、宋红丽、王凤水等采用 PCR 技术、流式细胞仪技术、免疫组化技术、基因测序方法等多种检测方法对肝移植术前、术后患者的机体免疫状态、细胞因子变化、HBV 基因型、HBV 的 S 区、P 区及 X 区基因变异等进行检测。探讨免疫抑制剂作用下导致异常免疫抑制状态后，移植肝 HBV 再感染的条件和发生机制。研究发现，肝移植术后 HBV 再感染不仅与 HBV P 区拉米夫定耐药基因变异有关，同时与该耐药位点以外的 P 区多位点变异、S 区“a-决定簇”的基因变异和 HBV- X 区 nt1762、nt1764 双位点突变有关。通过检测细胞因子水平发现 IL-10 和 TNF-α 水平变化可以作为预测肝移植术后 HBV 再感染指标之一。该研究具有非侵袭性、检测快速、费用低廉的优点，对临床治疗有较好的指导作用，已在国内各移植中心推广应用。该研究项目 2008 年 1 月 9 日通过专家评审，其成果达国际先进水平。

（刘　群）

【主—髂动脉病变 MSCTA 成像及定量分析研究】 CT 血管成像作为一种非侵袭性检查技术，对主—髂动脉狭窄性病变的影像学诊断具有特殊优势。天津市天和医院万业达 、何岸苇、李宝玖等应用多层螺旋 CT（MSCT）检查技术，实现在一次检查过程中同时进行腹主动脉的肾动脉开口以上水平至足背动脉水平的大范围联合扫描，并对病变血管的范围、狭窄率、分叉角度等进行定量分析。解决了下肢动脉扫描范围受限，图像采集困难的问题，为指导血管外科医生选择手术方式提供了可靠的诊断依据。该研究项目 2007 年 12 月 20 日通过专家认定，其成果达国内领先水平。

（刘　群）

【卒中患者吞咽困难综合干预研究】 天津市环湖医院何云燕、黄丽君、甘燕玲等应用吞钡 X 线透视检查及洼田饮水试验，对脑卒中单元中合并吞咽困难患者系统评估，并对患者实施发音运动、吞咽动作、呼吸摄食训练、心理护理及家庭康复训练，以藤岛一朗评价标准、Barthel 指数及肺感染发生率为监测指标，建立卒中患者吞咽困难早期系统化综合干预模式。结果显示，卒中后吞咽困难患者在进行吞咽困难综合干预康复护理后，患者的吞咽功能明显改善。该研究为卒中合并吞咽困难患者建立早期、全程、综合干预康复护理模式奠定了基础。该研究项目 2007 年 12 月 20 日通过专家认定，其成果达国内领先水平。

（刘　群）

【急性脑卒中患者量表的信度与效度研究和临床应用】 天津市环湖医院巫嘉陵、何云燕 、赵俊丽等采用美国国立卫生院卒中量表（NIHSS）、Barthel 指数（BI）、临床神经功能缺损评分和中国日常生活能力（ADL）量表，在国内进行大样本的 NIHSS、BI、临床神经功能缺损评分和 ADL 四个量表的信度、效度与临床应用的对比分析。研究了脑卒中患者上述四个量表电话评价与现场评定情况，筛选适合电话评定的量表，并证明 BI、中国 ADL 量表适于电话随访，NIHSS、神经功能缺损程度评分不适于电话评定。中国 ADL 量表反映患者的运动功能和认知功能，对卒中患者的日常生活活动能力评定更加全面，为全面深入研究卒中量表的信度与效度及根据卒中的不同分型合理选用量表奠定了基础。该研究项目 2007 年 12 月 20 日通过专家认定，其成果达国内领先水平。

（刘　群）

【血浆凝血酶激活的纤溶抑制物与脑卒中的相关性研究】 脑卒中是一种常见的多发性疾病，因其高致死率和致残率，越来越受到关注。天津市环湖医院杨萍、崔桂萍 、胡静仪等应用酶联免疫吸附检验（ELISA）方法，对 228 例缺血性脑卒中和出血性脑卒中患者的凝血酶激活的纤溶抑制物抗原（TAFI: Ag）及活性（TAFI: a）进行检测，探讨凝血酶激活的纤溶抑制物与脑卒中的相关性。结果显示，脑卒中患者平均 TAFI: Ag 、TAFI: a 明显升高（大于临界值 180ng/mL），提示 TAFI 不仅是缺血性脑卒中，也是出血性脑卒中的一个独立危险因子，血浆 TAFI: Ag 、TAFI: a 水平升高可能为病理的急性反应。该研究为脑卒中的临床诊断、预防和治疗提供了可靠的临床诊断指标。该研究项目 2008 年 5 月 13 日通过专家评审，其成果达国内领先水平。

（刘　群）

【经颅多普勒超声对于诊断颅脑外伤脑死亡临床价值的探讨】 天津市第一中心医院李牧、李伟、周忆频等自 2006 年 1 月至 2008 年 1 月，临床选择 40 名重型颅脑损伤深昏迷患者，进行经颅多普勒超声(TCD)检查，探讨TCD脑血流动力学检测诊断重型颅脑创伤患者脑死亡对于诊断脑死亡的临床价值。结果显示，脑死亡组15例患者中有14例脑血流已出现完全舒张期反向血流(12例)或钉子波形(2例)等脑死亡特征性血流改变，早于临床脑死亡6~40小时。提示TCD监护对协助脑死亡的诊断具有重要的临床意义。该研究项目2008年5月26日通过专家评审，其成果达国内领先水平。

（刘　群）

【瞬目反射及脑干听觉诱发电位检查对脑干梗死的诊断价值】 脑梗死是脑血管病最常见的类型，脑干梗死因其解剖部位险要而备受关注。天津市环湖医院张淼、张雪青、周官恩等通过对40例经临床及核磁共振确诊的脑干梗死患者进行脑干听诱发电位(BAEP)和瞬目反射(BR)检查，动态观察脑干梗死治疗前后的变化。由于BAEP所记录的电活动均来自脑干，反映了脑干的功能活动变化，所以它只对影响到脑干听觉通路的脑卒中病变起检测、监护作用。而BR能敏感地反应脑干尤其是脑桥的变化情况，对定位诊断有重要意义。结果显示，BR和BAEP两者从不同的解剖路径反映了脑干梗死的病理生理变化，联合检测对脑干梗死的检出率为92.5%，较单独检测异常率高。对脑干梗死的诊断两者可相互补充，有助于定位诊断，具有较强的实用性。该研究项目2008年5月13日通过专家评审，其成果达国内领先水平。

（刘　群）

【特发性震颤与帕金森病的经颅磁刺激研究】 特发性震颤(ET)和帕金森病(PD)患者常以震颤为首发症状。临床早期ET与PD诊断不易鉴别。天津市环湖医院、天津医科大学总医院王艳、张本恕、石志鸿等通过对ET与PD的运动诱发电位(MEP)、皮质静息期(CSP)的对比研究，揭示二者不同的发病机制，为鉴别诊断提供依据。该研究运用经颅磁刺激检测ET与PD患者的运动诱发电位及皮质静息期，发现ET患者的运动诱发电位及皮质静息期是正常的，而PD患者的运动诱发电位异常，皮质静息期延长，提示患者运动皮质兴奋性增高。通过经颅重复磁刺激(rTMS)治疗ET和PD两种疾病，提示低频rTMS可以缓解ET、PD的临床症状，是一种安全可靠的治疗方法。该研究项目2007年12月20日通过专家认定，其成果达国内领先水平。

（刘　群）

【脑梗死患者对氧磷酶-1192 A/B基因型及活性研究】 天津市环湖医院周玉颖、陈蕾、邢永红等选取临床脑梗死患者，测定患者的对氧磷酶1(PON1)基因多态性及酶活性、血脂水平、同型半胱氨酸(Hcy)水平和颈动脉内膜—中膜厚度。探讨患者PON1基因型及活性在脂代谢、动脉粥样硬化和缺血性卒中的作用。研究发现脑梗死患者PON1活性与血Hcy水平呈强负相关，患者PON1基因型及活性与血脂水平相关，证实PON1对脂代谢异常、动脉粥样硬化形成和脑梗死发生具有一定作用，且酶活性的作用要高于基因型，提出可把调节PON1活性作为今后一个治疗干预的备选靶点。该研究项目2007年12月20日通过专家评审，其成果达国内领先水平。

（刘　群）

【磁共振功能成像在神经上皮组织起源肿瘤诊断中的应用价值分析】 天津市环湖医院刘梅丽、崔世民、韩彤等利用氢质子磁共振波谱成像(MRS)并联合应用灌注成像(PWI)、弥散加权成像(DWI)、对临床常见的神经上皮组织起源肿瘤及单发转移瘤应用价值进行研究。研究发现，MRS提供了肿瘤、瘤周水肿(近侧、远侧)的信息可用于鉴别肿瘤性质，界定肿瘤浸润的边界；利用PWI可获得肿瘤的血供状态与微血管增殖状况，从而增加了判定肿瘤良恶性的影像学信息；而DWI可以提示肿瘤细胞密度，可用于肿瘤的良恶性判定及肿瘤的鉴别诊断。提示联合应用功能核磁共振成像是对常规MRI成像的有力补充，可为临床的术前拟订方案，术中肿瘤尽可能全切，减缓复发，降低致残率，提高患者的生存质量具有重大意义。该研究项目2007年12月20日通过专家评审，其成果达国际先进水平。

（刘　群）

【枕下锁孔入路切除松果体区肿瘤】 天津市环湖医院王宏、尹绍雅、张洪伟等采用枕部小直切口(约6厘米)，开小骨窗(直径约3~3.5厘米)的枕下锁孔入路方法，用于松果体区肿瘤的手术治疗。这种术式在充分暴露术野的同时，避免了中线开颅，减少了组织损伤，开颅时间仅需20分钟。该术式具有手术时间短，有利于患者后期病情恢复，减少了患者住院时间和费用，致残率为4.1%，治疗效果优于传统术式。该研究项目2007年12月20日通过专家评审，其成果达国内领先水平。

（刘 群）

【碘剂CT值法蛛网膜下腔对脑脊液吸收功能测定的研究】 天津市环湖医院亢建民、陈文裕、王文胜等采取碘造影剂在蛛网膜下腔与脑脊液以一定比例吸收，利用CT扫描下密度衰减值反应碘剂浓度的方法，设计了检测脑脊液吸收量化曲线。相对于以往依照CT或MRI诊断脑积水的类型方法，该方法能够明确区别交通性与非交通性脑积水，特别对以梗阻性脑积水合交通性脑积水者更有价值，为脑积水的治疗选择提供了科学的依据。该研究项目2007年12月30日通过专家评审，其成果达国内领先水平。

（刘 群）

【临界病例拔牙与非拔牙矫治判别分析】 该研究是天津市卫生局科技基金资助项目，由天津市口腔医院王建国主持完成，2007年12月21日通过专家评审，其成果达国际先进水平。该研究采用二元模型方法，从已完成拔牙或非拔牙矫治的69病例中筛选出与判别拔牙与否密切相关的六项敏感指标，建立了拔牙概率方程，实现了对判别临界病例拔牙与否的量化参考标准。通过对临界拔牙与非拔牙矫治病例X线头影测量片分析，筛选出与判别拔牙与否密切相关的因素，临床验证此公式判别准确率为76.7%，证明此判别方法可以作为辅助正畸临床诊断与矫治临界病例的客观的参考依据。

（刘 群）

【用量化方法判断青春生长发育期骨成熟状况的研究】 在正畸矫治中对于骨发育状况的评价非常重要，目前临床中判断骨成熟情况是根据颈椎形态对颈椎骨龄进行粗略评定，易受人为因素影响。天津市口腔医院王建国、马佳君、时一兵等通过对天津地区10~15岁青少年颈椎骨发育状况的研究分析，得出生长发育期不同阶段颈椎骨变化图、变化趋势及均值范围，将形态学的模糊判断改为量化分析，形成定量标准，在客观的基础上更准确地对骨成熟度进行评价，为准确判断生长发育状况提供了更为科学的依据。该研究项目2008年1月4日通过专家评审，其成果达国内领先水平。

（刘 群）

【依谷胱甘肽周期行结直肠癌时辰化疗的临床研究】 化疗所致毒副反应是影响肿瘤患者治疗及生活质量的重要因素，采用时辰化疗方法治疗肿瘤提高疗效、减少毒副作用已成为肿瘤临床化疗研究领域的热点。天津市医药学(协)会管理办公室、天津市人民医院刘旭、李耀芬、叶伟胜等以奥沙利铂为主的化疗方案为基础，利用还原型谷胱甘肽对铂类药物的解毒作用，依患者血浆谷胱甘肽周期节律性的变化为依据，以峰值相位确定奥沙利铂给药时间，探讨个体化疗给药模式。并对67例二期、三期大肠癌术后行辅助化疗的患者，按照入院时间顺序随机分组，以无瘤生存率为基础评价时辰化疗组和常规化疗组间的疗效，经过数学模型建立相关资料分析，找出群体谷胱甘肽周期节律性的变化规律。为指导临床科学合理用药，减轻患者术后辅助化疗的药物毒性反应，提高疗效，提供了参考依据。该研究项目2008年3月23日通过专家评估，其成果达国内领先水平。

（刘 群）

【不同途径补充谷氨酰胺对烧伤患者肠屏障功能影响的临床研究】 天津市第四医院陈蕾、王玉莲、张宏伟等通过对30例严重烧伤患者血浆中内毒素(LPS)、二胺氧化酶(DAO)、D-乳酸水平及尿L/M比值等多项指标监测，评价严重烧伤后患者肠黏膜的损伤状况，探讨不同途径补充谷氨酰胺颗粒(GLn)后血浆Gln水平，观察Gln对肠黏膜损伤的作用。研究发现，对患者给予口服或静脉滴注补充外源性Gln能显著提高患者血浆中Gln水平，具有降低血浆中内毒素、DAO、D-乳酸水平及尿L/M比值，促进肠黏膜结构和功能的恢复，维护肠黏膜屏障功能。该研究也可用于创伤、外科手术、感染等患者的肠黏膜损伤的诊断。该研究项目2008年6月24日通过专家评审，其成果达国内领先水平。

（刘 群）

【应用PCA调控严重烧伤病人围术期应激反应的研究】 天津市第四医院张建忠、刘群、于瑞英等通过对严重烧伤病人术后连续72h实施自控镇痛(PCA)，监测患者镇痛前后1至72h的血糖、血浆皮质醇、细胞因子-6、胰岛素、胰高血糖素和去甲肾上腺素浓度变化，用vas评分法评估各时点疼痛程度与镇痛前比较。结果显示，可有效减轻烧伤病人焦虑、恐惧和疼痛，降低血中儿茶酚胺和神经肽水平，减少促炎因子过度释放，减少了白细胞因子-6的过度释放，减轻机体炎性反应。表明PCA技术对严重烧伤患者围术期的应激反应具有一定的调控作用。该研究项目2008年6月24日通过专家评审，其成果达国内领先水平。

（刘　群）

【无症状心肌缺血的功能学特征与临床早期诊断的研究】 该项目由天津医科大学第二医院李小东主持完成，2008年通过专家鉴定，其成果达国际先进水平。该项目对39例无症状心肌缺血（SMI）、58例心肌缺血 (AN)、46例阴性对照组和73例阳性对照组的陈旧心肌梗死（OMI）分别进行心肌灌注断层显像和门控心室功能ECT显像。提出无症状心肌缺血（SMI）的心脏左心室功能学改变及心肌血流灌注功能的特点，初步阐明无症状心肌缺血的功能影像学规律；SMI对心肌的损害和引起PFR和PER减低较AN组轻微，对心脏舒缩功能无显著性影响，而且SMI组心脏功能明显好于OMI组；应用核素心肌灌注断层显像和门控心血池功能显像进行诊断和测定心室的舒缩功能参数，保证研究准确性和可靠性；进行门控心血池显像采用缓冲跳采集程序剔除异常心跳或伪信号对时间—放射行曲线的干扰，从而最大限度地减少心率的测定对心舒缩功能的影响；为消除年龄等对心脏舒缩功能的影响，将年龄作为变量进行协方差分析和SNK-Q多重比较。

（高　杰）

【心脏淀粉样变患者心功能超声心动图的研究】 天津市人民医院林静娜、华潜棠、刘建新等应用超声心动图、多普勒超声心动图、彩色M-型血流传播速率（Vp）及组织多普勒技术，对心脏淀粉样变性舒张功能变化、舒张功能障碍的早期诊断及舒张功能的分期进行了研究和探讨。结果表明，患者心脏淀粉样变性二尖瓣、三尖瓣和主动脉瓣返流的发生率分别为74%、73%、和19%，有轻至中度返流，心包积液的发生率为16%，随着舒张功能的减退，Vp传播速度降低。研究证实，组织多普勒技术对诊断心脏淀粉样变舒张功能提供了补充手段，对于评价心脏舒张功能障碍具有方法操作简便、易行，重复性好，易于临床推广应用。该研究项目2008年1月10日通过专家评审，其成果达国内领先水平。

（刘　群）

【非ST段抬高急性心肌梗死冠脉重建临床研究】 天津市胸科医院刘玉洁、耿庆国、孙根义等通过观察非ST段抬高急性冠脉综合征（NSTE ACS）患者接受冠状动脉重建术经皮冠状动脉介入术（PCI）或冠状动脉旁路移植术（CABG）和药物保守治疗等不同治疗方法的临床效果，同时探讨血肌钙蛋白和血浆B型脑钠肽（BNP）水平对NSTE ACS患者的诊断及预后评价的价值。研究表明，对于NSTE ACS患者行冠脉重建术治疗即PCI和CABG是安全的，与药物保守组相比，能够降低死亡率及心绞痛复发率，可改善患者的预后。肌钙蛋白及BNP的检测，可以有效提高对NSTE ACS病人的诊断、帮助判断预后并指导治疗。该研究项目2008年7月3日通过专家评审，其成果达国内领先水平。

（刘　群）

【血管腔内覆膜支架治疗胸腹主动脉瘤的临床研究】 主动脉瘤是较常见血管疾病，发病急、进展快、预后不良，外科手术治疗后并发症发生率仍然较高，严重威胁人类生命健康。天津市胸科医院戴继民、王建宇、姜 楠等应用血管腔内覆膜支架治疗胸腹主动脉瘤，采用基础麻醉+局部麻醉方法，减少了常规全身麻醉带来的不良反应与并发症，扩大了手术适应症，与传统手术相比具有操作简便、创伤小、术后恢复快、围术期并发症低等优点。对自2000年2月至2008年5月在天津市胸科医院实施的血管腔内覆膜支架手术的126例患者进行随访，通过死亡率、术后并发症、假腔闭合率等指标对覆膜支架治疗胸主动脉瘤疗效进行验证。临床治疗结果表明，覆膜支架治疗胸主动脉瘤临床效果满意，能够有效封闭原发内膜破口或隔绝主动脉瘤体，促使主动脉回缩，真腔恢复，达到了与外科手术相同的治疗效果，且危险性、并发症大为降低。该研究项目2008年8月18日通过专家评审，其成果达国内领先水平。

（刘　群）

【阿托伐他汀对急性冠脉综合征患者血清炎性标志物的影响】 天津市胸科医院、天津市心血管病研究所吴尚勤、孙姗、赵福梅等通过分析对比不同剂量阿托伐他汀、辛伐他汀长期应用对于急性冠脉综合征（ACS）患者血脂调控、血清炎性指标以及预后、安全性等研究证实，ACS 患者连续半年应用阿托伐他汀 10mg、20mg/D 能实现血脂指标的优化，有效抑制影响斑块稳定性的关键性炎症指标 Hs-CRP、CD40L、基质金属蛋白酶-9（MMP9）、内源性组织抑制剂 TIMP1。随访发现能切实改善患者预后，其中以 20mg/D 效果更佳。表明阿托伐他汀、辛伐他汀治疗 ACS 具有很好的安全性和耐受性，该研究为利用阿托伐他汀改善 ACS 人群的预后做了有益探索。该研究项目 2008 年 7 月 3 日通过专家评审，其成果达国内领先水平。

（刘　群）

【检测产超广谱 β－内酰胺酶菌株快速基因诊断方法】 天津市人民医院、天津市中心妇产科医院刘蕊、刘慧敏、张月香等利用分子生物学技术，建立了 SYBR GREEN I 实时荧光定量 PCR 对革兰阴性杆菌产超广谱 β-内酰胺酶（ESBLs）菌株进行基因诊断实验方法。应用该方法检测了耐药基因 TEM 、SHV、CTX-M1 组、CTX-M2 组、CTX-M8 组、CTX-M9 组；及 D 群 OXA-1 组、OXA-2 组、OXA-10，探讨革兰阴性杆菌产 ESBLs 基因型及涂片革兰染色结果联合报告的方式。以满足临床对产 ESBLs 耐药菌株及时报告的需求，为临床早期合理使用 β-内酰胺酶类抗生素提供实验室依据。该研究项目 2008 年 7 月 24 日通过专家评审，其成果达国内领先水平。

（刘　群）

【动态增强 MR 对鉴别血清学阴性类风湿关节炎的研究】 天津市第一中心医院祁吉、王宇、雷新玮等对 18 例血清阴性手早期类风湿关节炎（RA）、18 例早期骨关节炎（OA）、18 例健康人分别行全手 MR 平扫，增强 MR 扫描及单层动态增强 MR 扫描，测量病变部滑膜强化率和滑膜厚度。探讨动态增强 MRI 对手部血清学阴性的早期 RA 和 OA 的鉴别价值。通过一组早期手部 RA，OA 和健康人的动态增强 MRI 检查，对量化参数包括滑膜强化曲线，强化率分析并结合滑膜厚度测量及其他异常征象的分析，提出了动态增强 MRI 检查不但有助于鉴别手部血清阴性的极早期 RA 和 OA，而且其量化指标与临床、实验室检查的 DAS 评分呈正相关，进而说明该研究有助于综合判断 RA 的活动性程度和疾病所处的病理阶段。该研究项目 2008 年 5 月 22 日通过专家评审，其成果达国内领先水平。

（刘　群）

【股骨头缺血性坏死塌陷预测的影像学与生物力学研究】 天津市第一中心医院雷新玮、姜文学、祁吉等通过对正常及缺血性坏死股骨头不同结构承载能力进行三维有限元分析，探讨股骨头坏死塌陷的预测指标。结果证实，股骨头发生缺血性坏死后，其软骨下骨板及松质骨承载力发生变化，随着坏死灶表面积的增加，剩余正常软骨下骨板承载力比例越来越大。坏死灶周围产生应力集中，主要位于坏死灶表面正常与坏死软骨下骨板交界区，而坏死灶深度对股骨头软骨下骨板的承载力变化影响不大。该研究建立了具有很高的几何相似性及物理相似性的髋臼-软骨-股骨头有限元模型，提出股骨头坏死表面积 25%的比例是股骨头缺血性坏死后塌陷的危险临界状态，对临床制定恰当的手术方案具有指导意义。该研究项目 2008 年 5 月 22 日通过专家评审，其成果达国际先进水平。

（刘　群）

【鸡卵壳粉的研制及其对骨质疏松干预作用的研究】 天津市儿童医院田曦、杨军红、陈颖新等利用禽卵壳资源，研制开发了一种新型含氨基酸的天然生物补钙制剂——鸡卵壳粉，并对该制剂主要成分的含量、体内的吸收速率及对预防去势雌性大鼠骨质疏松进行了实验研究。通过动物灌喂及人体口服的实验观察，没有发现中毒、过敏等不良反应，是一种安全、廉价、无毒副作用、服用简单、易于吸收的较理想的补钙制剂。研究表明，该制剂具有钙含量高、吸收速率快的特点，并可调节血钙水平，具有增加 ALP 的活性和骨密度的作用。通过对 90 例绝经期妇女试验证实，该制剂具有改善疼痛和增加骨密度的效果。该研究项目 2008 年 3 月 19 日通过专家评审，其成果达国内领先水平。

（刘　群）

【肝硬化病人肝移植前后脑代谢及功能改变的MRI研究】 肝硬化是常见病、多发病，肝性脑病是其严重并发症，直接影响着患者的生存质量。天津市第一中心医院姜滨、沈文、尹建忠等自2006年5月至2008年3月，利用磁共振波谱（MRS）、扩散张量成像（DTI）和功能磁共振成像（fMRI）研究肝硬化患者肝移植手术前后的代谢和功能改变。研究发现，肝硬化病人脑代谢异常是可逆性的，肝移植手术明显改善患者的预后，扣带回的mIns/Cr是随访和监测患者脑代谢和神经心理学改变最敏感指标；影像学检查证实肝硬化患者脑损害的病因为多因素的协同作用；fMRI研究发现手术后1个月肝硬化患者认知功能部分改善，前扣带回和楔状回功能基本恢复。该研究为深入研究肝硬化患者脑损害的诊治策略和术后患者脑功能康复训练提供了影像学依据。该研究项目2008年5月22日通过专家评审，其成果达国际先进水平。

（刘　群）

【门诊抗菌药物注射剂安全用药干预及其效果评价的研究】 随着抗菌药物在临床日益广泛应用，因不合理应用抗菌药物而导致的药物毒副作用、耐药菌增加及患者经济负担加重等问题已引起社会的普遍关注。天津市第一中心医院徐彦贵、冯艳霜、朱立勤等应用世界卫生组织（WHO）及国际合理用药网制定的调研方法和药物流行病学的方法，对在该院门诊静脉使用抗菌药物引起的药物不良反应105例患者，进行单因素和多因素的成因分析，并制定合理的干预措施进行临床干预，以减少抗菌药物注射剂不合理应用，降低药物药物不良反应发生率。该研究项目2008年7月24日通过专家评估，其成果达国内领先水平。

（刘　群）

【间皮细胞移植防治腹膜粘连松解术后再粘连的研究】 腹膜粘连是术后常见的并发症之一，粘连松解术在解决粘连问题的同时，不可避免地会引起新的创伤，导致再次腹膜粘连。天津市儿童医院崔华雷、王晓晔、董亮等在建立网膜来源的间皮细胞分离培养及纤维蛋白膜制备的基础上，将纤维蛋白—间皮细胞膜移植于腹膜粘连松解术后的创面，通过体内、体外实验研究，首次提出并证实了”纤维蛋白—间皮细胞膜”移植防治腹膜粘连松解术后再粘连的可行性，其临床疗效满意。该研究项目2008年8月20日通过专家评估，其成果达国内领先水平。

（刘　群）

【小儿先天性心脏病血清儿茶酚胺、醛固酮与心肌重塑的相关研究】 先天性心脏病（CHD）的发病率位居儿童心血管疾病的首位。天津市儿童医院邢淑华、张宏艳、林书祥等对53例左向右分流型先天性心脏病患儿，应用ELISA方法检测患儿血中儿茶酚胺、醛固酮水平，同时应用PHILIPS iE33型超声心动仪检测患儿各房室内径及其心功能、血流动力学指标，分析血清儿茶酚胺、醛固酮水平与左向右分流型先天性心脏病患儿心功能及心肌重塑的关系。结果显示，在小儿左向右分流型先心病中，其血清醛固酮水平明显升高，且与肺动脉高压密切相关。提示在常规强心剂、ACEI类及噻嗪类利尿剂基础上加用醛固酮受体拮抗剂，可提高临床疗效，降低病死率。该研究项目2008年10月30日通过专家评审，其成果达国内领先水平。

（刘　群）

【儿童难治性癫痫外周血P糖蛋白的表达及药物干预】 天津市儿童医院张玉琴、许俐、李东等应用流式细胞技术对41例儿童难治性癫痫及45例初诊尚未治疗的癫痫患儿进行外周血多药耐药基因产物P糖蛋白测定，用于指导临床合理应用抗癫痫药，提高疗效。结果显示，难治性癫痫患者P糖蛋白的表达增强，对多种抗癫痫药物耐药，P糖蛋白可作为儿童难治性癫痫耐药性的客观指标。尚未治疗的癫痫患儿检测外周血P糖蛋白的表达，表达阳性者易转为难治性癫痫。表明P糖蛋白可作为预测尚未治疗的癫痫是否为难治性癫痫的客观诊断指标。该研究项目2008年10月30日通过专家评审，其成果达国内领先水平。

（刘　群）

【血清快速分离板研制及其在儿童碱性磷酸酶检测中的应用】 天津市儿童医院管卫、冯蔼苓、叶涛等自2004年8月至2007年11月利用国产原材料自行设计了一种血清快速分离板。在分离板上滴加微量全血，采取水平转移方式快速分离血清，然后滴加液态试剂启动反应，得出碱性磷酸酶（ALP）定性或半定量的结果，弥补了以往磷酸麝香草酚酞铵盐不稳定的缺陷。使ALP的检测实现微量化，具有操作操作简便、快速、且价格低廉，非常适于儿童的生化检测，对儿童佝偻病诊断、筛查和防治起到积极作用。该研究项目2008年8月20日通过专家评估，其成果达国内领先水平。

（刘　群）

【细菌 16S rRNA 基因检测对于新生儿感染的研究】 天津市儿童医院张芳、宋力、郭静等运用引物聚合酶链反应技术（UP-PCR）方法，对 37 株临床常见致病菌株的 16S rRNA 基因进行扩增，并对引物的敏感性和特异性进行了检验，探讨基因检测对于快速诊断细菌感染的应用价值。结果显示，基因检测的方法具有更快捷、更灵敏、取血量少的特点，在围产儿中基因检测比降钙素原具有更好的特异度。这一实验方法为临床医师快速诊断新生儿细菌感染提供了快捷、灵敏的特异性检测手段，具有临床实用价值。该研究项目 2008 年 3 月 26 日通过专家评审，其成果达国内领先水平。

（刘　群）

【孕产期子宫收缩与适时分娩关系的研究】 天津市中心妇产科医院王淑雯、刘润环、范继青等经过多年的临床研究，明确了孕妇妊娠期、临产先兆期、转产期、分娩期和产褥期的子宫收缩的概念与定义，阐明了临产先兆期、转产期与分娩期的发生机制，临床表现与判定标准。提出临产先兆期是转产前先行生理准备，是孕足月向真临产转化的生理过程，也是妊娠流产、早产的最早信号，而转产期则是分娩前的先行准备。该研究对正确认识孕产期各期的子宫收缩活动，流产、早产、过期产和难产的早期鉴别，以期适时分娩，最大限度地保护母婴安全，具有重要意义。该研究项目 2007 年 12 月 24 日通过专家评审，其成果达国内领先水平。

（刘　群）

【孕酮对抗磷脂综合征 Th1/Th2 型细胞因子调控】 天津市中心妇产科医院、天津医科大学唐志明、郭成秀、刘国川等通过对抗磷脂综合征（APS）病例外周血 TNF、IL-2、IL-4 和 IL-10 测定，发现妊娠合并 APS 患者 Th1/Th2 型细胞因子平衡显著向 Th1 偏移。抗磷脂抗体转阴后，该平衡向 Th2 偏移。初步阐明了妊娠合并 APS 与 Th1/Th2 型细胞因子平衡的关系。该研究为妊娠合并 APS 的诊断治疗提供新的监测指标，2007 年 12 月 24 日通过专家评审，其成果达国内领先水平。

（刘　群）

【无创血液动力学监测在妊高症剖宫产术麻醉选择中的应用】 妊娠高血压综合症（妊高症）是产科常见病，剖宫产术终止妊娠是治疗妊娠末期妊高症的有效措施。天津市中心妇产科医院张庆、陈叙、扈家强等，采用无创阻抗心动图对 60 例妊娠高血压患者剖宫产期间进行血液动力学动态监测，以评估连续硬膜外麻醉、硬膜外+腰麻醉和局部麻醉的血液动力学表现。结果显示，三种麻醉方法中，以连续硬膜外麻醉对产妇血流动力学影响最小。研究表明，无创阻抗心动图用于剖宫产围术期血液动力学监测具有无创、可连续动态观察和经济实用等优点，对临床麻醉处理具有一定指导价值。该研究项目 2008 年 3 月 18 日通过专家评审，其成果达国内领先水平。

（刘　群）

【妇产科病理标本大体图像资料库的建立与应用】 天津市中心妇产科医院郭东辉、穆涛、师宜荃等历经 7 年，将经该院临床治疗的各种常见妇产科良性疾患以及中晚期胎盘与胎儿/新生儿尸检标本等妇产科病理大体标本收集整理，建立了妇产科病理标本大体图像资料库。收集了来自不同年龄和不同病种涵盖女性生殖道主要疾病的谱系的典型形态以及部分罕见病例的病理标本图像资料，为临床病理诊断、教学与科研提供了宝贵的病理标本资料，具有较高的学术价值。该研究项目 2008 年 7 月 2 日通过专家评审，其成果达国内领先水平。

（刘　群）

【非典型子宫内膜异位症的病理形态与恶变潜能】 天津市中心妇产科医院郭东辉、庞淑洁、申彦等通过临床观察 3724 例共 6820 个部位的子宫内膜异位（EMs）病变，系统观察了 AEMs 的病理形态，总结非典型子宫内膜异位症（AEMs）的病理特征。研究发现，异位的内膜上皮细胞有中至重度的异型性，细胞核明显增大与深染，核浆比失调，局部明显复层，多数病灶可见到上皮细胞蕾或乳头状结构；病灶常仅见表面上皮，间质多为瘢痕的背景，宫内膜样间质不丰富，呈现出一种激素反应似乎不活跃的状态。该研究项目 2008 年 7 月 2 日通过专家评审，其成果达国内领先水平。

（刘　群）

【子宫全切除后直肠骶骨前悬吊预防术后便秘的研究】 天

津市中心妇产科医院、天津市人民医院王晓芳、李玉玮、李宝森等自2006年3月至2008年2月对289例腹式全子宫切除术患者手术前、后进行排粪造影对比，观察其患者盆底、直肠变化（直肠内套叠）、Douglas陷凹疝、盆底下降等改变情况。采用直肠骶骨前悬吊方法，抬高加固盆底，纠正或改善直肠内套叠以及Douglas陷凹疝，预防患者术后便秘或治疗便秘。结果显示，全子宫切除术中采用直肠骶骨前悬吊术式的患者的直肠内套叠以及Douglas陷凹疝基本消失，便秘发生率明显下降(便秘组为3.61%，无便秘组6.67%，常规手术组为48.30%)。该研究项目2008年8月3日通过专家评审，其成果达国内领先水平。

（刘　群）

【ELISA-双酶底物循环法检测NT-ProBNP方法的建立及临床应用】 天津市静海县医院张厚亮、李润华、潘云芳等在常规酶联免疫吸附（ELISA）和荧光分析的基础上，将常规ELISA的二抗用碱性磷酸酶（ALP）标记，将底物NADP+去磷酸化生成NAD+，NAD+在乙醇脱氢酶和黄传酶的共同作用下进入一个氧化还原循环；建立了检测N端B型钠尿肽（NT-ProBNP）荧光底物双酶循环扩增法，并对试验条件进行了优化，达到临床检测应用水平。经临床初步应用，提高了检测的灵敏度。该研究项目2008年1月18日通过专家评审，其成果达国内领先水平。

（刘　群）

【前降钙素原对老年脓毒症患者早期诊断及预后的评估价值】 天津市静海县医院王金江、张会哲、张厚亮等采用全定量血前降钙素（PCT）测试技术和时间分辨荧光增强发射分析（TRACE）技术，检测老年脓毒症患者血清PCT水平，与感染可能性评分进行了对比分析，探讨一种实时、简便、快速的脓毒性休克的早期诊断方法。研究表明，TRACE技术检测PCT可作为单一血清学指标，在诊断老年脓毒症方面的价值优于临床其他综合指标。在休克的鉴别诊断方面，特别是对于脓毒性休克的早期诊断，PCT具有较好临床应用价值。该研究项目2008年1月18日通过专家评审，其成果达国内领先水平。

（刘　群）

【应用抗补体C3C荧光标记物检测抗角蛋白抗体方法学的探讨】 天津市宝坻区人民医院王高生、李立和、魏荣华等采用以大鼠食管角质层抗原为底物，与类风湿病人免疫球蛋白（IgA、IgG和IgM型）抗体相结合，结合补体C3C荧光标记物以替代目前国内外应用IgG型荧光抗体标记物检测方法。结果表明，该方法优于抗IgG型荧光标记物抗角蛋白检测方法，且荧光素结合位点多而牢固，分辨率和灵敏度明显提高，可同时检测到IgM型、IgA、IgG型抗角蛋白球蛋白抗体，弥补了IgA、IgM型抗角蛋白抗体检测的不足，能够为临床提供更为准确的实验结果。该研究项目2008年5月11日通过专家评审，其成果达国内领先水平。

（刘　群）

【己糖激酶法测定葡萄糖方法学实验研究】 天津市宝坻区人民医院李立和、王高生、魏荣华等通过己糖激酶法测定急性心肌梗死患者、肝转移患者、恶性贫血等心肌酶升高患者的葡萄糖，选择最佳参数设置，选择适宜浓度的心肌酶抑制剂最大限度的减少非特异性干扰反应的影响，来提高测定各种患者葡萄糖测定结果的准确性。结果显示，最佳葡萄糖反应时间设置应为3.3±0.3分钟，样品体积分数为0.00556（样品/试剂比为1:180）。使用草酸钠抑制内源性心肌酶活性可以抑制干扰反应，以提高葡萄糖测定的准确度。研究证实，该研究具有抗干扰能力强，准确度高的特点，便于临床实验室自动化分析的特点。该研究项目2008年11月10日通过专家评审，其成果达国内领先水平。

（刘　群）

【院前病案信息管理系统在提高急救效率与效果方面的应用】 天津市急救中心、深圳市天维尔通讯技术有限公司李金年、裴雅春、刘向等根据组织运行网络模式，将院前急救病历档案管理制度和方式进行改革，采用广域VPN网络技术，围绕院前急救病历档案管理的概念、范围、流程等系统的核心功能，搭建天津市急救中心病历档案信息系统的平台，使急救部门接处警（摘机速度）时间，由过去的平均14秒，降至平均4秒以内，为有效抢救生命，提高愈后效果创造了重要条件。同时达到了信息分散实时收集、资源共享的目的。该研究项目2008年1月8日通过专家评审，其成果达国内领先水平。

（刘　群）

【肿瘤坏死因子 α+489G/A 基因多态性与慢性阻塞性肺疾病的相关性研究】 天津市人民医院杜昀泽、刘林林、杜鹏等为探讨肿瘤坏死因子 α (TNFα)+489G/A 基因多态性与慢性阻塞性肺疾病(COPD)易感性的关系，采用多聚酶链反应-限制性片段长度多态性(PCR-RFLP)技术，对 55 例 COPD 患者、47 例对照组和 55 例健康组的 TNF-α+489G/A 基因多态性进行检测，并对其易感性进行分析。结果显示，COPD 组、对照组及健康组在 TNF-α+489 位点上为 GA/AA 基因型的发生率分别为 23.6%、14.3%和 9.1%，三组间无显著性差异($P>0.05$)。COPD 组与健康查体组比较，在该位点上为等位基因 A 的人群更易发生 COPD，COPD 组为 GA/AA 基因型患者肺心病的发生率明显高于 GG 基因型的患者($P<0.05$)。提示在 TNF-α+489 位点上为等位基因 A 的人群可能是发生 COPD 的一个高危因素。该研究项目 2008 年 1 月 10 日通过专家评审，其成果达国内领先水平。

（刘　群）

【健脾补肾法治疗异位性皮炎的临床与实验研究】 该课题是天津市长征医院张玉环、张理涛、陈保疆等承担完成的天津市自然科学基金项目，2006 年 12 月通过天津市科委组织的专家验收，其成果达国内领先水平。该研究对 97 例脾肾阳虚型异位性皮炎(AD)患者分别采用西药和中西医结合治疗方法治疗并进行临床疗效观察，同时对 AD 患者治疗前后的血清总 IgE、T 细胞亚群、Th1、Th2 细胞、IL-4、IFN-γ、mRNA 表达进行检测。结果发现，脾肾阳虚型 AD 患者体内存在高水平的血清总 IgE、T 细胞亚群中 CD3+、CD4+T 比率高于正常，体外培养患者外周血单个核细胞分泌的细胞因子 IL-4、IL-2 高于正常而 IFN-γ 低于正常水平，初步明确了健脾补肾法治疗脾肾阳虚型 AD 的免疫学效应。该研究为探讨中西医结合治疗 AD 的免疫学机理奠定了基础。

（刘　群）

【抗突变型瓜氨酸波形蛋白抗体在类风湿早期诊断中的研究】 类风湿性关节炎(RA)是常见的自身免疫疾病，目前缺乏特异的早期实验室诊断指标。天津市第一中心医院徐惠萍、齐文成、李媛等应用酶联免疫吸附(ELISA)法检测 RA 患者血清标本 anti-MCV 水平，以确定 anti-MCV 对于类风湿性关节炎诊断的特异性、敏感性，并与 anti-CCP、RF 数值进行统计学比较。结果表明，anti-MCV 抗体以 60μ/ml 阳性判定标准对于类风湿性关节炎的诊断具有较高的特异性，优于 RF 及 anti-CCP 抗体，且有较好的敏感性，可以作为 RA 的临床诊断指标，高滴度 anti-MCV 对提示 RA 病情活动，判断预后具有一定临床应用价值，对 RA 的实验室诊断提供了一种新方法。该研究项目 2008 年 4 月 1 日通过专家评审，其成果达国际先进水平。

（刘　群）

【淀粉样变沉积症的研究】 该项目由天津医科大学医学检验学系孙续国主持完成，2008 年通过专家鉴定，其成果达国内领先水平，申请专利 1 项。科研人员在淀粉样变沉积形成机理和诊断方法的研究中，发现能够特异性诊断肾功能衰竭的探针。标记探针建立的荧光法，能够特异性诊断肾功能衰竭淀粉样变沉积症，临床测试证明该方法灵敏度高，特异性强。

（王卫君）

【肿瘤血管生成新模式——血管生成拟态的形成机制及意义】 该项目是天津医科大学附属肿瘤医院孙保存等承担的国家自然基金重点项目。科研人员利用人体标本，实验动物模型和体外培养肿瘤细胞系，研究恶性黑色素瘤中内皮依赖性血管，马赛克血管和血管生成拟态三种肿瘤血液供应模式在肿瘤生长、侵袭和转移的时空变化规律以及肿瘤局部微循环境——缺氧和间质压力改变时肿瘤血液供应模式转化的影响及其分子调控机制，同时对一种新的肿瘤细胞死亡模式——线程序性坏死在肿瘤血管生成中的作用进行探讨，研究结果对肿瘤血管生成的理论方面取得重要突破，为探索新的抗血管治疗系统提供依据。

（医科大学附属肿瘤医院科教处）

疾病预防

【中国成年男子元素摄入量和人体含量及其辐射防护应用研究】 该项目由中国医学科学院放射医学研究所诸洪达主持完成，获 2008 年度天津市科技进步奖二等奖。辐射防护现沿用国际放射防护委员(ICRP)会参考人参数，作为确定内照射剂量转换系数、生物动力学参数和制定辐射防护标准与核事故应急限值等所依据人体特征，其缺点是：世界代表性差、资料老化和缺少各年龄组参数。建立国内参考人可提高辐射防护的科学性。放射性核素除辐射特性外，理化和生物学性质与所属元素相同，平衡条件下元素呈现与放射性核素一致的生物学行为，除无稳定核素的元素，ICRP 参考人参数都按元素给出。因亚洲参考人尤为需要，1996~2006 年完成 3 项关于中国参考人国家自然科学基金研究。在国内 4 个主要膳食类型地区，以总膳食研究法采集 12 类组成膳食食物、68 例急死正常成年男子尸体的 18 种重要器官组织样品、40 名成年男子志愿者同体、同时全血和 24h 尿样。采用 ICP-MS、NAA、ICP-AES 等当前先进技术和质控措施，共测定 60 种元素浓度。估算出 53 种元素膳食摄入量、60 种元素在 18 种器官组织及全身负荷量与 56 种元素尿排出量，并初步探讨同体、同时尿、血含量间关系。在辐射防护领域，这些结果为确定中国参考人元素膳食摄入量、器官组织浓度、负荷量与全身负荷量和尿排出量参数，某些生物动力学参数参考值、元素由环境向人体转移系数、人体隔室间分布，提供了较全面和代表性国情依据，原生核素所致内剂量重估算将提供 UNSCEAR 资料更新。首次获得了国内 19 种元素摄入量和 45 种元素全身负荷量全国代表值，17 种元素摄入量和 36 种元素全身负荷量是 ICRP 参考人所缺少（如稀土元素和钍等），不少数据在国际上尚未见报道。该研究结果支持亚洲参考人研究应修改 ICRP 参考人骨骼和肾铀负荷量参考值的建议，用于中国参考人标准制定，被相应国际机构更新世界人口代表值和剂量换算系数验证。

（杨　翊）

【介入放射学中的辐射剂量控制与应用研究】 该课题是天津市卫生局科技基金项目，由天津市疾病预防控制中心张继勉主持完成，2008 年 6 月 20 日通过了天津市卫生局组织的专家鉴定，其成果达国内领先水平。该研究以国际上公认的指标，对目前临床施行较多且所致辐射剂量较大的冠状动脉血管造影术（CA）及经皮穿刺腔内冠状动脉成形术(PTCA)介入操作中的辐射剂量进行测量，并对影响辐射剂量的相关因素加以分析，提供了详实可信的客观数据。该研究首次根据 UNSCEAR 报告中国际上公认的、与辐射产生的确定性损伤和随机性损伤相关的指标与方法，对心血管介入手术中职业人员和患者所受的辐射剂量进行了全面研究与分析；在国内、外首次对于介入手术中职业人员的眼部和手部进行细分部位受照剂量分布研究；率先建立了心血管介入手术剂量系统数据库，提供今后继续积累相关数据的平台。该研究结果为改善患者和职业人员的辐射防护，为国家制订心血管介入手术操作技术规范及职业人员与患者辐射剂量控制标准积累参考数据，提供科学依据，并促使介入技术的应用得到规范化管理。

（李　芮）

【天津市重点慢性病预防控制策略与效果评价】 天津市疾病预防控制中心王撷秀、江国虹、宋桂德等在“天津市 1999~2004 年居民全死因分布与变化趋势的研究”、“天津市高血压危险因素个体化干预与评估”、“天津市肿瘤流行病学地理信息系统研究”和“天津市居民饮食及体力活力与健康状况的研究”研究成果的基础上，从慢性病的预防机构建设、政策支持、信息监测、优先干预的危险因素的确定、综合干预和效果评估等方面，对天津市重点慢性病的预防控制策略进行了系统的分析和研究，探索并建立了适合天津市重点慢性病的综合防治模式。并在多个示范社区进行健康教育，实施以“合理膳食、适当运动、禁烟与限酒、控制血压和体重”为内容的综合行为干预，为在天津市开展社区卫生服务和健康促进预防慢性病，奠定了良好的工作基础。该研究项目获 2008 年度天津市科技进步奖三等奖。

（刘　群）

【中央空调病原菌洗消技术及效果评价研究】 中央空调因其结构的特点，在使用中有传播致病微生物的隐患。天津市疾病预防与控制中心刘洪亮、侯常春、王菲等对天津市 43 家公共场所进行了连续 3 年的监测，针对集中空调通风系统的积尘量、积尘中细菌总数、积尘中真菌总数、送风中细菌总数、送风中真菌总数、可吸入颗粒物等指标进行了检测。根据公共场所集中空调通风系统的结构特点及污染特征，筛选出适于不同部件使用的消毒剂和消毒方法，并在 5 家公共场所共 15 组集中空调通风系统进行了清洗消毒效果评价。在此工作基础上，课题组编制了与卫生部《公共场所集中空调通风系统清洗规范》(2006) 和建设部《空调通风系统清洗规范》(GB-19210-2003) 相配套的《集中空调通风系统清洗消毒操作规程》，对指导清洗消毒企业现场施工、人员防护、组织管理等多方面具有指导意义。该研究项目获2008年度天津市科技进步奖三等奖。

（刘　群）

【天津市甲型肝炎免疫预防控制策略和实施效果的研究】 该课题由天津市疾病预防控制中心张之伦主持完成，2007年12月26日通过专家组鉴定，其成果达国际先进水平。2006年全球有18个国家将甲肝疫苗纳入国家免疫规划，中国也在出台统一的免疫策略。天津市5年甲肝疫苗免疫策略的实践，为大规模控制乃至消除甲肝丰富了经验，也为天津市病毒性肝炎监测体系的构建奠定了基础。采用ARIMA季节乘积模型预测2007年天津市甲肝发病数为67例，发病率为0.64/10万，明显低于2006年的0.82/10万，是天津市开展甲肝监测以来的最低点。该研究思路清晰，内容丰富、详实，确定的免疫策略可靠，实施方案缜密，实施效果评价体系可行。该研究首次提出并实施了免疫控制策略，使天津市成为甲型肝炎全国发病率最低的省市，为大规模控制甲肝提供了依据，也为天津市病毒性肝炎监测体系的构建奠定了基础。

（李　芮）

【天津市病毒性肝炎诊断报告标准及集中管理模式的研究】 该课题由天津市疾病预防控制中心单爱兰主持完成，2008年11月27日通过天津市卫生局组织的专家鉴定，其成果达国内先进水平。该研究首次探索了建立新型的、符合实际的病毒性肝炎报告管理模式，以期了解肝炎（主要是乙肝）实际发病情况，并在定点医院进行观察试点研究，减少在同一年度用不同姓名和不同地址就诊、以及跨年度造成的重报、误报所致乙肝发病率的虚高，科学实际地反应肝炎疫情，提高防治管理水平。该研究制定出以乙型肝炎为主的病毒性肝炎报告标准，将确定诊断和网络报告集中于二级及以上综合医院，规范了肝炎诊断名称的书写，解决了肝炎信息报告方式，总结出创新的肝炎疫情报告管理模式，具有较强的实用性和推广价值。

（李　芮）

【天津市未分型病毒性肝炎影响因素及分子流行病学研究】 该课题由天津市疾病预防控制中心解晓华主持完成，2008年11月27日通过天津市卫生局组织的专家鉴定，其成果达国内领先水平。该研究通过对未分型病毒性肝炎疫情报告进行分析，调查医疗机构的实验室检测能力，使用ELISA法和PCR法对报告病例的血样进行抗原/抗体以及病毒核酸检测，从疫情报告管理和实验室检测核实诊断两方面对未分型病毒性肝炎报告病例影响因素及分子流行病学进行专题调查研究。规范了疫情报告管理，明确了病毒性肝炎报告病例真实的病原分型，将人群病毒性肝炎监测工作从血清学水平提高到分子生物学水平。该研究对天津市规范和提高病毒性肝炎防治工作，提高疫情报告质量，制订有针对性的防治策略有指导作用。

（李　芮）

【学生网络成瘾对身心健康影响与干预建议的研究】 该课题是天津市卫生局科技基金项目，由天津市疾病预防控制中心李芮主持完成，2007年12月26日通过了天津市卫生局组织的专家鉴定，其成果达国际先进水平。该研究针对目前青年学生中普遍存在的网络成瘾（IAD）现状及其对学生身心健康、家庭与社会的影响这一社会普遍关注的焦点问题，进行了内容丰富、数据详实的调查研究。研究结果显示：学生IAD与身心健康和A型行为类型关系十分密切；学生IAD与家庭经济条件、父母之间关系是否和睦、家庭成员遭受意外、家长对成绩的期望值、学生的学习成绩、是否参加体育活动有关；自行研发了学生使用电脑网络调查问卷信息反馈测评系统，该测评系统对于及时了解学生中网络成瘾状况，控制学生IAD的发生，指导和消除学生的焦虑、抑郁等心理疾病方面，特别是对发现学生中有成瘾倾向（IAT）并及早采取有效措施，具有重要指导意义；该研究提出了采取认知与行为疗法、心理干预与药物治疗、强制戒除与鼓励引导、个体教育与同伴影响、家庭治疗与学校关怀相结合的全社会立体交叉的综合干预措施及建议，并以流行病学的方法，不断总结干预效果、改进措施，遏制IAD的上升趋势。该项研究率先在国内外报告了学生网络成瘾症与A型行为类型的关系；首次在国内研究开发出电脑调查问卷人机对话的计算机自录入界面和录入结果即时评价信息反馈测评系统。

（李　芮）

【对ITX远期危害的毒理学试验研究】 该课题由

天津市疾病预防控制中心王静主持完成，2008年6月20日通过了天津市卫生局组织的专家鉴定，其成果达国内领先水平。科研人员采用动物实验方法，用不同剂量的ITX给大鼠连续经口染毒2年，观察了ITX对实验动物的慢性毒性和致癌性。结果发现，ITX长期接触可导致血红蛋白和红细胞降低；干扰动物脂质代谢，使血清胆固醇升高；损害实验动物肝脏和肾脏；实验剂量下未见染毒大鼠肿瘤发生率增高。该研究为做好ITX危险性评估、制定相应的卫生标准、减少和防止ITX对人类的危害提供了基础数据。该研究首次进行了ITX的大鼠慢性经口毒性实验，观察到ITX毒作用的靶器官和靶系统，提出了NOAEL；观察了ITX长期染毒条件下试验动物的平均寿命、肿瘤发生率、肿瘤类型。该研究填补了“ITX长期接触的远期危害效应”方面毒理学研究的空白，为深入研究奠定了基础，对于制定ITX安全阈限值，保护人类健康提供了科学依据。

（李　芮）

【维福生减轻肿瘤患者化疗毒副作用的研究】 该课题是天津市科技发展计划项目，由天津市疾病预防控制中心李怡岚主持完成，2008年8月1日通过了天津市科学技术评价中心组织的专家验收。该研究从减轻肿瘤放化疗的毒副作用角度，首次以盐藻素、维生素E联合进行多因素多水平的实验，筛选出盐藻素、V E联合作用的优化配比，制备出维福生软胶囊，并对维福生（盐藻素+维生素E）减轻非小细胞肺癌患者化疗毒副作用进行了研究。通过荷瘤动物观察免疫、肝肾功能，病理、细胞因子（IL2）基因表达等的改变，并对其进行安全性、增强免疫力功能、抗氧化功能的检测，通过对124例肺癌术后化疗患者的观察，证实维福生对肿瘤化疗毒副作用的有较确切的减轻作用。动物试验表明，维福生软胶囊可调节肺肿瘤小鼠免疫功能，提高机体免疫水平，缓解白细胞的降低，以及对肝脏功能的损害。保健食品的功能学检测结果表明它可以增强免疫力和抗氧化功能。人体临床试验初步证实，维福生具有确切的预防化疗所致白细胞下降作用，对骨髓、肝脏具有一定的保护作用。该项目研究的《复方盐藻素》已获国家知识产权局发明专利证书；维福生具备了进一步产业化的条件，达到申报保健食品的要求。

（李　芮）

【职业接触五氯酚的生物限值】 该课题经中国疾病预防控制中心职业卫生与中毒控制所（委托）批准，由天津市疾病预防控制中心王延让主持完成，2008年经国家职业卫生标准委员会专家论证，批准作为国家标准颁布。该课题建立职业人群接触五氯酚的生物限值，检测工作场所的五氯酚浓度对工人尿样中五氯酚的浓度的影响，验证空气五氯酚测定方法的准确性，有力地保护职业接触五氯酚的职业人群。结合国内五氯酚的工作场所空气时间加权平均容许浓度并参考国外的推荐值，建议生物接触限值为1.5 mg/g肌酐。该标准适用于职业接触五氯酚的劳动者（即因工作需要生产、运输、销售和使用五氯酚及其钠盐的劳动者）的生物监测。五氯酚主要以游离和结合的形式从尿中排出，尿中总五氯酚含量与近期五氯酚的接触量密切相关，国内已建立尿中总五氯酚测定的标准方法，该标准选择尿中总五氯酚含量作为生物监测指标。通过该研究建立职业接触五氯酚的生物限值，用于了解毒物进入机体的相对量，为控制和降低人体接触水平，预防职业危害提供依据。该成果通过尿样中五氯酚含量的测定和空气中五氯酚的测定，提出工作场所空气中五氯酚浓度与接触者尿样中五氯酚含量的关系，首次提出职业接触五氯酚的劳动者生物接触限值。

（李　芮）

【天津地区2002~2008年麻疹病毒分子流行病学分析】 该项目由天津市疾病预防控制中心田宏主持完成，2007年9月2日通过天津市卫生局组织的专家鉴定，其成果达国内领先水平。该研究采用WHO规定的方法，并结合自行建立的基于Bcn Ⅰ内切酶的RT-PCR-RFLP方法，对天津地区2002~2008年分离的80株麻疹病毒从分子水平（N基因C端）上进行分析，并绘制了种系发生图，证明H1a为天津地区的优势流行亚型，其变异范围为0.02%~0.38%，属于抗原漂移变异现象。该研究建立的基于Bcn Ⅰ内切酶的RT-PCR-RFLP方法，可分辨H1a、H1b和A基因型，适用于中国基层麻疹病毒株分型和快速鉴别，该方法快速、简便、经济，与序列分析的符合程度达到100%。该研究在麻疹血清学研究工作中，完成天津地区不同年龄组疫苗免疫前后抗体水平分析，采用中和试验研究疫苗免疫后产生的抗体对野毒株的保护作用，表明疫苗免疫是有效的，抗体检测结果显示8月龄（代表母体抗体水平）和成人组血清抗体水平相对较低，这与天津市麻疹发病率的高峰相吻合。提出有效控制麻疹的发病率，除了监测流行毒株的变异外，应保证麻疹疫苗接种的覆盖率、合理调整免疫方案、适时实施强化免疫，以及重视流动人口的免疫接种工作。

（李 芮）

【经济状况不同地区膳食营养素对儿童饮水型氟中毒影响研究】 该课题由天津市疾病预防控制中心刘洪亮主持完成，2008 年 9 月 26 日通过天津市卫生局组织的专家鉴定，其成果达国际先进水平。该研究首次针对经济状况不同、饮水氟含量相近的两个饮水型氟中毒病区 194 名 8~12 岁的儿童，进行氟斑牙患病状况和营养状况调查，研究结果佐证了增加钙、蛋白质等营养素的摄入可以一定程度地减少人体对氟的吸收，提高人群对氟的耐受能力，提出“将减少氟的摄入和增加蛋白质、矿物质、维生素的摄取紧密结合，以预防地氟病的发生”的新举措。研究结果具有一定的理论意义和重要的实际应用价值，为科学评价饮水氟允许量与儿童营养之间的关系以及有效控制饮水型地方性氟中毒起到了重要作用。该研究对膳食营养素对饮水型地方性氟中毒的影响进行了较全面的探讨，为制定饮水型氟中毒的防治措施提供一定的科学依据。

（李 芮）

【嗜肺军团菌毒力基因分子流行病学研究与生物信息的应用】 该研究是天津市卫生局科技基金项目，由天津市疾病预防控制中心于凌琪主持完成，2008 年 11 月 27 日通过天津市卫生局组织的专家鉴定，其成果达国际先进水平。该研究阐明天津市各军团菌菌株彼此间差异较小，同源性较高，一定程度上呈现出地域聚集性，在与国际参考株的比对分析中，可以发现与它们的遗传距离相对较大，同源性（相似性）较小的特点，建立了一套军团菌菌株分离、血清分型、毒力基因分子生物学监测及 DNA 指纹图谱的检验与分析技术，为常规监测建立了技术平台，推广应用后具有重要的社会效益和经济效益；申报的发明专利“嗜肺军团菌生化反应的鉴定方法”，具有广泛的社会效益和经济效益；研究中建立的军团菌毒力基因的谱系和构建的军团菌相关毒力基因的种系发生树，具有重要的学术价值，为军团菌毒力基因更深入的研究奠定了基础。该研究运用流行病学研究方法、分子生物学以及生物信息学技术对天津地区军团菌分布和相关毒力基因进行了研究。结果显示不仅嗜肺军团菌存在毒力基因，非嗜肺军团菌也存在相关毒力基因，Lp1~Lp6 以外的嗜肺军团菌也存在毒力基因，同一血清型的军团菌所携带的毒力基因有可能不同，说明了军团菌携带的毒力基因来源可能不同；利用 CLUSTAL 和 MEGA4 软件对相关基因序列进行了比对，构建了军团菌相关毒力基因的种系发生树，从分子水平探讨了军团菌毒力基因分子流行病学特征，为环境中军团菌的检测与监测奠定基础。

（李 芮）

【复合式行为干预降低小学生肥胖危险因素的研究】 该课题由天津市疾病预防控制中心常改主持完成，2008 年 11 月 27 日通过天津市卫生局组织的专家鉴定，其成果达国内领先水平。该研究采用复合式行为干预（“快乐十分钟”+健康教育）方法降低小学生肥胖危险因素。经试验观察，复合式行为干预方法能有效降低小学生的收缩压、舒张压、WHR、空腹血糖、LDL、甘油三酯和胰岛素水平，HDL 明显升高、体重正常学生比例明显上升，而轻度、重度肥胖比例明显下降。该方法能激发学生积极参与的热情和兴趣，具有实用性、可行性、有效性和推广价值。该研究的完成，积累了与教委、学校、家庭合作实施学生疾病预防控制和开展学校健康促进的经验。该研究在国内首次报告了干预模式在部分学校学生中的应用评价结果，为探索小学生健康成长方法提供了科学依据。

（李 芮）

【霍乱弧菌致病相关蛋白的比较蛋白质组学研究】 该课题是天津市卫生局科技基金项目，由天津市疾病预防控制中心井良义主持研究，2008 年 12 月通过天津市卫生局专家结项验收。课题组应用比较蛋白质组技术，分析天津市霍乱弧菌流行株和非流行株之间蛋白质组成的差异，并对差异蛋白质进行鉴定。经对菌株进行鉴定和筛选，选定有代表性的霍乱弧菌流行株(99-185)和非流行株(78-38)，以及国际标准株 N196961，3 株菌同时分别进行双向电泳及图像扫描分析。结果显示，霍乱菌全菌蛋白质集中在 pI 值 4.24~7.20。在相同实验条件及参数设置情况下，每株菌 2 次双向电泳图谱非常相近。发现 2 块胶的蛋白质点在位置上有较好的重复性。霍乱弧菌流行株(99-185)参考凝胶图和非流行株(78-38)参考凝胶图匹配,共发现46个差异表达蛋白;霍乱弧菌流行株(99-185)参考凝胶图和国际标准株N196961参考凝胶图匹配,共发现38个差异表达蛋白;非流行株(78-38)参考凝胶图和国际标准株N196961参考凝胶图匹配,共发现48个差异表达蛋白。

(李　芮)

中医中药研究

【胃癌前病变细胞分子生物学基础与中医证候的相关性研究】 该课题是天津中医药大学袁红霞主持完成的国家自然科学基金课题,2008年4月完成并通过鉴定,其成果达国内领先水平,获2008年度天津市科技进步奖二等奖。课题组通过进行临床观察和实验研究,对不同时期、不同证候的胃癌前期病变组织的细胞分子生物学指标进行观察,结果发现,善胃系列方治疗胃癌前病变,不但能显著改善临床症状,而且可以逆转胃粘膜萎缩、IM、Dys等病理学改变。发现中医证候与细胞分子生物学基础之间有一定的相关性。在细胞因子的表达中,以血瘀热毒型和阴虚有热型EGF和TGFα的过度表达更为明显,而气阴两虚型的EGFR过度表达更为明显。相关基因蛋白的表达中,以血瘀热毒型ras癌基因p21蛋白的过度表达更为明显,同样血瘀热毒型抑癌基因p16蛋白表达减弱更为明显。中药善胃系列方可以适度调节相关细胞因子和相关基因蛋白的表达水平。初步验证了提出的胃癌前期病变中医证候演变规律假说的可行性,即该病遵循邪实(血瘀热度)—正虚邪实(阴虚有热)—正虚(气阴两虚)的中医证候演变规律。

(中医药大学)

【中药预适应对缺血心肌的保护作用研究】 该项目是天津市自然科学基金课题,由天津中医药大学郭利平等完成,获2008年度天津市科技进步奖二等奖。课题组基于缺血预适应机制,在整体与细胞两个层次上,进行中药预适应——复方丹参方预适应和丹酚酸B预适应的心肌保护作用研究。结果表明,中药预适应能够调动或参与心肌内源性保护机制,缺血预适应机制是中医药防治冠心病又一重要途径,对提高临床疗效和开发防治心肌缺血新型中药具有重要意义。

(中医药大学)

【滋阴活血解毒法治疗动脉粥样硬化性疾病的临床与机制】 该项目由天津中医药大学第一附属医院张军平等完成,获2008年度天津市科技进步奖二等奖。研究组基于临床疗效肯定的前提下,在文献评价的基础上,提出了滋阴活血解毒法是中医治疗AS性疾病的基本有效法则之一,以此法为代表的方药在心力衰竭治疗中效果肯定。创新性提出AS性疾病的3期分治理论,探讨了4妙勇安汤干预AS疾病的作用机理。在中医方剂配伍方面,发现了配伍的效果与单体或单味药的剂量不成线性递增关系,配伍的疗效不等于单体或单味药效果的累加;提出了等比不一定等效,单体的浓度范围是配伍必须考虑的一个关键。该研究对中医方剂学配伍理论和中医药治疗AS性疾病具有一定的临床指导作用。

(中医药大学)

【心复康和丹酚酸B干预干细胞增殖和向心肌细胞定向分化的研究】 该课题是天津市科技发展计划项目,由天津中医药大学范英昌等完成,2007年7月通过鉴定,获2008年度天津市科技进步奖三等奖。该项目在传统中医理论基础上,结合大量实践,项目组循序渐进、层层深入地将所用中药复方和中药单体最终与心血管疾病的最新研究进展—干细胞移植相结合,从在体和离体两种方法,从功能到结构,从作用到机理进行了一系列深入研究。该项目在体观察心复康、丹酚酸B干预骨髓间充质干细胞移植对移植细胞存活、增殖以及对宿主梗死心肌形态、结构和功能的影响,并观察梗死心肌"微环境"改善的情况;离体观察上述中药干预5-氮胞苷诱导骨髓间充质干细胞向心肌细胞分化的情况,以及在骨髓间充质干细胞分化过程中对心肌早期基因表达的影响。

(中医药大学)

【加参强心方干预充血性心力衰竭心室重塑的机理研究】 这是天津市自然科学基金课题,由天津中医药大学第二附属医院王保和等完成,获2007年度天津市科技进步奖三等奖。该项目研究中药加参强心方治疗充血性心力衰竭的临床疗效,并通过观察加参强心方对冠状动脉前降支结扎法造成心肌梗死后形成的 CHF 模型的心脏腔室结构、血流动力学、心脏内分泌激素的作用，进一步对加参强心方的作用机制进行探讨，并力求说明其可能的作用靶点。加参强心方可抑制心腔扩大趋势和心室重构，可明显降低 CHF 大鼠心脏指数，加参强心方能够明显抑制 RAAS 系统的 AngⅡ、ALD，降低 ET、AVP、ANP，升高 EDLS、CGRP，降低 CHF 大鼠的血浆 TNF-α、IL-6 和 IL-1β 细胞因子水平，阻断神经内分泌和细胞因子的恶性循环，减轻了心衰的发展，改善了水钠潴留。充血性心力衰竭是多种心脏疾病发展到终末阶段的综合症，严重影响患者生活质量，目前的临床治疗手段在抑制病情进展方面尚无明确的证据，中药复方制剂临床疗效可靠，因此直接针对 CHF 的临床治疗作用机理探讨往往更具有临床应用价值。

(中医药大学)

【综合分期疗法治疗腰椎间盘突出症规范性研究】 该项目由天津中医药大学第一附属医院王金贵等完成，2008 年 4 月通过鉴定，获 2008 年度天津市科技进步奖三等奖。课题组采用随机对照、前瞻性临床研究方法，以 180 例腰突症患者为研究对象，将其随机分为综合分期疗法组和传统推拿手法组、西医非手术常规治疗组两对照组，以肌电图、肌骨彩超、血免疫指标和腰痛评估量表、脊柱运动指数等为评价指标，对腰突症进行疗效观察和实验研究。结果显示，综合分期疗法对各项指标的改善程度均优于其他两对照组。该项研究首次提出辨证分期治疗腰突症的治疗原则，改变中医治疗该病分型不分期的传统观念，将腰突症不同的发病阶段科学分为急性期、缓解期和恢复期，针对辨证分期理论创新性提出手法适时应用的新观点，建立了以手法为主导并结合中医特色优势技术的综合分期法。

(中医药大学)

【益肾填精法治疗儿童多动症及其神经生化机制研究】 该课题是由天津中医药大学第一附属医院马融等完成的天津市应用基础及前沿技术研究计划项目，2007 年 6 月通过鉴定，获 2008 年度天津市科技进步奖三等奖。该项研究提出儿童注意缺陷多动障碍（ADHD，简称儿童多动症）“髓海发育迟缓”假说，认为病机关键为“肾精亏虚，髓海发育迟缓，阴阳失调，阴动有余，阴静不足”；确立了“益肾填精”治疗大法，研制出“益智宁神颗粒”。临床研究从中医证候、多动指数、软神经体征、安全性及远期效果等多方面对其疗效进行综合评价，结果表明，其治疗 ADHD 控显率为 63.64%，中医证候控显率为 85.45%，显著优于中药静灵口服液及西药利他林，尤其对中医证候的改善具有突出优势，而且远期疗效稳定、安全可靠。实验研究以国际公认的幼年雄性自发性高血压大鼠为 ADHD 模型，通过开阔实验，Morris 水迷宫实验，及高效液相—电化学法检测大鼠脑内 DA、NE 的含量，结果表明：ADHD 病模大鼠脑组织 DA、NE 含量增高，益智宁神颗粒可降低病模大鼠 DA、NE 的含量，调节其处于平衡状态，从而抑制病模大鼠多动、探索行为，提高认知功能，为临床应用提供了可靠依据。

(中医药大学)

【益气活血散结法对特发性肺纤维化作用的临床与实验研究】 该项目是天津市自然科学基金课题，由天津中医药大学第二附属医院孙增涛等完成，获 2007 年度天津市科学技术进步奖三等奖。课题组在长期临床实践的基础上，结合文献回顾分析，认为肺间质纤维化的病因病机主要表现为因虚致病、因虚致瘀，本虚标实，虚实夹杂，提出了益气活血散结法这一基本治疗法则，临床上配合益气养阴化痰药物以肺通口服液进行治疗，动物实验中则仅仅围绕其基本病机表现，以芪术和剂进行干预研究。同时把生活质量量表运用到中药疗效评价体系中，更客观真实地反映了中医药整体作用的特点和优势。以益气活血散结法为治则的肺通口服液和芪术合剂，能明显延缓特发性肺纤维化（IPF）的进展，改善 IPF 患者症状，提高其生存质量。益气活血散结法有明显的抗纤维化作用，在西医药对此缺乏满意疗效及治法的前提下，益气活血散结法的提出以及进一步深入研究将具有重要的理论和现实意义。

(中医药大学)

【肾小管间质损害的相关因素及肾疏宁作用机理的研究】 该课题由天津中医药大学第一附属医院黄文政等完成，获 2007 年度天津市科技进步奖三等奖。课题组采用延长系膜增生性肾炎大鼠模型 12 至 16 周，建立新的进展性肾小管间质损害模型，是在原发性肾小球疾病基础上自然发展成肾小管间质损害模型，更接近于临床。实验从抑制促纤维化因子的释放及肾小管间质细胞表型转化、调节细胞外基质的生成与降解、保护肾小管间质的结构与功能等相关因素，全面系统动态观察肾小管间质的变化规律及肾疏宁的保护作用机制。结果证实疏利少阳法之肾疏宁对肾小管间质损害的保护作用是通过抑制促纤维化因子的释放及肾小管间质细胞表型转化，调节细胞外基质的生成与降解，保护肾小管，改善肾功能，从而延缓肾功能衰竭的进展。

（中医药大学）

【六神丸逆转白血病细胞多药耐药作用及相关机理研究】 该研究是天津市高等学校科技发展基金课题，由天津中医药大学第一附属医院史哲新等完成，获2007年度天津市科技进步奖三等奖。课题组立足于临床，选用临床治疗急性白血病有效、能延长缓解期、预防复发的常用中成药六神丸，观察其对P-糖蛋白、TopoⅡ酶表达的影响，揭示六神丸逆转MDR的机理。采用免疫荧光法定量测量P170，计算P170蛋白细胞百分比率；用逆转录—聚合酶链反应(RT-PCR方法）对患者的TopoⅡα、TopoⅡβ基因进行mRNA水平的检测。同时探讨难治性白血病中医证候分型与P170蛋白表达和治疗疗效之间的关系。结果证实，六神丸可以通过降低P-pg的表达、提高TopoⅡβ的表达来逆转白血病细胞多药耐药，气血两亏型P170蛋白表达最低，热毒炽盛型P170蛋白表达最高；热毒炽盛型和气阴两虚型缓解率低，气血两亏型缓解率最高。

（中医药大学）

【糖脂清的提取工艺及其降脂降糖作用的研究】 该研究是天津市卫生局课题，由天津中医药大学赵骏等完成，获2007年度天津市科技进步奖三等奖。课题组研究一种治疗糖尿病的中药，目的在于提供一种组方合理、具有降血糖，降血脂，改善血液高凝状态，降低外周血清胰岛素水平，缓解糖尿病并发症作用的中成药。主要研究内容为，糖脂清有效成分的提取、分离工艺的研究和药效学研究。桑叶多糖、荷叶生物碱的提取工艺方法比较先进，操作简便易行，对环境无污染，适用于环保型生产。糖脂清经药理实验证明，对糖尿病及兼有高脂血症者，具有较高药效，为人类战胜糖尿病，提供了又一有力武器。该课题已获发明专利1项，发表论文13篇，其中10篇被82篇他人论文引用。

（中医药大学）

【运用肺肾相生法治疗糖尿病性骨病的临床研究】 该课题由天津中医药大学第一附属医院呼永河等完成，获2007年度天津市科技进步奖三等奖。课题组通过运用肺肾相生法自拟生脉坚骨汤系统地观察中药对糖尿病性骨病的作用，采用公认的诊断和客观地疗效评定标准进行临床疗效评定；通过定量超声骨密度、骨钙素、降钙素等骨生化指标与尿素氮、肌酐、谷草转氨酶等相关临床检查探讨其临床作用机制；通过设立中药治疗组、西药治疗组和中药对照组来多方面研究重要临床疗效。研究结果显示：生脉坚骨汤明显改善糖尿病骨病患者的骨密度，显效率优于西药组，其抗骨质疏松作用可能与提高骨密度有关；能够有效改善糖尿病骨病的骨痛症状，尤其是对自发性疼痛、翻身痛、睡眠时痛醒和步行痛改善更加明显，且改善时间较早；在治疗前后未发生不良反应，肝肾功能均未发现异常改变，说明中药安全可靠，且有一定的降糖作用，但机制未明。其有效防治DOP可能是通过降血糖、改善DM病情，提高骨密度等综合机制而起作用的。该研究为中药治疗糖尿病骨病提供了一种安全有效的治疗方法。

（中医药大学）

【回神颗粒对缺血性脑损伤脑保护机制的研究】 该课题由天津中医药大学附属武清中医医院陈宝贵等完成，获2007年度天津市科技进步奖三等奖、2007年度中华中医药学会科学技术奖三等奖。该研究观察了回神颗粒治疗血管性痴呆的临床疗效，并从神经细胞凋亡及其调控基因bcl-2、bax角度研究了回神颗粒抑制缺血性脑损伤细胞凋亡的作用机制，为进一步促进该药治疗缺血性脑损伤的临床应用提供科学的实验依据。临床研究选择门诊和病房收治的血管性痴呆患者200例，采用随机法分成回神颗粒组和喜得镇对照组，观察并比较两组的治疗效果，结果显示回神颗粒在改善患者的时间定向力、空间定向力、语言功能等方面优于喜得镇对照组。实验研究检测了脑缺血大鼠行为学、形态学以及细胞凋亡相关指标（bcl-2、bax、bcl-2/bax）的变化以及回神颗粒的治疗作用；结果显示细胞凋亡参与了缺血性脑损伤后脑组织的病理改变过程，回神颗粒具有抑制缺血性脑损伤后神经细胞凋亡的作用；Bax与Bcl-2基因参与了调控缺血性脑损伤后神经细胞的凋亡，回神颗粒提高了局灶性脑缺血模型大鼠Bcl-2表达，抑制Bax表达，提高Bal-2/Bax比值；这可能是其抑制脑神经细胞凋亡，保护脑神经细胞的机制之一。研究结果证实回神颗粒可以显著改善血管性痴呆患者认知障碍和记忆力，是治疗血管性痴呆的有效药物之一。

(中医药大学)

【调理脑神法的针灸临床应用研究】 该课题是天津市高等学校科技发展计划项目，由天津中医药大学第一附属医院杜元灏等完成，获2007年度中华中医药学会科学技术奖三等奖。课题组分别对抑郁症、围绝经期综合症和中风后抑郁症进行了临床和实验研究。在病机认识上以脑神立论，首次提出了“脑神失调，肝失疏泄”是抑郁症的病机关键，创立了调神疏肝针法；提出“肾精亏虚，脑肾失济”的围绝经期病机新观点，创立了“调神益肾”针法；在选穴上以督脉的百会、风府、人中和肝经太冲为主穴，随证加减。研究表明，调理脑神法在针灸临床有重要而广泛的应用价值，对针灸临床具有一定的指导意义。以督脉穴为主的调理脑神针法在调节下丘脑—垂体—性腺轴及脑功能方面明显优于传统的针刺方法，显示了调理脑神针法在调节中枢神经系统功能方面具有优势，可广泛应用于与中枢神经系统功能失调密切相关的疾病。

(中医药大学)

【宣肺中药对哮喘气道炎症作用的研究】 该课题由天津中医药大学第二附属医院孙增涛等完成，获2007年度中华中医药学会科学技术奖三等奖。课题组以哮喘气道持续存在的慢性炎症为切入点，针对哮喘发作时病位在肺，肺气不宣为其关键，同时痰瘀互结，风盛挛急是其病机特点的情况，在宣肺中药的基础上，不断完善治疗法则，凝炼处方，深入探讨以“宣肺平喘”、“宣肺平喘、祛痰行瘀”和“宣肺平喘、祛痰行瘀、疏风解痉”为治法的“宣肺中药”、“杏贝冲剂”、“麻芩合剂” 等制剂对哮喘发作期的作用效果，并分析以上药物对哮喘气道炎症的作用机理。临床研究先后以杏贝冲剂和麻芩合剂为代表，分别从临床症状、肺功能、气道反应性测定及血清促红细胞生成素、内皮素、一氧化氮等指标，观察上述治法方药对哮喘患者的影响。实验研究中，通过观察实验动物豚鼠血清嗜酸细胞阳离子蛋白(ECP)、肿瘤坏死因子(TNF-α)、磷脂酶A2(PLA2)、降钙素基因相关肽(CGRP)等炎性介质和细胞因子的变化，支气管肺泡组织中炎细胞计数及分类，肺组织病理形态（含电镜）学改变，分层次阐述上述治则治法对支气管哮喘气道慢性炎症作用的机理。结果证实宣肺中药可以拮抗炎性介质和细胞因子的变化，减轻效应细胞在支气管、肺泡中的聚集，达到控制哮喘气道炎症，降低气道反应性，改善哮喘症状，减少哮喘发作的目的，中药具有明确的拮抗气道炎症，降低气道高反应性的作用。

(中医药大学)

【通脉调气推拿法治疗紧张性头痛的研究】 该课题由天津中医学院第一附属医院王金贵等完成，获2007年度中华中医药学会科学技术奖三等奖。课题组针对临床常见病、多发病—紧张性头痛，首次运用以病变局部推拿结合腹部推拿的“通脉调气推拿法”治疗该病，改变了常规手法难以改变的，即由“头痛—肌收缩—头痛”程序而引起的过度防御反应，明显提高了本病的推拿治疗疗效。并把推拿作用机理研究重点放在血浆中所含的神经递质及与血管有关的化学物质上，并找出其与疗效的规律性结果。首次通过揭示推拿治疗紧张性头痛的作用机理科学论证了推拿治疗紧张性头痛的安全性和有效性。该项研究开拓了推拿治疗内科疾患的新模式和这一领域科研新思路，同时通过对天津市多家医院的推广应用，取得了良好的效益。

(中医药大学)

【强心冲剂治疗慢性心衰的临床和机理研究】 该研究是天津市自然科学基金课题，由天津中医药大学第二附属医院孙兰军等完成，获2007年度中国中西医结合学会科学技术奖三等奖。强心冲剂具有“益气温阳，活血利水”之功，对慢性充血性心力衰竭(CHF)疗效确切，动物实验结果显示强心冲剂可明显改善心衰大鼠血流动力学指标，显著降低心衰大鼠外周血的ANP、AngⅡ水平，减少心衰大鼠心肌细胞凋亡，上调心衰大鼠心肌细胞β受体密度，抑制心肌重塑。该研究从临床试验到整体动物、器官、分子生物学水平，多层次地阐述了“益气温阳，活血利水”的疗效和作用机理。已发表学术论文8篇，培养硕士7名，博士生2名。强心冲剂已在该院应用15年，并在3家医院应用观察，已有7000余名患者受益。

(中医药大学)

【中西医结合治疗系统性红斑狼疮临床及实验研究】 该课题由天津中医药大学第一附属医院刘维等完成，获2007年度中国中西医结合学会科学技术奖三等奖。该项研究根据系统性红斑狼疮(SLE)病机及证候特点提出"毒瘀论"，并以解毒法对SLE各系统损害的辨证辨病治疗；分别从细胞、细胞因子和基因水平探讨中药对SLE的干预作用。临床研究结果显示，各证型与实验室指标存在一定的相关性，中西医结合治疗SLE能明显改善SLE病变进程，可缩短活动期时间缓解病情进展，延长稳定期时间维持病情稳定状态。中西医结合治疗SLE可以明显减少激素的用量，减轻强的松毒副作用。中西医结合长期治疗可以减少活动期发作次数，减少脏器损害，提高生存率，节省医疗费用。实验研究结果显示：清热解毒，化瘀通络法治疗SLE能够使SLE外周血下降的CD3+CD4+ T细胞上升，使上升的CD3+CD8+T下降，纠正T细胞亚群的失衡状态；清热解毒，化瘀通络法治疗能够上调IFN-γ水平，下调IL-10水平，改善Th1/Th2的偏移状态；清热解毒，化瘀通络法可SLE抑制外周血淋巴细胞Fas基因的表达，减少淋巴细胞异常凋亡。化浊解毒法治疗1年后的重复肾活检中，转型率为48.1%，减轻了肾组织的病理损害。

(中医药大学)

【滋肾调冲法对诱发大鼠排卵相关细胞因子影响的研究】 该研究是天津市卫生局中医、中西医结合科研课题，由天津中医药大学王玲主持，2008年7月完成。滋肾调冲法是针对宫血患者中具有普遍意义的证型而确立的治疗法则，用于血止后调理月经周期，促进排卵，其代表方是宫血宁Ⅱ号方。为进一步探讨该法的分子作用机制，以未成年雌性大鼠诱发排卵模型为研究对象，采用免疫组织化学方法，动态观察宫血宁Ⅱ号方在大鼠卵巢卵泡发育不同时期，对激活素A(ACTA)、血管内皮生长因子(VGEF)和白细胞介素8(IL-8)的表达强度和水平以及为玄关密度(MVD)变化的影响。结果表明，该法促进卵泡发育诱发排卵的作用机制是通过ACTA刺激FSH的分泌，有利于早期卵泡生长发育；VGEF参与卵巢血管新生，增加卵泡MVD以及IL-8吸引中性粒细胞，激发成熟卵泡排卵。

(中医药大学)

【华北地区近千年疫情与中医药防治研究】 该课题由天津中医药大学王秀莲等完成，2008年7月通过鉴定。该课题以公元960年至2005年的疫情资料为依托，对古今疫情及中医药防治历程进行了回顾性研究。建立了疫情数据库询系统；探讨和分析了华北地区古今疫情发生规律、流行趋势，提出了疫情防控建议方案；总结整理了华北地区古今著名医家论疫思想和治疫经验，制定了现代传染病高发病种的中医药防治预案，在临床应用取得了较好效果。

(中医药大学)

【《伤寒论》方的循证医学研究】 该课题是天津市科委科研项目，由天津中医药大学宋俊生主持完成，2008年7月通过鉴定。该课题运用循证医学的研究方法对《伤寒论》112方的临床研究文献进行系统评价，在此基础上进行Meta分析，评价了《伤寒论》方预防、治疗疾病的优势，其结果可成为指导临床医生应用经方的最佳证据，具有广阔的推广使用前景。

(中医药大学)

【补血合剂对慢性再障患者造血因子影响的研究】 该课题由天津中医药大学第一附属医院杨文华等完成，2007年12月通过鉴定。课题组以慢性再生障碍性贫血(慢性再障)免疫损伤为切入点，研究补血合剂通过调节细胞因子分泌促进骨髓造血的分子生物学机制；并以慢性再障免疫病理为基础，分析肾阳虚型、肾阴虚型及肾阴阳两虚型患者细胞因子水平差异，探讨各个证型存在的客观物质基础。通过观察证实：补血合剂能够明显提高慢性再障患者的疗效，改善临床症状及骨髓造血，升高WBC，Hb，PLT计数；并能提高患者体内IL-3的水平降低TNF-α、IFN-γ等负调控因子的水平，调节紊乱的免疫状态，增强正调控因子的作用，解除过高的负调控因子对造血细胞的过度抑制而达到治疗目的。总结出造血调节因子与慢性再障中医证型之间存在一定的相关性，阐明慢性再障中医辨证分型的物质基础，为中药治疗慢性再障提供了科学依据。

(中医药大学)

【火针烙法治疗体表脓肿的临床研究】 该研究是天津市高等学校科技发展基金课题，由中医药大学第一附属医院胡承晓等完成，2008年11月通过鉴定。该课题在继承的基础上研制了电火针，对火针烙法排脓治疗体表脓肿的古老外治方法与切开引流进行对比研究。结果显示，火针烙法排脓具有洞式小口、引流通畅、创面不出血、损伤少、疤痕小、不影响美容、简便易行、费用低、治疗时间短等优点。

(中医药大学)

【化坚拔毒膜对癌性疼痛镇痛机理的实验研究】 该研究由天津中医药大学第一附属医院贾英杰等完成，2008 年 9 月通过鉴定。课题组研究采用腹腔注射冰醋酸造成的内脏痛模型大鼠，大鼠醋酸扭体实验结果进一步验证了化坚拔毒膜具有确切的镇痛作用，且抹药处皮肤未见红肿、充血等反应，说明其外用安全；为了解释化坚拔毒膜镇痛机制，测定了化坚拔毒膜 3 个剂量组对大鼠外周血清中缓激肽浓度水平、脑内单胺类神经递质水平的影响。实验结果表明，化坚拔毒膜能显著降低外周血中缓激肽浓度水平、提高大鼠脑内 5-HT 含量，降低 NE 含量，对 DA 影响不大，提示化坚拔毒膜的镇痛机制可能与降低外周血缓激肽水平、调整脑内单胺类神经递质含量密切相关。化坚拔毒膜工艺创新，将传统中药与现代工艺新技术相结合，利用先进的促渗透皮技术，有效解决了药物经皮吸收，填补了国内尚无真正中药止痛膜剂的空白。首次提出了缓激肽和单胺类神经递质在中药镇痛机制中发挥重要作用。

(中医药大学)

【抗痫增智颗粒治疗小儿癫痫伴智力低下的研究】 该课题是天津市应用基础及前沿技术研究计划项目，由天津中医药大学第一附属医院马融授等完成，2008 年 10 月通过鉴定。该课题提出并证实了小儿癫痫强直—阵挛性发作伴认知损害"肾虚精亏、风痰闭阻"病机学说；建立了以"填精充髓、豁痰息风"为基本治疗原则的治疗方案；建立了能反映中医药治疗癫痫的特色优势及符合儿童生长发育特点的综合疗效评价体系。临床研究初步证实了抗痫增智颗粒可显著减少患儿的发作频率、缩短发作持续时间；改善中医证候及脑电图痫样放电；在改善患儿智商指数方面具有优势，值得进一步开发推广。实验研究进一步证实了抗痫增智颗粒对戊四唑点燃癫痫大鼠的抗惊厥作用和改善模型鼠学习获取能力和记忆保持能力的作用，其作用机制可能与减少海马损伤，调节氨基酸类神经递质平衡，抑制脑内 NMDA 受体活性及 c-fos 基因的异常表达及影响中枢胆碱能系统 M 受体的结合量，提高 ChAT 活性有关。

(中医药大学)

【IP-10/CXCR3 与变应性接触性皮炎的相关性及应用雷公藤多苷的干预研究】 天津市中医药研究院张玉环、许建、邢艳玲等从 mRNA 及分子蛋白水平观察了 IP-10/CXCR3 在变应性接触性皮炎(ACD)中的表达及雷公藤多苷对 ACD IP-10/CXCR3 表达的影响。研究证实，雷公藤多苷可以抑制 ACD 患者 PBMC 中 IP-10 mRNA 的表达。该研究为临床应用雷公藤多苷对 ACD 患者进行靶向治疗提供了理论依据，临床应用雷公藤多苷对 ACD 患者进行干预治疗，取得较好临床效果。该研究项目 2008 年 10 月 24 日通过专家评审，其成果达国内领先水平。

(刘　群)

水资源开发与利用

水务信息化

【天津市河务管理信息系统】 该项目由天津市永定河管理处承担完成，2008 年 1 月 28 日通过专家鉴定，其成果达国际先进水平，获 2008 年度天津市水利科学技术进步奖一等奖。该项目利用信息管理、数据库、网络及地理信息系统等先进技术，建立一套技术先进、实用性强的天津市河务管理信息系统，具有组织和处理庞大复杂的河务管理功能。系统建立水工建筑物的三维动态模型库，实现对空间数据三维可视化分析和动态演示；实现对历史数据资料的整编管理、检索、更新、统计分析及相应报表的自动生成功能；实现报表的动态生成，达到数据即时传递的效果；建立主要建筑物有限元模型库，对河务管理提供良好的辅助决策依据；建立工程复核分析计算模块，包括：过流能力计算、抗滑稳定计算、防渗稳定计算、地基稳定计算等，其功能强大，从而提高河务管理信息化水平。

（张　雁　常守权）

【天津水利数据中心结构研究】 该项目由天津市水利局信息管理中心承担完成，2008 年 6 月 25 日通过验收。天津水利数据中心是全市水利信息汇集、存储与管理、交换和服务的中心，是水利信息资源集成与共享的中心。该项目通过对信息汇集、存储、交换、管理、服务和共享方式的研究，应用数据仓库技术，解决数据中心建设中数据分类、汇集、交换、抽取等技术问题，为天津水利数据中心建设作好技术基础准备。

（张　雁　常守权）

【基于水管理对象的数字流域技术方法体系与实例研究】 该项目由国家水利部海河水利委员会（以下简称“海委”）和中科院遥感应用研究所共同承担，户作亮、吴炳方、郭书英、孙长庚等完成，获 2008 年度大禹水利科学技术奖三等奖。该项目成果提出的数字流域建设技术方法体系，有利于实现水管理的数据共享和透明，打破条块分割的管理模式，降低了开发和维护成本，提高了知识和资源利用率。项目从数字流域背景、数字流域体系结构、水管理对象分析、水管理对象的全息化描述、水规律的全息化构造、基础平台构建、业务系统的构件化开发、数字功能流域等方面研究提出了基于水管理对象的数字流域技术方法体系。同时，以海河流域为例，构建了基于水管理对象的“数字海河”总体结构和内容。该项目所提出的技术方法体系已得到成功运用。根据该技术方法体系编制完成的《海河流域水利信息化建设规划》已通过水利部审查并成为流域信息化建设的指导性文件；开发完成的“密云和官厅水库上游水土保持监测系统”已投入使用并取得了良好的效果；完成的《数字海河流域总体设计方案》已经在海委信息化建设中发挥了重要作用。

（王道坦）

【海河流域水文站网评价】 该项目由海委水文局承担，高云明、程兵峰、李春丽等完成，2008 年 5 月 15 日通过天津市高新技术成果转化中心组织的专家鉴定，成果达国内领先水平。该项目是为海河流域规划服务的，其成果将作为海河流域规划与站网调整、建设的依据。该项目是海河流域自 1878 年开始用近代方法进行水文观测以来，首次对流域各类水文站网的功能和目标进行综合评价，具有创新性。该项目成果在流域规划中得到了应用，为防汛抗旱、水资源管理、水生态保护与修复提供了技术支撑。

（王道坦）

【龙网水利业务基础平台——服务资源集中中间件】 该项目由天津市龙网科技发展有限公司承担，杨井泉、曹盛军、李建新等完成，2008 年 8 月 7 日通过天津市高新技术成果转化中心组织的专家鉴定，成果达国际先进水平。该成果针对水利业务特点，采用标准化协议，实现了水利信息化现有应用资源、数据资源的集成，有利于水利信息系统的服务资源整合和业务系统快速开发，为水利信息化建设提供了解决方案，是应用于水利信息化基础技术支撑基于 J2EE

技术开发的资源集中中间件。该成果已作为海河流域防洪调度系统平台核心组件，在实际工作中得到应用，有效解决了异构系统资源集成与共享问题，提高了系统集成效率，减少了开发维护成本，在水利和环保等行业中具有广泛的推广前景。

（王道坦）

城镇供水

【二次供水泵房数据采集系统应用的研究】 该项目是天津市公用事业设计研究所承担的天津市建委的科研项目，2008年1月31日通过鉴定。随着新的水质标准的实施，二次供水暴露的问题越来越多，特别是由于水箱清洗不及时引起水质恶化，有些老旧供水泵房疏于管理造成泵房能耗增大、供水效率下降。该课题针对如何接收和改造二次供水泵房使其水质符合国家标准要求且又节能降耗进行研究。项目组采用自主研发产品RTU-18F，运用ADSL作为统一的数据传输模式建立子站，采用专线接入服务器进行数据采集、开发管理软件形成系统主站，选用Securay数字网络视频服务器，实现用户通过IE浏览器远程监控；通过中心管理软件进行对多台视频服务器的集中监控和管理，组建大型视频监控系统的试验。课题选择和平区香榭里高层已运行的二次供水泵房作为研究对象，成功建立了一套二次供水远程控制及数据采集系统。系统具备对数据进行存储、查询、报表、定期备份的功能，并进行了不同条件下的性能测试，达到了课题预期技术指标。通过反复的可靠性试验，将不同信号的试验数据进行对比，由现场设备采集数据，经过传感器输出至RTU设备，再经过Internet网传送至服务器数据库，结果证明传送、显示的数据准确、及时、可靠。建立服务器，数据库操作界面友好，操作简易，日常功能均能够实现。该项目对不同二次供水方式进行测试、数据优化，总结出经济合理的二次供水模式和改造方式，为天津市自来水集团的二次供水改造提供技术储备，提高二次供水系统的管理水平。对二次供水系统进行远程操作和运行状态的远程监控，及时发现系统运行故障，保障良好运行，达到用户安全稳定用水的目的。项目推广后获得了显著的经济效益和社会效益，成果达国内同行业先进水平。

（天津市自来水集团有限公司）

【水中卤乙酸及其他有机物的研究】 该项目由天津市自来水集团有限公司水质检测中心承担，2008年3月12日通过鉴定。该课题对引滦水系在天津市区某供水系统包括原水、工艺水、出厂水、管网水中的卤乙酸进行检测分析与研究，初步总结出卤乙酸含量的规律和变化趋势，并分析了多种因素对卤乙酸生成和残留的影响。其创新点为：①在国内供水行业中首先建立并优化了水中卤乙酸之萃取衍生——气相色谱分析方法，具有样品用量少、检测限值低、灵敏度高、色谱分析时间短等特点，方法具有较好的线性、精密度和准确度，尝试使用酸性甲醇代替有毒危险的重氮甲烷，使该方法更具有科学性，减少了检测过程对环境及人体的危害；②在该项研究成果之前，国内供水行业对上游水源、产水工艺以及输配水管网中的消毒副产物的研究大部分还停留在分析较为容易的卤代烃类物质的阶段。该课题所研究的二氯乙酸、三氯乙酸等卤乙酸类物质在天津这样的大城市供水系统中的全面普查，在国内、国际同领域研究中具有先进性。该课题不仅局限于水质调查的层面，而将其与水厂具体产水流程、工艺相结合，将生产数据与试验数据结合，对掌握水中卤乙酸的变化趋势具有较强的实用价值，对改善和提高水质具有实际意义。

（刘　红）

【气浮工艺运行技术的研究】 该项目由天津市泰科水务有限公司承担，2008年11月25日通过鉴定。该项目通过优化产水工艺，改进产水设施、设备，调整运行工况，进行气浮工艺技术和与之相关的产水工艺研究。项目利用“863”中试进行加氯点后移、藻类去除等方面的试验研究，完善了混凝工艺，在低温低浊水期间确定使用三氯化铁混合液、高温高藻水期间确定使用PAC并辅助以高分子助凝剂，从而保证气浮池除藻率和出水水质，提高净化车间出水水质标准，并节省药剂成本。该项目还通过“863”试验将加氯点后移至气浮出口，控制滤后余氯值在1.0~1.4毫克/升的范围内，可以完全保证消毒效果，达到细菌学指标，同时可以减少46.6%消毒副产物的生成，减少氯耗成本1.55元/千吨水，也可以减少车间内管道、阀门、仪表的腐蚀现象；使用减小空气释放速度到8~9毫克/立方米、提高气浮池的运行负荷和药剂优化后延长滤池运行周期等方法降低了气浮、过滤工艺的制水电耗，节省电耗成本16.499元/千吨水。通过调整设计、运行参数，优化运行，提高了气浮池、滤池性能，降低制水电耗，并已应用于生产中，取得良好效果。

（刘　红）

【含氟苦咸水饮用安全技术】 该项目由天津市水利科学研究院、天津市水利局农田水利处和天津市水文水资源勘测管理中心共同承担完成，2008 年 8 月 21 日通过验收，获 2009 年度天津市水利科学技术进步奖一等奖。该项目针对含氟苦咸水地区的农村饮水安全问题，引进以色列苦咸水淡化除氟设备，分别在天津市静海县唐官屯镇、中旺镇及北大港农场建成 3 个水厂，经过近 1 年的运行，设备运行稳定，产水基本达到饮用标准，为解决农村饮水安全问题起到示范作用。项目组在充分消化吸收引进设备原理的基础上，针对不同示范点的原水水质开展相关试验，结合当地实际情况对设备的运行参数进行合理优化，提高产水率，降低运行成本近 30%。同时，对各水厂不同的运行模式进行经济分析，为设备的国产化和广泛推广奠定基础。

（张　雁　常守权）

水环境与水生态

【环保型绿色植被混凝土技术在农村水利生态建设中的示范】 该项目由天津市水利科学研究院承担完成，2008 年 11 月 4 日通过验收。该示范项目利用环保型绿色植被混凝土技术，改善农村水利建设环境，修复水利建设破坏的生态环境，完成西青区邓店村 2000 平方米的内湖护坡和蓟县引滦暗渠进水口 3000 平方米的示范区建设。通过对示范区内的边坡型式、坡比及植物品种进行改变和调整，适应河道及景观的不同需求；对环保型绿色植被混凝土施工工艺及模具进行改进，达到规模化生产和降低成本的要求，提高了产品品质和竞争力。该示范区建成后，经过夏季暴雨及持续高温天气的考验，植草长势良好。具有进一步推广前景。

（张　雁　常守权）

【剧烈环境变化下半湿润半干旱区水资源与水生态特征研究】 该项目由国家水利部海委和清华大学、中国水利水电科学研究院共同承担，任宪韶、户作亮、曹寅白、何杉、张建中等完成，2008 年 3 月 24 日通过了水利部国科司组织的专家鉴定，成果达国际领先水平，获 2008 年度大禹水利科学技术奖二等奖。该项目在剧烈环境变化下水文系列一致性修正理论与方法方面取得了创新性突破。项目进行了海河流域水资源调查评价分析，建立了永定河山区分布式水文模型，完成了海河流域平原区浅层地下水模型初步研究。该研究成果已应用于《海河流域水资源综合规划》，并取得了较好的社会经济效益，显示出了广阔的应用推广前景。该成果可在半湿润半干旱地区的水资源管理和水生态环境保护与修复工作中发挥重要作用。

（王道坦）

【滨海缺水地区微咸水与再生水安全高效灌溉技术】 该项目由天津农学院孙书洪主持完成，是天津市科技支撑计划项目，2008 年 10 月 10 日通过结题验收。针对滨海缺水地区的土壤及水文特点，系统总结微咸水再生水灌溉条件下的盐分、养分分布运移规律，对非常规水源在农业灌溉的安全高效利用有重要科学意义。提出微咸水灌溉条件下土壤水分盐分淋洗技术、微咸水灌溉制度、灌溉模式、灌溉技术体系及技术操作规程，并提出再生水灌溉工程布置模式、灌溉制度、施肥制度、栽培模式等，建立了再生水灌溉对地下水和区域水环境影响的评价指标体系，对安全高效利用再生水提供了技术支撑。项目成果应用稳定，建立了微咸水和再生水 2000 亩示范工程，实现了比现有技术节水 30%~50%、增产 20%~30%的目标，可在农业及城市绿地应用推广。建立了中心试验区，为滨海缺水地区进一步开展相关研究提供了良好条件。

(孙书洪)

【天津市微咸水开发利用管理模式研究】 该项目由天津市水文水资源勘测管理中心承担完成，2008 年 5 月 7 日通过验收。该项目通过野外工作，完成研究区水文地质参数的计算，观测微咸水在开采利用的条件下盐分的动态变化特征，并通过室内的物理模拟实验，分析盐分在包气带和地下水中的运移变化；建立研究区水流与水质模型，模拟在不同开采条件下地下水中盐分的时空分布特征及演化趋势，在此基础上开展微咸水开发利用管理模式研究，为实现地下微咸水资源化的可持续开发利用提供依据。

（张　雁　常守权）

【开发区再生水景观河道生态修复与水质改善示范工程研究】 由天津市联合环保工程设计有限公司作为第一完成单位承担的天津市科技发展计划项目"天津经济技术开发区再生水景观河道生态修复与水质改善示范工程研究"，于2008年完成。课题组针对天津市水资源短缺问题与污水资源化需求，结合泰达总体规划，以生态净化技术研究和应用为核心，在工程规模上集成和研发城市水环境质量改善的关键技术，形成了适合北方严重缺水城市和滨海盐碱地区城市水环境质量改善、集水资源综合利用与水质自然净化和生态修复相融合的成套技术和系统方案。集成和研发出了以高含盐再生水洗盐技术、盐碱土壤基底防盐与控盐技术、耐盐先锋植物选择与优化配置技术、河滨缓冲带生态恢复技术、城市污水处理厂二级处理出水氮磷深度净化的复合生物——生态湿地处理技术、以再生水为唯一水源的河湖水质保持技术，形成了适合滨海盐碱地区缺水城市高含盐景观水体的多元化生态重建与水体生态净化系统构建的成套技术。该课题首次在国内建立了生产规模的滨海高盐缺水地区污水处理厂出水复合生物——生态湿地深度净化示范工程、以再生水为唯一水源的景观水体生态修复与水质保持示范工程。与常规绿地建设工程比较，示范工程一次性投资和运行维护费用分别降低了80.4%和92%；与常规污水深度净化技术比较，示范工程一次性投资和运行维护费用分别降低了79%和94.6%。示范工程使用再生水作为景观用水水源，研究期间共节约自来水约300万吨，节约自来水水费约1000万元。该示范工程在天津市和北方的滨海缺水城市具有广泛的代表性，为天津乃至全国同类城市的生态景观建设和水环境改善提供了关键技术和工程示范。该示范工程的建立不仅大大改善了示范区土壤和水体的质量，恢复了植被、鱼类、鸟类及其他野生动物等的生物量和生物多样性，而且提升了滨海新区泰达区域的环境质量，促进了泰达水资源高效循环利用工程的实施，保证了开发区的生态安全和生态系统的稳定性，改善了投资和人居环境，为将滨海新区建设成为生态宜居城区提供了技术支撑。

（示范工程建设前后植被状况的对比）

（张　圆）

【控制地面沉降条件下天津深层地下水资源可持续利用研究】 该项目由天津市地质调查研究院王家兵、王亚斌、王兰化等完成，2008年5月7日通过天津市高新技术成果转化中心组织的专家鉴定，成果达国际先进水平。该项目在系统分析天津水文地质条件的基础上，根据天津市地下水大强度开采暴露的地下水流场和环境同位素测试结果，提出了天津深层地下水在开采条件下具有更新性的观点，并根据水文地质试验和地形变监测、地下水开采量调查等结果，首次定量分析了深层地下水开采资源组成，确定了更新资源量。根据地层的前期固结程度和地下水开采对地面沉降的影响程度，确定了开采同量深层地下水对地面沉降影响较小的层位，并根据地面沉降控制目标，确定了控制地面沉降的具体方法和深层地下水的安全开采量。该成果2007年在天津市部分区县地下水资源管理中应用，地面沉降得到有效控制。可为全市深层地下水资源开采利用提供科学依据，为地面沉降有效控制和减轻地面沉降相关的灾害（滨海风暴潮、洪涝和市政基础设施损坏）等提供技术支撑。

【海河流域平原区浅层地下水模型研究与应用】 该项目由水利部海委和天津市龙网科技发展有限公司共同承担，张晓明、杨井泉、曹盛军等完成，2008年3月20日通过天津市高新技术成果转化中心组织的专家鉴定，成果达国际先进水平。项目组在开发过程中，详细研究水文地质勘探资料，从仿真地层模型转化获得详细的水文地质模型，研究了开采强度时空分布公式，总结了其规律性，摸索出不确定条件的模型率定和验证新方法。该项目建立的海河流域平原浅层地下水数值模型，揭示了地下水动态平衡关系，可用于预测不同开采条件下地下水水位的变化趋势，对于加强海河流域地下水管理、海河流域水资源配置、地下水资源保护和控制日益恶化生态环境具有重要意义。

（王道坦）

【天津市地面沉降经济损失评估】 该项目由天津市控制地面沉降工作办公室和天津市水利科学研究院共同承担完成，2008年6月25日通过验收，获2009年度天津市水利科学技术进步奖二等奖。该项目基于地面沉降的特点，综合运用地质学、水文学、水力学、水工结构、灾害学、经济学、统计学、模糊数学等相关理论，采用理论分析、现场勘查、普查评价、规律总结、数值模拟、地理信息技术相结合的多种技术手段，将地面沉降损失共分为安全高程损失等24类，综合运用终值法、影子工程法等11种计算方法，完整地研究了地面沉降对天津市的工程设施、社会发展以及人们生产生活的影响，进行科学、详实的灾害经济损失评估。

（张 雁 常守权）

【天津市滨海新区地面沉降趋势预测及优化控制】 该项目由天津市控制地面沉降工作办公室承担完成，2008年12月31日通过验收。项目组针对地下水超采这一引发滨海新区地面沉降的最主要、普遍的因素，开展地面沉降趋势预测和优化控制研究。首先，对南水北调工程通水前滨海新区的地面沉降进行预测和防治对策研究，构建了灰色系统——时间序列预测模型、灰色系统——马尔科夫模型，以及自主研究的分类——最小误差预测方法，对滨海新区内逐个水准点监测数据进行统计处理，逐年预测滨海新区的地面沉降趋势。其次，南水北调工程通水后滨海新区的地面沉降预测及优化控制，从区县一级行政单元和突破行政区域边界的水文地质单元着手，分别选择地面沉降——开采量相关分析方法和地面沉降数值预测方法建立地面沉降——地下水开采的预测模型。该研究结果提高了地平面上的整体沉降预测精度，为城市规划和基础建设提供科学依据，成果可在华北地区进行推广。

（张 雁 常守权）

水利工程

【水利工程评标奇异分析与诊断实证研究】 该项目由天津市建设交易管理中心承担完成，2008年12月17日通过验收，获2009年度天津市水利科学技术进步奖三等奖。项目针对水利工程项目评标过程中可能出现的偏差，开展水利工程评标奇异分析与诊断研究。应用数据挖掘方法中的决策树分类模型和孤立点检测模型，对收集整理的有代表性的水利工程项目评标打分数据进行奇异分析，结合实证调研的结果对水利工程项目风险预警结论进行修正，对水利工程项目建设的潜在风险进行预警，提醒业主对可能出现的风险进行防范。选择有代表性的水利工程项目，对评标历史数据库进行数据挖掘和分析，利用统计方法确定影响工程项目评标结果的关键指标，并进行诊断和实证调研，根据实证调研结果挖掘出项目实施中的潜在风险。

（张 雁 常守权）

【绿化种植措施和灌溉方式技术研究】 该项目由天津市水利科学研究院承担完成，2008年10月9日通过验收。该项目以保护引滦水质、美化明渠景观、防治堤防水土流失为目的，充分考虑明渠渠坡的土壤及地形条件，运用植物学、水文学、土壤学、土力学等多学科理论，重点研究合理利用植物的生物习性及如何提高灌溉用水有效利用系数，较好地解决护坡植物的种植和灌溉问题。该项目选择引滦明渠、海河堤岸部分区段为试验区，通过对草皮、灌木、乔木等植物品种在不同盐渍土堤防上的种植措施和灌溉方式的对比试验，择优选出适宜的植物品种和切实可行的种植措施。项目研制的自动补水系统和节水技术，适用于堤防线路长、坡度大、边坡种植土层渗透性不同的坡段，具有节水、节能、省工的特点，同时解决地面灌溉易出现的坡面水土流失和底层土体湿润不足等问题，其生态效益明显。该研究成果可在堤防边坡防护及景观建设中推广应用。

（张 雁 常守权）

【引滦暗渠伸缩缝渗漏（内部有压）治理方法研究】 该项目由天津市水利科学研究院承担完成，2008年

12月23日通过验收。项目组针对暗渠伸缩缝渗漏成因及暗渠的结构特点进行认真分析，结合工程实际需要，系统地开展密封堵漏材料的性能、施工工艺及渗漏治理方法3个方面研究，提出在暗渠伸缩缝漏水治理中采用化学灌浆结合表面防水密封材料的方案。综合分析各种化学灌浆材料的性能特点、试验结果，推荐采用聚氨酯类作为灌浆材料，表面采用双组份聚硫密封胶材料。该项目提出的化学灌浆结合表面防水密封材料方案施工工艺和试验制定的渗漏治理方法，对伸缩缝的治理，对现场工程应用具有指导意义。

（张　雁　常守权）

【新建州河暗渠箱涵输水阻力试验研究】 该项目由天津市水利科学研究院承担完成，2008年9月19日通过评审。项目组结合工程管理和南水北调天津输水工程设计的需要，对新建州河暗渠箱涵输水阻力进行研究，开展现场原型观测，进行实测数据分析，计算得出输水箱涵阻力系数和变化规律。项目结合工程不同的运行状态，采用声学多普勒流速剖面仪和超声波流量计分别对进、出口流速进行测试对比，对观测断面水尺高程进行校核；采用水下录像对暗渠箱涵内部进行局部检查；运用综合分析方法，对箱涵输水阻力变化原因及规律进行分析，计算得出不同运行工况的输水阻力系数。该成果反映州河暗渠箱涵的输水阻力特性，为州河暗渠工程运行管理和南水北调天津输水工程等类似工程建设管理提供有价值、可借鉴的科学依据。

（张　雁　常守权）

【渗灌节水关键技术研究】 该项目由天津市水利科学研究院承担完成，2008年1月23日通过专家鉴定，成果达国内领先水平，获2008年度天津市水利科学技术进步奖二等奖。该成果开发研制两种规格的低压大流量渗灌管和配套稳流器，与现有渗灌管相比，提高抗堵塞能力，节省灌溉时间，提高灌水效率；通过大量渗灌管的性能测试试验，总结渗灌管在空气中自由出流与埋入土壤中渗水特性的不同，提出在设计压力0.02MPa下，两种规格的渗灌管在土壤中的设计流量取值，揭示渗灌条件下水在土壤中的运移规律；在渗灌工程设计方面，完善渗灌系统的水力计算方法，通过试验确定渗灌管的摩阻系数f和多口管出流系数F，首次提出渗灌管水力损失的计算公式，提出果树、保护地蔬菜渗灌的工程建设模式，制定渗灌工程设计的主要技术参数。该项目在静海、武清分别建成蔬菜、果树渗灌试验示范工程，工程建设规模32亩。开展保护地蔬菜渗灌、畦灌的田间对比灌溉试验，试验表明：渗灌比畦灌节水57%~65%、省工12工时/亩、增产29%~32%，另外还可降低温室湿度，减少病害发生。同时，开展果树渗灌、漫灌的田间对比灌溉试验，试验表明：渗灌比漫灌节水61%，省工8工时/亩、增产16.7%。制定保护地蔬菜、果树的渗灌灌溉制度。该研究成果在解决渗灌节水技术中多项关键问题的同时，丰富和完善渗灌技术理论，对渗灌节水技术的发展和推广应用具有重要的科学价值，对建设节水型社会、提高灌溉用水有效利用系数、建设社会主义新农村具有重要意义。

（张　雁　常守权）

【农用井开采计量新技术开发与应用】 该项目由天津市水文水资源勘测管理中心承担完成，2008年9月10日通过验收，获2009年度天津市水利科学技术进步奖二等奖。该项目完善了“分布式水量计读器”计数功能和采数功能。该计读器的功能和运行方式与传统水表不同，适用于野外安装和使用，具有体积小、防雨、防晒、防低温等特点，能准确记录每眼农业用井冻结时间段（10天）的电量并储存2年，2年内可在任意时刻用采数器读取记录的电量序列数据，但不足的是电量数据需转到计算机上才能换算成水量数据。该项目通过选取26眼不同条件机井进行试验，进行农用井水量、电量关系研究，同时对“分布式水量计读器”安装技术作了进一步探索，重点考虑计数器安全防盗、防破坏和采数器方便取数等技术特点，为进一步推广应用打下良好基础。

（张　雁　常守权）

【废井回填工艺与效果试验研究】 该项目由天津市水利科学研究院和天津市水文水资源勘测管理中心共同承担完成，2008年12月23日通过验收。废弃机井是造成地下水污染的主要通道之一，为保护水环境，对已废弃的机井必须采取回填处理。该项目主要研究内容包括：废井的探测与分类；废井回填工艺与回填效果试验研究；编制废井回填的工艺流程及控制标准。通过室内外试验研究，建设不同井型回填试验试点2~4个；提供主要井型的废井回填工艺方法2~4套。

（张 雁 常守权）

【水利工程供水价格核算研究】 该项目由水利部海委承担，郑通汉、王文生、许学强等完成，获2008年度大禹水利科学技术奖三等奖。该项目在总结以往国内水利工程供水价格核算经验和调查研究的基础上，对水价核算理论基础、原则、方法、供水价格的构成以及资产成本费用的分摊等专题进行深入研究，提出各类水价的核算原则与方法，对进一步深化水价改革有较高的理论和实用价值。该项目对综合利用水利工程资产成本费用的分摊提出多种方法，并进行适用性和合理性分析；在农业及非农业成本费用分摊时，除考虑水量、保证率外，还增加了时间因素，使分摊结果更合理、更科学，具有一定的创新性。通过调研、归纳、分析，提出了操作性强的末级渠系水价构成及计算方法，为推行终端水价制度奠定了基础，填补了空白。

（王道坦）

【南水北调工程低扬程水泵选型关键技术及应用】 该课题是水利部2004年南水北调工程重大科研攻关项目，由中水北方勘测设计研究有限责任公司承担，何成连等完成，研究成果通过国家科技成果鉴定，总体达国际先进水平，其中在水力模型高精度同台测试技术和型谱编制方面居国际领先水平，获2008年度大禹水利科学技术奖二等奖。项目组针对一直困扰南水北调东线工程水泵设计选型中存在的模型基础资料可信度不高、试验验收精度低、验收鉴定标准不统一、基本参数可比性差、无法保证工程设计选型质量等瓶颈问题，由水利部会同国家质量监督检验检疫总局和国务院南水北调工程建设管理办公室，组织多家单位共同进行系统的应用技术研究。成果的主要创新点为：①系统地提出了低扬程泵站选型方法，使水泵选型精确、便捷、方案优，解决了南水北调泵站工程设计中的关键技术。②研究提出的测试和分析处理技术被水利部行业标准《水泵模型及装置模型验收试验规程》采用。③在国内首次编制了以模型泵扬程与比转数为特征参数、按模型泵扬程分档、采用3次B样条曲线拟合方法的轴流泵水力模型型谱；开发了适用于南水北调等大型低扬程泵站选型设计的选型平台软件，对提升国内水泵选型设计水平具有重要意义。④通过对国内外不同水泵原——模型效率换算方法的分析研究，提出了低扬程水泵原——模型效率换算方法，成果具有较高的实用价值。该成果已应用于南水北调东线工程泵站的设计选型和相关技术标准的修编，解决了东线工程各级泵站前期设计和后续设备招标设计中的重大关键技术难题，对提高国内水泵水力模型（装置）的研制开发，推动水泵行业科技进步具有重要意义。该成果具有较高的实用价值和广阔的推广应用前景。

（闵京生）

【微坍落度混凝土研究及其在碾压混凝土坝中的应用】 该项研究由中水北方勘测设计研究有限责任公司承担，武永新等完成，通过国家科技成果鉴定，成果达国际先进水平，获2007年度天津市科学技术进步奖二等奖。该项目针对碾压混凝土坝体在上、下游面靠近模板处、河槽岸坡与止水片、廊道及孔洞周围等部位存在难以碾压、采用其他种类混凝土施工干扰大和施工质量不易保证等问题，在上述部位采用稠度介于常态混凝土与碾压混凝土之间，通过试验研究和在玄庙观全断面碾压混凝土双曲拱坝中全面应用的钻孔取芯检验与试验等证明，“微坍落度混凝土”的创新点为：①坍落度小于0.5厘米，VC值为(1~3)s，施工中直接拌和并采用振捣棒振实或振动碾压实。②微坍落度混凝土在力学、耐久性、极限拉伸、胶强比、微观和细观结构等方面均优。③微坍落度混凝土与碾压混凝土之间特性相近，结合紧密，且与内部碾压混凝土的各项热学性能如发热量、绝热温升等指标相近，在温度等作用下变形接近，故一般防裂性能较好。④微坍落度混凝土的配合比与坝体内部碾压混凝土很相近，仅略增加一些胶凝材料，但胶凝材料用量少于常态混凝土和流态混凝土。采用振捣棒振捣密实，比过去(石漫滩等)对零坍落度混凝土振捣简易很多，工效提高且质量易控制，可加快碾压混凝土坝的筑坝速度，进一步降低工程造价。⑤该课题研究填补了混凝土领域在坍落度趋近零这一稠度区间的研究空白，为混凝土在坍落度趋近于零的范畴内提出了一个新的发展空间。该项目是碾压混凝土坝设计施工和科研的重大革新，具有推广应用价值。

（武永新 包日新）

城市防洪

【天津市行洪河道堤防植物护坡技术研究】 该项目由天津市水利科学研究院承担完成,2008 年 10 月 9 日通过验收,获 2009 年度天津市水利科学技术进步奖三等奖。该项目充分运用植物学、土壤学、土力学、水文学等多学科理论,重点对草皮、灌木、乔木等植物品种的生存条件、抗逆性能、栽培技术、固土防冲效果进行研究,为堤坡防护提供一种全新的经济合理的护坡形式。项目通过对不同植物品种在轻度、中度、重度盐渍土堤防上的种植试验及咸水的灌溉试验,择优选出植物品种,利用天津市丰富的非常规水资源,成功地解决了在盐渍土河道堤防上种植物护坡的问题。该项目以确保河道行洪安全、防治堤防水土流失,加强河道水系景观建设,节约淡水资源,提高闲置土地利用率为目的,较合理地利用植物的生物功能和特点,促进堤坡防护由传统的刚性结构向柔性、生态性防护措施的转变,提高坡面土体稳定性,同时也美化河道景观,其生态效益显著。该研究成果可在堤防边坡防护、景观建设中推广应用。

(张　雁　常守权)

【海河流域水情防汛调度手册】 该项目由水利部海委水文局承担,徐志龙、韩占军、杨敏等完成,2008 年 5 月 15 日通过天津市高新技术成果转化中心组织的专家鉴定,成果达国内领先水平。该项目是海河流域首次全面系统的整理、分析有水文资料以来到 2002 年的水文资料和水文成果,并从流域层面上分河系进行整理归纳、分类汇总,明确了河流从上游到下游的水文特性和历史情况。纳入了流域内各河系防洪工程体系与调度运用情况,创造性地把水文信息和防汛调度的内容结合起来,有助于作出更加科学合理的决策。该项目成果在提供各类报表、汛期防汛会商、历史情况对比、调度方案编制等多方面发挥了重要作用。

(王道坦)

【海河流域实用水文预报方案编制】 该项目由水利部海委水文局承担,柳华武、齐晶、只德国等完成,2008 年 5 月 15 日通过天津市高新技术成果转化中心组织的专家鉴定,成果达国际先进水平。该项目是为海河流域防汛抗旱和水资源利用服务的,其预报结果将作为海河流域防汛抗旱调度决策和水资源利用决策的依据。该项目采用了最新和最符合流域现状的水文预报技术和模型,对水文资料系列进行了近 20 年的延长,添补了海河流域水文预报的空白点,有效地解决了海河流域预报精度的问题,在应用水文预报新技术上有创造性。

(王道坦)

【海河口防洪与综合利用开发关键技术研究报告】 该项目由天津市交通委员会承担,水利部南京水利科学研究院、水利部海委、天津港(集团)有限公司、天津临港工业区建设开发有限责任公司、交通部天津水运工程科学研究所合作,孙林云、么铁柱、户作亮、辛文杰、李伟、张心德、孙连成、韩信等完成,2008 年 5 月 5 日通过天津市高新技术成果转化中心组织的专家鉴定,成果达国际先进水平。该项研究揭示了制约海河口泄洪排涝能力的 3 个主要因素:闸下河道地形及其过流断面、外海设计行洪排涝潮型和闸上海河干流蓄水能力。在海河干流蓄水能力治理及外海设计潮型确定的条件下,闸下河道地形及其过流断面是影响海河口泄洪排沥的主要因素。因此,海河口防洪与综合利用开发研究的关键技术问题,是研究河口入海通道的泄流能力、水流流态、河口区在波浪潮流共同作用下的细颗粒泥沙运动规律和闸下河道泥沙淤积规律及其模拟技术。该项研究创新性地开发了河口区波浪和潮流共同作用下的细颗粒泥沙运动物理模型,对海河口防洪与综合利用开发相结合的总平面布置方案进行了比选和优化,独创性地提出了河口治理与建港相结合的总平面布置推荐方案。该方案实施后,闸下通道内涨落潮水流顺畅,在原右(南)治导线导堤北外侧建设码头并开挖港池航道,可进一步减少闸下河道泥沙的淤积,提高泄洪排沥能力,并对天津港南疆港区和临港工业港区的发展更为有利。方案近、中、远期规划实施后,均能满足海河口泄洪排沥的要求,闸下减淤效果较好,方案合理可行。

【天津市市区防汛调度信息系统的研究】 该项目是国家建设部课题,由天津市排水管理处承担完成,2008 年 12 月 18 日通过专家验收,成果达国内领先水平。该课题通过通讯网络、CDMA、PLC、无线传输、SQL 数据库等现代技术实现终端数据采集,无线传输至控制中心，由中心将数据、视频等信息综合呈现，并通过视频会议做出调度决策的目标。其主要特点：①开辟了市区防汛管理的新模式，实现气象预测分析、数据监测分析、视频会商、防汛调度辅助决策、系统集成应用等功能。②根据实际需求，分别采用GPRS、CDMA、ADSL、SDH专线等多种数据传输模式，实现河道水位数据、泵站运行状况、降雨量数据、积水情况等终端数据的远程采集。③改进部分设备：加装远程遥控复位和自动复位开关、远红外灯。④自主开发动态域名解析系统。⑤自主开发软件，采用CS/BS互补策略完成整个系统的集成工程。该课题完成后实现通过气象预测模块与气象局进行实时沟通，对恶劣天气早预知、早准备；通过数据监测模块对河道液位、泵站运行状态、雨量信息、积水情况等数据和视频信息，经网络实时传入调度中心，通过分析、统计后为领导提供科学的决策依据；通过视频会议下达防汛调度指令；实现信息实时、准确、分析科学、指令下达快、积水排除快、防汛效率高的目标。该课题首次应用于市区防汛中，将气象预测、数据监测、领导决策综合应用，填补了国内空白。

（天津市排水管理处）

城建科技

【城建集团科技创新简况】 2008年，天津城建集团积极开展科技创新，推广"四新技术"的应用和科技成果转化，全面实现了年内科技工作目标。为规范科技项目管理工作，促进科技进步，该集团总工办年初制订了《天津城建集团科技项目管理暂行办法》，从科技项目的管理体系、立项与结题程序、资料要求、资金管理等几方面规范了管理程序，提升集团科研课题的整体水平，为前沿科技带动施工主业的发展奠定基础。2008年集团级科研课题立项以技术创新、技术开发为宗旨，以施工中的技术重点、技术难点为研究对象，以研发科技含量高、技术难度大的成果为目的，共受理各公司申报21项课题，经过筛选和评审，评出14项课题列入集团科技计划，其范围涵盖道路、桥梁、排水、地铁、设备研制等多个领域。该集团组织市建委级课题申报16项，其中4项列入市建委计划，在"彩针型"独塔斜拉桥施工工艺、桥梁碗扣支撑体系优化、新型钢结构桥梁设计研究等方面取得重大突破，提升了天津市桥梁建设领域的技术水平。"天津西站主站楼整体迁移关键技术研究与应用"课题列入了市科委计划。年内完成"梁拱组合结构施工新技术研究"、"反对称空间扭曲网格拱结构桥梁研究"、"工程成本网络计划编制方法的研究"等16项科研课题的鉴定验收工作，其中市级以上科研项目5项，2项成果达到国际先进水平，多项成果达到国内领先水平。完成成果登记15项。在梁拱组合结构施工技术、山区高陡坡路基施工工艺、中水管道工程施工工艺、土压平衡式盾构机的改造及应用研究、超大深基坑开挖工艺、双索面钢独(斜)塔斜拉桥施工工艺等多方面取得了技术突破。2008年集团共获得3项国家级奖励、2项市级奖励。"大型交通运输工程结构系统可靠性优化设计和风险控制技术及其应用"获2008年度国家科技进步奖二等奖，是集团成立以来首次获此殊荣；"混凝土结构自锚式悬索桥施工工艺研究"、"解放桥开启系统修复研究"分别获中国施工企业管理协会科学技术奖技术创新成果二等奖；"反对称空间扭曲网格拱结构桥梁研究"、"解放桥开启系统修复研究"分别获2008年度天津市科技进步奖三等奖；"混凝土曲线梁桥设计要点研究"获国家建设部华夏建设科学技术奖三等奖；"海河综合开发起步工程基础设施建设大沽桥桥梁工程"获国家建设部全国工程勘察设计行业优秀工程勘察设计行业奖一等奖；"海河综合开发起步工程基础设施建设金汤桥改建工程"获全国优秀工程设计奖铜奖；"天津市中心城区快速路工程南横(大直沽西路、奉化道)奉化桥工程"、"华明示范小城镇建设项目(西区)市政基础设施"、"海河综合开发起步工程基础设施建设光华桥改建工程"等3个项目分别获天津市"海河杯"优秀勘察设计奖一等奖、二等奖和三等奖。另外，"候车亭垃圾桶"、"路名牌"、"公交站候车亭"、"空间缆索结构的吊索"、"可转动的悬索桥索夹"等5项专利申请获得批准。在工法管理工作中，2008年9月集团组织了2007年至2008年度市级和国家级工法申报活动，各单位申报各级工法49项。

（刘　岩）

城市规划

【天津市重点规划编制】 2008年7月，天津市成立"天津市重点规划编制工作指挥部"，负责组织推动协调全市的重点规划编制工作。指挥部下设7个专项规划编制组：空间战略规划编制组，分区规划编制组，专项规划编制组，试点镇村规划编制组，重点地区规划编制组，滨海新区规划编制组，临时规划展览馆组，以及项目实施推动及考核督察服务组。指挥部邀请中国城市规划设计研究院等境内外50多家设计单位参加编制工作，利用5个月的时间对119项规划项目进行编制。指挥部还成立了总体规划、综合交通规划、城市设计3个专家组，邀请全市相关专业的专家对所编119项规划方案进行评审。

（陈冀霞）

【11个区县城乡总体规划】 2008年，天津市11个区县的城乡总体规划编制工作全面展开。各区县城乡总体规划依据天津市总体规划确定的规模、职能和发展目标，把区域协调，城乡统筹，发挥本地区的

特色经济作为规划的重点。武清区城乡总体规划、蓟县城乡总体规划已编制完成，并通过市长办公会审查，待市政府批复。北辰区、津南区、东丽区、西青区、大港区、汉沽区、宁河县、静海县、宝坻区9个区县的城乡总体规划正在编制和审查之中。

（陈冀霞）

【天津中新生态城建设】 规划中的天津中新生态城位于天津港以北，其中汉沽区20平方公里，塘沽区10平方公里，距离滨海新区核心区15公里，距离天津中心城区45公里，距离北京150公里。该地区土壤盐渍化程度高，属于水质性缺水地区。但土地盐渍、植被稀少、环境退化、生态脆弱、水质型缺水等因素，恰恰成为中新生态城选址的重要条件。根据规划，生态城2008年开始大面积开展基础设施、道路交通、水电气热等管网设施建设，同时进行各项规划设计。

（陈冀霞）

【援助陕西省宁强县震后重建工程规划设计】 2008年，天津市城市规划设计研究院承担的天津市政府对口援助陕西省宁强县震后重建规划设计项目获得批准。该项目包括宁强县广坪镇金山寺村、燕子砭镇木槽沟村的规划和农民住宅单体设计，宁强县“天津中学”总平面规划及建筑单体设计。宁强县地处山区，两个村民重建安置点所选地块分散，情况复杂，技术问题多，基础资料少。规划设计人员经过现场实地踏勘、测量，入户了解民情民愿，与当地有关部门密切沟通交流，回到驻地汇总情况、整理资料，进行构思与设计。形成方案后，多次与有关部门、专家和群众研究协商，迅速修改完善。规划设计既突出当地特点又满足了农民生活、生产的需要。经当地有关部门认真比选，在金山寺安置点规划中不再沿用原有民宅单体设计，而选用该院设计的新方案。市规划院还特别编制了金山寺村胡锦涛总书记视察、题词地方和木槽沟村安置点等5个地块的景观规划，为当地旅游提供依据。

宁强县“天津中学”是一所设计规模近期4000人、远期5000人的完全高级中学，其规模在全省名列前茅。设计方案功能布局合理，配套设施齐全，环境景观优美，兼有津陕两地建筑特色，在两地领导和专家的评审中均获得一致好评。“天津中学”建筑单体设计扩初审查已获通过，开始施工图设计阶段。

应当地政府委托，市规划院还承担了宁强县产业园区规划和青木川古镇保护与恢复规划项目。设计人员赴宁强进行现场踏勘、资料收集和拜访专家等，努力以高效优质的设计成果，为宁强县发展再做贡献。

（陈冀霞）

【天津市规划展览馆】 天津规划展览馆于2008年7月开始筹备，有效布展面积约10000平方米，共分为3层、16个展区。第一层设历史展区、总体规划展区、交通规划展区、中心城区规划模型展区、临展区（公示区）；第二层设滨海新区规划展区、海河规划展区、名城规划展区、旅游规划展区、海河之旅4D影厅；第三层设住房、公共设施展区、生态城市展区、环境整治展区、重点地区规划展区、区县展区、城市映像影厅、公众互动参与区等。该规划展览馆在采用展板、模型等传统展示手段基础上，大量采用了高科技手段，将激光成像、发光地图、电子翻书、多通道投影等现代声、光、电技术融入多项展示环节，全面展示了天津的过去、现在和未来。同时注重参观者的参与互动，专门设置了数字多媒体和4D动感影厅、多款互动游戏等，让参观者在轻松的心情下认识规划、了解规划、参与规划，集专业性、知识性、互动性、趣味性和艺术性于一体。天津规划展览馆的建成，成为宣传天津城乡规划，展示城市演变历史和规划建设成就，展望未来城市蓝图，为城市投资和建设者提供规划咨询的场所，是展示天津城市历史变迁和城市发展远景的重要窗口，是向国内外宣传天津的重要载体，同时也为市民提供了公众参与的场所。

（陈冀霞）

市政工程

【空间索面独塔自锚式悬索桥结构研究】 该课题由天津城建设计院有限公司、天津城建集团有限公司、天津天佳市政公路工程有限公司韩振勇、张振学、杨程、汤洪雁、井润胜等共同完成，2008年10月30日通过市建委鉴定，研究成果达国际先进水平，对城市钢结构桥梁设计、施工具有重要的借鉴价值。该项目以天津富民桥——空间索面独塔自锚式悬索桥为背景。富民桥主跨160米，主桥段的桥面宽度为38.6米，双向6车道，主跨主缆锚于主梁的两侧，边跨主缆锚于地锚，形成一个稳定的结构体系；主跨主缆采用三维空间线形，在立面及平面皆为抛物线，边跨主缆采用一组(两根并排)缆索不加竖向吊索形式。主缆线形不仅在竖直面内为曲线，而且在水平面内也为曲线，所以主缆和吊索的空间定位准确性较难控制。桥塔采用钢筋混凝土结构，桥面系采用钢箱梁，主、边跨均为分离式双钢箱加劲梁，钢箱梁之间用钢箱横撑连接，结构复杂。课题组深入分析研究了空间缆索的受力性能和线形控制、空间缆索悬索桥在恒载和活载作用下位移与应力以及抗震与抗风性能，建立了准确的数学模型，为该桥的实施提供了理论基础。该课题通过空间有限元理论分析和关键构造试验研究，提出了空间缆索重要部位的特殊构造，包括具有双向转向构造的主鞍、双向转向的散索套、可空间转动索夹及可空间转向吊索下吊点，合理的解决了空间缆索架设、运营阶段的关键技术难题，特别是“可转动悬索桥的索夹”、“空间缆索结构的吊索”取得了专利，具有创新性，为其他相似工程提供了宝贵经验。课题研究和提出的空间缆索的架设方法以及空间缆索体系转换，解决了空间缆索悬索桥施工中的技术难题，有重大突破。

（刘　岩）

【单塔空间索面自锚式悬索桥施工新技术研究】 该项目由天津城建集团有限公司工程总承包公司韩振勇、田乃婷、汪济堂等完成，2008 年 11 月 19 日通过国家建设部、天津市建委评审，成果达国际先进水平。课题组以天津富民桥工程为依托，采用 CAD 技术全程模拟主缆的三维空间相对位置，通过在主塔四周设置的三维控制点建立控制网，对主缆进行全方位立体交叉控制。最终成型主缆的坐标 Z 值偏差为 2 毫米，主缆索力平均差值为 1.75KN，实际主缆成形状态与设计目标值一致；针对该桥三维空间缆索，开发研制可转动的新型索夹，在吊索安装、张拉时保证了吊索沿主缆径向与底座球面连杆联结，防止了三向变位过程主缆的扭转；针对该桥吊索结构复杂的情况，提出无应力吊索长度控制转化为施工张拉力控制的基本理论，并运用于该桥吊索的张拉施工，克服传统固定吊索的问题以及空间定位、狭小空间吊杆张拉、体系转换等难题；针对首次在钢桥面采用国产环氧沥青混凝土铺装的技术难题，制定相应的施工工艺，保证桥面施工质量，取得良好效果。通过对富民桥施工工艺进行系统的研究，取得了较好的社会、经济、环境效益，节约投资 250 多万元，研究成果对城市钢结构桥梁建设施工具有重要的借鉴价值。

（刘　岩）

【梁拱组合结构施工新技术研究】 该项目由天津城建集团有限公司工程总承包公司田乃婷、杨程、赵强等共同完成，2008 年 11 月 19 日通过国家建设部、天津市建委评审，成果达国内领先水平。该项目依托国泰桥工程，主桥结构为桁式拱肋钢主梁三跨中承式梁拱组合桥形式，施工难度较大，钢主拱为箱形桁架拱，中跨拱结构矢高 31.924 米，矢跨比 1/4.57，拱结构水平推力通过边跨斜撑传递至主梁内，水平拉力由主梁承担，形成高次超静定受力体系，结构受力复杂，设计理念先进。课题组通过对该桥梁结构系统完整的分析及桁式拱肋结构施工影响参数的研究，建立了桁式拱肋结构施工模式，提出了科学合理的桁式拱肋支架搭设的施工工艺，解决高次超静定受力体系安装精度要求极高的难题，保证钢结构安装空间定位准确和线形符合设计要求。课题组针对该桥施工特点，自行研制钢拱安装微调装置，应用前进分析方法和仿真分析技术，克服钢拱肋吊装组对、空间定位、线形控制、狭小空间吊杆张拉等方面的技术难题，解决钢拱拱脚安装和合龙段施工及钢拱桥施工体系转换等施工难题，形成一套科学、合理、安全的施工及控制方法，有一定创新。该项目在调查、研究、试验基础上，针对该桥钢结构防腐施工提出了新的施工工艺，效果良好。

（刘　岩）

【180 米自锚式桁吊组合全焊钢结构桥成套施工技术研究】 该项目由中铁十八局集团有限公司承担，天津城市建设学院、天津市成套工程管理有限公司、天津市市政工程设计研究院合作，彭仕国、杨宝珠、冯希民、任鸿、杨勇、汤新华等完成，2008 年 5 月 3 日通过天津市高新技术成果转化中心鉴定，成果达国际先进水平。该项目结合天津市进步桥“飞鱼式”独特外型、“自锚桁吊组合全焊钢结构桥”新颖结构工程实践开展研究。进步桥上、下节点结构 1:1 模型模拟加载试验；临时栈桥布置与搭设施工技术；基于厚板的大型钢构件制作与加工施工技术；基于厚板的构件疲劳试验及大型钢构件的焊接工艺评定；现场安装全焊桥梁的施工控制技术；施工过程监测技术。项目研究成果填补国内自锚桁吊组合全焊钢结构桥的空白，对桥

梁结构中超厚钢板焊接、空间节点构造等的设计、施工积累了宝贵的经验，该成果对促进国内全焊钢结构桥梁的发展具有很高的推广价值。

【水泥稳定碎石混合料配合比设计、施工技术研究】 该项目由天津市市政工程研究院、河南扶项高速公路有限公司承担，魏如喜、高啸雁、张松旺等完成，2008 年 3 月 7 日通过天津市科委组织的鉴定，成果达国内领先水平。该项目通过对半刚性基层产生收缩裂缝的机理分析，提出解决方案；通过振动成型法的不同级配、水泥剂量的材料路用性能和收缩试验研究，优化出适合当地原材料的半刚性材料，既满足强度要求、又有良好的抗裂能力的级配范围；采用振动成型方式对各标段进行水泥稳定碎石混合料配合比优化设计研究和施工技术研究；总结抗裂型半刚性基层的设计与施工技术，为实现半刚性基层沥青路面的长寿命奠定基础。课题成果对完善半刚性基层材料配合比设计方法有重大影响，成果的应用，可以提高半刚性基层的路用性能，减少养护费用，延长使用寿命，对降低路面建设周期成本费用具有重要作用。

（天津市市政工程研究院）

【级配碎石振动成型技术研究】 该项目由天津市市政工程研究院承担，周卫峰、李彦伟、唐秀明等完成，2008 年 12 月 3 日通过天津市科委组织的鉴定，成果达国际先进水平。鉴于公路上普遍出现的半刚性基层裂缝问题，该项目采取加铺级配碎石中间层手段以减缓裂缝、冲刷、唧浆等病害。与传统重型击实设计相比，采用振动成型设计能使混合料的密度提高 8%~10%，CBR 强度提高 20%~50%，振动成型的方式与现场施工的方式相近，密度提高的效果在不增加施工成本的情况下完全可以在现场实现，设计出密度较高、CBR 值较大且级配衰退最小的碎石级配范围。用级配碎石代替一层半刚性基层，路面每公里节约 30 万元。分析结构层厚度和模量对路面结构的弯沉、应力应变的变化趋势，找出了各层合理的厚度和模量。该课题还对级配碎石的施工及质量控制做了系统分析，并在石环高速公路上做了试验段，观测结果显示，采用该成果设计级配的范围，振动成型级配碎石的压实度和强度达到设计要求。

（天津市市政工程研究院）

【热喷涂型高黏结性桥面防水材料的研制】 该项目为国家建设部科研开发项目，由天津市市政工程研究院、天津市高速公路投资建设发展公司承担，宋晓燕、吴景海、高伯翔、李世明等完成，2008 年 12 月 5 日通过国家建设部组织的鉴定，成果达国际先进水平。该项目研制一种用于桥面防水层的、剪切强度较大的、高粘结性的复合改性沥青，并对其施工工艺进行优化，提出合适的桥面预处理方案。项目开发研制的复合改性沥青桥面防水材料，其关键技术是通过在改性沥青加工过程中加入天然沥青、增黏树脂和聚合物 EVA 等改性剂，提高沥青的软化点，增强沥青的黏结力，从而提高其使用性能。该防水材料指标高于 SBS 改性沥青Ⅰ–D 要求，性能要求高于 JC/T 975–2005《道桥用防水涂料》指标要求。该项目以剪切强度为判据，得出以下结论：改性沥青的最佳撒布量为 1.5 公斤/平方米，撒布碎石的最佳粒径为3~5 毫米，对桥面进行预处理，其抗滑值宜控制在 50~60 之间。剪切强度试验表明：控制热喷涂型防水材料最关键的指标为软化点和剪切强度；用现场拉拔试验仪可以有效检测防水层质量。

（天津市市政工程研究院）

【滨海新区桥梁耐久性成套技术研究】 该项目由天津市市政工程研究院承担，闻宝联、田哲、王春阳等完成，2008 年 12 月 12 日通过天津市科委组织的鉴定，成果达国内领先水平。该项目针对集输港高架桥工程实际特点，制定缜密的研究计划，从设计、施工工艺、质量控制技术、养护等全方位系统地研究了耐久性问题，提出专用的设计施工指南，将耐久性贯穿于工程的整个建设过程，同时也提高并统一了工程各方的耐久性意识。对盐渍土地区的桩基、承台等地下混凝土，采用氯离子扩散系数和抗冻指数双控的方法，衡测其抗盐腐蚀性能。提出混凝土材料的配合比设计中，耐久性设计要结合可靠性设计的观点与思路，指出氯离子扩散系数应具有 95%的保证率。研究同配比混凝土在标养与现场养护条件下耐久性指标的差异，提出应考虑现场实际情况，留有安全储备量。该项目紧密结合工程实际，提出保障沿海桥梁耐久性的学术观点和成套技术，形成技术性文件《集疏港一期桥梁耐久性设计与施工技术指南》，为天津市第一座按耐久性要求设计的重点桥梁建设工程——集疏港高架桥梁提供技术支持。

（天津市市政工程研究院）

【泡沫沥青再生混凝土半柔性基层成套技术研究】 该项为国家建设部、天津市建委及天津市市政公路管理局科技项目，由天津市市政工程研究院、天津市高速公路投资建设发展有限公司、天津市鑫路路桥工程有限责任公司、天津市公路处等单位共同承担，王江、高伯翔、吴景海、王德群、商耀祥等研究完成，2008年12月30日通过国家建设部成果验收及天津市建委鉴定，成果达国际领先水平。该项目在国内外调查研究的基础上，对沥青发泡特性、泡沫沥青冷再生混合料级配及性能进行深入研究，并通过工程实践，形成泡沫沥青再生混凝土半柔性基层成套技术，填补国内外该领域的空白。该项目针对国内传统的水泥稳定基层结构（CTB），首次提出泡沫沥青冷再生CTB的工程设计级配范围和设计技术要求，具有开拓性；针对实际回收沥青面层材料（RAP）级配较粗的特点，对泡沫沥青冷再生RAP的工程设计级配范围进行优化，降低细集料，尤其是粉料的用量，具有创新性，对工程实践有重要的指导意义。在高速公路的维修工程中，成功地采用在泡沫沥青冷再生层上铺筑单层改性沥青混凝土面层，并设置层间结合层，研发了新型的路面结构形式；通过系统的室内试验研究和工程实践，提出《泡沫沥青冷再生设计施工技术指南》，对于推广泡沫沥青冷再生技术有重要的指导意义，同时对于修改完善行业规范也有重要的参考价值。

（天津市市政工程研究院）

【《城镇排水管道维护安全技术规程》修编】 该项目由天津市排水管理处承担，孙连起、张俊生、王宝森等完成，2008年12月12日通过国家建设部建设研究院组织的成果验收。为了更好地保障城镇排水管道维护、维修人员的作业安全和身体健康，减少全国城镇排水行业有毒有害气体中毒事故的发生，提高排水管道维护、维修的技术水平，实现城镇排水管道维护、维修安全生产的规范化、标准化和统一化，《城镇排水管道维护安全技术规程》（以下简称《规程》）修编组对原《规程》进行了修订。修订后的《规程》共7章10节99条款，可操作性强，便于实施和检查，适应国内城镇排水行业现行管理的需要。

（天津市排水管理处）

【天津市公路干线网结构分析及布局优化】 该项目由天津市公路工程设计研究院承担，高一新、程锦、孙长国等完成，2008年3月11日通过天津市科委组织的鉴定，成果达国内先进水平。该项目研究分析了现状公路网设施量、功能结构、运量等指标，归纳总结路网发展和运营特征及水平，提出路网不足之处；研究未来区域的经济发展状况，确定适应并引导区域经济发展要求的公路网合理建设水平；基于公路网合理密度的研究和公路网层次性特点，根据市域内各条道路的主次及其功能的不同，合理地对市域干线公路网布局进行优化，提出科学实用的规划期公路网的合理布局；以公路网整体最优化为目标，根据公路建设方案设计方法和分期建设目标，最终确定分期建设计划，指导近期建设。其创新点为：突破传统交通规划的满足供需模式，考虑规划项目实施以后对经济布局产生的影响，提出供需平衡、引导发展相结合的路网规划理论体系新思路；对不同区域范围路网结构特征和功能差异进行分析，明确提出不同层次路网规划的目的和内容上的区别，提高了各级路网规划的针对性和实用性；在规划全过程，采用“全方式、综合交通”的规划理念，通盘考虑市域综合交通的发展，追求交通系统综合效益的最大化。

（天津市公路处）

【双港垃圾发电厂垃圾炉渣路用性能研究】 该项目由天津市津南公路处承担，马洪福、张永明、魏玉国等完成，2008年11月25日通过天津市市政公路管理局组织的验收，成果达国内领先水平。垃圾炉渣是垃圾焚烧发电厂的副产品。该课题通过对垃圾炉渣物理性能和化学性能指标研究，对石灰（电石灰）垃圾炉渣稳定土（碎石）和石灰（电石灰）粉煤灰稳定土（碎石）的路用性能的试验对比，确定其可以代替粉煤灰用做道路基层材料，还提出了采用垃圾炉渣替代粉煤灰材料用于道路底基层和基层的生产与施工工艺。该项目不仅为道路建设增加了一种新型基层材料，变废为宝，还解决了环境污染问题，有利于城市环境清洁。

（天津市公路处）

【天津市城市快速路互通立交通行能力研究】 该项目由天津市市政工程设计研究院负责，交通部公路科学研究所合作，王晓华、朱兆芳、周荣贵、曾伟等完成，2008年4月3日通过天津市高新技术成果转化中心组织的鉴定，研究成果为国内首创，填补了国内空白，达国际先进水平。课题组在全面调研天津市快速路所有互通立交形式的基础上，以典型互通立交形式为对象，展开有针对性的系统研究。建立基于实际驾驶行为数据的交通流仿真实验平台，发展互通立交设计方法与评价手段；提出互通立交通行能力分析的试验方法；计算出不同立交方案的通行能力；提出城市快速路互通立交设计指标合理取值范围建议值。依据研究成果设计的互通立交规模合理，充分发挥了城市快速路系统的功效，同时在减少城市占地、拆迁和节约建设投资方面起到重要的作用。研究成果不仅可以提高城市快速路互通立交的设计水平，为滨海新区大量待建交通项目的规划、设计与交通管理提供宝贵的经验与可靠的技术支撑，同时还为《天津市快速路设计标准》、《城市快速路设计规程》和《城市道路交叉口设计规程》的修订提供科学的基础数据和技术支撑。依托互通立交仿真实验平台，设计人员可以通过改变交通量、驾驶行为、车辆组成等交通条件，进行互通立交的适应性分析，丰富和发展了立交设计方法与评价手段。

（宗相敏）

【消化池结构分析与应用研究】 该项目由天津市市政工程设计研究院、天津大学承担，高海、姜忻良、袁蕾、白玉平等完成，2008 年 3 月 13 日通过天津市高新技术成果转化中心组织的鉴定，成果达国际先进水平。课题组以实际工程为背景，推导出预应力钢筋产生的等效荷载公式。利用大型软件，建立合理的柱形、卵形数学静动力模型，将卵形消化池均变的池壁厚度模拟二次曲线，提高了模型的精度。在建立相互作用模型时，将整个下部区域划分为桩土区正交异性等效单元、近土区单元和粘弹性人工边界；课题采用的三维直接有限元建模更好地体现平移和扭转的耦合。将分支模态—二步分析法应用于土—桩基—消化池动力相互作用分析的实用研究。课题利用现有大型通用有限元分析软件，对有实际工程背景的两座消化池所进行的详细的静动力分析，具有较高的工程设计参考价值。采用该课题的研究成果，能减少土方、节省占地、缩短设计和施工周期，降低工程建造和运营成本。

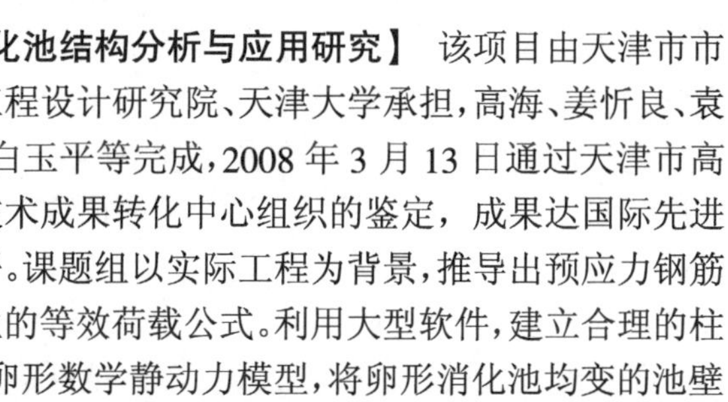

双林污水处理厂鸟瞰图

天津市咸阳路污水处理厂工程鸟瞰图

（宗相敏）

建筑工程

【矩形钢管混凝土柱及梁柱节点关键技术研究】 该项目由天津大学建工学院、浙江杭萧钢构股份有限公司合作完成，主要承担者有陈志华、杨强跃、姜忻良、陈敖宜、王小盾等，获 2008 年度天津市科技进步奖一等奖。该项目在对国内外矩形钢管混凝土柱计算理论比较分析的基础上，提出矩形钢管混凝土柱计算的叠加理论。进行矩形钢管混凝土柱的超声波检测试验、剖切试验、钢管与混凝土粘结状态有限元分析，证实叠加理论的科学性。编制用于工程实际的可视化计算程序。针对内隔板节点等的不足之处，研究提出外肋环板节点与隔板贯通式节点，分析其受力机理及承载力计算理论，进行这两种节点的有限元分析、静力试验、拟静力试验，研究这两种节点的破坏形态和特点以及延性、耗能能力等抗震性能，并提出外肋环板节点与隔板贯通式节点梁翼缘受拉模型的节点承载力计算公式。项目的特点在于：提出新的计算理论，依据超声波和剖切试验验证矩形钢管混凝土柱叠加理论；提出外肋环板节点与隔板贯通式节点，并编制天津市钢结构住宅设计规程和天津市矩形钢管混凝土节点技术规程。该项目关于矩形钢管混凝土柱叠加理论的系列研究成果能够更好地明确矩形钢管混凝土柱的工作机理和计算方法，为更好地进行矩形钢管混凝土柱的设计计算提供依据。项目提出的外肋环板节点与隔板贯通式节点，改进了外环板节点与内隔板节点的不足，并为外肋环板节点与隔板贯通式节点的设计与施工奠定理论基础。叠加理论被天津市钢结构住宅设计规程采用，并稳定应用于工程设计中。外肋环板节点与隔板贯通式节点成功地应用于大量的实际工程。项目组编制的天津市矩形钢管混凝土节点技术规程，增加两种新型节点形式及相关内容，具有系统性、先进性、可操作性，连同项目所获得的6项专利技术的节点研究成果，能够加快矩形钢管混凝土结构的发展。该项目有着广阔的应用前景。

（魏建红）

【天津市奥体中心体育场建设综合技术】 该项目是天津市科委、市建委计划项目，由天津市建筑科学院承担，2008年5月9日通过市科委和市建委的鉴定和验收。天津市奥体中心体育场“水滴”造型曲面复杂，结构设计难度大。设计过程中使用多种软件进行计算分析和优化，通过对所采用铸钢节点承载力的实体试验和钢结构施工过程中现场应变测试，表明了屋盖结构系统的安全性。由56榀V字型悬挑50米空间桁架形成钢屋盖焊件系统、几何形状为900条圆弧渐进构成“水滴”曲面空间。经施工过程的模拟计算分析及方案优化，合理设置了临时支撑，采用了钢结构分段高空拼装，并依靠先进的检测技术指导，监控施工过程，保证了钢结构安装的精度要求和安全施工，同时完美地实现“水滴”造型的建筑美学要求；通过设计和施工的密切配合，在周长达1100米、总面积达58000平方米的环形混凝土首层楼盖平面结构中，间隔布置长期和短期两种后浇带。依据有限元分析、室内材性试验、现场混凝土应变和楼板温度变化等检测结果确定后浇带封闭时间。采用补偿收缩混凝土，实现超大面积混凝土无缝设计，取得良好的效果；开发应用新型预制清水混凝土看台板。由于曲率不同、预制混凝土板外形尺寸、规格超过2600种，精度要求高。课题组通过试验研究，采取“以折代曲”并研发“可调节模板”，经济高效地实现工业化的预制生产，节省模板投资400万元。施工中研究开发的螺栓微调装置，提高了安装精度，保证大面积看台安装的整体工程质量，同时研究应用布拉格光栅结构检测技术、高抛免振自密实混凝土技术及钢管混凝土超声波检测技术等。该项目综合设计、施工、科研、检测等各方面，成功地指导工程建设，高水平建成天津奥林匹克体育中心体育场工程，其整体技术达到国际先进水平，获2008年度天津市科技进步奖二等奖、2008年度中国建设工程“鲁班奖”。

（天津市建筑科学研究院）

【体育中心大跨度空间结构抗风抗震安全性与损伤监测研究】 该项目由天津大学建工学院丁阳、李忠献、王成博等完成，获2008年度天津市科技进步奖二等奖。该项目系统地开展了大跨度空间结构的抗风抗震、智能控制、损伤识别以及施工过程仿真研究，确定适于大跨度空间结构风速时程模拟的数值方法，提出考虑屋面板自振效应和流固耦合效应的大跨度空间结构风荷载计算方法；研究地震动场的模拟和地震动场输入参数的合理选取问题；提出多维多点平稳及非平稳地震输入下大跨度空间结构随机地震反应分析方法；确定适于大跨度空间结构损伤定位的损伤参数，提出适于大跨度空间结构的两步损伤定位法。项目研究成果全部应用于天津奥林匹克中心体育场大跨度空间结构。对体育场大跨度空间结构进行了抗风抗震安全性分析和振（震）动控制分析，对体育场大跨度空间结构模拟损伤进行了识别，通过不同施工方案的仿真，确定合理的支撑卸载方案。为保证体育场大跨度空间结构的抗风抗震安全性与长期健康监测性提供可靠的理论依据和技术支撑。大跨度空间结构随机地震反应分析方法研究成果在2008年北京奥运会田径训练馆、北京体育大学国家队训练基地田径训练中心综合训练馆、天津站无站台柱雨篷等大跨度结构工程中得到进一步推广和应用。该项目成果弥补了国家《建筑结构荷载规范》规定的风振系数不完全适于大跨度空间结构风荷载计算的不足，修正了国家《建筑抗震设计规范》采用的地震反应分析方法基于一致地震输入假定的不完善处，为相关设计标准的制订和修订提供了可靠的理论依据和工程实践应用范例。

（魏建红）

【预制粉煤灰、石灰双灰桩处理软弱地基的试验研究】 天津市建筑科学研究院（以下简称建筑科学院）完成的“预制粉煤灰、石灰双灰桩处理软弱地基的试验研究”是2006年市建委科技发展计划项目，2008年1月22日通过市建委评审验收。课题组针对桩体材料比例、围护材料的选择及桩体的预制和成桩工艺进行室内试验，并在滨海新区试验场地进行复合地基的试验。该技术适用于滨海地区的淤泥质粘土条件下进行道路、房心土回填等工程的施工。具有质量有保证、施工速度快、在该土质条件下其他桩型不可替代的作用，同时解决环境污染问题。

（天津市建筑科学研究院）

【缓黏结预应力混凝土结构施工技术规程】 使用天津市开发的缓黏结预应力钢绞线，经试验、研究以及工程实践，建筑科学院主编了《缓黏结预应力混凝土结构施工技术规程》，在2008年7月通过专家评审后，作为天津市工程建设标准(DB29-190-2008)由市建委发布，2008年12月1日起实施。缓黏结预应力技术具备有黏结预应力结构安全可靠和无黏结预应力施工方便两方面的优点，在该规程中提出缓黏结预应力材料及施工工艺的技术要求。该规程的发布对提高施工质量、推动预应力混凝土施工技术的发展有积极作用。

（天津市建筑科学研究院）

【软土地基深基础工具式钢支撑复合支护体系研究与应用】 该项目由天津第一建筑工程有限公司承担，主要完成人有秦序柱、李建军、段景章等，获2007年度天津市科技进步奖三等奖。项目针对中国沿海地区软土地基深基础施工中支护材料耗用多、费用高及环保等问题，开展软土地基深基础工具式钢支撑复合支护体系研究与应用，形成标准化程度高的深基坑支护体系施工技术，有助于建筑施工产业化发展，具有普遍的施工指导作用。该成果使支撑杆件和节点标准化，灵活应用钢混联合支撑体系，合理应用杆件加预应力措施控制基坑变形和解决安装误差，采用控制温度应力措施，因此具有标准化、通用性强，安拆方便、施工工期短，可重复应用、节省资金，且环保效果好等显著特点。成果在大胡同三期、立达公寓、万顺国际公寓、吴家窑1号地、现代城等10余个工程推广应用，为建设单位节省投资400余万元，节省工期100余天，控制噪声及环境污染，提高了人民生活质量及健康水平。该工艺已达到标准化、产业化，不仅应用于软土地基深基坑支护，也可用于桥梁、施工中临时支顶，还可替代地连墙转抵达边梁及零层板加固的支顶柱等，具有较强的技术辐射能力。

（秦序柱）

【天津港企业文化中心基地设计】 该基地由天津市建筑设计院设计，2008年10月竣工。天津港企业文化中心基地位于天津国际贸易与航运服务区的西端，建筑主体坐落在天津港行政中心区的中轴线上。由于建筑基地内强烈的轴线关系，建筑形体采用了对称式格局，体量关系上由4个以实墙面为主的巨

天津港企业文化中心实景

大体块围绕中央大厅构成，在保证立面造型均衡、完整的前提下，运用突出的玻璃体和实体浮雕的不均匀摆布，打破了传统对称建筑呆板、严肃的面孔。天津港企业文化中心由水体覆盖的基台悬挑出4个巨大的实体，给人以悬浮于水上的感觉，暗含了天津港围海造地，依海建港的发展背景。出挑的实体与基台之间的锈红色材料为耐候钢板——一种最早起源于北美、现广泛用于集装箱、船舶工业的新型建筑材料。在建筑外檐上运用具有海运特色的该建筑材料，诠释了天津港的企业特点。

（张　曦）

【大悲院商业街设计】 该项目由天津市建筑设计院设计，2008年3月竣工。大悲院商业街位于天津海河综合开发改造的第一个节点——大悲院经济文化商贸区内，总平面设计采用中心对称、围合式的传统院落建筑群布局，集中与分散相结合，使之布局均衡，层次分明，建筑群整体形象完整。建筑群采用街区的布置方式，向周围各条道路开设街口，内部街区形成“五横六纵”的格局。商业街的“印章”取意使其形成了内外两个建筑体系。内部为2层商业建筑群，组合成为两个卍字组团，通过天桥联系成为整体，并

大悲院商业街项目日景鸟瞰

在商业街转角处做切角处理，扩大视线范围，使空间疏密有致；外部为底层商业、2~4 层单元式商业和 5 层快捷酒店，局部在与外部联系出入口处首层做架空处理，缓解出入口压力，减小封闭感。总体布局以大悲院为中心由低到高布置，形成丰富的内部空间。商业街以 3 个街心景观为中心，向外辐射形成错落有致的平面格局。设计始终把握该地段为集散大量人流活动场所的地域特性，在保持适宜空间尺度的同时，尽量使其浏览线路通畅，通过合理分区，创造现代、高效、注重交往、有文化气息的商业环境。该项目设计的理念取意于中国文化的精髓——书法、国画、篆刻，寓意笔墨之香，文化之韵，又意佛香飘远，将商业赋予文化的内涵。

（张　曦）

【君隆广场设计】 该项目由天津市建筑设计院设计，2008 年完工。君隆广场位于和平区黄家花园天隆里，项目所处的位置是天津市中心城区的中心地带，总占地面积 15765.5 平方米，包括天津人才科技大厦、WESTH 五星级酒店和高级公寓、5A 写字楼、商业和地下车库等功能。地下 3 层，地上 4~5 层裙房，裙房以上为塔楼。WESTH 五星级酒店和高级公寓塔楼，标准层采用 43×33 米的矩形网格布置，标准层面积为 1500 平方米，地下为 3 层，1~6 层为裙房，7~22 层为五星级酒店，24~38 层为高级公寓。WESTH 五星级酒店是国际著名的五星级连锁酒店，共 247 间标准客房，34 间套房及 2 个总统套房，客房与卫生间的面积符合 Westin 酒店对每套客房面积满足 41.5 平方米与卫生间面积满足 8 平方米的要求。 酒店入口处大堂为 4 层高的共享空间。天津人才科技大厦为供办公使用，首层除入口大堂外，依据需要安排了 1000 平方米的人才交易大厅，共 3 层，4 层为职工餐厅，5 层以上为办公楼，考虑到 3 个单位使用，将电梯分为左右两组，使人流自首层就独立不混杂，标准层办公空间整齐好用，非常适合现代办公的要求。5A 写字楼、“∪”字形写字楼沿南京路、河北路和西安道布置，可依据销售情况分为 3 个各自独立的部分，有很高商业价值。

君隆广场主塔楼部分（酒店、公寓），采用钢筋混凝土框筒结构体系；写字楼部分，为满足室内的净高要求，框架梁采用宽扁梁的形式，利用在平面上大体均匀分布的楼电梯间的墙体和框架梁柱结合一起，组成现浇钢筋混凝土框架——剪力墙结构体系；地

君隆广场外景

基和基础设计，“塔” 为箱筏式基础，基础下采用 Φ800~Φ1000 的钻孔灌注桩；酒店部分为厚筏基础，基础下采用 Φ800 的钻孔灌注桩。该建筑组团内，根据建筑物性质和国家规范的要求，设计内容包含有消火栓灭火、自动喷水灭火、气体灭火等消防系统；生活给水、热水、排水、中水、冷却循环水、雨水等生活给排水系统；游泳池水处理系统。暖通系统的制冷机房及换热站设于地下室。制冷机房内设 5 台电制冷离心式制冷机，单台冷量 2660kw，配 6 台冷热水循环泵；冷水机组制备冷冻水为 7/12℃。制备冬季空调用热水为 60/50℃；该工程设 3 台换热器，制备冬季空调用热水为 60/50℃。单台换热量 3300kw；酒店公共区及精品店采用全空气空调系统；其他公寓及客房均采用风机盘管加新风系统；空调系统夏季冷媒水温度 7/12℃，冬季热媒水温度 60/50℃，均由制冷机房供给；地下车库及走道均设置机械排烟系统。电气系统中，强电设置变配电系统、照明系统、动力系统、防雷及接地系统等；弱电设置计算机综合布线系统、通讯系统、楼宇自动化系统、电视接收系统、火灾自动报警及联动系统、背景音乐及消防广播系统、安防系统、灯光智能控制系统、VOD 视频点播系统和系统集成等。

（张　曦）

【中新天津生态城服务中心设计】 中新天津生态城服务中心由天津市建筑设计院设计，2008 年 5 月竣

中新天津生态城服务中心实景

工。该服务中心位于汉北路西侧、蓟运河故道南侧，总占地面积4.60万平方米。该建筑按照永久建筑设计，近期为中新天津生态城管委会和天津生态城投资开发公司的临时办公机构,包括办公、会议、接待、展示等多种功能,建筑面积12096平方米。该建筑功能设计不仅满足当前的需求，而且为将来的功能转换留有了足够的可能性。 中新天津生态城服务中心的生态技术措施从“节地与室外环境”、“节能与能源利用”、“节水与水资源利用”、“节材与材料资源利用”、“室内环境质量”、“运营管理” 等6个方面进行了考虑。

（张　曦）

公用事业

【燃气集团科技工作简况】 2008年，天津市燃气集团科研开发、技措投入占集团总收入的1.32%。完成了“燃气调压箱(柜)标准化技术研究”、“无人值守调压站节能运行与安全防护系统技术及应用”、“超大型LPG储罐储配站安全技术研究” 的研发工作。其中,“燃气调压箱(柜)标准化技术研究”通过了市建委组织的专家鉴定，成果技术居国内领先水平;“超大型LPG储罐储配站安全技术研究” 通过了市科委组织的成果验收。燃气集团科技成果转化率达100%。“燃气管网地理信息系统研究”、“天津市燃气集团流量计量远程采集管理系统”、“燃气调压箱(柜)标准化技术研究”、“燃气抢险‘3S’调度指挥系统平台”、“BDY-1型气体流量仪表比对仪”、“天然气计量系统GPRS无线远传安全监测技术研究”等多项科研成果,已在集团营业、运行、管网管理、燃气计量管理等工作中推广应用,“天津市燃气管网地理信息系统”的应用在确保2008年奥运火炬传递及奥运会、残奥会期间安全稳定供气工作中发挥了重要作用。在开展“四新技术”推广应用中,燃气集团加大新产品和新技术的使用力度。利用磁控阀、磁控表棒、异型三通等防盗气材料,进行工艺技术改造;集团与生产单位联合研发完成“立管带气”发展模式所需的专用材料和工具;不锈钢软管应用、过流保护阀应用、防拆燃气表应用等新材料和设备的应用实验工作正在进行中。在科技活动周期间,燃气集团被评为2008年天津市科技周优秀组织单位。2008年,燃气集团申报的“国产化5000立方米高压天然气球罐技术研究” 获天津市优秀专业技术人才创新案例三等奖,“天津市燃气管网地理信息系统的研究” 获优秀奖,并均被收入《天津市专业技术人才创新案例》。

（周琳生）

【燃气调压箱(柜)标准化技术研究】 该项目由天津市燃气集团有限公司承担完成,2008年11月4日通过天津市建委组织的专家鉴定。该成果研究确定了燃气调压箱(柜)标准化分类、标准化工艺流程、标准化工艺规格、系列;编制了燃气调压箱(柜)标准化工艺要求;对燃气安全放散和紧急切断装置、防爆泄压面积、通风、材料防火等相关技术要求亦进行了研究和确定。为燃气调压箱(柜)设计、制造、安装的优化以及维护、维修和使用起到了指导作用,为国家和行业相关标准的制定提供了依据。燃气集团通过开展“燃气调压箱(柜)标准化技术研究”建立起一整套科学、完善的调压箱(柜)标准化技术体系,使其既满足天津市市场的需求,又符合相关规范标准的要求,统一外观标识,实现燃气调压箱(柜)标准化、系列化,形成具有“天津燃气”特色的燃气调压箱(柜)标准化技术标准及规格系列。该项研究在国内燃气调压箱(柜)项目集成化研究中处于领先水平。

（周琳生）

【超大型LPG储罐储配站安全技术研究】 该项目由天津市液化气有限公司、中国市政工程华北设计研究院承担完成,2008年12月4日通过天津市科委组织的专家验收。该项目在总结中国LPG行业40多年来设计、施工安装和运行管理经验的基础上,进行了9个方面的研究:①超大型LPG储配站选址的研究; ②安全防火间距的确定与储罐平面布置的研究;③超大型LPG储配站消防系统的配置;④系统安全性及灾害防治;⑤火灾爆炸事故危险源的辨识;⑥安全检测及控制(泄露、火灾等)研究;⑦制定应急抢险预案;⑧制定职工职业安全防护措施;⑨计量系统GPRS无线远传安全检测技术研究。通过上述研究，最终确定了液化石油气大型储罐防火间距、站址选择、总体平面布置、消防设施及措施、自控系统、应急预案等系统理论及方案。该项研究确定了安全设计方案的优化，完成了安全检测及控制系统的设计要求，制定出应急抢险预案及职工职业安全防护措施，为编制国家相关规范提供了研究依据。

（周琳生）

【无线远程集中抄表系统研究】 该项目由天津市自来水集团有限公司承担，2008年2月22日通过天津市建委组织的鉴定，成果达国内先进水平。该项目在现有无线远传水表长期应用、无线公网成熟稳定运行的基础上进行拓展研究，实现户内远传表指数数据和运行状态数据直接传输到自来水公司数据中心，形成实时抄读、有效监控，同时可扩展到区域计量考核等全面计量的一体化综合管理平台。该项目研发完成了基于"微功率无线通讯+GPRS"的远程集中抄表系统，研制了小区中继器、小区GPRS集中器等相关通讯传输设备，开发出采集分析管理应用软件。在微功率无线抄表的基础上，应用移动通信技术和大型数据库将户表和自来水营业管理系统进行集成，实现网络化作业管理。该系统具备远程双向通信的特性，系统数据平台可根据采集数据信息进行宏观统计和有针对性的微观分析。对提升供水企业经营管理水平意义重大。该项目已经应用到天津市自来水集团有限公司无线远传水表的抄表管理工作中，并完成19个小区、16948具水表的远程集抄改造。通过一年不间断的数据采集测试运行，系统运行稳定，数据采集可靠，分析功能强大，为营业做账管理、水表及管网运行监控提供有效支持。

（刘　红）

园林绿化

【新传入金叶女贞粉蚧防治技术的研究】 该项目由天津市园林绿化所承担，翟善民、张淑萍、张津华等完成，2008年1月9日通过专家评审。该项目完成了金叶女贞粉蚧（山西品粉蚧）生活史观察，确定该虫在天津市一年发生3代，主要以卵越冬，全年严重发生期在7月中下旬~8月上旬。确定了金叶女贞粉蚧各代防治适期，一代为5月中下旬，二代为7月上中旬，三代为8月下旬~9月中旬。筛选出1.2%苦烟乳油，10%吡虫啉可湿性粉剂和花保3种药剂。通过试验，确定了药剂最佳使用浓度，分别为1.2%苦烟乳油1000倍液，10%吡虫啉可湿性粉剂1500倍液，花保30倍液。编写出金叶女贞粉蚧防治年历。

（王和祥　韩　庆　赵万苓）

【碧桃类植物新品种引进及应用技术研究】 该项目由天津市园林绿化研究所承担，刘亮梅、张喆嫄、谢宏山等完成，2008年12月26日通过专家鉴定。该项目引进观赏价值较高的碧桃品种4个，经过试验筛选，确定"合欢双色"、"垂枝桃"2个品种在耐盐性等方面抗性较强，在国内率先在干旱胁迫、盐胁迫、寒冻等条件下，对4个碧桃品种的植物生长量、脯氨酸、可溶性糖、净光合速率、叶绿素、伤害值等生理生化指标进行研究。采用以上指标对植物抗逆性进行综合评价的方法，可以克服单一抗性指标评价造成的片面性，比较科学地反映出植物的抗逆性。该项目总结碧桃新品种栽培养护技术，为碧桃类植物新品种在园林绿化中更快地应用推广、丰富天津市生物物种多样性、创新植物景观效果提供有力的技术支撑。该成果达到国内同类研究的领先水平。

（王和祥　韩　庆　赵万苓）

【创新植物组培技术实现名优花卉产业化】 由天津花圃组培中心与北京师范大学生命科学学院合作开发的红掌组培苗，针对植物组培快繁过程中所出现的问题，对红掌组培苗的快繁技术体系在简化程序、降低成本、提高移栽成活率及相关生理活性等方面进行了研究，取得了显著成效。红掌种苗、幼苗生产与温室花卉成品栽培形成了一条产业链，其中相当大部分种苗还可以直接进入国内高档花卉市场，在花卉组培生产上是一个巨大的突破，改变组培苗依赖进口的局面。到2008年，已诱导红掌新品种4个近40万株，移栽生根苗近15万株。该项技术获天津市专业技术创新技术案例优秀奖，并入选《天津市专业技术创新案例选编》。

（韩　庆　王和祥）

【新优宿根花卉和水生植物品种应用】 2008年，天津市园林绿化研究所以奥运年为契机，大量筛选培育适合天津及周边地区的宿根花卉和水生植物新优品种，丰富天津市园林绿地植物品种，营造了很好的景观效果。天人菊、松果菊、金鸡菊、桔梗、红晕萱草、假龙头、黑心菊、冰山奇观景天、金娃娃萱草、八宝景天、鸢尾、蛇莓、垂盆草、荷兰菊等节水抗旱的优良宿根花卉品种在开发区、塘沽区、和平区、河西区、河东区绿地及市重点项目水上公园景观提升改造、津滨高速、京津塘高速公路两侧绿化等项目中得到广泛应用。荷花、睡莲、水葱、菖蒲、千屈菜、黄菖蒲等水生（湿生）植物在市重点奥运迎宾线路外环线42标段等绿化项目中广泛应用。

（赵万苓　王和祥　韩　庆）

【滨海盐碱地绿化关键技术研究与集成示范】 该项目是天津市园林绿化研究所联合12家单位申报的国家“十一五”科技支撑计划项目，于2008年2月获准立项。项目组针对盐碱地绿化存在的突出问题，围绕土壤改良技术、适生植物选择技术、工程技术等关键技术进行研究。在集成已有技术和该项目成果的基础上，形成具有自主知识产权的滨海盐碱地绿化技术新体系，编写盐碱地绿化技术标准，并针对不同盐碱程度及绿地功能创建相应的盐碱地绿化模式，实施典型盐碱地绿化示范工程，指导大规模盐碱地绿化实践，带动行业科技进步。该项目是国内园林绿化行业首个获得资助的国家科技支撑计划项目，共设置5个课题。截至2008底，项目的组织工作和各课题研究工作进展顺利，取得了阶段性成果。

（赵万苓　王和祥　韩　庆）

【高档花卉组培快繁、驯化移栽与水培技术示范与推广】 该项目由天津市农业高新技术示范园区和重庆万州区同鑫现代农业有限公司共同承担，杨小玲、王莅、卢长坤等完成。项目以促进“库区移民就业、构建和谐库区”为主线，在重庆市万州区开展“高档花卉新品种引进、筛选与示范推广、高档花卉组培快繁技术开发与利用、观赏型水培花卉技术开发与利用、花卉栽培技术与组培快繁技术培训”等工作。2007年至2008年共筛选出符合当地气候条件与市场需求的3类8个品种，累计示范种植11万盆，并完成了2个花卉品种的种苗组培快繁生产，摸索一套适用于当地条件的水培驯化与管理技术。申报实用型专利1项。通过大面积示范种植及广泛开展技术培训，新增就业岗位60个，直接安置移民就业35人，给移民带来了稳定的收入，达到天津市科技援助的目的。

（杨小玲）

【晚香玉种球质量等级划分标准】 该标准由天津农学院园艺系刘慧芹主持完成，2008年3月经天津市农业标准委员会审查通过，2008年4月1日起实施。对单瓣及重瓣的晚香玉依据种球（开花球、繁殖球）的围径、饱满度、病虫害、冻害等各项指标标准进行等价判定，其中种球围径用卡尺测量直径，围径=直径×3.14，精确到0.1厘米，饱满度手捏和目测评定，病虫害是目测是否有病斑和霉点的损伤，冻害是目测评定种秋颜色。整个批次的等级判定要求所检样品95%以上符合相应等级要求，应注名产品名称、产品标准编号、商标、生产单位、地址、规格和包装日期，用纸箱包装，距箱口8厘米处两侧打孔，运输和贮藏的温度5~8℃，相对湿度35%~45%。适用于天津晚香玉种球质量分级评价，填补天津市晚香玉种球质量等级要求的空白，对规范生产提供必要的技术支撑和理论参数。

(刘慧芹)

【名贵花卉、苗木引种及组培快繁技术的研究】 该项目由天津农学院张磊教授主持，天津农学院、天津师范大学和天津市金谷农业高新技术开发中心共同承担完成的天津市科技攻关计划项目，2008年9月16日通过验收鉴定，成果达国内领先水平。该项目从国内外引进卡特兰、石斛兰、钙果、北海道黄杨、鸢尾、贝壳花等名贵花卉苗木品种，筛选出一批具有观赏价值的耐盐、抗旱品种，丰富了天津市花卉苗木品种。研究了卡特兰、石斛兰组培快繁技术过程中的关键技术；创新了1/2MS+IBA0.5毫克/升+活性炭2克/升+蔗糖2%的卡特兰组培生根培养基配方；研究了黄荆条、叶底珠、孩儿拳、杠柳、沙枣等树种的耐盐性、耐旱性及耐盐、耐旱梯度，为生产应用提供理论依据。建立钙果试管内外快繁及北海道黄杨试管外扦插关键技术体系，为优质钙果、北海道黄杨品种无性繁殖提供技术支撑。筛选出耐盐抗旱能力较强的树种，解决其采种、种子储藏、种子播前处理、苗床准备、苗圃管理等关键技术，对天津市盐渍化土壤的园林绿化苗木繁育具有现实意义。建立试验基地33亩，栽培苗木12万株，获得试管苗5000瓶，繁育新品种花卉种苗2万株/年、造型盆景幼苗300株/年，示范效果明显，应用前景广阔。

（孙　宁）

【名贵花卉——巨型红掌的引种和组培快繁研究】 该项

目由天津农学院刘艳军主持完成，是天津市高等学校科技发展基金项目，2008年1月通过验收结题。引进名贵花卉——巨型红掌的品种，并利用组织培养技术进行组织培养和快速繁殖、栽培研究，在国内尚属首次。该研究采用巨型红掌的叶片、叶柄、花梗、花序等组织和器官为外植体进行离体再生研究，不但可以获得高繁殖系数和成活率的无毒苗，也能为遗传组培研究中建立高效离体再生体系。研究通过巨大型红掌的引进及组织培养和快速繁殖，获得健康的和一定数量的巨大型红掌的幼苗，供应市场需要。

（刘艳军）

【离子注入诱导花卉试管内成花的方法】 该项目由天津农学院张磊等人研究发明，于2007年5月30日获发明专利。该项研究提供一种利用离子注入技术，使不同花卉的生长发育过程完全在试管培养条件下进行，从而成花不受季节限制、且花期长的方法。该方法主要包括离子注入、种子灭菌处理、种子培养、继代分化和促花培养等步骤。其中，注入离子为P离子，所用电流为2~6 μA，注入能量为90~120 keV。培养温度为25 ℃±2 ℃，光照强度为2000~3000LX，光照长度为10~14 h/d。种子培养基为在MS基本培养基或改良培养基中加入细胞分裂素0.3~0.8毫克/升、生长素0.1~0.5毫克/升、碳源10~30克/升、固形剂6.0~8.0克/升，pH值为5.5~6.5。

（农学院）

【喷泉测试技术推广应用】 该项目由天津市水利科学研究院承担完成，2008年12月30日通过验收。该项目依据喷泉喷头标准主要对喷泉喷头的水压密封、耐水压强度性能、重量与螺纹连接、耐腐蚀、耐高温、耐低温、喷头流量、压力、喷高及喷射水形效果、喷头当量口径、喷头旋转性能、镀层质量、喷口粗糙度等方面进行测试。先后完成威海之星观光塔喷泉测试项目、江苏镇江市、山东华普喷泉科技有限公司等11家公司喷头的测试，通过测试的喷泉喷头效果良好，均收到预期的景观效果。

（张 雁 常守权）

国土资源与房屋管理

【地面沉降对天津城市建设影响的研究】 该项目由天津市地质调查研究院完成，2008年7月25日通过了天津市国土资源和房屋管理局组织的专家验收。项目在充分分析天津城市各项规划和区域地质条件的基础上，论述了天津市地面沉降发展演化的历史、地面沉降的现状、影响因素以及城市建设引起地面沉降的效应分析。重点论述了地面沉降对城市建设6个方面的影响和地面沉降造成的经济损失。根据影响地面沉降危害程度的因素（地面沉降状况、地下水开采状况、地质环境条件、社会经济和防灾抗损状况等），对天津地面沉降地质灾害进行了危害程度分区评价，将全市分为危害程度小、危害程度较小、危害程度中等、危害程度较大和危害程度大5个区。评价因子选择合理，结果符合实际。课题提出了分区控制地面沉降的主要措施和城市规划的建议。

（焦玉兰）

【天津滨海新区地热资源潜力调查研究】 该项目由天津地热勘查开发设计院完成。2008年1月9日通过天津市国土资源和房屋管理局组织的专家验收。该研究课题充分收集工作区钻探、地震、航磁、水文等地质资料，投入了地温场调查、动态监测等实物工作，为完成项目任务和报告编写工作奠定基础。经过对多种物探手段、钻探成果综合分析了该区地热地质条件，建立了热储地质模型，模型建立依据充分。在地热资源估算的基础上，对该地区的地热资源潜力进行了初步评价，方法得当，评价结果基本符合实际。对地热开发带来的经济效益和社会效益进行了科学分析，对未来的地热开发工作提出了可行性的意见和建议，具有一定的现实意义。

（焦玉兰）

【天津市地热水标准检测方法研究】 该项目由天津地质矿产测试中心完成，2008年4月9日通过天津市国土资源和房屋管理局组织的专家验收。该研究课题充分调研、收集、查询国内外水质检测等有关的技术标准资料，进行分析研究工作，为完成项目任务和报告编写工作奠定基础。通过对地热资源主要利用方向的水质标准汇总分析，确定69项检测指标及其限量，确定依据充分。在综合分析国内外相关水质检测标准和方法的基础上，推荐了69项检测指标的检测方法，选择的检测方法得当，为天津市地热水标准检测方法的制定提供了基础资料。

（焦玉兰）

【计量供热系统在集中供热住宅中的研究与应用】 该项目由天津市南开区房管局供热中心完成，2008年8月7日通过天津市国土资源和房屋管理局组织的专家验收，研究成果达国内先进水平。项目对红日南路锅炉房、泾水园换热站及其热用户的运行情况进行了全面的分析，重点围绕实行计量供热后换热站、二次供热管网的运行由定流量系统变为变流量系统后的有关技术问题进行研究，对泾水园换热站的供热系统进行了内部改造和全面调试，验证了变流量控制模式的实用性、可靠性和经济性。通过对该系统的内部改造、研究分析及调试，使计量供热在集中供热住宅中优化应用，提高了供热质量，降低了能耗，其研究成果对计量供热系统在集中供热住宅中的推广应用具有示范意义

（焦玉兰）

【天津市填海造陆环境工程地质综合研究】 该项目由天津市地质调查研究院完成，2008年3月28日通过天津市国土资源和房屋管理局组织的专家验收。该项目比较系统地收集分析了天津市海岸带各类地质成果，提出填海造陆的主要环境工程地质问题，包括软土地基稳定性、岸线稳定性、地面沉降、水土腐蚀性等。运用遥感技术与历史地形图对比，对海岸线百年变迁规律进行深入研究，对填海造陆工程可能引起的岸线侵蚀与淤积等问题进行预测，并应用地面沉降研究理论，研究地面沉降影响因素，应用回归分析法，预测地面沉降发展规律，为控沉工作提供科学依据。对填海造陆区域地基土结构特征进行分析研究，提出二元结构，为造陆区工程建设提供科学依据。

（焦玉兰）

【土地资源审批信息动态管理系统】 该项目由天津市国土资源和房屋管理局土地资源管理处、天津市星际空间地理信息工程有限公司共同完成，2008年4月17日通过天津市国土资源和房屋管理局组织的专家验收，研究成果达同领域国内领先水平。该系统通过市国土资源和房屋管理局和区县两级模式进行审批信息管理，实现了土地资源审批数据的导入、检查、查询、整理、统计处理；实现了智能化办公、信息化共享、规范化表单、方便查询统计。经过对土地资源审批数据规范化的整合、集成，在管理系统的支持下，进行统一标准化管理，实现了土地资源审批信息共享，为后续金土工程建设打下基础。系统结构设计严谨、所提出的农用地转用一体化审批信息动态管理、耕地占补平衡自动化检查、转用指标控制等具有一定创新性，达到了预期的研究目标。

（焦玉兰）

【中山门地热站地热资源有效利用的研究】 该项目由天津市河东房管局供热公司、天津地热勘查开发设计院共同完成，2008年5月6日通过天津市国土资源和房屋管理局组织的专家验收。课题对原有地热站地热资源利用情况进行了全面科学的分析，重点围绕地热站在运行中存在的能源利用和回灌技术方面的问题进行优化研究。通过对该系统的改造和优化及回灌实验研究，达到地热资源高效利用、有效保护地热资源和实现地热资源的可持续发展的目的。该成果对全市范围内的地热站，在系统工艺改造和提高回灌率方面具有示范意义。

（焦玉兰）

【综合物探方法在地热勘查中的应用研究】 该项目由天津地热勘查开发设计院完成，2008年1月9日通过了天津市国土资源和房屋管理局组织的专家验收，研究成果达国内先进水平。该项目在充分收集研究区已有资料的基础上，通过对研究区地质特征和地球物理特征进行研究和分析，确定了地质特征和地球物理特征之间的关系，依据的资料翔实可靠，主要结论基本符合实际。该项目选取具有代表性的工作区进行研究，建立了地热地质模型和地球物理参数模型，经综合分析，提出了针对不同地热地质条件采用的地球物理勘探方法组合，对开展地热勘探具有指导意义。其利用大地面波测深的解译成果与已知钻井资料的对比，验证效果良好。大地面波测深用于深部地热勘查具有创新性。

（焦玉兰）

【天津市矿产资源开发管理系统研究】 该项目由天津市国土资源和房屋管理局矿产资源开发管理处、天津市天地数字地理信息开发中心共同完成，2008年7月11日通过天津市国土资源和房屋管理局组织的专家验收。该项目分析了国内外矿山管理系统的研究现状，采用基于B/S结构的WEB GIS技术对天津市矿产资源开发管理建立了高效的信息管理系统，符合相关技术标准要求，具有先进性、科学性、规

范性、实用性和易操作性。其采用浏览层、WEB服务器层、应用逻辑层和数据库层的4层体系架构，采用集成二次开发技术，以MAPGIS-IMS6.7软件为平台，Visual Studio.NET 2003为开发工具，实现了地图浏览、空间查询与分析、属性查询与分析、历史数据查询与分析和图形输出等功能，可以满足矿产资源开发管理工作的需要。

（焦玉兰）

【公用公房维修中实施节能改造的研究与应用】 该项目由天津市公用公房经营管理处、天津市墙改节能管理中心共同完成，2008年11月20日通过天津市国土资源和房屋管理局组织的专家验收。课题对天津市现有公用公房的数量、结构类型、使用现状等情况进行统计、梳理，从节能降耗和生态环境等方面阐述了对现有公用公房进行节能改造的意义，作出技术经济分析。通过一商局办公楼的综合整修作为试点工程，开展对建筑的屋面、门窗、顶棚等部位的维修，并结合外墙内保温进行节能改造。通过对改造后的建筑进行节能检测及实际效果调查，各项数据证明该工程具有一定的节能作用，改善了办公环境和舒适性。该项目提出了公用公房修缮工作结合到节能改造中的合理化建议，制定了公用公房维修中可供考虑的节能改造技术方案，为节能改造在全市公用公房中推广与应用起到积极作用。

（焦玉兰）

【天津滨海新区基底构造分布特征及其活动性研究】 该项目由天津华北地质勘查局地质研究所完成，2008年8月29日通过天津市国土资源和房屋管理局组织的专家验收，研究成果达国内先进水平。该项目在深入分析区域地质构造特征和沉积特征等的基础上，首次提出了滨海新区陆域和海域具有基本相同的基底地层和新生界盖层，断裂构造发育，同属于冀渤新生代断陷盆地的黄骅坳陷构造单元的认识。自中生代至今，该区长期在断陷——坳陷构造体系控制下，断裂构造表现出不同的变形形式和变形强度。走向NNE和NWW两组区域规模的活动断裂带，直接控制着冀渤盆地的升降。通过对滨海新区区域断裂和一般断裂的特征研究分析，认为该区断裂活动的基本特征是：构造蠕动和地震活动为现代断裂活动的主要方式，主要表现为NNE-SSW到NE-SW和NWW-SEE到NW-SE向两组走滑断裂活动特征。课题在分析滨海新区地质构造单元的结合部位、断裂构造的活动性、地震震中分布等因素基础上，采用综合分析的理论，提出了滨海新区稳定性分区方法，初步对滨海新区划分了相对较不稳定区和相对较稳定区。该成果具有客观性、科学性和实用性。

（焦玉兰）

【基于360度虚拟全景技术的天津历史风貌建筑虚拟再现应用研究】 该项目由天津市保护风貌建筑办公室、天津市地质工程勘察院共同完成，2008年10月22日通过天津市国土资源和房屋管理局组织的专家验收。该课题针对历史风貌建筑管理和保护工作的现实需求，首次应用虚拟现实技术（图像、矢量）进行天津市历史风貌建筑的虚拟再现技术应用研究，并提出满足特定需求的技术路线与应用方法。课题利用建筑数字化和现有资料，实现在三维场景中的漫游、缩放、平移等功能，较好地解决了历史风貌建筑实现三维可视化的技术与方法，为天津市历史风貌建筑保护利用的管理与研究提供了一个现代化的信息技术手段，具有重要的理论研究和实际应用价值。

（焦玉兰）

【天津市中心城区地下空间资源容量评估】 该项目由天津市地质调查研究院完成，2008年4月16日通过了天津市国土资源和房屋管理局组织的专家验收，研究成果达国内先进水平。项目在综合地质调查的基础上，系统分析了中心城区地形地貌、地层岩性、断裂构造、工程地质、水文地质、环境地质、已开发利用的地下空间现状以及对地下空间资源开发的影响等条件，影响因素论述清晰，符合实际。依据地下空间的利用层次，结合地下空间可能开发利用与地质环境等因素的影响程度，选择构造稳定性、工程地质条件、水文地质条件、地面沉降及已开发地下空间利用现状作为评价因子，并按城市规划要求划分了0~-15米、-15~-30米、-30~-60米3个空间域是合理的。基于GIS_模糊评判法原理，综合考虑影响中心城区地下空间资源质量的多种要素，结合层次分析法，首次对中心城区60米以浅的3个地下空间域进行开发利用综合评价，模型建立合理。分别估算了地下空间资源容量，并按不同空间域受自然、环境等因素的影响，划分地下空间资源条件的优劣等级，等级划分考虑因素符合天津实际。该项研究对天津市地下空间资源开发利用综合评价方法进行了有益的探索，是天津市首次对中心城区地下空间资源可开发利用进行评估，对城市规划有一定的参考作用。

（焦玉兰）

【天津市中心城区地下空间资源合理开发利用研究】 该项目由天津市地质调查研究院完成，2008 年 10 月 29 日通过了天津市建委组织的项目验收。该项目详细阐述了中心城区基础地质、工程地质、水文地质、环境地质、地震地质以及已开发地下空间现状等条件，为地下空间资源合理开发利用研究奠定了基础。该项目采用模糊综合评判方法对地下空间资源开发利用进行评价，评价原则和评价因素选择合理，划分的三个空间域符合实际，评价方法总体可行，能清楚反映不同地区不同深度地下空间可利用程度。该项目通过对地下空间资源开发利用评价，所得出的天津市中心城区地下空间总容量，对地下空间资源开发具有一定的参考价值。

（焦玉兰）

【劲性搅拌桩建筑物系统沉降分析与研究】 该项目由天津市华驰房地产有限公司完成，2008 年 11 月 27 日通过天津市国土资源和房屋管理局组织的专家验收，研究成果达国内领先水平。该课题结合劲性搅拌桩技术在惠苑小区应用的经验，对采用劲性搅拌桩的 18 栋 6 层砖混住宅楼进行了历时 5 年的系统沉降观测与分析研究。研究结果表明：①采用劲性搅拌桩处理软土地基造价低、无污染、无噪音、无振动，应用前景广阔。②通过沉降观测和对大量观测数据的分析，得出了各栋号沉降稳定时间、封顶沉降与最终沉降比值介于 0.27~0.45 之间等很有价值的结论。③选取典型住宅楼进行地基变形计算值与实测值的对比、分析，提出劲性搅拌桩加固地基变形估算原则和方法。④阐明劲性搅拌桩地基的变形特点和发展规律，为劲性搅拌桩的设计、施工及检测提供有价值的技术数据。课题对劲性搅拌桩地基沉降的研究方法及主要结论均具有创新性。

（焦玉兰）

交通与邮政

港　口

【天津港科技工作简况】 2008年天津港科技投入完成48404万元，同比2007年增加11.1%；科技项目完成638项，同比2007年增加2项；实现效益36887.6万元，同比提高8.4%；申请专利74项，获国家授权专利58项，分别比2007年提高10.4%、61.1%。2007年9月20日天津港技术中心被国家发展与改革委员会等五部委认定为国家级技术中心，天津港的技术创新工作又上了一个新台阶。2008年由港口规划研究室完成的“插入式箱筒型基础防波堤结构研究及应用”等3项科技成果，获2007年度天津市科技进步奖一等奖1项、二等奖1项、三等奖1项；由港口装卸技术试验室研制的“QLY50型全液压轮胎起重机的开发与研制”等5项成果，获2007年度国家交通部部级科技进步奖二等奖2项、三等奖3项。上述项目均达到了国际、国内领先或先进水平。此外，评选表彰2008年度天津港集团公司科技进步奖一等奖2项、二等奖13项、三等奖23项。

（常　琳）

【海面上升及极端增水对天津港区工程规划建设的影响和对策研究】 该项目由天津港（集团）有限公司规划建设部承担，李伟、刘伟、王初生等完成，获天津港2008年度科学技术进步奖二等奖。课题组使用GIS空间分析技术，对天津港地表高程数据进行了综合分析和评价，对海平面上升及其引起的极端增水净增加值、风暴潮位、地面沉降量等进行了不同时限的预测；建立了极端增水趋势预测模型，以同一地区的风暴潮水位不同重现期统计数据为基础，首次对海面上升及由此引起的极端增水净增加值、河口效应等因素对天津港区的影响进行量化研究，对不同预测时限的风暴潮水位及对天津港各港区可能的淹侵范围进行预测，为港区规划建设和防灾减灾提供科学依据。该项研究具有理论创新性和很强的实用性，其研究成果已在天津港规划建设中使用，为天津港与相关部门协作应对建设过程中可能出现的问题提供了技术支撑。专家组评审认为，该成果达到了国内领先水平。

（常　琳）

【天津港集装箱轮胎式场桥双动力系统研制与应用】 该项目由天津港（集团）有限公司科技设备部、天津东方海陆集装箱码头有限公司、天津港联盟国际集装箱码头有限公司、天津港机电设备安装工程有限公司、天津港电力有限公司共同承担，赵彦虎、诸葛涛、陈韬、付强、杨学文、戴添成、刘杰强等完成，获天津港2008年度科学技术进步奖一等奖。集装箱轮胎式场桥（RTG）双动力系统研究和应用是港口集装箱企业实现能源结构转型，全面落实交通部《关于港口节能减排工作的指导意见》的需要。RTG双动力系统研究和应用着重探索以市电为动力的集装箱堆场电动轮胎式场桥的技术改造方案并加以应用，以替代传统的柴油——发电机组，有效解决高能耗、高污染、高噪音、维护成本高等问题。天津港集装箱轮胎式场桥双动力系统研发选择的低架滑触线方案，是在箱区外侧架设滑触线供电线路和集电小车轨道，集电小车通过碳刷与滑触线接触受电，可跟随RTG移动，通过电缆插头为RTG供电。天津港2008年完成了RTG双动力系统改造东方海陆公司一期工程和联盟国际公司一期工程，轮胎式场桥使用市电作业较使用柴油节省费用741.07万元，发动机保养节省费用167.93万元。RTG双动力系统的研制与成功应用达到节能减排效果。

集装箱轮胎式场桥双动力系统项目研制成果

（常　琳）

【天津港信息化资源整合方案的研究与设计】 该项目由天津港信息中心承担，田长松、赵彦虎、黄力军等完成，获天津港2008年度科学技术进步奖一等奖。项目组结合集团公司信息化建设现状提出信息资源整合指导思想、工作目标、建设原则和技术方案。方案设计科学、先进，可操作性强。建设运营管理中心、数据中心、备份中心三点异地设备相互支持的运营体系，保证了集团信息化建设服务水平的提高，在港口行业、码头运营企业首次实施。组织机制的设计，不仅保障了港口集团信息化建设资源整合的顺利实施，同时增强了集团信息化建设托管服务的范围，改善了管理模式，优化了信息化资源配置，并实现了人力和信息资源的共享，实现了机制创新。通过资源整合提供的数据共享与交换服务等建设，规范和统一各类信息资源建设标准，实现跨系统的数据挖掘和共享，提升了企业整体形象，支撑了集团信息流、资金流、物流的协同互动和优化重组，技术先进、设计合理、加强环保，总体达到国内同行业领先水平。项目完成后，通过优化资源，节省一次性投资共计5000多万元，每年降低运维成本2000多万元，降低能耗40万~50万kwh。

（常　琳）

【码头设施完好率和码头技术状态分类标准结合评估方法研究】 该项目由天津港港务设施管理中心承担，丁乃庆、刘富强、张建国等完成，获天津港2008年度科学技术进步奖二等奖。该项目首次在港口设施管理领域引入模糊数学方法，提出了较为系统的码头技术状态评估方法并应用到天津港全港区码头设施的管理中；首次建立了高桩码头技术状态判定模型；首次提出了评估权重的层次分析法；首次建立了码头技术状态和码头设施完好率之间的相关曲线，开创了一条新的港务设施管理手段。研究成果已应用到天津港2008年码头秋季调查项目中，效果良好，经专家评审，项目达国际先进水平。

（常　琳）

【港口机械内燃机防冻液在特定工况下使用的研究】 该项目由天津港（集团）有限公司科技设备部承担，曹宪茹、李华、杨金武等完成，获天津港2008年度科学技术进步奖二等奖。该研究项目选用港口6种主要机型的11部机车，对发动机在用防冻液的质量进行了2年跟踪测试，共采集41项、523个实验数据，考证了天津港物资公司生产的安逊牌防冻液的品质，制定了港机防冻液的使用更换周期和在用防冻液的快速监测方法及更换标准，安逊牌防冻液通过了全部14项标准测试。其技术特点是定量分析为依据，定性分析为目的，实验室检测为基础，参考行车在线监测，以达到依据充分，由繁至简。经查新检索，国内还没有重负荷防冻液质量标准和防冻液的更换标准出台，该监测方法简单、快捷、便于操作，适合企业对在用防冻液的质量监控。优质长效防冻液已在港口机械上得到普遍的应用，重负荷防冻液在部分机械上试用，均收到了较好的效果。

长效防冻液

（常　琳）

【天津港船舶发展规划与优化配置综合研究】 该项目由天津港（集团）有限公司科技设备部承担，李勋、张明江、闫德顺等完成，获天津港2008年度科学技术进步奖二等奖。该课题以天津港作业船舶（包括拖轮、引航船、供油、供水船舶及工程船舶）的工作流程、配置现状和调度方案为基础，结合天津港未来发展规划，利用可视化仿真工具和相关数学模型，制定天津港作业船舶发展规划，同时确定作业船舶的当前和未来的最佳配置方案、最佳调度方案和作业船舶的最佳工作流程，使天津港作业船舶达到最优化的配置，成果达到国内港口同行业的领先水平。该项研究调查了天津港现状及未来一段时期的发展规划和目标，根据历年经验数据，预测天津港在未来5年来港船舶数量（包括来港数量、年内每月甚至每周、周内某一天的来港密度）的变化，确定未来最大和平均的作业船舶的需求量；明确了各种作业船舶包括拖轮、引航船、供油、供水船舶及工程船舶的工作流程，了解其工程特点和工作的流程时间，同时还明确了每种作业船舶的分类和不同分类的船舶工作对象、工作方式和工作时间；分析了天津港作业船舶的调度方式、调度过程中遇到的问题、调度的紧张程度以及迫切需要解决的问题；DES 理论与港口数据相结合，建立船舶调度与配置的仿真模型，对其进行仿真研究，利用相关的数学模型和算法对其进行优化研究，得出天津港为了保证到港船舶获得高效、及时服务最佳的作业船舶配置方案，采用不同的方法验证仿真结果的可信性；根据预测的未来一段时期年来港船舶数量和年船舶到港密度得出不同的作业船舶的配置方案；制定未来一段时期内天津港作业船舶的发展规划，指导船舶的建造计划、不同船舶等级比例和能力需求。项目具有很好的适应性和拓展性，可以随着港口建设和吞吐量的增长不断更新数据，进而生成新的结论与结果。鉴于天津港是中国北方第一大港且为人工港，港口面积大，航道较国内很多港口情况复杂，完成该项目所需的数据量非常大且庞杂。该项目在天津港的成功应用对国内其他港口具有很好的借鉴意义和推广应用空间。

（常　琳）

【加快天津港吹填造陆速度及提高塑料排水板打设效率的综合研究】 该项目由天津港（集团）有限公司科技设备部、天津港建设公司承担，黄力军、李勋、张明江、邹立等完成，获天津港 2008 年度科学技术进步奖二等奖。天津港是以大面积吹填造陆形成的港口，吹填造陆工程在天津港乃至滨海新区的建设中十分重要。吹填造陆形成的陆域必须经过对软土地基进行加固处理后才能作为堆场或其他工程用地。在天津地区，吹填土一般为淤泥或淤泥质粘土，地基处理的首选方法为真空预压法，当使用荷载较大时，还可采用真空联合堆载预压法，某些情况下亦可采用堆载预压法。以上地基处理方法均为排水预压法。排水预压法的施工工艺为：铺设 40~50 厘米厚中粗砂垫层；打设塑料排水板；加载预压（抽真空时，在砂垫层中埋设滤管；铺塑料密封膜；安装设备；抽真空）。如果在土质较软的地基上施工时，还需要铺设土工布、多层荆芭来提高地基承载力，满足塑料排水板的打设要求。特别是在刚刚吹填完的地基上施工，则还要吹填一层粉细砂，形成硬壳层，满足塑料排水板打设要求。上述各项对软基加固工期均有影响。该课题通过对吹填造陆的技术和工艺进行详细分析，针对不同的需求从吹填成本和吹填速度两方面做详细的比较和分析，并成功使用，对其他港口吹填造陆具有指导作用。

无垫层真空预压

（常　琳）

【天津港综合统计信息管理系统的开发】 该项目由天津港（集团）有限公司计划财务部、天津港信息技术发展有限公司承担，诸葛涛、马平文、金志刚、董玉海等完成，获天津港 2008 年度科学技术进步奖二等奖。“天津港综合统计信息管理系统”主要包括港口生产统计信息管理子系统、行业统计信息管理子系统、固定资产投资统计信息管理子系统、数据分析子系统、专业统计信息综合查询子系统、计划统计系统数据信箱子系统、集团内部统计信息公告子系统、系统服务子系统等模块功能。该系统使用集中数据库管理方式，各使用部门根据需求采用不同权限用户身份登陆系统进行数据操作。其特点是：①充分利用现有资源，采用先进技术；②实现有效的系统安全管理；③实现录入数据的自动校验检查；④实现在线实时、动态管理；⑤突出数据的共享、服务需求；⑥严密的权限设置，增强了综合统计信息的保密性；⑦充分利用现有资源，保证可扩充性、开放性；⑧实现系统自动升级，提高维护效率。该系统实现了对集团公司综合统计信息管理的规范化、标准化和数字化，已成功推广到近 50 个单位。通过网上数据交换，实现信息共享，节约了人力成本，提高了工作质量和工作效率。经专家组鉴定该成果总体达国内同行业的先进水平。

（常　琳）

【天津港陆运交易平台的发展研究】 该项目由天津港信息中心承担，马平文、李延明、刘玉明等完成，获天津港 2008 年度科学技术进步奖二等奖。该项目结合天津港实际，研究建设天津港陆运交易平台的发展模式，运用先进的计算机网络技术、信息交换技术和现代物流技术，将社会上分散的物流资源进行有效地整合，高效率、低成本地满足供求双方的需要，以及如何高效地信息发布、交易匹配、诚信评价等问题；针对平台进行详细的业务策划，提出建立信息发布和交易匹配系统、诚信评价系统、货运追踪系统等相关支撑系统，以及天津港陆运交易平台的运营模式和市场推广策略，还提出控制和规避市场运营风险、系统风险的建议。经专家组鉴定，该项研究在国内港口行业中居领先地位，对港口行业开展现代物流具有很高的指导意义和实用价值。该研究建立的陆运交易平台可使托运人（企业）尽快找到价格低廉、信誉优良的运力资源，节约物流成本 20%~30%，降低回程空载率 50%，简化托运、结算及理赔手续，节省人力物力和费用，提高货运服务质量。

（常 琳）

【研制开发低速大扭矩牵引车】 该项目由天津港第四港埠有限公司承担，杨宗玖、王兴亚、陈炳福等完成，获天津港 2008 年度科学技术进步奖二等奖。港口原使用的牵引车存在 4 个缺陷，影响装卸生产。流动机械设备的设计选型，对公司形成新的经济增长点具有重要意义。低速大扭矩牵引车从 6 个方面开展研制：①牵引车探讨；②以港口实践经验作为经济砝码的合作设计开发；③量身设计订做适合港口使用的低速大扭矩牵引车；④牵引车运行油耗测试；⑤牵引车技术的完善；⑥低速大扭矩牵引车推广应用。该项目的技术创新点为：①实行全液压转向系统；②设计了仪表台总成；③全二极管灯具(大灯除外)；④开发了新型举升系统；⑤开发了加强型车架总成；⑥驾驶室前铰点开发了万向节轴承，后端点开发了带有上下导向的双减振器。该车型打破了依赖进口的局面，已在天津港二公司、五公司、滚装码头、储运公司等港口推广使用 650 余台。经专家评定，该牵引车在国内港口行业处于领先水平，部分性能超过国外同类产品。

（常 琳）

牵引车

【煤码头系统设备节能技术的探索与应用】 该项目由天津港中煤华能煤码头有限公司承担，孔祥瑞、方胜、朱连义等完成，获天津港 2008 年度科学技术进步奖二等奖。项目组以天津港中煤华能煤码头有限公司南七、南八泊位和南九、南十泊位两套系统化连续输送设备为基础，应用创新的技术思路和技术手段，对其控制系统和相应设备进行改造，改进生产作业中的相关流程和设备控制工艺，实现减少设备空载时间，提高设备输出效率，达到减少作业中的无效能耗的目的。该项目进行了“长廊接卸模式节能改造”和“皮带机驱动模式节能改造”两项改造：①长廊接卸模式节能改造。通过修改公司南九、南十泊位的控制系统 PLC 及 SCADA 上位机程序，打破原有流程中设备逆料流方向启动的顺序及新增长廊接卸时的节能启动模式，使 3 号堆料机及 BD3 皮带机在接卸流程选择后，延时 30 分钟再启动，并在长廊皮带沿线上，加装两组物料探测开关，实时监测长廊的物料运行情况，且接入 3 号堆料机和 BD3 皮带机的启动控制中，防止堵料等问题的发生，在保证设备和生产安全运行的基础上，减少长廊接卸中 3 号堆料机及 BD3 皮带机的热备时间。②皮带机驱动模式节能改造。通过对煤码头公司南七、南八泊位控制系统进行修改，新增皮带机节能驱动模式，涉及 BQ1、BQ2、BDQ、BM1、BM2 等 5 条皮带机。在皮带机启动模式不变的前提下，使其在低载运行时，切除某一台驱动电机，提高整体的驱动电机功率因数。以 BQ1 皮带机为例，在 BQ1 MCC 控制线路上进行修改，使其中 3# 电机的运行控制包含“电机切除”信号，再对 PLC 程序及 SCADA 上位机程序的修改，产生“电机切除”信号的控制逻辑，处于轻载运行的 BQ1 皮带机正常启动后，其 3# 驱动电机停止驱动运行状态而处于拖动运行状态，在 BQ1 皮带轻载时，将现有三电机驱动变为三电机启动双电机运行模式，提高设备运行的功率因数及能源利用率。该项目对节能技术在连续输送设备上的应用进行了有益的探索与实践，其技术方法和路线在国内同行业中处于领先水平，具有良好的推广应用价值。

长廊接卸模式节能改造

（常 琳）

【焦炭装船机尾车皮带机煤炭适应性技术的研究】 该项目由天津港焦炭码头有限公司承担，刘军民、佟继东、刘东等完成，获天津港2008年度科学技术进步奖二等奖。天津港焦炭专业化泊位是国内首个焦炭专业化泊位，于2000年7月竣工投产。该泊位的建成是天津港“北煤南移”战略的重要标志，是港口焦炭装卸工艺的技术革新，具有专业化程度高、作业效率高、环保性能好等特点，泊位焦炭装卸效率最大可达4000吨/小时。装船机作为焦炭专业化系统装船作业的终端环节，是实施装船最为关键的设备。该项目开展适应煤、炭不同货类特性的研究与漏斗结构改造，提高煤、炭装卸作业能力。其技术创新点为：①增设可调型调料板，调整料流方向与速度及落料点位置。②设计下凹存积料箱，缓冲物料，避免直接冲击设备。③设计大倾角溜槽，满足物料有效滑动，减小漏斗积料现象。④设计分段导料板，保证物料以相对匀速下滑到漏斗出口。⑤设计漏斗型出料口，有效限制物料落料位置。经过实施转接中继漏斗的技术改造与中继皮带机防打滑技术改造等技术方案，解决了影响煤炭装卸作业时堵料、跑偏以及打滑等一系列影响生产运行的关键难题。该项目年可创经济效益97.22万元，其中“装船机折返型尾车煤、炭兼容漏斗”已获得国家实用新型专利权。

（常 琳）

【供电系统实物模拟教学平台的研发与应用】 该项目由天津港电力有限公司承担，王俊忠、陈立新、杨学文等完成，获天津港2008年度科学技术进步奖二等奖。该实物模拟教学平台分4个功能室：电化教学室、实物演练室、模拟电站和外线操练场。电化室将书面理论与实际应用相融合；演练室由实物解剖台、继电保护故障及系统电压故障演示台组成，实物解剖台可供学员进行拆装练习，自行设计研制的继电保护故障及系统电压故障演示台可对比典型继电器故障信号差异，模拟供配电系统保护动作和越级跳闸故障，模拟判断电源缺相及单相接地等典型现场；自行设计组装的模拟电站由高压、低压、直流、三遥4个系统组成，可模拟高压柜机械、电气故障、防跳失效故障，对比演练3种典型保护继电器运行，可剖析典型开关柜结构、操作、设置、倒闸操作、设置典型故障；外线操练场，可实现外变台操作练习及高低压电缆故障判断等。教学平台的应用，使员工技能水平普遍提升，打造了“技术人员”、“外线人员”、“运行人员”、“新员工”4支专业精英队伍。项目的实施从技术设计、设备配置、系统组成到管理模式以及实用效果，均达到了国内港口同行业领先水平，具有较强的推广应用价值。

（常 琳）

【港口资源自动化配置智能决策系统的开发与应用】 该项目由天津五洲国际集装箱码头有限公司承担，赵彦虎、杨志新、李勋等完成，获天津港2008年度科学技术进步奖二等奖。项目组以集装箱码头泊位、场地、机械为对象，以轨道桥工艺条件下的生产资源配置模式为重点，通过对计划编制、计划执行过程和计划执行结果3个层次的研究应用，开发了集装箱码头生产资源配置优化系统，优化生产资源配置过程和配置结果，对生产资源配置计划的执行过程实现可视化监控，对执行结果进行宏观反馈和微观评估。该系统由综合计划系统、提箱预约系统、实时监控系统、作业评估系统和交接班系统5个子系统组成。其中，综合计划系统通过图形化策划工具完成泊位和装卸桥资源的优化配置，使船舶计划编制过程和结果直观、科学；提箱预约系统以全轨道桥模式下的机械场地资源能力测算模型为基础，平衡码头堆场机械资源;实时监控系统采用消息机制提供实时、动态的现场作业可视化图像，帮助调度人员及时有效地调整码头资源使用；作业评估系统提供的动态航次作业分析工具有利于改进、完善资源使用计划和作业组织方式；交接班系统利用图形化界面全方位地展示资源配置计划的执行结果，为下昼夜的计划安排和作业组织提供数据支持。系统创新点包括：建立基于全轨道桥模式下的场地资源剩余能力测算模型,实现场地作业任务平衡配置;图形化资源管理平台实现泊位资源、场地资源配置过程直观化;基于消息驱动的实时监控技术，用最小的成本实现现场作业可视化监控；多种在线航次作业分析功能设计实现船舶作业过程的实时追踪、实时回溯,实现对作业线资源使用合理性的深入分析。系统开发完成后,在码头泊位计划、机械调度、流程分析等多个岗位应用累计装机30余台，提高了码头生产资源利用率、码头生产效率和综合竞争力。项目提出的码头堆场轨道桥作业能力测算模型填补了国内该领域的空白，具有明显的经济效益和社会效益。

（常　琳）

【集装箱码头生产全过程数字视窗管控系统（TOVRS）】　该项目由天津港太平洋国际集装箱码头有限公司承担,赵德成、余雷、李岩等完成,获天津港2008年度科学技术进步奖二等奖。“集装箱码头生产全过程数字视窗管控系统”通过引入先进的全球卫星定位系统(GPS)、地理信息系统(GIS)、网络视频监控系统(IPVS)等技术,对天津港自主知识版权的集装箱码头操作系统CTAOS的指令信息和控制流程进行整合和利用，实现生产过程的可控性和可视性,满足操作层、调度层、管理层和决策层对现场的数据需求,为集装箱码头企业生产、计划、调度、决策提供多角度、全方位的科学数字依据,构建出体现先进数字化特征的3C3S系统，从而实现对港口生产要素的精确定位、动态跟踪、过程控制和可视管理。该系统的成功应用，加快了公司管理数字化进程,实现了3个国内“第一”——第一个实现所有生产元素(岸桥、场桥、流机、集卡、督导车)一步到位安装全球定位系统的码头；第一家完整实现作业全过程数字化展示的集装箱码头，所有生产作业流程都得到实时管控；第一次与国内自主知识版权的码头操作系统(TOS)相结合,充分发挥辅助作业系统的功能。该管控系统达到国内港口同行业领先水平,在三维自助导航、集成视频监控、全要素作业轨迹回放等方面的技术创新为港口信息化建设开拓了思路，也为该系统在国内其他港口的推广提供了借鉴。系统应用后平均船时效率及单桥效率均有40%左右的提升,在资源配置、决策分析、设备维护保养等方面提供技术支撑。

（常　琳）

【天津港东海岸一期工程关键技术研究】　该项目由交通部天津水运工程科学研究所孙连成主持完成,2008年3月3日通过天津市高新技术成果转化中心主持的科技成果鉴定，项目总体达到国际先进水平,获2008年度天津市科技进步奖三等奖。天津港东疆港区东海岸一期工程是天津市及天津港“十一五”重点规划建设项目,按照规划,东疆港区分为码头作业区、物流加工区、港口综合配套服务区三大区域,具有码头装卸、集装箱物流、商务办公、生活居住及休闲旅游五大功能。一期工程为2平方公里的景观岸线,主要有人工沙滩和游艇港等项目。交通部天津水运工程科学研究所利用物理模型试验方法,重点对人工沙滩的稳定性、水体含沙对沙滩的污染程度、港内的泊稳情况以及掩护堤坝的结构形式等关键技术开展了一系列的试验研究。该项研究依据最新现场实测资料,利用组合模型试验方法,进行了综合性试验研究；开发了利用波浪泥沙水槽对人工沙滩稳定性研究的新技术，采用液压伺服驱动推板吸收式不规则造波等先进设备，实现了正态模型真实复演原型，为国内外在典型的淤泥质海岸上进行人工沙滩的研究提供了新思路；对人工沙滩在淤泥质海岸的淤积分布特征及水体运动规律进行了定床悬沙试验,提出了沙滩落淤的季节、部位及厚度,为解决沙滩泥沙问题提出了优化措施；对防波堤的不同结构方案及结构物所受波浪力进行了试验测量,其结果可对理论计算的结果合理性进行验证及修正。通过试验研究,推荐了人工沙滩的粒径组成类型,提出了人工沙滩在波浪作用下的流失量及沙滩剖面的稳定性坡度、防波堤掩护方案及结构形式,给出了人工沙滩亲水段的悬沙淤积厚度、淤积部位及港内水体交换情况等主要技术指标。设计单位根据试验成果对该项工程的整体设计方案进行了优化、完善,提出了更加合理、可行、安全、美观、适用的工程设计方案,为该项工程的顺利实施提供了科学依据。该项综合性试验研究，在天津港及国内其他淤泥质海岸建港史上都是首次。该技术在类似工程的设计研究中有着广泛的应用前景，尤其是对于大型港口工程建设项目。该综合性试验方法及其研究成果，不仅有利于设计方案优化，更有利于工程质量、经济性、观景性和实用性的进一步提高。

（交通部天津水运工程科学研究所）

【多因素数学模型及卫星遥感在复杂河口治理研究中的应用】 该项目由交通部天津水运工程科学研究所李孟国、杨华主持完成，2008年3月3日经天津市高新技术成果转化中心组织的科技成果鉴定，项目总体达到国际先进水平，获2008年度中国航海学会科技成果奖二等奖。该项目针对复杂河口的特点开发了多因素"五场"数学模型，即基于矩形网格有限差分法的综合考虑波浪折射、绕射、底摩擦波能损失、波浪破碎、岛屿影响等多种因素的多向不规则波波浪场数学模型、基于三角形网格的考虑波浪作用的二维潮流场数学模型、二维盐度场数学模型、二维悬沙场数学模型、悬沙底沙造成的地形冲淤场数学模型，并开发了不规则三角形网格的若干实用技术，结合卫星遥感和冲淤演变分析，对瓯江口温州浅滩围涂灵——霓北堤工程涉及的水利、海洋渔业、港口航道问题中的15项专题进行了研究，科学地论证了温州浅滩围涂工程的可行性，推荐了围涂工程南北不留过水通道方案(即南北堤不留口方案)，推荐了南堤布置方案下的最佳促淤方案。该方案可以节省建设投资近亿元，多围垦土地上万亩。工程实施后将原本隔海相望的大陆和海岛连在一起，大大扩展了温州城市发展空间，促进洞头岛旅游及渔业资源开发。该项目开发的三角形网格下的波流共同作用下的泥沙运动理论与数值方法，已经被编入修订的《海岸与河口潮流泥沙模拟技术规程》中；建立的多因素数学模型可以作为一个平台，为研究瓯江及瓯江口附近的涉水涉沙海岸工程、水利工程问题和港口航道问题提供技术支持。

（交通部天津水运工程科学研究所）

【辐射沙洲海岸深水港开发建设涉海关键技术研究】 该项目由交通部天津水运工程科学研究所杨树森、李孟国等主持完成，2008年3月经天津市高新技术成果转化中心组织的科技成果鉴定，项目总体达到国际先进水平。在中国苏北海岸分布着世界上罕见独特的辐射沙洲群，由于该类海岸地形及水沙条件非常复杂，因此一直被认为是建港的"盲区"。该项目在大量的现场资料的基础上，采用自然条件与水文泥沙特征分析、滩槽稳定性的冲淤演变分析、卫星遥感分析、潮流泥沙数值模拟、波浪数学模型(SWAN模型、缓坡方程、多向不规则波 Boussinesq 方程)计算、波流冲刷模型试验、航道淤积计算、骤淤分析计算等多种研究手段，对处于辐射沙洲中的烂沙洋水道深槽开发建设深水港口航道涉及到的滩槽稳定、水动力泥沙条件等若干技术问题，进行了较为全面和系统的研究和论证，为港口航道规划和设计提供了科学依据。通过研究开发了使用卫星遥感卫片定量分析水中浅滩面积变化实用技术，分析近岸浅滩的长年演变过程，提出了沙洲或浅滩具有"维护其稳定的恢复周期"的概念；开发、改进并完善了使用系列模型试验法进行建筑物波流冲刷试验的技术，使该技术工程应用实用化；使用 SWAN 模型模拟了工程海区的风浪，复演了影响该海区的"麦莎"台风过程，得出了工程海区年均波浪不大，"麦莎"台风产生的浪接近于重现期为10年的强度的结论；使用缓坡方程对辐射沙洲海区的波浪场进行了模拟研究，得出了工程海域辐射沙洲对波浪的传播变化影响很大，工程浅滩区域地形对外海来浪的衰减作用明显的重要结论；使用多向不规则波波浪模型模拟了人工岛附近辐射沙洲地形下的波浪场，推荐了人工岛岛壁采用斜坡式护岸；建立了考虑波浪及其破碎作用下的潮流泥沙数学模型模拟辐射沙洲潮流场、正常天气条件下的泥沙场和大风天气下的泥沙场，论证了人工岛工程对周围海区环境的影响和陆岛通道实体堤和最佳轴线位置和合理长度。该项目研究成果科学地解决和回答辐射沙洲中深水港口开发涉及到的关键技术问题，使辐射沙洲中深水港口建设成为现实。

（交通部天津水运工程科学研究所）

【黄骅港煤码头二期工程竣工环境保护验收调查】 黄骅港煤码头二期工程为一期工程大宗煤炭专业外运煤港续建项目，于2004年12月完工投入试运营。该项目研究成果获2008年度国家交通部优秀咨询成果奖三等奖。交通部天津水运工程科学研究所承担该项目竣工的环境保护验收调查工作，编制了工程竣工环境保护验收调查报告。该报告认真贯彻国家与地方的环境保护法律、法规及有关规定，坚持以新带老、污染防治与生态保护并重的原则，坚持客观、公正、科学、实用的原则，充分利用已有资料与实地调查、现状监测及理论分析相结合的方法，对工程建设进行全过程分析。报告对工程已采取的环保措施进行了效果论证，并根据现状监测和勘查情况对尚存在的问题提出了补救措施。提出对煤污水处理场进行改善扩建建议，调整处理工艺；对于港区的绿化问题，采取以当地物种为主、外来物种为辅的绿化原则，提出建议物种，为港区绿化提供参考依据；建议着手开展全港区的电伴热系统改造工程，解决冬季煤堆场煤尘超标问题等，为工程竣工环境保护验收提供了技术依据。竣工环境调查报告得到评审专家一致好评，河北省环保局、交通运输部环保办和国家环保部一次予以通过该项目环境保护竣工验收。该调查报告多次作为编制港口工程竣工环保验收调查报告的范本，并且为天津水运工程科研所主编的《港口工程环保验收调查技术规范》提供了重要参考依据，为同类项目的环保验收工作和调查报告的编制提供了经验。

（交通部天津水运工程科学研究所）

轨道交通

【天津地铁2、3号线工程项目】 2008年，地铁2、3号线工程完成地下站主体、盾构区间、稳定的附属结构土建及线路、轨道施工图（综合铺轨图除外），完成停车场、车辆段Ⅰ类变更设计工作，环控系统、设备系统中环控、给排水、电力、牵引变电所等部分施工图也已完成设计。天津地铁2、3号线主要技术特点和采用的先进技术有：车辆采用B型车，初、近、远期6辆编组；授电系统采用DC750V接触轨供电；地下车站采用屏蔽门、地上车站采用安全门系统；信号系统采用基于通信的移动闭塞方式；通信系统采用全数字电视监视系统、数字集群无线通信系统；采用综合监控系统；采用屏蔽门系统，车站每端只设一个活塞风道，减少投资，改善地面景观；车站厕所采用密闭式污水提升装置，取消污水池。

（铁道第三勘察设计院）

【北方地铁干式消火栓系统技术1:1原型试验应用研究】 该项目由天津市地下铁道集团有限公司、天津市消防局、铁道第三勘察设计院集团有限公司共同承担，穆志光负责，张爱亭、车跃龙、朱敢平等完成，2008年1月28日通过天津市建委组织的专家鉴定，研究成果达国内领先水平。北方城市的地铁设计中，消防给水管道过去普遍采用湿式系统，由于冬季可能冻结，拟采用电伴热保温。但是设计中采用电伴热和管道外保温的方式存在事故隐患、增加运营成本、浪费能源等缺陷，甚至还会出现区间消防管道接头因漏水影响行车的事故。该项目研究了半自动干式系统，即干湿式结合系统在地铁中应用的可行性。该课题考虑为地下车站采用湿式系统，地下区间隧道、高架站、地面站采用干式系统。车站水源与城市自来水管网连接，车站设置消防泵组，在地下车站和区间连接的地方和高架站、地面站消防泵扬水管与站厅、站台消防干管连接处设置快速启闭阀。当发生火灾时，车站或控制中心的火灾报警系统接到报警信号，开启电动快速阀，车站消防泵组管网的水迅速向对应车站或区间的管道输入，管道内的空气在水压的作用下通过快速排气阀迅速排出，管道在短时间内由干式迅速转变为湿式系统，消火栓口接出水龙带和水枪达到灭火的目的。与湿式系统相比，干式系统的主要优点是：平时管道内无水，不会有冻结问题，管道不需要保温；不会产生滴漏水现象而影响运营；节约能耗、降低了运营费用，管理方式灵活方便。采用干式消火栓系统，为严寒地区解决轨道交通消防水管防冻提供了一种新的方法，在国内地铁系统尚属首次。

（张　慧）

【天津站设计概况】 天津站由铁道第三勘察设计院集团有限公司负责勘察设计。原天津站为6台15线，改造后的天津站共10台18线，从北向南依次为京津城际4台7线，津秦客运专线3台6线，普速铁路3台5线。站房设计采用新旧结合的模式，保留了结构使用年限不满20年、具有历史意义的南站房，新建北站房、地下和高架候车厅、出站地道及无站台柱雨棚。从北向南依次为新建北站房，地面2层局部4层，其下部为地下4层的轨道综合换乘中心，其中地下1层为各种交通工具间的旅客换乘层，地下2层为地铁2、3、9号线的站厅层，地下3层为地铁2、9号线的站台层，地下4层为地铁3号线的站台层；向南为横向跨越车场的地下进站厅和高架候车厅，地下1层，地面2层，同时地下进站厅北侧与综合换乘中心的地下1层相连通；再向南为既有南站房，仅进行必要的功能和装修改造。在高架候车厅东西两侧新建2条出站地道并分别与综合换乘中心及前广场地下 1 层相衔接;新建无站台柱雨棚,实现 10 个站台全覆盖。

天津站设计特点及采用的新技术主要有:①现代化功能完善的综合交通枢纽。规划的天津站将成为天津市的综合交通枢纽,该枢纽将形成 5 大功能区,以内部相对独立的人行系统连接,各分区为铁路客站(既有天津站、城际站房)、后广场(交通广场)、前广场(景观广场)、站后公交广场、站前公交广场。天津站远期日客流可达到 60 万人次,形成一个涵盖国铁、地铁、城市公交等多种交通体系的综合交通枢纽。②便捷的客流组织。理顺各大交通体系关系,形成优化的综合布局,实现周边土地价值和城市功能的提升。通过大客流聚集的综合交通枢纽内客流导向及人员行为的研究控制,实现垂直连通的零换乘,充分体现"以人为本"理念,极大方便旅客出入。研究国铁、地铁、高速铁路、城际铁路及周边市政交通的换乘方式,采用"上进下出"与"下进下出"相结合的旅客流线,同时与地铁、公交有机结合,最大程度减少换乘距离。③新建与既有站的完美结合。本着尊重历史、延续历史的观点,利用全新建筑风格来融合新老元素,以保证既有站房的历史风貌,保证新建站房在建筑形式上与既有站房的协调统一。统筹考虑内外空间的旅客进出站流线,在不改变既有站房主体布局的基础上,使旅客流线顺畅合理。同时结合市政配套工程的分阶段建设,充分研究旅客疏散的近远期结合。④依据高大空间的消防性能化研究,确定高大空间的消防控制标准,在满足消防需求的同时节约投资。⑤在国内大型公共建筑中,首次采用温湿度独立控制的空调系统,并在项目建设的近两年内对国内其他公共建筑产生巨大的示范效应。⑥系统进行站房室内外光环境控制研究。⑦多跨连续张弦结构在雨蓬设计中的创新应用。⑧合理设计基坑围护结构,首次在距运营正线中心 4.8 米,未采用要点施工,实现 12 米深,大范围深基坑的开挖和降水,保证线路、基坑及周边建筑物的安全,保证建设工期。⑨新建地下进站厅采用建桥合一结构技术,以建筑结构构件完全取代桥梁构件,实现真正意义上的铁路客站建桥合一结构。⑩对超长混凝土温度裂缝控制进行专项研究,使天津站混凝土结构不设缝的最大长度,地上为 134 米,是规范最大允许 55 米的 2.4 倍,地下为 182 米,是规范最大允许 30 米的 6 倍。

(铁道第三勘察设计院)

【天津站改扩建工程可行性研究报告】 该项目由铁道第三勘察设计院集团有限公司承担,沈建明、周铁征、秦宝来等完成,获 2008 年度天津市优秀工程咨询成果奖一等奖。该可行性研究报告结合天津市城市区域规划、城市综合交通规划、国家铁路中长期发展规划,分析该项目建设与相关项目的关系,深入调查和补充客流预测的基础资料,对来自各交通体系的客运量在天津站的集疏情况及铁路运输组织模式进行分析,选择与客流流向和城市区域规划相符的建筑方案,从铁路线路的引入条件和站场布局、周边路网规划条件、城市轨道交通引入条件、室外空间组织及与周围环境关系、站房景观及绿化等多方面论述站房的外围技术标准,从功能布局及流线研究,立面造型、装修标准等论述站房的自身技术标准,对影响方案稳定性的重要问题进行专项的研究。可行性研究中对车站布置方案、疏解方案进行多方案比选,提出了使用灵活、布局合理的方案。该项目可行性研究确定的功能定位、设计范围、主要技术标准、线路走向、车站布置、站房形式及规模、与整个枢纽的衔接原则、旅客流线、装修标准、土建工程方案、站后系统设备标准、环境保护等主要原则均已在初步设计和施工图中采用。2007 年 1 月,该项目开工建设,2008 年 8 月奥运会以前通车运营。

(铁道第三勘察设计院)

【京津城际轨道交通工程】 京津城际轨道交通工程由铁道第三勘察设计院集团有限公司设计,开展了系统集成技术的研究,解决了京津城际铁路建设的诸多问题,初步形成了无砟轨道、桥梁、路基、环境保护、区域地面沉降应对、综合接地、安全运输、综合交通、精密测量及系统集成十大客运专线建设的综合技术,保证了京津城际铁路建设的顺利进行。2008 年 1 月 31 日完成四电系统和站后系统施工,2 月 1 日至 6 月 30 日进行联调联试试验,7 月 15 日国家铁道部组织完成全线初步验收。7 月 1 日至 31 日试运行,8 月 1 日正式开通运营。

(铁道第三勘察设计院)

中铁十八局集团技术人员在京津城际轨道工程中进行无碴轨道博格板吊装初铺

（伍　振）

京津城际铁路最后一根钢轨在天津市新开路立交桥桥头铺架

（伍　振）

京津城际列车驶入天津站

（伍　振）

【铁路旅客列车密闭式厕所地面真空卸污技术研究】 该项目由铁道第三勘察设计院集团有限公司承担，薛林海、陈为民、石玉川等完成，于2008年5月8日通过天津市高新技术成果转化中心鉴定，研究成果达国际先进水平。项目重点对真空卸污系统污物输送机理进行了分析研究，建立了真空卸污管道系统压力损失计算数学模型，首次从理论上解决了卸污管道系统设计计算问题，形成了一套系统的真空卸污设计技术，为国内铁路地面卸污设施建设奠定了理论基础，对铁路旅客列车使用密闭式厕所的标准化、统一化、国产化具有指导意义，给正在研究和建设中的客运专线高速列车动车段、所卸污设施建设采用自有技术和国产化设备提供了技术保证，对加快解决铁路旅客列车直排污染问题具有重要作用，具有良好的社会效益和环境效益。经工程实验测定表明，主要技术指标达到或超过了国外同类卸污系统技术水平。该研究成果已在济南客运段旅客列车密闭式厕所乘用和处理设施试点工程和北京车辆段动车库、北京西动车运用所、沈阳皇姑屯动车所等一批铁路动车组真空卸污整备系统中应用，减少了铁路沿线环境污染，提升了铁路形象。该研究成果具有广泛的推广应用前景。

【运营路基安全状态快速无损检测系统的研究与推广】 该项目由铁道第三勘察设计院岩土工程总公司承担，薄会申、张继令、李志华等完成，2008年4月26日通过天津市河北区科委鉴定，研究成果达国际先进水平。该项目结合模型试验、传统测试方法和地质雷达、瑞丽波、Evd等多种综合技术，研究路基病害的雷达图象特征，介电常数和含水量之间、瑞丽波速度和路基密度、承载力之间、Evd和Ev2、K30之间的相关关系，总结提出了一套适合于运营路基的快速无损检测系统，采用地质雷达、瑞丽波、Evd等综合技术检测路基病害、强度和含水量等指标，评价运营路基安全状态，并已经在铁路、公路领域上应用和推广。快速无损检测系统能够检测到传统方法不能达到的基床深层部位特别是铁路路枕下方的路基，全面反映路基现状质量。具有以下特点：①检测工程中不受运营和线路设备影响，检测结果连续。②组成检测系统的检测方法之间不互相制约，可以同时或交叉开展工作，利于生产安排。③检测路基整体质量，评价路基密度、承载力、含水量、病害性质等指标，评价结果全面。该项目工作效率高、作业方便、成果可靠、易于掌握，可大大降低勘察成本，提高效益，具有极大的推广应用前景。

【烟大铁路轮渡系统集成技术】 该项目由铁道第三勘察设计院集团有限公司承担，何华武、王俊峰、刘为群等完成，2008年4月22日通过国家铁道部组织的鉴定，研究成果总体达到国际先进水平，其中多项技术达到国际领先水平，对铁路轮渡工程建设和有关行业专业技术具有很高的推广价值，获中国铁道学会2008年度科技进步奖特等奖。该项目运用系统集成的思想，确立全新设计理念，提出各子系统间参数匹配及接口协调方案，解决各子系统的关键技术难题，完成整个系统的集成，在路、桥、船、港等方面取得多项创新成果，设计、装备、施工与运营均取得显著成效。铁路栈桥采用两跨一坡与船随动技术，提升系统整体功能，为国内外首创。“一对五滑动道岔”技术，结构新颖，减少栈桥宽度，为国内首次应用。提出新的焊接工艺和工法，两跨连接的叉形构件设计及厚板焊接和热处理工艺为国内铁路桥梁首次采用。渡船采用吊舱式电力推进系统，“二舱不沉”、“纵横倾调整”等创新技术，实现系统工程提出的特殊要求。对渡船操纵性能和动力配置以及码头系缆设施进行大量的数模和物模研究试验，将铁路轮渡码头的风级作业标准提高到8级风，保证铁路的正常运营。研究成果在烟大铁路轮渡工程建设和运营管理中发挥重要作用，社会、经济和环保效益显著。

（铁道部第三勘察设计院岩土工程总公司）

【青藏铁路唐古拉山冻土区低路堤热稳定性研究】 该项目由中铁十八局集团有限公司承担，韩利民、陈鹏、李正士等完成，2008年5月14日通过天津市高新技术成果转化中心鉴定，研究成果达国际先进水平。青藏铁路唐古拉山区由于线路纵向坡度设计控制和不同工程结构过渡衔接的要求，导致冻土路堤结构出现低于冻土区合理设计高度的填土路堤；在采用片石层气冷结构路基时，由于片石层厚度和覆盖土层厚度的局限，有可能出现低于4米的填土路堤。受区域气候条件和水热环境条件影响，上述两类低路堤热学稳定性（保护多年冻土效果）

多年冻土低路基施工——片石通风路基／热棒

和工程稳定特点有其特殊性。该课题从唐古拉山区特殊的区域环境和冻土条件的分析研究入手，通过工程实体试验在建设期及运营期间的观测和长期预测，对影响该类低路堤工程稳定性的热稳定性进行了深入系统的研究。通过对唐古拉山区路基土体冻融过程特点的观测试验研究，分析了填土低路堤结构对基底多年冻土的保护效果，以区域观测数据为计算基础，从理论上计算分析了在环境温度逐年升高和路堤周围水热环境复杂变化下的长期变化趋势。

（韩利民）

【道岔快速换铺工艺研究及其成套设备研制】 该项目由中铁六局集团天津铁路建设有限公司承担，中铁六局集团有限公司合作，杨炳勋、何震、梅树桐等完成，2008年4月29日通过天津市河北区科委鉴定，研究成果达国际先进水平。该项目是一套适用于野外恶劣条件下施工使用、中低档价格、半机械化、中小型的道岔、轨排纵横移专用施工设备，其设备组成由起落系统、走行系统及液压、动力控制系统3部分组成。起落系统改变道岔、轨排起落支点，将下支点改为上吊点起落方式，同时使用一套多组起落设备使其与道岔、轨排形成一个稳定的整体框架，保证道岔、轨排的起落过程更加快速、安全和可靠。走行系统设备采用高性能液压马达推动道岔、轨排的走行，代替原始落后的人拉肩扛的施工方式，实现道岔或轨排稳定纵向或横向移动，提高工程的可操控性，保证施工的安全。液压及动力系统同时为起落系统、走行系统提供动力。自备动力源，无需外接动力源，适应野外恶劣工况下施工。DG-Ⅰ道岔、轨排纵横移设备可以很好地解决铁路道岔、轨排纵横移工程施工中普遍存在的费时费力、安全质量无法控制的问题，改变传统落后的劳动密集型施工工艺，最大限度地减少对行车的干扰，填补铁路工程施工领域的空白。

（杨炳勋）

航道整治与水运工程

【第三届国际疏浚技术发展会议在津召开】 2008年11月18日至19日，由中国疏浚协会组织、中交天津航道局有限公司承办的第三届国际疏浚大会在天津滨海新区召开。世界疏浚协会联合会东部疏浚协会主席 John.Dobson、国家交通运输部水运司负责人及国家水利部、中国疏浚协会、中交股份公司有关领导与 200 多名来自世界各地的疏浚行业代表、专家，围绕“加强疏浚土有益利用，建设资源节约型和环境友好型社会”的主题展开研讨。会议介绍了世界疏浚市场的需求状况，以及巨大疏浚总量而引发的加强对“疏浚土有益利用”研究的必要性和迫切性，推广疏浚土的有益利用是一项长期、艰苦、细致的工作，需要世界疏浚界共同努力。作为中国最早的疏浚机构——天津航道局在疏浚土的有益利用和保护环境方面做了许多有益的尝试。同时，国内外的疏浚企业也正在致力于环境保护的研究。大会现场交流发布论文近 20 篇。

（胡立群）

【大型挖泥船泥浆泵新材质叶轮研制】 该项目由中交天津港航勘察设计研究院有限公司承担，张庆海、王立强、秦秀华等完成，获 2005 年度天津航道局科技进步奖二等奖，2005 年度中交集团科技进步奖特等奖，2006 年度中国航海学会科技进步奖一等奖，2007 年度中国施工企业管理协会科学技术创新成果奖二等奖。该项目研发了大中型挖泥船泥浆泵叶轮等易磨损零件的新型耐磨材料，其中关键技术是设计了不同于国内外现有标准牌号的耐磨合金新配方进行冶炼，在多次室内试验的基础上，自主制定了上述合金专用的复式热处理工艺，并委托河北工业大学材料学院多次进行室内力学试验。新材质的抗拉强度比泥浆泵叶轮原材质提高了 92%，硬度提高了 1.5 倍；金相检验显示，新材质的微观组织是板条状马氏体，而原叶轮材质微观组织是回火索氏体加铁素体。随着疏浚业的不断发展，中交天津航道局有限公司的大型挖泥船成倍增加，该成果具有广泛的推广应用价值。

（胡立群）

【先进疏浚技术与关键装备研发及产业化】 该项目由中国交通建设集团有限公司、中交上海航道局有限公司、中交天津航道局有限公司、镇江市亿华系统集成有限公司、中国船舶工业集团公司第 708 研究所、上海交通大学，广州文冲船厂有限责任公司联合开发完成，获 2008 年度国家科技进步奖二等奖。项目经过承担单位 100 多名技术人员 6 年的产学研联合攻关及推广应用，在先进疏浚技术与关键装备及现代大型挖泥船设计建造技术上取得实质性创新和重大突破，具备完全的自主知识产权。成果获发明专利 1 项，实用新型专利 9 项；公开发明专利 3 项，受理 4 项；登记软件著作权 2 项，出版专著 1 部、教材 4 套；颁布企业技术标准 1 部；发表论文 25 篇。其主要内容有：大型挖泥船性能研究和设计建造技术；挖泥船综合平台管理系统；疏浚自动寻优技术；船岸信息一体化技术；疏浚机具标准化、系列化和新型耐磨材料技术。成果主要技术内容达到国际领先水平，融入了国内创新疏浚理念和先进疏浚技术的挖泥船，整船造价仅为国际同类船舶的 45%~65%，关键装备的造价降低了 70%以上，创新了疏浚工艺，生产效率提高了 18%~36%。该成果打破了国外长期技术垄断，建立了中国现代挖泥船产业的研发、设计、建造及配套装备中心。该项技术已在全国 120 多艘挖泥船上推广应用，覆盖全国大型挖泥船 90%以上，近 3 年为国家新增利税 13.4 亿元，节约设计建造费 70.2 亿元，具备了产业化规模。

（胡立群）

【交通部天津水运工程科学研究所科技工作概况】 2008 年，交通部天津水运工程科学研究所共完成科技成果报告 265 篇，其中港口航道建设研究领域的潮流、泥沙、波浪、水流等研究报告 138 篇，环境影响评价及海域使用论证报告 98 篇，水工构造物结构检测诊断及评估技术报告 29 篇。全所科研及管理人员在国内外期刊发表论文 142 篇；出版《航道整治研究与实践》和《天津湿地与古海岸遗迹》著作 2 本；取得国家知识产权局授权“升降式移动防风网装置”等 3 项专利；取得“河流水流泥沙数值模拟软件 V1.0 TK-2DC”计算机软件著作权 1 项；“港口散货堆场防风网建设关键技术研究”等 7 项科技成果经鉴定达到国际领先或国际先进水平；“近海动力环境中粉沙运动规律的研究”等 7 项科技成果获省、部级科技二等奖，“天津港东海岸一期工程关键技术研究”等 6 项科技成果获省、部级科技三等奖。此外，该所的国外市场领域不断扩大，相继完成了马来西亚、印度尼西亚、缅甸、巴基斯坦、韩国等国家的水运工程研究项目，研究成果得到项目委托方认可，获得了外方的信任并取得了良好的信誉，标志着该所国际化水平进一步提高。

（交通部天津水运工程科学研究所）

【西南水运出海中线通道航运建设工程可行性研究】 西南水运出海中线通道南盘江、北盘江、红水河(“两江一河”)是西江干流上游及主要支流,河流腹地矿产资源丰富,但交通运输条件成为制约经济发展的“瓶颈”。交通部天津水运工程科学研究所和贵州顺达水运规划勘察设计所进行该航运工程建设可行性研究,研究成果获2008年度国家交通部优秀咨询成果奖三等奖。该航运建设项目建设内容和规模为:按Ⅳ级航道标准整治航道总长349.7公里;同步改建和新建板坝、八渡、岩架、坝草、白层、蔗香、羊里、八总等8个码头共15个500吨级泊位和相应的助航、通信和航道管理等航运支持保障系统工程。该研究针对龙滩及上游水电枢纽特性及调度方式,研究来流特性,提出符合变动回水区实际来流特征的“时段保证率法”的设计流量及设计水位的航道设计理论,推求了变动回水区的设计水文及流量;采用水力计算与滩情分析方法,论证航道尺度并提出保证措施;在整治建筑物结构设计中创造性提出双绞格网、雷诺护垫等有效防治和减轻洪水破坏的新型结构。该项目利用红水河龙滩枢纽建设提升航道等级,大力发展内河航运,实现国家高等级航道规划,完善西部地区综合运输体系。该工程的实施,极大地改善腹地交通条件,有力推动资源开发和经济发展,实现腹地居民脱贫致富,有力地贯彻国家“西部大开发”战略和建设泛珠三角经济区发展战略。该项目同时实现国家高等级航道规划并贯彻了国家战略要求,提出多项具有创新性理论和库区航运建设关键技术问题,通航标准可行,建设方案经济合理,注重水土保持与生态环境建设。

(交通部天津水运工程科学研究所)

【海上事故快速反应搜救及影响分析系统开发】 该项目由交通部天津水运工程科学研究所承担,天津海事局合作,张征、李蓓、杨华、侯志强等完成,2008年6月20日通过天津市高新技术成果转化中心鉴定,成果达国际先进水平。该项目开发研制的“搜救定位支持系统”,由5部分组成:海洋基本数据库、潮流、风吹流数值模拟系统、石油漂浮扩散系统、仿真动态显示系统、卫星遥感分析系统和地理信息系统。研究成果主要有:①海洋数据库平台的建立。项目建立了以渤海、渤海湾内的潮流、风吹流、潮位、水深等海洋水文基本数据。建立了潮流、风吹流数值模拟系统和石油漂浮扩散模拟系统,其中风吹流包括E、S、W、N、NE、SE、SW、NW 8个风向;8级、9级、10级和11级风速:用来模拟预报事故海区发生海难时刻的海流和风吹流流场,并模拟海难中人、物、船漂移轨迹和石油等危险品漂浮扩散范围,为搜救提供正确定位。②以地理信息系统为平台仿真动态显示系统。项目集成大量海洋基本数据库、数值模拟计算数据和仿真动态显示等大量数据资料,应用计算机技术对数据进行集成、存储、检索、操作和分析,生成并输出各种信息。系统建立了一整套友善的人机界面和灵活简便的操作接口,以及仿真、动态的可视画面,在屏幕上显示海难区的潮流、风吹流流动情况,并显示搜救目标的漂浮轨迹和扩散范围,对搜救目标进行及时方便准确的预测。该项目进一步完善了数值模拟技术,对学科发展与科技进步起到推动作用。潮流、风吹流数值模拟、石油漂浮扩散模拟系统和可视化技术在黄骅港、洋山港、钦州港等项目中得到成功应用,取得了显著的经济和社会效益。

邮　政

【“公司业务处理系统”天津试点上线】 2008年3月23日,中国邮政储蓄银行“公司业务处理系统”天津试点上线成功,天津市首批5个邮储网点率先使用“公司业务处理系统”管理软件对外办理对公业务。该项目完成了设备采购、内部技术培训、前置服务器的安装、IP地址划分和技术标准数据准备、网点布线和系统集成、系统培训环境搭建等项工作。该系统的上线,标志着邮政金融信息化建设向深度与广度发展,可支撑客户信息的采集与管理,为业务部门提供统一的客户视图;可通过客户号连接产品线,为客户提供更为先进的差异化服务;可以存款、贷款、结算等账户产品为基础,通过参数化和模块化形成组合产品,拓展邮政金融产品新领域。

(天津市邮政信息技术局)

【天津邮政率先在国内实现速递查单电子化】 2008年,邮政信息技术局利用现有的邮政信息网资源,在速递查询中心原有查验平台的基础上,开发了“速递邮件详情单签收真迹扫描模块”。其流程是:根据用户申请,由速递查询中心的工作人员将对应的速递邮件签收详情单进行真迹扫描并存储到速递查验平台,扫描后的速递邮件签收详情单真迹信息可供11185客服中心各个台席、各速递分局以及速递邮件查询受理人员共享。“速递邮件签收详情单真迹扫描功能模块”的投产使用,对内优化了速递邮件查验业务处理流程,提高了速递邮件查验业务处理效率,减轻了速递邮件查验业务处理劳动强度,节省了查询速递邮件的人力资源,提高了查询受理人员的工作质量,节约了复印、传真过程中需要的大量耗材,减少了速递邮件查询消耗的费用;对外缩短了用户查询时间,提高了邮件查询准确率,进一步增强了企业核心竞争能力。该项目的上线运行,使天津速递在全国速递邮件查询业务处理中率先实现了电子化。

(天津市邮政信息技术局)

【报刊无线分发板系统】 2008年5月15日,全市14个点位的“报刊无线分发板系统”全面投入运行。“无线分发板”是邮政部门分发全国订阅报刊的一种设备。该设备可对分发格口顺序进行任意调整,不须格口布线,具有安装调试便捷,使用方便等特点。系统采用linux,数据采集是从“中心局作业子系统”和“电子化支局系统”中取出报刊接口数据,通过邮政综合网将数据上传到信息网中心电子化服务器中,中心局或投递局利用该数据实现报刊电子分发,已分发的数据均保存在电子化数据服务器内,数据可达到全网共享,方便各环节查询。

(天津市邮政信息技术局)

【邮政预付费账户管理系统】 2008年6月19日,“邮政预付费账户管理系统”上线运行。该系统上线后,有效地解决了非直属网点(社会代费网点,如社区网点等)的资金归集问题,可降低企业资金风险,有利于邮政业务管理和稽核工作,同时为进一步拓展代收费类业务、发展社会代收费网点,提供了有力支撑。

(天津市邮政信息技术局)

【邮政内部电视会议系统步入高清时代】 2008年7月,邮政内部“高清视频会议系统”顺利上线,并与原有的标清视频会议系统通过模拟转换方式实现了互联互通。“高清视频会议系统”采用星型树状网络结构,同数字高清综合视讯应用系统组成骨干网,实现双向语音电视会议、数据双流、远程指挥调度和培训等功能。可在同一电视会议平台下召开多组数字高清会议,能较好地实现会议系统视频和高清晰图文在同一会议中同时出现,便于除会场之外的用户实时和非实时观看,同时在电视会议系统出现故障中断之后,具备提供备份的应急功能。还可与现有标清系统达到互联互通,便捷的实现视频系统向更广泛层次延伸。该系统具有支持扩展至语音、桌面视频会议的能力,改变了电视会议系统仅仅局限于会场的现状,提高了企业管理效能。

(天津市邮政信息技术局)

【速递综合信息处理系统二期工程天津试点工程】 2008年10月13日,天津市邮政公司18个区县局速递分公司的终端设备与速递专业主机顺利连通,标志着该公司完成了“速递综合信息处理系统二期工程”天津试点工程成功上线。“邮政速递综合信息处理系统二期工程”是以速递专业收寄系统(含大客户揽收、综合管理和客户管理)为核心功能的软件,对优化速递专业管理流程,提升速递专业的管理水平具有重要意义。

(天津市邮政信息技术局)

【金融网络带宽由2兆升为10兆】 2008年10月18日,天津市邮政公司完成“邮政金融计算机广域网扩容工程”天津试点工作。工程主要内容是:调测新增10兆省际线路为金融网主用线路,调测新增2兆SDH省际线路并与原2兆线路捆绑为金融网备用线路;调测新增两台CISCO 7206路由器网络设备,将原有绿卡省际CISCO 3640路由器与新增CISCO 7206路由器进行割接。线路网络带宽由原2兆升为10兆,标志着“邮政金融计算机广域网扩容工程”在天津试点成功。金融广域网扩容后可大大缓解因异地、对公、汇兑等金融业务量不断增长给网络带来的压力,同时也进一步提升了邮政储蓄的核心竞争力。

(天津市邮政信息技术局)

【航空客票保险系统】 2008年11月17日,天津市邮政公司“航空客票保险系统”成功上线,开创了邮政台席可以办理保险业务的先河。该系统上线后,提升了邮政服务品牌形象,可带动相关业务和同类产品的开发。

(天津市邮政信息技术局)

综合科技

质量技术监督

【简况】 2008年，天津市质量技术监督局系统有21项局级科技开发项目计划，20项局级鉴定验收计划，3项国家质量技术监督检验检疫总局科研项目计划，1项列入天津市科委项目计划。当年经天津市科委鉴定科研项目2项，科技成果登记13项，获得2008年度天津市科技进步三等奖1项。经各单位申报、组织专家和有关评委评审，评选出天津市质量技术监督局2007年度科技进步奖10项。

2008年质量技术监督工作的重点之一是加快质量技术监督检测技术机构建设尤其是加快国家质检中心建设，其中建立新的国家级质检中心项目已获得批准，列为当年完成的15件实事。另外，"絮用纤维制品国家质检中心"已于2008年3月经总局批准立项筹建。在推动地理标志产品保护工作中，蓟县的"盘山磨盘柿"已通过地理标志保护审批并发布公告。

（市质量技术监督局科技外事处）

【温度计检定装置】 该项目以碳化硅（SiC）做发热体，采用调压方式控制温度，通过加热可以达到1450℃，同时能满足红外辐射温度计计量检定的各项技术要求，有效解决高温热源对控温仪表和高温膨胀对外壳的影响。具有创新性和很好的推广应用前景。该项目2008年4月通过天津市质量技术监督局组织的专家认定。

（于艳娴）

【半导体低温槽】 半导体低温槽是温度计量专业广泛应用的低温计量检定装置。其符合接触式温度计的检定要求，完全可替代在用的以氟13为制冷剂的低温检定槽，符合环保政策，具有一定的创新，有很好的推广前景。与传统的机械制冷相比具有启动快、控制灵活，结构相对简单，噪音相对较低且无磨损，可靠性好，寿命长，热平衡制控温较好等优点，同时成本不高于传统的低温检定槽。该项目2008年4月通过天津市质量技术监督局组织的专家认定。

（于艳娴）

【温度传感器检定系统】 该系统通过采用热管技术实现温场的均匀，方案设计合理，技术先进。热管中选用了潜热大、流阻小且节能效果好、性能稳定的甲醇和导热姆作为工质，实现了热管主题网芯与工质在同样热阻与流阻条件下的最佳匹配，双槽结构设计提高了效率。该装置无搅拌、无油等介质的污染、无噪声。控制采用精密温控表，实现一表双控温，可以开展多种工作用温度传感器的检定。包括：双金属温度计、压力式温度计、工作用铂、铜热电阻工作用廉金属热电偶、工作用铜—铜镍热电偶、半导体温度计等。满足了工作用温度传感器的检定规程要求。该系统体积小、重量轻，便于携带，具有较强的抗干扰能力，适合现场在线检定的使用，具有很好的推广前景。该系统填补了温度传感器在线检定设备的空白，达到国内先进水平。该项目2008年11月通过天津市质量技术监督局组织的专家认定。

（于艳娴）

【特种设备重大危险源辨识标准】 《特种设备重大危险源辨识标准》（以下简称"标准"）由特检院与天津市质量技术监督局共同制定。该"标准"充分吸收了国内外重大危险源的研究成果，充分考虑了特种设备的特殊性质和天津市特种设备管理现状，综合了特种设备的潜在危险性、事故产生的可能性以及发生事故后可能造成的人员伤亡、财产损失等因素，按照易于实施的半定量辨识原则制订。作为国内特种设备重大危险源辨识领域第一部地方标准，该标准的实施为天津市特种设备重大危险源的辨识工作提供了技术依据，为特种设备实行分级管理打下基础，对有效降低特种设备重、特大事故发生的可能性，提高天津市特种设备的安全管理水平具有重要意义。该"标准"于2008年4月15日通过天津市质量技术监督局的鉴定，2008年6月25日由天津市质量技术监督局发布，2008年10月1日起正式实施。

（刘宏臣）

【车用压缩天然气钢质内胆环向缠绕气瓶检验与评定标准】 该项目在消化吸收国外相关标准规范的基础上，进行了带有预置典型缺陷的钢质内胆环向缠绕气瓶的疲劳试验，并以试验数据为支撑，参照国内钢质无缝气瓶定期检验与评定标准，确定了车用压缩天然气钢质内胆环向缠绕气瓶定期检验的方法及工艺路线，制定出了符合天津市实际的《车用压缩天然气钢质内胆环向缠绕气瓶定期检验与评定标准》(草案)，为规范车用压缩天然气钢质内胆环向缠绕气瓶定期检验工作的程序和作业方法，提高检验工作质量和效率提供了技术依据。该项目于2008年10月通过天津市质量技术监督局的认定验收。

（刘宏臣）

【压力管道检验检测新技术研究】 该项目以实际工程检测为背景，对超声导波、超声相控阵、TOFD、漏磁和埋地管道防腐层检测等5项压力管道检测技术进行了较为深入的应用研究，形成了具体的检验检测工艺，为压力管道检验工作的深入开展提供了技术支持。项目成果具有较高的应用价值，研究成果达到了国内先进水平。该项目于2008年12月通过天津市质量技术监督局的认定验收。

（刘宏臣）

【轴类零件免拆卸超声波探伤工艺及检验标准研究】 该项目借鉴了国际国内无损检测领域的最新研究成果，在2006年完成的"轴类零件不拆出无损检测工艺及专用设备研究"项目的基础上，收集特种设备承重轴的结构及特点，重点研究开发检测数据与波形识别技术，提高缺陷的检出率和准确率；研究论证各类缺陷对特种设备使用安全的影响，提出发现缺陷的轴报废标准。其选用的"角度传感器"能满足检测需要，检测装置结构合理，创造性地采用角度传感器检测方法，精确、简捷、经济实用，开创了一种全新的检测思路和方法。该技术具有广泛的应用价值，可在臂架类起重机械中作为重要安全装置推广。该项目于2008年12月通过天津市质量技术监督局的认定验收。

（刘宏臣）

【直接检测食品中的活性沙门氏菌研究】 "基于RNA的特异性PCR技术直接检测食品中的活性沙门氏菌研究"项目，于2008年1~12月由天津市产品质量监督检测技术研究院刘祥、罗冠中、汪晓冬等完成。该课题组经过大量的前瞻性试验研究工作，建立了以荧光定量PCR技术为基础手段的活性沙门菌直接检测技术，检测样品周期由原来的3天缩短至12小时以内，形成了比较可行的致病菌快速检测方案和技术路线，为进一步完善和建立致病菌快速检测技术奠定了良好的基础。该项目2008年12月通过天津市质量技术监督局组织的专家认定。

（岳明祥）

【全自动发动机冷却液试验台架的研制】 该项目于2007年6~12月由天津市产品质量监督检测技术研究院杨佳玲、刘威、岳明祥等完成。项目围绕自动化控制和国外标准要求两个方面的技术难点进行攻关，研制出结构合理、操作简便、自动化程度高、测试精度、重复性、一致性好的试验台架，各项技术指标均符合SH/T0087、ASTM D2809标准规定：泵转速为4600±100r/min；系统压力为103±3kPa；系统温度为113±1℃；运行时间为100h。已形成小批量产品生产能力，设备已销往山东、北京等地，并获得实用新型专利。该项目2008年12月通过天津市质量技术监督局组织的专家认定。

（岳明祥）

【液相色谱串联质谱法】 "食品中9种非食用色素的测定——液相色谱串联质谱法"项目，于2008年1~12月由天津市产品质量监督检测技术研究院罗冠中、刘祥、汪晓冬等完成。该项目建立了9种常见非食用色素的检测方法，无论是检测精密度、准确性(加标回收率)、线性、检出限都符合GB/T5009.1等标准和法规要求，在一定程度上解决了食品中一些没有检测标准或是因标准中没规定而在食品中添加违法添加物不能检测的问题，在检测时间上由原标准30min缩减为15min；检出限提高了1000倍，为政府及有关部门实施控制措施提供了决策依据和技术支持。该项目于2008年12月通过天津市质量技术监督局组织的专家认定。

（岳明祥）

【GS1系统在中药材种植产地溯源中的应用】 该项目由天津市质量技术监督信息研究所李旗、陆钧、范旭等完成，被列入中国条码推进工程项目。该项目建立了中药材规范化种植管理模式，推动了中药材资源合理综合利用，实现了中药材种植的可追溯性。项目的实施提高了国内中药材种植溯源管理的信息化水平，为保证中药质量安全、保障消费者健康提供了有效的技术支撑。该项目填补了国内中药材种植产地溯源的空白，为中药生产企业从源头上进行药材质量的控制，以及对问题成品药的追溯与召回，提供了科学、先进、有效、可行的技术解决方案，具有广泛的推广前景。《中国质量报》、《天津日报》、《中国物品编码中心官方网站》、《人民网》等7家新闻媒体对GS1系统在中药材种植产地溯源中的成功应用进行了报道。该项目获2007年度天津市质量技术监督局科技进步三等奖。

（质量技术监督信息所）

【企业组织机构代码信息共享】 该项目由天津市质量技术监督信息研究所李旗、王家祥、果植昌等于2007年11月完成，被列入天津市信息化计划项目。该项目解决了多年来组织机构代码发展的难题，从硬件和软件两方面实现代码数据大集中的目的，达到能够对外提供服务的水平，满足天津经济发展和滨海新区建设对代码工作的要求。该项目不仅完成了项目建设目标，而且实现了数据的动态集中管理，在全市15家参加共享工作的单位中，率先实现了与共享平台的实时交换。对促进全市经济快速发展和经济的宏观调控、偷漏税的征缴、企业诚信体系的建立、联合监管和并联审批等工作具有十分重要的意义。

（质量技术监督信息所）

【纺织品阻燃标准分析及婴幼儿服装易燃性标准研究】 该项目由天津市纺织纤维检验所甘亚雯、苑淑花、冉祥凤等完成。课题组通过大量解读纺织品阻燃法律法规和产品标准及方法标准，研究纺织品阻燃性能标准的国内外发展现状、纺织品的用途及目前阻燃测试仪器设备状况；重点对婴幼儿服装燃烧性能标准进行理论和试验研究，对各种阻燃检测试验项目和方法的原理、条件、测试手段等进行对比分析，研究不同织物中洗涤对燃烧性能的影响；就制定统一、详尽、完善的纺织品阻燃性能标准，特别是婴幼儿服装燃烧性能标准提出建设性意见，认为在标准制定中应增加标签规定，增加对洗涤程序的规定，同时改进纺织品燃烧性能检测设备，使之具备多功能、适应多标准和多种取样方法，从而给产品的生产、产品进出口、检验机构的检验和标准研究、以及制定法律法规的部门提供重要的参考依据。该项目2008年12月通过天津市质量技术监督局组织的专家认定。

（纺织纤维检验所）

【国家海水及苦咸水利用产品质量监督检验中心成立】 2008年，经国家质检总局和国家认监委批准，国家海水及苦咸水利用产品质量监督检验中心在天津成立。该中心依托国家海洋局海水淡化与综合利用研究所，为国家质量监督检验队伍增添了一支新生力量，可在国内培育海水及苦咸水利用产业、强化市场监督、规范市场准入、提升产品质量、促进产业又好又快发展中发挥重要作用。

（市科委生物医药与环保科技处）

检验检疫

【检验检疫科技工作简况】 2008年，天津出入境检验检疫局承担制定行业标准21项，国家标准23项；省部级科研项目15项；完成各类科研项目37项；荣获天津市科技进步奖三等奖2项。

该局2008年投入12000多万元，用于加强生物安全P3实验室、转基因实验室、GHS毒理学实验室、化学危险品实验室、电池实验室等重点实验室建设、信息化建设和科学研究工作，实验室技术能力、检测能力得到明显加强，同时，网络信息化建设提高了检验检疫工作效率，促进了天津对外贸易发展。鉴于滨海新区开发开放的形势，该局特别加强了区域检验检疫，以及与海关、港口、口岸委等单位之间的交流与合作；探索建立服务于滨海新区乃至环渤海地区的电子检验检疫分平台，实现港口与内地以及口岸单位进出口贸易信息的共享；依靠科技信息化手段，实现了集中查验、集中审单、集中转检等“三集中”检验检疫业务模式的创新，提高了工作效率和质量，促进了环渤海的经济协作和发展。另外，通过加强围绕外来生物入侵、疫病疫情、食品安全监管、有毒有害物质、化学危险品和技术性贸易措施等重点领域的科学研究，该局研究探索出了大量快速有效、高通量检验检疫方法，打破了国外技术壁垒，促进了天津地方经济发展。

（安奉凯）

【GHS环境危害检测系统及实验室规划布局的研究】 该

课题是天津出入境检验检疫局承担的2008年国家质量监督检验检疫总局(以下简称“国家质检总局”)科研课题。中国不但危险化学品生产、使用量大,而且是危险化学品出口大国,如果没有一个规范的、与国际接轨的GHS实验室,就不能顺利推行GHS体系,会严重制约中国外贸的发展。国际上统一的危险化学品管理模式已成雏形,统一化学品的分类和标识势在必行,所以中国迫切需要建立符合国际公认的、GLP规范要求的GHS实验室体系,建立与之相适应、得到国际认可、真正做到与国际接轨的GHS实验室规划设计体系。该课题完成了GHS环境危害检测系统,包括鱼类培养系统、藻类培养系统、溞类培养繁殖系统;藻类、溞类、鱼类毒性试验系统;进行环境危害检测项目的实验室,根据所在地的地理、气候条件以及具体的实验项目,经过实验筛选,确定若干种适合的实验生物包括鱼类、藻类和溞类等,作为实验室长期培养的实验品种,建立了GHS实验室规划布局体系。

(安奉凯)

【食品和饲料中呕吐毒素等快速初筛免疫试剂盒的研究】 该课题是天津检验检疫局承担的2008年国家质检总局科研课题。真菌毒素的免疫学检测法被称为是21世纪最具竞争性和挑战性的检测分析技术,由于具有特异性强、灵敏度高、方便快捷、分析容量大、检测成本低、安全可靠等优点,在真菌毒素的检测中引起广泛关注。该项目针对毒性大、危害广的赭曲毒素、呕吐毒素、腐马毒素和玉米赤霉烯酮等开展研究,建立了快速、准确、高通量、低成本、具有自主知识产权的免疫学检测方法,并开发成快速、高通量检测试剂盒和可用于现场检测的试纸条。

(安奉凯)

【全氟辛酸盐类物质使用环境安全和检测技术的研究】 该课题是天津检验检疫局承担的2008年国家质检总局科研课题。全氟辛酸及其盐类(即全氟辛酸铵,简称PFOA),是一种常用的氟表面活性剂。已有研究表明,全氟辛酸是具有中等毒性的肝致癌物。国内外对PFOA的研究主要集中于其对人体潜在危害,即毒理学的研究上,有关PFOA进入人体的途径及其在环境中的迁移等研究较少,尤其缺乏对PFOA的安全评价技术。而对于一种有毒有害的化学物质,为了确定其对环境污染和人体的健康影响评价以外,建立相应的安全性评估体系是有效减少其对环境及人体危害的一种极为有效的手段。该课题就包装材料中全氟辛酸铵的安全性评价技术和检测技术进行研究,通过对含氟聚合物包装材料中的PFOA的检测分析和风险评价,研究建立了化学品安全性的模糊数学评价模型。

(安奉凯)

【动植物检疫实验室能力验证技术规范的研究】 该课题是天津检验检疫局承担的2008年国家质检总局科研课题。为适应动植物进出口检疫的需要,兽医诊断实验室和植物检疫实验室均应符合国际质量标准(如:ISO /IEC 17025),而能力验证是实现同类实验室国际互认的重要手段。该项目的建立对规范能力验证项目的实施,保证能力验证工作的有效性、可行性、规范性起到积极的推动作用,为建立中国自己的能力验证体系而进行相关规范及技术的研究。

(安奉凯)

【天津蔬菜基地线虫调查及快速检测方法研究】 该项目是天津科委计划项目,由天津出入境检验检疫局动植物与食品检测中心承担,天津市蔬菜技术推广站合作,黄国明、王金成、马以桂、杨秀丽等完成,2008年3月20日通过天津市科委组织的专家鉴定,成果达国际先进水平。该项目的主要创新点是:①首次对天津蔬菜基地的植物线虫进行了本底调查,对所分离到的线虫种类进行了鉴定,并对危害较大的线虫种类,如,根结线虫、甘薯腐烂茎线虫,鉴定到种;②根据线虫调查和鉴定的结果,完成了调查报告;③通过形态学和分子生物学比较,发现危害中国甘薯的茎线虫为不同于甘薯腐烂茎线虫 Ditylenchus destructor 的一个新种,暂定名为 Ditylenchus lini sp. nov.; ④建立了茎属线虫单条线虫的常规PCR-RFLP快速检测技术体系,首次获取了腐烂茎线虫、鳞球茎茎线虫和食菌茎线虫的酶切图谱,保证12小时内能鉴定出上述3种线虫。⑤首次建立了套式PCR快速扩增单条根结属线虫幼虫核糖体ITS序列的技术体系,并进行了组酶酶切实验,获得了4种常见根结线虫的RFLP图谱,结合形态学指标,建立了快速检测方法。⑥首次建立了套式PCR快速扩增单条短体线虫核糖体ITS序列的技术体系,为该类线虫rDNA-PCR-RFLP图谱方面的研究提供了重要技术保障。⑦首次对天津蔬菜基地植物线虫田间20

天种群动态进行了初步研究，提出了“预检、清洗、人工筛拣”相结合的快速验放方案。⑧首次提出了构建Nema-log植物线虫分子标记系统的设想。该项研究成果为植物线虫研究人员发现新的物种提供重要依据，对植物线虫分类学中同物异名、异物同名等现象的澄清提供帮助。

公共安全

【天津市获“科技强警示范城市”称号】 2008年4月，天津市通过了国家公安部、国家科技部联合组织的“科技强警示范城市建设”验收考核，于2008年9月10日正式获得“科技强警示范城市建设”称号。2006年以来，天津市开展了“科技强警示范城市”创建工作，市委、市政府高度重视，成立了“天津市科技强警示范城市建设工作领导小组”，全面负责示范建设的规划设计和推动指导工作。天津市公安局与天津市科委专门成立了工作机构，研究制定了《天津市公安机关2007~2010年科技强警工作规划》、《天津市科技强警示范城市建设实施方案》和《关于进一步加强天津公安科技工作的意见》，围绕公安信息化、应急指挥、技术防范、侦查技术、治安行政管理、网络监察、反恐处突、科技队伍、基层基础和运行机制等方面设置了10大类56项具体建设任务，明确提出了天津市公安科技建设发展方向和任务要求。市科委将科技强警工作纳入天津市总体科技规划，共批准公安机关市级科技支撑计划重点项目、应用基础及前沿技术研究计划项目10个，支持经费288万元。市公安局和各公安分局积极争取党委、政府支持，多渠道筹措建设资金，采取“先建后还”、“以租代建”和“贷款建设”等多种方式，有效解决建设资金不足的问题，全市共投入建设资金6.49亿元，保障了天津市科技强警示范城市建设的顺利实施。

在示范城市建设期间，公安机关建设了“警务信息综合应用平台”、“基层警务信息（派出所综合查询）系统”等44个信息应用系统，初步实现了信息全警共享和全面应用；升级改造“110”指挥系统，实现了“110”、“119”、“122”“三台合一”，提高了快速反应能力；建成了覆盖全市的350兆集群通讯网，配置了卫星图像车；为2000余辆警车安装“GSM+GPS机动车报警服务系统”，提高了整体指挥调度能力；重点开展了刑事技术和刑事侦查情报信息应用建设，推广应用了“天津市公安局刑事侦查工作管理系统”，开通“环渤海区域刑侦情报信息协作平台”。据统计，全市利用科技手段共破获各类刑事案件17886起，抓获犯罪嫌疑人15213人。此外，还建成了智能交通管理系统、无线应急指挥调度系统、道路交通事故现场勘查测绘系统、交通信号协调控制系统，配备了相应的设施装备。建立了消防安全重点单位信息系统外网服务系统，配备了特种消防车辆、毒气体探测仪、可燃气体探测仪等一大批具有国际先进水平的抢险救援、消防检测和火场勘察装备，研究开发了“槽车专用强磁抢险堵漏工具”，提升了灭火救援工作的技术水平。

（天津市公安局科委）

【天津市“技防网”建设成效显著】 2008年，天津市公安局深入实施科技强警战略，加快推进“技防网”建设取得了明显成效，已建成“技防网”管控中心，在市公安局指挥中心、公安刑事侦察总队、公安公交分局等单位设置监控接警平台，先后在全市20个区县公安分局和129个街道、乡镇派出所设置了二、三级监控接警平台，建设整合前端视频监控点位3728个、机动车号牌抓拍识别联网比对报警系统前端控制点位38处，发展了6000个自动报警和16000个GSM+GPS监控报警系统用户，实现了信息资源共享和有效管理。天津市应急办、天津市安监局等单位已安装了“技防网”视频监控终端，实现了视频监控资源的跨行业、跨部门共享。年内，各级公安机关利用“技防网”预防和破获各类案件500余起，抓获嫌疑人200余人。同时，市公安局重点开展了机动车号牌抓拍识别联网比对报警系统研究建设，科技处研发的“机动车号牌抓拍识别联网比对报警系统”项目经专家鉴定一致认为该系统设计科学、效能显著，在技术和功能上具有国内领先水平。该系统具有自动对经过预置区域机动车号牌抓拍、识别，对符合条件的车辆报警和视频跟踪等功能。市公安局110指挥中心、刑侦局和报警位置属地公安分局通过接警平台可快速布控、处置警情。该系统主要设置在天津市外环线和主要交通路口，已成功协助公安机关侦破各类案件数十起，发现交通违法违章行为数千次，有效提升了公安机关治安防控和警情快速处置的能力和水平。

（天津市公安局科委）

【以“平安奥运”为主题的公安科普活动】 2008年，

天津市公安局结合公安工作实际，以“平安奥运”为主题，在全局范围开展经常性、群众性的公安科普活动。在“提高全市人民奥运安保意识——公安科技成果推广应用与咨询”活动中，和平、西青、塘沽等分局在不同地区繁华地段，滚动播放了奥运安全知识和公安科技教育资料片，向群众发放宣传材料，热情解答群众咨询，受到了好评。科技管理处深入各公安分局和派出所指导开展技术培训工作百余次，并以“3·15”宣传日为契机，面向社会广泛开展技术防范咨询服务和培训活动，全面提高了技术防范应用水平。公安消防局在科技活动周和科普宣传月期间集中开展消防宣传工作，面向社会全天候开放消防队（站）开展消防宣传，为参观群众介绍消防隔热服、防化服、破拆工具、特种器材等先进消防装备和消防科技知识，接待参观群众2万余人。公安交通管理局贴近一线，组织开展了“单警装备”和“迎奥运道路交通事故勘查测绘系统”的培训。公安刑事侦察局组织警犬侦训队和涉爆案件处置队开展全封闭式“科技奥运，平安奥运强化培训班”，对所有参训民警进行公安科技知识、奥运安保技能的强化培训，采取全真模拟形式，对搜查、排爆、警犬方面的知识进行全面的提高训练。公安职业警官学院围绕“平安奥运”主题编写了竞答题，广大师生通过参与知识竞答活动，普及奥运会的知识。据统计，2008年，市公安局共举办各类科技讲座、培训班30余场，科技宣传展示、科技论坛和科技成果推广应用交流会25场，全局共有25500余名民警参加了科普活动，社会各界受教育群众人数近30万人次。

市公安局还组织各单位依托天津电视台、各区、县电视台、天津广播电台的经济台、新闻台、交通台和《天津日报》、《今晚报》、《每日新报》、《城市快报》、《天津政法报》等媒体大力宣传奥运安保知识，收到了显著成效。

（天津市公安局科委）

【法医物证DNA自动化检验技术体系的研究与应用】 该课题由天津市刑事科学技术研究所研制完成，于2008年6月通过天津市公安局科委组织的科研项目验收。该课题研究建立的自动化技术体系，设计科学严谨，技术路线正确，运行高效、流畅，DNA检验结果准确可靠，可显著提高法医物证DNA检验、鉴定效率，在法医生物技术领域具有突破和创新。该成果适用各地法庭科学DNA实验室，社会效益显著。该课题建立的自动化DNA检验技术模式，于2006年公安部在津举办的“全国公安机关DNA实验室规范化建设研讨会”上进行宣传和推广，已被多个省市法医DNA实验室借鉴、采纳。该课题研究达到国际先进水平，获2008年度天津市公安局科技进步一等奖。

（年　云）

【现场手印比对检验模拟系统】 该课题由天津市刑事科学技术研究所研制完成，于2008年3月通过天津市公安局科委组织的科研项目验收。“现场手印比对检验模拟系统”研究、解决了人工检验手印的数字——网络化的问题。利用计算机网络技术、图像处理技术建立手印图像检验平台，开创了一种实战训练手印检验技术的新方法。同时，利用模拟系统的检验平台，尝试了现场疑难手印的研究、分析功能，为实现现场疑难手印检验的远程研判打下基础。“现场手印比对检验模拟系统”使用方便，在试用期间，取得良好的效果。模拟系统可以为技术人员提供一个手印检验技术学习、研究的实用工具和水平测试工具；也为将来及时解决手印检验中遇到的疑难问题，提供一种手印分析、鉴定的交流渠道，对充分发挥手印物证的破案作用有着重要的意义。“现场手印比对检验模拟系统”只要基于公安网络的支持，就可以直接用于公安业务工作中，具有投资少见效快的优势。该课题研究达到国内领先水平。

（年　云）

【公安交通管理科技工作】 2008年，天津市公安交通管理局在加大交通管理科技投入的同时，作为建设第二批“科技强警示范城市”的重点承担单位，除完成了全部建设项目工作外，还配合上级部门圆满完成国家公安部、科技部组织的“科技强警示范城市”验收工作。2008年该局有2个科研项目被天津市公安局科委批准立项，同时编制完成了天津市智能交通管理系统五年规划。

（张学军）

【道路数据预置及事故分析处理综合应用系统】 该成果由天津市公安交通管理局科研所与天津市铁通计算机网络工程有限公司何建伟、蒋洪海、李立、聂方等共同研制完成，于2008年7月通过天津市公安局科委组织的科研项目验收。该成果由支持触摸屏的笔记本电脑、便携式打印机、激光测距仪、无线蓝牙适配器等组成。采用了先进的图像处理算法、无线蓝牙数据传输技术和数据库挖掘技术，开发了系统软件，实现了智能交通道路数据预置功能、自动生成现场图、智能交通事故分析与辅助决策、蓝牙无线数据通信技术等功能。该成果界面友好，使用简单，操作方便，可提高事故现场处理效率，满足了交警现场快速准确处理交通事故的要求，达到了国内领先水平，具有广阔的应用前景。

（张学军）

【公安消防科技工作】 2008年，由天津市公安消防局组织研发的消防科技成果获奖数量及规格创历史新高，多项科技成果获得省（部）级及局级奖项。其中“天津市消防防灾减灾与远程监控系统研究与应用”获得天津市科技进步奖二等奖。由天津市公安消防局组织研发的“消防监督现场检查手持POS系统”、“无线电台智能话音识别器”2个项目被列入“公安部应用创新计划项目”；“中日防火管理的比较研究”被列入2008年度“公安部理论及软科学计划项目”；“火场侦查消防机器人应用技术研究”等5个项目被列入2008年度“天津市公安局科技项目研究计划”；与天津大学共同开发的“智能激光型消防安全疏散逃生系统的研究”获天津市科技支撑项目立项。天津市公安消防局还与天津市建设管理委员会配合完成了多项天津市地方标准的制修订工作。《建筑工程消防验收评定规程》、《注氮控氧预淹没防灭火系统技术规范》和《电气装置消防安全检测技术规程》被列入2008年度天津市建委标准制修订计划。《SDE无管网气体灭火系统设计、施工、验收规范》经过评审，已于2008年10月1日起正式在天津市颁布实施。

（苏 琳）

【公安消防科普宣传活动】 按照天津市科委和天津市公安局的统一部署，2008年科普活动月与科技活动周期间，围绕“平安奥运”的主题，广泛开展了迎奥运消防志愿者活动和“2008北京奥运会倒计时100天主题消防宣传日”等一系列形式新颖、内容丰富、覆盖面广、实效性强的消防宣传活动，为奥运会的成功举办创造了良好的消防安全环境。活动期间，全市共设立消防宣传咨询站点170余个，出动各种宣传车辆270余部，悬挂张贴宣传标语口号2000余幅，出动各种宣传车辆120余部，展示宣传展牌1900余块，向150余万手机用户发布奥运消防宣传短信，发放宣传材料100余万份，举办消防演习40余场，开设奥运消防培训20余期。广大消防志愿者整改火灾隐患2000余件，打通消防通道60多条，近万名群众走进开放消防队（站）和消防教育馆，接受了系统的消防安全教育，增强防火安全意识和自防自救技能，收到了良好的社会效果。2008年，天津市公安消防局被评为天津市公安局科普活动月与科技活动周优秀组织单位，3人被评为先进个人。

（苏 琳）

【“车载细水雾灭火/洗消动力机组”应用于抗震救灾】 2008年5月23日，由天津市公安消防局组织研发的“车载细水雾灭火/洗消动力机组”运抵四川地震灾区，用于抗震救灾的卫生防疫工作。“车载细水雾灭火/洗消动力机组”是天津市公安消防局联合相关科研单位共同研发的一种新型灭火和抢险救援专用装备，主要由发动机、隔膜泵、自动液体添加系统、50米移动卷盘和专用喷枪组成，具有自由配比、喷洒范围广、操作方便等特点。该机组可以选择1%~6%的比例从自备的浓缩液罐中抽取消毒液，然后与水自动混合，形成适当比例的消毒液，通过专用喷枪喷出。喷枪喷出的流量为30L/min，细水雾喷射距离为10~12米，直流喷射为14~16米，可车载作业，也可手持移动作业，每分钟可喷洒面积约1500平方米。该机组运抵四川后在地震重灾区的都江堰市投入使用，主要用于喷洒各种消毒药剂。该设备的使用提高了消毒药剂的喷洒效果，对地震灾区疾病预防和卫生防疫将发挥出积极的作用。

（苏 琳）

【消防防灾减灾与远程监控系统研究与应用】 该项目由天津市公安消防局、天津工业大学、天津理工大学共同承担，2008年5月通过专家验收，研究成果达国际先进水平，获2008年度天津市科技进步奖二等奖。该项目建立了由消防监督管理系统、建筑工程消防审核验收系统、火灾隐患网上追踪系统和重大隐患识别判定系统等构成的火灾预防体系；整合由抢险救援报警服务系统、数字化战训系统和通信指挥系统组成的灭火救援联动系统；搭建以城市远程监控为桥梁，实现火灾预防与灭火救援相结合的城市消防防灾减灾技术集成。

（苏 琳）

【**消防岗位在线练兵考核系统**】　该项目由天津市公安消防局研发完成，2008 年 8 月 29~30 日通过公安部消防局科学技术奖励评审委员会评审，获 2008 年度公安部消防局科技成果推广奖三等奖。该系统是集网上训练、考核、智能统计为一体在线练兵考核系统，具有在线练兵、在线考核、批量信息录入、自动阅卷判分、练兵数据统计分析、远程监控、考生视频图像对照、违规考生锁定等功能，于 2007 年分别获国家实用新型专利和国家计算机著作权登记证书。系统运行以来，日平均在线训练 600 余人次，并进行了多次远程分散和统一集中考核，发挥了岗位练兵的科学性、经常性和便捷性，受到广大官兵普遍欢迎。该系统还进一步完成了第三代版本的升级，实现了异地同步通信，最大限度地减少对服务器的占用，弥补网络带宽的不足，实现了离线答题和在线提交，突破了在线考核人数的局限。

（苏　琳）

【**单项流背负式细水雾灭火装置**】　该项目由天津市公安消防局与天津泰瑞工贸有限公司共同研发，获 2008 年度天津市公安局科技成果奖三等奖。该项研究将细水雾技术成功地应用于单兵灭火装置，属于国内首创。该装置兼具灭火效率高、水渍损失小、轻便、安全、环保等性能。汽体/液体双动减压阀带有的驳接空呼功能，使灭火器与空呼成为一体，在现有灭火装置中是首次使用，不仅填补了国内空白，还为消防员提供了一套快速处置初期火灾的武器。经过市场推广得到了广大用户的认可。该项目获 1 项实用新型专利。

（苏　琳）

【**历史风貌建筑消防安全对策研究**】　该项目由天津市保护风貌建筑办公室、天津市公安消防局、公安部天津消防研究所共同完成，2008 年 5 月 9 日通过了天津市国土资源和房屋管理局组织的专家验收，研究成果达国内领先水平。项目针对历史风貌建筑消防安全问题，结合实地调研情况，通过与现行规范规定对比，经过理论分析与数值模型研究，就历史风貌建筑经修复、改建或改变使用功能后能否满足现行消防规范的有关要求进行分析。对不满足规范的问题，研究应采取的措施，在保持建筑历史风貌的同时，既满足建筑使用功能的需要，又保证达到规范规定的消防安全水平，并提出《天津市历史风貌建筑消防安全管理规定》建议稿，为后续历史风貌建筑保护与利用提供政策依据。课题思路清晰，研究内容完整，创新程度高，所提出的理论和测算模型具有一定的创新性，对科学、规范地保护利用历史风貌建筑具有重要的意义。

（焦玉兰）

气　象

【**气象科技工作简况**】　2008 年天津市气象科技工作从完善体制机制入手，推动气象科技创新体系建设。本着“科技创新有活力、科研方向有特色、科技成果有效益”原则，提出《天津市气象局气象科技创新体系建设实施意见》，明确了气象科技创新体系建设的指导思想、基本原则、发展目标。制定了渤海海洋气象、城市大气边界层和大气环境、灾害性天气预报预警和精细化天气预报及气候变化影响评估与应用 4 个重点领域科技发展方向。

推进科技创新团队建设。结合气象业务服务重大科技项目实施，集约使用人力资源，组建了海洋气象、城市大气边界层科技创新团队，并实施了气象科技领军人才计划。科研所解以扬、韩素芹被授予 2008 年度局科技领军人才称号。

加强气象科技成果转化机制建设。制定《天津市气象局科技成果评价和业务转化综合考核管理办法》，完善科技成果业务转化机制，对科研成果业务转化前进行综合客观的系统测试，提高科技成果的转化率；加大科技成果转化后的评估，提高科研成果的转换效益，并以科研成果业务化程度作为评价科研成果的重要依据。按照中国气象局和天津市政府对农业气象科技服务有关要求，制定了《天津市气象局设施农业气象服务指导意见》，为天津市气象局成为市农委设施农业技术工程中心成员单位之一，开展设施农业气象技术研究与服务起到了积极的促进作用。

组织审议并通过了 2008 年科研课题指南，修订了《天津市气象局科研课题管理办法》、《气象科学和技术工作奖励办法》，审议了《天津市滨海新区交通气象监测系统规划》。该局年内新立项项目 35 项，其中省部级项目 6 项。年内完成局级各类科研项目 16 项。完成了“2007 年奥运演练精细化预报业务系统”、“城市规划气候可行性论证业务系统”天津分项目的验收评审。“花粉监测预测与服务”和“智能化人工降雨技术研究”获2008年度天津市科技进步奖三等奖。2008年在科技论文及气象科研成果的转化与应用方面有所突破。局科技人员在核心刊物共发表论文39篇，其中SCI收录论文3篇，EI收录论文2篇。按照《天津市气象局气象科学技术工作奖励办法》和《关于加强专利和软件著作权登记的实施意见(试行)》，对2007年度23篇优秀气象科技论文和3项软件著作权进行了奖励。

（赵嘉俊）

【召开首届环渤海地区海洋气象防灾减灾学术研讨会】 由中国气象局科技发展司、天津市科委、天津市滨海新区管委会及天津市气象局联合主办的“首届环渤海地区海洋气象防灾减灾学术研讨会”于2008年10月9~10日在天津市滨海新区举行。环渤海地区3省4市气象部门有关领导、专家学者和业务科技人员共170多人参加了会议。中国工程院陈联寿院士等8位专家学者应邀出席并做大会主题学术报告，24名气象科技人员针对海上大风、风暴潮、海雾、灾害预警等方面进行大会交流。该研讨会的召开为建立环渤海地区气象科研业务交流与合作的长效机制奠定了基础，为环渤海地区气象部门一线气象业务和科技人员提供了一个技术交流与合作的平台。会议交流论文85篇并出版学术论文集。

（赵嘉俊）

【气象科技支撑奥运期间气象服务】 2008年，天津市气象局把发挥气象科技在奥运期间气象服务中的支撑作用作为年内重要任务之一，认真组织、精心制定科研计划，推动奥运气象科技研发和成果转化，其中天津市政府立项的“天津气象灾害监测预警与应急(奥运保障)系统工程”为气象服务于奥运的科技研发工作提供了硬件平台；天津市科委支持的“奥运会天津赛区气象保障技术研究”项目，初步建立了天津市精细化数值预报业务系统和短时临近预警业务系统。上述研究成果在奥运期间气象保障中发挥了科技支撑作用。

奥运会期间建立了高性能计算机系统、应急移动气象台以及以精细化数值天气预报系统，并成功进行业务转化应用，提高了奥运期间气象服务的能力和水平，显现出良好的效果。主要体现为：①气象综合探测信息共享平台的建设，为更好地发挥气象信息的作用、实现共享与应用打下良好的基础。②通过技术和系统引进再开发，建立了短时临近预报业务系统，提高了短时临近预报预警能力。③精细化中短期预报系统的开发不仅提供奥运场馆的预报，也具备了乡镇天气预报的基本能力，推进了数值天气预报业务系统的建设，为服务新农村建设、和谐社会建设开展气象保障服务提供了技术支撑，同时通过组织数值天气预报的研究，培养了一支从事数值天气预报释用技术研究的队伍，为提高省级数值预报应用能力奠定了基础。④新增了城市环境气象服务产品，如综合温度热指数和负氧离子观测与预报，使得预报服务产品不断丰富，更贴近百姓的工作与生活。⑤建立了滚动的月气候预测预报技术和业务系统，使短期气候预测预报由每30天发布1次，提高到每10天发布1次未来30天的短期气候预测，提高了服务能力，在防灾减灾中也发挥了重要作用。⑥开通奥运气象服务网站，奥运会结束后，该网站转为公共气象服务网站，搭建广泛服务于社会的公共气象服务的平台。⑦编印了《天津赛区奥运气象服务指南》手册，将编制印刷的5000册奥运宣传手册免费发送给相关部门和星级酒店(宾馆)，并开展了奥运气象服务在星级酒店(宾馆)的行业效益评估。增发了奥运气候专题报告服务产品34期，先后为中国气象局、天津市政府、市体育局奥运办、水利局、防汛抗旱指挥部、海委、农业局、农林局等决策部门及重大社会活动提供气象服务材料20余次。

（赵嘉俊）

【组织开展气象学术交流】 2008年，组织气象局科技人员参加了中国气象学会的学术年会；举办了天津市气象学会学术年会，收到论文33篇；继续开展《科技论坛》活动。邀请美国农业部STEVEN ROY EVETT教授、中国科学院大气物理研究所高志球研究员、天津市营养学会常务理事窦若兰主任等10余名专家教授，就蒸散量的测定和计算方法、海面空气动力粗糙度和湍流通量算法研究、亚健康知识等，组织高层次讲座和研讨；邀请韩国大田气象代表团和印度气象代表团到津访问，增强国际气象科技交流。

（赵嘉俊）

【纪念“3·23”世界气象日】 为纪念2008年世界气象日，市气象局举办以“观测我们的星球 共创更美好的未来”为主题的气象科技报告会。局负责人还应“新华网”之邀就气象观测方式、气候变暖的观测数据、气象观测与天气预报的联系、中国气象观测的水平、现有气象观测技术对灾害的预警的重要作用、观测对经济社会发展的直接影响、天津气象服务为奥运提供保障等方面回答了网民的提问。世界气象日期间,收集了大量的气象科普素材,设计制作了全球气候变暖为主题的气象科普展板一套12幅;组织学生和市民参观天津城市气象观测站和铁塔大气层梯度观测站;开展"走进新农村,气象科技大篷车"活动,在宁河县板桥镇为镇(村)干部和蔬菜种植大户讲授气象防灾减灾和保护蔬菜生产知识,发放气象科普宣传材料500份。

(赵嘉俊)

【利用手机短信进行气象知识宣传】 天津市气象局气象手机短信业务实现跨越发展,2008年订制用户比2007年增加近100万户,订制率从4.3%提高至15.5%。在全国较早实现中国气象频道本地免费向数字电视用户播出,本地节目插播长效运行机制已与天津广电网络公司达成共识。天津市气象局与中国移动通信集团天津有限公司战略合作框架协议举行签署仪式,双方在移动通信服务、气象科技服务、气象信息资源开发利用等领域建立战略合作伙伴关系,充分发挥移动通信网络资源和气象信息资源优势,共同推进气象信息服务,为老百姓提供更加多元化的气象信息。市气象部门不断提高气象信息服务的质量和内涵,进一步细化用户群,加强与交通、电力、水利、搜救中心、建筑等部门、行业的深入合作,为社会各界提供更全面、更具个性化的气象服务信息。天津移动也利用自身资源优势,为气象部门提供应用软件和技术支持,推广和普及移动气象信息服务,使气象预报、预警信息及时传递给广大公众。2008年科技周期间,每日两次发送气象科普知识短信,累计受益人数560万户次。

(赵嘉俊)

【设施农业气象技术研究与服务】 2008年天津市气象局成立了设施农业气象技术研发中心,组织科研业务团队,开展从气象监测预警服务到生产过程的气象保障关键技术研发;组建了设施农业气象监测预警服务系统平台,开展设施农业气象专项研究和气象短信服务,制定设施农业气象服务实施方案,全面推进气象服务与科研工作;申报并获得2项省部级科研项目支持,其中1项列入天津市重点农业科技合作项目。气象局被天津市农委批准加入了天津市设施农业工程中心。

(赵嘉俊)

【东亚季风强度对海河流域汛期降水影响的初步研究】 该项目是2007年天津市气象局研究型业务项目,由谢均主持,2008年5月完成并通过专家验收。该研究得到1948~2007年东亚冬、夏季风指数,分析东亚季风年际变化规律;应用EOF方法,分析海河流域汛期(6~8月)降水时空变化的气候特征;分析了不同的东亚冬、夏季风指数与海河流域汛期降水不同分布型之间的关系,建立了"基于东亚季风强度的海河流域及天津市汛期降水预报系统",可应用于短期气候预测业务中,是气候动力模式产品释用的一种新方法。由于东亚季风与中国东部降水联系密切,该研究对海河流域的汛期降水量和降水分布型预报起到十分重要的指导性意义,可以迅速简便的运用到业务预报当中,为短期气候预测提供一个新思路,提高海河流域汛期降水的预报准确率。此外,技术人员还可以将东亚季风指数的研究结果运用于其他研究工作中。

(谢 均)

【CMAQ模式预报产品应用研究】 该项目是2007年天津市气象局研究型业务项目,由吴振玲主持,2008年5月完成并通过专家验收。该课题利用天津市12个监测站的污染物监测资料和已经运行的CMAQ模式空气质量数值预报产品,分析天津市不同城区空气质量变化特征及污染物浓度与选定区域内点或面数值预报值的相关性,为CMAQ-MOS统计修正预报数值资料的选取提供必要的依据,同时采用了CMAQ-MOS动力统计方法和变分订正方法,用有限站点的污染物观测资料对选定区域内CMAQ模式预报值进行订正,以合理地使用空气质量数值预报产品进行日常业务预报。具体内容为:①完成了相关资料的收集和整理,对天津市污染物变化特征、可吸入颗粒物PM10和SO_2的分布特点、污染物季节变化特点等进行了分析。②进行了天津市污染物浓度检测值与CMAQ模式数值预报产品的对比检验分析以及与选定区域内的点或面数值预报值的相关分析,总体考察了CMAQ数据误差,详细地进行了CMAQ数据与实测数据的偏差分析。③针对CMAQ预报产品的系统性误差和预报偏差,采用了两种方法进行订正预报试验及分析：CMAQ-MOS动力统计预报模型订正和利用数学方法直接对数值预报产品进行变分订正。

（吴振玲）

【天津地区酸雨及其边界层特征的初步研究】 该项目为2007年天津市气象局研究型业务项目，徐梅主持，2008年8月完成并通过专家验收。该课题利用天津城市气候监测站观测10多年的酸雨资料，通过统计分析、诊断分析、个例分析等研究方法，得出了天津市酸雨的基本情况。天津市酸雨年平均pH值逐年呈缓慢升高的趋势，酸雨频率逐年降低。酸雨呈明显的季节性变化，春季酸雨少于其他3个季节，秋冬季节酸雨频率较高酸性较强，春夏季节酸雨频率较低酸性较弱。降水中的阳离子以SO_4^{2-}为主，SO_4^{2-}/NO_3^-为3.59，说明天津市酸雨是硫酸污染型酸雨。天津市SO_2的排放浓度较高，且呈逐年减少的趋势。NO_2排放浓度变化较平稳，近几年有增大的趋势。降水酸性与SO_2和NO_2在大气中的浓度有一定的相关性，但并不起决定性作用。天津市的降尘与固体颗粒物对降水酸度有一定的调节性。随着降水量的增大，降水酸度和酸雨频率也会增大。由此可见，天津市酸雨变化情况是由SO_2、NO_2、TSP、气象因素以及大气输送等多种因素共同作用的结果。该课题把天津城市气候监测站的酸雨资料和铁塔梯度观测资料结合起来研究降水发生前后的低层温度和风速的垂直梯度分布情况，通过个例重点分析了偏碱性降水前的低层城市边界层存在着较长时间的悬浮逆温层。城市边界层的逆温结构会增加大气稳定度，当大气处于静稳状态时，污染物就容易在对流层低层累积不易扩散，导致局地污染物浓度偏高，对降水起到缓冲作用，影响了降水pH值。课题也利用北京上甸子站（区域大气本底站）、北京昌平站（大城市郊区站）和天津城市气候监测站（大城市市区站）1993~2006年的酸雨资料，进行统计和对比分析，研究了京津地区酸雨空间分布及其季节特征，并利用M-K统计分析方法研究了其变化趋势。结果表明：京津地区的大气降水pH值有明显的季节变化特征，3个站点在冬季、春季和初夏基本一致，酸雨频率秋冬季高，而春季和初夏低。但3站的大气降水pH值和酸雨频率变化趋势有很大的不同，其中天津站在90年代初较为严重，14年间，天津站酸雨状况有改善的趋势。昌平站降水pH值的M-K统计量为-3.17，说明1993~2006年昌平站降水酸化趋势显著，并通过了95%的置信度的显著性检验。上甸子站代表了京津的郊区，2002年以前酸雨状况有所改善，2002年以后酸雨状况日趋严重。

（徐 梅）

【地面观测资料实时质量控制系统】 该项目是2007年天津市气象局研究型业务项目，由天津市气象信息中心承担，高润祥主持，2008年5月完成并通过专家验收。该课题通过查阅文献、外省调研、咨询专家，确定了可行的、适用的地面观测资料实时质量控制方法。按照确定的质量控制系统流程，研制了基于Linux平台，采用B/S架构，利用C语言和php语言开发，oracle数据库存储的“地面气象资料实时质量检查系统”和“地面气象资料质量控制结果管理系统。”该课题针对实时观测资料提出了一系列的质量控制方法，并研发了相应的质量控制系统，实现了对实时观测资料的自动化监控，为审核人员及时管理实时观测资料提供了平台，进而为短时及短期预报获取高质量的观测资料创造了条件。该课题成果采用的质量控制方法及相应的检查规则是依据气象学界的规范，运用计算机语言，使其应用于实时运转的系统软件中，填补了天津市气象局地面观测资料实时质量控制的空白，具有一定的先进性及创新性。

（高润祥）

【天津沿海风暴潮概率预报方法研究】 该项目是2007年天津市气象局研究型业务项目，由何群英主持，2008年11月完成并通过专家验收。该项目利用塘沽验潮站1980~2005年的实测潮位资料，对实测

天津沿海风暴潮概率预报系统

潮位达4.9米以上的风暴潮过程进行了分析，得出了天津沿海风暴潮发生的统计规律和特征，并以实测潮位4.5米以上为统计样本，对风暴潮过程进行了分类和筛选。结果选出有效样本95个，确定了3类风暴潮的形式：冷锋类、气旋类、台风类。根据风暴潮发生的原理和机制选出有预报意义的预报因子，分别用逐步回归、多元回归建立了冷锋类预报方程、台风类预报方程和气旋类预报方程，从而建立了天津沿海风暴潮概率预报系统。

（何群英）

【天气预报节目制作自动化业务系统】 该项目是2007年天津市气象局研究型业务项目，由天津市气象科技中心承担，潘淑杰主持，2008年5月完成并通过专家验收。为便于气象影视节目制作而开发的“天气预报节目制作自动化业务系统”，提高了各套节目制作速度和准确性，免去了手工逐项修改的麻烦，在节省人力的同时也避免了人为的操作错误。它自动生成图文并茂、多样化、精品化、高质量的节目产品更好地服务大众。课题以气象影视节目制作需求为支撑，在气象局气象影视节目实践中进行了验证实验。研究采用了在Windows 2000系统下Visual Basic 6.0语言进行软件的系统编程——“天气预报数据实时采集程序系统”。天气预报数据就是通过该系统自动进行采集，对报文文件的读取、翻译、转换、输出、显示存储为固定格式的.Cod和.txt两种文件；利用非线性编辑技术，采用Visual Basic 6.0和Visual C++语言进行软件的编程，实现“天气预报软件系统”模版的开发，使节目的录制操作界面更具可读性。“天气预报节目制作的自动化业务系统”已应用于影视节目的制作业务中，成为每日天津市气象科技服务中心影视节目制作的核心业务，在为全市的公共气象服务中占有十分重要的地位。

（潘淑杰）

【气象灾害上报及灾情信息管理系统】 该项目是2007年天津市气象局研究型业务项目，由天津市气象科技中心承担，赵敬红主持，2008年5月完成并通过专家验收。该课题对影响天津的灾害性天气、各种灾害影响范围、受影响的类别等进行了分析和归类，设计出方便区县气象局使用的灾情上报格式化文本。根据灾情上报、查询的需要，建立SQL-server数据库。对每天上报的灾情信息进行检验，自动加入数据库中的相应条目。该项目设计了灾情信息搜索查询界面，可以按照给定的条件搜索灾情信息。该项目完成投入使用后，使区县局上报的气象灾情信息进一步规范、完整，灾情上报的操作更加方便快捷。灾害信息数据库的建立和资料自动加入到数据表中，提高了“灾害信息保存”的自动化程度，做到存放有序、调取方便，为进一步开展灾害天气评估工作积累资料。

（赵敬红）

【气候影响评价定量评估方法的初步研究】 该项目是2007年天津市气象局研究型业务项目，由杨艳娟主持，2008年5月完成并通过专家验收。该课题结合天津市特征，研究气候影响评价定量评估方法。气候影响评价定量评估业务平台包含资料处理和定量评估2个主模块。其中，资料处理中包括了年资料和实时月资料的添加，定量评估包括降水资源和人体舒适度指数2个项目。建立了天津市13个站部分要素的历史及实时资料数据库，实现降水资源（年、季、月以及年内任意月）评价和各季、月人体舒适度评价，计算结果以表格、图形等方式显示，并能以Excel输出，可进行结果的再分析。该项目完善了气候影响评价定量评估方法，丰富了气候影响评价产品的内容，提高了气候影响评价水平，也为气候影响评价业务系统奠定了基础。该项目中降水资源和舒适度评价的定量评估已经作为气候影响评价系统的一部分在业务中使用，取得了良好的效果。该系统界面友好，操作简单，具有较好的业务应用价值。

（杨艳娟）

【主要农作物气候适应性定量评价业务化研究】 该项目是2007年天津市气象局研究性业务基金项目，由天津市气候中心承担，柳芳主持，2008年8月完成并通过专家验收。该课题通过建立一套小麦、棉花生育期内各旬的温度、降水、日照指标数据库，引入数值模型进行计算，得出2种作物生长过程中对周围气象条件的适应性指数，并结合等级分类标准，进行定量评价。在日常的农业气象业务工作中，对实时的农业气象条件进行定量评价，客观和动态地反映天津市气候条件对作物生长发育的满足程度。

（柳　芳）

防震减灾

【防震减灾科技工作简况】 2008年，天津市防震减灾科技工作取得新进展。年内经历了四川汶川8.0级特大地震的严峻考验，完成了奥运会、残奥会和夏季达沃斯论坛地震安全保障任务，促进了防震减灾事业又好又快发展。

2008年，天津市地震局先后完成了静海台地磁试验室和徐庄子台台站优化改造项目；完成了宝坻地震台新台址土地的征用以及总体规划，新址基建已全面展开；依托渤海QK18-2石油钻井平台，建成了第一个海上地震观测站，实现了海域测震信息和海底温度信息的自动采集与传输，填补了天津市地震台网在海域的空白。截至11月底，全年测震、前兆、强震动3大台网运行完好率为99%，按规定完成了地震速报任务。3月11日河北卢龙4.2级地震速报用时为4.5分钟，得到了中国地震局的充分肯定。前兆观测资料在全国统评中获得8项前三名，其中蓟县台重力观测获全国评比第一名，实现了9年内8年获得全国第一的好成绩。静海台地磁获全国评比第一名，实现了连续两年全国评比第一名。在分析预报方面继续强化震情观念，不断增强地震监测预报能力。“天津市2008年度地震趋势研究报告”在全国二类局评比中获第三名；预报中心测震编目工作在全国二类局评比中获第一名。

2008年为加强科研管理与国际合作，提高整体实力，修订了《天津市地震局局长青年基金管理暂行办法》，鼓励青年科技人才从事地震科技创新研究。完成了地震科学数据共享项目，建立了区域地震数据共享节点。天津市地震局科技人员承担的市科技支撑计划重点项目“天津及周边地区地震中短期预测技术研究”、“中国地震局第五代地震区划图”的编制工作课题和5个地震科学联合基金项目进展顺利。进一步加强了对中韩地震联合观测网的管理，及时发现并排除了观测仪器故障。年初组成市地震科技考察团，赴日本就提高地震观测和地震应急保障能力等方面进行了考察和交流。

2008年依据《天津市防震减灾规划（2006~2020）》，编写完成了“十一五”项目《天津市地震安全基础工程可行性研究报告》，并于4月15日通过天津市政府投资项目评审中心组织的专家评审。该项目包括地震监测预报基础工程、震害防御基础工程建设、地震应急救援基础设施建设和信息网络建设等4部分，总投资4973万元，建设期为3年。“天津市地震安全基础工程”项目一期工程投资计划1675万元已经落实，第一批公开采购的设备已完成招标。提前启动的预警中心指挥大厅装修、音视频布线基本完成；蓟县山洞开凿地质勘察、环境评价已经完成；GPS基准站场址勘选、测试基本完成。

2008年度新增省部级科学技术研究项目13项，其中天津市科委和中国地震局下达的省部级项目8项、中国地震局系统有关直属单位委托协作项目5项。局内自行安排科研项目13项。“天津市活断层探测与地震危险性评价”项目分别获得中国地震局防震减灾优秀成果二等奖和天津市科学技术进步奖三等奖。10个项目获天津市地震局防震减灾优秀成果奖。

（天津市地震局科技发展处）

【天津及邻近地区地震活动情况】 2007年11月~2008年10月，天津及邻近地区（N38.5°~40.3°，E116.5°~118.1°）共发生89次ML≥1.0地震，其中ML1.0~1.9地震71次，ML2.0~2.9地震17次，ML≥3.0地震1次，最大地震震级为ML3.3。天津及邻近地区2008年的地震活动频次水平处于中等偏低状态，强度水平不高。从空间分布看，地震活动主要在天津东部宁河—唐山、天津北部蓟县—三河和河北文安—大城一带相对集中。

（刘文兵）

【天津及周边地区地震中短期预测技术研究】 该项目是天津市科委科技支撑计划重点项目。由天津市地震局、中国地震局第一监测中心、天津大学和天津理工大学合作完成，聘请中国地震局资深专家指导。该项目搜集利用的资料涉及1970~2008年约109万余条地震资料；首都圈地区107个测震台记录的400多次地震事件共计12000多条数字地震波形；使用了2001年底以来首都圈地区12个台的大地电场和静海台地磁数字观测资料，数据总量达到1G；地下流体研究使用了天津及周边地区1980年以来40口井的观测数据等等。通过研究华北地区1776个4级以上震例震前地震活动和前兆异常演化特征，提取了天津及周边地区中短期异常判别指标，建立适用于天津及周边地区综合预测模型。项目基于“十五”数字地震观测系统建设成果，着重研究了地震中短期预测问题，较好地衔接了中期和短期预报；对地震学和前兆观测资料进行了系统的分析，提出适合天津及周边地区的地震中短期预测指标，突出了地方特色，并在实践中得到应用，取得一定实效。其主要技术特点和创新点为：①根据地质构造和区域地震活动特点，系统研究了首都圈地区地震序列类型的空间分布特征。②地震活动逆向追踪法(RTP)在物理描述清晰的基础上，采用从短期到后中期的逆向思维模式，首次提出了该方法的大陆强震的中短期预测方法。③发现大震前在震源区的形式多样的各种宏观前兆现象的产生机理。④建立地震学参数动态图像最优预报模型，给出具有区域地震活动特点的短期预报方法。⑤应用多元统计分析中的主成分分析方法，对地震前兆异常指标预测效能进行评价，提取对研究目标贡献率大的因子作为预测指标。⑥将大地电场的长短极距观测值的比值方法用于提取地电场观测资料的中短期地震前兆信息；电磁场定点连续观测的MT方法地震预测技术研究为学科内首创的研究方法。对三大前兆学科的数字化观测资料进行了数字滤波处理和原始图像变化形态识别技术研究。

该课题完成了11项子课题的研究，从不同侧面研究了地震孕育和发生机理；通过新方法的研究和应用，提出具有天津特色的地震中短期预测指标，主要包括基于地震活动性的中短期预测指标、基于地震前兆物理量的中短期预测指标、数字地震波资料在地震中短期预测中的应用、大震前宏观异常的机理研究和区域地震序列特征及震后趋势判定技术等。该项研究成果在2008年3月11日河北卢龙3.9级地震前、2008年5月12日四川汶川8.0级地震后、奥运地震安全保障和2008年下半年及2009年的地震趋势跟踪工作起到重要的科学指导作用。

（崔晓峰）

【天津市海上地震观测试验系统】 该项目是中国数字地震观测网络工程项目测震分项和天津市数字地震观测网络工程项目的一部分。项目由天津市地震局组织，测震分项实施组负责实施。天津市地震局组织相关技术人员对海洋台台址进行勘选。经综合考虑地震地质条件，平台状况，海底管线分布，通讯和供电条件，仪器工作条件，背景噪声水平和海上施工条件等因素，选定在QK18-2平台的东南侧进行施工。该工程经过钻井、海底井下宽频带地震计安放、海底电缆铺设和对接、平台供电、通讯等施工阶段，其中由英国GURALP公司提供的海底井下宽频带地震计安放至海底以下104米深度位置，经该公司现场工程师测试认为系统运行正常，地震计安放倾角符合仪器要求，各项技术指标正常。项目组对通讯单元进行调试后，地震计信号传输至天津市地震局，并开始试运行。2008年10月27日中国地震局监测预报司委托验收专家组依据《中国数字地震观测网络项目测震分项工程验收细则》要求，对“天津市海上地震观测试验系统”进行了验收。认为“天津海上地震观测试验系统”工程项目完成了全部建设任务，建设质量合格，台站总体功能和技术指标达到设计要求。

（崔晓峰）

【天津市地震前兆台网管理软件】 该项目是中国地震局2008年度“三结合”项目，由天津市地震局王建国、董洪军承担，2009年1月完成。项目组开发了日本产N-MT磁电观测仪数据采集程序，实现了地磁场、大地电场观测数据入库、交换和共享，较好地解决了进口设备纳入“十五”中国地震前兆数据管理系统统一管理的问题。开发了“九五”测项文件数据采集程序，采用软件方式较好地解决了“九五”接入“十五”的技术难题。开发了基于“九五”SQL Server、“十五”Oracle前兆数据库的运行管理软件，编制了SQL Server数据库管理、Oracle数据库管理、数据导出、报表管理、监控日报生成与发送、网络监控等多个应用程序，减少了差错，提高了工作效率。该软件在天津市地震局“十五”项目验收、台网综合管理和地震预报研究中发挥了重要的作用。已在天津市地震局前兆台网部、预报部、蓟县台、宝坻台、青光台、张道口台、塘沽台、宁河台、静海台、徐庄子台等10个部门应用，同时在广东、山西(省局、临汾台、大同台)、山东、河北、河南、海南、辽宁、四川、宁夏、江苏、内蒙、甘肃等14家地震系统直属单位应用，产生了较好的社会效益和经济效益。

（王建国）

【奥运地震安全保障工作】 天津是2008年北京奥运会分会场之一，承担了12场奥运足球预赛的比赛任务。天津市地震局按照中国地震局和天津市委、市政府的有关安排和部署，从地震监测、震情跟踪、应急准备、防震减灾知识宣传等几个方面，开展奥运地震安全保障工作。编制完成了《天津市地震局奥运地震安全保障工作方案》、《天津市地震局奥运震情保障工作实施方案》和《2008年度天津市地震局特殊时段地震安全保障工作指南》等指导性文件，确保奥运赛事的安全、顺利进行。

（孙继忠 何巧云 宫贤丰）

【做好四川汶川特大地震应急处置】 2008年5月12日四川汶川8.0级特大地震发生后，天津市地震局立即启动应急预案，在第一时间以《震情快讯》方式将地震3要素向市委、市政府做出报告；随即召开紧急会商会，对汶川地震后天津及邻近地区的震情形势做出判定并上报；以渐进方式，连续3次召开新闻发布会，及时发布权威信息，解除了公众恐慌情绪，维护了社会稳定；地震现场应急工作队集结待命做好出发准备；局领导召开紧急会议，研究部署震情监视和地震应急工作；连夜下达《关于加强震情监视工作的紧急通知》，对各区县地震办、地震台站工作做出部署；利用一切可能的渠道和方式，尽快收集灾区灾情、救援信息，连夜赶写汇报材料报市委、市政府。地震预报中心实行日会商和预报人员24小时在岗值班制度，及时处理震情；分析预报各学科就汶川地震对华北及首都圈地区震情趋势的影响以及天津市观测台网出现的流体、形变等异常情况，组织开展专题研究，完成了《5月12日汶川8.0级地震后首都圈地区近期地震活动分析和预测》等4篇专题研究报告；对汶川地震前后在天津市相继出现的15起宏观异常，先后派出26批次专家组，到现场进行考察落实。针对社会公众渴望及时了解汶川地震信息和对防震避震知识需求突增的情况，与媒体密切合作，开展了规模空前的防震减灾知识宣传。震后一个月内，天津市地震局协调天津电视台、天津电台、天津滨海台等媒体组织了3次直播、10次采访录播，电台和电视台多个栏目连续播放达20余天；为《今晚报》、《每日新报》提供地震科普知识文章8篇，协调新华网、人民网、北方网、搜狐网播出专家访谈4篇；向社会各界发放科普材料5万余份；制作《天津市地震系统支援汶川抗震救灾》图片展览和《提高忧患意识建设安全家园》展板，不断提高社会公众的防震减灾意识。

（刘爱平）

【支援地震灾区抢险救灾】 四川汶川地震发生后，天津市地震局相继派出地震现场应急工作队、地震灾害紧急救援队和地震安评技术人员紧急赶赴灾区参加抢险救灾。5月14日，由天津市地震局副局长李振海等5人组成的市地震现场应急工作队飞赴成都，完成了在乐山市、成都市、雅安市、阿坝州和绵阳市开展震害调查与评估任务，为抗震救灾指挥部快速、合理、有效调配救灾资源和及时展开抢险救灾提供了重要的决策依据，同时对震区的余震活动趋势和强余震活动作出了较准确的分析判定，对唐家山堰塞湖紧急排险工作提供了较准确的震情信息，受到国务院抗震救灾总指挥部的高度评价。根据中国地震局的统一部署和要求，天津市地震局工程地震和结构力学专家研究员李大华同志和高级工程师刘砚越同志先后入川，协助德阳市防震减灾局完成了德阳市的109片活动板房场地地震安全性评价工作，为过渡房的建设提供相关依据。

（刘爱平）

广播电视

【广播电视科技工作简况】 2008年，天津市广播电视技术系统认真把握形势，周密组织，强化管理，完成了奥运会和达沃斯论坛等重要活动安全播出任务，组织完成了国家广播电影电视总局（以下简称“广电总局”）对农村广播电视无线覆盖工程。经核查蓟县已解决了山区20户以上的已通电自然村有线电视“村村通”，并拟对剩余8个20户以下“盲村”的104户未解决用户，采用广播电视直播卫星的方式予以解决。按照广电总局对奥运协办城市的要求，开播了一套移动多媒体广播CMMB，一套标清和高清节目，推动了地面数字电视相关标准的应用。

（天津市广播电视电影局科技处）

【一批节目获广播电视节目技术质量奖】 在2008年度广电总局广播节目技术质量奖金鹿奖的评选中，天津人民广播电台以综合奖评比第二名获得金鹿大奖；《来自奥地利村庄的燕子圆舞曲》、《圣母玛利亚》、《天津港农民工的幸福生活》获得一等奖；京剧《入侯门》、广播剧《菊花香》和天津人民广播电台第一套节目（新闻广播）获得二等奖；《永远歌唱祖国--追忆人民艺术家王莘》和评剧《梅香》选段获得三等奖。在2008年度广电总局电视节目技术质量奖金帆奖评选中，天津电视台制作的《情系八仙山》获得高清专题类二等奖，《12点报道》获得新闻录制类二等奖，《思念——清明晚会》获得综合文体录制类三等奖；天津电视台传输部获全国广播电视技术维护先进台站，转播部赵屹获全国广播电视技术维护先进个人一等奖。

（天津人民广播电台　天津电视台）

【全国广播电视传输系统技术能手竞赛】 2008年，天津广播电视电影系统组织参加全国广播电视传输系统技术能手竞赛，赛前基层培训覆盖面广，各区县广电部门均有相关技术人员参加。经过培训和层层选拔，最终选拔出选手参加全国竞赛。天津广播电视电影集团（以下简称“广电集团”）技术中心穆鹏、陈立伟分别获全国广播电视传输系统能手竞赛一等奖和二等奖。

（天津市广播电视电影局科技处）

【天津奥林匹克中心体育场广播电视转播系统的设计与实施】 该项目由天津广电集团技术中心负责，李广全、赵致中、朱敬义等人完成，获2007年度天津市广播电视电影科技进步奖一等奖。该项目是市政府斥巨资兴建的天津奥林匹克中心体育场（以下简称“奥体”）项目中的重要工程之一。项目主要包括奥体电视高、标清转播系统，广播转播系统，体育场至广电转播中心信号传输系统和奥体演播室系统的设计、安装、实施。该项目于2007年5月交付使用，并成功完成了2007年女足世界杯和2008年奥运会足球赛转播任务。

（天津市广播电视电影局科技处）

【为奥运报道做技术支撑】 2008年北京奥运会期间，天津人民广播电台配合奥运会的各项宣传报道和各类直播工作，搭建了技术平台，完成天津“奥体中心广播转播系统”的设计和建设实施。该系统投入使用后，“奥体中心”信号通过光缆可直接传送到电台总控室。在天津人民广播电台奥运会北京直播间和天津电台建在中央电台内的直播间，分别安装了播出、录制设备，进行了网络布线，使直播室具备有线、无线上网功能，调通各种信号传输通路，包括与中央台的信号传输等，为奥运会体育赛事的转播和及时报道提供技术支撑。

（天津人民广播电台）

【天津广电集团财务管理软件平台建设】 该项目由天津广电集团财务中心负责，李汝勤、经立芳、李广全等人完成，获2007年度天津市广播电视电影科技进步奖一等奖。该项目完成了对原财务管理软件及数据库的更新，加强了数据存储备份及对网络病毒的防护。该项目的实施实现了天津广电集团总成本及各部门的成本核算，实现了重点单位实施预算和资金管理及控制，集成ERP管理的多方面、多层次应用及二次开发。该项目投入实际应用，实现了对财务数据及扩展数据更准确及时的管理，降低了维护费用，加强了资金控制，有效地节约和控制了成本及费用的支出。

（天津市广播电视电影局科技处）

【广播电台滨海广播采编播一体化播出系统】 该项目由天津人民广播电台负责，杨红杰、王强、陈伟等人完成，获2007年度天津市广播电视电影科技进步奖一等奖。该项目是为了解决滨海新闻中心异地传输以及内外网互联的安全问题，广播电台技术人员对滨海广播的原播出系统进行了改造，将滨海台与台内播出网分离，重建系统，完成了数据路由的调通、视音频通信系统的调试并采取安装安全隔离装置等技术手段，实现了音频制播网（内网）和互联网（外网）的安全高效互联，形成采、编、播一体化播出系统。项目于2008年投入使用。

（天津市广播电视电影局科技处）

【北方网电子政务管理系统】 该项目由天津北方网股份有限公司负责，张和、陈锦言、刘志勇等人完成，获2007年度天津市广播电视电影科技进步奖一等奖。该系统是一套基于网络技术的综合性信息内容系统，涉及政府机关、各团体、各企业和社会公众，包括信息公开、在线办事、公众参与、信息资源数据库等部分。该系统具备保护政务信息资源价值不受侵犯，保证信息资产的拥有者风险最小，从而使政务的信息基础设施、信息应用服务和信息内容具有保密性、完整性、可用性，信息安全管理方面具有良好的可控性。该系统已于2007年1月在河南省政府成功运用。

（天津市广播电视电影局科技处）

【天津人民广播电台多媒体采编系统】 该项目由天津人民广播电台负责，杨红杰、杜宝森、王强等人完成，获2007年度天津市广播电视电影科技进步奖二等奖。该项目实现了天津电台采编播业务的全面数字化、网络化，是数字技术、网络技术、数据库技术、多媒体技术应用于广播的集中体现。系统中的稿件既包含文字，又可以嵌入图片和音频。实现了通过互联网远程对多媒体稿件的采写、编辑、排单和直播间读屏工作站对稿件中音频的直接播放，既丰富了节目内容，又提高了电台采编播工作的效率。该系统是国内第一套集文字、图片、音频为一体的多媒体采编系统，是电台采编播业务的基础平台。

（天津市广播电视电影局科技处）

【数字移动微波直播系统】 该项目由天津电视台负责，周永康、任雪冰、周学海等人完成，获2007年度天津市广播电视电影科技进步奖二等奖。该项目为满足奥运和达沃斯论坛的大量现场直播要求而提出。该系统具备的功能包括：传输信号抗建筑物遮挡；在电视移动直播车到电视台的链路使用上无需费用；进行突发事件直播时无需提前进行技术准备和设备调整；支持移动传播；可适用于马拉松、自行车赛、水上运动等节目；在市区10~20公里半径内可覆盖80%~90%；一次性投资少等。该系统自投入使用以来，经过多次重大新闻直播及奥运移动直播的实际测试，应用效果良好。

（天津市广播电视电影局科技处）

【天津电视台C120虚拟演播室直播改造】 该项目由天津电视台负责，张凯、崔秀清、高自强等人完成，获2007年度天津市广播电视电影科技进步奖二等奖。该项目为满足天津电视台公共频道新上栏目《公共新空间》的使用需求而立项。工程项目包括在原C120单纯虚拟演播室的基础上，对灯光系统、音频系统、计算机网络系统、直播辅助系统、工艺配电及机房进行新增和改造。改造后的虚拟直播演播室具有虚实多个景区，具有节目录制和现场直播双重功能，并具备热线电话、手机短信、网络聊天等参与直播的功能。改造的项目经使用检验，功能完备、运行可靠，达到了预期的改造目标。

（天津市广播电视电影局科技处）

【地面数字电视广播试验和移动数字多媒体广播试验（CMMB）】 该项目是配合国家发改委和国家广电总局关于加强地面数字电视项目建设，确保2008年北京奥运会期间在天津地区实现数字电视转播，同时，也是加速天津市地面数字电视广播、移动多媒体广播技术和产业的发展的重要项目。天津广电集团技术中心组织搭建了临时编码复用应急播出系统，并完成33频道、45频道（地面数字电视广播）和35频道(移动多媒体广播)天馈线、发射机的安装调试工作，确保了奥运期间广大观众收看数字电视节目的需求，推动了地面数字电视相关标准在天津市的应用。截至2008年底，已具备播出1套高清电视节目、5套标清电视节目和8套移动多媒体手机电视广播节目的能力。

（天津广电集团技术中心）

【农村广播电视无线覆盖工程】 该项目是国家为了确保中央电视台第一套节目和第七套节目在农村地区的无线覆盖实施的项目。按照总局制定的工程建设方案要求，天津广电集团技术中心在2007年完成蓟县覆盖任务的基础上，2008年完成宝坻区发射塔的建设，实现了中央电视台一套节目的无线覆盖；完成天塔机房36频道（中央电视台第一套节目）新增30KW水冷发射机安装调试工作并投入系统播出；49频道（中央电视台第七套节目）发射机及配套设施基本完成。

（天津广电集团技术中心）

【天津移动电视】 截至2008年底，天津北方移动传媒有限公司已完成2000辆公交车、3500个移动电视接收终端。市区信号覆盖半径为70公里，蓟县山区为40公里，成为全面覆盖天津市公共领域的移动数字电视媒体，产生了一定的社会效益和经济效益。移动电视将接收设备使用的DMB-T标准转换为DMB-TH国家标准，顺利完成了新国标转换工作。

（天津广电集团技术中心）

【蓟县府君山发射机远程自动控制及机房智能综合管理系统】 2008年，天津广电集团技术中心完成蓟县府君山发射机远程自动控制及机房智能综合管理系统。项目以实现在市广电集团专用网络中实施远程控制、监测府君山发射机，在集团办公网中实时远程监视、检测、控制府君山发射机房及相关设备为最终目标，融合视频采集技术、数字信号传输技术、计算机网络技术、工业控制技术、计算机软件开发、系统防雷等多种专业技术手段，系统适应于无线发射、无人值守机房的自动控制与综合管理。

（天津广电集团技术中心）

【天津广电集团2360局程控交换机改造项目】 2008年，天津广电集团技术中心完成对原有网络Meridian 1 OPT81C型程控数字用户交换机网络交换板卡和主机交换系统的更换，极大地提高了设备运行的稳定性、可靠性和使用寿命，保证了集团2360局电话程控交换机网络正常运行。

（天津广电集团技术中心）

【"小说广播"进入数字有线网播出】 "小说广播"是天津电台利用中波666千赫由电台文艺频道精心打造的一套专业广播，自2005年10月25日开播以来深受听众朋友的喜爱。在天津广播电视电影集团网络公司的配合下，天津电台无线播出的小说广播，从2008年1月2日凌晨开始免费在天津数字有线广播电视网中播出，弥补了小说广播在部分地区收听效果不好的缺憾。

（天津人民广播电台）

【新兴广播形式"电话广播"进入试播阶段】 "电话广播"是天津电台和网通公司依托双方资源优势，打造语言新媒体的战略合作项目。固定电话、小灵通和手机用户通过拨打116322特服号除可以听到在线的实时广播外，还可以和主持人在线交流、进行中小学在线辅导、收听"天天读报"和"第一财经"等特色广播。该项目于2008年5月17日世界电信日启动，开辟了新的广播市场，扩大了广播的影响力。

（天津人民广播电台）

【播出节目归档管理应用系统】 该项目于2008年1月31日完成市政府采购招标，经过软件编制、系统调试，截至2008年底已进入培训使用阶段。建设广播播出节目归档管理应用系统，是利用新的存储技术，对在线播出的广播节目进行录音归档，保留完整的播出资料，珍存天津广播声音的历史，实现已播节目的网上查询，为安全播出分析、节目评估服务，把已播出的精品广播节目，进行再加工，开拓通信和互联网等新领域的音频业务，为广播节目的再开发利用服务，为"电话广播"服务。

（天津人民广播电台）

【支援陕西宁强、略阳广播电台重建播出】 2008年5月12日四川汶川地震后，天津人民广播电台组建了援建小组，制定了陕西宁强和略阳两个地区广播播控、传输、发射和天馈线系统重建方案，积极组织货源，用最可靠的设备，以最快的速度建立起当地最优质的广播信号传输通道。10月19日、20日宁强人民广播电台、略阳人民广播电台分别正式恢复开播，成为天津在陕西所有援建项目中第一个完成的援建工程。经与两县广电局协商，天津人民广播电台还整合了一套涵盖新闻、文学、相声、音乐、戏曲、谈话、科普等内容的精品节目——"北方调频"，通过卫星提供给宁强、略阳两县，分别在两县调频广播频率播出。为了庆祝天津支援陕西宁强、略阳广播重建工程的圆满完成，10月19日、20日，天津广播电台分别在两县举行了题为《大爱有声，电波传情》的开播仪式。

（天津人民广播电台）

【天津广播在甘肃岷县落地播出】 2008年，天津人民广播电台与甘肃省共同完成了"天津人民广播电台在岷县落地工程"，利用岷县广播电视局的规划频率98.4兆赫，通过甘肃省广播电视局的东山调频电视发射台（海拔3000米），播出天津人民广播电台新闻广播节目。信号可覆盖包括定西、甘南、陇南3个地区所辖的岷县、漳县、宕昌县、迭部县、临潭县、卓尼县6个县，覆盖半径80公里以上，受众人口将近100万人，是继河北省涉县、承德市后，天津人民广播电台又一个在异地落地播出的地区。2008年6月27日，天津人民广播电台在甘肃省岷县举办了落地开播仪式。

（天津人民广播电台）

【电台卫星转播车首次移动播出】 2008年7月2日~9日，天津人民广播电台派出多名记者、主持人和技术人员，随市委理论学习中心组先后辗转18个区县，驱车1800多公里，启用先进的数字卫星转播车通过卫星移动广播，沿途讲解区县经济社会发展情况，详细介绍重点工程、重点项目最新发展。为完成卫星转播车首次移动播出，广电集团和广播电台专门成立工作小组，并联合各区县广电局，多次专题研究，实地踏勘，掌握数据，使整个移动播出方案严谨缜密，环环相扣。另外还新安装了一辆备用转播车，一旦出现故障，备用车可以在20秒之内完成切换，继续播出。

（天津人民广播电台）

【数字电视大厦建设工程进展】 2008年，天津电视台数字电视大厦技术部完成消防、监控、门禁、公共广播、楼宇自控、综合布线、停车场管理、防雷接地等楼宇智能化系统及室外大屏的设计与招标；完成全台网主干平台、UPS系统的设计、论证；全面展开播出、传输、演播、业务子网、媒资、灯光、音响、政务办公网、智能会议室等调研论证工作。设计检查协调电视工艺与土建相关的预留预埋，400M² 以上演播室灯光钢架顺利竣工。以大厦业务生产网为核心，全台网系统获广电总局数字化、网络化示范基地称号。

（天津电视台）

【天津电视台播出信号报警检测技术】 该项目是天津电视台为提高值班的安全性，在各频道机房安装播出信号监测报警器，以实现对播出画面的实时监测，安装于2008年完成。项目根据频道的播出特点，重新修改监测的参数，减少报警器的漏报和误报，帮助值班员及时发现问题，缩短了故障处理的时间。

（天津电视台）

【媒体资产管理系统与二级存储的连通】 2008年，天津电视台完成了媒体资产管理系统上载服务器和二级存储的建设，已具备“媒资”节目调用播出的条件。该项目解决了天津电视台现有播控系统容量难以满足日益增长的节目需求的问题。项目在保持原有播控结构不变的前提下，增加上载服务器和二级储存，实现服务器的播出、上载、储存分离，提高了系统的稳定性和工作效率。二级存储与媒资相连旨在实现媒资系统的节目调用与播出，通过建立一个播出缓存区，将计划播出的媒资素材调入其中，播出部根据节目单将所需素材转码、审看，将符合要求的通过再拷贝至主备播出服务器，完成整个迁移流程。

（天津电视台）

【数字电视前端信号备份系统】 2008年初，天津广播电视网络有限公司为提高卫星信号接收的可靠性，加强卫星干扰的防范能力，在原使用2面中星6B卫星天线、2面鑫诺3号卫星天线接收，1面电动天线做应急接收系统的基础上，进行了信号备份系统的建设。系统将集团新闻中心卫星接收天线阵接收的卫星信号经L波段传输设备传至网络公司数字电视前端，两路L波段卫星信号根据实际需要由2x1切换器自动或手动切换；对中央台节目，采用国干网信号与卫星信号互为主备和中星6B、鑫诺3号两卫星信号互备的方式。该项目的建设提高了数字电视的传输可靠性。

（天津广播电视网络有限公司）

【数字电视前端监测系统】 天津广播电视网络有限公司于2008年建设的“数字电视信号监测系统”采用对信号全过程监测方式，实现了对35个频点142套数字电视节目（包括3套高清电视）、9套立体声广播节目、17个栏目的数据广播节目、10个NVOD栏目，以及市区网中6套模拟电视节目的全面监测。建设了4路卫星QPSK监测通道，1路对卫星信号实时监测，3路卫星信号轮巡监测。建设了6路QAM+TS流监测通道，其中3路通道用来实时监测3个重要播出频点，另外3路通道对其余32个频点进行轮询监测。选用12个42寸等离子监视屏，12套16路多画面处理器，使用数字机顶盒（工程级）将数字电视信号转换为视音频信号后接入多画面处理器，使用一台网管对所有设备的电视节目的视频丢失、音频静音（丢失）、视频静帧、视频黑场等各种视音频信号故障进行监测报警。系统具备完善的数据库记录查询功能。该项目实现了减少人为故障、缩短事故时长，能够为维护人员排除故障提供快捷、可靠的依据。

（天津广播电视网络有限公司）

【天津广电综合创收平台（一期）】 2008年1月，天津广播电视网络有限公司建成“天津广电综合创收平台”。该系统通过采用SDF框架技术以及PMW技术组件和SFE的业务流程引擎，实现了综合创收业务的统一管理、通讯方式的统一接入、支付网关的统一接口引擎与业务流程引擎的公用。创收平台以全新的无磁有密交易作为受理基础，通过必要的技术、业务、管理上的安全控制，以数字电视机顶盒作为银行卡受理渠道，以数字电视双向网络作为银行卡交易传输通路，实现银行卡在数字电视网络上的安全支付业务。形成以家庭数字电视为核心的新型银行卡支付方式，以推动有线电视VOD点播、电视娱乐、电视购物、公共缴费等市场的发展。该系统将最终客户的“服务便捷性和缴费随意性”与“充值、支付、产业链业务整合”结合，以实现广电运营商运营收入的增值创收。

（天津广播电视网络有限公司）

【天津广电 CA 同密系统】 天津广播电视网络有限公司为解决数字电视前端的公平竞争和随时替换掉不安全或不适合 CA 的需要，2008 年 1 月建设并完成了“数字电视同密系统”项目。该系统中，ECMG 通过 ECM<=>SCS 标准接口与复用器进行连接通讯，而 EMMG 通过 EMM<=> MUX 标准接口与复用器连接。同密时，SCS(同步同密处理器)模块负责将加扰控制字传送给 ECMG，并从 ECMG 获取AC(访问控制)条件，同时负责调整各个 ECM 消息之间的时序，控制 ECM 与 CW 之间的同步关系等。用该集成方式，可以实现 CA 系统与复用/加扰设备的自动连接和控制，为 CA 系统的复杂的功能及扩展功能的实现提供了良好的通道。

（天津广播电视网络有限公司）

【汉沽等区县完成广播电台自动播出系统】 2008年初，汉沽广播电视局和宁河广播电视局分别完成了广播电台自动播出系统项目。两个系统在具有自动播出、自动开关机、音量自动均衡等共有功能的同时还各有特色：汉沽播出系统具有声光报警、随机慢录、GPS 效时功能；宁河播出系统支持多时段设定、自动加载节目单、自动补充节目、支持人工微调校时等。两个项目的建设实现了广播播出的自动化、智能化，保证了电台播出的安全性。汉沽电台自动播出系统确保了“天津区县联盟广播汉沽之声”每天18 小时播出任务的顺利完成。以上两个项目分别获得 2007 年度天津市广播电视电影科技进步奖三等奖。塘沽广播电台数字化音频制作播出系统于 2008 年 3 月立项，2008 年 9 月投入使用。该项目采用国内先进的数字音频制作播出系统 POWERCAST 软件技术，实现了 24 小时自动化播出及广播节目的采、编、播一体化。

（汉沽、宁河、塘沽广播电视局）

【东丽区、蓟县完成广播电视宽带网】 东丽区广播电视局和蓟县广播电视局分别建设了功能多样、覆盖全区(县)的广播电视宽带信息网络。东丽区广电宽带网有光纤 7000 余公里，光纤骨干网覆盖东丽区 80%的地区，发展个人用户 2.5 万余户、单位用户 400 余户。同时，利用光纤网络资源，建成了东丽区政务专网、教育专网、税务专网、交通监控专网、技防网视频监控系统等，成为东丽区信息化建设的主力军。蓟县广播电视局从 2006 年开始启动综合宽带网络(蓟州政务网)工程，项目投资 6000 万，核心系统设备安装、调试于 2008 年初完成。基于综合宽带网的蓟县 IP 电视系统按照 52 个直播频道、36 小时时移、4000 小时影视点播的要求设计，用户规模为 3 万户，并发流 1.5 万个。截至 2008 年底，已实现公众用户 1.954 万户。

（东丽、蓟县广播电视局）

【滨海新区互动电视】 滨海新区互动电视项目于 2008 年底正式启动。该项目是在开发区数字电视整体转换工程的基础上，于 2007 年开始建设的高科技项目，总投资 4600 万元。该项目由 VOD 视频点播系统、时移电视系统、IP 互联网系统和 BOSS 用户管理系统组成。可以为用户提供影视点播、时移电视、交互电视新闻、目录预览、远程学习、交互广告、交互视频游戏等综合信息业务。通过互动电视还可实现电视上网，用户能够享受到速度更快、数据传输更稳定、抗干扰能力更强以及费用更低的宽带网络服务。互动电视改变了被动收看电视的传统模式，开启多样化、个性化收视的新阶段。滨海新区交互电视在中国北方尚属首例，其技术平台和设备水平达到国内先进水平。

（开发区广播电视局）

【塘沽电视台全台业务网建设】 该项目被列为 2008 年塘沽区政府百项重点工程之一，于 2008 年 3 月立项，2008 年 9 月投入使用。该项目的系统组成主要包括基础网络平台、数字硬盘播出系统、节目制作系统、媒资管理系统等部分，涵盖了塘沽电视台节目制、播、存、管一体化的网络系统。其采用多种国内领先的先进技术，如：国际接轨的新一代 CPU 加 GPU 编辑技术、SAN 存储技术、远程节目编辑技术、网络化的播出技术等。该项目投入使用后，实现了塘沽电视台网络化、数字化、自动化的 24 小时不间断播出和无纸化办公。

（塘沽广播电视局）

科技队伍与科技机构

科技队伍概况

2008 年天津市公有制经济单位自然科专业技术人员 213092 人，其中，本市单位 159723 人，驻津单位 53369 人。详见表 1。

【公有制经济单位自然科学专业技术人员简况】

表 1　　2008 年天津市公有制经济单位自然科学专业技术人员情况统计表　　单位：人

项目	编号	总数			本市单位			驻津单位		
		小计	高级	中级	小计	高级	中级	小计	高级	中级
甲	乙	1	2	3	4	5	6	9	10	11
总计	1	213 092	35 883	65 429	159 723	26 080	49 659	53 369	9 803	15 770
其中：1. 高级职务	2	35 883	35 883		26 080	26 080		9 803	9 803	
正高级职务	3	4 592	4 592		3 094	3 094		1 498	1 498	
2. 中级职务	4	65 429		65 429	49 659		49 659	15 770		15 770
工程技术人员	5	113 109	17 309	30 156	67 430	10 141	17 061	45 679	7 168	13095
农业技术人员	6	3 049	505	835	2 989	490	812	60	15	23
科学研究人员	7	4 062	1 609	1 376	2 543	838	878	1 519	771	498
卫生技术人员	8	59 003	6 239	18 786	55 952	5 980	17 522	3 051	259	1 264
教学人员	9	33 869	10 221	14 276	30 809	8 631	13 386	3 060	1 590	890

（柴生培）

【科研机构科技活动人员简况】 截至 2008 年底，天津市 179 个科研机构从业人员总量达 29012 人，比上年增加 32.23%，其中科技活动人员 17695 人，比上年增长了 32.99%，占从业人员的 60.99%。

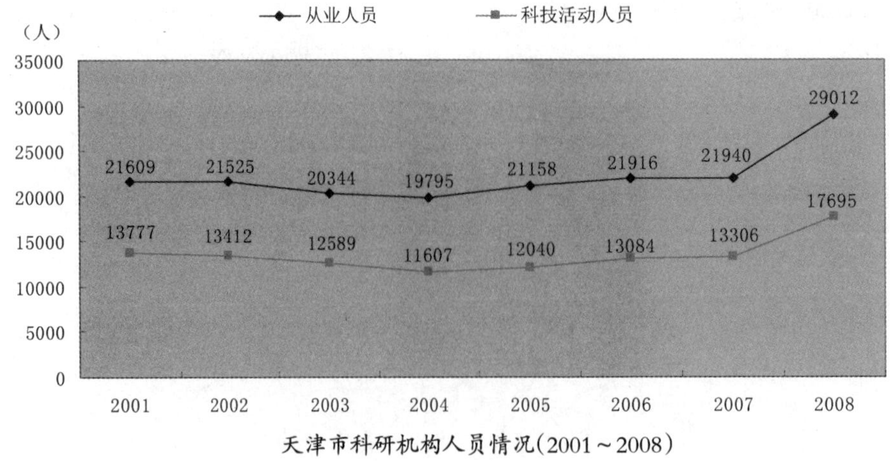

天津市科研机构人员情况（2001～2008）

科技活动人员中科学家和工程师有14578人，占82.38%；具有博士和硕士学位2827人，占科技活动人员的16.67%。

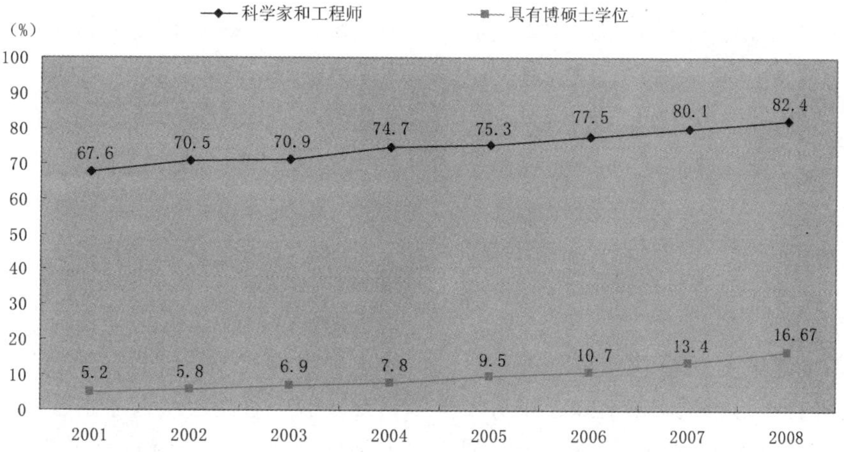

天津市科研机构科技活动人员中科学家和工程师、博硕士所占比重(2001～2008)

（张　明）

科技队伍建设

【继续实施特聘专家制度】 2008年，经市政府批准聘请中国科学院院士沈绪榜、中国工程院院士沈昌祥程翼宇教授等3名国内学术技术带头人为天津市特聘专家，以柔性流动的方式，在计算机系统、微电子研究、医药等领域提供指导和帮助，为天津市信息技术和现代中医药领域引进国家级顶尖科技领军人才。截至2008年，天津市特聘专家已达51人。

（天津市人事局）

【选拔享受政府特殊津贴人员】 根据国家人事部《关于开展2008年享受政府特殊津贴人员选拔工作的通知》部署，天津市人事局拟定《关于开展2008年享受政府特殊津贴人员选拔工作方案》，在市属单位开展2008年特贴专家选拔工作。选拔工作注重向在重点工程、重点学科、重大产业化项目以及滨海新区开发开放中作出突出贡献的一线创新型人才倾斜，并首次将高技能人才纳入选拔范围。经基层申报、专家评审、综合评议、市人才工作领导小组审核，确定73名人选上报国家人力资源和社会保障部。其中，教卫系统20人，占推荐人选总数的27.4%；工业系统17人，占23.3%；城建系统6人，占8.2%；宣传系统6人，占8.2%；农业系统4人，占5.5%；其他系统11人，占15.1%；高技能人才9人，占12.3%。

（天津市人事局）

【实施“131”创新型人才培养工程】 2008年，市人事局以提高人选创新能力、建设创新团队为重点，采取高端培训与个性化培养相结合的方式，积极落实“131”创新型人才培养方案，推进人选培养工作深入开展。第一层次人选培养工作已取得阶段性成果，有18名人选享受国务院特殊津贴，3人入选“新世纪百千万人才工程”国家级人选，27人承担了44项国家“863”、“973”计划重点课题，71人承担了250项重大科技支撑计划、重大科技攻关等省部级重点项目。其“131”创新型人才培养具体方法为：①创办“滨海创新人才大讲堂”。邀请葛墨林、郑学益、殷瑞钰、邬贺铨等国内著名专家学者和法国科学院院士阿德曼、日本液态锂离子电池之父尼希等国际顶尖大师来大讲堂讲学，加快天津市高层次创新人才的培养。②选派人员赴清华大学做访问学者。先后选派5名“131”创新型人才赴清华大学作为期一年的访问学者，充分利用清华大学教育、人才和科技优势，进一步提高天津市创新型人才的专业水平和创新能力，搭建高层次人才交流与合作平台。③突出在重点项目、重点工程中培养人才。坚持在实践中培养，在培养中使用，注重在滨海新区开发开放中锻炼和培养人选。已有26名人选承担或参与了天津市重大工业项目和自主创新项目，71人承担了国家或市部级重点项目、重点课题250余个，构建创新团队40余个。④突出国际化人才培养。充分发掘各种渠道，积极创造各种条件，鼓励人选到欧美等发达国家参加中长期或短期培训。2008年，近30名人选出国进行中长期或短期培训考察，广泛开展合作交流。⑤突出名师带教培养人才。根据不同人选的实际情况，聘请知名院士、专家，采用合作指导、选派进修、组织学术交流等多种形式，推行名师带教制度，强化“131”第一层次人选的培养。已有60余位两院院士、特贴专家和授衔专家受聘担任“131”第一层次人选的项目合作导师，选派60余人次到著名院士、专家身边进行合作研究。

（天津市人事局）

【博士后创新实践基地建设】 为解决区县急需引进高层次人才又缺乏平台和途径的难题，2008年进一步加快博士后创新实践基地建设进程，在河北、河东、西青、静海等4个区县建立博士后创新实践基地，全市基地数量已达到12个，探索具有天津特点的博士后工作服务区县基层单位的新途径，取得了显著成效。①为区县柔性引进一批高层次人才。成功举办博士后服务区县经济座谈会，组织北京大学、清华大学、天津大学、南开大学等京津两地高校百余名博士后到天津考察，进行人才与项目对接。12个区县已柔性引进博士后研发团队近20个，博士后及博士100余名，承担项目70余个，项目金额9000余万元。②吸引博士后人才到区县挂职。积极协调，为博士后创新实践基地引进了20余位北京大学、清华大学等在站博士后，到区发改委、教委、园林局等相关政府部门挂职，进行政策咨询、课题攻关、项目论证，提高区县的科学决策水平和执政能力。③支持优秀中小企业先行开展博士后工作。形成“先进入基地内试行博士后工作，条件成熟后再支持其申报博士后科研工作站”的管理模式，支持基地内优秀中小企业建立健全博士后工作机制。2008年，30余家入驻博士后创新实践基地的企事业单位中，天津汽车模具有限公司等10家企业被国家批准设立博士后科研工作站。

天津市博士后创新实践基地工作引起社会的广泛关注和积极反响。2008年7月1日，新华社每日电讯以“天津博士后创新实践基地助力区县发展”为题作了报道，充分肯定了博士后创新实践基地在助推区县经济发展中的积极作用。10月30日，天津市人事局举办“博士后服务区县经济洽谈会”，新华社总社派出2名记者专程到津采访，10月31日新华社以“天津‘但求所用’机制创新巧引博士后”为题发通稿报道了该活动。新华社每日电讯11月2日全文刊发通稿，再次报道天津市创新人才机制，引进博士后人才智力助推区县经济发展。人民网、新华网、中国经济网、搜狐网、网易等国内主要新闻网站转载，中国人事报、天津电视台、天津广播电台也都派出记者专程采访该项活动并做广泛宣传，在社会上产生了积极的影响。

（天津市人事局）

【组织博士后人才与项目引荐会】 2008年，天津市人事局和中国博士后科学基金会共同主办博士后人才与项目引荐会。该届引荐会突出为加快滨海新区开发开放引进高层次人才主题，组织南开大学、天津大学等9所重点高校的48个博士后流动站和天津经济技术开发区、摩托罗拉（中国）电子有限公司等60余个博士后科研工作站设站单位以及部分重点企事业用人单位参加招聘，提供近900个岗位需求，吸引优秀博士进站或到津工作。4月18日，中国科学院、北京大学、清华大学、上海交通大学、南京大学等全国50余所重点大学和科研院所500余名博士和博士后到会洽谈，共引进106名博士后进站或到津工作，122名博士达成进站意向。

（天津市人事局）

【开展优秀博士后表彰评选】 为纪念天津市设立博士后科研工作站10周年，设立博士后科研流动站23周年，2008年11月，经过全市各方面的积极参与和共同努力，确定授予南开大学中国语言文学博士后科研流动站等15个集体“天津市优秀博士后科研流动站”荣誉称号，授予中国汽车技术研究中心博士后科研工作站等11个集体“天津市优秀博士后科研工作站”荣誉称号，授予天津大学陈志华等35人“天津市优秀博士后研究人员”荣誉称号，授予中国石油天然气股份有限公司大港油田公司庞玉宝等11人“天津市优秀博士后管理人员”荣誉称号。

（天津市人事局）

【博士后人才国际化培养】 2008年，继续坚持博士后人才国际化培养的方向，做好博士后赴欧培训工作。选拔30名优秀人选，派往英、法、德等欧洲国家，在剑桥大学、牛津大学、帝国理工大学、斯图加特大学、瓦格宁根大学等25所高校和科研院所进行为期3个月的培训考察或开展合作研究，帮助博士后了解国际科学前沿，培育创新思维和实践能力。2008年，全市共有72位在站博士后获得中国博士后科学基金资助。其中，10名博士后获首批特别资助，10名获得一等资助，52人获二等资助，资助金额达306万元。

（天津市人事局）

【开展与首都高层次人才智力合作】 2008年1月13日、17日，天津市政府分别与北京大学、清华大学负责人进行全面合作协议签约及座谈，进一步加强市校合作，促进共同发展。天津市与北京大学在规划、政策及技术咨询、人才交流与培养、科研及科技开发、医疗及卫生服务等领域签订了6项具体合作协议；与清华大学在博士后培养、城市规划以及科技成果转化等方面签订了新一轮共7项具体合作协议。在开展与首都高层次人才智力合作中取得的成效为：①天津市重大“水专项”及“生态建设”项目合作取得新突破。天津市环保局与北京大学城市环境学院签署协议，为滨海新区生态城建设等项目提供科技支撑。②天津口腔医学学科建设取得新进展。建立了长效合作机制，聘请中华口腔医学会名誉会长张震康教授等3名著名专家指导学科建设。③天津市河西区陈塘科技文化产业区规划项目实现高起步，区校双方在投入产业定位、开发模式、招商战略和整体城市设计等方面开展合作调研，研究课题纲要编制工作已完成。④清华大学、北京大学与天津市塘沽区合作确定新目标。塘沽区与清华大学科研院共建产学研办公室工作正式启动，确定了工作目标。塘沽区规划局与北京大学地空学院合作项目立项会在北京大学召开，“城市地下空间三维规划管理信息系统”、“无人飞行器城市低空遥感系统影像服务”合作项目通过专家鉴定。塘沽区与北京大学合作共建天津市第五中心医院项目成效显著，11月27日，合作签约仪式暨医院扩建工程开工典礼在塘沽区举行。⑤博士后工作全面合作协议进入新层次。天津市与清华大学签署的博士后工作全面合作协议，拓展了天津市聚集和吸引博士后到天津发展的平台。塘沽区从清华大学吸引来的23位博（硕）士生，为天津临港工业区、塘沽中心商务商业区注入了创新活力。河西区引进5位清华大学博士后到区发改委、区科委等部门挂职，直接参与区重点项目合作研究。

（天津市人事局）

【启动“津港高层次人才与项目合作计划”】 2008年，为进一步加强天津与香港博士后及高层次人才合作交流，借鉴与北京大学、清华大学合作的模式，启动“津港高层次人才与项目合作计划”，与香港大学、香港科技大学、香港理工大学确定开展博士后等高层次人才交流合作的框架，签署《关于开展博士后及高层次人才交流合作备忘录》。香港理工大学、香港金融管理学院两所高校与天津市部分高校、博士后科研工作站设站单位人事部门负责人，就开展津港两地博士后等高层次人才交流与合作进行座谈，并就今后建立长期的良好合作关系达成共识。

（天津市人事局）

优秀科技人才简介

【在津两院院士】 截至2008年，在津两院院士名单如下：

中国科学院院士

申泮文 男，1916年出生，南开大学教授，1980年当选为中国科学院化学部委员（院士）。

陈茹玉 女，1919年出生，南开大学教授，1980年当选为中国科学院化学部委员（院士）。

母国光 男，1931年出生，南开大学教授，1991年当选为中国科学院信息技术科学部委员（院士）。

刘广均 男，1929年出生，核工业理化工程研究院总工程师，清华大学兼职教授，1991年当选为中国科学院技术科学部委员（院士）。

余国琮 男，1922年出生，天津大学教授，1991年当选为中国科学院化学部委员（院士）。

周　恒 男，1929年出生，天津大学教授，1993年当选为中国科学院数学物理学部院士。

张春霆 男，1936年出生，天津大学教授，1995年当选为中国科学院生命科学和医学部院士。

彭一刚 男，1932年出生，天津大学教授，1995年当选为中国科学院技术科学学部院士。

姚建铨 男，1939年出生，天津大学教授，1997年当选为中国科学院信息技术科学部院士。

程津培 男，1948年出生，南开大学教授，国家科技部副部长，2001年当选为中国科学院化学部院士。

葛墨林 男，1938年出生，南开大学教授，南开大学数学研究所副所长，2003年当选为中国科学院数学物理学部院士。

饶子和 男，1950年出生，南开大学校长、教授，2003年当选为中国科学院生命科学和医学部院士。

宋礼成 男，1937年出生，南开大学教授、博士生导师，2007年当选为中国科学院化学部院士。

龙以明 男，1948年出生，南开大学陈省身数学研究所所长、教授、博士生导师，2007年当选为中国科学院数学物理学部院士。

张伟平 男，1964年出生，南开大学陈省身数学研究所教授、博士生导师，2007年当选为中国科学院数学物理学部院士。

中国工程院院士

钱皋韵 男，1927年出生，核工业部第三研究院研究员，1994年当选为中国工程院能源与矿业工程学部院士。

李正名 男，1931年出生，南开大学教授，1995年当选为中国工程院化学、冶金与材料工程学部院士。

汪顺亭 男，1935年出生，中国船舶总公司第七〇七研究所研究员，1995年当选为中国工程院机械与运载工程学部院士。

吴咸中 男，1925年出生，天津医科大学教授，1996年当选为中国工程院医药卫生学部院士。

王静康 女，1938年出生，天津大学教授，1999年当选为中国工程院化学、冶金与材料工程学部院士。

石学敏 男，1938年出生，天津中医药大学第一附属医院院长，1999年当选为中国工程院医药卫生学部院士。

沈家祥 男，1921年出生，天津大学教授，1985年当选为法国国家药学科学院通讯院士，1999年当选为中国工程院医药卫生学部院士。

侯　锋 男，1928年出生，天津市农科院名誉院长，1999年当选为中国工程院农业学部院士。

谢世楞 男，1935年出生，交通部第一航务工程勘察设计院教授级高级工程师，天津大学兼职教授，1999年当选为中国工程院土木、水利与建筑工程学部院士。

曹楚生 男，1926年出生，水利部天津水利水电勘测设计研究院教授级高级工程师，天津大学教授，1999年当选为中国工程院土木、水利与建筑工程学部院士。

李猷嘉 男，1932年出生，天津华北设计院总工程师，2000年获中国工程设计大师称号，2001年当选为中国工程院土木、水利与建筑工程学部院士。

叶声华 男，1934年出生，天津大学教授，2003年当选为中国工程院信息与电子工程学部院士。

刘昌孝 男，1942年出生，天津药物研究院研究员，2003年当选为中国工程院医药卫生学部院士。

郝希山 男，1945年出生，天津医科大学教授，2003年当选为中国工程院医药卫生学部院士。

陈予恕 男，1931年出生，天津大学教授，2005年当选为中国工程院机械与运载工程学部院士。

余贻鑫 男，1936年出生，天津大学教授，2005年当选为中国工程院能源与矿业工程学部院士。

陈念念 男，1941年出生，天津核工业理化工程研究院研究员，2005年当选为中国工程院能源与矿业工程学部院士。

张伯礼 男，1948年出生，天津中医药大学教授，2005年当选为中国工程院医药卫生学部院士。

（市科委基础研究处　史志办）

【天津3位科技工作者获第15届何梁何利基金奖】第15届何梁何利基金奖于2008年10月29日在北京钓鱼台国宾馆颁奖。全国共有57名科技人员获奖，其中，天津市有3位科技工作者获"科技进步奖"，分别是天津大学王静康教授、天津工业大学李嘉禄教授和河北工业大学陆俭国教授。何梁何利基金由香港爱国金融实业家何善衡、梁金求琚、何添、利国伟先生共同捐资4亿港币，于1994年3月在香港注册成立的公益性科技奖励基金，其宗旨是通过奖励取得杰出成就的中国科技工作者，倡导尊重知识、尊重人才、崇尚科学的社会风尚，激励科技工作者勇攀科学技术高峰。基金设"科学与技术成就奖"、"科学与技术进步奖"和"科学与技术创新奖"。

（市科委基础研究处）

【何梁何利基金科技进步奖获得者陆俭国】 陆俭国教授1958年毕业于清华大学，现任河北工业大学电器研究所所长、博士生导师、中国电工技术学会电工产品可靠性专业委员会主任委员，荣获2008年度何梁何利基金科学与技术进步奖。陆俭国教授长期从事控制电器、保护电器、航天及铁路用电器可靠性与电器检测技术，提出了失效率作为控制电器产品的可靠性指标以及可靠性抽样与试验考核方法；提出了控制电器电磁系统可靠性设计与优化设计相结合的理论与方法；提出了成功率作为保护电器主要可靠性指标以及保护电器成功率验证试验方案；研究了微机控制试验技术、手动电器电动操作技术、试验数据采集与处理技术；采用理论分析与选相合闸技术解决了断路器瞬动特性调试不准影响其短路保护可靠性而困扰电器行业长期未解决的难题；在国内外首次负责制订了低压控制电器及保护电器可靠性试验方法的7个系列性国家标准，主持研制了贯彻上述标准的可靠性试验设备。

（丛继坤）

【王振英荣获第四届新世纪巾帼发明家创新奖】 天津师范大学化学与生命科学学院教授王振英博士因在植物抗逆结构基因和调控基因的功能研究以及小麦抗白粉病相关基因研究中取得突破成果，2008年获得由国家知识产权局、全国妇联、中国发明协会联合评选的第四届新世纪巾帼发明家创新奖。王振英教授是中国植物生理学会理事，细胞遗传与分子调控天津市重点实验室主任，天津市"131"人才工程梯队成员。新世纪巾帼发明家创新奖在全国范围内共评选出10人，该校教师首次获此殊荣。

（王　彬）

【两名教师入选教育部新世纪优秀人才支持计划】天津师范大学历史文化学院龙秀清教授和化学与生命科学学院杨恩翠教授分别入选教育部2008年度"新世纪优秀人才支持计划"，其中哲学社会科学类资助强度为20万元，自然科学类资助强度为50万元，共计资助金额70万元。"新世纪优秀人才支持计划"是国家教育部重点实施的3个层次的人才培养与支持体系之一，用于支持高校优秀青年学术带头人开展教学改革，围绕国家重大科技和工程问题、哲学社会科学问题和国际科学与技术前沿进行创新研究，以加速培养和造就一批青年学术带头人，提升高校教师队伍的创新能力和学术水平。天津市地方院校共有6名教师入选该计划，该校是唯一有2名教师入选的市属高等院校。

（王　彬）

科学研究与技术开发机构

【简况】 2008年，天津市县及县以上179个独立科学研究与技术开发机构中（不包括7个国防所），自然科学研究与开发机构54个（市属44个，驻津10个），转制到位的研究与开发机构75个（市属56个，驻津19个），社会人文类研究机构3个，信息和文献类机构11个，县属机构15个，其他类机构21个。从业人员29012人，其中科技活动人员17695人，科技活动人员中科学家和工程师14578人。R&D人员折合全时工作量6384人年，其中科学家和工程师5788人年。科技经费筹集额为41.1亿元，其中政府资金14.09亿元；科技经费内部支出38.33亿元，其中R&D经费内部支出16.13亿元。

（张　明）

【自然科学研究与技术开发机构】 2008年天津市有自然科学研究与开发机构54个（市属44个，驻津10个）。从业人员4957人，其中从事科技活动人员4018人（含科学家和工程师3227人）。见表2。

表 2 **自然科学研究与技术开发机构情况(2008 年)**

		从业人员(人)	从事科技活动人员	科学家与工程师	从事生产经营活动人员	经费收入总额(千元)	政府资金	经费支出总额(千元)	科技经费内部支出	课题数(个)	课题人员折合全时工作量(人年)	科学家与工程师	课题经费内部支出(千元)
合　计		4 957	4 018	3 227	371	1 191 271	666 006	1 081 042	957 120	942	1947.3	1690.9	337 553.1
按隶属关系分	市属单位	3 313	2 704	2 096	193	672 205	329 017	561 141	495 114	592	1149.4	981.9	132 299.9
	中央各部驻津单位	1644	1314	1131	178	519 066	336 989	519 901	462 006	350	797.9	709	205 253.2
按服务国民经济行业分	农、林、牧、渔业	814	624	538	112	196 601	94 827	166 454	149 785	295	406.2	365.8	67 242
	制造业	643	574	395	28	256 703	111 922	201 017	169 752	94	281.9	228.1	32 714
	电力、燃气及水的生产和供应业	247	181	126	47	47 634	10 503	23121	17 837	30	89	58.6	5 328
	建筑业	56	53	41	0	5 627	15	5 492	3 124	1	0.2	0.2	34.2
	科学研究、技术服务和地质勘查业	1 641	1 326	1 076	157	421 019	298 433	424 577	377 682	277	636.3	583	147 223.3
	水利、环境和公共设施管理业	482	399	333	13	78 674	40 825	74 960	70 392	142	288	219.3	35 302.7
	卫生、社会保障和社会福利业	861	669	548	14	175 874	100 344	174 770	158 631	98	228.2	220.5	48 797.9
	文化、体育和娱乐业	26	24	17	0	1 993	1 991	2 065	2 015	1	1	1	65
	公共管理和社会组织	187	168	153	0	7 146	7 146	8 586	7 902	4	16.5	14.4	846

(张　明)

【转制科学研究与技术开发机构】 2008 年天津市有转制到位的研究与开发机构 75 个(市属 56 个,驻津 19 个)。从业人员 14820 人,其中从事科技活动人员 8139 人(含科学家与工程师 6459 人)。见表 3。

表 3 **转制科学研究与技术开发机构情况(2008 年)**

		从业人员(人)	从事科技活动人员	科学家与工程师	从事生产经营活动人员	经费收入总额(千元)	政府资金	经费支出总额(千元)	科技经费内部支出	课题数(个)	课题人员折合全时工作量(人年)	科学家与工程师	课题经费内部支出(千元)
合　计		14 820	8 139	6 459	3 982	6 823 654	482 098	6 148 103	1 980 764	1 031	3 811.1	3 234.7	809 857
按隶属关系分	市属单位	4 669	2 725	1 962	1 426	872 588	117 665	795 380	462 650	378	1 449.3	1 104.3	247 932.1
	中央各部驻津单位	10 151	5 414	4 497	2 556	5 951 066	364 433	5 352 723	1 518 114	653	2 361.8	2 130.4	561 924.9
按服务国民经济行业分	农、林、牧、渔业	52	35	25	11	1 426	518	1 717	427	2	8	8	360
	采矿业	386	223	172	112	106 763	9 721	106 883	65 540	38	79.1	76.1	19 820
	制造业	9 545	5 460	4 180	3 361	4 898 849	170 051	4 328 587	1 248 655	524	2 449.4	2 044.9	496 458.4
	电力、燃气及水的生产和供应业	404	211	175	144	115 569	4 070	148 669	53 335	22	45.5	40.6	44 490
	建筑业	336	237	208	61	77 319	1 722	57 963	31 640	20	110.7	69.9	17 175.1
	交通运输、仓储及邮政业	243	231	163	3	87 729	4 073	89 512	70 307	31	71	71	9 376
	信息传输、计算机服务和软件业	210	147	108	31	20 748	10 086	14 780	9 541	16	85	62	3 988
	科学研究、技术服务和地质勘查业	2 659	1 296	1 150	259	1 183 315	241 759	1 085 891	460 888	317	830.8	743.5	202 248.7
	卫生、社会保障和社会福利业	985	299	278	0	331 936	40 098	314 101	40 431	61	131.6	118.7	15 940.8

(张　明)

【科学技术信息和文献机构】 2008年天津市有科技信息和文献类机构11个。从业人员870人，其中从事科技活动人员689人（含科学家与工程师587人）。见表4。

表4 科学技术信息和文献机构情况(2008年)

		从业人员(人)	从事科技活动人员	科学家与工程师	从事生产经营活动人员	经费收入总额(千元)	政府资金	经费支出总额(千元)	科技经费内部支出	课题数(个)	课题人员折合全时工作量(人年)	科学家与工程师	课题经费内部支出(千元)
合计		870	689	587	59	132 286	95 675	126 689	118 380	79	325.5	233.2	31 757
按隶属关系分	市属单位	423	352	300	17	67 966	37 961	63 234	59 960	61	213.8	124.8	18 202
	中央各部驻津单位	447	337	287	42	64 320	57 714	63455	58 420	18	111.7	108.4	13 555
按服务国民经济行业分	制造业	87	66	58	8	5 472	1 911	4 187	3 680	6	28	27	1 170
	租赁和商业服务业	212	171	162	6	43 008	19 699	39 407	38 011	26	99.8	31.8	9 523
	科学研究、技术服务和地质勘查业	571	452	367	45	83 806	74 065	83 095	76 689	47	197.7	174.4	21 064

（张　明）

【社会人文科学研究与技术开发机构】 2008年天津市有社会人文科学研究与技术开发机构3个。从业人员356人，其中从事科技活动人员302人(含科学家与工程师269人)。见表5。

表5 社会人文科学研究与技术开发机构情况(2008年)

		从业人员(人)	从事科技活动人员	科学家与工程师	从事生产经营活动人员	经费收入总额(千元)	政府资金	经费支出总额(千元)	科技经费内部支出	课题数(个)	课题人员折合全时工作量(人年)	科学家与工程师	课题经费内部支出(千元)
合计		356	302	269	7	56 947	48 477	55 552	50 212	129	214.9	214.9	10 088.5
按隶属关系分	市属单位	356	302	269	7	56 947	48 477	55 552	50 212	129	214.9	214.9	10 088.5
	中央各部驻津单位	0	0	0	0	0	0	0	0	0	0	0	0
按服务国民经济行业分	科学研究、技术服务和地质勘查业	356	302	269	7	56 947	48 477	55 552	50 212	129	214.9	214.9	10 088.5

（张　明）

【研究与试验发展活动类机构】 2008年天津市有研究与试验发展活动类机构21个。从业人员7518人，其中从事科技活动人员4178人。见表6。

表 6 研究与试验发展活动类机构情况(2008 年)

		从业人员(人)	从事科技活动人员	经费收入总额(千元)	政府资金	经费支出总额(千元)	科技经费内部支出	课题数(个)	课题人员折合全时工作量(人年)	科学家与工程师	课题经费内部支出(千元)
合　计		7 518	4 178	719 511	99 457	732 351	706 616	279	2 101.3	1 637.1	383 626.5
按隶属关系分	市属单位	856	553	262 102	22 232	261 140	259 712	71	254	168.8	137 244.5
	中央各部驻津单位	6 662	3 625	457 409	77 225	471 211	446 904	208	1847.3	1468.3	246 382
按服务国民经济行业分	农、林、牧、渔业	43	41	3 461	1 928	4 482	3 054	5	41	22	1 461
	采矿业	422	273	100 980	0	101 620	101 620	23	163	146	23 307
	信息传输、计算机服务和软件业	20	19	1424	420	1 088	963	2	18	7	963
	科学研究、技术服务和地质勘查业	7 033	3 845	613 646	97 109	625 161	600 979	249	1 879.3	1 462.1	357 895.5

（张　明）

【科研机构科技活动经费】 2008 年天津市科研机构科技活动经费筹集额达 41.10 亿元，比 2007 年增加 9.81 亿元，增长 31.35%。其中政府资金 14.09 亿元，企业资金 20.61 亿元，分别占总量的 34.28%和 50.15%。见表 7。

表 7 天津市科研机构科技经费筹集额按来源分布情况(2001~2008 年) 单位：亿元

	2001	2002	2003	2004	2005	2006	2007	2008
科技经费筹集额	12.91	15.14	17.04	18.98	27.59	28.45	31.29	41.10
政府资金	3.96	5.86	6.38	6.14	9.46	8.51	12.18	14.09
企业资金	3.62	3.19	3.35	9.55	16.47	15.56	15.00	20.61
其 他	5.33	6.09	7.31	3.29	1.66	4.38	4.11	6.40

（张　明）

【科研机构承担课题情况】 2008 年科研机构共承担课题 2498 项，课题经费内部支出 15.77 亿元，其中 R&D 课题为 10.28 亿元。课题投入人员折合全时工作量为 8563.1 人年，其中 R&D 人员为 5575.4 人年。人均课题经费 18.42 万元/人年，比 2007 年增长 2.19 万元/人年。课题来源广泛，有 50%的课题经费来自政府部门。其中，来自中央政府部门的课题经费为 4.27 亿元，占 27.1%；来自地方政府部门的课题经费为 3.82 亿元，占 24.2%；企业委托课题的经费为 3.45 亿元，占 21.9%；自选课题的经费为 3.82 亿元，占 24.2%。见表 8。

表 8　　2008 年天津市科研机构承担课题情况

	课题数		课题经费内部支出	
	项	%	亿元	%
合　计	2 498	100	15.77	100
国家科技项目	627	25.1	4.27	27.1
地方科技项目	756	30.3	3.82	24.2
企业委托项目	464	18.5	3.45	21.9
自选科技项目	537	21.5	3.82	24.2
国际合作项目	10	0.4	0.02	0.10
其他科技项目	104	4.2	0.39	2.50

（张　明）

【科研机构专利申请】 2008 年天津市科研机构专利申请 526 件，其中发明专利 290 件，占专利申请量的 55.13%；获专利授权 285 件，其中发明专利 86 件，占专利授权量的 30.18%。

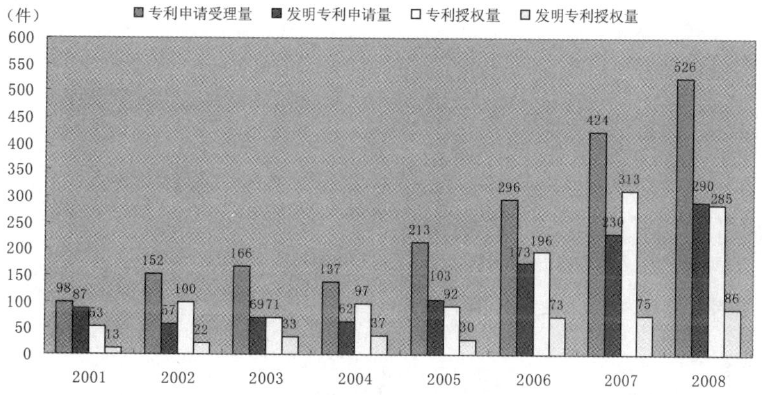

天津市科研机构专利情况（2001～2008）

（张　明）

【科研机构 R&D 活动】 2008 年天津市科研机构 R&D 人员折合全时工作量 6384 人年，比 2007 年增长 30.79%，R&D 人员中科学家工程师的比重为 90.66%。R&D 经费内部支出为 16.13 亿元，比 2007 年增长 48.89%。其中，R&D 经常费支出 12.86 亿元，比 2007 年增长了 39.18%；R&D 基本建设费为 3.27 亿元，比 2007 年增长了 105%。

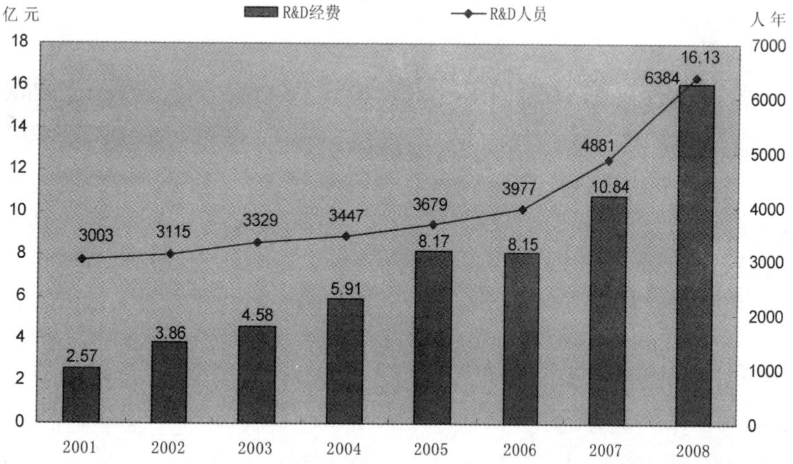

天津市科研机构 R&D 活动情况（2001～2008）

2008年天津市科研机构R&D经费中政府资金为6.13亿元，占37.99%；企业资金为8.64亿元，占53.56%；其他资金为1.36亿元，占8.45%。

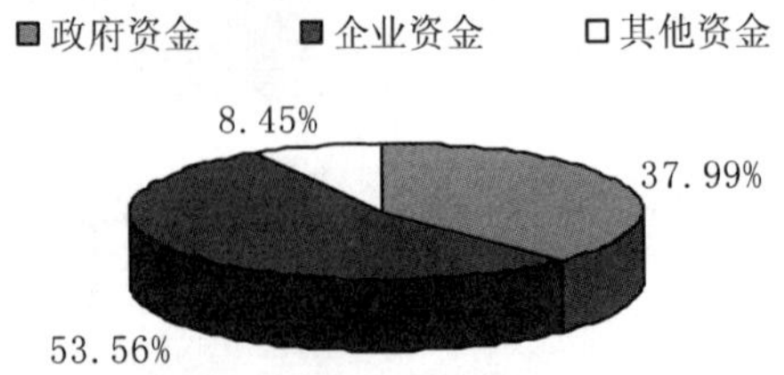

天津市科研机构R&D经费按来源分布(2008)

R&D活动由基础研究、应用研究和试验发展3个部分构成。2008年天津市科研机构中基础研究经费支出0.90亿元，占5.58%；应用研究经费为3.74亿元，占23.17%；试验发展经费为11.50亿元，占71.25%。R&D经费中科学研究(基础研究和应用研究)经费所占比重不断增大，从2001年的16.7%提高到2008年的28.75%，说明天津市科研机构开展原始创新和探索的能力不断增强。

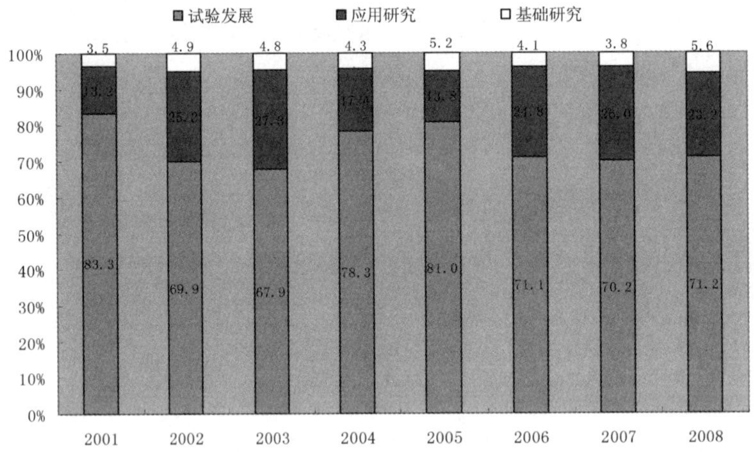

天津市科研机构R&D经费按活动类型分(2001～2008)

从R&D活动的学科分布看，2008年科研机构R&D活动50%以上集中在工程科学与技术领域，其次为医学科学、自然科学和农业科学领域，社会人文科学领域投入最少。

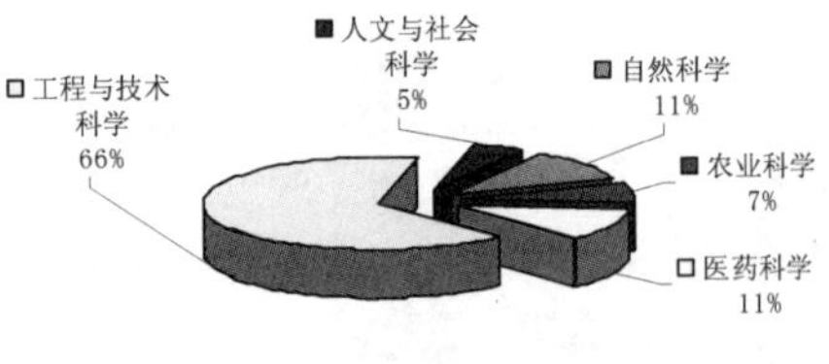

天津市科研机构R&D人员按学科分布(2008)

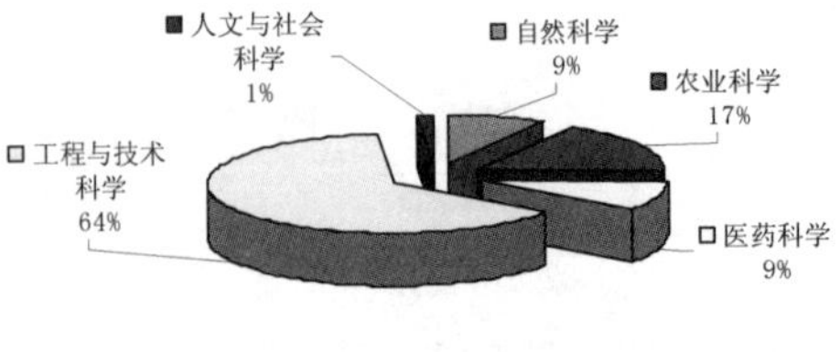

天津市科研机构R&D经费按学科分布(2008)

(张　明)

【科研机构产业化发展】 2008年天津市科研机构技工贸收入为63.75亿元，生产经营活动收入为39.97亿元，分别比2007年增长了20.12%和15.42%；产品销售收入为37.80亿元，比2007年增长16.49%。其中产品销售收入超过5000万元的有6家，其产品销售收入达33.96亿元，占总收入的89.88%，其中1家企业的产品销售收入超过了10亿元。见表9。

表 9　　2008 年天津市科研机构产品销售收入情况

	机构数(个)	产品销售收入(亿元)
合　计	179	37.8
10 亿元以上	1	22.72
5 亿元~10 亿元	1	6.63
1 亿元~5 亿元	2	3.43
0.5 亿元~1 亿元	2	1.18
0.1 亿元~0.5 亿元	11	2.76
0.1 亿元以下	162	1.08

（张　明）

天津市博士后工作站

【博士后科研工作站简况】 2008 年，天津市继续把加强博士后科研工作站的建设作为贯彻实施人才强市战略、加快推进滨海新区开发开放、推动企业科技创新和技术创新、提升企业核心竞争力的重要举措来抓，取得了明显成效。积极争取国家人事部支持，扩大博士后科研工作站建站规模，在天津钢铁有限公司、渤海财产保险股份有限公司等重点企业新设立 8 个博士后科研工作站。截至 2008 年，全市共有博士后科研工作站 109 个，其中建在滨海新区的博士后科研工作站总数达到 59 个，占全市工作站总数的 54%。全市博士后科研工作站、流动站总数达到 167 家，在站博士后 550 余名，居于全国领先行列。

（天津市人事局）

【新增 8 个博士后科研工作站】 2008 年天津市新增 8 个博士后科研工作站：

①天津市机电工业控股集团公司
②天津市市政工程设计研究院
③天津市疾病预防控制中心
④天津水泥工业设计研究院有限公司
⑤渤海财产保险股份有限公司
⑥天津钢铁有限公司
⑦交通部天津水运工程科学研究所
⑧核工业理化工程研究院

（天津市人事局）

【天津水泥工业设计研究院有限公司博士后科研工作站】 2008 年 6 月 19 日，天津水泥院有限公司获国家人力资源和社会保障部批准设立博士后科研工作站，成为 2008 年全国 345 个被批准设立博士后科研工作站的单位之一。天津水泥院有限公司一直高度重视科技进步和技术创新，秉承“科技引领发展，服务创建和谐”的核心理念，全面加强企业人才队伍建设，大力推动科技创新，不断健全完善科研工作体系和研发平台，具备了良好的科研和生活条件。获准设立博士后工作站之后，天津水泥院有限公司发挥博士后制度对选拔和培养优秀青年科研人才、出高水平的科研成果的作用，推动国内水泥工业新型干法技术领域及企业的持续科研创新。

（肖秋菊　韩仲琦）

企业技术中心

【企业技术中心建设简况】 2008 年，天津市经委按照国家发改委的要求，研究确定在市级技术中心中选择天铁冶金集团、天纺投资控股有限公司、天发重型水电设备制造有限公司等 8 家具有一定规模、技术创新能力在国内同行业居前列的企业技术中心，推荐申请认定国家级技术中心。通过国家发改委初评和专家评审，最终认定天铁冶金集团、中天仕名科技集团有限公司和天狮集团 3 家企业为国家级企业技术中心。至此，全市累计国家级企业技术中心达到 19 家。

按照 2008 年年初确定的市级企业技术中心认定 30 家的目标，确定了重点培育市级企业技术中心 58 家。上半年市经委会同市科委、市财政局、市地税局等有关部门，组织专家评审认定。经过答辩和专家评审，综合指标前 30 位的企业技术中心被认定为天津市第 15 批市级企业技术中心（见表 10），累计市级技术中心达 266 家。此外，抓好企业级技术中心备案工作，建立了数据库，实现了计算机管理，使备案管理规范化系统化。2008 年企业级技术中心完成备案 300 家，累计达到 3600 家。全市形成了以国家级技术中心为核心、市级技术中心为骨干、企业级技术中心为基础，产学研相结合的技术创新体系。

在组织国家技术创新项目的申报工作中，2008 年组织全市符合“国家级企业技术中心创新能力建设项目”申报条件的钢管集团股份有限公司、力神电池股份有限公司、渤海化工集团公司等 3 家企业技术中心申报了“国家认定企业技术中心创新能力建设项目”，并参加了国家发改委召开的“国家认定企业技术中心创新能力建设项目”专家评审会。钢管集团股份有限公司、力神电池股份有限公司 2 家企业技术中心的创新能力建设项目获批准，各获得 500 万元技术中心创新能力建设专项资金的支持。截至 2008 年，全市已有 12 家国家级企业技术中心得到国家专项资金的支持，累计拨款 4200 万元。

表 10　　第十五批市级企业技术中心名单

序号	企业名称	技术中心名称
1	天津力生制药股份有限公司	天津力生制药股份有限公司技术中心
2	天津宏仁堂药业有限公司	天津宏仁堂药业有限公司技术中心
3	天津市天重江天重工有限公司	天津市天重江天重工有限公司技术中心
4	天津凯德实业有限公司	天津凯德实业有限公司技术中心
5	天津生物化学制药有限公司	天津生物化学制药有限公司技术中心
6	中材节能发展有限公司	中材节能发展有限公司技术中心
7	天津际华三五二二装具饰品有限公司	天津际华三五二二装具饰品有限公司技术中心
8	中铁十八局集团有限公司	中铁十八局集团有限公司技术中心
9	中国建筑第六工程局有限公司	中国建筑第六工程局有限公司技术中心
10	中交第一航务工程局有限公司	中交第一航务工程局有限公司技术中心
11	天津市润生塑胶制品有限公司	天津市润生塑胶制品有限公司技术中心
12	天津市经纬电材有限公司	天津市经纬电材有限公司技术中心
13	天津天钢石油专用管制造有限公司	天津天钢石油专用管制造有限公司技术中心
14	天津市精诚机床制造有限公司	天津市精诚机床制造有限公司技术中心
15	天津津东华明纸箱厂	天津津东华明纸箱厂技术中心
16	天津市君晟机电传动工程有限公司	天津市君晟机电传动工程有限公司技术中心
17	天津市大陆制氢设备有限公司	天津市大陆制氢设备有限公司技术中心
18	天津市莱特化工有限公司	天津市莱特化工有限公司技术中心
19	天津永久焊接材料有限公司	天津永久焊接材料有限公司技术中心
20	天津津滨石化设备有限公司	天津津滨石化设备有限公司技术中心
21	天津炼达集团有限公司	天津炼达集团有限公司技术中心
22	天津市宝坻区恒瑞制衣有限公司	天津市宝坻区恒瑞制衣有限公司技术中心
23	天津奥林股份有限公司	天津奥林股份有限公司技术中心
24	天津市晨光化工有限公司	天津市晨光化工有限公司技术中心
25	天津市北方金恒化工厂	天津市北方金恒化工厂技术中心
26	天津小护士实业发展有限公司	天津小护士实业发展有限公司技术中心
27	天津市第二机床有限公司	天津市第二机床有限公司技术中心
28	天津金牛电源材料有限公司	天津金牛电源材料有限公司技术中心
29	天津市管道工程集团有限公司保温管厂	天津市管道工程集团有限公司保温管厂技术中心
30	天津飞龙砼外加剂厂	天津飞龙砼外加剂厂技术中心

（市经委科技处）

部分科技机构简介

【天津市环境保护科学研究院】 天津市环境保护科学研究院始建于1975年，隶属于天津市环境保护局，是天津市唯一的市属综合性环保科研与服务机构。主要职能和工作任务是：针对天津市区域环境和环境管理问题，为政府的经济社会发展决策提供环境科学依据，为政府实施有效的环境监督和遏制环境污染与生态破坏提供控制目标、政策、法规、标准、控制措施和技术等方面的支持，立足本地为防止和解决新的环境问题进行科学研究，向政府和社会提供环保科技服务，满足政府和社会对环境科技的需求。

天津市环境保护科学研究院自成立以来，承担国家、部、市级重大科技攻关项目203项，取得科研成果195项，获各级科技进步奖147项，曾被国家科技部列为“全国软科学研究八十强”，被天津市政府授予“十大”骨干研究院所称号。2004年，经国家人事部批准，天津市环科院建立了博士后科研工作站，形成从硕士生、博士生到博士后工作站完整的高级科研人才培养教育体系。全院职工184人，其中，享受国务院特殊津贴、国务院突出贡献、天津市授衔和市规划建设系统授衔等专家8人，博士8人，硕士38人，研究员和具有高级专业技术职务人员45人，具有注册环评工程师等各类执(职)业资格37人，已经形成了一支专业齐全，结构合理，能够承担国家大型科研项目，在某些领域跻身于世界一流研究能力的科研队伍。

天津市环科院科技创新基地是该院的科研创新平台，创新基地由水环境、环境规划与战略环境评价、循环经济与清洁生产等8个学科领域和1个以博士后工作站、博士生、硕士生培养点为基础的人才培养平台组成，内设生态环境保护研究中心、环境规划与战略环境影响评价研究中心、环境政策法规与环境标准研究中心、循环经济与清洁生产中心、大气环境技术研究中心、水环境技术研究中心，国家危险废物处理处置工程技术(天津)中心和国家恶臭重点实验室也设在环科院科技创新基地。滨海分院是环科院为滨海新区开发开放及环境管理提供技术支持的主要派出窗口，由院内技术骨干抽调组成，业务领域涵盖环科院的所有业务范围。天津市联合环保工程设计有限公司和环境影响评价中心是环科院主要的科技成果转化及咨询服务窗口。联合公司具有国家甲级工程设计资质、甲级工程咨询资质、甲级环保设施运营资质，为社会和企业提供环保工程设计及工程总承包、环保设备研究与开发以及社会化环保设施运营等服务。环科院环评中心具有环境影响评价甲级资质，可以为全国范围内的项目承建单位提供技术服务。

（张　圆）

【生态环境与信息特种功能材料重点实验室】 河北工业大学省部共建教育部重点实验室——生态环境与信息特种功能材料重点实验室，于2008年通过可行性研究论证。该重点实验室设有4个研究方向，分别为：生态环境功能材料成分、结构与性能的应用基础研究；信息功能材料成分、结构与性能的应用基础研究；材料微结构与性能调控应用基础研究；生物信息输运控制与材料应用基础研究。每个研究方向均为国家重大科技战略需求，为环渤海区域经济社会发展发挥服务功能。

（丛继坤）

【水泥节能环保国家工程研究中心】 2008年9月，国家发展和改革委员会同意由天津水泥院联合有关单位共同组建天津水泥节能环保国家工程研究中心。该中心主要围绕水泥工业节能环保的发展需要，重点进行5方面工作：①开展水泥窑炉和粉磨节能、石灰石矿产资源综合利用、污染物减排、过程智能化控制等关键技术与装备的研究开发和系统集成，并加速创新成果的工程化和产业化。②系统优化水泥生产流程，建立高产量、低能耗的生产工艺体系。③建立相应的研发、综合测试和工程化验证平台及产业化基地，持续不断地为行业提供成熟的技术、产品和装备。④参与制订和完善国家水泥行业标准和规范。⑤培养高层次工程技术和管理人才，加强国际合作与发展，为相关企业提供技术咨询服务，促进水泥行业技术进步。

（肖秋菊　韩仲琦）

【天津市水利科学研究院】 2009年1月18日天津市水利科学研究院(以下简称“水科院”)正式揭牌。水科院(原为天津市水利科学研究所)成立于1975年，为天津市水务局直属公益型事业单位，是科技力量雄厚、专业门类齐全、研究手段先进、综合实力较强的水利专业科研机构。主要科研业务涉及水资源开发利用、水环境改善与修复、防洪减灾、农村水利、水利除险探测、水工结构与材料等技术领域。水科院现有职工123人，其中享受政府津贴2人，突出贡献专家1人，授衔专家1人，水利部青年科技英才1人。科技人员占全院职工总数近90%，其中教授级高级工程师7人，副高级工程师37人，工程师26人，初级职称27人，形成一支充满活力、高层次多学科的专业技术队伍。

30多年来，水科院完成国家及部市级攻关项目和重大科研课题258项，其中获省部级奖61项，局级奖103项，获国家专利授权26项。多项成果达国内领先和国际先进水平。在科研成果转化为生产力方面也取得显著成效。软基加固技术多次列入国家重点推广项目，在温州、湖州、宁波、厦门、珠海等地围海造陆、吹填加固工程中得到广泛应用。绿色植被混凝土技术在全国多个省市的城市河湖水环境整治中推广应用。此外，水科院先后与美国、新加坡、荷兰、以色列、澳大利亚、莫桑比克、日本及东南亚国家和地区开展广泛的国际合作和技术交流。

（张 雁 常守权）

【水利部科技推广中心天津市推广工作站】 2008年11月20日，水利部科技推广中心天津市推广工作站正式揭牌。该推广站依托单位天津市水利科学研究院和天津市水利科技推广中心。其主要职能：与水利部水利科技推广中心、国内外有关科研单位、大专院校建立业务联系，互通科技信息；组织参加国内各种学术交流会、新技术新产品发布会，广泛宣传天津市水行业先进科研成果、优秀工程设计、先进高效施工方法、先进管理措施、先进成熟的节水灌溉材料设备和防渗材料等技术和设备。为天津市水行业搭建一个推广科研成果、承揽工程设计与施工和销售材料设备等服务平台。

（张 雁 常守权）

【中交天津航道局有限公司技术中心】 2008年中交天津航道局有限公司组建技术中心。该技术中心既是公司技术管理部门，也是直属内部科技研发服务机构，具有管理和研发服务双重职能。技术中心重新组建后，公司的技术管理体系由公司技术委员会（决策层）、公司技术中心（执行层）、各公司直属单位技术管理研发分中心（简称分中心、支持层）3个层次和1个技术咨询机构（专家委员会）组成。

决策层——公司技术委员会。主任由公司总经理担任。技术委员会由公司相关领导、公司主要技术部门领导人、公司各单位主管技术工作的负责人组成。负责研究公司技术管理体系结构、技术发展方向、技术中心机构设置、职责划分、科技政策导向；审定重点课题内容、重大成果转化等关键性问题。

执行层——技术中心。技术中心下设综合管理部、研发与推广部、设备技改部、工艺标准部共4个部。具体负责全公司的技术管理、科技研发、成果转化应用、技术服务等工作。

支持层——分中心。公司下属单位，在设计研究院、工程公司、职工学校等实体公司设分中心，是公司技术中心分支机构，也是所在单位的技术管理部门和科技研发、技术培训机构。

技术咨询机构——专家委员会。主任由公司主管技术的领导担任，委员由高等院校、科研院所和公司内各专业的专家组成，专家委员会成员由公司技术委员会审定，由技术中心综合管理部负责聘请和管理。专家委员会是技术委员会的智囊团，也是技术中心的咨询机构。主要对公司技术发展方向、科技发展规划、重大技术决策、重要课题项目立项及技术引进等进行论证、咨询工作；对技术中心研究的重大科研课题和关键技术进行技术指导、提供咨询和评估。

（胡立群）

科技管理与服务

组织实施科技发展计划

科技计划执行成效分析

【概况】 2008年，天津市在科技计划执行中，全力聚集国内外科技资源，促进产学研结合，加快自主创新和科技成果转化及产业化步伐，取得了显著进展，在滨海新区研发转化基地和创新型城市建设上取得了新突破。

（市科委综合计划处、办公室）

【项目安排】 2008年全市共执行各类科技计划项目2618项。其中，新增项目903项，结转项目1715项。当年共计结题项目550项。2008年天津市科技计划项目执行情况按计划类别分布见表11。

表 11　2008年天津市科技计划项目执行情况按计划类别分布　　单位：项

计划类别 / 项目	科技创新专项资金	科技发展战略研究计划	科技支撑计划	应用基础及前沿技术研究计划	科技成果转化及产业化推进计划	科技创新体系及条件平台建设计划	科技型中小企业技术创新资金	其他
在研项目	95	105	735	770	312	57	506	38
新增项目	33	47	184	283	155	5	186	10
结转项目	62	58	551	487	157	52	320	28
结题项目		45	170	164	118	4	48	1

（市科委综合计划处、办公室）

【经费投入】 2008年天津市科技计划新增项目总经费871264万元。其中，市财政经费48970万元，单位自筹599257万元，银行贷款223037万元。从项目投资看，政府资金放大16.8倍，体现了财政资金的引导作用。2008年全市科技计划配套项目共获得国家财政科技经费资助2624万元。2008年天津市科技计划新增项目经费投入按计划类别分布情况见表12。

表 12　2008年天津市科技计划新增项目经费投入按计划类别分布　　单位：万元

计划类别 / 项目	科技创新专项资金	科技发展战略研究计划	科技支撑计划	应用基础及前沿技术研究计划	科技成果转化及产业化推进计划	科技创新体系及条件平台建设计划	科技型中小企业技术创新资金	国家项目配套
总经费	526 286	390	74 638	5 773	190 108	7 100	64 079	2 890
市财政拨款	21 700	390	11 218	4 840	3 180	2 600	4 819	223

（综合计划处、市科委办公室）

【承担单位与人员投入】 2008年共有487个单位参加了新增科技计划项目的研发，其中，高等学校37家，企业360家，科研机构等事业单位88家，其他机构2家。全部项目中，企业作为主承担单位的项目415项，获市财政经费33145万元，占全部市财政经费的67.7%。2008年参与全市新增科技计划项目实施的科技人员8156人次，其中，高级职称3199人次。项目组主要成员中，博士后221人次，博士940人次，硕士1358人次。2008年天津市科技计划各类新增项目人员投入按技术职称级别分布情况见表13。

表 13　　2008年天津市科技计划各类新增项目人员投入按技术职称级别分布　　单位：人次

项目 \ 技术职称	总人数	正高级	副高级	中级
科技创新专项资金	607	67	87	312
科技发展战略研究计划	391	85	126	108
科技支撑计划	1 949	395	555	521
应用基础及前沿技术研究计划	2 203	809	7	460
科技成果转化及产业化推进计划	1 438	168	356	440
科技创新体系及条件平台建设计划	56	14	14	13
科技型中小企业技术创新资金	1 417	170	294	503
国家科技项目配套	95	30	22	15

（市科委综合计划处、办公室）

【执行成效】 根据2008年结题项目数据和在研项目执行情况年度检查结果进行初步统计显示，全市科技计划项目执行情况良好，成果成效显著。科技计划项目申请专利1992项，授权专利946项；申请软件著作权等其他知识产权93件，获得软件著作权等其他知识产权82件；制定技术标准85项；获得各级奖励235项；发表论文4194篇；培养研究生1553人次，晋升职称344人次。科技计划项目新增产品销售收入167.80亿元人民币，技术收入87.9亿元人民币，利税合计40.7亿元人民币，出口创汇3.6亿美元。

表 14　　2008年天津市科技计划项目取得的主要成果(1)　　单位：项

项目 \ 专利	申请专利	发明专利	国外专利	授权专利	发明专利	国外专利	申请其他知识产权	获得其他知识产权
结题项目	976	602	10	406	146	1	–	–
在研项目	1 016	650	27	540	161	3	93	82
合计	1 992	1 252	37	946	307	4	93	82

注：结题项目成果数据为项目研发期间数据，“–”为未统计，下同。

表 15　　2008年天津市科技计划项目取得的主要成果(2)　　单位：项

项目 \ 成果	制定标准	国际标准	国家标准	行业标准	地方标准	成果登记	获奖成果	国家级	省市级
结题项目	–	–	–	–	–	–	85	8	58
在研项目	487	3	67	40	21	231	150	17	78
合计	487	3	67	40	21	231	235	25	136

2008年科技计划项目的执行在促进全市经济、社会发展，提高科技持续创新能力和推进滨海新区开发开放等方面发挥了重要作用。

1. 完成滨海高新区28平方公里基础开发，建成了综合服务大楼。国家生物医药国际创新园天津国际生物医药联合研究院建筑面积7万平方米的综合楼和研发大楼基本建成，通过了综合性新药创制技术大平台论证，有7个科技项目进入国家重大专项。其中，联合研究院的药物研究分析测试、临床前药物安全性评价、临床研究等公共技术平台进入建设期，分别引进组建了3个企业型专业管理团队。与意大利高等卫生研究院等合作共建的中意中医药联合实验室被列入首批国家级国际联合研究中心，开展了一批国际科技合作研究。美国亚历山大公司合作投资建设的一期3万平方米国际生物医药孵化器进入全面建设阶段。中科院天津工业生物技术研发中心研发大楼建设顺利进行。一批海内外研发团队、创新项目落户新区，形成了科技资源聚集效应。

天津国际生物医药联合研究院综合楼和研发大楼

2. 20项自主创新产业化重大项目已全部启动实施并取得阶段性进展：开发出的世界上首套特巨型子午线轮胎一次法成型机、国内首台超百万亿次曙光5000A高性能计算机已交付使用，数字安防产品在奥运场馆得到应用，骨髓原始间充质干细胞注射液等一批新药完成Ⅱ期临床试验。累计开发出国际最大规格的坐标轴式数控弧齿锥齿铣齿机、乘用/轻卡子午线轮胎全自动一次法成型机、加强型中空纤维帘式膜组件、大型节能减排型水泥装备关键设备等新产品56项。累计申请发明专利111项，累计授权发明专利43项。实现销售收入超过55.9亿元，实现利税8.3亿元。曙光高性能计算机产业化基地实现多种型号高性能计算机的批量生产，实现销售收入3.7亿元。年产2万辆的纯电动汽车产业化基地订货量超过2000辆，离岸出口1000多辆。

特巨型子午线轮胎一次法成型机设备

3. 组织落实33项天津市科技创新专项资金项目，累计达到95项。其中，启动实施1年以上的62项创新项目已申请专利453项，有发明专利171项、国际专利12项；制定新型产品企业标准15项；40项重大科技成果产业化项目累计新增产值近50亿元，利税7亿多元；市财政累计投入科技创新专项资金7.5亿元，带动了企业科技投入83.95亿元，财政资金效能放大了12.15倍。

4. 投入专项资金4560万元，重点支持186家科技型中小企业创新发展。其中88家企业获得国家科技型中小企业技术创新基金4611万元的资助。已累计扶持科技型中小企业569家，投入财政性资金2.6亿元，其中市级投入1.44亿元，区县匹配资金1.16亿元；有351家科技型中小企业获得国家科技型中小企业技术创新基金1.9亿元的资金资助。

5. 选育出设施农业专用蔬菜品种76个，其中专用黄瓜品种21个，甜瓜品种16个，花卉高档品种30个，12项成果申报了国家发明专利，4个品种申报职务新品种保护。发展蔬菜育种基地3000亩，脱毒马铃薯繁殖系数提高了30倍。黄瓜新品种在全市的覆盖率达90%，甜瓜新品种覆盖率达80%。重点支持57个农业科技成果转化项目，获得国家科技经费2930万元人民币。已完成的26个成果转化项目，销售收入达到3.38亿元人民币，利税8500万元人民币，创汇337万美元，新增就业人数2630人。在有农业的区县建成12个农业科技专家大院和农业科技“110”，建立科技特派员制度，形成“专家+龙头企业（农业技术协会）+农户”等利益分享、风险分担的农业产学研结合和成果推广

蔬菜新品种

模式。下派科技人员246人，建立农业科技示范基地24个、科技示范村243个、科技示范户1461户，示范面积30万多亩，引进蔬菜、瓜果、水产等新品种77个，推广新技术180项，促进了农业增效和农民增收。全面推动12个市级科技示范村、9个市级科技示范镇、2个市级科技示范区县的建设工作。

6. 科技促进社会发展取得进展。在医学医疗方面，集成中医和中西医结合的优势，加强与中国医学科学院、瑞典卡罗林斯卡学院等国内外科技合作，加强细胞生物学、分子生物学、蛋白质组

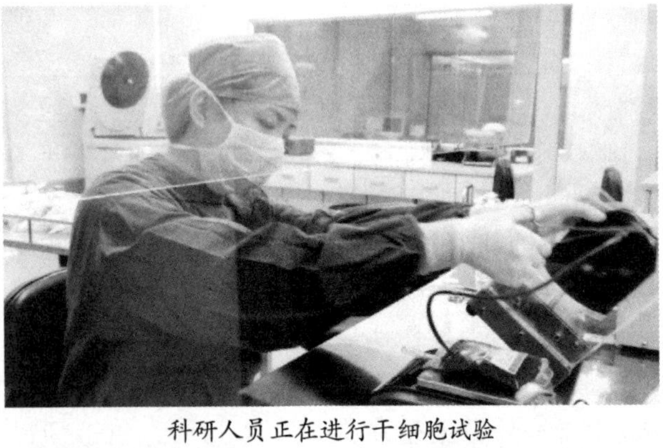

科研人员正在进行干细胞试验

学等新技术的开发应用，在早期预防、早期诊断、早期治疗等方面取得突破，降低诊疗成本，提高了诊治水平。在城市建设工作中，地铁、奥运工程等一批重大工程项目开发应用了一批先进适用技术。

7. 与市教委联合滨海新区、新技术产业园区、中新生态城等有关部门，重点围绕滨海新区研发转化基地建设、科技成果转化、关键技术开发和应用、新兴科技产业发展，探索聚集科技资源、人才培养、成果转化的新机制，推动功能区、企业、大学、科研机构多方面合作，形成一批产学研创新联盟。

8. 新增1个水泥环保国家工程技术研究中心；新增中科院天津工业生物技术研发中心工业酶、天津化工研究院工业水处理2个国家工程实验室；新增交通部水工构造物检测诊断与加固技术重点实验室，至此国家级重点实验室增加到25个；新增20个市级重点实验室；新增天津组分中药技术、天津工业微生物技术2个市级工程中心。

9. 举行天津市与国家科技部部市工作会商第3次会议，确定在国家生物医药国际创新园的基础上共建京津冀生物医药产业化示范区。推进与中科院的科技合作。中科院决定投入1亿元专项资金在天津筹备建设中科院工业生物技术研究所，改变天津市一直以来没有中科院所属研究所的状况。新增中环电子集团、中科院声学研究所共建声学联合实验室等4个联合研发机构。新增天津派格生物公司、天津药物院和中科院过程研究所合作的“新型长效重组人非糖基化红细胞生成素产业化”等9项产学研合作项目，院市科技合作项目增加到65项。曙光高性能计算机产业化基地、蓝鲸存储产业化基地、城市遥感数字产品产业化基地等建设进展顺利。扩大国际科技合作。与加拿大建立科技合作关系，议定在生物医药、节能减排等方面加强科技合作；与美国、意大利、奥地利、加拿大等国家和地区科研机构合作的8个科技合作项目，被列入国家国际科技合作计划，获得国家经费资助217万元。

10. 推动《滨海新区科技体制改革行动方案》、《生物医药产业化示范区优惠政策》的实施和落实。其中，会同市人事局等有关部门，举办了首次生物医药创业领军人才的遴选活动，邀请国内两院院士、知名学者和企业家对首批创业领军人才申请人进行了评审。与市财政局、地税局、国税局共同颁布了《天津市高新技术企业认定管理工作的实施意见》，举办了认定管理培训会，启动了高新技术企业认定工作。印发《天津市科技保险保费补贴办法》、《天津市高新技术企业科技保险投保流程》，为15家参加科技保险的高新技术企业给予200万元的资金补贴。

（市科委综合计划处、办公室）

科技创新专项资金

【简况】 2008年，科技创新专项资金为提高全市自主创新能力，促进重大科技成果转化，优化产业结构升级，实现经济社会又好又快发展，充分发挥政府资金的引导作用，重点支持了4类科技项目，推动了全市关键领域的技术进步和重大科技目标的贯彻实施。

（市科委综合计划处）

【项目安排和经费、人员投入】 2008年共执行项目95项。其中，新增项目33项，结转项目62项。新增项目总经费526286万元。其中，市财政经费21700万元，项目单位自有资金381548万元，银行贷款123038万元。新增项目共有47家单位参与研究。其中，企业44家，高等学校3家。参与新增项目研发人员607人次。其中，高级职称154人次，中级职称312人次；院士1人；海外留学回国人员43人。

（市科委综合计划处）

【计划进展】 2008年在研项目均按照计划进度正常执行。“超高亮度红光发光二极管外延片、功率型芯片产业化及应用示范工程”项目于2007年11月组织召开了中国首届半导体照明产业及投资高峰论坛，完成汽车前照大灯样品研制，LED汽车灯国家标准获国家发改委立项支持，已通过分委会讨论，正式提交全国汽标委。“外延片功率型芯片产业化”被列为天津20项自主创新产业化重大项目实施计划，正在进行产业化扩展；总投资2.2亿元的“高端半导体照明产品产业化”项目被列为天津15项自主创新产业化重大项目；“研发中心”与天津开发区和美国CREE公司向全世界公布共同推广中国首个LED绿色城市照明活动，2008年底完成LED公共检测平台的建设，提高半导体照明测试的准确性和科学性，为国内半导体照明生产企业提供性能评价、测试技术平台。2008年11月28日，以“研发中心”为依托，建立了“天津市半导体照明工程研发及产业联盟”。联盟成立后，召开了“天津市2008 LED照明产品标准研讨会”。项目已累计申请专利15项，其中发明专利4项。“重型数控齿轮加工机床成套技术装备产业化”项目完成了YH6016产品样机试制、YH605数控铣齿机中试样机；完成风力发电设备用YH53200数控铣齿机的样机试制；完成YH604样机试制。9种研发新产品累计投入资金4334万元，完成整机39台，实现销售收入3978万元，实现利润644万元。“板材成形液压机柔性制造系统”项目建成了该系统全国产业化基地；创造了科研设施条件；取得了以专利技术为核心的具有自主知识产权的系列技术成果；开发了18个品种的板材成形液压机柔性制造系统；形成了板材成形液压机柔性制造系统共性集成及关键单元技术。在项目实施期间，已销售液压机产品156台(套)，实现销售收入26594万元，利税4502万元。申请专利42项，其中发明专利13项；授权专利27项，其中发明专利1项。发表论文16篇。

LED绿色城市照明

“板材成形液压机柔性制造系统”项目产品

（市科委综合计划处）

【成果与成效】 2008年天津市科技创新专项资金项目成果突出，经济效益显著。当年新增销售收入783535.6万元人民币，利税15438.6万元人民币，出口创汇额23184.42万美元。

2008年科技创新专项资金项目取得的成果，见表16。

表 16　2008年科技创新专项资金项目取得的成果

申请专利(项)	发明专利(项)	授权专利(项)	申请软件著作权(项)	授权软件著作权(项)	申请集成电路布图设计登记(项)	发表论文(篇)
388	176	295	208	40	40	44

财政资金的引导，增加了企业研发投入和产出。2008年通过科技创新专项资金的支持，带动了企业研发投入，共计吸引社会资金504586万元，市财政经费放大23倍。95个创新专项资金项目共撬动企业增加研发投入83.95亿元，3年累计实现产值近50亿元，利税超过7亿元，申请发明专利165项、国际专利12项。赛象科技公司通过实施“全钢工程子午线轮胎生产线成套装备产业化”项目，研制出拥有完全自主知识产权的世界上第一台49/51特巨型全钢工程子午线轮胎一次法成型机，使企业2008年增收近5亿元。

科技创新专项资金项目成为吸引高水平人才

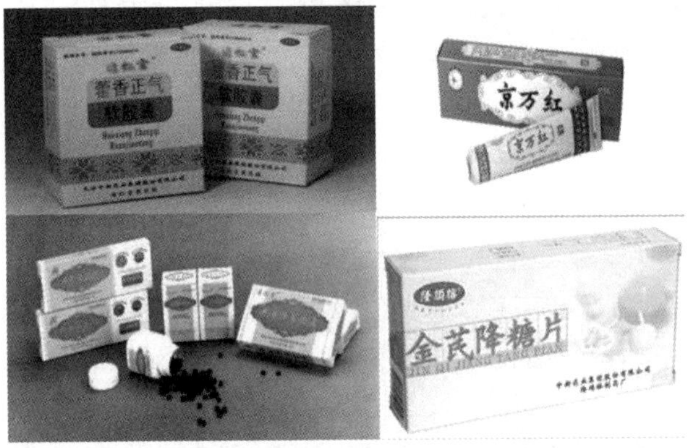

“天津市现代中药大品种群系统开发”项目部分产品

和团队聚集的纽带。科技创新专项资金把培养和引进高端人才和团队作为提高科技创新能力的重要着力点。2008年，张伯礼院士领衔承担的“天津市现代中药大品种群系统开发(2008)”项目，为完善天津市中药品种的关键技术研究奠定了基础。几年中，科技创新专项资金共聚集了包括张伯礼、刘昌孝、郝希山、谢世愣等4位院士和60多名归国留学生在内的3000多名科技人员；引进了中国科学院高性能计算机、遥感信息、计算机存储设备以及军事医学科学院、中国医学科学院的19支一流研发团队和7个留学生团队携带技术和成果到天津创业。

根据高新技术产业的需求，通过产学研结合，把高校、院所的重大科技成果向现实生产力转化。2008年有5个产学研合作项目立项，已累计实施66个产学研合作项目，占项目总数的70%，转化了近100项重大科技成果。中药大品种项目由张伯礼院士牵头，联合天津中医药大学、天津大学、天津药研院、中新药业、天士力制药公司等科研机构和企业集团，建立战略联盟，解决了中药二次开发中的关键技术，新增2个年销售额过亿的中药品种，使天津市单品种过亿元的中成药品种

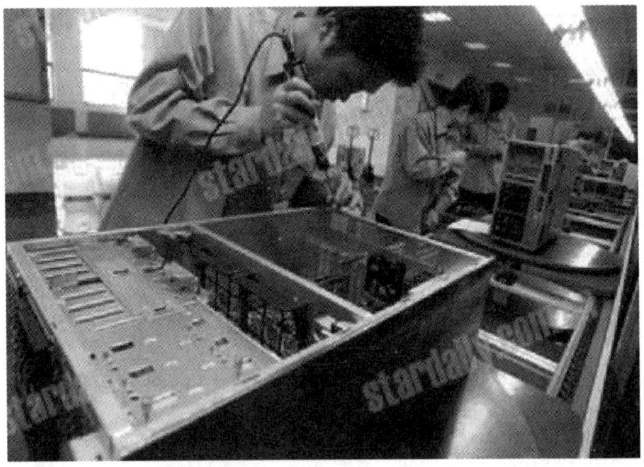

曙光公司生产的高性能计算机

增加到5个。

培育壮大高新技术产业。2008年支持的项目主要集中在生物医药、先进制造、新能源、新材料和环保等领域，全部是高新技术项目。科技创新专项资金围绕高性能计算机、集成电路、半导体照明、数控机床、科技服务业等新兴产业，几年中累计实施85个重大科技成果转化项目，占项目总数的90%，解决了高新技术产业链的瓶颈问题，开发了30多个具有国际领先或先进水平的自主知识产权新产品。“曙光天阔A950八路64位服务器”项目，通过转化中科院计算所曙光高性能计算机重大成果，已实现销售收入4.16亿元，使天津市高端服务器产业初具规模。

提升企业核心竞争力，助推企业健康快速成长。2008年新增项目中，除1项由高等学校承担

外，企业作为主承担单位的项目达到32项。在实施的95个项目中，企业牵头的项目达到91.6%，其中，90%为高新技术企业，7.4%为国有企业集团，46.3%为民营企业。机电集团、大沽化工等国有企业通过实施“超导限流器”、“1500吨/年丙烯直接环氧化制环氧丙烷”等项目，改善了企业技术创新机制，提高了企业自主创新能力和竞争力。以“赛象科技”、“鹏翎胶管”、“南大通用”、“三英焊业”为代表的一批民营企业在国内居领先地位。

2008年在资源节约、环境保护、节能减排、健康安全、城市管理及建设等方面实施了7个科技示范工程项目，促进了可持续发展。

（市科委综合计划处）

科技发展战略研究计划

【简况】 2008年，科技发展战略研究计划贴近全市科技重大战略决策，组织落实规划纲要配套政策重点、难点问题的相关对策研究；加快建设滨海新区研发转化基地，带动创新型城市建设，进行体制机制与战略发展、高新技术产业与科技企业发展的重大问题研究。

（市科委政策法规与体制改革处）

【项目安排和经费、人员投入】 2008年该计划共实施项目77项。其中，新增项目47项，结转项目58项。新增项目获市财政经费资助390万元。共有39家单位参与研究。其中，高等院校11家，事业单位13家，企业4家，政府机关9家，驻津科研机构2家。参与课题研究人员345人次。其中，高级职称203人次，中级职称56人次；博士（后）79人次，硕士137人次；海外留学人员13人次。

（市科委政策法规与体制改革处）

【计划进展】 2008年共验收结题项目45项。在研项目中，除“科技引领与支撑天津市新农村建设的对策研究”等16个项目，因计划性调整或协作关系影响等原因提出进度调整外，其余在研项目均按计划顺利实施。

（市科委政策法规与体制改革处）

【成果与成效】 2008年，科技发展战略研究计划取得了一大批高水平成果，为全市重大科技战略决策提供参考依据方面成效显著。“天津市科教兴市核心战略地位研究”项目，提出了实施“科教兴市”核心战略的总体思路和对策措施；“国内若干中心城市建设创新型城市比较研究”项目，在对国内9个大城市的创新型城市建设情况进行比较分析的基础上，对天津市创新型城市建设的框架路线、发展模式、实施机制等进行再分析，并提出相关对策；“天津建设生态城市的若干重大科技问题研究”项目成果中，有关生态城市建设、内涵、目标、指标体系、对策方案及重点研究等内容，已被《天津市生态城市建设规范纲要》采纳。“滨海新区科技政策的整合与创新研究”项目，提出了科技政策和创新的路径，完善滨海新区科技政策体系的思路；“滨海新区科技创新的财税金融支持体系研究”项目，从滨海新区科技创新对财税金融支持的需求出发，提出了滨海新区科技创新的财税金融支撑体系建设思路，为滨海新区综合改革总体方案设计与实施提供了决策参考。“关于国有大中型企业科技创新列入绩效考核的研究”项目，设计了科技创新纳入国企负责人业绩考核指标，提出在国有企业实施经济增加值考核的建议；“天津市高新技术创新能力研究”项目，在对天津市205家高新技术企业调查分析的基础上，提出了增强天津市高新技术企业创新能力的对策建议；“消化吸收再创新模式及典型案例分析”项目，对天津6大支柱产业的行业技术创新效率进行分析，选取6个典型企业对消化吸收再创新进行跟踪调研，提出提升天津市消化吸收再创新能力的对策建议，该课题组成员参与的“以打造世界级钢管基地为目标的持续技术创新管理”项目，获得第13届全国企业管理现代化创新成果一等奖；“天津科技型企业面向柜台交易市场的战略选择”项目，既为科技型企业进行柜台交易市场的模式选择和发展策略提供决策依据，又为政府促进科技型企业进入柜台交易市场提供决策依据。

2008年天津市科技发展战略研究计划取得的成果与成效，见表17。

表 17　　2008年天津市科技发展战略研究计划取得的成果与成效

发表论文(篇)	国内	国家	三大系统收录	出版专著(部)	培育博士后(人次)	培育研究生(人次)	博士	硕士	晋升职称(人次)	高级	中级
72	69	3	2	8	3	56	18	38	5	2	3

（市科委政策法规与体制改革处）

科技支撑计划

【简况】 2008年，科技支撑计划围绕全市经济建设和社会可持续发展的需求，解决关键性技术问题，以开发类和公益类重点专项项目、重大科技项目和国际科技合作项目的方式，共安排实施29个专项。

（市科委综合计划处）

【项目安排和经费、人员投入】 2008年该计划共实施在研项目700项。其中，新增项目184项，结转项目516项。新增项目总计投入经费74637.56万元。其中，国家部委拨款384万元，市财政经费11218万元，带动社会研发资金投入63035.56万元，市财政经费带动比达到1:5.6。新增项目承担单位共115家。参与研发人员1949人次。其中，院士2人；博士（后）350人次，硕士353人次；留学回国人员149人。

（市科委综合计划处）

【计划进展】 2008年该计划结题项目347项。在研项目中，研发进度超前的占2.18%，按计划进度执行的占89.54%，进度延期的占8.15%，进度陷入停顿的为2项，占全部在研项目的0.14%。

（市科委综合计划处）

【成果与成效】 2008年科技支撑计划项目主要成果、成效以及经济效益，见表18、表19、表20。

表 18　　2008年科技支撑计划项目取得的主要成果　　单位：项

申请专利	发明专利	国外申请	授权专利	发明专利	申请其他知识产权	获得其他知识产权	制定技术标准	国家标准	行业标准
720	485	18	294	104	43	26	123	23	17

表 19　　2008年科技支撑计划项目取得的主要成果

发表科技论文(篇)	国外发表	三大系统收录	出版科技专著(部)	获奖项目总数(项)	国家级奖	省部级奖	成果登记(项)	培养研究生(人次)	晋升职称(人次)
2 000	356	591	39	61	7	34	81	483	417

表 20　　2008年科技支撑计划项目取得的经济效益　　单位：万元

销售收入	技术性收入	利税合计	出口创汇额(万美元)
711 241	5 975	172 273	10 864.5

（市科委综合计划处）

【软件专项】 2008年该专项共实施项目55项。其中，新增项目17项，结转项目38项。新增项目总经费15632万元。其中，市财政经费1350万元，吸引社会资金14882万元。新增项目承担单位27家。其中，高等院校6家，科研院所等事业单位5家，企业16家。新增项目参加人员275人次。其中，正高级职称36人次，副高级职称59人次，中级职称114人次；博士（后）19人次，硕士49人次，学士41人次；留学回国人员8人次。

2008年该专项结题项目12项。除12个项目因计划性、技术变化、市场变化等原因拖延外，其他项目均按进度顺利实施。“道路交通管理及事故处理综合系统软件”项目，重点开发了现场图手绘、现场图及勘察笔录自动生成、打印、蓝牙及激光测距开发、事故案例电子化档案管理、自动统计分析、网络上传等功能模块，已经全面应用到天津市交管局日常事故处理的业务过程中，提高了事故现场处置效率，收到了良好的社会效益和经济效益。“水利业务基础平台”项目，开发了“消息中间件”和“事务中间件”模块、标准服务接口定义、统一认证系统建设及符合标准服务接口的水利业务模块；项目开发的“服务资源集中中间件”采用标准协议进行服务发布，为客户端调用提供方便，服务资源统一管理，在方便服务资源共享及重用的同时又增加了资源的安全性。“港口安全生产信息监测系统”项目，成功地将先进的无线传感器网络技术应用到港口安全生产和气象信息监测的技术领域，构建了分布在港区货

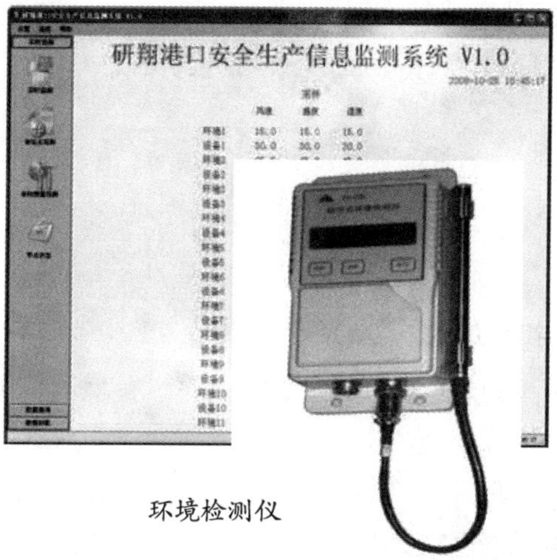

环境检测仪

运码头的无线传感器网络环境，开发了包含安全生产信息分析、用户远程综合查询界面、无线传感器网络数据采集系统的港口安全生产信息监测系统软件，研发出应用于自动气象观测站的气象要素观测系统。应用该项目技术研制出在海军气象站和舰艇上使用的数字式环境检测仪产品，创造了很好的经济效益。“卫生行业数据集成中间件”项目，开发的系统投入到市场中，给医疗机构内部各个异构系统及不同医疗机构之间异构系统的数据提供了共享与互动，还提供了面向不同层面的增值服务，如面向卫生局等政府机构对大范围人群健康情况进行监控与管理、面向体检机构对单位体检客户及个人客户信息进行管理和分析的客户挖掘系统等。

2008年软件专项取得的主要成果与成效及经济效益，见表21、表22、表23。

表 21　　2008年软件专项取得的主要成果

申请专利（项）		授权专利（项）		申请软件著作权（项）	获得软件著作权（项）	制定标准（项）		成果登记（项）	获省部级以上成果奖励（项）
	发明专利		发明专利				国家标准		
33	21	23	7	19	16	11	3	7	4

表 22　　2008年软件专项取得的主要成果与成效

发表论文（篇）			培养研究生（人次）			晋升职称（人次）
	国外发表	三大检索系统收录		博士	硕士	
173	61	91	182	50	132	43

表 23　　2008年软件专项产生的经济效益　　单位:万元

销售收入	技术性收入	利税	出口创汇额(万美元)
158 228	1 235.9	21 768.4	8 488

(市科委高新技术处)

【**微电子专项**】 2008年该专项共实施项目11项。其中,新增项目7项,结转项目4项。新增项目总经费2650万元。其中,市财政经费600万元,区县财政配套50万元,吸引社会资金2000万元。新增项目承担单位7家,其中,高等学校2家,科研院所1家,企业4家。新增项目参加人员48人次。其中,正高级职称15人次,副高级职称10人次,中级职称10人次;博士(后)16人次,硕士21人次;留学回国人员10人。

2008年该专项除"多通道声表面波化学传感器的研制"项目因技术变化延期外,其他项目均按计划进度顺利实施。"SPR传感芯片关键技术及其生物医学检测分析系统的研究与开发"项目,对传感器传感薄膜的制备工艺进行了反复优化,使传感器的整体性能得到了明显改善;研究了一种采用酶反应验证SPR传感器金膜表面固定蛋白质分子有效性的简易途径;重新设计开发了一套数据采集及分析处理控制软件,满足了多通道生物医学检测及系统控制的要求;完成了实验系统样机的结构化设计、制作和调试;将研制的试验系统用于生物分子检测分析,特别是利用多通道的优势,实现了生物分子反应的特异性检测;申请发明专利1项,发表论文5篇。"数字电视UTI机卡分离TUSB2接口芯片及系统"项目,完成了第一版样片的定型,通过验证,可以作为通用的USB主机控制芯片、设备控制芯片或OTG设备控制芯片;芯片内部的USB OTG controller和USB OTG transceiver完全满足USB2.0规范和USB OTG规范;USB OTG controller完全支持USB的控制传输、批量传输、中断传输和同步传输;支持7个USB端点和8K的数据缓冲区。"显示器件用低阻碳化硅单晶材料产业化技术开发"项目,在碳化硅单晶生长方面,主要针对晶体结构缺陷密度的降低进行研究,尤其是对微管道的抑制技术进行深入研究分析。在碳化硅晶体加工方面,主要针对线切割技术的改进开展工作,在设备制造方面,对PVT法碳化硅单晶生长炉的软件系统进行编制。

2008年该专项取得的主要成果与成效,见表24。

表 24　　2008年微电子专项取得的主要成果与成效

申请专利(项)		授权专利(项)		制定标准(项)		发表论文(篇)			培养研究生(人次)	晋升职称(人次)
	发明专利		发明专利		行业标准		国外发表	三大系统收录		
11	3	6	2	2	1	25	4	5	33	3

(市科委高新技术处)

【**光电子与激光专项**】 2008年该专项重点支持关键技术,激光及其应用技术,先进传感、光电显示、光电检测技术。共实施项目8项。其中,新增项目2项,结转项目6项。新增项目总经费400万元。其中,市财政经费200万元,吸引社会资金200万元。新增项目承担单位3家。其中,高等学校2家,企业1家。新增项目参加人员15人次。其中,高级职称13人次,中级职称2人次;博士(后)7人次。

2008年该专项共有结题项目2项。除"全固态激光彩色显示机"项目因技术变化拖延外,其他

PECVD 设备全貌

项目均按计划进度顺利进行。“矿石检测小型化激光拉曼光谱仪”项目，完成了科研级别CCD的总体设计工作，包括线路板设计，内部真空结构设计；完成了制冷器钎焊工艺设计，并进行了试验验证；完成了对所有密封组件的加工，并进行了真空漏气检测；完成了对真空封接玻璃的焊接，并进行了真空检测，准备了3套CCD真空封装组件；完成了CCD所有线路板的设计和加工，包括10套所有电子元件的选购、焊接和检测工作；完成了光谱仪光学部分的加工和组装，并进行综合测试；完成了光栅转台的数字光栅尺反馈控制工作；完成了三维微动样品台的加工和设计工作；完成了产业化小批量生产的工艺试制，保证下一步小批量产业化的正常进行。“光纤诱导荧光毛细管电泳仪”项目，实现了光纤诱导荧光毛细管电泳仪的高压电源、毛细管清洗装置、进样装置、温度控制装置、检测系统、信号采集和数据处理等模块的产业化设计和生产；研制成功了激发光源自动转换装置；开发了高精度、高速数据采集系统，提高了仪器性能和放大精度、降低了噪音；通过对大量生物样品进行分析和验证，建立了光纤诱导荧光毛细管电泳仪检测分析新方法。该产品已在17家高校科研单位应用，为生物医学、医药与临床科学、司法侦破与鉴定、化学、环境、农学等领域提供了一种分析工具，具有显著社会效益。

2008年该专项申请专利5项，其中，发明专利2项，实用新型专利3项。申请软件著作权1项。制定企业标准1项。发表论文10篇，其中，国内发表8篇，国外发表2篇。培养博士2人，硕士14人。晋升职称3人。专项实现销售收入233万元，利税合计102万元。

（市科委高新技术处）

【可再生能源及能源存储转换技术专项】 2008年该专项共实施项目13项。其中，新增项目4项，结转项目9项。新增项目总经费1985万元。其中，市财政经费405万元，吸引社会资金1580万元。新增项目承担单位5家。其中，高等学校2家，科研院所2家，企业1家。新增项目参加人员67人次。其中，高级职称21人次，中级职称17人次；博士7人次，硕士13人次。

2008年该专项结题项目1项，延期项目5项，其他项目均按计划进度执行。“柔性衬底硅基薄膜太阳电池开发研究”项目，已经完成聚酰亚胺（PI）衬底薄膜太阳电池沉积（PECVD）设备的部分功能升级改造，提高了衬底温度的控制精度和PECVD设备的尾气排出效率，扩大了反应压强的调节范围，调整了反应室气体分布的均匀性，解决了辉光区等离子体能量的分布均匀性。聚酰亚胺（PI）衬底（12.6平方毫米）面积柔性薄膜太阳电池和聚酰亚胺（PI）衬底（10毫米×10毫米）面积柔性薄膜太阳电池效率两项主要技术指标，均达到国内先进水平。“兆瓦级风力发电机组电控系统研制及产品开发”项目，建立了变速恒频风力发电机气动特性模拟平台。基于该平台，研究了双馈风力发电机组启动、并网操作、最大风能捕获及恒动功率输出等不同运行状态下气动功率调节方式及风机叶片节矩角控制方法；搭建了变速恒频双馈风力发电机并网控制电路，在给定风速达到初入风速后，该电路能够实时采集电网电压的频率、相位及幅值，并通过控制变流单元的脉冲信号，使双馈风力发电机输出端电压的频率、相位及幅值与电网电压一致。“5千瓦质子交换膜燃料电池”项目，采用微孔PTFE薄膜作为基材，研制出了廉价的PTFE-Nafion复合质子交换膜，并采用该膜制备出高性能的CCM型膜电极，形成了质子复合膜和膜电极的样品；开发出具有自增湿能力的PEM燃料电池堆样机，各项技术指标先进，构建了一个中等功率的PEM燃料电池技术研发平台，可以直接用作电动观光车、固定电站等电源，也可以进一步放大和优化，用于对功率需求较大的电动汽车等。通过该专项的实施，形成了一批具有自主知识产权的专利技术，形成锂离子、镍氢电池，太阳能、风能三大支撑的产业结构，2008年全市国家级新能源产业化基地总产值超过180亿元。

2008年该专项取得的主要成果与成效，见表25、表26。

表25　2008年可再生能源及能源存储转换技术专项取得的主要成果与成效

申请专利(项)		授权专利(项)		制定标准(项)		发表论文(篇)			培养博士(人次)	培养硕士(人次)	晋升职称(人次)
	发明专利		发明专利		国家标准		国外发表	三大系统收录			
14	5	6	2	3	1	28	4	5	4	30	3

表26　2008年可再生能源及能源存储转换技术专项产生的经济效益　单位：万元

产值	销售收入	利税	出口创汇额(万美元)
10 465	11 714	1 337	55

（市科委高新技术处）

【节能与能源效率改进专项】　2008年该专项共实施项目11项。其中，新增项目6项，结转项目5项。新增项目总经费1208.2万元。其中，市财政经费365万元，吸引社会资金843.2万元。新增项目承担单位7家。其中，高等学校1家，企业6家。新增项目参加人员47人次。其中，高级职称21人次，中级职称12人次；博士(后)3人次，硕士11人次。

2008年该专项结题项目2项，其他在研项目均按计划进度执行。“隔膜电解节能降耗新工艺示范”项目被列入天津市20项自主创新产业化重大项目，已进入产业化阶段。在天津渤天化工有限公司改造了隔膜吸附工作相关场地和设备；在河北省唐山市亨通电镀厂建立了一条电镀生产线；在辽宁省阜新市化工机械设备厂建立专用阴极生产线。3台活性阴极投入生产，节能电槽运转正常，已达到降低电压、提高效率的目的，实现工业增加值244万元。“微波加热多元共渗表面处理技术”项目，设计开发了1台5kw的试验微波设备并进行了大量工艺试验，再次验证了有关微波渗锌工艺的有效性；通过该项目的实施，在项目承担单位天津先知邦渗锌金属制品有限公司内成立了全国粉末渗锌技术研发中心。“工业炉节能与环保用系列活化床技术开发及工业应用”项目，实现工业炉燃油的高效燃烧节能，降低空气污染；抑制工业炉水硬垢的形成，提高热效率、降低锅炉除垢清洗等维护成本；在天津、浙江、山东等地分别建立了工业炉节能与环保用系列活化床的工业应用示范工程。“活性染料节能降耗清洁生产新工艺”项目，完成了3000吨/年活性染料低能耗清洁工艺生产线的改造和设备安装，开始进入生产线调整阶段，实现年节能78.8万元，单位产品耗标煤由原来的2.0以上降至1.65左右。

采用粉末渗锌加工处理的地铁管片螺栓产品

2008年该专项共申请专利15项，全部为发明专利。其中，国外申请2项，授权发明专利1项。制定标准2项，其中国家标准1项。发表论文12篇。其中，国外发表1篇，EI收录3篇。培养研究生20人次；晋升职称7人次。该专项产生的经济效益，见表27。

工业炉节能与环保用系列活化床技术开发及工业应用项目成果应用实例

表 27　　2008年节能与能源效率改进专项产生的经济效益　　单位:万元

产值	销售收入	利税	出口创汇额(万美元)
11 365.3	10 924.2	1 784.3	54.8

（市科委高新技术处）

【石化下游产品和精细化工产品开发专项】 2008年该专项共实施项目9项。其中，新增项目2项，结转项目7项。新增项目总经费1000万元。其中，市财政经费175万元，吸引社会资金825万元。新增项目承担单位4家。其中，高等学校2家，企业2家。新增项目参加人员16人次。其中，高级职称2人次，副高级职称5人次，中级职称7人次；博士6人次，硕士7人次，学士1人次；留学回国人员3人。

2008年该专项结题项目1项。“超快速固化银镜涂料”项目进度超前。除“电子元器件环保有机硅色材料”和“双组分熔喷非织造布生产的关键技术及产品开发”项目因计划性调整延迟，“氯化溴合成溴化聚苯乙烯300吨/年中试技术的研究”项目因研发设备供货拖延导致项目进度拖延外，其他项目均按计划进度执行。“抗氧剂‘697’的研究与开发”项目，完成了抗氧剂“697”的自主开发研制。与同类抗氧剂比较，具有节能、环保、操作便捷且生产成本低等特点。产品已完成中试，各项指标均达到了较为理想效果。产品质量透光率≥99%，收率达到90%；已完成大生产1000吨/年的工艺流程设计工作，并进行了车间、公用工程以及其配套设施的基础工程建设。“高级喷墨相纸新型涂布材料的制备及应用”项目研究取得突破性进展，所制备的纳米氧化铝不仅具备显著的吸墨性能，而且具有纳米级、易分散、低水分、高纯度和适当表面结构的特点；通过对高级喷墨相纸制备技术的研究，以纳米氧化铝为颜料所制备的高级喷墨相纸已达到高光、高吸墨的要求，多项技术指标高于国外同类产品或与国外同类产品持平。“丙烯氧化制醋酸丙烯酯催化剂的开发”项目取得重大成果。项目开发的醋酸丙烯酯法生产环氧氯丙烷关键催化剂经过3560的工业测线考核，丙烯转化率和醋酸丙烯酯选择性均大幅高于日本产品，对支撑天津市渤天化工从国外引进的醋酸丙烯酯法环氧氯丙烷装置的长期稳定生产、降低生产成本具有重要作用。“超快速固化银镜涂料”项目，本着环境友好、为使用客户节约能耗的宗旨，采用了独特的技术工艺，产品的性能指标均已达到甚至超过国外同类产品水平。

2008年该专项申请专利6项，均为发明专利，国外申请1项。制定企业标准5项。发表论文1篇。培养博士2人次，晋升职称3人次。实现销售收入3920万元，利税367.5万元。

（市科委高新技术处）

【成套装备及关键零部件技术专项】 2008年该专项共实施项目15项。其中，新增项目9项，结转项目6项。新增项目总经费10570万元。其中，市财政经费700万元，吸引社会资金9870万元。新增项目承担单位14家。其中，高等学校4家，企业10家。新增项目参加人员117人次。其中，正高级职称24人次，副高级职称39人次，中级职称31人次；博士（后）8人次，硕士22人次；留学回国人员1人。

2008年该专项共有结题项目9项。除“数字漩涡流量计的产品化研究”等6个项目因技术变化等原因申请延期外，其他项目均按计划进度顺利

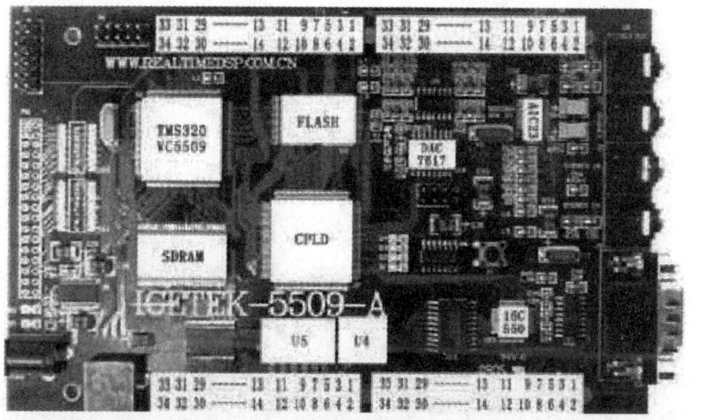

DSP图像处理系统器件布局图

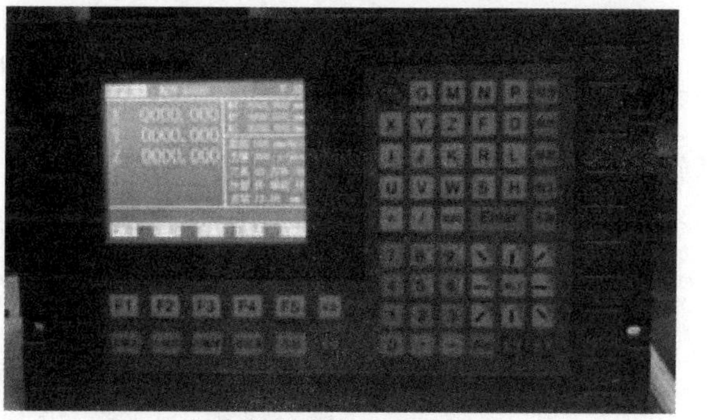

机床控制系统 TDNC-L4

实施。“激光现场修复再制造机器人系统”项目进行了机器人技术培训；完成了激光再制造机器人的双目立体视觉系统、基于DSP的激光熔池温度场检测系统、远程同轴送粉系统和开放式数字控制系统设计和元器件选型；项目搭建了嵌入式系统开发平台，含嵌入式Linux系统软件编译、调试、测试环境，DSP系统开发环境和PLC开发环境。“基于监控建模的嵌入式数控系统与装备产业化攻关”项目，针对国际上最受瞩目的开放式数控系统架构、加工仿真、在线监测、网络传输、远程诊断和分层激活机制的监控模式，面向前瞻性的数控市场需求，开展技术理论研究，已申请国家发明专利1项。2008年该专项取得的主要成果与成效，见表28、表29、表30。

表 28　2008年备及关键零部件技术专项取得的主要成果

成果登记(项)	申请专利(项)			授权专利(项)		制定标准(项)	
		发明专利	国外专利		发明专利		国家标准
11	73	34	1	53	3	5	3

表 29　2008年成套装备及关键零部件技术专项取得的主要成果与成效

发表论文(篇)			培养博士/后(人次)	培养硕士(人次)	晋升职称(人次)
	国外发表	三大检索系统收录			
125	31	54	28	77	30

表 30　2008年成套装备及关键零部件技术专项产生的经济效益　单位：万元

销售收入	利税	出口额(万美元)
88 979.2	16 265.6	3 134.8

（市科委高新技术处）

【先进冶金及高档金属制品专项】　2008年该专项共实施项目3项。其中，新增项目2项，结转项目1项。新增项目总经费1120万元。其中，市财政经费150万元，吸引社会资金970万元。新增项目承担单位3家。其中，高等院校1家，企业2家。新增项目参加人员23人次。其中，正高级职称7人次，副高级职称6人次，中级职称6人次；博士5人次，硕士5人次；留学回国人员1人。

2008年在研项目均按计划进度顺利实施。“高性能石油套管的开发”项目，以油气田开采行业十分紧缺的高性能石油套管为切入点，从理论和实验两方面充分研究了合金钢中的各种合金元素以及磷、硫等夹杂含量水平对钢铁材料的性能影响，采用电弧炉、炉外精炼及真空脱气方法，提高钢质的纯净度和晶粒均匀度，减少磷、硫含量及钢中的夹杂物质，并用快速分析方法在线检验钢的纯净度，使钢的纯净度有了很大提高。“转炉高效供氧与底吹耦合集成技术的研究与应用”项目，开发了一项新技术可应用于全国许多大中型转炉生产，能带来显著经济效益，不仅使天钢3座120吨顶底复吹转炉建设成中国北方最先进的炼钢生产基地，而且可以带动全国整个转炉炼钢用氧技术、节能降耗和环境友好水平的提高。

“高性能石油套管的开发”项目产品

2008年该专项申请发明专利7项，授权发明专利1项。发表论文11篇。其中，国外2篇，国内9篇，SCI收录1篇。培养人才5人次。其中博士后1人次，博士3人次，硕士1人次。产业化成效显著，实现净利润12560万元。

（市科委高新技术处）

【电子政务与电子商务关键技术专项】 2008年该专项共实施项目6项。其中，新增项目4项，结转项目2项。新增项目总经费930万元，其中，市财政经费185万元，吸引社会资金745万元。新增项目承担单位7家，其中，高等学校3家，企业2家，其他机构2家。新增项目参加人员39人次。其中，高级职称10人次，中级职称6人次；博士（后）11人次，硕士8人次。

2008年在研项目均按计划进度顺利实施。“基于RFID的开放式物流管理平台”项目，开发了支撑海运、空运、路运的开放式通用物流管理跟踪平台，创建了适用于多操作系统、多种通讯方式的开放式RFID及其识读器，保证用户能够及时、准确地采集数据。项目产品“中环RFID开放式物流管理跟踪平台1.0”系统软件取得了版权登记。“基于普适计算的政府综合服务支撑平台”项目开发的该“支撑平台”软件，能支持各类政务系统、网站、邮件、电话、PDA、传真、视频、语音及各类无线终端等接入该平台，有效整合社会资源，推动电子政务发展，提高政府工作效率，改进服务水平。

2008年该专项登记成果1项。出版专著1部，发表论文3篇。培养硕士4人次。晋升职称2人次。实现销售收入2000万元，净利润440万元，上缴税金160万元。

（市科委高新技术处）

【汽车及零部件配套专项】 2008年该专项共实施项目15项。其中，新增项目5项，结转项目10项。新增项目总经费2455万元。其中，市财政经费550万元，吸引社会资金1905万元。新增项目承担单位8家。其中，高等学校3家，科研院所2家，企业3家。新增项目参加人员59人次。其中，高级职称23人次，中级职称18人次；博士（后）11人次，硕士11人次；留学归国人员2人次。

2008年该专项共结题项目6项。除“混合动力汽车动力系统平台研究开发”项目因技术开发周期延长申请延期，“天津市开发区混合动力电动公交车公交示范运行”项目因配套经费无法到位而拖延，其他项目进展情况良好，均按计划进度顺利实施。“基于CAN总线的汽车中央信息集成系统”项目，完成了集成系统两种方案的试验样机设计，系统结构实现模块化、系列化，通过组合不同模块和调整电路参数形成不同的方案以适应不同车型的需求。已组合出高端、低端两种技术方案，直接应用于产业化。项目产品通过了国家检测机构的检验。完成了基于PXI平台的柔性试验台架设计，开发了后台支撑软件。“电控喷射单燃料CNG公交车的研究开发”项目，开发出具有自主知识产权的电控多点燃气喷射CNG单燃料发动机及其控制系统。通过对发动机燃烧系统、电喷和点火系统以及尾气催化系统的开发与匹配，使整车排放达到欧Ⅳ水平，在国内市场上已应用于客车、卡车等配套动力，具有较广阔的市场。项目开发期间，实现产销32台，销售收入180万元，利润55万元，税后利润约25万元；实现了整车出口。“混合动力汽车动力系统平台的研究开发”项目，已规划了平台内部标准体系，完成了混合动力系统共性模块和技术归纳、Plug-in混合动力轿车整车技术方案设计、基于双离合器的动力复合机构

“混合动力汽车动力系统平台的研究开发”项目产品

及电机设计；申请发明专利8项，启动了动力系统联合调试工作，完成了混合动力轿车和客车关键零部件的开发及试制，动力总成悬置、连接结构件设计及加工。已经与中通合作，开发20辆混合动力大客车，并投入公交600路运行。该项目获国家“863”计划1100余万元的支持，使天津市成为国家新能源汽车开发布局中的六大混合动力系统平台之一。

2008年该专项取得的主要成果与成效，见

表 31　　2008年汽车及零部件配套专项取得的主要成果与成效

申请专利（项）		授权发明专利（项）	制定企业标准（项）	发表论文（篇）		EI收录（篇）	培养博士后（人次）	培养博士（人次）	培养硕士（人次）	晋升职称（人次）
	发明专利				国外发表					
34	15	2	1	55	2	2	6	7	37	6

（市科委高新技术处）

【现代交通技术专项】 2008年该专项共实施项目4项，均为新增项目。项目总经费495万元。其中，市财政经费185万元，吸引社会资金310万元。项目承担单位6家。其中，高等院校3家，科研院所2家，企业1家。项目参加人员34人次。其中，高级职称17人次，中级职称6人次；博士（后）9人次，硕士7人次。

2008年在研项目均按计划进度实施。“城市综合交通枢纽工程项目设计的关键技术研究”项目，选取了国内具有较高设计水平的上海虹口交通枢纽、深圳罗湖交通枢纽作为标杆性项目，采取系统集成设计技术，运营过程实施全面集中监控和管理，以及在灾害发生时快速有序的指挥乘客疏散，协调统一的指挥综合交通枢纽的灾害抢险设计方案。项目已取得发明专利2项，发表论文3篇。“城市交通流在线预报发布及实时诱导系统”项目，确定了将“浮动车采集获取交通流数据为基础，短时交通流预测为核心，发布与实时诱导为目的”作为项目总体指导思想，从逻辑和物理两个角度对项目总体框架进行了划分。初步完成了磁阻检测器的电路、电源和通讯模块的设计；确定了磁阻检测器检测软件功能和设计框架；完成了磁阻检测器和浮动车检测设备的检测算法、模型的研究。基于实验室已开发的诱导仿真平台，对不同形式的诱导信息和诱导强度下出行者的服从率进行了仿真实验。

2008年该专项申请发明专利2项，授权发明专利1项，申请其他知识产权4项。成果登记2项。发表论文3篇。培养人才6人。其中，博士2人次，硕士4人次。提升职称1人次。

（市科委社会发展处）

【海水淡化及综合利用专项】 2008年该专项共有在研项目6项。其中，新增项目3项，结转项目3项。新增项目总经费909万元。其中，市财政经费150万元，吸引社会资金759万元。新增项目承担单位6家。其中，高等学校3家，科研院所1家，企业2家。新增项目参加人员31人次。其中，正高级6人次，副高级11人次，中级职称7人次；博士后2人次，博士3人次、硕士5人次；留学回国人员2人次。

2008年该专项结题项目1项。在研项目均按照计划进度执行，进展顺利。“膜蒸馏海水淡化成套技术及中试装置研究”项目，研制出了通量和脱盐率达99.9%的MD中空纤维膜，其疏水性、耐温性和较高MD通量和脱盐率等特性为国内首创。已设计出一套5吨/日规模的MD放大实验装置，完成了多套MD海水淡化工艺的测试和实验现场的改建、设备制造、装置安装与调试工作，项目研究具有自主知识产权的膜蒸馏海水淡化重要核心技术，为膜蒸馏新型技术和设备的产业化奠定了良好的基础。“海水循环冷却成套技术与装备研究”项目，已完成海水水处理药剂产业化技术研究，确定了药剂生产线技术方案，开展了生产线设计，完成了海水水处理药剂生产线设备选型及部分设备的采购。

2008年该专项取得的主要成果与成效，见表32。

表 32　　2008年海水淡化及综合利用专项取得的主要成果与成效

申请专利（项）		制定标准（项）		成果登记（项）	发表论文（篇）			培养研究生（人次）	晋升职称（人次）
	发明专利		行业标准			国外发表	三大系		
6	5	9	6	2	13	2	5	16	8

（市科委生物环保处）

【民航科技专项】 2008年该专项共实施项目9项。其中，新增项目2项，结转项目7项。新增项目总经费600万元。其中，市财政经费150万元，吸引社会资金450万元。新增项目承担单位6家。其中，高等学校4家，企业2家。新增项目参加人员25人次。其中，高级职称12人次，中级职称3人次；博士（后）10人次，硕士2人次；留学回国人员1人次。

多通道飞行视景渲染图像

2008年该专项结题项目1项。除2个项目因为技术原因拖延外，其他项目均按计划进度顺利实施。“飞行模拟视景关键技术研究”项目，基于西藏林芝机场实拍照片和机场建设平面图，建立了机场实体建筑物模型；基于多分辨率遥感影像数据建立了机场周边地貌模型，进行了视景模拟与分析，解决视景建模关键技术；形成一套机场遥感影像信息处理与特征提取软件，将飞行模拟视景数据CAE全任务飞行模拟机进行统调和试运行，通过精确修改达到了飞行训练的要求。“液体燃料—空气—氧气混合助燃高压超音速火焰喷

西藏林艺机场全景加地貌3通道

涂成套设备”项目，采用空气、氧气混合助燃，可以实现在2400~3400K之间大范围精确调节喷涂焰流的温度，使每种粉末材料都在最佳的温度范围内进行喷涂，解决了喷嘴沉积堵塞、氧气助燃时喷涂材料仍发生一定程度的过热而氧化分解、喷涂枪能源利用率较低等HVOF难以克服的技术难题；克服了HVAF喷涂焰流温度过低，受环境温度影响过大，最终导致喷涂粉末沉积率下降的弱点。设备试运行安全可靠，工艺参数重复性好，涂层性能优良，具有广泛的推广应用价值。“飞行模拟视景关键技术研究”项目，通过自主开发模拟机视景，建立具有自主知识产权的飞行模拟视景体系，解决中国视景数据库更新不及时的现状，提高飞行培训视景的准确度和及时性，提高中国民航飞行人员的飞行训练水平，保证中国民航的飞行安全。打破国外视景厂商对中国的垄断现状。“机场特种车辆实时监视调度指挥系统”项目，已在天津机场进入试运行阶段，测试的技术指标均达到设计要求，提高了机场站坪车辆的通行流量，提高作业效率，并能有效保证航空器的地面安全和车辆作业安全，完全可替代场面监视雷达对机场特种车辆的监视、管制和调度指挥，实现车辆自动挂牌、任务实时传送，实现与站坪指挥中心系统的完全独立和高可靠性的对接。

2008年该专项申请专利5项。成果登记1项。出版专著1部。发表论文9篇。其中，国外发表2篇，国内发表7篇。培养硕士24人次。晋升职称15人次。实现销售收入900万元，净利润100万元。

（市科委高新技术处）

【医药生物技术专项】 2008年共有在研项目33项。其中，新增项目18项，结转项目15项。新增项目总经费5641万元。其中，国家部委拨款284万元，市财政经费1193万元，吸引社会资金4164万元。新增项目承担单位22家。其中，高等学校4家，科研院所11家，企业7家。新增项目参加人数167人次。其中，正高级职称41人次，副高级职称43人次，中级职称职称37人次；博士后9人，博士32人次，硕士29人次；留学回国人员24人次。

2008年该专项结题项目1项。在研项目中，除“基因工程人胰岛素工艺创新研究与开发”研发进度超前，“抗抑郁症中药（郁欢片）的临床研究”项目因药品审评时间延长等原因延期外，其他项

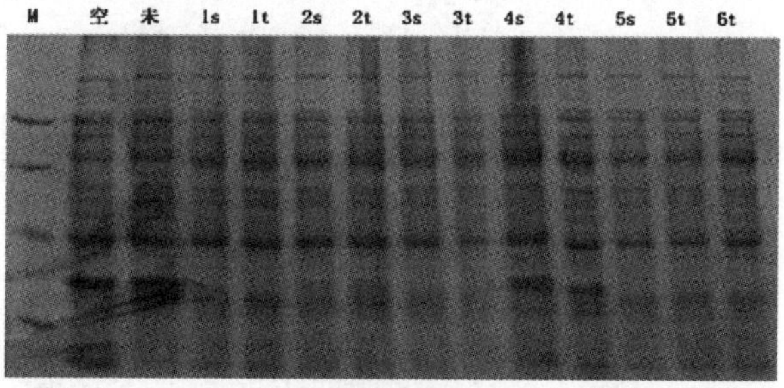

pET32a-CD19scFv/B7转化Rosetta-gami菌株，诱导蛋白表达结果。M:Marker；空:未转化表达质粒的Rosetta-gami菌体蛋白；未:未诱导菌体蛋白；1-6:不同克隆诱导后菌体蛋白，“s”表示SOC培养基，“t”表示TB培养基

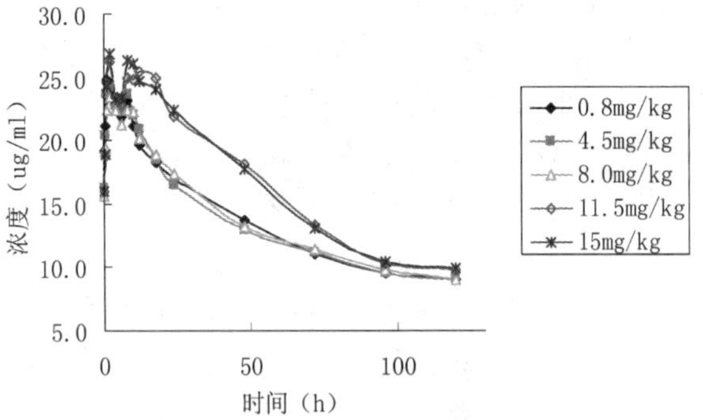

重组口服长效促胰岛素激素药代动力学曲线

目均按照计划进度顺利实施。“抗CDl9/B7双功能基因工程蛋白研制”项目，对抗CD19/B7双功能基因工程蛋白发酵工艺进行优化，得出了pET32a-CDl9scFv/B7转化Rosetta-gami菌株，诱导蛋白表达结果。“抗乳腺癌多肽疫苗的临床前研究”项目，对HER2多肽进行了修饰、合成。通过对每个氨基酸位点以及多个氨基酸位点进行改造、重组，合成出300种修饰多肽，已经进行了体外、体内实验。“重组口服长效促胰岛素激素中试放大及临床前应用研究”项目，构建了高表达口服长效促胰岛素激素的毕赤酵母超产菌株NK-GLP10，完成了单拷贝口服长效促胰岛素基因GLP-M毕赤酵母工程菌株分子检测研究，构建了八拷贝串联融合基因并实现了其大肠杆菌中的正确表达，建立了适宜的融合蛋白纯化和胰蛋白酶酶切体系；探索出5-200L规模高密度发酵工艺、发酵上清液rolGLP-1产物高效纯化技术，制备了大量口服长效促胰岛素激素样品rolGLP-1，完成发酵工艺以及蛋白分离纯化工艺；以糖尿病wistar大鼠和db/db小鼠为动物模型进行药理药效实验，研究了该药物降血糖活性，得出了“重组口服长效促胰岛素激素药代动力学曲线”。该项目已申请发明专利1项，在国外发表学术论文2篇，并被SCI收录。

2008年该专项取得的成果与成效，见表33。

表 33　　2008年医药生物技术专项取得的主要成果与成效

申请专利(项)	发明专利	国外申请	授权发明专利(项)	制定标准(项)	国家标准	发表科技论文(篇)	国外发表	三大系统收录	培养研究生(人次)	晋升职称(人次)
18	18	1	15	2	1	17	6	5	65	45

（市科委生物环保处）

【工业生物技术专项】 2008年该专项共有在研项目10项。其中，新增项目4项，结转项目6项。新增项目总经费7283.8万元。其中，市财政经费225万元，吸引社会资金额7058.8万元。新增项目承担单位9家。其中，高等学校2家，科研院所2家，企业5家。新增项目参加人数44人次。其中，正高级10人次，副高级12人次，中级职称15人次；博士后2人次，博士8人次，硕士7人次；留学回国人员3人次。

2008年该专项（含工业微生物技术与产品专项）结题项目2项。在研项目除“微生物技术在易凝高粘原油输送上的应用研究”因承担单位整体搬迁申请延期，“甜高粱基燃料乙醇制造技术研究”项目和“主食发酵面制品工业化关键技术-抗冻活性干酵母及冷冻面团生产型试验”项目已完成项目研发进入结项程序外，其他项目均按照计划进度顺利实施。“主食发酵面制品工业化关键

冷冻酵母发酵现场与抗冻活性干酵母技术应用

技术—抗冻活性干酵母及冷冻面团生产型试验”项目，各项技术指标均达到或超过预期目标，完成了抗冻酵母的分离筛选以及30~5000L各种发酵工艺试验，冷冻面团各种工艺试验和各种冷冻面团应用。该项目终端产品填补了国内空白，达到国外同类产品先进水平。发表学术论文5篇，申

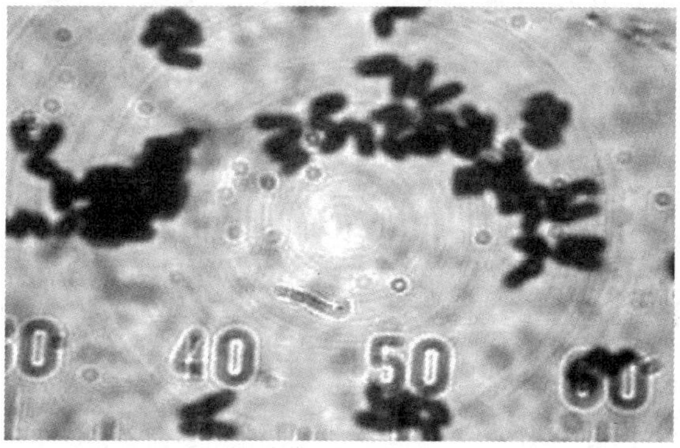

L-亮氨酸生产菌电镜图

请发明专利1项。“发酵法生产L-亮氨酸”项目在执行期间，得到具有遗传稳定性的L-亮氨酸高产菌，淘汰了异核体及回复突变菌株，获得了遗传稳定的可用于工业生产的稳定的L-亮氨酸高产菌株黄色短杆菌（Brevibacterium flavum）TK0303（Met - + lleL + 2 - TAr + α - ABr + β - HLr + Rifr + SGr），建立了黄色短杆菌利用不同碳源生物合成L-亮氨酸代谢网络模型和黄色短杆菌TK0303合成L-亮氨酸的代谢流量平衡模型。“甘油氧化酶生产菌分子育种及临床检测应用”项目构建了双元载体；进行了双酶切（Pvull和Nhel）和Xbal酶切试验；构建了质粒pBl-hphll；建立了浸染性农杆菌，并检验正确；建立了农杆菌介导的日本曲霉转化体系，为构建日本曲霉突变库奠定了基础。

2008年该专项取得的主要成果与成效，见

表34 2008年工业生物技术专项取得的主要成果与成效

申请专利（项）			授权发明专利（项）	制定地方标准（项）	发表科技论文（篇）			培养研究生（人次）	晋升职称（人次）
	发明专利	国外专利				国外发表	三大系统收录		
19	17	2	2	2	34	8	10	25	3

（市科委生物环保处）

【化学合成制药专项】 2008年该专项共有在研项目26项（含新药创制专项）。其中，新增项目7项，结转项目19项。新增项目总经费2960万元。其中，市财政经费450万元，吸引社会资金额2510万元。新增项目承担单位3家。其中，科研院所1家，企业2家。新增项目参加人员52人次。其中，正高级职称10人次，副高级职称16人次，中级职称25人次；博士后2人次，博士13人次，硕士16人次；留学回国人员8人次。

2008年该专项共结题项目1项。在研项目中，

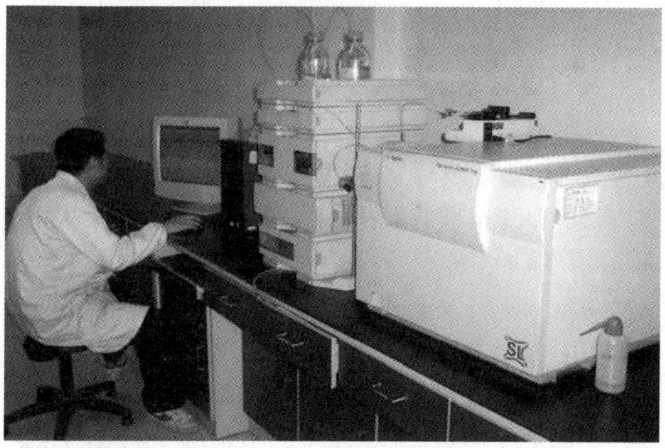

“美罗培南新合成工艺的研发”项目正在开展反应中间体的液—质分析测定

除“阿德福韦酯合成工艺改进及开发”项目研发进度超前，“阿雷地平及制剂的研究”等4个项目因国家药政政策修改等原因进度拖延外，其他项目均按照计划进度顺利实施。“美罗培南新合成工艺的研发”项目完成了关键中间体4BMA-F9-F12母核和侧链小试新合成工艺开发，经过多次验证具有相对稳定性。“雷诺嗪原料及其缓释片”项目，完成了雷诺嗪小试试验，并对合成品和国外上市制剂经过反提制得到的对照品进行IR、UV、1HNMR、13CNMR、X-粉末衍射等图谱解析确证，证明了合成品结构的正确性，对雷诺嗪缓释片处方中关键技术pH非依赖性粘合剂、具有骨架缓释作用的高分子致孔剂等进行初步筛选，初步证明项目样品与国外上市样品的一致性。项目申请发明专利2项。“美愈伪麻缓释片的研究与开发”项目，完成了Ⅰ期和Ⅱ期临床试验，Ⅰ期临床试验研究了美愈伪麻缓释片单次及多次给药后在健康人体内的药代动力学，得出了试验结果。Ⅱ期临床试验以美羧伪麻胶囊为对照，评价美愈伪麻缓释片治疗感冒引起的鼻粘膜充血、鼻塞、咳嗽、咯痰等症状的有效性和安全性，并得出实

验结论。项目申请发明专利1项。“抗凝血用药21(S)阿加曲班的临床前研究”项目，从阿加曲班消旋体中成功分离出21(S)阿加曲班，实现定向合成21(S)阿加曲班的小试路线，得到了高质量样品，制定了质量标准。申请了国内专利2项，国外专利2项。项目入围天津市南开区科技发展十大重点项目，项目单位已与LUNDBECK公司达成了在欧洲市场共同开发该项目的合作意向。

2008年该专项取得的主要成果与成效，见表35、表36。

表35　2008年化学合成制药专项取得的主要成果与成效

申请专利(项)			授权发明专利(项)	制定地方标准(项)			获省部级科技奖励	发表科技论文(篇)			出版科技著作(部)	培养研究生(人次)	晋升职称(人次)
	发明专利	国外专利			国家标准	行业标准			国外发表	三大系统收录			
8	7	1	7	8	6	1	2	23	8	9	1	41	17

表36　2008年化学合成制药专项取得的经济效益

销售收入	净利润	出口创汇额(万美元)
24361.9	1003	673

（市科委生物环保处）

【综合节水技术专项】 2008年共有在研项目10项。其中，新增项目4项，结转项目6项。新增项目总经费540万元。其中，市财政经费200万元，吸引社会资金340万元。新增项目承担单位8家。其中，高等学校2家，科研院所等事业单位2家，企业4家。新增项目参加人员42人次。其中，正高级职称8人次，副高级职称15人次，中级职称9人次；博士后1人次，博士3人次，硕士6人次。

2008年该专项共结题项目4项。在研项目均按照计划进度顺利实施。“应用优势菌处理难降解、高氨氮废水的生物技术与产品研发”项目，进行了优势菌固定化技术与效果研究以及向正在运行的垃圾渗滤液生物处理单元投加优势菌，并考察了其处理效果，确定了采用包埋法，包埋载体以PVA为骨架，添加适量CA、粉末活性炭来改善PVA的传质性能、强度等。采用单因素试验对包埋条件进行优化选择，确定了最佳条件；确定了固定化高效菌处理高含盐垃圾渗滤液的可行性。自2008年7月底至10月初，向双口垃圾填埋场垃圾渗滤液处理站生物处理单元-SBR池内投加筛选出的4#细菌、6#细菌、酵母菌、复合细菌共8次。“水厂排泥水高效处理技术集成及示范研究”项目，完成了高效固液分离设备与配套试验装置的技术集成，进行了高效固液分离工艺排泥水处理的中试实验研究；完成了高效固液分离器的设计、加工、安装以及运行调试，得出了中试研究结论；进行了杨柳青水厂排泥水处理示范工程建设，完成了15~40立方米/小时的生产性试验研究。高效固液分离器已实现稳定运行，水厂年节省制水成本58.4万元。

2008年该专项获得专利授权1项。获省部级奖励2项。发表科技论文5篇。其中，国外发表3篇，三大检索系统收录3篇。培养研究生17人次。晋升职称4人次。实现产值4000万元人民币，销售收入1690万元人民币，利税合计724万元人民币，出口创汇80万美元。

（市科委生物环保处）

【资源节约与循环利用专项】 2008年该专项共有在研项目14项。其中，新增项目6项，结转项目8项。新增项目总经费1833万元。其中，市财政经费425万元，吸引社会资金额1408万元。新增项目承担单位9家。其中，高等学校3家，企业6家。新增项目参加人数58人次。其中，高级职称31人次，中级职称17人次；博士后1人次，博士7人次，硕士8人次；留学回国人员3人次。

2008年在研项目执行情况较好，均按照计划进度正常实施。“再生资源固废物复合改性道路沥青技术”项目确定了一种经济实用且改性效果好的试验配方，建立了胶粉和废PE改性沥青样品针入度、软化点和延度数据，完成了添加剂的设计与筛选，所制备的活性胶粉和废PE复合改性沥青能够实现长时间不离析，提高了改性沥青的稳定性。“废旧轮胎胶粉改性沥青”项目，获得全国建材业协会“技术革新奖”二等奖。“低温等离子体驱动纳米光催化净化室内空气苯系物新技术和装置开发”项目，在反应体系中进行了光照强度、环境相对湿度、温度与吸附态甲苯在TiO_2/ACF复合材料上的光催化去除率试验，光催化降解效率试验和中间产物检出试验，得出环境变化与去除率、降解率、矿化率、甲苯的转化速率，以及中间产物进一步转化促进作用之间的相互关系，明确了甲苯光催化氧化的支链氧化途径和苯环氧化途径，得出苯环氧化产生的微量中间产物比支链氧化中间产物毒性更大，且更难以被光催化降解、高湿度条件下甲苯光催化降解过程必须被重视的相关结论。“三聚氰胺循环经济型生产工艺的研究与开发”项目，已完成碳化氨水脱碳过程的放大规律研究，得出工艺设计参数；完成氨水精馏模拟优化和试验验证；进行了脱碳塔、解吸塔和蒸氨精馏塔三塔串联流程放大设计；确定了全流程优化工艺操作条件并通过验证；完成工业化装置设计，并实现成功运行，年产1.5万吨液氨，液氨合格率达100%。“环境与电子信息产品有害元素快速检测仪”项目，完成了核心部件的试验模拟装置加工，各项技术指标达到了任务书要求；完成了分光晶体的光路设计和加工，以及电子采集、通信、控制等试验；完成了全部硬件设计、PCB板加工和电脑控制操作界面的软件设计；检测仪器所需配件已采购到位，制备了用于建立检测仪数据模型和校正的标准样品。

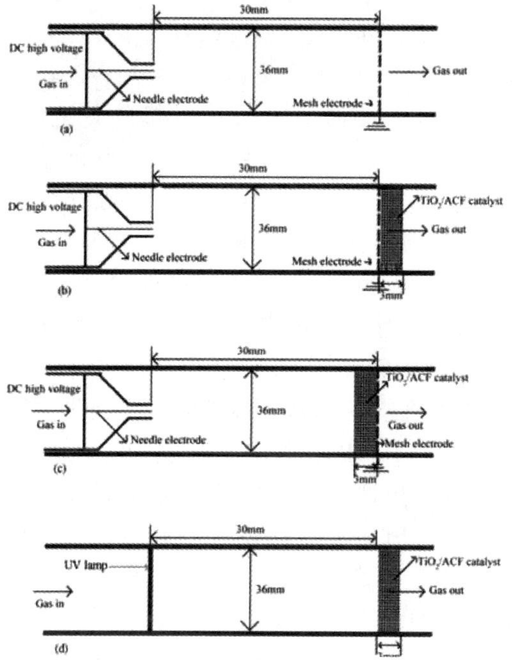

低温等离子体驱动纳米光催化反应的4种作用方式

2008年该专项取得的主要成果与成效，见表37、表38。

表37 2008年资源节约与循环利用专项取得的主要成果与成效

申请专利（项）		制定企业标准（项）	成果登记（项）	发表论文（篇）	培养研究生（人次）	晋升职称（人次）
	发明专利					
7	4	2	1	7	17	8

表38 2008年资源节约与循环利用专项取得的经济效益 单位：万元

产值	销售收入	净利润	上缴税金
5 650	5 600	526	349

（市科委生物环保处）

【污染防治与生态修复技术专项】 2008年该专项共实施项目3项，均为新增项目。项目总经费1222万元。其中市财政经费175万元，吸引社会资金1047万元。项目承担单位7家。其中高等院校3

家，科研院所等事业单位2家，企业2家。项目参加人员40人次。其中，高级职称26人次，中级职称6人次；博士10人次，硕士7人次；留学归国人员5人次。

2008年该专项在研项目均按计划进度执行。“生态小城镇水系统构建模式示范研究”项目取得了两方面的研究进展：一是调研了示范区域社会、经济、环境、生态等基础数据，掌握了示范区域及周边地区的建设现状与规划情况。通过文献调研和实地考察，分析在建设社会主义新农村和小城镇过程中存在的生态与环境问题及其制约因素，为项目研究提供了明确的科研方向与基础数据。二是确定了示范区域人工湿地处理小城镇生活污水研究，雨水存储、净化、利用技术研究，非常规水源补给型景观水体生态修复与保持等研究内容的详细技术路线与工作方案。“滨海新区湿地生态恢复关键技术与开发利用模式研究”项目，完成了滨海新区湿地现状夏秋季调查工作，利用卫星遥感数据和地理信息系统数据(GIS)对新区湿地的景观格局变化进行了初步分析。6~10月，先后出动20余车次、100余人次，对新区范围内主要类型湿地如滨湖湿地、滨河湿地、浅海滩涂湿地(包括七里海湿地)等首次开展了从微观到中观、再到宏观的系统调查。

通过该专项的实施，系统调研和建立了生态示范区域、滨海新区湿地等区域关于生态和环境的基础数据和资料，并依据调研结果确定了详细的技术路线和工作方案。“滨海新区湿地生态恢复关键技术与开发利用模式研究”项目撰写论文4篇，已发表2篇。编写了《国外生态恢复经典案例解析》一书。2008年该专项成果登记1项；培养人才1人次；提升职称1人次。

（市科委社会发展处）

【重大疾病防治专项】 2008年该专项共实施项目19项。其中，新增项目8项，结转项目11项。新增项目总经费1160万元。其中，市财政经费435万元，吸引社会资金725万元。新增项目承担单位15家。其中，高等学校3家，大型医院7家，科研院所3家，企业2家。项目参加人员96人次。其中，高级职称48人次，中级职称12人次；博士(后)23人次，硕士11人次；留学回国人员14人次；外国专家1人。

2008年该专项在研项目均按计划进度实施。“终末期心脏病的规范治疗”项目开展了临床科研，规范了常规心血管强心药、扩血管药及抗心律失常药物最佳剂量及使用时间，应用球囊反搏(IABP)技术治疗终末期心脏病50余例，总结出治疗终末期心脏病IABP的最佳适应症、应用时间及应用中的注意事项，并扩展用于IABP下行冠状动脉架桥和冠状动脉放置支架术。“微生态环境调控的组织工程皮肤和骨的开发”项目，建立种子细胞分离、分选和体外扩增体系选择皮肤作为组织来源，采用Dispase-Typsin-EDTA法成功分离表皮干细胞及成纤维细胞，以无血清培养基与含血清的DMEM培养基，分别建立表皮干细胞与成纤维细胞扩增培养体系，并进行相应表征。

2008年该专项取得的主要成果与成效，见表39。

表39 2008年重大疾病防治专项取得的主要成果与成效

申请发明专利(项)	授权专利(项)	申请其他知识产权(项)	发表论文(篇)			培养博士后(人次)	培养博士(人次)	培养硕士(人次)	晋升职称(人次)
				国外发表	三大检索				
7	6	2	102	17	18	1	20	57	13

（市科委社会发展处）

【生物医学工程专项】 2008年该专项共实施项目9项。其中，新增项目5项，结转项目4项。新增项目总经费1130万元。其中，国家部委拨款80万元，市财政经费210万元，吸引社会资金840万元。新增项目承担单位7家。其中，高等学校1家，科研院所3家，企业3家。新增项目参加人员61人次。其中，高级职称9人次，中级职称11人次；博士(后)8人次，硕士9人次；留学归国人员3人次。

2008年该专项在研项目均按计划进度执行。“智能环保型高频电刀”项目，已在原样机的基础上，完成了软件优化传感品定制，调整了软件的控制时序及大阻抗条件下输出功率的恒定，使刀口的组织损伤程度降到最小。经与世界同类顶级产品的临床使用对比，该项目产品已达到国际先进水平。“三维编织复合材料骨植入物表面抗菌和活性化关键技术研究”项目，改造组装了适用于该项目试样制备的百吨液压机及高温真空热压罐；购买了30 kVA接触式调压器等配套装置；掌握了三维编织碳纤维增强聚醚醚酮（C3D/PEEK）复合材料成熟制备工艺；优化了C3D/PEEK复合材料纤维预处理工艺，处理后C3D/PEEK复合材料的弯曲强度由474 MPa提高到519 MPa。为测试材料的细胞毒性，与天津医院细胞工程实验室合作对三维编织复合材料进行细胞培养实验。已发表论文及学位论文6篇。

2008年该专项取得的主要成果与成效，见表40。

表40　2008年生物医学工程专项取得的主要成果与成效

申请发明专利（项）	授权专利（项）		申请其他知识产权（项）	制定标准（项）	成果登记（项）	发表论文（篇）			培养博士后（人次）	培养博士（人次）	培养硕士（人次）	晋升职称（人次）
		发明专利					国外发表	三大检索系统收录				
7	5	2	3	1	1	23	6	12	2	8	17	5

（市科委社会发展处）

【绿色建筑与建材专项】 2008年共有在研项目8项。其中，新增项目1项，结转项目7项。新增项目总经费780万元。其中，市财政经费30万元，吸引社会资金750万元。新增项目承担单位2家。其中企业1家，高等学校1家。新增项目参加人数10人次。其中，高级职称7人次，中级职称2人次；博士1人次，硕士2人次。

2008年结题项目1项，在研项目均按计划进度顺利实施。“永和大桥维修加固成套技术研究”项目，完善了各子课题的研究内容，对薄弱环节进行了细化，调整了部分子课题内容的顺序，使课题总体条理性进一步增强。开展了关于永和大桥旧拉索的耐久性研究，提出了提高斜拉桥耐久性方案，提供了2篇研究报告。“智能型燃气机热泵独立供能系统成套技术的研究及应用”项目，对燃气热泵独立供能系统自配电系统、余热回收系统、智能控制系统进行了系统匹配优化。

2008年该专项共申请专利2项。其中，发明专利1项，成果登记2项。发表论文6篇。其中，国外发表5篇，被三大系统收录4篇。培养硕士研究生3人次。晋升职称2人次。新增产值18000万元，实现销售收入14700万元，净利润1800万元，上缴税金1000万元。

（市科委社会发展处）

【城市人居环境专项】 2008年共有在研项目10项。其中，当年新增项目3项，结转项目7项。新增项目总经费778.1万元。其中，市财政经费180万元，吸引社会资金598.1万元。新增项目承担单位9家。其中，企业5家，高校2家，科研院所等事业单位2家。新增项目参加人数45人次。其中，高级职称19人次，中级职称6人次；博士（后）6人次，硕士5人次；留学归国人员3人次。

2008年结题项目4项。在研项目中，除“大跨径无背索独塔斜拉桥塔梁同步施工工艺及控制研

塔梁同步施工全景

究”项目因计划性调整拖延进度外，其他在研项目均按计划进度正常实施。“大跨径无背索独塔斜拉桥塔梁同步施工工艺及控制研究”项目，以无背索独塔斜拉桥的贵溪大桥建设为实施依托，该桥索塔高为111.829米，塔轴线与地面夹角为64度，主跨长209.601米，索塔为混凝土结构，主梁为钢结构。按照项目计划进度，该项目第一阶段调研收集国内有关资料和第二阶段制定施工方案的任务均已完成。在2008年课题研究中，通过对该桥塔、梁、索在施工过程中受力变化的研究与控制达到了实施施工新工艺、新方法的目的，并通过有限元分析来模拟施工的过程，为安全施工提供了重要的参考数据。“天津市历史风貌建筑整理试点及历史街区开发利用的研究与实施”项目，已经对静园、重庆道26号、28号等10幢共计12568平方米历史风貌建筑开展整修，对单幢历史风貌建筑的整修提出了修复和评价体系；对历史风貌建筑保护区的保护利用提出了原则和评价体系；完成了静园的腾迁、整修、开放、经营的实施，除取得了技术成果外，还推动了学科建设、行业技术进步，培育了新兴产业，推动了区域环境建设，拉动了第三产业发展，改善了天津城市旅游景观。

2008年该专项发表科技论文7篇。其中，国外发表2篇，三大检索系统收录3篇。培养研究生13人次。其中，博士2人次，硕士11人次。晋升职称7人次。

（市科委社会发展处）

【公共安全与减灾防灾专项】 2008年共有在研项目13项。其中，当年新增项目7项，结转项目6项。新增项目总经费1015万元。其中，市财政经费360万元，吸引社会资金655万元。新增项目承担单位11家。其中，企业5家，高校1家，科研院所3家，其他机构2家。新增项目参加人数98人次。其中，高级职称65人次，中级职称21人次；博士（后）10人次，硕士6人次；留学归国人员1人。

2008年该专项共结题3项。在研项目中，除“天津市在役燃气管线危险性评价及灾害防治”项目研发进度超前以外，其他在研项目均按计划进度顺利实施。“天津及周边地区地震中短期预测技术研究”项目，制定了适合于天津市的地震中短期预报判据和指标。对天津及邻近地区各种前兆资料（包括地磁、地电、水位、水化、重力、形变和电磁波等）进行系统的综合分析，提取中短期的定量预报判据、指标。部分方法应用于奥运期间的地震安全保障和半年以及年度地震趋势会商。建立了“天津市及周边地区地震中短期预报模型”，对天津及周边地区的地震趋势进行了预测，给出了发震强度不大于4.5级的预测意见。对天津市及周边地区地震孕育、发生背景、构造和机理进行研究和探索，并应用数字化地震波资料、GPS资料、数字前兆资料开展综合分析研究。“大黄堡蓄滞洪区风险管理研究”项目，对蓄滞洪区分洪后的洪水预报及优化调度，确定青龙湾减河不同洪水频率流量过程，根据调度方案、分洪工程参

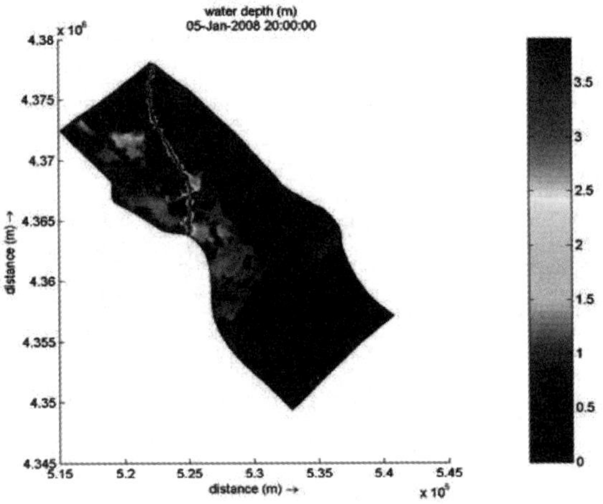

二维洪水演进教学模型分洪过程演示

数等确定边界条件，分为建滞洪水库和不建滞洪水库两种情况。利用二维洪水演进数值模型，反映蓄滞洪区内洪水演进过程，计算流速、水深、淹没面积、蓄量等水力特征。通过多种方案的计算比较，提出合理的分洪时机、分洪流量等调度措施，尽可能减少洪灾损失。开展了洪灾损失及洪水风险评估，分析统计了大黄堡社会经济资料，研制出洪灾损失评估模型；提出了洪水风险评估指标和评估模型，将蓄滞洪区划分为不同类别的风险区。按照国家水利部《洪水风险图编制导则》的要求，绘制了洪水风险图。

2008年该专项共申请专利7项，其中，发明专利2项；申请软件著作权2项，获得软件著作权2项。制定标准8项，其中，地方标准2项，企业标准6项。获省部级奖励1项。成果登记5项。发表论文32篇，其中，国外发表3篇，三大检索系统收录4

篇。培养研究生20人次。晋升职称12人次。

（市科委社会发展处）

【动植物新品种选育专项】 2008年共有在研项目31项。其中，当年新增项目11项，结转项目20项。新增项目总经费1335.46万元。其中，市财政经费350万元，吸引社会资金985.46万元。新增项目承担单位9家。其中，企业6家，高校2家，科研院所1家。新增项目参加人数88人次。其中，高级职称48人次，中级职称25人次；博士（后）23人次，硕士14人次；吸引海外归国人员7人次。

2008年共结题10项。在研项目中，除“饲用高粱饲用目标性状的研究及新品种选育”、“节粮、抗病、优质蛋鸡合成系及配套技术的研究”项目因计划性调整，“专用农作物新品种选育及配套技术研究”项目进度拖延外，其他项目均按计划进度实施。“专用农作物新品种选育及配套技术研究”项目，开展了黄瓜炭疽病抗性相关基因紧密连锁的分子标记和黄瓜枯萎病—白粉病—炭疽病—黑星病4种病害的多抗性鉴定技术研究。开展了RNA干扰对番茄耐贮性的研究，建成了以脓杆菌介导法和花粉管导入法为核心的番茄细胞转基因方法。项目申请发明专利8项，授权发明专利1项。申请品种权4项。发表论文41篇，其中国外发表2篇，被三大检索系统收录2篇。“花椰菜育种新技术研究及优质、抗病和高产新品种选育与推广”项目在国内率先创建了花椰菜自交不亲和系育种、游离小孢子培养、杂交制种等技术体系和花椰菜育种专家系统，提出抗TuMV和黑腐病苗期人工接种鉴定的方法和标准；育成系白峰、津雪、云山、丰花、津品5大系列20多个花椰菜优良品种，研究成果先后获国家科技奖励1项、天津市科技进步奖一等奖2项、二等奖5项、三等奖3项。创新的花椰菜育种新技术和优异资源已被国内同行广泛应用，近3年累计推广267.5万亩，新增效益18.4亿元人民币，出口创汇585万美元。“利用小麦高效育种技术体系培育优质高产、多抗小麦新品种”项目，利用人工气候，采用常规育种、穿梭育种等多种途径培育优质、高产、抗病等性状突出、综合性状良好、供育种直接利用的优异亲本，培育突破性小麦新品种。通过育种研究与示范，建成了小麦高效育种技术体系，加快了育种进程；培育出优异亲本材料535份，其中优质亲本232份，培育出高产中强筋津农5号冬小麦新品种，示范面积6610亩，示范产量达到475公斤/亩，小麦收购价格较普通品种价格提高0.1元/公斤，实现农民增收534万元。

“饲用高粱饲用目标性状的研究及新品种选育项目”示范田

2008年该专项取得的主要成果与成效，见表41、表42。

表41　2008年动植物新品种选育专项取得的主要成果与成效

申请专利（项）	发明	授权专利	发明	申请品种权	制定标准（项）	成果登记（项）	发表论文（篇）	国外发表	三大系统收录	培养研究生（人次）	晋升职称（人次）	获科技奖励（项）	省部级以上
32	26	7	1	4	1	8	99	5	7	37	32	3	2

表42　2008年动植物新品种选育专项产生的经济效益情况　单位:万元

销售收入	技术性收入	新增利税	出口创汇(万美元)
15 831.62	121	5 283.53	1 200

(市科委农村科技处)

【健康养殖与安全种植技术专项】 2008年共有在研项目18项。其中,新增项目8项,结转项目10项。新增项目总经费4100万元。其中,市财政经费700万元,吸引社会资金3400万元。新增项目承担单位12家。其中,企业6家,高校1家,科研院所5家。新增项目参加人员64人次。其中,高级职称22人次,中级职称27人次;博士6人次,硕士15人次;留学归国人员2人次。

2008年结题2项,在研项目均按计划进度顺利实施。"重组基因工程抗菌肽的研究开发"项目,建立了系统的抗菌肽免疫评价指标,获得国家农业部农业生物安全办公室批准,开始进行农业转基因安全评价,基本完成研究。该项目申请发明专利1项,制定地方标准2项。"奶牛养殖小区粪无污无害化集中处理技术集成示范"项目,根据生产工艺及稳定性试验完善了产品质量标准,经临床试验证实了长效阿维菌素片的长效驱虫作用,产品投放市场销售收入已达830万元,利税合计592万元。"沙窝萝卜周年栽培技术的研究与示范"项目,建设了沙窝萝卜试验示范基地,选出了优良品种,并总结出周年栽培技术操作规程,有组织、有计划地进行沙窝萝卜生产和销售,使市场价格高于其他同类产品2倍以上。通过项目实施,使沙窝萝卜年种植面积达到4500亩,总产量1350万公斤,总销售收入达到4500万元。"德国镜鲤抗病品系选育和养殖技术研究"项目,首次将非特异性免疫指标红细胞C3b受体花环率、白细胞吞噬率作为鱼类抗病力选育的性状指标,应用到德国镜鲤抗病力品系的选育,建立了德国镜鲤抗病品系的群体和家系选育技术体系,填补了鱼类抗病力品种选育领域的空白。自2006年以来,项目累计生产6亿余尾德国镜鲤抗病苗种,并在全国7个省市自治区进行应用养殖,累计收入6500万元。"用非常规原料配制生态友好型饲料的研究与开发"项目,重点对工业发酵、果汁加工副产品中药提取废弃物和餐饮企业剩餐进行了重点研究,获得了饲料资源化加工,利用技术参数,设计出加工工艺路线和产品标准,开发出新型饲料组合,大大降低饲料成本,平均料肉比保持在3:1左右,与常规饲料养殖相比,产量略有提高,真正做到从源头上保证安全无害化养殖。

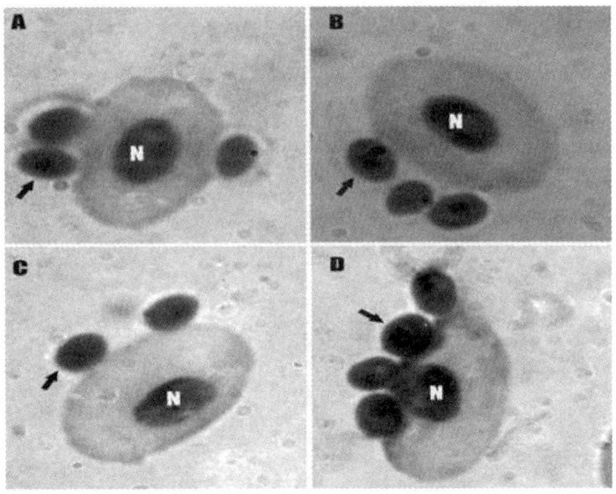

德国镜鲤细胞分析研究电镜分析图

2008年该专项取得的主要成果与成效,见表43、表44。

表43　2008年健康养殖与安全种植技术专项取得的主要成果与成效

申请发明专利(项)	授权专利(项)	申请及获得品种权	制定标准(项)	成果登记(项)	发表国内论文(篇)	培养研究生(人次)	晋升职称(人次)
4	1	2	10	1	15	2	4

表44　2008年健康养殖与安全种植技术专项产生的经济效益情况　单位:万元

新增收入	新增利税	出口创汇(万美元)
111 941	46 974	200

(市科委农村科技处)

【农产品精深加工与现代储运技术专项】　2008年在研项目21项。其中，新增8项，结转项目13项。新增项目总经费2240万元。其中，市财政经费360万元，吸引社会资金1880万元。新增项目承担单位14家。其中，企业8家，高校3家，科研院所3家。新增项目参加人数81人次。其中，高级职称37人次，中级职称14人次；博士（后）14人次，硕士20人次；留学归国人员9人次。

2008年该专项共结题项目8项，在研项目均按照计划进度实施。“系列特色农产品深加工关键技术的研究”项目，完善了年产150吨色素生产线，实施了紫甘薯花色苷的工业化生产，生产紫甘薯花色苷50吨，产品质量达到国际标准，并出口欧美等国，实现销售收入1000万元人民币，新增利税400万元人民币，出口创汇150万美元。“果品双控运输保鲜纸与配套技术开发”项目，对葡萄、桃、李等果品保鲜运输开展了中试研究、运输保鲜规模化应用和运输产业化示范；建成年生产能力保鲜纸3亿张、T形袋15亿个的流水线生产车间，实现产值350万元，利税95万元。“‘狗不理’包子生物、气调保鲜常温食品的研究、开发”项目，对产品包装工艺应用保鲜气体、筛选高密度复合膜以及符合保鲜要求的包装容器进行了改进，并结合产品的自身特点进行不同的保鲜气体用量配比试验，确定较完善的生产工艺流程和质量技术标准，使“狗不理”包子在25℃常温环境下能够保鲜90天左右，突破传统保鲜工艺和方式。2008年产品已实现销售收入250万元，利税150万元。“无硝或低硝腌制肉制品加工关键技术与质量控制研究”项目，以无硝或低硝腌制肉制品加工的关键技术与质量控制为目标，通过研究色泽、防腐剂与抑制或杀灭微生物、抗脂肪氧化、开发无硝或低硝腌制肉制品，建立了安全生产技术体系，减少亚硝酸盐与氨基酸等反应产生亚硝胺的危害，保证人民能够吃上安全、放心食品。项目研究了几种添加剂的复配作用，每种添加剂分别选取若干水平进行试验，得到不同添加量组合的复合防腐剂和几种添加剂的最优组合。“从农产品加工废弃物中提取生物活性物质的研制”项目，以葡萄籽、苹果皮渣和苹果树皮为原料，采用柱层析和膜分离技术纯化，完成了葡萄多酚、苹果多酚的高效提取，提取率达90%以上，多酚含量达80%，使葡萄多酚、苹果多酚、根皮苷提取物成功地转化成新产品，有效地对农副产品废弃物进行深度开发和综合利用，实现产业化，增加农作物的附加值，带动地方经济的发展。项目实现产值3130万元，销售收入2536.8万元。

2008年该专项取得的主要成果与成效，见表45、表46。

表45　2008年农产品精深加工与现代储运技术专项取得的主要成果与成效

申请专利（项）	发明专利	授权专利（项）	发明专利	制定标准（项）	发表论文（篇）	国外发表	三大检索系统收录	出版专著（部）	培养研究生（人次）	晋升职称（人次）
21	16	9	4	12	61	14	2	1	41	18

表46　2008年农产品精深加工与现代储运技术专项产生的经济效益情况　单位：万元

销售收入	新增利税	出口创汇（万美元）
77 905.62	32 818.4	490.5

（市科委农村科技处）

【国际科技合作项目】　2008年，该类项目共实施项目53项。其中，新增项目20项，结转项目33项。新增项目总经费685万元。其中，国家部委经费20万元，市财政经费280万元，吸引社会资金385万元。新增项目承担单位11家。其中，高等学校5家，科研院所等事业单位5家，国际机构1家。新增项目参加人员147人次。其中，高级职称69人次，中级职称46人次；博士（后）48人次，硕士30人次；留学回国人员23人次；外国专家14人次。

2008年该专项总体执行情况良好，均按计划进度实施。联合研究机构建设项目进展顺利。国际科技合作项目安排了一批联合研究机构启动建设项目，开展深入的国际科技合作。“中美环境修复与可持续发展中心联合实验室建设”项目，完善了中美环境修复与可持续发展中心实验室的仪器设备平台，自行研制并建立一套完整的具有国际领先水平的地下水污染修复仿真模拟中试系装置，开展地下水修复实验研究；确定了联合实验室的研究方向和人才队伍；举办了“中美环境可修复与可持续发展战略研讨会暨南开大学中美环境修复与可持续发展中心揭牌仪式”，探讨以中美中心为平台，加强两国在政策、管理、科学技术等不同层面上合作的机制；应国家科技部合作司与中国驻休斯敦领馆邀请，天津科技人员参与了中美环境与能源合作十年规划前期调研工作。“中意中医药国际合作洽谈会”通过国际科技合作会议形式对联合实验室研究基地改建工作进行了洽谈，试验基地共有实验室面积5800平方米，包括4个省部级实验室、制剂中心、临床评价中心及动物实验中心，2个国家GCP临床药理研究基地和图书网络信息支持条件等，设药学部等5个部室；参考中欧、ICH国际研究规范要求，开展了中医药研究文献数据库、标准组分提取制备技术、现代中药化学分析技术等多个技术平台优化工作；在中医一附院由意方投资建立了运动分析评价系统。申报国家科技部国际科技合作重点计划项目4项，2008年度立项2项，获得国家科技部资助454万元。“全美癌症研究基金会中国国际合作研究基地”项目，开展了肿瘤分子诊断研究、抗癌药物筛选、药物临床前试验和相关抗体研究。“中国科技部、瑞典教育部共建天津生物医药园研究中心可行性研究”项目，完成了中瑞双方初步合作协议的商谈，协助瑞典CMM开展在天津国家生物医药国际创新园内的前期注册，完成了在天津建立CMM中心的可行性评估，协调完成天津CMMTJ中心建立的前期工作。依托合作基地新申请立项国家自然科学基金项目3项，申请发明专利6项，发表论文6篇，其中SCI收录4篇。“新型抗植物病毒药剂作用机制的研究”项目被列入中俄政府间科技合作项目，已发表论文11篇，会议论文10多篇，申请发明专利10项，授权专利1项，培养硕士生6名，博士生2名，相关研究成果获中国农药学会优秀论文奖。“太赫兹时域光谱技术用于工业检测的研究”项目，受到国际著名超快激光和太赫兹技术奠基人之一、俄克拉何马大学的Bellmon教授，俄克拉何马大学太赫兹实验室（UTOL）创建人Daniel R.Grischkowsky教授和张伟力教授的指导并到天津访问。通过与美国俄克拉何马的合作利用UTOL的THz-TDS技术对一些工业结晶阳平进行了检测，直接获取了晶体的吸收系数、光折率等重要数据，并有2篇论文发表于国际著名核心期刊。项目执行期间，召开了“超快现象与THZ波国际研讨会”，两院院士6人、中外专家著名学者150人出席会议。

2008年国际科技合作项目取得的主要成果与成效，见表47。

表47 2008年国际科技合作项目取得的主要成果与成效

申请发明专利	授权发明专利	发表论文（篇）	国外发表	三大检索系统收录	培养博士（人次）	培养硕士（人次）
34	6	106	32	46	36	69

（市科委国际合作处）

应用基础及前沿技术研究计划

【简况】 2008年，应用基础及前沿技术研究计划以提高全市知识创新能力为主要任务，结合天津科技和经济社会发展的战略需求，充分发挥应用基础研究的科技和人才资源优势，实现了若干科学前沿领域的重点突破，发现和培养了大批优秀人才，稳定了一支高水平的科研人才队伍，创造了一批具有国际国内先进水平的优秀科研成果，为天津市科技事业发展奠定了坚实的基础。

（市科委基础研究处）

【项目安排】 2008年共执行项目770项。其中，新增283项，重点项目113项，一般项目170项。新增项目总经费投入5773万元。其中，重点项目3919万元，一般项目1854万元。市财政经费投入4840万元。其中，重点项目3140万元，一般项目1700万元。结转项目487项。其中，重点项目154项，一般项目333项。共有31家单位承担新增项目研究工作。其中，6家驻津高校承担131项，11家地方高校承担99项，5家驻津科研院所承担19项，2家地方科研院所承担8项，7家地方其他单位承担26项。共有2190人次参与新增项目研究。其中，重点项目924人次，一般项目1266人次；高级职称813人次，中级职称455人次；博士499人次，硕士824人次；留学回国人员139人次。

（市科委基础研究处）

【计划进展】 2008年应用基础及前沿技术研究计划共结题项目197项。其中，重点项目34项，一般项目163项。在研项目除少数项目延期外，其他项目研究进展顺利。

（市科委基础研究处）

【成果与成效】 2008年应用基础及前沿技术研究计划，有467个项目被列入国家科技部或国家各部委的计划并获得资助。其中，获得"973"计划项目3项；获得国家自然科学基金资助419项；获得其他省、部科技专项资助45项。2008年完成的项目中，有2项获国家级科技奖励，有16项获省部级科技奖励。"新型多环纳米超分子体系的构筑及其功能研究"，围绕纳米超分子化学的研究热点，构筑

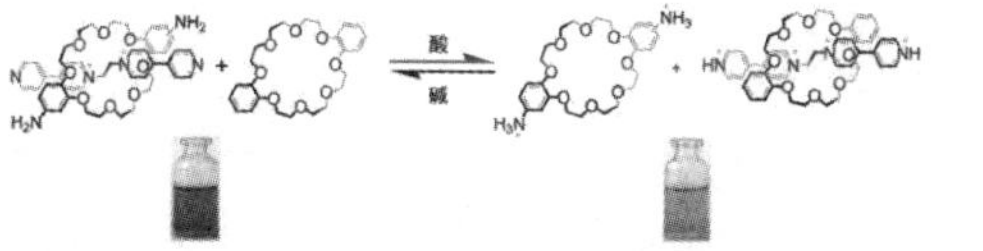

基于假聚轮烷穿插运动的生色开关及对应溶液示意图

了一系列纳米组装体并研究了其性能，在《化学欧洲杂志》、美国《有机化学》、美国《物理化学B》和国内一些核心期刊发表论文13篇，其中SCI收录12篇，被引用93次，直接正面引用71次，部分被著名纳米科学与技术网站收录转载，并在美国《化学评论》上做了专门的介绍。后续获得国家自然科学基金的资助。"靶向人脑恶性胶质瘤的复合功能基因投递系统研究"，为解决基因和药物跨越血脑屏障靶向治疗脑部疾患这一世界难题提供了重要的科学

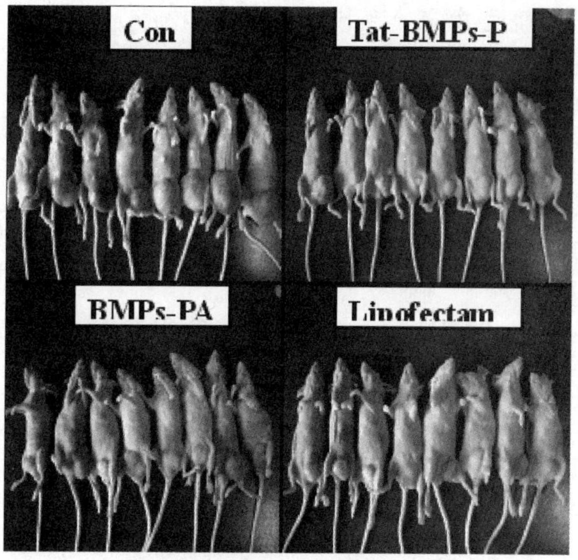

裸鼠脑胶质瘤治疗效果对比图

依据。研究成果在Langmuir；Cancer Gene Therapy；Journal of Biomaterials Science；Journal of Magnetism and Magnetic Materials及国内一些核心期刊发表论文45篇，被SCI、EI、ISTP检索系统收录24篇；论著出版4部；申请发明专利5项。后续获得国家"863"计划和国家自然科学基金支持。"RNA干扰逆转白血病多药耐药研究"，采用RNA干扰技术探索逆转白血病多药耐药的新途径，研究结果显示所设计的RNA干扰载体能够显著逆转多药耐药蛋白（P-糖蛋白）的表达及其功能，该方法为白血病基因治疗提供了新的实验支持，能够大大提高白血病化疗成功率。研究成果已发表在Journal of Clinical

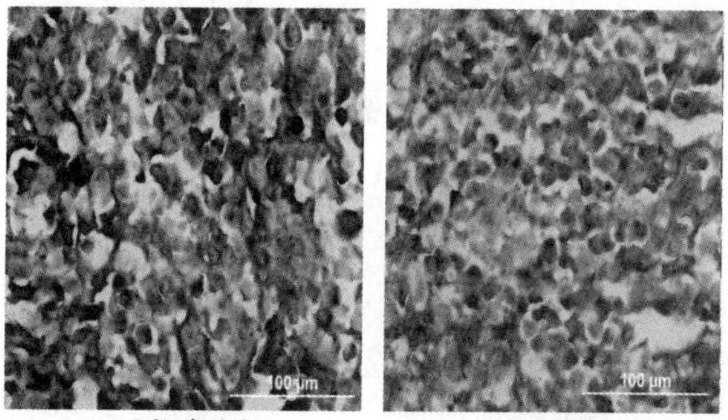

干扰载体组　　对照载体组

Immunology，European journal of Hematology，临床血液学杂志等国内外核心期刊9篇，被SCI收录8篇。2008年，天津市应用基础与前沿技术研究计划项目吸纳和凝聚了大批的优秀人才和回国留学人员，形成了一支高水平的基础研究队伍。在项目研究过程中，3人成为"973"计划项目首席科学家；4人获得国家杰出青年科学基金资助；7人受聘教育部"长江学者"特聘教授，3人受聘教育部"长江学者"

讲座教授；13人入选国家人事部等7部委“新世纪百千万人才工程”国家级人选；34名博士后获中国博士后科学基金资助。培养博士研究生102人，硕士研究生315人。

2008年应用基础及前沿技术研究计划取得的主要成果，见表48。

表48 2008年应用基础及前沿技术研究计划取得的主要成果

类别	项目结题数（项）	发表论文（篇）			三大系统收录（篇）			专著（部）	申请发明专利（项）	申请实用新型专利（项）	样品、样机（台/件）	工艺研究（项）
		国际	最高因子	国内	SCI	EI	ISTP					
重点	34	81	5.841	158	67	53	2	7	62	8	1	3
一般	163	187	7.6	927	166	154	19	20	109	22	361	26
总计	197	268	–	1 085	233	207	21	27	171	30	362	29

（市科委基础研究处）

科技成果转化及产业化推进计划

【简况】 2008年科技成果转化及产业化推进计划通过政策引导，推动科技成果转化实现产业化，包括：火炬项目、星火项目、可持续发展行动项目、新产品项目、科技成果推广项目、认定成果转化项目、科技兴贸项目、农业科技成果转化项目。项目以贷款贴息、无偿补贴和股权投资3种方式筹集资金。

（市科委综合计划处）

【项目安排】 2008年实施项目312项。其中，新增项目155项，结转项目157项。新增项目总经费19.0108亿元。其中，市财政经费3180万元，吸引社会资金18.6928亿元。新增项目承担单位186家。其中，企业148家，科研院所等事业单位14家，高等院校12家，其他机构2家。

（市科委综合计划处）

【计划进展】 2008年该计划共结题项目118项，在研项目总体执行情况良好，均按计划进度顺利实施。

（市科委综合计划处）

【成果与成效】 2008年科技成果转化及产业化推进计划取得的成果与成效，见表49、表50、表51。

表49 2008年科技成果转化及产业化推进计划取得的主要成果 单位：项

申请专利		授权专利		申请其他知识产权	授权其他知识产权	成果登记
	发明专利		发明专利			
378	165	223	73	9	9	65

表50 2008年科技成果转化及产业化推进计划取得的主要成果 单位：项

制定标准						荣获奖励		
	国际标准	国家标准	行业标准	地方标准	企业标准		国家级	省部级
87	1	10	6	2	67	81	8	51

表 51　2008年科技成果转化及产业化推进计划取得的成果与成效

发表论文(篇)			出版科技专著(部)	培养研究生(人次)	晋升职称(人次)
	国外发表	三大检索系统收录			
429	68	116	15	189	182

科技成果转化与产业化推进计划项目在加快推动科技成果转化的同时，为项目实施单位取得了可观的经济效益。2008年，科技成果转化及产业化推进计划项目产品共计实现销售收入72.25亿元人民币，实现利税15.04亿元人民币，出口创汇9474万美元。

（市科委综合计划处）

【火炬项目】 2008年火炬项目共实施项目9项。当年到位总经费7730万元，均为社会资金。5家企业参与了项目研发。项目参加人员81人次。其中，高级职称22人次，中级职称26人次；硕士8人次；留学回国人员1人次。

生产反应罐

光纤型高速公路紧急电话

项目均按计划进度顺利实施。“萘磺酸钠产业化及产品应用创新项目”解决了关键设备向产业化过渡过程中可能产生的放大效应问题，依据中试技术实践经验实现了产业化的稳定生产，降低了产业化生产的各项消耗指标，填补了中间产品的质量控制空白点，实现质量控制程序化。“光纤型高速公路紧急电话系统”项目，研制出拥有自主知识产权的采用光纤

“一种土工合成粘土垫”项目承接的工程现场

作为传输介质，具有传输速度快、抗干扰能力强、信号稳定的高速公路紧急电话系统。通过样机和批量生产中产品的检验和测试，表明该系统各项性能指标均符合产品标准的要求。项目产品达到国外同类产品水平，在国内尚属首创，技术水平居国内领先水平。该产品已经应用于山东省潍坊—莱西、黑龙江省哈尔滨—大庆、云南省昆明—玉溪等国内十几条高速公路，使用效果良好，完全符合技术要求，受到广大客户的一致好评，累计实现销售收入1300万元，实现利税195万元。“一种土工合成粘土垫”项目，研制出土工合成材料黏土垫，并在水利、环保等领域广泛应用。2008年6月底已承接了2500万元的合同额，预计2008年底达到3000万元~4000万元产业规模。“直接染料红2G（无盐液体）”项目，已达到批量生产阶段，染料产品在技术指标、产品质量上已达到国际先进水平，可替代进口产品。项目实现销售收入4000万元，净利润800万元，纳税30万元。

2008年，通过火炬项目的实施，申请专利1项；授权专利2项，其中，发明专利1项；制定企业标准2项；登记成果2项；晋升职称17人次。项目实现销售收入15432万元，实现净利润2476万元，上缴税金788万元。

（市科委高新技术处）

【星火项目】 2008年星火项目共实施65项。其中，新增29项，结转36项。新增项目总经费7.2亿

元。其中，金融机构贷款4.6亿元，单位自筹2.6亿元。新增项目承担单位33家。其中，企业26家，高校2家，科研院所及科技成果推广服务机构5家。新增项目参加人员214人次。其中，高级职称84人次，中级职称10人次；博士5人次，硕士30人次；留学归国人员3人。

2008年共结题项目1项，在研项目进展顺利。

猪繁殖障碍性综合技术示范推广培训班

“4YW-Q型（不对行）玉米联合收获机产业化”项目，对玉米联合收获机高位行进卸粮、果穗剥皮排杂、秸秆加工利用装置、移动果穗箱双向卸粮、升运器起落装置、复合摘穗机构、玉米摘穗、秸秆收割整留装置、传动系统优化等器件进行了技术改进，申请不对行玉米收获割台、果穗输送搅龙、果穗升运去杂装置、果穗箱及其卸粮装置和秸秆粉碎装置等专利5项。在有代表性的玉米主产区，选择具有农机生产优势的企业建立联合生产厂，实现就地生产、就地销售，促进产品的快速推广。累计销售产品4234台套，实现销售收入2.06亿元，利税6015万元，完成玉米机收面积1301.8万亩，带动农户创利3.7亿元。“静海县台头万亩西瓜、甜瓜优质丰产技术推广”项目，在新品种引进、新技术推广引用、技术培训、科技示范户培养等方面，都取得了预期的成效。建成具有专利技术的双膜育苗温室26个，引进西瓜、甜瓜品种21个，并从中筛选出黑小龙、金橄榄、黄妃、白元首、金蜜龙等5个优质品种进行推广种植，种植面积已达10500亩，产量达3000万公斤，实现销售收入4000万元。“猪繁殖障碍性疾病综合防治技术示范推广”项目，通过专家集中授课、实验室操作、现场解答等多种方式开展猪繁殖障碍性疾病综合防治技术、快速诊断技术和健康养殖技术培训，共举办培训班34期，培训2050人次，发放技术手册2050套。

2008年星火项目取得的主要成果与成效，见表52、表53。

表 52　　2008年星火项目取得的主要成果与成效

申请专利（项）		制定企业标准（项）	成果登记（项）	发表国内论文（篇）		培养研究生（人次）	晋升职称（人次）	荣获区县科技奖励 EI 收录	新增就业（人次）
	发明专利				EI 收录				
8	7	5	3	14	1	1	14	1	200

表 53　　2008年星火项目产生的经济效益　　单位：万元

销售收入	净利润	上缴税金	出口创汇额（万美元）
158 181	23 562.6	568	80

（市科委农村科技处）

【可持续发展行动项目】 2008年可持续发展行动项目新增项目4项。新增项目总经费6610万元。其中，市财政经费100万元，吸引社会资金6510万元。新增项目承担单位8家。其中，高等学校1家，科研院所1家，企业6家。项目参加人员30人次。其中，高级职称19人次，中级职称6人次；博士6人次，硕士8人次；留学回国人员1人。

“道路太阳能利用系统集成应用与示范”项目，在生态城规划中选择30000~50000公建项目作为试点，开展道路上太阳能吸收、循环水回灌地下、循环水与楼宇内热循环系统的热交换、循环水提高或降低道路路面温度等整套系统的集成示范。该项目与传统作法相比，冬季楼宇内制热节省能量40%以上，道路路面上没有积雪，不结冰；夏季楼宇内制冷节省能量80%以上，道路路面降温达10℃以上。项目成果达到节能降耗的作用，可在国内进行推广应用。“可再生能源和自动控制技术在滨海高新区节能减排中的集成”项目，集成使用先进的能耗控制技术，降低太阳能热水系统的能耗，提高太阳能发电的利用效率，延长蓄电池的使用寿命，自动控制建筑物用能系统来降低运行能耗，并减少污染物的排放。“养殖小区粪污无害化与资源化利用技术集成与示范”项目，以沼气发酵和有机肥农田利用为技术手段，分解消化养猪粪便的有机质并生产沼气；新建沼气发电机组，实现热电联产，能量循环，同时可提供有机肥和清洁能源。“建筑垃圾综合处理循环利用示范工程”项目，利用建筑垃圾及污水，建成年产2700万块、合格率达98%以上的混凝土多孔砖的全自动工业化试验生产线，同时制定出进厂废砼块的检验标准、加工过程控制标准及相关建材产品检验标准、产品使用标准等，并制定出完备的生产工艺规程，实现年处理22万吨建筑垃圾和19万吨厂外污水。

“可再生能源和自动控制技术在滨海高新区节能减排中的集成”项目的建筑物效果图

（市科委社会发展处）

【认定成果转化项目】 2008年认定成果转化项目共实施新增项目51项。项目总经费85768万元。其中，市财政经费1760万元，项目单位自筹51156万元，银行贷款32852万元。参与研发的企业47家。参与研发人员592人次。其中，高级职称185人次，中级职称161人次；博士（后）18人次，硕士41人次；留学归国人员8人。

2008年该项目执行情况良好，均按计划进度顺利实施。“新型低阻力大风量超高效过滤器”项目，研制的超高效过滤器检测线，具有操作简便、检测周期短、检测精度高、性能稳定可靠等诸多优点，检测线的整体技术水平达到国际先进水平，填补了国内空白。该项目已申请专利3项，获得授权专利2项。2008年超高效过滤器滤芯全自动生产线安装调试就位，工艺系统提前完成。“低氢高韧性酸性药芯焊丝”项目，产品焊接工艺优良，熔敷效率高，焊缝质量好，便于连续化、自动化焊接，可广泛应用于锅炉、车辆、船舶、集装箱、桥梁、化工设备、工程机械、海洋设施及核工业领域。项目获得授权发明专利1项，获国家级奖励1项，市级奖励1项。项目实现销售收入1.67亿元，利税2552万元。2008年1~9月转化项目产值同比2007年增加了2.36亿元。项目收入与2007年同比增长41.3%；项目上缴税金同比增长95.9%；项目收入在企业中所占比例有所提高，项目收入在企业总收入中所占比例由2007年的21.16%增长为2008年的26.07%。经济指标说明，认定项目的设立，加速了科技成果转化和产业化进程，给企业带来丰厚的经济效益。2008年，认定成果转化项

“新型低阻力大风量超高效过滤器”项目实施现场

目在抗击四川汶川强烈地震中发挥了积极的作用。“基于综合洁净配药标准下的洁净光温配药台”项目承担单位天津市龙川净化工程有限公司向灾区捐赠5台价值16.5万元的配药台，在特殊条件下，保证了在帐篷和野外临时医院输液配药环节的安全可靠。

2008年认定成果转化项目取得的主要成果与成效，见表54、表55、表56。

表 54 2008年认定成果转化项目取得的主要成果

申请专利（项）		授权专利（项）		制定标准（项）			成果登记（项）	获科技奖励（项）	
	发明专利		发明专利		国标	行标			省部级以上
38	19	36	13	19	2	1	23	14	11

表 55 2008年认定成果转化项目取得的主要成果与成效

发表论文（篇）			培养研究生（人次）			晋升职称（人次）		
	SCI 收录	EI 收录		博士	硕士		高级	中级
40	5	7	28	7	21	43	26	17

表 56 2008年认定成果转化项目产生的经济效益情况 单位：万元

产值	技术性收入	净利润	上缴税金	出口创汇额(万美元)
99 774.2	4 883.7	15 825.9	12 077.9	2 071.4

（市科委成果市场处）

【重点新产品项目】 2008年实施重点新产品项目25项，均已结项。新增项目总经费9521万元。其中，市财政经费360万元，单位自筹7591万元，银行贷款1570万元。新增项目承担单位28家。其中，企业27家，高等院校1家。新增项目参加人员221人次。其中，高级职称77人次，中级职称67人次；博士5人次，硕士17人次；留学归国人员3人次。

2008年通过实施重点新产品项目，开发了一批拥有自主知识产权、创新性强、技术含量高、产业化前景好的新产品。在实施的项目中，高水平项目显著增多，其中，达到国际领先或国际先进水平的占36%，国内领先水平的占52%，国内先进水平的占12%。“高纯（纳米）聚合铝絮凝剂”项目、“TAI凸轮轴再生砂砂型”项目等，都是产学研合作项目。通过产学研合作，提升了产品质量，降低了污染排放，实现了新产品规模化生产，满足了市场对新产品的需求，实现了天津市重点新产品有关产业技术的跨越式发展。“Q63DYPCY新型节能轴向柱塞泵”项目、“JBK4E/20控制变压器”项目、“安全型数字显示瓦斯报警矿灯KLW6LM（A）”项目都是自主开发新产品的典范。通过引进、消化、吸收、再创新，企业研制的新产品拥有全部自主知识产权。新产品的问世，填补了国内空白，提升了企业的技术实力，增加了企业经济效益，多年亏损的企业一举扭亏，走上了健康发展的道路。“CKHB-Q型气雾降尘系统”项目产品已经迅速取代传统除尘产品，成为工业粉尘治理领域中设备投资少、功耗低、耗水量少、降尘效果好的环保产品。“超纯B粉”项目提出了“最为卫生的透析液供应方案”，从根本上提高了患者血液透析质量和生存率，打破了长期依赖进口的格局。

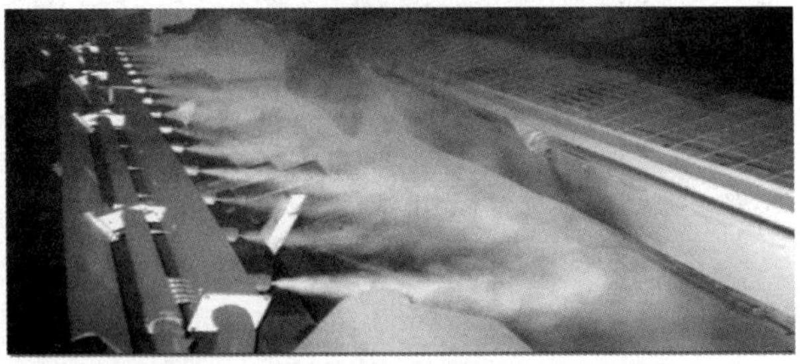

CKHB-Q 型气雾降尘系统的实际应用

表 57　　2008年重点新产品项目取得的主要成果　　单位:项

申请专利		授权专利		制定标准	成果登记	荣获科技奖励			新增国家项目	新增就业(人)
	发明专利		发明专利				国家级	省部级		
34	7	16	1	4	25	2	1	1	33	864

表 58　　2008年重点新产品项目产生的经济效益情况　　单位:万元

产值	销售收入	利税	出口创汇额(万美元)
69 953	48 919	8 002.5	1 659.2

(市科委综合计划处)

【科技成果推广项目】 2008年共实施项目26项。其中,新增12项,结转14项。新增项目总经费1849万元。其中,市财政经费200万元,吸引社会资金1649万元。新增项目共有12家单位参与研发。其中,高等院校3家,事业单位2家,企业5家,其他单位2家。新增项目研发人员94人次。其中,高级职称35人次,中级职称32人次;博士(后)12人次,硕士24人次;留学回国人员2人。

西藏昌都项目实施成果

2008年验收结题项目共15项。在研项目均按计划进度顺利实施。“西藏昌都地区蔬菜标准化生产示范及林下资源开发”项目,解决了当地蔬菜大棚的设计、蔬菜种植品种选择、种植技术等问题,共定植西葫、瓜类、辣椒、蕃茄、白菜、花椰菜等18个品种;为昌都县蔬菜生产基地编写了有机认证体系文件;8个有机蔬菜生产基地通过有机认证;认证蔬菜品种19个,面积达500亩;安排15名藏族农牧民来天津学习、考察,为其培训蔬菜种植及林下资源开发技术。“塘沽区制造业信

“塘沽区制造业信息化服务体系建设及技术推广”项目成果

息化服务体系建设及技术推广”项目,初步建立了企业信息化服务平台,设立栏目50余个。已有5家企业实施了信息化,企业实现产值2.59亿元,利润2315万元,税收1784万元。“城市污水源热泵系统的应用与推广”项目,积极配合政府机关开展相关科学知识普及工作,提高民众对污水源热泵系统的认识。项目单位与天津大学、哈尔滨工业大学组成研究团队,共同研究开发新技术,并开始相关的实验测试和实验性的过程应用,现已申报2项国家实用新型专利,并已受理;与天津大学共同制定了《天津市污水源热泵系统工程技术规程》。

2008年科技成果推广项目产生了丰硕的成果,社会效益十分显著,当年营业收入12.34亿元,利税1.30亿元人民币、出口创汇55万美元。通过实施科技成果推广计划项目,加强了科技成果推广机构的建设,发挥了机构的推广作用。2008年重点支持以技术服务为主营业务的各类技术转移机构,通过发挥机构的推广作用,达到推广范围更广、应用领域更大、经济效益更显著的效果。北方技术交易市场、天津化工研究设计院国家工业

水处理技术研究推广中心、天津市天大银泰科技有限公司(天津市快速成形技术工程中心)成为首批国家技术转移示范机构。

2008年科技成果推广项目取得的成果与成效见表59。

表 59　2008年科技成果推广项目取得的成果与成效

申请专利(项)	发明专利	授权专利(项)	发明专利	发表论文(篇)	国外发表	三大检索系统收录	培养研究生(人次)	晋升职称(人次)	荣获科技奖励(项)	省部级以上
30	24	16	14	134	54	76	20	4	8	7

(市科委成果市场处)

【科技兴贸项目】 2008年共实施项目17项。其中,新增14项,结转3项。新增项目总经费10344万元。其中,市财政经费360万元,吸引社会资金9984万元。新增项目承担单位15家。其中企业14家,科研院所1家。新增项目参加人员124人次。其中,高级职称45人次,中级职称46人次;博士(后)3人次,硕士20人次;留学回国人员3人次。

自助充值机

人工发卡充值机

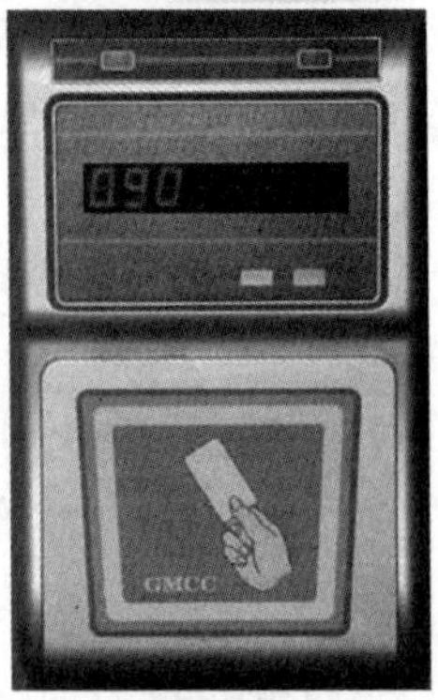

车载消费机

2008年该项目总体执行情况良好,均按计划进度顺利实施。"萨尔瓦多一卡通智能管理系统的应用"项目的软件开发工作完成了50%,硬件设备开发工作完成了70%,部分设备进入测试阶段,申请软件著作权1项。《通卡城市公共交通非接触IC卡收费管理系统V3.0》项目,对项目单位开拓拉丁美洲和南美洲市场起了非常关键的作用。"光电通传真机"项目,研制OEF716M+型激光传真一体机、OEF918型密写传真机、OEF5218型无线激光传真一体机3款新产品,形成了项目单位的系列产品,适应了众多领域不同消费者的需求,实现了激光普通纸传真功能,满足了传真文件直接长久保存的要求。项目实施过程中,项目单位开拓和发展了南美洲市场,参加了2008年埃及"第四十一届开罗国际博览会",开辟了埃及市场,并注册了国际商标。项目实施以来,累计完成传真机销售10.2万台,实现销售收入1.06亿元人民币,利税620万元人民币,出口创汇610万美元,完成了项目合同中要求的全部指标。"高过充掺杂型钴酸锂产业化技术"项目,项目单位引进豪迈数控生产线,完成安装、调试,开始试生产。项目的实施,创新了数控铣榫结构,比传统制造设备生产效率提高20%,比传统的方孔榫结构节省

“阿米德移动销售自动化管理系统”项目已经完成的用户界面设计截图

木材10%，使废品率降低到了5%。提高了劳动效率，降低了生产成本，使百万元产值成本同比下降了8%。已实现销售收入3700万元，利税250万元。“阿米德移动销售自动化管理系统”项目，开展了移动销售自动化管理系统中相关功能模块的开发，通过对国际类似产品、技术的研究分析和消化吸收，设计人员掌握了关键性设计思想，明确了产品设计思路。项目已经完成了用户使用界面设计。

2008年科技兴贸项目取得的主要成果和经济效益，见表60。

表60　2008年科技兴贸项目取得的主要成果和经济效益

申请专利(项)		授权专利(项)	获得软件著作权(项)	成果登记(项)	产值(万元)	销售收入(万元)	净利润(万元)	利税(万元)	出口创汇额(万美元)
	发明专利								
4	1	2	2	2	29 640	28 834.2	1 820.5	615	2250

（市科委高新技术处）

【农业科技成果转化项目】 2008年共有在研项目48项。其中，新增20项，结转28项。新增项目总经费3600万元。其中，市财政经费400万元，吸引社会资金3200万元。新增项目承担单位30家。其中，企业14家，高校3家，科研院所13家。新增项目参加人员163人次。其中，高级职称79人次，中级职称58人次；博士(后)17人次，硕士35人次。

2008年农业科技成果转化项目共结题5项，在研项目执行进展顺利。“奶牛规模化饲养与精细化管理系统”项目产品制定了该行业第一个企业标准，通过了天津市技术监督研究院的质量检测和天津市科委组织的科技成果鉴定。产品的技术指标达

“奶牛规模化饲养与精细化管理系统”项目产品在挤奶生产线应用

到国内领先水平，部分性能指标超过国外同类产品。项目取得软件著作权1项；申请发明专利1项，授权实用新型专利5项。“氯硫置换新工艺及生态环保型肥料产业化”项目建设的前期准备工作已接近尾声，现阶段正在进行基建项目和设备的制作、采购。通过先期的试验性生产，完善和改进生产工艺，产品的各项指标均达到设计要求。生产过程中做到了无“三废”排放，生产周期缩短，产品成本每吨下降12%。项目已实现销售收入1.2亿元，利润200万元，上缴税金40万元。“优质高产多抗广适水旱两用稻津原85与津糯1号中试与示范”项目，采用组织培养方法和已申请国家发明专利的“水稻三圃原种生产的整穗育秧”、“拱棚打孔炼苗进行水稻旱育秧”的方法，使原种纯度达到99.99%，提高水稻单产10%，促进盐碱地、低洼干旱地水稻、旱稻生产，对保障粮食安全、生态安全、食品安全意义重大。成果转化期间实现销售收入750万元，利润300万元，累计新增社会经济效益9500万元。“无公害鱼虾饲料的中试与示范”项目，通过对原鱼料生产线和虾料生产线的改进，完善熟化工艺，减少了养殖对象的发病率以及化学药物的使用，保证养殖环境的良好和鱼虾的健康。已生产无公害鱼饲料2200吨，无公害对虾饲料1000吨，带动无公害对虾养殖示范面积1500

亩，无公害淡水鱼类养殖示范面积2000亩。项目共申请国家发明专利5项。

2008年农业科技成果转化项目取得的主要成果与成效，见表61。

表61　　2008年农业科技成果转化项目取得的主要成果与成效

申请专利（项）	发明专利	授权专利（项）	制定企业标准（项）	成果登记（项）	发表论文（篇）	国外发表	三系统收录	培养研究生（人次）	晋升中高级职称（人次）	荣获科技奖励（项）	省部级以上
23	16	8	6	8	21	3	4	46	17	8	4

（市科委农村科技处）

科技创新体系及条件平台建设计划

【简况】 2008年科技创新体系及条件平台建设计划，完善天津市的国家级和市级重点实验室、跨学科的科学研究中心为骨干的知识创新体系、国家级和市级工程研究中心和企业技术中心为骨干的技术创新体系，以及孵化器、生产力促进中心、大学科技园区、特色产业园区、产业化基地和公共科技平台为主要载体的科技服务体系等，形成天津市科技创新体系及条件平台。

（市科委综合计划处）

【项目安排】 2008年该项计划新增科技项目4项，均为科技基础条件平台建设项目。项目总经费7100万元。其中，市财政经费2600万元，区县财政配套2200万元，主管部门配套700万元，单位自筹1600万元。2008年结题项目4项。

（市科委综合计划处）

【成果与成效】 2008年，新增各类创新机构59家。其中，国家部委级重点实验室2家，市级重点实验室20家；国家级企业技术中心3家，市级企业技术中心30家；市级工程中心2家；生产力促进中心和技术推广服务中心2家。至此，天津市共有各类创新机构468家。其中，国家级重点实验室30家，市级重点实验室60家；国家级企业技术中心19家，市级企业技术中心266家；国家级工程技术中心22家，市级工程技术中心29家；市级生产力促进中心22家；科技条件平台20家。

（市科委综合计划处）

【重点实验室建设】 2008年，新增国家部委级重点实验室2个，新增市级重点实验室20个，主要分布在高等学校、科研院所和企业。至此，天津市共拥有国家级、部级和市级重点实验室90家。其中，国家级重点实验室5家；国家部委级重点实验室25家；省市级重点实验室60家。主要分布于生命科学、工程制造、生物化工、电子信息技术与科学、医药科学、材料科学及能源与环境等领域。全市各类重点实验室拥有研究人员1882人。其中，固定人员1429人，流动人员453人；45岁以下的中青年教授专家1263人，占总人数的67%；高级职称1284人，占总人数的71%；博士学位人员1191人，占总人数的63%；两院院士10人，国家杰出青年科学基金获得者15人，教育部“长江学者”特聘教授35人，国务院突出贡献专家7人，国家百千万人才工程获资助者6人，教育部新世纪人才26人，卫生部突出贡献专家1人，天津市特聘专家16人，天津市授衔专家21人，天津市“131”第一层次人才26人，天津市跨世纪人才10人，天津市“海河学者”入选者5人。

天津市重点实验室原有实验室面积54589.2平方米，新增实验室面积33414平方米。总支持经费9092万元，新增资助经费6332万元。新增实验、检测仪器设备332台，新增实验、检测仪器设备总值10553.7万元。

2008年，各类重点实验室新增项目609项；获经费资助13.6亿元，其中，当年到位经费7.6亿元。天津市重点实验室执行项目构成情况，见表62。

表 62 天津市重点实验室执行项目构成情况

类别＼课题	国家级						省部级	国际合作	横向合作
	973 计划	863 计划	国防科研	科技支撑(攻关)	科技重大专项	国家自然科学基金			
在研项目数	38	66	6	63	16	184	437	15	196
新增项目数	6	16	2	10	6	173	198	9	189
总经费(万元)	13 544.1	10 326.4	1 215	11 496	4 741.8	14 224.5	54 615.8	4 855.2	20 994.1
实到经费(万元)	4 431.9	4 982.9	972	5 389.5	1 251.2	8 426.4	28 095.2	2 019.5	20 788.4

天津市重点实验室完成项目情况，见表63。

表 63 天津市重点实验室完成项目情况

完成项目数(项)			技术水平等级(项)					物化成果	
国家级	省部级	其他	国际领先	国际先进	国内领先	国内先进	国内一般	工艺(项)	样品(台/件)
102	177	43	5	75	103	13	21	59	73

天津市重点实验室取得的主要成果，见表64。

表 64 天津市重点实验室取得的主要成果

荣获奖励(项)			发表论文数(篇)		被三大检索系统收录(篇)			发表专著(部)	授权发明专利(项)
国家	省部级		国外	国内	SCI	EI	ISTP	11	6
二等奖	一等奖	二、三等奖							
9	10	70	1345	2185	1050	806	145	8	289

（市科委基础研究处）

【工程中心建设】 2008年全市新增（认定）工程中心2家。至此，全市共有各级工程中心51家，其中，国家和部级工程中心22家，（省）市级工程中心29家。全年市级工程中心新承担国家级科技计划项目39项，项目总经费4942万元；新承担（省）市级科技计划项目31项，项目总经费2906万元。各级工程中心累计总资产74亿元，其中，固定资产原值18.7亿元；新增试验检测仪器设备355台套，新增试验检测仪器设备原值1.2亿元。各级工程中心新增专职人员422人，兼职人员72人。

新增工程中心分别为：天津市组分中药工程技术中心和天津市工业微生物技术工程中心。天津市组分中药工程技术中心，依托天津中医药大学设立，中心旨在组织多学科力量，针对组分中药新药创制关键科学问题，有计划地开展组分中药研究，建立中药组分库、中药组分信息库和计算机辅助新药发现设计算法库等相关数据库，进行组分活性评价关键技术和现代中药发现关键技术（组分中药的发现、组效关系研究、组分配伍优化设计)研发，进行组分的药效物质基础、作用机理研究，并开发组分中药，最终建立和完善组分中药创新药物研发的方法体系，形成组分中药研发模式，带动技术改造、科研、生产、销售环节，抢占全国中药现代化的前沿位置，促进天津市中药产业发展，提升全国中药产业现代化水平，力争使中药产业成为天津市新的经济增长点。天津市工业微生物技术工程中心，依托天津实发中科百奥工业生物技术有限公司设立。中心运行后，对硬件装备进行了升级和完善，建立了相关研发中心和中试基地，吸引了高水平人才，开发了具有国际前沿水平的产品，发挥了中心的技术核心和行业带动作用，使该中心成为天津市食品生物行业的项目源和企业孵化器，提高了依托企业在全国的地位。中心所拥有的柠檬酸技术、虫草技术、果胶酶技术、杆菌肽技术、普鲁兰多糖生产技术，已经先后在中心以及全市企业得到应用和转化；中心开放了小试、中试放大和产业化系列设备，先后为高等学校、科研单位进行中试放大服务；中心检测与分析中心已达到国家级实验室标准；对天津市相关企业、高校开展了培训。

2008年市科委强化了对工程中心的建设管理。共通过验收1家，变更依托单位4家，停止组建1家，摘牌1家，并对22家合格的工程中心进行了重新授牌。

2008年全市各级工程中心实现营业收入36亿元，对外签订合同440项，承担纵向和横向课题332项，服务企业1927个，对外开展技术培训4679班次，并产生了一大批科技成果。

2008年天津市各级工程中心取得的主要成果和经济效益，见表65、表66。

表65　2008年天津市各级工程中心取得的主要成果

申请专利（项）		授权专利（项）		获各级奖励（项）	制定标准（项）				发表论文（篇）			出版专著（部）
	发明专利		发明专利			国家标准	行业标准	地方标准		国外发表	三大系统收录	
124	116	100	53	19	40	16	22	2	233	3	3	10

表66　2008年天津市各级工程中心取得的经济效益　单位：万元

营业收入	技术转让收入	技术服务收入	技术开发收入	其他技术收入	利税	出口创汇额(万美元)
360 662	531	31 245	8 764	923	70 958	2 691

（市科委综合计划处）

【科技基础条件平台建设项目】 2008年共实施项目7项。其中，新增项目5项，结转项目2项。新增项目总经费7100万元。其中，市财政经费2600万元，区县及主管部门配套资金2900万元，吸引社会资金1600万元。新增项目承担单位6家。其中，科研院所等事业单位3家，高等院校1家，企业2家。新增项目参加人员56人次。其中，高级职称28人次，中级职称13人次；博士11人次，硕士6人次；留学回国人员11人次。

2008年该类项目结题1项，在研项目均按计划进度顺利实施。“滨海新区辐照技术服务平台建设”项目，完成了在东丽区空港物流加工区的厂房用地购置。通过对上下游市场基本情况的调研，制定了切实可行的项目总体技术方案。已委托天津市政府采购中心进行大型设备采购公开招标，完成了2台加速器及束下辐照装置设计等设备的购置。项目申请发明专利1项。“实验动物质量监测控制体系建设”项目，根据国家GBl9489《实验室——生物安全通用要求》的标准，对实验动物质量监测实验室进行了生物安全二级水平实验室的设施改造和建设。通过国家科技部实验动物质量检测管理办公室进行的技术审查，成为天津市唯一的省级实验动物质量检测机构。“天津科技网门户系统平台建设”项目的实施，改善了天津市科技系统的网络环境，以“天津科技网”为核心的科技网站群已初具规模，吸引汇集了一批以网络为载体的科研公共服务系统，如市科委门户网站、国家计算机病毒应急处理中心网站、天津气象信息网、天津水利信息网、农业信息网、知识产权网等。实现了与天津教育网本地信息同城交换，解决了长期困扰天津科研与教育系统的高速互联互通问题，为科研与教育系统资源共享搭建了桥梁。天津科技网门户系统平台，凭借良好的网络基础环境，已成为天津市电子政务专网的核心汇聚节点之一。“光电子技术共性仪器服务平台建设”项目，建成了光电子技术共性仪器服务平台，购置了急需的仪器设备并运转；完成了平台的环境改造与装修，开通了天津市光电子网站（www.tjgdz.com），为天津市力能激光技术有限公司等50余家企业提供了全面的服务。平台搭建以来，累计为企业创造收入3亿元人民币，增收外汇1千万美元。平台吸引了多家投资商的关注与投入，其中，天津新华投资集团已投资23亿元人民币，建设了占地17.84公顷的"天津光电子产业园"。2008年，平台建设项目获得授权发明专利和实用新型专利各1项，成果登记5项，获市级奖励1项。

（市科委条件财务处）

科技型中小企业技术创新资金

【简况】 2008年，天津市科技型中小企业技术创新资金面向在天津市注册的各类科技型中小企业，以技术创新项目为对象、以市场为导向，实施"科技型中小企业成长路线图工程"方案，支持技术的第一次商品化过程，支持种子期项目和初创期企业，择优支持有较大影响力和带动作用的重大项目。

（市科委综合计划处）

【项目安排】 2008年共实施科技型中小企业技术创新资金项目506项。其中，新增项目186项，结转项目320项。新增项目总经费64079.1万元。其中，市财政经费4818.9万元，吸引社会资金59260.2万元。共获得国家科技部科技型中小企业技术创新基金立项支持88项，获得国家财政资助经费4611万元，创历史最好水平，立项数量位列全国第10位，立项获国家财政资助经费额排全国第11位。中小企业创新资金项目投入技术人员1417人次。其中，高级职称464人次，中级职称503人次；硕士以上学位531人次，研究生以上学历499人次；留学回国人员55人次；外国专家11人次。

（市科委综合计划处）

【计划进展】 在研项目中，除5家企业因公司解体、注销、重组等情况导致项目终止外，其余项目执行情况良好，其中86%的项目按照计划执行和超前进度执行。

（市科委综合计划处）

【成果与成效】 科技型中小企业创新资金项目吸引了大批科技人才，为他们搭建了一个开展技术创新的平台，提高了他们的技术开发水平和科技转化能力，培养了越来越多的既掌握高新技术、又熟悉企业经营管理的复合型人才。通过项目的实施，不仅使企业科技人员的专业水平得到大幅度提升，同时让他们了解了同类产品和技术的前沿状况，为企业新产品开发、提升企业技术实力奠定了坚实的基础。2008年，科技型中小企业技术创新资金项目累计实现销售收入17020.5万元人民币，实现技术性收入14517.4万元人民币，上缴税金10509.7万元人民币，净利润65251.5万元人民币，出口创汇2134.7万美元。通过项目的实施，培养研究生173人，其中，博士(后)34人次，硕士148人次。晋升职称248人次，其中，高级职称96人次，中级职称152人次。

2008年科技型中小企业技术创新资金项目取得的主要成果，见表67。

表 67　2008年科技型中小企业技术创新资金项目取得的主要成果　单位：项

申请专利	发明专利	国外专利	授权专利	发明专利	国外专利	制定标准	国家标准	行业标准	地方标准	申请其他知识产权	获得其他知识产权
388	176	16	295	49	3	208	28	13	2	40	44

2008年科技型中小企业技术创新基金项目发表论著情况，见表68。

表 68　2008年科技型中小企业技术创新基金项目发表论著情况

论文总数（篇）	国外发表	国内发表	三大检索系统收录	SCI	EI	ISTP	出版科技专著（部）
121	12	109	48	18	21	9	3

（市科委综合计划处）

科技成果管理与奖励

科技成果管理

【科技成果登记】 2008年天津市登记的科技成果总数有所增长，共登记科技成果2010项，比2007年度增加124项，增长6.57%。在2010项科技成果中，验收、鉴定的成果1274项，评估、评审的成果336项，行业准入的成果46项，专利科技成果和自主开发的成果354项。

2008年登记的2010项科技成果，课题来源情况为：国家计划项目147项，占总数的7.31%；部门计划项目121项，占总数的6.02%；地方计划项目470项，占总数的23.38%；部门基金项目50项，占总数的2.49%；地方基金项目151项，占总数的7.51%；国际合作项目2项，占总数的0.10%；横向委托项目71项，占总数的3.53%；自选项目869项，占总数的43.23%；其他187项，占总数9.30%。成果性质分布情况为：共登记应用技术成果1784项，比上年增长12.7%，占登记成果总数的88.76%；基础理论类成果163项，比上年下降32.64%，占成果总数的8.11%；软科学成果63项，比上年上升3.17%，占成果总数的3.13%。成果完成单位情况为：由科研机构完成的成果210项，占总数的10.45%；高等院校完成的成果424项，占总数的21.09%；企业完成的成果994项，占总数的49.45%；医疗机构完成的成果209项，占总数的10.40%；其他单位完成的成果173项，占总数的8.61%。成果水平情况为：达到国际领先水平成果有81项，占应用成果总数的4.03%；达到国际先进水平的成果425项，占应用成果总数的21.14%；达到国内领先水平的成果有1001项，占应用成果总数的49.80%；达到国内先进水平的成果有415项，占应用成果总数的20.65%；成果水平属其他的成果有88项，占应用成果总数的4.38%。

2008年登记的科技成果涉及了20个应用行业。其中，制造业技术成果478项，占26.79%；卫生、社会保障和社会福利业交通运输技术成果274项，占15.36%；农、林、牧、渔业239项，占13.40%；科学研究、技术服务和地质勘查业技术成果139项，占7.79%；交通运输、仓储和邮政业技术成果124项，占6.95%；建筑业技术成果114项，占6.39%；采矿业技术成果105项，占5.89%；电力、燃气及水的生产供应业技术成果140项，占7.85%；信息传输、计算机服务和软件业技术成果70项，占3.92%；水利、环境和公共设置管理业技术成果55项，占3.08%；其余科技成果46项，占2.58%。

（市科委科技成果与技术市场处）

【科技成果推广】 2008年共实施科技成果推广计划项目26项。其中，新增项目12项，结转项目14项。新增项目总经费1849万元。其中，市财政经费200万元，单位自筹1649万元。通过推广计划的实施，申请专利6项，新增产值14900万元，取得利税4000万元，创造社会效益近8亿元。

2008年向国家科技部申报国家技术转移机构3家，全部入选。北方技术交易市场、天津化工研究设计院国家工业水处理技术研究推广中心、天津市天大银泰科技有限公司（天津市快速成形技术工程中心）成为首批国家技术转移示范机构，并于当年10月授牌。

（市科委科技成果与技术市场处）

【科技成果奖励】 2007年度天津市科学技术奖共受理481项，除27项不合格外，送专家评审454项。其中，科技重大成就奖1项，自然科学奖24项，技术发明奖17项，科技进步奖412项。经天津市科学技术奖评审委员会评审，天津市科委审核，天津市政府决定230项科技成果获得2007年度天津市科学技术奖。其中，科技重大成就奖1项；自然科学奖17项，其中，一等奖4项、二等奖5项、三等奖8项；技术发明奖13项，其中，一等奖1项、二等奖3项、三等奖9项；科学技术进步奖199项，其中，一等奖7项、二等奖60项、三等奖132

项。

（市科委科技成果与技术市场处）

【技术市场】 2008年全市全年共登记、统计各类技术合同9318项，成交金额为87.52亿元，成交金额比2007年增长20.50%。2008年11月，天津市举办了“2008国际技术转移论坛”，邀请国内外知名技术转移专家学者及政府官员，共同交流研讨新形势下国际技术转移的趋势与作法，并探讨了天津滨海新区以建立国家综合配套改革试验区为契机，通过体制机制创新，推进国际技术转移的思路和模式。

表 69　　2008年天津市技术合同与技术合同成交额统计表

	登记合同数 (份数)	合同成交总金额 (万元)	其中技术交易额 (万元)
总计	9 318	875 227.17	649 723.09
按技术合同类别分			
技术开发	3 819	475 108.10	350 263.42
技术转让	505	38 302.88	29 005.34
技术咨询	1 507	57 337.29	43 767.78
技术服务	3 487	304 478.90	226 686.55
按合同卖方类别分			
机关法人	64	128 131.00	72 096.50
事业法人	3 701	161 991.00	122 198.94
社团法人	433	4 375.36	4 325.86
企业法人	5 092	579 002.45	450 091.42
自然人	16	1 656.05	939.05
其他组织	12	71.32	71.32
按合同买方类别分			
机关法人	667	139 241.14	63 808.54
事业法人	1 483	89 487.21	82 821.05
社团法人	43	622.43	610.6
企业法人	7 029	633 209.65	495 704.93
自然人	57	2 288.89	2 239.31
其他组织	39	10 377.85	4 538.66
按社会经济目标分			
农业、林业和渔业的发展	133	7 000.51	5 973.90
促进工业的发展	2 043	308 334.29	195 922.67
能源的生产和合理利用	787	98 751.92	67 985.89
基础设施的发展	1 412	101 566.35	77 999.32
环境治理与保护	1 033	24 045.85	20 320.76
卫生(不包括污染)	476	21 511.56	19 443.40
社会发展和社会服务	1 562	123 986.69	114 223.18
地球和大气层的探索与利用	10	659.52	657.52
知识的发展	132	3 293.54	3 122.22
民用空间	40	12 195.47	10 572.29
国防	96	66 446.25	41 182.83
其他	1 594	107 435.23	92 319.11
按技术流向分类			
天津市	5 201	501 398.38	
外地	4 117	373 828.79	

（市科委科技成果与技术市场处）

国家级科技奖励

【获国家级科技奖励简况】 天津市共有18项科技成果获2007年度国家级科学技术奖，其中技术发明奖二等奖1项，科学技术进步奖一等奖2项、二等奖15项。见表70、71。

（市科委科技成果与技术市场处）

表70　国家技术发明奖

编号	项目名称	获奖人	奖种及等级
1	对环境友好的超高效除草剂的创制和开发研究	李正名　王玲秀　王建国 赵卫光　寇俊杰　王素华	技术发明奖二等奖

表71　国家科学技术进步奖

编号	项目名称	获奖人	获奖单位	奖种及等级
1	巨型工程子午线轮胎成套生产技术与设备开发	丁玉华　张芝泉　单国玲 张建浩　王　波　施政敏 郑　乾　叶　健　梁金招 任丽丽　刘　谦　向源芳 刘　丽　韩永刚　谭　峻	三角集团有限公司 天津赛象科技股份有限公司	科技进步奖一等奖
2	长江口深水航道治理工程成套技术		交通部长江口航道管理局 上海航道勘察设计研究院 水利部交通部电力工业部南京水利科学研究院 上海航道局 中交第一航务工程勘察设计院 上海河口海岸科学研究中心 中交第三航务工程勘察设计院 中港第一航务工程局 中港第三航务工程局 中港第二航务工程局	科技进步奖一等奖
3	花椰菜育种新技术研究及优质、抗病和高产新品种选育与推广	孙德岭　李素文　张宝珍 赵前程　温　媛　方文慧 运广荣　刘奎彬　蔡荣旗	天津科润农业科技股份有限公司	科技进步奖二等奖
4	卫星结构用高性能三维编织复合材料构件的研制及其生产线的建设	李嘉禄　陈　利　吴晓青 焦亚男　张国利　陈光伟 李学明　万振凯　李晓久 王晓生	天津工业大学	科技进步奖二等奖
5	炼油分离过程大型化关键技术系统集成与节能	李鑫钢　姜　斌　蒋荣兴 李和杰　张吕鸿　黄国强 刘家明　朱华兴　张迎恺 郑艳梅	天津大学……	科技进步奖二等奖
6	PQF三辊连轧管生产线工艺及装备自主集成与创新	严泽生　刘云生　刘卫平 田　军　刘宏安　朱学强 范立生　李建湘　孙　强 管学聪	天津钢管集团股份有限公司	科技进步奖二等奖
7	水利水电工程地质建模与分析关键技术及工程应用	钟登华　宋胜武　黄　河 李明超　张宗亮　张社荣 徐建强　刘东海　段文泉 洪　坤	天津大学……	科技进步奖二等奖
8	海水循环冷却技术研究与工程示范	侯纯扬　武　杰　赖振国 吴芸芳　王维珍　高良富 张连强　李亚红　成国辰 皮新燕	国家海洋局天津海水淡化与综合利用研究所 天津渤海化工有限责任公司 天津碱厂	科技进步奖二等奖

续表71

编号	项目名称	获奖人	获奖单位	奖种及等级
9	新型干法水泥生产线重大配套装备研制和工程化应用	周　啸　边汉民　陈苏琦　廖正光　贾桂森　彭海兰　丁长征　潘新庆　高锦芳　何承发	天津水泥工业设计研究院有限公司……	科技进步奖二等奖
10	复合生态系统理论与可持续发展模式示范研究	王如松　欧阳志云　赵景柱　吕永龙　胡　聃　林顺坤　邢振纲　徐　斌　李万庆　徐洪喜	……天津市环境保护科学研究院、……	科技进步奖二等奖
11	朔黄重载铁路建设与运营技术	陈必亭　张喜武　薛继连　罗云光　王兆成　白东升　顾大钊　顾　聪　刘放民　张　剑	……铁道第三勘察设计院、……	科技进步奖二等奖
12	渤海海域复杂油田开发技术创新—原油年产量突破1500万方	周守为　刘　健　王家祥　陈　壁　张凤久　姜　伟　孙福街　刘　松　董星亮　陈　明	……中海石油(中国)有限公司天津分公司、……	科技进步奖二等奖
13	石油勘探开发过程中油层保护与改造新技术研究与应用	蒋官澄　曹钧合　马先平　李晓清　郭雄华　李师涛　纪朝凤　陈应淋　谭河清　张国荣	……中国石油天然气股份有限公司大港油田分公司、……	科技进步奖二等奖
14	中国成矿体系与区域成矿评价	陈毓川　王登红　朱裕生　徐志刚　王世称　翟裕生　汤中立　裴荣富　沈保丰　肖克炎	……天津地质矿产研究所、……	科技进步奖二等奖
15	转基因植物产品检测体系的建立及其在国际贸易中的应用	朱水芳　徐宝梁　曹际娟　章桂明　潘良文　覃　文　陈　颖　蒋　原　陈红运　陈洪俊	……、中华人民共和国天津出入境检验检疫局	科技进步奖二等奖
16	贫煤、贫瘦煤高炉喷吹技术开发与应用	刘仁生　任润厚　刘应书　金龙哲　孙文东　刘玉全　张志钰　范世民　刘　准　曹晨明	……、天津铁厂	科技进步奖二等奖
17	聚合物基无机/有机纳米复合材料及其制品工业化技术	陈建峰　王国全　曾晓飞　邹海魁　俞兴尧　杨国增　沈志刚　刘芳兴　初广文　毋　伟	……、天津中财型材有限责任公司	科技进步奖二等奖

（市科委科技成果与技术市场处）

市级科技奖励

【获天津市市级科技奖励简况】 2007年度有230项科技成果获天津市市级科学技术奖。其中，科技重大成就奖1项；自然科学奖一等奖4项、二等奖5项、三等奖8项；技术发明奖一等奖1项、二等奖3项、三等奖9项；科学技术进步奖一等奖7项、二等奖60项、三等奖132项。

（市科委科技成果与技术市场处）

【天津市科技重大成就奖】 吴咸中获得2007年度天津市科技重大成就奖。见表72。

表72 2007年度天津市科技重大成就奖项目一览表

序号	奖励编号	获奖人
1	2007ZD-1	吴咸中

（市科委科技成果与技术市场处）

【天津市自然科学奖一等奖】 "基因组生物信息学分析的系统新算法研究"等4项科技成果获2007年度天津市自然科学奖一等奖。见表73。

表73 2007年度天津市自然科学奖一等奖项目一览表

序号	奖励编号	项目名称	获奖单位	获奖人
1	2007ZR-1-001	基因组生物信息学分析的系统新算法研究	天津大学	张春霆
2	2007ZR-1-002	手性螺环磷配体及其催化剂的设计、合成研究	南开大学	周其林 谢建华 朱守非 王立新
3	2007ZR-1-003	微生物遗传与分子进化的研究及细菌分子分型系统的建立	南开大学	王 磊 冯 露 刘 斌 王 荃 韩巍青 李雅玥 王 威 赵 广
4	2007ZR-1-004	金属组学和环境化学中的分析新技术和新方法研究	南开大学	严秀平 李 妍 尹学博 江 焱 吕运开

（市科委科技成果与技术市场处）

【天津市自然科学奖二等奖】 "偶合'催化—分离'膜反应器设计原理与性能调控规律"等5项科技成果获2007年度天津市自然科学奖二等奖。见表74。

表74 2007年度天津市自然科学奖二等奖项目一览表

序号	奖励编号	项目名称	获奖单位	获奖人
1	2007ZR-2-005	偶合"催化—分离"膜反应器设计原理与性能调控规律	天津大学	钟顺和 李传峰 王希涛 肖秀芬 李 青 邵怀启 孙宏伟
2	2007ZR-2-006	水安全病毒控制关键基础问题研究	中国人民解放军军事医学科学院卫生学环境医学研究所	李君文 晁福寰 王新为 金 敏 古长庆 尹 静
3	2007ZR-2-007	光智能感知中的相位、波长、振幅的调制解调理论	天津大学	李恩邦 刘铁根 江俊峰 张以谟 王云新 查 英
4	2007ZR-2-008	有机共轭—纳米复合体微结构有序化及其光电理论研究	天津大学 清华大学	封 伟 王晓工 冯奕钰 周 峰
5	2007ZR-2-009	镍钛形状记忆合金表面生物活性化的研究	天津大学	杨贤金 崔振铎 朱胜利 陈民芳 文效忠 蔡彦丽

（市科委科技成果与技术市场处）

【天津市自然科学奖三等奖】“新型多臂杂环多齿配体及其金属配合物合成、光谱、磁性及生物活性研究”等8项科技成果获2007年度天津市自然科学奖三等奖。见表75。

表 75　　2007年度天津市自然科学奖三等奖项目一览表

序号	奖励编号	项目名称	获奖单位	获奖人
1	2007ZR-3-010	新型多臂杂环多齿配体及其金属配合物合成、光谱、磁性及生物活性研究	天津医科大学 南开大学	徐靖源　阎世平　边贺东 顾　文　李笑英
2	2007ZR-3-011	新型卟啉和Salen金属配合物合成及物理化学性质研究	南开大学	朱志昂　阮文娟　章应辉
3	2007ZR-3-012	乳腺癌转移预后标志基因群的研究	天津医科大学附属肿瘤医院	冯玉梅　孙保存　郝希山 张　微　李晓青
4	2007ZR-3-013	室内空气挥发性有机物污染及对人体健康影响的基础研究	中国人民解放军军事医学科学院卫生学环境医学研究所 华中师范大学 中国疾病预防控制中心环境与健康相关产品安全所	袭著革　杨　旭　徐东群 张华山　丁书茂
5	2007ZR-3-014	血管成形术后再狭窄机理研究	天津医科大学总医院	贺能树　王永利　魏鼎泰 司同国　葛夕洪
6	2007ZR-3-015	中药淀粉的基础研究	天津大学	高文远　王书军
7	2007ZR-3-016	面向TRIZ的产品创新设计过程模型理论研究	河北工业大学	檀润华　马建红　曹国忠 张换高　苑彩云
8	2007ZR-3-017	功率变换负面效应产生机理及控制策略研究	天津大学	万健如　李冬辉

（市科委科技成果与技术市场处）

【天津市技术发明奖一等奖】“医药产品晶型优化技术”等1项科技成果获2007年度天津市技术发明奖一等奖。见表76。

表 76　　2007年度天津市技术发明奖一等奖项目一览表

序号	奖励编号	项目名称	获奖单位	获奖人
1	2007FM-1-001	医药产品晶型优化技术	天津大学 天津天药药业股份有限公司 浙江华海药业股份有限公司	王静康　尹秋响　王永莉 张美景　侯宝红　王福军 周明华　郝红勋　任国宾

（市科委科技成果与技术市场处）

【天津市技术发明奖二等奖】“黄瓜高效、稳定未受精子房离体培养技术与应用”等3项科技成果获2007年度天津市技术发明奖二等奖。见表77。

表 77　　2007年度天津市技术发明奖二等奖项目一览表

序号	奖励编号	项目名称	获奖单位	获奖人
1	2007FM-2-002	黄瓜高效、稳定未受精子房离体培养技术与应用	天津科润农业科技股份有限公司	杜胜利　魏爱民　韩毅科 张桂华　张　历
2	2007FM-2-003	中国水墨画计算机仿真绘制技术	天津大学	孙济洲　孙美君　王秀锦 王　征　张家万　白海飞 焦景山　齐亚峰
3	2007FM-2-004	壳聚糖/纤维素抗菌纤维的研制与应用	天津大学 天津工业大学	刘晓非　程博闻　庄旭品 李　治　管云林　姚康德

（市科委科技成果与技术市场处）

【天津市技术发明奖三等奖】“环境响应型高分子凝胶及其在分离中的应用研究”等9项科技成果获2007年度天津市技术发明奖三等奖。见表78。

表78　2007年度天津市技术发明奖三等奖项目一览表

序号	奖励编号	项目名称	获奖单位	获奖人
1	2007FM-3-005	环境响应型高分子凝胶及其在分离中的应用研究	天津工业大学	陈　莉　赵义平　王闻宇 冯　霞　董　晶
2	2007FM-3-006	一体化超高压生物处理设备	天津市华泰森淼生物工程技术有限公司	贾培起　吕洪波　罗利军 王文田　王家忠
3	2007FM-3-007	组织引导再生胶原膜及其制造方法	中国医学科学院生物医学工程研究所	张其清　刘玲蓉　袁　平 李学敏　任　磊
4	2007FM-3-008	新型高压、高频、低ESR电解质和电解液	天津大学	刘仲娥　陈晓静　宋金荣 陆　胜　王耀东
5	2007FM-3-009	复合支撑插管的成型工艺	天津市塑料研究所	王　铭　张东惠　曹常在 白景美　向欣方
6	2007FM-3-010	PDC钻头录井方法研究	大港油田集团地质录井公司	赵廷生　袁保清　石丰甫 安文武　宋庆彬
7	2007FM-3-011	富硒农产品生产技术开发研究	天津市农业技术推广站	王景怀　程　发　张　旭 王瑞卿　贾兰英
8	2007FM-3-012	食品、环境与职业卫生检验标准物质研制	天津市疾病预防控制中心 天津市百澳捷科技开发有限公司	王叔淳　王　承　王栩冬 王凤山　马永民
9	2007FM-3-013	大型工程结构健康状态监测系统	天津理工大学 天津城市建设学院 天津市婴智电子有限公司	刘庆锁　高晓云　马　叙 刘长瑛　杨　婴

（市科委科技成果与技术市场处）

【天津市科学技术进步奖一等奖】“复杂机械系统多体动力学分析设计方法及其应用”等7项科技成果获2007年度天津市科技进步一等奖。见表79。

表79　2007年度天津市科学技术进步奖一等奖项目一览表

序号	奖励编号	项目名称	获奖单位	获奖人
1	2007JB-1-001	复杂机械系统多体动力学分析设计方法及其应用	天津大学 天津第一机床总厂 天津市天锻压力机有限公司	王树新　张连洪　何柏岩 柴宝连　李　森　刘德全 夏春芬　刘玉红　喻宏波
2	2007JB-1-002	肺癌发生发展和侵袭转移的基础和临床应用研究	天津医科大学总医院 四川大学华西医院	周清华　石应康　陈　军 刘伦旭　朱大兴　王　允 车国卫　马　力　覃　扬 李　潞　周宏远　刘红雨
3	2007JB-1-003	高坝消力塘防护结构及安全监测预警系统研究	天津大学 中国水电顾问集团昆明勘测设计研究院 中国水电顾问集团西北勘测设计研究院 中国水电顾问集团成都勘测设计研究院 中国水电顾问集团中南勘测设计研究院	练继建　杨　敏　张宗亮 王继敏　崔广涛　张超然 彭新民　白俊光　马　斌 冯树荣　周　钟　董绍尧

续表79

序号	奖励编号	项目名称	获奖单位	获奖人
4	2007JB-1-004	大型柔性结构非线性动力可靠性研究	天津大学	余建星 严定中 李彦苍 谭振东 杨晓蓉 刁润胜 高喜峰 田 佳 陈 芳 孔令鑫 许华力 李长升
5	2007JB-1-005	抗乙肝病毒新药阿德福韦酯的研制与开发	天津药物研究院 天津泰普药品科技发展有限公司 天津药物研究院药业有限责任公司	张殿镇 徐 莉 徐为人 赵 健 马 克 汤立达 朱建强 胡雅萍 董亚博 张明华 刘伍林 田义红
6	2007JB-1-006	低水头灯泡贯流式水轮发电机组及其数字化励磁控制系统	天津理工大学 天津市天发重型水电设备制造有限公司	赵 辉 单庆臣 周雪松 陈在平 张俊新 马恩君 李校革 王红君 张 磊 张志斌 马幼捷 李卫红
7	2007JB-1-007	天津青麻叶大白菜育种技术体系构建及专用型新品种选育	天津科润农业科技股份有限公司	张 斌 闻凤英 刘晓晖 赵 冰 罗智敏 刘惠静 蒋 蕾 孟庆良 宋连久

（市科委科技成果与技术市场处）

【天津市科学技术进步奖二等奖】“曹妃甸11油田工程建设及技术开发”等60项科技成果获2007年度天津市科学技术进步奖二等奖。见表80。

表80　　2007年度天津市科学技术进步奖二等奖项目一览表

序号	奖励编号	项目名称	获奖单位	获奖人
1	2007JB-2-008	曹妃甸11油田工程建设及技术开发	海洋石油工程股份有限公司	杨公升 陶付文 刘春厚 刘菊娥 郝 军 韩 磊 黄晓华 解秦保
2	2007JB-2-009	微坍落度混凝土研究及其在碾压混凝土坝中的应用	中水北方勘测设计研究有限责任公司	武永新 杨天生 曹楚生 郑思俊 韩 强 包日新 李启业 彭正光
3	2007JB-2-010	奉化桥工程设计施工技术研究	天津城建集团有限公司	韩振勇 张振学 赵惠川 阚炳学 郑 力 井润胜 沈 刚 左 峰
4	2007JB-2-011	北方地区安全饮用水保障技术研究	天津市自来水集团有限公司 哈尔滨工业大学 清华大学 西安建筑科技大学 北京大学	何文杰 李伟光 张晓健 黄廷林 韩宏大 赵洪滨 胡建英 王晓昌
5	2007JB-2-012	“醒脑开窍”针刺治疗急性脑梗死临床疗效评价及蛋白质组学研究	天津中医药大学第一附属医院	石学敏 赵晓峰 熊 杰 温景荣 王 舒 杜元灏 高 旸 刘 健
6	2007JB-2-013	电力系统含缺陷承压结构完整性评定方法及应用	中国华北电力集团公司天津市电力公司 天津大学	马 崇 徐连勇 陈韶瑜 杜 筝 韩永典 于丽达 张国尚
7	2007JB-2-014	高强度预应力钢绞线用盘条制造新工艺开发	天津钢铁有限公司 天津天钢集团有限公司	许克亮 凌遵峰 吴 波 侯 葵 巩文旭 李树庆 谢广平 戴守军
8	2007JB-2-015	基于3E复杂系统的城市水资源可持续利用研究	天津大学	张宏伟 牛志广 张雪花 赵新华 刘洪波 田 林 赵 鹏 王银平

续表80

序号	奖励编号	项目名称	获奖单位	获奖人
9	2007JB-2-016	恶性实体肿瘤特异性和非特异性免疫细胞治疗基础与临床研究	天津医科大学附属肿瘤医院	任秀宝 李 慧 于津浦 曹 水 尤 健 潘 源 黄宗堂 安秀梅
10	2007JB-2-017	人工智能花椰菜育种方法的研究与新品种选育	天津科润农业科技股份有限公司 南开大学	孙德岭 温 媛 张宝珍 方文慧 赵前程 李素文 刘莉莉
11	2007JB-2-018	城市快速路高架桥梁地震响应分析与减震控制研究	天津大学 天津市市政工程设计研究院	李忠献 丁 阳 刘旭锴 王成博 朱劲松 岳福青 刘文江 张洪海
12	2007JB-2-019	煤矿安全生产综合管理系统开发及应用	天津工业大学 北京天大天科科技发展有限公司 富源县煤炭工业局	万振凯 张宏伟 韩 清 李静东 孙 涛 苏 华 王占刚 林彦兵
13	2007JB-2-020	重复经颅磁刺激修复老年性痴呆和癫痫的神经信息学研究	天津医科大学 天津医科大学总医院	田 心 程 焱 陶华英 宋毅军 乔清理 赵 澎 武士京
14	2007JB-2-021	惯性元件柔性制造系统的研究	中国船舶重工集团公司第七〇七研究所	杨功流 高焕明 侯全新 蔡智渊 马明山 邹永顺 张 燕 杨纪东
15	2007JB-2-022	高炉生产制造执行系统	天津天铁冶金集团有限公司 天津市大象信息系统有限公司	韩金玉 刘瑞东 余喜珍 洪连成 王祖云 崔 辉 左兵群 魏 涛
16	2007JB-2-023	首乌丹参滴丸临床药理研究	天津中医药大学	高秀梅 王 怡 刘 虹 刘 杰 高 晟 屈彩琴 胡利民 王少峡
17	2007JB-2-024	烟大铁路轮渡系统栈桥工程关键技术研究	铁道第三勘察设计院集团有限公司 中国铁路建设投资公司 中铁渤海铁路轮渡有限责任公司 铁道科学研究院 中铁工程设计咨询集团有限公司	何华武 王俊峰 易滨华 孙树礼 苏 伟 李凤芹 张西泽 李荣华
18	2007JB-2-025	高精度在线棒线材断面形状尺寸检测装置	天津市东方龙光电测控技术有限公司	刘宝瑛 陈炳生 徐希立 何 威 董广龙 王文昆 戴维平 王长生
19	2007JB-2-026	DDT污染地区环境介质中和妇女儿童体内蓄积及健康效应影响	天津市疾病预防控制中心 中国疾病预防控制中心职业卫生与中毒控制所 天津市医药科学研究所	王延让 李朝林 王 倩 杨雪莹 李建国 李 浩 刘 静 李 霜
20	2007JB-2-027	油田水处理成套技术	天津化工研究设计院	滕厚开 王素芳 郑书忠 刘玉民 靳晓霞 刘宗昭 郝兰锁 胡兴刚
21	2007JB-2-028	BME-300W眼科超声生物显微镜	中国医学科学院生物医学工程研究所 天津迈达医学科技有限公司	王延群 李跃杰 计建军 杨 军 李 穗 张渝生 宋学东 徐圣普
22	2007JB-2-029	饲用高粱“天农青饲1、2号”的示范应用	天津农学院	孙守钧 王 云 李子芳 刘惠芬 吴锡冬 李凤山 郑根昌
23	2007JB-2-030	电针促进周围神经再生修复的临床与实验研究	天津中医药大学	郭 义 李庆雯 吴深涛 郭永明 张艳军 马东明 王 芬 王亚军

续表80

序号	奖励编号	项目名称	获奖单位	获奖人
24	2007JB-2-031	跨流域调水工程施工进度控制关键技术及工程应用	天津大学 水利部河北水利水电勘测设计研究院	钟登华 顾 辉 刘东海 霍继申 高兴夫 刘建民 徐兴中 宋 洋
25	2007JB-2-032	食品储藏、包装与运输过程中安全控制技术研究	天津市检验检疫科学技术研究院 中华人民共和国天津出入境检验检疫局 卫生部卫生监督中心 浙江大学 江南大学	王利兵 赵国庆 包大跃 陈健初 胥传来 计 融 冯智劼 吕 刚
26	2007JB-2-033	国产全氟乙烷气体在视网膜脱离手术中的应用研究及浓度探讨	天津市眼科医院 天津市眼科研究所	赵秉水 张金华 林锦镛 赵 芳 张 斌 李 燕
27	2007JB-2-034	天津市地理空间信息基准框架体系的建立	天津市测绘院	王以宏 史廷玉 曹振明 张志全 黄 勇 王文旭 白 刚 王 伟
28	2007JB-2-035	农业专家系统(葡萄贮藏、淡水鱼养殖、肉羊养殖)开发及推广应用	天津市农科院信息研究所 天津市水产研究所 天津市畜牧兽医研究所 天津市林业果树研究所	陆文龙 宋治文 田淑芬 宋文平 马享优 穆淑琴 王建春 李千军
29	2007JB-2-036	气虚血瘀型冠心病中医证候学特征研究	天津中医药大学第一附属医院 天津大学	张军平 赵广荣 李欲来 陈晓玉 肖 敏 王化良 李 霞 王 筠
30	2007JB-2-037	京沪高速铁路站前工程设计暂行规定	铁道第三勘察设计院集团有限公司	屈晓辉 胡叙洪 吴彩兰 李秉涛 王兴荣 施 威 李庆生 闫红亮
31	2007JB-2-038	模拟电机负载的继电器电寿命试验微机控制与检测技术	河北工业大学 厦门宏发电声有限公司	陆俭国 杜太行 方攸同 陆宁懿 姜南平 谢松武 陈 鹏
32	2007JB-2-039	中西医结合微创治疗急性粘连性肠梗阻的临床研究	天津市南开医院	秦鸣放 王震宇 王 庆 勾承月 李 宁 邹富胜 赵宏志 陈 玮
33	2007JB-2-040	天津市高速公路线形评价研究	天津市市政工程设计研究院 河北工业大学	熊文胜 王晓华 靳灿章 李海舢 孙吉书 李传宪 肖 田 杨春风
34	2007JB-2-041	线粒体糖尿病基因突变及其发病机制的研究	天津医科大学代谢病医院	于德民 于 珮 李明珍 刘德敏 王 琨 邢秋玲 郑 辉
35	2007JB-2-042	内障清制备及治疗老年性皮质性白内障的疗效及机理研究	天津医科大学总医院	应世灏 柳克勤 白景文 王瑞林 孙恒德 杨海贤 董亚利 赵凤喜
36	2007JB-2-043	水泥窑无烟煤煅烧技术研究及应用	天津水泥工业设计研究院有限公司	俞为民 陶从喜 狄东仁 彭学平 刘继开 陈远胜 黄政顺 乔锦华
37	2007JB-2-044	电动轿车核心关键技术集成与创新开发	天津清源电动车辆有限责任公司 天津大学 中国汽车技术研究中心 天津一汽夏利股份有限公司开发中心	吴志新 赵春明 谢 辉 夏超英 李宝华 陈 弘 杨敬群 周 荣
38	2007JB-2-045	大港歧口富油气凹陷地层岩性油气藏勘探研究与突破	中国石油大港油田勘探事业部 中国石油大港油田勘探开发研究院 中国石油集团东方地球物理勘探有限责任公司研究院大港分院	祝文亮 范哲清 韦阿娟 何树山 吴永平 杨池银 李洪香 熊金良

续表80

序号	奖励编号	项目名称	获奖单位	获奖人
39	2007JB-2-046	橡胶护舷力学参数测试与硫化控制系统	天津大学 沧州唯王橡胶制品有限公司	王化祥 王 超 提曰光 张淑红 葛 龙 陈 磊 洪海龙 刘 歆
40	2007JB-2-047	甾体药物中间体高浓度生物转化技术	天津科技大学	王 敏 骆健美 路福平 袁东超 张 刚 张黎明 王春霞 黎 明
41	2007JB-2-048	硅橡胶外绝缘耐污特性研究及其应用	中国华北电力集团公司天津市电力公司 清华大学	关志成 薛 锦 朱可能 贾志东 杨 华 高海峰 王永福 郭 浩
42	2007JB-2-049	海岸河口多功能数学模型软件包 TK-2D 研究开发及其工程应用	交通部天津水运工程科学研究所	李孟国 张华庆 陈汉宝 李 蓓 张 征 赵冲久 蒋厚武 杨 华
43	2007JB-2-050	前列腺癌的基础与临床研究	天津市泌尿外科研究所	徐 勇 赵耀瑞 张志宏 牛远杰 史启铎 乔宝民 张淑敏
44	2007JB-2-051	北方海区海上船舶交通监控系统的研究与开发	中华人民共和国天津海事局 北京东方网脉科技发展有限公司	徐津津 孔繁弘 史光平 赵晓峰 胡 伟 徐志强 王 兵 庹培林
45	2007JB-2-052	高速铁路无碴轨道路基施工技术	中铁十八局集团有限公司	王清江 贾振功 赵天启 隋建丛 张海龙 王 悦 赵 勇 王印久
46	2007JB-2-053	高压储气井用无缝钢管(TP80CQJ)的开发	天津钢管集团股份有限公司	付继成 张传友 王惠斌 宗卫兵 苏英群 孙 宇
47	2007JB-2-054	大位移井钻井技术研究与应用	大港油田集团公司钻采工艺研究院 大港油田集团第一钻井公司 大港油田集团定向井技术服务公司	秦永和 徐学军 齐月魁 李洪俊 蔺玉水 张松杰 运志森 沙 东
48	2007JB-2-055	感染性多脏器功能障碍综合症发病机制及中西医结合防治的基础及临床研究	天津市第一中心医院	崔乃杰 傅 强 崔乃强 崔华雷 刘军生 陶新朝 王家泰 葛素珍
49	2007JB-2-056	浓海水提溴新技术研究与应用	天津长芦海晶集团有限公司	张德强 金广俊 杨继林 刘文斌 张佩林 张连军
50	2007JB-2-057	水泵及系统节能优化改进技术研究	中国华北电力集团公司天津市电力公司	张维红 邹节廉 刘卫平 孙龙彪 只健强 张 宁 张 宇 甘智勇
51	2007JB-2-058	创汇珍稀食用菌规模化生产及深加工研究	天津师范大学 天津华大绿色食品有限公司 天津市林业果树研究所	郭成金 高宝华 刘建华 王永庄 班立桐 刘爱英 胡泽君 彭 娇
52	2007JB-2-059	心血管药物临床试验及基础研究	天津医科大学第二医院	王 林 李广平 梁英姿 陈树涛 宋 昱 丛洪良 马金萍 陈康寅
53	2007JB-2-060	信息技术在大港油田勘探开发中的研究与应用	中国石油大港油田公司信息中心	吴永平 周立宏 马 杰 陈 哲 刘志忠 龙 涛 王洪雨 姚 刚
54	2007JB-2-061	海河流域生态环境供水量及配置理论与应用	天津大学 水利部海河水利委员会	王晓玲 崔广涛 钟登华 李明超 孙月峰 张胜红 梅传书 刘 勇

续表80

序号	奖励编号	项目名称	获奖单位	获奖人
55	2007JB-2-062	胺取代蒽醌化合物及其中间体制备	天津理工大学	卢俊瑞 辛春伟 张桂芝 李 平 鲍秀荣 陈丽然
56	2007JB-2-063	网络化自动控制系统及其关键单元技术的研究	河北工业大学 天津市昂大科技发展有限公司 天津贝克电气有限公司	孙鹤旭 林 涛 梁 涛 雷兆明 云利军 王铁成 湛 涛 牛春刚
57	2007JB-2-064	LSA 型激光喷雾粒度测试仪	天津大学 天津市天大精密科技有限公司	葛宝臻 魏耀林 魏永杰 吕且妮 张以谟 陈兴悟 杜 凤 张 强
58	2007JB-2-065	高浓度含盐难生物降解有机工业废水组合处理工艺研究	天津城市建设学院 天津大学	费学宁 张天永 池勇志 姜远光 刘玉茹 杜国银 苑宏英
59	2007JB-2-066	新生血管性青光眼临床与基础研究	天津医科大学总医院	颜 华 于金国 韩金栋 崔 靖 张静楷 陈 松 许瀛海
60	2007JB-2-067	食品安全因子通量化检测关键技术研究	中华人民共和国天津出入境检验检疫局 天津科技大学 南开大学	郑文杰 王 硕 林安清 黄熙泰 张宏伟 姚 霞 刘 辉 刘 寅

（市科委科技成果与技术市场处）

【天津市科学技术进步奖三等奖】“碱渣综合处理工艺技术”等132项科技成果获2007年度天津市科学技术进步奖三等奖。见表 81。

表 81 2007年度天津市科学技术进步奖三等奖项目一览表

序号	奖励编号	项目名称	获奖单位	获奖人
1	2007JB-3-068	碱渣综合处理工艺技术	天津莱特化工有限公司	姚晓东 白 冰 齐 勇 苏 超 张进来
2	2007JB-3-069	断奶仔猪衰弱综合症防治技术	蓟县畜牧局 天津农学院 中国农业大学	贾英科 王海利 赵德明 张宝兴 周向梅
3	2007JB-3-070	海河两岸综合地质环境对总体开发影响的研究	天津大学 天津市地质工程勘察院	刘 杰 姜忻良 孙 铁 郑 刚 吴永红
4	2007JB-3-071	番茄高效优质育种方法研究	天津市农业生物技术研究中心	刘仲齐 薛 俊 金凤媚 张要武 刘红庆
5	2007JB-3-072	博物馆智能化与信息管理系统	天津市中环系统工程有限责任公司 天津博物馆	秦克景 张晓明 李 禄 姚艳青 庞国胜
6	2007JB-3-073	乳腺叶状肿瘤染色体异常的比较基因组杂交研究	天津医科大学附属肿瘤医院	牛 昀 吕淑华 韦 丽 牛瑞芳 孙保存
7	2007JB-3-074	混凝土结构自锚式悬索桥施工工艺研究	天津第三市政公路工程有限公司	贾明浩 黄立伟 韩振勇 郑 力 刘云清
8	2007JB-3-075	集成电路用高强度超细键合铝线的生产技术	天津世星电子材料有限公司	石海仁 陈廷润 于 珩 石守仁 邢志松
9	2007JB-3-076	糖尿病眼底病变基础和临床研究	天津医科大学眼科中心	李筱荣 田 芳 徐延山 张 红 刘巨平
10	2007JB-3-077	农村生活污水高效再生利用技术	农业部环境保护科研监测所	张克强 张洪生 刘子芝 李军幸 李 野
11	2007JB-3-078	活性速溶骨(骨之素)制备技术	天津科技大学	刘安军 王稳航 曹东旭 王丽霞 郑 捷

续表81

序号	奖励编号	项目名称	获奖单位	获奖人
12	2007JB-3-079	阴道加德纳菌生物学分型、基因分型及药物敏感性研究	天津医科大学总医院	纪岩文 车雅敏 薛凤霞 李志英 倪海洋
13	2007JB-3-080	数据产品生产系统	河北工业大学	顾军华 宋 洁 张书祥 李娜娜 张健楠
14	2007JB-3-081	益气活血散结法对特发性肺纤维化作用的临床与实验研究	天津中医药大学第二附属医院	孙增涛 廉 富 郑兆晔 李小娟 魏葆琳
15	2007JB-3-082	青藏铁路拉萨河特大桥设计关键技术研究	铁道第三勘察设计院集团有限公司 天津大学 兰州交通大学	屈晓辉 孙树礼 王 祯 王召祜 乔 健
16	2007JB-3-083	高光效多抗越冬黄瓜新品种津优31号的选育	天津科润农业科技股份有限公司	李加旺 张文珠 王 疆
17	2007JB-3-084	低温防窜固井水泥浆技术的研究及在海外油田应用	天津中油渤星工程科技股份有限公司	屈建省 谢承斌 高永会 谭文礼 吴达华
18	2007JB-3-085	超声波治疗难治性肿瘤的应用与基础研究	中国人民武装警察部队医学院附属医院 重庆医科大学医学超声工程研究所 天津市河东区中医医院	翟宝进 王志宏 齐秋俊 左保廷 郭玉棉
19	2007JB-3-086	国产首批B型100km/h不锈钢城市轨道交通车辆	天津滨海快速交通发展有限公司 长春轨道客车股份有限公司 铁道科学研究院	徐志强 高应钦 卢西伟 孙 宁 范忠胜
20	2007JB-3-087	现代电能质量控制系统	天津理工大学	马幼捷 孟庆祥 王 涛 陈永翔 周雪松
21	2007JB-3-088	治咳川贝枇杷滴丸	天津中新药业集团股份有限公司第六中药厂	刘 丹 佟永领 石林平
22	2007JB-3-089	RS-THP37-150板材成形液压机柔性制造系统	天津市天锻压力机有限公司	吴 日 李 森 张 淳 郭金宝 刘春平
23	2007JB-3-090	港口生产数字化指挥系统研发与应用	天津港(集团)有限公司	黄力军 赵彦虎 李宝元 马平文 洪 明
24	2007JB-3-091	采用环保型工艺生产高含量汽车子午线轮胎专用抗氧剂TMQ	天津市科迈化工有限公司 天津大学	王树华 孟庆宝 陈 松 李国兵 康仕芳
25	2007JB-3-092	放射损伤机理、救治和诊断标准体系研究与建立	中国医学科学院放射医学研究所	姜恩海 江 波 刘 强 邢志伟 王晓光
26	2007JB-3-093	新型健康养生酒的研究与开发	天津津酒集团有限公司 天津药物研究院	岳 明 邹美香 李 凯 陈常青 韩晓东
27	2007JB-3-094	水下服务机器人	天津望圆环保科技有限公司	邹常胜 肖 彬 毕可新 王必昌 饶立红
28	2007JB-3-095	牵张成骨整复腭裂及腭部软硬组织缺损的新途径	天津医科大学口腔医院 四川大学华西口腔医院	陈 刚 王大章 王之奇 廖运茂 申 岱
29	2007JB-3-096	GDT系列直流接触轨馈电开关柜	天津长城加州电器有限公司	刘 怀 郑玉芬 刘国怀
30	2007JB-3-097	回神颗粒对缺血性脑损伤脑保护机制的研究	天津市武清区中医医院 天津中医药大学	陈宝贵 李洪艳 卞景芝 陈慧娲 赵廷浩

续表81

序号	奖励编号	项目名称	获奖单位	获奖人
31	2007JB-3-098	ISA-400 型航标旋转灯器研制	中华人民共和国天津海事局 中华人民共和国天津海事局烟台航标处	孙文远 张临强 徐津津 赵亚兴 钟建军
32	2007JB-3-099	利用丽蚜小蜂防治温室粉虱技术研究	天津市农业高新技术示范园区管理中心 天津市植物保护研究所	李洪安 白义川 胡学雄 李 响 徐维红
33	2007JB-3-100	卒中单元的模式建设、现场实施及效果评价	天津市环湖医院	安中平 张琳瑛 巫嘉陵 杨国华 于 洋
34	2007JB-3-101	产品创新设计与制造资源优化技术研究	天津市制造业信息化生产力促进中心	郭齐江 崔国起 李 钢 邵秀丽 梁铭林
35	2007JB-3-102	水电设备数字化工业能力平台方案设计与关键技术研发实施	天津市天发重型水电设备制造有限公司 天津大学 成都舒培尔软件技术有限公司	管传明 单庆臣 马恩君 李效革 郭 伟
36	2007JB-3-103	呼吸道恶性肿瘤差异基因表达组织芯片技术的研究	天津医科大学 天津市第一中心医院	王新允 阮宏莹 姚 智 宋文静 郑海燕
37	2007JB-3-104	无缝钢管残余应力的控制技术	天津商业大学	李连进 潘道津 王明贤 乔志霞 王 强
38	2007JB-3-105	肾小管间质损害的相关因素及肾疏宁作用机理的研究	天津中医药大学第一附属医院	黄文政 李国霞 朱小棣 林 燕 赵菁莉
39	2007JB-3-106	YH6012 型坐标轴式数控弧齿锥齿轮铣齿机	天津市精诚机床制造有限公司	霍津海 王保强 魏淑英 马 键 王在江
40	2007JB-3-107	高活力高碱性蛋白酶发酵和酶制剂开发	天津科技大学 天津市诺奥科技发展有限公司 天津中科百奥工业生物技术有限公司	路福平 杜连祥 刘敏尧 李志新 戚 薇
41	2007JB-3-108	人宫颈癌基因表达及反义调控对其恶性表型逆转的体内外研究	天津医科大学总医院	糜若然 王 慧 瞿全新 岳天孚 王德华
42	2007JB-3-109	分子生物学技术在动物疫病检测中的应用推广	天津市畜牧兽医站 天津市禽病诊断培训中心 天津市动物检疫站	李志荣 梁智选 王鸿英 刘子芝 李 颖 赵 勇 刘建文 王健春
43	2007JB-3-110	WFA-1 型便携式四轮定位仪检定/校准装置	天津市东丽区计量检定所 沈阳市华迅测控仪器销售中心	郭京生 韩胜利 马学燕 黄凤军 杨家润
44	2007JB-3-111	应用新型高效塔盘实现合成氨厂高效氨回收	天津市创举科技有限公司	王柱祥 商恩霞 宋洪涛 邵晓东 郭秀玲
45	2007JB-3-112	大肠癌隐匿型肝脏转移的早期发现对策	天津医科大学总医院	章志翔 朱理玮 戚 峰 李卫东 梁晓宇
46	2007JB-3-113	冀北上黄旗构造岩浆岩带中段钼矿成矿规律研究	天津华北地质勘查局地质研究所 中国地质科学院矿产资源研究所	段焕春 毛景文 刘学武 张宝华 李长江
47	2007JB-3-114	加气混凝土生产线自动化起重运输成套设备	天津起重设备有限公司	陈瑞明 方 岩 田莹欣 袁耀华 李洪福
48	2007JB-3-115	放射性核素粒子插植治疗肺癌的剂量学研究	天津医科大学第二医院	李小东 张遵城 郭永涛 董 萍 董 华
49	2007JB-3-116	超宽、超低氧化双蓄热步进梁式加热炉	天津市赛洋工业炉有限公司	齐 宏 张怀银 钱卫忠 许文祥 邱 峰

续表81

序号	奖励编号	项目名称	获奖单位	获奖人
50	2007JB-3-117	霜霉属真菌自体荧光现象及其在烟草霜霉病菌检验技术上应用的研究	中华人民共和国天津出入境检验检疫局	崔铁军　刘跃庭　黄国明　罗加凤　廖　芳
51	2007JB-3-118	SGB-105 型高温工业电视系统	天津市电视技术研究所	韩　洪　费建军　周秀云　孙光华　崔　毅
52	2007JB-3-119	GPA 基因分析作为环境诱变剂致癌危险预测指标的研究	中国医学科学院放射医学研究所	赵永成　王继先　樊体强　刘　强　李克秋
53	2007JB-3-120	医用纳米银技术开发	天津大学 天津市星澳药械有限公司	张韻慧　郑会武　林　艳　张则甡　李　芃
54	2007JB-3-121	六神丸逆转白血病细胞多药耐药作用及相关机理研究	天津中医药大学第一附属医院	史哲新　高　宏　姚　芳　杨向东　陈化禹
55	2007JB-3-122	2,3-二氢呋喃的技术开发与应用	南开大学	刘桂龙　严东文　李正名　张树军　赵卫光
56	2007JB-3-123	废轮胎胶粉改性沥青	天津海泰环保科技发展有限公司	余　强　梁清源　杜新国　黄品琴　纪奎江
57	2007JB-3-124	天津市慢性阻塞性肺疾病流行病学调查和干预治疗	天津医科大学总医院	陈宝元　冯　靖　李津娜　陈　哲　曹　洁
58	2007JB-3-125	独塔无背索斜拉桥关键技术研究	天津市市政工程设计研究院 天津大学	丁雪松　胡　江　刘旭锴　张　强　孙东利
59	2007JB-3-126	BDY-1 型气体流量仪表比对仪	天津市燃气集团有限公司	金建平　张天华　孟　红　郭　彤　白　宏
60	2007JB-3-127	焊接裂纹金属磁记忆定量化检测系统	天津大学 中国石油天然气管道科学研究院	李午申　白世武　邸新杰　刘方明　张建军
61	2007JB-3-128	GCLE 新工艺	天津市津康制药有限公司	张福杰　张　齐　戴玉明　刘文起
62	2007JB-3-129	清肺消炎丸	天津中新药业集团股份有限公司达仁堂制药厂	金兆祥　罗　辉　刘　彤　孙宝珍　宋立平
63	2007JB-3-130	全无线变送器油井生产参数远程测控系统	天津市万众科技发展有限公司	周成行　程泰翔　李树林　张　亮
64	2007JB-3-131	生物活化功能陶瓷复合材料的制备及应用研究	河北工业大学 天津市星河系科技有限公司	梁金生　梁广川　孟军平　王丽娟　汤庆国
65	2007JB-3-132	非体外循环不停跳冠状动脉搭桥术	天津市胸科医院	郭志刚　李庆和　王联群　魏　东　孙德权
66	2007JB-3-133	轨道交通用低烟无卤机车车辆电缆	天津金山电线电缆股份有限公司	韩再全　郑国俊　吴　昆　张思源　赵国杰
67	2007JB-3-134	蔬菜无公害加工与保鲜技术应用研究	天津市金谷农业高新技术开发中心 国家农产品保鲜工程技术研究中心(天津)	孙文君　李光普　陈　丽　李喜宏　马　骏
68	2007JB-3-135	CD44、nm23、HLA-DR 等与甲状腺癌、AITD 的相关性及在 FNAB 中的应用	天津医科大学	江昌新　王　玲　谭郁彬　刘　岩　赵天如
69	2007JB-3-136	天津市历史风貌建筑保护修缮技术规程	天津市保护风貌建筑办公室	杨族耀　路　红　徐连和　韩德信　张文清
70	2007JB-3-137	新型修井作业防漏失材料的研究与试验	中国石油大港油田采油工艺研究院 中国石油大港油田第一采油厂 中国石油大港油田第五采油厂	葛红江　刘希君　雷齐玲　李春德　刘长军

续表81

序号	奖励编号	项目名称	获奖单位	获奖人
71	2007JB-3-138	补肾通淋颗粒	天津太平洋制药有限公司	宋德成 刘宏伟 冯 红 刘彩田 郎 琳
72	2007JB-3-139	软土地基深基础工具式钢支撑复合支护体系研究与应用	天津一建建筑工程有限公司	秦序柱 李建军 段景章 赵旭光 杜有亮
73	2007JB-3-140	糯玉米种质资源的分类及其在新品种选育中的应用	天津农学院	王鹏文 王国琴 杨 勇 高大翔 徐晓萍
74	2007JB-3-141	组织多普勒评价高血压患者心房电—机械时间的临床研究	天津医科大学总医院	万 征 黄灿亮 杜 鑫 周贵明 袁文利
75	2007JB-3-142	天津地铁1号线施工后线路优化关键技术研究	铁道第三勘察设计院集团有限公司	张佩竹 孟凡铁 李连生 马振海 王景江
76	2007JB-3-143	基于高双折射光纤环镜的波长交错器	天津理工大学	马秀荣 曹 晔 童峥嵘
77	2007JB-3-144	内皮抑素治疗非小细胞肺癌疗效标志物的筛选与应用研究	天津医科大学附属肿瘤医院	李 凯 黄 纯 魏熙胤 白桂颖 史玉荣
78	2007JB-3-145	直埋大口径管道保温预制工艺技术的研究与应用	天津中油渤星工程科技股份有限公司	张其滨 钱立宪 王秀忠 张振岭 王世华
79	2007JB-3-146	燃气汽车燃料消耗量试验方法的研究和测试设备的研制	中国汽车技术研究中心	马宗华 李宏光 冯 屹 刘桂彬 陈 嵩
80	2007JB-3-147	辐照常见中药材和中成药（大剂量)效应研究	天津市技术物理研究所	王崇林 陈范欣 李 莹 周慧琴 王勇强
81	2007JB-3-148	TP-MDS100灯光(路灯)三遥控制器	天津市工业自动化仪表研究所	于芳涛 冯 竞 孙 辉 孟双成 陈 兵
82	2007JB-3-149	高强度管桩钢丝用盘条的研制与开发	天津钢铁有限公司 天津天钢集团有限公司 天津市银龙预应力钢材集团有限公司	吴 波 巩文旭 许克亮 戴守军 李树庆
83	2007JB-3-150	血液透析患者血清骨保护素及配体与肾性骨病关系的研究	天津医科大学总医院	林 珊 郑振峰 李莉娜 江建青 屈会起
84	2007JB-3-151	环京津生态屏障修复对策与技术的研究及推广应用	水利部河北水利水电勘测设计研究院	顾 辉 张凤林 李 全 吕满堂 谢子书
85	2007JB-3-152	超低焦油秸秆高效制气技术	天津大学	陈冠益 颜蓓蓓 胡艳军 马文超 高文学
86	2007JB-3-153	MODS神经内分泌与细胞因子调控及莱菔承气汤影响	天津医科大学总医院	尤胜义 王振文 王春立 薛承锐 吴咸中
87	2007JB-3-154	基于工程量清单(BQ)的地下轨道交通工程的计价集成系统研制	天津理工大学	严 玲 王 瑾 赵建国 尹贻林 谢海平
88	2007JB-3-155	天然气计量系统GPRS无线远传安全监测技术研究	天津市燃气集团有限公司	张天华 高秀民 姜 念 刘 晨 张 健
89	2007JB-3-156	加参强心方干预充血性心力衰竭心室重塑的机理研究	天津中医药大学第二附属医院	王保和 孙兰军 徐 强 郭志军 张晓莉
90	2007JB-3-157	乳铁蛋白和苦荞麦的功能研究及其乳制品开发	天津商业大学 天津海河乳业有限公司	庞广昌 胡志和 朱立民 陈庆森 冯永强
91	2007JB-3-158	耐热保护性脾转移因子口服液生物预防家禽疫病的研究	天津瑞普生物技术集团有限公司	鲍恩东 李守军 梁 武 付旭彬 吴 苓
92	2007JB-3-159	甾体药物脱水环氧新工艺	天津药业研究院有限公司 天津天药药业股份有限公司	李金禄 王福军 孙 亮 陈立营 蒋基平
93	2007JB-3-160	煅烧高岭土制备系列纳米分子筛的研究与应用	天津城市建设学院	王银叶 吴东义 刘建明 张 楠 张大志

续表81

序号	奖励编号	项目名称	获奖单位	获奖人
94	2007JB-3-161	稠油与水淹层核磁共振测井应用及解释方法研究	大港油田集团测井公司	柴细元　邵维志　吴淑琴 丁娱娇　魏玉梅
95	2007JB-3-162	海河流域大型水库抗雨能力预测预警系统	水利部海河水利委员会水文局	杨　鹏　齐　晶　只德国 高云明　柳华武
96	2007JB-3-163	执法质量计算机考评系统	天津市公安交通管理局 天津市华海计算机技术有限公司	黄全利　汪海波　张海旭 陈国立　门建阳
97	2007JB-3-164	肋间臂神经解剖生理学及在乳腺功能外科的应用	天津医科大学附属肿瘤医院	宁连胜　赵　凯　王　欣 曹旭晨　杨振芳
98	2007JB-3-165	水平井测井、解释评价技术研究	大港油田集团测井公司	柴细元　魏　兵　李庆合 丁娱娇　谢光辉
99	2007JB-3-166	TJNR1系列内置旁路型在线运行软起动器的研制	天津市诺尔电气有限公司	韩永清　杨　勇　张耀军 王永强　刘金龙
100	2007JB-3-167	高比能量锂离子电池正极材料氧化镍钴锰锂	中国电子科技集团公司第十八研究所	樊勇利　王瑞忠　蔡少伟 尹继良　李　平
101	2007JB-3-168	脊骨梁桥设计与施工控制技术研究	天津市市政工程设计研究院 天津市塘沽区建设管理委员会 天津市塘沽区城市建设投资公司	吴　云　刘旭锴　黄思勇 赵国勇　马仲雷
102	2007JB-3-169	粮饲兼用玉米品种天塔一号选育与推广	天津科润津丰种业有限责任公司	陈洪金　陈玉春　张俊英 张　烈　刘恩海
103	2007JB-3-170	气候变暖对北方持续性干旱影响的研究	天津市气象科学研究所 南京信息工程大学 中国气象科学研究院	荣艳淑　余锦华　屠其璞 段丽瑶　王亚非
104	2007JB-3-171	血栓性疾病动物模型的研究及其在新药评价中的应用	天津药物研究院	赵专友　汤立达　王维亭 何小云　于　冰
105	2007JB-3-172	TP100W注水开发油田用石油套管的设计与开发	天津钢管集团股份有限公司	卢小庆　邱　锋　严泽生 孙开明　李玉柱
106	2007JB-3-173	聚异丁烯胺工业生产技术	天津市波菲特石油科技有限公司	蒲宏业　侯玉堂　高　辉
107	2007JB-3-174	天津市湿地生态保护水资源保障措施研究	天津市水利科学研究所 天津市水文水资源勘测管理中心	周潮洪　刘红艳　唐广鸣 王得军　常守权
108	2007JB-3-175	优质肉牛产业化生产技术体系开发与示范	天津市武清区畜牧水产局 天津市蓟县畜牧局 中国农科院畜牧研究所	侯庆云　王雪峰　许尚忠 郝志刚　张建华
109	2007JB-3-176	糖脂清的提取工艺及其降脂降糖作用的研究	天津中医药大学	赵　骏　张伯礼　高　岚 崔广智　冯　莉
110	2007JB-3-177	全自动分选秤的研制	天津市计量监督检测科学研究院	高　勇　瞿全可　姜　玲 韩胜利
111	2007JB-3-178	熔体直纺ECDP短纤维生产技术开发	中国石油化工股份有限公司天津分公司	王建中　白义星　徐振发 张　勇　肖　刚
112	2007JB-3-179	公安科普教育动漫、多媒体的研究与应用	天津市公安局	刘国庆　许景新　戚　民 李善光　李绍华
113	2007JB-3-180	模袋固化土海上围埝技术研究	中交天津港湾工程研究院有限公司	张　敬　苗中海　李宝强 刘爱民　谢善文
114	2007JB-3-181	钻井液固控系统及井电研制	大港油田集团中成装备制造公司	马　宁　魏昌进　吴　喜 张　恒　陈亚鹏
115	2007JB-3-182	基于GIS技术的小城镇供水实时监控管理系统的开发与应用	天津市自来水集团有限公司 北京工业大学	翟宝海　周玉文　庄连龙 王静超　韩宏大
116	2007JB-3-183	硅肥在水产养殖中应用技术研究	天津市东丽区农业技术推广中心 天津农学院	胡维芝　郭　立　张国海 乔秀亭　朱国霞

续表81

序号	奖励编号	项目名称	获奖单位	获奖人
117	2007JB-3-184	锂离子电池保护电路系列芯片的开发	天津南大强芯半导体芯片设计有限公司	戴宇杰 张小兴 吕英杰 黄维海 王洪来
118	2007JB-3-185	运用肺肾相生法治疗糖尿病性骨病的临床研究	天津中医药大学第一附属医院	呼永河 李 静 邬金玲 周 静 陈大权
119	2007JB-3-186	基于多维空间的智能化多极物流体系的研究	天津理工大学	宁红云 王鹏涛 张友光 樊建华 夏承遗
120	2007JB-3-187	利用高新技术改造传统的酱油酿造工艺	天津科技大学	曹小红 王春玲 鲁梅芳
121	2007JB-3-188	槽车专用强磁抢险堵漏工具	天津市公安消防局 天津神封科技发展有限公司	谢树俊 宋文华 赵富森 何 勇 李庆功
122	2007JB-3-189	TJ40 系列交流接触器	天津市百利电气有限公司	徐景行 暴凤蓉 刘冬英 李克芹 刘政秀
123	2007JB-3-190	大港油田停产井恢复工程配套技术优化应用	中国石油大港油田采油工艺研究院 中国石油大港油田第一采油厂 中国石油大港油田第二采油厂	权秀英 刘 扬 王凤祥 滕国全 徐国安
124	2007JB-3-191	肿瘤患者感染 MRSA 基因结构分析及快速诊断法的研究	天津医科大学附属肿瘤医院	张 鹏 张文芳 张 媛 吴尚为 郑 珊
125	2007JB-3-192	DFQ 抑尘挡风墙	天津市新奥环保节能设备有限公司 天津市环境保护技术开发中心	徐玉喜 王淑华 张 华 翟彦泽 赵学信
126	2007JB-3-193	大沽桥钢桥面环氧沥青铺装施工新工艺的研究	天津五市政公路工程有限公司	黄玉海 尚瑞梅 李湘云 郭永明 张来柱
127	2007JB-3-194	城市再生水灌溉农田安全技术体系与示范工程	天津市农业环境保护管理监测站 农业部环境保护科研监测所 天津市水利科学研究所	贾兰英 田丽梅 程 波 刘春来 孙占潮
128	2007JB-3-195	TNF-α 对肾间质纤维化中肾小管上皮细胞表型变化的作用	天津市公安医院	张勉之 张大宁 张敏英 段惠军 赵 松
129	2007JB-3-196	天津港岸坡与接岸结构相互作用机理研究	天津港(集团)有限公司 交通部天津水运工程科学研究所	田双珠 张建国 张 强 李越松 孙建澎
130	2007JB-3-197	车辆道路排放特征研究与应用	中国汽车技术研究中心	李孟良 高继东 李 洧 方茂东 秦孔建
131	2007JB-3-198	天铁煤气资源综合利用技术开发	天津天铁冶金集团有限公司	吕春风 刘玉全 韩金玉 宋海旺 刘爱国
132	2007JB-3-199	以盐田饱和卤水开发 15 万吨/年真空精盐及母液综合利用的研究	天津长芦汉沽盐场有限责任公司 中盐制盐工程技术研究院	李祯祥 李树生 丁吉生 邵国明 佟本江

科技服务

科技投入

【概况】 2008年，天津市科技计划项目资金预算指标22580万元，软件专项资金2000万元，创业投资资金1000万元，科技成果转化资金2000万元，科技创新专项资金2亿元，共计47580万元，按可比口径，比2006年增长2.15%。

2008年，落实科技创新专项资金预算指标，共34个项目通过同行专家和院士论证评审，并获市政府批准立项。经协调市财政局实际拨付2008年度财政资助额10850万元。

2008年，完成“国家农业科技成果转化”12个项目的拨款工作，共计546万元；完成“国家科技型中小企业技术创新基金”129个项目的拨款工作，共计4245万元；完成“国家科技支撑计划”95个项目的拨款工作，共计10676万元。与市财政局协作，组织归口管理科研单位，完成申请财政部“中央补助地方科技基础条件专项资金”的项目论证及材料上报。2008年申请财政部专项经费项目4项，获支持2项，资金总额100万元。

（市科委条件财务处）

科技创业投资

【创业投资机构增加】 2008年，天津市新增创业投资机构26家，新增注册资本40亿元，其增长率分别为2007年以前历年总和的38%和91%。截至2008年上半年，全市创业投资企业已由2000年的10家增长到94家；注册资本总额由2000年的9亿元增长到90亿元。同时，随着天津滨海新区20亿元创业投资引导基金的设立，带动了100亿元以上规模的各类创业投资基金的设立，最终向滨海新区研发转化企业提供500亿元以上的投融资支持。

（市科委条件财务处）

【创业投资成果与成效】 天津市创业投资主要面向电子信息、生物医药、新材料、机电一体化、能源与环保等高新技术领域的科技型企业。2008年累计投资了力神电池、中星微电子、三英焊业、汽车模具、曙光高性能计算机等高新技术项目220余项，累计投资额约18亿元，对高新技术产业发挥出积极的推动作用，培育出一批高成长性科技型企业。

（市科委条件财务处）

【科技贷款平台】 2008年，科技贷款平台在与国家开发银行天津分行、农业发展银行合作的基础上，又与浦发银行、渤海银行以及大连银行等多家商业银行建立合作关系。通过科技贷款平台申请科技贷款的高新技术企业已达300余家，2008年新增科技贷款12家企业，贷款额度8400万元，累计发放贷款17250万元。

（市科委条件财务处）

【科技保险】 经天津市科委与成果转化中心及保险公司共同努力，2008年底，全市共有55家企业参与科技保险投保，保费金额1517万元。2008年上半年的保险补贴已发放给企业，共发放补贴200万元。

（市科委条件财务处）

科技基础条件平台建设

【科技企业孵化器简况】 截至2008年底，天津市科技企业孵化器共32家。据其中17家科技企业孵化器的国家火炬计划统计数据显示，建筑总面积450553平方米，其中办公用房23475.715平方米，在孵企业用房371914.32平方米，公共服务用房40919.055平方米，其他面积14244平方米。与2007年底相比，建筑总面积增加1.6%，办公用房减少0.35%，在孵企业用房增加2.1%，公共服务用房减少3.2%，其他面积增加6.3%。17家科技企业孵化器有308名工作人员，其中专业技术人员125人，大专以上学历人员265人，留学归国人员1人。总计获得社会投资29566.2万元，其中企业投资约占43.6%，财政投资比例约占39.2%，其他投资约占17.2%。17家科技企业孵化器总计有在孵企业926家，在孵企业总收入343679.511万元；在孵企业R&D投入84916.412万元；在孵企业累计获得财政资助额17891.5万元；在孵企业累计获得风险投资额4099.3万元；累计获得投融资的企业50家；平均入孵时收入1420.912万元；在孵企业从业人员19637人，其中大专以上人员13105人，留学人员143人。与2007年相比，在孵企业总数增长了12%，总收入下降了6.3%，就业人数增长了7.9%，平均一家创业企业能提供约21人的就业机会。17家科技企业孵化器的在孵企业总计申请知识产权保护1842项，批准知识产权保护1148项，其中发明专利440项，软件著作权272项；购买国外技术专利10项，承担国家级科技计划项目58项，获得国家级奖励2项。17家科技企业孵化器累计毕业企业980家，平均毕业时收入12957.3万元，毕业企业平均的孵化期限约42个月，当年毕业企业数180家，当年收入达到千万元企业52家。中国火炬创业导师1名，其他创业导师35人。对孵化器管理人培训71次。对被辅导企业人员培训103次，投资额总计11.5万元；累计被辅导企业毕业22家，平均毕业时限33个月，毕业平均收入增长29%。

（市科技创业服务中心）

【科技企业孵化器发展促进会开展活动】 2008年1月21日，天津市科技企业孵化器发展促进会召开了第一届理事会暨第二届会员大会。促进会全体理事及成员单位的代表出席了会议。会议通过了2007年工作总结报告和2008年工作计划报告，审议并通过了促进会会费收取和会员证发放的草案。

2008年5月，由中国国际企业孵化器网络、天津市科技企业孵化器发展促进会、天津国际企业孵化器网络主办了“2008中国国际企业孵化器网络年会暨天津滨海科技创业孵育发展战略高峰论坛”。该网络年会对于总结各地国际企业孵化器在国际化建设进程中的先进经验，加强与海外科技园在企业孵化、产业培育领域的交流与合作，促进海内外孵化器行业的共同发展，具有重要的意义。年会以“迎接创业经济新时代，再创国际创业新高”为主题，就“十一五”以来国际企业孵化器与海外科技园的发展与现状以及如何提升国际企业孵化器的服务能力等工作热点和难点问题进行交流。同期举办了天津滨海科技创业孵育发展战略高峰论坛，就新的历史时期科技创业孵育发展战略等相关主题进行研讨，并进行了中国火炬创业导师、南开大学研究生院副院长张玉利教授与天津市科技创业服务中心、天津泰达国际创业中心、天津新技术产业园区国际创业中心、天津海泰企业孵化服务有限公司的战略合作签约仪式。

2008年10月，促进会组织全市6家科技企业孵化器管理人员及相关主管部门负责人14人，参加了西安高新区创业中心承办的2008年APEC科技企业孵化器促进区域创新论坛。随后，赴上海、苏州、杭州等地对较好的孵化器进行交流访问，学习考察孵化器服务体系建设和当地政府对孵化器发展提供的有效帮助等方面的经验。

结合国家财政部和国家税务总局印发的《关于科技企业孵化器有关税收政策问题的通知》的要求，国家科技部火炬中心对国家级创业中心进行审查和中国火炬创业导师行动，促进会组织全市科技企业孵化器开展了两次管理人员沙龙，与全市科技企业孵化器建立互动机制，进行交流、研讨，累计有20多家科技企业孵化器参加。

（市科技创业服务中心）

【市级科技企业孵化器的认定】 天津市科委于2008年开展了第四批市级科技企业孵化器认定工作。经评审，由市科委推荐，天津华科企业孵化服务有限公司被国家科技部批准为国家级高新技术创业中心。天津华苑软件园建设发展有限公司被认定为天津市市级科技企业孵化器。至2008年末，全市已有天津市科技创业服务中心、天津新技术产业园区国际创业中心、天津泰达国际创业中心、天津海泰企业孵化服务有限公司、天津火炬鑫茂创业服务有限公司和天津华科企业孵化服务有限公司等6个国家级高新技术创业服务中心。

（市科技创业服务中心）

【科技文献工作】 2008年科技文献工作着力加强天津科技文献共享服务平台建设，增强服务功能，引进新的文献资源，加强资源共享，逐步完善平台文献资源布局。在续订原有资源的基础上，根据用户的实际使用要求，增加了外文资源，同时加强了资源更新管理工作。截至2008年底，科技文献共享服务平台共有445个科技文献资源库。按数据类型分类，全文型资源385个，文摘型资源56个，题录型资源5个；按文种分类，中文资源78个，外文资源367个；分别同比增长18.1%和52.3%。注册用户已达2500多人，比2007年增长1000人，增幅达66.7%；访问总量已超过80万人次/年，较之2007年全年60万人次的访问量增长明显；主要文献数据库下载量增幅显著，NSTL天津服务站开通一年来，注册总数达251人，外文订购篇数总和达1403篇，已成为科研工作者获取外文资源的重要渠道。

（市科委条件财务处）

【大型仪器管理工作】 天津市大型科学仪器协作共用网自2005年8月正式启动以来，充分利用天津市区域内现有科学仪器资源，盘活科研设施存量，建立服务全市的科学仪器协作共用体系，不断提高天津科技基础条件水平并实现可持续发展，为全社会科技进步、人才培养与创新活动提供及时有效的支持。2008年，入网仪器年测试收入610万元，承担科研课题300余项，其中国家级科研项目50项，年开机17万机时，测试样品8万个，为企业服务次数约5800次。

（市科委条件财务处）

【实验动物管理工作】 2007年实验动物协会成立以后，2008年举办了“北方第六届实验动物科技年会”，北方8省150名代表参会，从实验动物的繁育和管理、实验动物的福利和伦理、实验动物的基因分析等多方面进行了交流，对天津市的实验动物管理工作起到一定的促进作用。

继续做好实验动物许可证的受理审核发放工作以及取得许可证单位的安全检查工作。已取得实验动物生产许可证的单位3家，取得实验动物使用许可证的单位15家。实验动物从业人员不断增加，人员素质和队伍建设得到明显加强。

（市科委条件财务处）

【启动创新方法推动工作】 2008年，为贯彻国家科技部、国家发展改革委、国家教育部、中国科协联合印发的《关于加强创新方法工作的若干意见》，市科委与市发改委、市教委以及市科协联合印发了《关于加强我市创新方法工作的若干意见》，并召开了全市的创新方法报告会。报告会就创新方法的内涵、现状和问题作了深入分析，系统阐述了创新方法在自主创新国家战略实施中的基础性、源头性的战略地位，提出了推动创新方法工作的总体思路和主要任务。全市各区县、企业集团、科研院所、大学和科技型中小企业代表500多人参加报告会。

（市科委条件财务处）

知识产权

【简况】 2008年，天津市知识产权局紧紧围绕全市经济社会发展总体目标，立足知识产权工作服务于全市工作大局。通过研究制定天津市知识产权战略，不断完善知识产权政策法规体系；通过夯实基础管理，不断推进区县知识产权工作；通过开展优势企业知识产权试点示范等品牌工程，提升了企业知识产权运用能力；通过加强行政执法和司法协作，不断优化知识产权保护环境，较好地发挥了知识产权服务滨海新区开发开放和经济社会又好又快发展的支撑作用。全市自主创新和运用知识产权制度的能力和水平有了显著的提高，全面完成了年初确定的工作任务。

（丁飞飞）

【专利申请】 2008年，全市专利申请量达到17425件，比上年净增1681件。其中发明专利申请达到6146件，比上年净增782件；企业申请专利达到8775件；有专利申请的企业达1100家。2008年，全市专利授权6621件，同比净增1037件。其中发明专利授权1463件，同比增加299件。截至2008年12月底，累计专利申请总量突破10万件，达到101723件，在全国各省市中位列第11位。

（丁飞飞）

【完善知识产权政策环境】 2008年，市知识产权局积极协调市政府知识产权办公会议和保护知识产权领导小组成员单位，密切与全市知识产权相关部门的合作，通过政策推动、示范带动等方式，促进知识产权与政府相关部门工作的相互融合。以贯彻落实《天津市专利保护和管理办法》（以下简称《办法》）为重心，围绕市政府2008年印发实施的《关于加强政府投入项目专利管理工作的实施意见》，对政府投入项目专利管理、鼓励专利运用、落实专利管理责任制等内容提出要求和作出规定。认真总结了《办法》颁布两年来的执行情况、立法需要研究解决的重点问题，配合市人大、市法制办开展立法调研工作，《天津市专利保护条例》亦被列入市人大常委会和市政府立法计划预备项目。

（丁飞飞）

【提高知识产权服务水平】 2008年市知识产权局进一步完善全市知识产权服务体系建设，对掌握的知识产权资源进行优化配置，完善知识产权信息、专利技术展示交易和知识产权举报投诉等3大服务平台建设，为全社会构建了一个集专利受理、收费、专利文献信息、专利技术项目交易、知识产权司法鉴定、知识产权举报投诉于一体的服务网络。2008年5月8日，国家知识产权局批复同意设立中国（天津）知识产权维权援助中心，是首批全国10家知识产权维权援助中心之一。

（丁飞飞）

【巩固企业知识产权主体地位】 2008年，市知识产权局坚持巩固企业知识产权主体地位，联合市经委、市工商联等部门开展了天津市第二批专利示范企事业试点工作、第二批知识产权优势企业创建工程以及民营企业知识产权推进工程等，形成了以试点促普及、以知识产权优势企业创建推动重点企业进入国内同行业先进行列、以民营企业知识产权推进工程推动中小企业知识产权工作的整体工作体系。鼓励区（县）知识产权局、企业集团在区域范围和所属企业内开展重点企业知识产权工作，初步形成了市、区两级共同推动的工作格局。已有市级试点单位60家、优势企业创建单位10家、民营企业知识产权推进工程单位25家，286家市、区两级试点示范企业申请专利6012件，占全市申请总量的35%。

2008年，全市企业专利申请量达到8775件，占全市申请总量的50.4%，位居全国第8位。企业专利授权量达到3896件，所占比重上升到59%，有专利申请的企业数扩大到1100家，年专利申请量超百件的企业15家。有60家试点、10家知识产权优势创建企业和21家民营推进企业建立了知识产权管理机构和管理制度，其中，列入“一把手”工程的企业达到28家。企业知识产权工作者队伍已迅速扩大至420人，140余家企业开展了知识产权战略研究。实施50项重点专利产品扶持计划，与市中小企业局、市采购办联合举办重点扶持专利产品服务对接会，参加中国国际专利技术与产品交易会等高水平展会，使天津市专利技术产业化效果日趋显著。2008年实施的5696项专利中，专利产品销售收入达556亿元，实现利润48亿元。天津市4项专利金奖项目获得中国专利优秀奖，获奖项目累计新增销售额33亿元。市知识产权局还充分发挥天士力制药公司等全国企业专利工作交流站的示范推广作用，组织企业参加宣传、培训、交流活动，提高企业运用知识产权的能力。

（丁飞飞）

【增强全社会知识产权意识】 2008年，市知识产权局组织了保护知识产权宣传周、纪念“4·26”世界知识产权日、“12·4”全国普法宣传周等全市性宣传活动6次，受天津市政府委托发布了《2007年天津市知识产权保护状况》白皮书，并开展了其他形式多样的宣传活动。全年共开展知识产权论坛、讲座、座谈会近百场，参加人员近万人；在天津市主要媒体上刊登、播放反映知识产权内容的报道、专版、公益广告1000余篇（次），全市有关部门和区县参与各类知识产权宣传活动的人数总计达60万人（次）以上；国家知识产权网天津子站和国家保护知识产权网天津子站的信息报送量和浏览人次，居全国先进行列。

（丁飞飞）

【知识产权保护】 2008年，市知识产权局与北京市、河北省、山东省、辽宁省知识产权局共同签订了《环渤海区域知识产权局行政执法协作协议》和《环渤海区域专利技术展示交易平台合作协议》，加强了环渤海区域各知识产权局间侵权纠纷案件的协作，建成立足环渤海的综合专利展示交易网络平台；与天津市公安局围绕《知识产权保护协作机制》，初步实现了行政执法与刑事执法的有效衔接，逐步健全联合打击侵犯知识产权犯罪的长效机制。

2008年，市知识产权局联合全市知识产权相关部门以及司法机关，共同组织全市性知识产权专项执法行动3次，共检查带有专利标记的商品3700余件，立案查处假冒专利行为2件，冒充专利行为8件。全年接受和移送外省市知识产权局案件5件；进驻中国天津第15届投资贸易洽谈会等大型展会18个，对展会中执法检查商品1000多件，发放宣传材料万余份；共调处专利纠纷案件16件，结案14件。

（丁飞飞）

【奥运期间知识产权保护】 2008年奥运会期间，市商务委、市工商局、市知识产权局联合印发了《关于加强天津市奥运期间知识产权保护工作的通知》。各区县有关部门与单位高度重视奥运期间的知识产权保护工作，对大型商品批发零售市场、奥运定点宾馆及周边区域、奥运竞赛场馆周边地区、旅游景区、城区繁华地段、机场、车站、地铁、码头和人行通道进行拉网式排查，严厉打击地摊、游商小贩销售假冒侵权商品行为，加强对驰名商标、著名商标、涉外商标及奥林匹克标志专有权的保护力度，严厉打击假冒商标、傍名牌、侵犯奥林匹克标志专有权的行为。通过多种宣传形式，营造良好的知识产权保护氛围，展示天津市知识产权保护工作的进展和成效。

（丁飞飞）

【区县知识产权工作】 市知识产权局积极推动区县知识产权管理机构建设，截至2008年底，全市18个区县和开发区、高新区成立了知识产权局，其中7个区县设立了独立的知识产权工作科室，增加了编制，专职干部队伍达到40余人，落实工作经费近百万元。和平区等区知识产权局调整工作思路，加大工作力度，积极申请实施国家知识产权强区工程。各区县知识产权局紧紧围绕各自区域经济发展实际，在重点产业和优势企业中培育知识产权工作重点单位145家，上述企业2008年的专利申请达到2834件。各区县举办的各类宣传培训活动70 余次，2000余人次参加，区县具有知识产权行政执法资格的人员达到80人。

（丁飞飞）

【建立合作会商制度】 2008年3月31日，国家知识产权局与天津市政府共同签署了《国家知识产权局与天津市政府合作会商制度议定书》，为天津市知识产权工作迈上新台阶打下坚实的基础。

（丁飞飞）

【举办知识产权战略培训班】 2008年6月2~6日，由中国知识产权培训中心主办、天津市知识产权局承办了“环渤海地区企事业单位知识产权战略培训班”。各环渤海地区知识产权局工作人员、天津市各区县知识产权局、天津市各委办、集团公司、大专院校、培训单位及部分企事业单位的知识产权管理人员150余人参加了培训。培训内容涉及国家知识产权战略、企业专利管理、企业知识产权策略、知识产权司法保护等内容，并结合实际案例进行了讲授。

（丁飞飞）

【知识产权联合执法行动】 天津市知识产权局、天津市公安局与天津“12312”于2008年6月18日开展了知识产权专项联合执法行动。 该次行动对超市、药店等部门的食品、医药领域专利侵权、冒充专利和假冒他人专利行为进行检查。对家乐福超市、老百姓大药房的一万多件商品中带有专利标记的商品及厂家地址、联系电话进行了造册登记和排查，并就如何防范、打击利用专利进行经济诈骗等违法犯罪行为作了宣传和线索搜集，为开展专项整治行动作了准备。

（丁飞飞）

【举行重点扶持专利产品服务对接会】 2008年7月29日，市知识产权局召开了“2008年度重点扶持专利产品服务对接会”，发布了天津市2008年度重点扶持专利产品目录。各区县知识产权局及列入目录企业共80余人参加了会议。由各区县局、行业总公司（集团）、大专院校、驻津科研单位及有关单位推荐，经专家组评审，天津市德凯化工有限公司的新型活性染料等50项专利产品列入了目录。对列入目录的专利产品，市知识产权局采取8项措施在专利申请、推广宣传、咨询培训、法律事务等方面提供扶持服务。

（丁飞飞）

科学普及与科技社团活动

科学普及

【科普管理】 2008年天津市科普工作认真贯彻落实《中华人民共和国科学技术普及法》，按照《天津市“十一五”科学普及工作发展纲要》和《全民科学素质行动计划纲要》的要求，进一步加强科普能力建设，确保科普经费投入，动员全社会参与科普工作，不断营造有利于科普事业发展的环境，科普事业取得了持续的发展。继续加强科普监测、评估等基础性工作，开展了天津市公民科学素质调查、天津市科普统计等工作。据最新公民科学素质调查结果显示，全市具备基本科学素质的公民比率为6.54%，是2003年（4.22%）的1.5倍，也是2007年全国公民科学素质达标比例（2.25%）的2.9倍；对2007年以来支持的科普项目和科普活动开展绩效评估，推动了科普工作管理的科学化和规范化；安排专项资金用于支持科普项目和科普活动的开展，其中，天津市科普大屏幕建设、天津科技馆高水平科普展具的研制等一批科普重大项目按照时间进度继续稳步推进。此外，2008年天津市还认定了3家市级科普教育基地，使全市科普教育基地的总数达到了93家。

（市科委　市科协）

【实施“天津市青少年科学素质和创新能力提升行动”】 2008年，市科委、市教委、市科协联合开展了“天津市青少年科学素质和创新能力提升行动”（以下简称“行动”），并在科技周期间面向全市发布，正式启动实施。该“行动”计划用6年时间，按照先试点、后示范、再推广的步骤，分两个阶段完成。“行动”重点实施2个提升工程，研究制订3方面政策标准，努力推进4个层面能力建设，积极开展5类品牌活动，认真落实6项保障措施，力争使天津市青少年科普工作达到国内领先水平。为此，天津市在科普项目和科普活动中加大了对青少年科学素质和创新能力提升方面的支持力度。在科普项目方面，共支持科普项目18项，其中涉及提升青少年科学素质的项目15项，占支持总数的83.3%；投入金额为250万元，占投入总金额的72.25%。在科普活动方面，共支持科普活动23项，其中涉及提升青少年科学素质的活动18项，占支持总数的78.26%；投入金额为104万元，占投入总金额的72.2%。其内容涵盖了青少年科技教育的能力建设、政策研究等多方面，从提升校内科技教学水平到整合利用社会科教资源，从系统性科技教育到更具实践性的科技创新探究，各项目不仅其自身具有投入价值，且在联动性和互补性上支撑了整体青少年科普工作的开展。

（市科委　市科协）

【“京津沪渝穗”5城市科普工作交流】 2008年组织召开了“京津沪渝穗”5城市科普工作交流协作会议，来自北京、天津、上海、重庆、广州5城市的科普工作管理负责人及科普专家出席了会议。会议确立了5城市深入合作的框架目标，以及在信息通报、联合行动、资源共享等方面的科普工作合作机制，提出了具体的合作内容。该活动的开展，加强了5城市的经验交流，对提升5城市科普工作的整体水平起到了重要作用。此外，天津市还组织开展了“津沪”科普基地工作交流活动，上海市科普基地联合会组织30余家市级基地负责人专程到津与天津市科普基地开展科普工作研讨、交流和考察。

（市科委　市科协）

【实施科普“惠农兴村”计划】 2008年继续实施科普“惠农兴村”计划，开展农村实用技术培训、农技人员及骨干培训、乡村干部学历教育培训、农村经纪人培训和“四个一”活动。宁河县科协开展设施农业配套技术培训工作，7000余名农民受益；和平、南开、红桥、塘沽、汉沽、大港、东丽、西青、津南、蓟县、武清等区县，以及中石化、新技术产业园区等单位，都与电视台和有线电视台定期播放《科普大篷车》、《科学ABC节目》；宝坻区科协编写《农民实用丛书》科普读本，向农民群众广为发放；蓟县科协实行的科技特派员工作效果显著；津南区科普进军营活动颇具特色；北辰区以区政府名义制定印发了科普奖励办法。市科协开展了全市优秀科普活动年度评选，宝坻区科协“科技特派员帮农惠农”等10项活动当选。在天津市科普“惠农兴村”计划评审工作中，各涉农区县按照公平、公正、公开的原则，坚持标准，严格程序，联合市财政局、市农委、市农业局、市农科院、市农学院等部门负责人和科技专家组成评审小组，开展评审推荐工作。经中国科协审查和网上公示，蓟县罗庄子优质梨基地和宝坻区科普志愿者、水产工程师赵国营分别获“国家级农村科普示范基地”和“农村科普带头人”荣誉称号。

（市科委　市科协）

【打造科普传播新媒体平台】 2008年，天津市开展了以大型LED显示屏为主体的新型传播平台建设，支持了由天津市科技信息研究所承担的“基于大型LED显示屏的新型科普传播平台建设研究”、由红桥区科委承担的“红桥区科普电子显示屏建设示范工程”、由河东区科委承担的“河东区科普LED显示屏建设示范工程”，以及由开发区科技局承担的“开发区大型LED屏建设示范工程”等项目。上述项目在新型科普传播平台建设中引进了LED大型电子显示屏等新兴媒介，并精心布局，在全市繁华地段建立户外示范科普显示屏。其中，“基于大型LED显示屏的新型科普传播平台建设研究”项目所建立的天津市科普示范显示屏已基本建成，开始试运行，初步形成了传播体系，传播效果明显，对促进城市科普信息化建设、满足全市人民学习科学知识、丰富文化生活起到了重要作用。

（市科委　市科协）

【科普教育基地建设】 截至2008年底，全市科普教育基地总量已达到93家。2008年新增的天津电力科技博物馆等3家专业场馆类科普教育基地，均由企业为主体进行创建，其紧密结合企业自身及城市发展历史，依托核心业务，借助声、光、电等多媒体展具展品，具有较强的参与性、互动性。通过展示，有助于提升广大公众特别是青少年对科技的兴趣和动手能力。为了继续发挥好科普教育基地的教育功能，天津市还积极推动科普教育基地免费向社会开放的进程，以天津科技馆为代表的一批科普场馆已经实现了免费开放，在社会上产生了良好的反响。

（市科委　市科协）

【科技和科普活动阵地建设】 2008年区县级科技和科普活动阵地建设不断加强。红桥区科协与万隆集团合作，在大胡同建立了面积为80平方米的科普大屏幕，在金兴科技大厦建设了2000平方米的“科技工作者之家”。塘沽区科协积极推进科技馆前期建设，区财政投资100万元，新建科普画廊210延米，安装46寸电子显示屏26块。北辰区科协开展了科技馆申报市级科技教育基地的前期工作。大港区科协在5个涉农街镇的6个居民中心区，建设了70延米的科普画廊。市电力公司科协积极参与天津电力科普博物馆的建设工作，受到各方面的好评。开发区科协向区内8家科普基地兑现财政拨款40余万元，支持科普设施建设。天津港科协因地制宜，创建了“科普船”，丰富了“科普车间”的形式。中石化四公司科协完善了“建家”标准，在公司内开展了争当“模范科技工作者之家”活动。

（沈天祜）

【科普展教具的研发】 由市科委组织实施、天津科技馆承担的科普重大项目——“天津科技馆高水平科普展具的研制”取得了阶段性成果。2008年科技馆已研制完成空客A320、全息音响等10件高水平科普展品，并在科技周期间对外开放，受到了观众的广泛好评。该项目的实施提高了科技馆展品的科技含量，对提高公众科学素质起到了积极推动作用。该项目已经进入第二阶段，第二批10件高水平展品展具已经完成了专家论证。

（市科委　市科协）

【开展科普作品创作】 2008年，天津市围绕落实科学发展观、节能减排、自主创新、科普工作重大成就等主题，着力创作意义重大、富有时代感并适于重点科普对象需要的科普作品。开展了《节能减排36计》、《天津科普30周年纪念画册》、《领导干部创新手册》等一批科普作品的创作和发放工作。其中,《节能减排36计》以图文并茂的形式,宣传了节能减排科普知识,已印刷10万册并向全市赠送发放。《天津科普30周年纪念画册》以天津市科普事业30年来的发展历程为主线,表现了社会各界积极支持科普事业,促进科学技术的普及和传播,惠及广大人民群众的工作成果,以进一步提高全社会对科普工作的了解和认识,为下一阶段工作的开展提供指南。《领导干部创新手册》是一种开型小、便于携带的工具手册,既深入浅出地宣传了前沿科技、国内外重大科技成就、科学常识等知识,同时也可作为笔记本用于日常工作。该手册面向全市相关委办局、区县等干部发放,受到欢迎。

(市科委　市科协)

【科学素质评价评估体系的研究】 2008年市科协开展了"天津市'十一五'公民科学素质跟踪评价的研究"项目,该项目在执行期间内完成2次全市公众科技素质的调查,并形成调查报告,为制定面向各重点人群制定公民科学素质培训计划、开展科普活动、制定科普工作规划提供准确的基础数据,为推动科普工作全面上水平提供有力的支撑与保障。该项目第一阶段即"2007年度天津市公民科学素质的调查和数据分析"工作已完成。通过调查,较全面地了解了天津市公民的基本科学素质状况,掌握了公众科学素质的发展和变化趋势,形成了《2007年度天津市公民科学素质评估报告》。此外,还组织实施了领导干部科学素质调研与培训模式的研究,摸清了全市中、高层领导干部的科学素质总体状况,并提出了提升领导干部科学素质的对策建议。课题组撰写的专著《领导者.科学素养.科学发展观》已由天津人民出版社出版。

(市科委　市科协)

【专业科普人员培训】 为拓宽专业科普工作人员的视野,更新理念,促进交流,2008年市科协在全市开展了一系列科普工作培训。①开展了专业科普人员培训。通过"天津市科普队伍素质提升工程"项目的实施,举办了一系列科普工作培训,以集中培训、专题讲座、参观访问、交流研讨等为主要形式,全面提升了科普工作者的科学素质和业务水平。②支持了"天津市中小学科技辅导员专项培训"活动。采取专题讲座、参观访问、交流研讨相结合的方式,针对中小学科技教育中的具体问题,面向天津市各中小学科技辅导员和小学科学教师开展科技发展动态、科技发展史、发达国家科技教育理念、中小学科技教育组织与管理等专题培训,有效推动了中小学科技辅导员队伍专业化水平的提高和科技辅导员培训长效机制的建设。③支持了"天津市农村少先队辅导员能力培训"活动。采用送课到农村、集中授课方式进行培训。举办专题培训35场,参加人数约5000人,进一步激发了农村少先队辅导员参与科普活动的积极性和主动性,提高了理论研究的能力。

(市科委　市科协)

【推动全民科学素质工程】 2008年,天津市继续推动《全民科学素质行动计划纲要》各具体方案的实施与落实工作。完善了全民科学素质工程的工作体系,经市政府批准,调整了部分领导小组成员单位的名单;推动各区县科学素质工作的进一步开展,18个区县分别成立了全民科学素质工作领导小组,制定了实施方案。津南、汉沽等区县召开了第二次领导小组会议,出台了一系列重要文件;一批重点工作稳步推进,取得了良好成效。针对未成年人、农民、城镇劳动人口、领导干部和公务员等4大科普人群,在科普资源开发与共享、科技传播能力建设、科普基础设施建设以及政策法规、队伍建设与监测评估等领域开展了大量工作,取得了良好的成效。

(市科委　市科协)

【开展主题科普活动】 2008年,市科协充分利用科技活动周等大型活动的载体形式,在科普内容、形式和手段上不断探索,积极调动社会各界广泛参与,开展了形式多样、卓有成效的科普活动,取得了良好的成效。科技周活动持续开展,已成功举办了22届,成为国内开展最早、持续最久的科普品牌活动;"科技下乡"、社区科普月等主题活动已形成了较大的影响力,对促进全市科普事业的发展起到了重要作用。

①举办天津市第22届科技活动周。围绕"自主创新、节能减排、和谐发展"的主题,全市开展了推动自主创新、节能减排、保护生态环境3大系列、3个层次的1000多项科普活动。中国科协主办

的“节约能源、保护环境”大型科普巡展在天津市首展，数万人观展，市委组织部、市科协共同举办了《循环经济与可持续发展》专题报告会，各界群众代表200多人参加。科技周期间，还组织市级重点活动8项，各区县局（集团公司）等组织重点活动528项，包括科普报告会和科普讲座、学术交流、研讨会、座谈会、科技培训和技术比武、科普展览和展示以及科普知识竞赛、科技咨询服务、科技表彰等，全市百余万群众积极参与，取得了良好的活动效果。

②开展全国科普日、社区主题科普月活动。2008年“全国科普日”在全市城乡开展了以“保护环境、节能减排社区成果展示会”为代表的123项形式多样、丰富多彩的群众性科普活动，其中74项活动被中国科协《全国科普日活动指南》录用。受中国科协委托，由市科协青少年科技中心和市粮油学会等组织开发的“节粮实验资源包”，成为2008年全国科普日的亮点之一，受到党和国家领导人的关注及各地群众的欢迎。“资源包”已发行到全国30个省、市、自治区，包括西藏那曲、新疆阿勒泰等157个边远地区。“全国科普日”当天，天津科技馆、自然博物馆、青少年科技活动中心等全国科普教育基地也开展了丰富多彩的活动。社区主题科普月推进了科教进社区，宣传节能环保的重要意义，普及节电、节水、节能、节油、节气、节粮、节材等科学知识和科学方法，提高公众的节约意识，增强公民的忧患意识和危机意识，树立节约典型，倡导节约风尚，在全社会营造珍惜资源、保护环境、共建和谐的良好氛围。

③开展科技下乡活动。市科协与市委宣传部、市委科技工委、市科委、宝坻区委、区政府等有关部门在宝坻区王卜庄镇开展了以“科技服务三农，共建和谐家园”为主题的天津市2008年“三下乡”示范活动暨科技特派员服务三农活动。市园艺学会多次组织专家到农村，为农民提供园艺设施建造、蔬菜果树种植技术指导和服务。宝坻区科协组织了“中国生态农业千县万亩示范工程专家行”启动仪式。市农科院、农学院以及农作物、蔬菜、水产、畜牧、林果、土壤等方面的专家，与宝坻区各农业部门的科技人员开展了家禽、养殖、蔬菜大棚种植管理培训，发放现代农业科技、科普资料上万册，科技春联6000幅，2008年科普台历200本。同时，蓟县、宁河等涉农区县也相继组织开展了形式多样、内容丰富的科技下乡活动。

④举办第24届天津市青少年科技创新大赛。由天津市科协、市科委、市教委、市体育局、团市委和市妇联共同主办的该项大赛，分为青少年、科技辅导员两个活动板块和竞赛活动、展示活动两个系列。竞赛活动包括青少年科技创新成果竞赛、科技辅导员科教创新成果竞赛和青少年科学探究体验活动系列竞赛；展示活动包括优秀少年儿童科学幻想绘画展、青少年优秀科技实践活动展和科技辅导员科技教育方案展。全市近10万青少年参与了活动，12077项成果进入市级比赛，评出一等奖732项，二等奖2321项，三等奖5420项。天津市还组队参加了全国青少年科技创新大赛，获得全国一等奖3项，二等奖9项，三等奖18项。

（市科委　市科协）

【组织专题特色科普活动】 2008年天津市科普工作联席会议各成员单位充分发挥各自优势，积极支持科普活动的开展。各区县、科普教育基地、社会团体、科研院所、高校、企业等结合自身特点，开展了各具特色的科普活动。市公安局加大科技管理经费的投入，在科普活动月和科技活动周期间成立了专门的领导小组，以“平安奥运”和“自主创新、节能减排、和谐发展”为主题，举办了“奥运安保知识与应用技能”、“公安科技成果应用宣传展示”和“科普知识讲座培训”等3大系列51项重点活动及100余项基层活动。市公安消防局组织开展了“迎奥运万名消防志愿者在行动”，围绕“人人参与消防，共筑平安奥运”的主题，组织消防志愿者在全市范围开展了奥运会倒计时100天消防主题宣传活动等多项全市性宣传活动，在全市营造了关注、参与、支持奥运消防安全的浓厚氛围，直接参与的群众超过了4万人次。中央及天津市新闻媒体（含互联网）刊播相关宣传稿件1100余篇（部）。市建委以“建筑节能”为主题开展大量宣传工作，把建筑节能推广中心定为建筑节能专项科普基地，并在科技周期间组织了建设系统10大集团1000余名一线人员参观了建筑节能展览。市妇联与市教委、市卫生局联合开展了“农村中小学女生青春期卫生知识教育普及活动”，在现状调研基础上，通过发放手册、展板、讲座、咨询等多种形式，在12个涉农区县为适龄的女童普及青春期卫生知识，受益农村中小学女生达1万余名。市旅游局加强工农业旅游示范点的评定工作，已认定王朝葡萄酿酒有限公司工业园、海河乳业有限公司工业园等11家单位为天津市旅游示范点。针对市民、游客的特点和需求，利用天津旅游资讯网等多种渠道，结合旅游内容加强科普活动宣传，传播科技知识、科学思想和科学方法，起到了良好的推动作用。市出版局根据新闻出版行业的自身规律和特点，积极推动科普工作的开展。天津教育出版社围绕系列化、板块化的思路，出版了《大地博物馆》等科普图书；天津科技出版社紧密结合抗震救灾，开展了“呵护心灵成长，重建精神家园”图书捐赠活动；新蕾出版社针对青少年出版了《生活科学》等一批少儿科普读物；新华书店（集团）发挥集约经营优势，开展多种形式的科普读物展销活动，全面启动了“农家书屋”工程，在全市首批建成100个“农家书屋”，配置了农业实用技术和农村致富经验等内容的图书500种、近1500册，报刊30余种。市体育局广泛开展群众性体育科普活动，在市人民体育馆健身广场组织了天津市体育科研所专家为全市中老年人进行体质测试与健康咨询等大型咨询活动；承担了备战奥运会的天津籍运动员服务保障工作，对天津市部分参加第29届北京奥运会的运动员进行了全方位跟踪、测试及科技服务。市地震局开展了“中小学生防震减灾知识校外实践体验活动”，联合全市各区县政府地震办，利用周末、暑假等节假日，组织部分防震减灾科普示范学校的学生，到地震局展厅、地震监测台网中心和张道口地震台，以及通过观看电视科普片、科普讲座、观看展板、模型演示、救助训练等形式，普及地震基本知识、防震、避震知识和自救、互救技能等，受益中小学生达2万人次。市总工会开展了“重点企业重点岗位节能减排知识普及推广”活动，重点在占全市工业能源消耗总量80%以上的21个市重点耗能骨干企业，以130个万人以上的企业为构架，以年能耗在5000吨标煤以上的279个企业为主体，面向全市几十万重点企业职工，宣传普及节能减排知识，围绕节水节电、空调制冷、管道设备防腐知识，开展了科普画招贴、科普知识讲座、节能小窍门推广等活动。团市委开展了第5届“挑战杯”竞赛，吸引了全市20所普通高校万余名学生参赛，辐射带动在校学生超过5万人。组织开展了第5届“挑战杯”竞赛优秀作品制作展示活动，在获奖作品中评选出一批适于展示的优秀科技作品，制作了一批适于展示的科普展品，在天津大学、南开大学等10余所普通高校和社会上举办作品展11场次，参观学生达到4万余人次。市知识产权局联合市教委、市科委开展了“天津市青少年小发明设计大赛”，面向全市青少年征集小发明设计方案、作品等，近千人参赛。市劳动局开展了“《安全防护科普知识宣传手册》的制作与发放”主题科普活动，印制手册，面向各区、县安全监管局和相关集团公司进行发放，使各级干部和广大职工增强自我防范意识，提高对劳动防护用品重要性的认识。

（市科委　市科协）

【天津电力科技博物馆建成开放】 2008年6月18日天津电力科技博物馆开始试运营，10月18日正式对社会各界开放。该馆由天津市电力公司按照

天津电力科技博物馆夜景

国家电网公司统一部署筹资建设，是国内第一家融科技馆与博物馆于一体的电力专业展示馆，以“展示电力历史，传播电力科技”为宗旨，传承、弘扬百年天津电力文化，宣传、普及电力科技知识，面向社会公众免费开放。天津电力科技博物馆坐落于海河之畔的意式风情区。所在地原为1904年

“比商天津电灯电车公司”办公楼旧址，占地面积6000平方米，建筑面积近3000平方米。展馆共设“电的初识”、“启蒙研究”、“电力革命”、“时代能源”、“电力与生活”、“回顾与展望”等6个展厅，再现了天津电力百年发展历程，生动展示了电力科学原理和前沿科技。该馆已被授予天津市青少年科普教育基地和课外教育基地。

（周　林　张力晨）

【天津城市供水博物馆被认定为科普教育基地】 2008年11月5日，天津市科委、市教委、市科协联合召开天津市市级科普教育基地专家论证会，天津城市供水博物馆通过照片、实物以及多媒体等不同形式的展品、展项，无偿面向全社会公众开放，具有良好的社会效益，符合《天津市科普教育基地标准（试行）》的相关要求，具备开展科普教育活动的条件，被认定为天津市科普教育基地。该馆由天津自来水集团筹建，坐落于天津市红桥区南运河与红旗路交口处的水趣园内，建筑面积900平方米。该馆以丰富的馆藏，充分展示天津自来水事业在不同历史阶段的发展轨迹和时代特色，运用多媒体互动，原景再现等方式，通过电脑、电机、投影仪，借助声、光、电等来展现自来水的新科技，以达到科普的目的。

（刘　红）

科技社团活动

【科技团体自身建设】 2008年3月25日至26日，天津市科协召开第七次代表大会。大会审议通过了市科协第六届委员会工作报告，总结了市科协过去5年的工作，提出了新世纪新阶段全市科技工作者的历史使命，确定了市科协今后5年的工作任务；选举产生了市科协第七届委员会，中国工程院院士、天津大学教授王静康当选市科协第七届委员会主席，杨鑫传等12人当选为副主席，马魁君等49人当选为常委；中国科学院院士、市科协第六届委员会主席母国光被授予名誉主席，王连金等19人被授予名誉委员。由市各级科协和各学术团体推选的正式代表、特邀代表和列席代表800多人参加了大会。市科协“七大”后召开的市科协七届一次常委会议，修订了《天津市科协常委会工作规则》，建立了市科协第七届常委会学术与学会工作、科学普及、促进国际合作与港澳台交流、促进企业自主创新、促进农村发展、青少年科技教育、决策咨询、继续教育、青年工作、科技工作者道德与权益和组织建设等11个专门委员会，为充分发挥市科协各位委员的作用，实行民主办会提供了条件。

按照中国科协的要求，2008年开展了市级学会、区县科协所属学会及科协基层组织会员数量和结构情况调查。举办了科协系统领导干部培训班，交流工作经验，研讨新时期新阶段创新科协工作的思路和方法。成立了天津港保税区科协，实现了经济技术开发区、滨海高新区和保税区“三区”科协组织全覆盖目标。部分区、县科协按规定进行了改选换届工作。西青区各街镇科协都完成了换届选举工作，并在区内3家民营企业中建立了科协组织。进行了学会改革探索，市粮油学会、电机工程学会、微量元素学会、工艺美术学会和金属学会在政企分开、自主办会和社会化发展等学会改革方面做了有益尝试，推进了学会管理和建设。

2008年5月30日，天津市老科技工作者协会（简称老科协）召开第三次会员代表大会。大会总结了第二届理事会的工作，修改了协会章程，明确了今后的工作任务。会议选举产生了第三届理事会领导集体，陆焕生当选为会长。

（沈天桔）

【决策咨询和建言献策】 2008年，天津市科协组织各级科协及所属团体围绕天津经济社会发展和滨海新区开发开放的重大问题，开展决策研究和咨询论证。完成了中国科协和天津市委研究室委托的一批研究课题，“提高自主创新能力，率先建设创新型城市研究”、“提升天津市软实力战略研究”、“中国当代邪教活动趋向及防治对策研究”、“学术会议过程对学术会议质量的影响研究”、“高新区科技工作者状况调查”、“天津地区公民科学素养调查”等就相关问题提出了对策建议，为领导决策提供了依据。在天津市第十届优秀调研成果评选中，市科协报送9项调研成果参评，8项获奖。其中：“新形势下科技工作者之家建设研究报告”被摘要刊登在中国科协《调研专报》上，供中央领导同志阅；“关于加快天津科技中介服务机构发展的对策建议”在《天津政协》(2008第8期)上全文刊登;《天津市科技工作者实际工作状况的调查报告》在市委研究室编印的《对策研究》上刊登。协助市科协主席王静康院士向中国工程院申报“滨海新区资源环境与循环经济战略研究”咨询项目,受到天津市和中国工程院领导的高度重视,中国工程院将该研究列为重大项目,专门成立总体组和项目组进行推动。

2008年,各学会围绕全市20项民心工程、20项重大工业项目,开展技术服务700余项。市公路学会组织专家完成了“京福公路(104国道天津段)改造方案审核”、“津围公路、宜白公路南线,津围公路孟家楼地道建设方案审核”。市电力学会开展了“中石油大港石化公司100万吨储油库”、“地铁2号、3号线东南角控制中心”、“新一代运载火箭产业化基地”等重点工程供电方案可行性论证,奥体中心等5个奥运项目变电站及电源线工程评审及安全性评价。市农机学会围绕天津市新农村建设中新能源综合利用、农机节能减排示范区建设等开展了系列调研。市城市科学研究会完成了“天津城市交通管理强化制度和优化公共交通实施对策研究”。市城市规划学会完成了全市11个中心镇总体规划技术咨询与评议工作,组织编写了天津市新农村建设规划设计导则、《天津市城市规划技术管理规定》,协助完成了规划设计单位资质核定换证工作,并针对市内6区332万平方米分散危陋平房改造工程提出对策建议。市营养学会参与制定了天津市医疗机构营养科质量管理标准。市航海学会开展了为船舶企业新造船舶试航、引航技术咨询服务。市工程图学会组织了制图员、计算机绘图师、三维数字建模师、CAD等级报名考试工作。

(沈天桔)

【推动企业技术创新】 2008年,天津市科协在企业中继续深入开展“讲理想、比贡献”活动(以下简称“讲、比”活动)。积极拓展“大联合、大协作”的工作局面,调整充实了市“讲、比”活动领导小组,制定了《天津市“讲理想、比贡献”活动领导小组工作规则》和有关表彰奖励办法。全年各企业科协共立市级“讲、比”项目383项,其中277项被评为市级优秀项目。天津新港船舶重工公司的“讲、比”项目“4000吨半潜式浮船坞设计与建造”,预计实现经济效益1亿元。在全国“讲、比”总结表彰会上,天津市有4个企业、4名科技工作者和3名科协工作人员分别被评为全国“讲、比”活动先进集体、科技标兵和优秀组织者。

各学会贴近企业实际开展活动。市电子和仪器仪表学会组织专家论证,促使中星微电子公司8亿元投资项目落户津门;牵线搭桥,引进西班牙埃菲玛集团5000万元太阳能电池制造项目在津达成合作意向。市金属学会为双街制管公司进行“高频直缝焊接钢管生产线”技术论证,并为多个企业提供行业、市场、价格等信息。市塑料工程学会组织专家提出了天津市塑料工业发展战略,为企业新产品开发、技术创新提供服务。

(沈天桔)

【支援抗灾救灾斗争】 2008年,中国南方冰雪灾害和四川汶川特大地震灾害发生后,市科协立即向灾区科协发去慰问信,并组织各级科协及团体,开展慰问赴一线抢险救灾科技工作者家属、组织专家撰写论文、咨询服务、向灾区捐款等活动。市科协与市社联、市社科院共同开展“突发灾害事件防范与应急体系建设研究”,入选市哲学社会科学重点学科建设工程项目,提出的相关对策建议,引起市领导及有关方面的重视。市医学伦理学会和市解剖学会组织会员奔赴地震灾区一线,直接参加抗震救灾斗争。市灾害防御协会和市地震学会面向全市中小学生开展防震减灾科普知识教育,并组织了专题研讨会,征集论文30余篇。宁河县科协针对因灾害产生的封建迷信活动,与县广电局共同录制了科普专家电台访谈节目,为稳定群众情绪,维护社会稳定发挥了积极作用。

经市科协推荐,市科协常委、天津港煤码头公司操作队队长孔祥瑞被评为全国抗击冰雪灾害优秀科技工作者,尹俊士、李振海等15人被评为中国科协抗震救灾优秀科技工作者,天津市南开区房管局青年科协被评为中国科协抗震救灾先进集体,展示了天津市科技工作者的群体形象,扩大了各级科协组织的社会影响。

(沈天桔)

【中国科协和天津市科协成立50周年纪念活动】 为筹备纪念天津市科协成立50周年大会,2008年开展了“我与科协”征文、天津市“科协工作者之星”评选、市科协“老照片”收集等活动。按照中国科协的部署，各级科协组织工作人员、广大科技工作者和市民群众广泛参与，开展全国10位传播科技的优秀人物、10部公众喜爱的科普作品、10个公众关注的科技问题、10个影响中国的科技事件、10项引领未来的科学技术“五个十”评选活动。在中国科协“我与科协”征文评选活动中，市科协获优秀组织奖，报送的124篇征文中，获一等奖1篇、二等奖1篇、三等奖2篇、纪念奖3篇，还获得“五个十”评选活动优秀组织奖。

2008年12月15日，纪念中国科协成立50周年大会在北京召开，由市科协主席王静康院士带队，市科协党组书记、常务副主席杨鑫传，市护理学会理事长、市第一中心医院副院长曹文媚，市电力公司科协主席、公司总工程师赵鹏，红桥区科协主席米和太参加了纪念大会。

（沈天桔）

【搭建学术交流活动平台】 2008年，市科协和各市级学术团体共举办各类学术研讨活动200多场。2008年9~10月，市科协组织各学会、协会、研究会，开展了以“人与自然和谐发展”为主题的“2008天津科技交流学术月”，共举办了近百场国际性、全国性和全市性学术活动。编辑出版了《天津市第六届青年科技论坛论文集》。承办了“第十四届京津沪穗连科协年会”，围绕“自然灾害事件防范与应急处置”的主题进行专题研讨，4城市科技界灾害防御领域的专家学者和科协负责同志120余人参加会议。与天津大学共同承办了中国科协科技工作者科学道德和学风建设报告会，杨乐等6名院士作报告，在科技工作者中产生了积极反响。

（沈天桔）

【国际、港澳台民间科技交流】 2008年，共派出6个团组赴国外和港澳台地区进行学术和工作交流访问，接待5批来访团组。组织全市建设、交通领域的专家、学者参加“第十六届海峡两岸都市交通学术研讨会”，发表论文10篇。参与组织了“中美环境修复与可持续发展战略研讨会”。与天津理工大学合作，举办了第二届“中日模糊科学学术会议”。实施中国科协“海外智力为国服务计划”项目，开展“涉农产业人员职业技能培训”，组织天津市18名专家、学者及工程技术人员赴巴西参加第三届世界工程师大会，编印了论文集，宣读论文3篇。

（沈天桔）

【为科技工作者服务】 2008年，市科协与市委组织部、市人事局共同表彰了第九届天津青年科技奖，《天津日报》用一个版面的篇幅，对20位获奖者的事迹作了报道。继续与人民网联合开展“科技英才访谈”活动，宣传了天津市15位优秀科技工作者的创新业绩和历程，并与天津科技出版社联合出版了《科技英才访谈录（第1集）》。市城市规划学会向中国城市规划学会专家库推荐了一批入库人选。汉沽区科协承办该区“贯彻科学素质纲要推动会暨科教兴区优秀人才表彰会”。市电力公司科协在全系统开展了“优秀工程师”和“优秀青年工程师”的评选活动。开发区科协坚持16年编印科技论文集，为科技工作者评定职称提供实质性帮助。2008年，市科协被确定为市人才工作领导小组成员单位，有利于科协组织更好地为科技工作者服务。各学会积极组织各种内容的继续教育培训。开展面向科技工作者的“天津市科技工作者思想状况”和“天津市科协系统科技咨询工作状况”问卷调查，积极向中国科协反映科技工作者建议。市科技期刊编辑学会还专为科技工作者举办了“玫瑰之约”交友联谊会，市老科技工作者协会坚持开展为老科技人员评定技术职称工作，受到老科技工作者的欢迎。

（沈天桔）

新技术产业园区与经济技术开发区

新技术产业园区

【新技术产业园区科技工作简况】 2008年，天津新技术产业园区（以下简称“高新区”）争创一流高新区，构筑“高端、高质、高新”的产业结构，围绕争创国家创新型科技园区，建立完善以企业为主体、市场为导向、产学研相结合的技术创新体系，建设全市自主创新和高新技术产业化新高地，发挥对滨海新区的“领航”作用，不断增强自主创新能力和区域竞争力。

以企业为主体的研发体系不断完善。力神电池企业技术中心被列入2008年度国家认定企业技术中心创新能力建设专项，获国家发改委拨款500万元。与天津大学合作建设的天津市IC设计中心正式投入运营，构建集研发、工程化、产业化为一体的技术创新平台，带动相关行业朝国际先进水平发展。高新区全年新增高新技术企业279家，占全市比重超过60%。

自主创新重点项目取得重大突破。2008年，两批全市自主创新产业化重大项目中有23项在高新区实施，位居全市第一。全程服务和推动重大项目实施，在一些关键领域取得了重大突破。国内首款超百万亿次高性能计算机曙光5000A在天津高新区成功下线，实现了超百万亿次高性能计算机“天津造”，标志天津高新区自主创新能力迈上一个新台阶，是国家自主创新领域的新突破；大型全钢子午线轮胎装备创新及产业化项目进展顺利，由天津赛象公司自主研发生产的特巨型工程子午线轮胎X光检测机成功问世，荣获国家科技进步奖一等奖，填补天津市多年空白；南大通用安全数据库管理系统研发和产业化取得重大进展，填补了国内相关领域空白。

科技项目申报获丰收。2008年，高新区结合主导产业发展，在对重点企业项目信息进行分析筛选的基础上，充分发挥中介服务机构的作用，不断提高项目申报成功率，科技项目申报继续在全市保持领先地位，完成市级以上各类科技项目立项240项。在2008年天津市科技创新专项资金项目中，天地伟业、力神电池、海博光电、协和干细胞、北海通信、巴莫科技、三英焊业、德力电子以及洋裕生物等9家企业获得立项支持。2008年高新区企业在国家科技部科技型中小企业技术创新基金立项27项，占全市立项总数的36%。

全面完成国家知识产权试点园区各项建设任务。以实施知识产权“三二一”工程为重点，在自主知识产权的创造、实施、增值、转化、提升、保护等各环节推进，开展知识产权宣传培训，建立专利数据库检索平台、企业专利专题数据库以及网络检索服务系统，完成100家企业知识产权战略试点工作。全年内资企业专利申请量超过2200项，软件著作权申请量达到200项，驰名商标、著名商标申请量达到11件，全面完成国家知识产权试点园区的各项指标。

国家创新型科技园区试点工作全面启动。建设创新型科技园区是落实自主创新战略和建设创新型国家的重要实践和探索，天津高新区在全国54家高新区中率先行动，编制了《天津高新区创新型科技园区建设方案》，并由天津市政府上报国家科技部。天津市委将创新型科技园区建设列入2008年度工作要点；市政府将创新型科技园区纳入与国家科技部“部市会商”重要内容，专门印发《关于支持创新型科技园区建设的若干意见》等3个文件，要求举全市之力推进创新型科技园区建设，积极推动对滨海高新区的“政策聚焦”、“产业聚焦”、“机构聚焦”和“人才聚焦”，是高新区成立以来具有重大历史意义的大事。市政府成立了创建工作领导小组，全面领导和部署各项创建工作。为保障创新型科技园区建设目标的实现，在创建期间，市、区两级财政安排、筹措100亿元以上的资金用于创新型科技园区建设。

建设完善适合“高端产业+高端人才+投融资平台”发展模式的投融资服务体系。抓住国家即将推出创业板的机遇，筛选重点关注企业，联合海泰投资公司、广发证券、渤海证券等单位，对上市重点关注企业进行上市孵化与前期辅导。引导鼓励企业加快完成股份制改造，全年共资助凯发电器、天大求实、成科机电、港东科技等7家企业进行股份制改造；不断完善高新区担保贷款平台，全年通过高新区担保贷款平台帮助企业获得1.5亿元的贷款，满足了企业的资金需求。2008年，高新区出资2亿元专项资金，扶持企业利用担保贷款和创业投资。抓住滨海新区金融综合配套改革的机遇，发挥高新区科技型中小企业多的资源优势，积极吸引创业投资机构进入，促进创投机构与融资企业的对接，全年共接待国内外创投机构30余家，帮助企业获得创业投资金额超过5000万元。

（天津新技术产业园区）

【获国家科技进步奖】 2008年1月8日，在国家科学技术奖励大会上，高新区企业天津赛象科技股份有限公司与山东三角集团有限公司共同承担的“巨型工程子午线轮胎成套生产技术与设备开发”获得国家科技进步奖一等奖，标志着天津高新区企业获得国家科技进步一等奖实现了“零的突破”。赛象科技公司通过与山东三角轮胎等轮胎生产企业强强联合，在核心工艺（发明专利）和专用设备（两项发明专利）方面进行集成创新，形成自主知识产权，制造出的全钢工程子午线轮胎寿命和安全性超过国外先进水平，对节能降耗和循环经济意义重大。高新区企业承担的“渤海海域复杂油田开发技术创新——原油年产量突破1500万吨”、“中国近海高水垂比大位移钻井关键技术研究及应用”、“新型干法水泥生产线重大配套装备研制和工程化应用”3个项目获得了国家科技进步奖二等奖。

（天津新技术产业园区）

【获天津市科技进步奖】 2008年，高新区共有17项科技成果分别获得2007年度天津市科学技术进步奖一、二、三等奖，成果涉及生物技术与现代医药、电子信息、先进制造等重点领域。天津药物研究院和天津药物研究院药业有限公司等单位共同承担的“抗乙肝病毒新药阿德福韦酯的研制与开发”项目，可解决乙肝病毒变异给患者带来的问题，在产品质量和价格上具有明显的优势，获天津市科技进步奖一等奖。技术创新成果带动产生了一批新产品、新装备、新技术和新工艺，科技成果的转化应用为高新区又好又快发展提供了有效的科技支撑，对于促进产业结构调整和优化升级、加快经济发展方式转变发挥了重要作用。

（天津新技术产业园区）

【新增国家级和市级企业技术中心】 2008年，中天仕名科技集团有限公司和天狮集团的技术中心被国家发改委、科技部、财政部、海关总署、税务总局认定为国家级企业技术中心。至此，高新区已连续5年每年都有企业技术中心被认定为国家级企业技术中心。截至2008年底，高新区共有国家级企业技术中心8家，占全市国家级企业技术中心总数的42%；中材节能发展有限公司、天津小护士实业发展有限公司、天津金牛电源材料有限公司3家企业技术中心被天津市经委、科委、财政局、地方税务局认定为市级企业技术中心。截至2008年底，高新区共有市级企业技术中心58家，占全市总数的22%。另有企业级技术中心700家。高新区形成以国家级企业技术中心为龙头，市级企业技术中心为骨干，一大批企业级技术中心为补充的三级企业技术创新体系。

（天津新技术产业园区）

【产业技术创新计划】 2008年，高新区制定了产业技术创新计划。该计划加大了对技术创新政策的扶持力度，重点支持企业技术创新活动，引导重点产业建立产业技术联盟，细化和完善产业技术服务平台，对高新区主导产业、重点发展产业领域的重点企业给予重点支持和服务，发挥其带动辐射作用，为高新技术产业化、加快中小企业发展营造有利环境。

2008年，高新区产业技术创新计划重点项目取得重大突破。国内首款超百万亿次高性能计算机曙光5000A在高新区成功下线，使中国成为继美国之后全世界第二个能够自主研发、制造超百万亿次高性能计算机的国家，是国家自主创新领域的新突破；赛象科技公司为空客A320飞机大部件运输研制了专用工装夹具，是空客公司首次将该设备生产转包给天津赛象科技公司，为赛象科技公司进入航空装备制造领域打下了良好的基础；南大通用安全数据库管理系统研发和产业化取得积极进展，成功开发了GBase8g/8s/8d/8m四大系列数据库产品，填补了国内空白，打破了国外厂商技术封锁，在金盾工程、金宏工程等国家大型工程项目中得到应用；天地伟业公司研发生产的数字安防产品居国内领先水平，成功应用于北京奥运会场馆建设工程；力神电池公司研发的新型动力电池已经通过了短路、过充等6项安全实验测试，各项测试指标达到国际领先水平，该项目还在国家发改委立项，获国家资助500万元。

（天津新技术产业园区）

【小巨人企业成长计划】 2008年，高新区加大培育优秀科技型中小企业的力度，结合高新区发展特点和企业不同成长阶段的需求，制定了“小巨人企业成长计划”。高新区每年安排2亿元的“小巨人企业成长计划专项资金”，围绕高新区产业发展整体规划，以形成产业创新力量、培育产业领军企业、打造创新集群为目标，通过综合评估，每年选择有发展潜力的科技型中小企业作为成长计划企业，专项扶持和重点服务，持续培育一批技术创新能力强、品牌优势明显、发展迅速、销售收入超过亿元的“小巨人”，带动新能源、电子信息、软件与信息服务、生物技术与现代医药等高新区骨干产业的快速发展。2008年“小巨人企业成长计划”企业取得了良好成绩，实现销售收入同比增长57.8%，其中，有4家企业销售收入上亿元，10家企业销售收入增长率达到50%以上。

（天津新技术产业园区）

【制定《天津新技术产业园区技术创新奖奖励办法（试行）》】 2008年，为提高高新区经济发展的质量和效益，奖励在技术创新工作中作出突出贡献的企业和个人，园区管委会制定了《天津新技术产业园区技术创新奖奖励办法(试行)》。技术创新奖设立重大技术创新奖、产学研合作突出贡献奖、知识产权工作优秀企业奖、优秀科技型中小企业奖4个奖项，每两年评选一次，奖金最高可达到1000万元。

（天津新技术产业园区）

【启动国家创新型科技园区建设】 2007年8月，国家科技部印发了《建设创新型科技园区行动方案(征求意见稿)》，9月又在长沙召开创新型科技园区试点建设专题讨论会进行部署。2008年5月，国家科技部印发了《创新型科技园区建设指南》。按照国家科技部要求，天津高新区聘请《创新型科技园区建设指南》的起草单位——中科院科技政策与管理科学研究所，共同着手制定天津高新区创新型科技园区建设方案。在方案制定过程中，该区进行充分调研，并广泛征求了国家科技部火炬中心和天津市各有关委办局的意见。2008年6月，国家科技部火炬中心在天津高新区主持召开了专家论证会，一致通过了《天津高新区创新型科技园区建设方案》，并上报国家科技部。

（天津新技术产业园区）

【高新技术企业认定】 2008年，全市有467家企业被认定为高新技术企业。其中，高新区有279家，占全市60%；华苑产业区170家，占36.4%。政策区及辐射区的认定也按照预定计划完成，其中，南开科技园55家，北辰科技园26家，塘沽海洋高新区17家，武清开发区11家。

（天津新技术产业园区）

【国家知识产权试点园区建设】 2008年5月，在“全国城市和园区知识产权试点示范工作会议”上，天津高新区被评为“全国知识产权试点示范工作先进集体”。通过试点建设，健全完善了高新区知识产权管理体系和知识产权政策体系，构建了以研发、孵化、产业化发展三大基地为主的自主知识产权创造与转化体系。2008年高新区的专利申请达到3577件，占全市比重超过40%，在全国54家高新区中排名第三，仅次于北京中关村和上海张江。软件著作权登记累积达到480件，占全市总量的50%；驰名、著名商标达到16件，取得增长；实施企业知识产权战略试点单位达到100家。涌现出一批以曙光计算机、子午线轮胎成套生产设备、干细胞提取与存储技术等为代表的具有自主知识产权的关键技术和产品，为推动高新区自主创新能力、提升和跨越式发展提供了有力支撑。

（天津新技术产业园区）

【技术市场交易额再创新高】 2008年，高新区技术市场交易额达到5.5亿元，同比增长120%。高新区大力推动技术创新，增大对科技型企业的资金支持力度，企业创新能力得到提升，科技立项逐年增多，推动了技术市场的发展，技术开发与技术转让合同的成交额均有大幅增加，已接近技术交易额的一半，成交量接近2亿元。技术交易项目包括电子信息、先进制造、节能环保等多个领域。高新区在科技研发、技术创新、成果转化等方面实力逐渐增强，技术市场的扩散范围逐步扩大，技术输出额逐步增加，技术输出地域遍及全国各省市以及欧美等国家和地区。

（天津新技术产业园区）

【专利申请量全国第三】 根据天津市知识产权局公布的统计数据，2008年天津高新区企业专利申请量取得了重大突破，达到3577件，占全市比重40.8%，在全国54个高新区中排名第三。其中，申请发明专利1722项，占专利申请总数48.2%；申请实用新型专利1077项，占专利申请总数的30%；申请外观设计专利778项，占专利申请总数的21.8%。2008年，内资企业申请专利达到2998项，占高新区企业申请数的83.8%。

（天津新技术产业园区）

【企业股份制改造】 为推进“新三板”(又称场外交易市场)试点工作，2008年，高新区与申银万国、长江证券等6家券商建立了合作关系，组织多场相关企业与券商参与的座谈会、洽谈会，针对每一个企业的特点，一对一地帮助企业分析挂牌上市的利弊，全面提升高新区企业金融意识与资本运作能力。年内，高新区凯发电气、天大求实、成科传动、港东科技等8家企业完成了股份制改造，为高新区更多企业进入“新三板”市场乃至主板市场做好储备。

（天津新技术产业园区）

【参加第二届中国企业国际融资洽谈会】 2008年6月10日，高新区组织区内54家高新技术企业参加天津市政府、全国工商业联合会和美国企业成长协会共同主办的第二届中国企业国际融资洽谈会。会议的主题是“参与全球资本流动、创建直接融资平台、服务企业健康成长、促进区域协调发展”。高新区利用影视媒体、平面展板、宣传资料等多种方式全方位宣传该区的发展现状，推介优秀企业，与组委会合作召开高新区企业项目发布会，被评为最佳组织奖。会上，协和干细胞公司推出的抗体试剂、抗体药物等项目引起了较大的反响，与之洽谈合作的公司络绎不绝；节能环保等朝阳产业脱颖而出，华迈燃气设备公司推出的新型燃气设备因其工作效率高、应用范围广、节能效果显著，很多投资者在会议当天就到华迈公司进行考察。通过参加融洽会，达到了参与、展示和宣传的目的，在参与的深度和广度方面取得了很大进步。

（天津新技术产业园区）

【国内首款超百亿次计算机曙光5000A下线】 2008年9月16日，国内首款超百万亿次计算机曙光5000A下线仪式在高新区举行。曙光百万亿次高性能计算机研制及产业化项目是高新区和中科院强强联手的产业化示范项目，是高新区20项自主创新产业化重大项目之一，也是国家“863”计划、国家科技支撑计划以及天津市科技创新专项资金支持项目，具有显著的科技优势和国际前沿水平，代表了国家自主创新的新突破。超百万亿次高性能计算机曙光5000A运算速度峰值达到每秒230万亿次，内存超过100TB，存储能力超过700TB，是目前国内运算速度最快、密度最高、效率最高、能耗最低的计算机。该机的研制成功，使中国成为继美国后全世界第二个能够自主研发超过百万亿次计算机的国家。曙光5000A在高新区成功下线是院市科技合作诞生的一项重大成果，实现了百万亿次高性能计算机“天津高新区造”，标志天津市高新区自主创新又迈上了一个新台阶。

（天津新技术产业园区）

【召开纪念国家火炬计划实施20周年表彰会】 2008年是国家火炬计划实施20周年，高新区为总结火炬计划实施的经验，表彰先进，树立典型，充分调动各方面的积极性，使火炬计划向更广、更深、更高层次发展，于11月18日举行“天津高新区纪念国家火炬计划实施20周年表彰会”。大会对高新区火炬计划实施20年来涌现的先进集体和先进个人进行了奖励和表彰，授予天津赛象科技股份有限公司等51个单位“天津高新区国家火炬计划实施20周年先进集体”荣誉称号；授予秦兴才等39名同志“天津高新区国家火炬计划实施20周年先进个人”荣誉称号；授予李大亚等24名同志“天津高新区国家火炬计划实施20周年奉献纪念奖”荣誉称号。

（天津新技术产业园区）

【召开小巨人企业经济形势分析和应对措施推动会】 2008年12月12日，高新区组织列入区内2008年度“小巨人企业成长计划”企业以及部分股份制企业，召开了“小巨人企业经济形势分析和应对措施推动会”，30多家企业以及有关机构代表共计40余人参加了会议。会议传达了高新区为应对金融危机增强企业发展信心，出台的扶优扶强政策和“高新区迎挑战、抓机遇、保增长的措施”，提出在经济形势急剧变化的时期，企业要增强信心，采取措施，变不利为有利，抢抓机遇；在应对危机的措施上，高新区拿出1亿元的“保增长专项应急资金”，帮助企业抵抗危机、抢抓机遇、增强信心；通报了高新区“小巨人企业成长计划”实施后企业的发展情况，总结了企业发展经验，提出了为促进“小巨人企业”快速发展，在推动知识产权、科技立项、投融资等方面的工作思路与措施，使企业及时了解相关支持政策，帮助高新区重点企业更好地应对所面临的经济形势。

（天津新技术产业园区）

【启动国家生物医药国际创新园建设】 2008 年，天津市委、市政府将“生物医药研发转化基地建设及新药创制”列为天津市 20 项自主创新产业化重大项目进行组织实施，“国家生物医药国际创新园”（简称“创新园”）建设全面启动。该园于 2005 年 7 月由国家科技部、商务部、卫生部、国家食品药品监督管理局和天津市人民政府协商同意，共同在天津滨海新区建设，旨在充分整合京津冀地区已有生物医药产业资源、建设“京津冀生物医药产业化示范区”，发挥引领带动全国生物医药产业战略升级的历史使命。创新园占地 10 平方公里，主要布局在天津滨海高新区内。其总体发展目标是，经过 5~10 年的努力，聚集一批高水平的人才、项目、研发机构和企业；研发一批具有自主知识产权、符合国际标准的生物医药产品；孵育、扶持一批世界知名的创新型企业，显著提升自主创新能力和产业化能力，发展成为国内最重要的生物医药研发中心、高端人才聚集中心、成果转化与技术交易中心。强化创新园的示范引领作用，带动京津冀乃至环渤海地区成为国内主要的生物医药创新和产业化聚集区。创新园近期发展目标是，到 2013 年实现“22115”目标，即 5 年内投入 200 亿元用于人才引进、项目资助、企业扶持、功能完善的公共技术服务体系建设，吸引海内外生物医药领域领军人才 200 名，支持重大生物医药研发转化项目 100 项，聚集国内外生物医药企业（科研机构）100 家，带动形成 500 亿元的产业规模。申请国际及国家发明专利 80 项；孵育具有高成长性的创新型中小企业达到 100 家以上，引进 10 家左右国内外知名生物医药龙头企业；力争开发 3~5 个一类新药；20 个药物进入临床研究，5~10 个新药取得新药证书，初步形成产业配套合理、资源充分共享、市场竞争有序、创新创业活跃的现代化生物医药产业集群。

（天津新技术产业园区）

经济技术开发区

【开发区科技工作简况】 2008 年，天津经济技术开发区（以下简称“开发区”）修订并颁布了新的《天津开发区促进高新技术产业发展的规定》，制定了《天津开发区科技发展行动纲要（2008~2010）》，确定了科技发展的目标和指标体系。随着美国亚历山大科学孵化器落户开发区，天津国际生物医药联合研究院的建设，开发区生物医药服务平台、泰达软件公共技术服务平台、滨海新区集成电路设计服务平台和食品生物创新公共平台的设立，以及国家纳米产品质量监督检验中心的筹建，开发区的科技创新环境得到进一步的改善。

2008 年，开发区组织区内企事业单位申报国家和天津市各类科技计划项目 100 多个，累计取得各项资助近 2 亿元。组织了区内 13 家高科技企业参加第十届中国国际高新技术成果交易会。年内，开发区承担了一批天津市和滨海新区的重大科技创新项目，包括：天津市 20 项自主创新产业化重大项目 40 个子项中的 9 个子项目；滨海新区 12 项国家重大科技条件平台项目的 8 项；滨海新区 10 个行业技术中心的 5 个；滨海新区 50 项重大研发转化项目中的 26 项。启动孵化资金资助计划，筛选了10 家技术含量高、市场前景好、团队管理水平高的中小科技企业，给予孵化资金无偿资助。推动科技企业在国内外资本市场上市融资，信汇制药、凯莱英、博益气动、膜天膜等 10 家企业制定了上市计划。启动贷款担保特别风险金，通过泰达小企业信用担保中心，为望圆环保、德威涂料、中能锂业等小型科技企业办理贷款担保手续，解决了小型科技企业的燃眉之急。

（陈志远）

【天津开发区成为首批国家生态工业示范园区】 2008 年 3 月 31 日，国家环境保护部、商务部、科技部批准天津开发区成为首批国家生态工业示范园区。根据《国家生态工业示范园区管理办法（试行）》的有关规定，3 月 7~8 日，环境保护部、商务部、科技部 3 部委联合组织专家对开发区进行了为期两天的“首批国家生态工业示范园区”现场验收。验收组认为，开发区严格按照生态工业示范园区建设规划落实各项工作，完成了规划设定的阶段目标和任务，基本条件和主要指标达到《综合类生态工业园区标准（试行）》要求。根据专家验收意见和公示情况，国家环境保护部、商务部、科技部正式发文批准开发区为全国首批“国家生态工业示范园区”。

（陈志远）

【泰达科技企业助力“神七”】 在举世瞩目的“神七”载人航天工程中，由开发区企业天津市天大银泰科技有限公司（天津市快速成形技术工程中心）设计研制的“赋型缓冲减振坐垫”伴随3名航天员经受住了严峻的考验，获得圆满成功。继“神五”和“神六”之后，在“神七”飞船上，3名航天员第三次使用了由该公司设计生产的新产品，并再次通过了考验，进一步验证了“赋形缓冲减振坐垫”设计规范的准确性和稳定性。

（陈志远）

【获国家科技进步奖】 2008年1月8日，在全国科技奖励大会上，天津开发区企业天津科润农业科技股份有限公司孙德岭等人完成的科技成果“花椰菜育种新技术研究及优质、抗病和高产新品种选育与推广”获得2007年度国家科技进步奖二等奖。8月1日，国家科学技术奖励办公室公布了“2008年度国家科学技术奖”评审结果，天津科润农业科技股份有限公司完成的科技成果“黄瓜育种技术创新与优质专用新品种选育”获得国家科技进步奖二等奖。

（陈志远）

【入选2008年度国家科技型中小企业技术创新基金项目】 在2008年度国家科技部科技型中小企业技术创新基金第一批支持项目中，开发区共有4个项目入选，分别是天津宇创网络科技有限公司的“旁路式手机病毒网络防护系统”、威克达科技发展有限公司的“海上石油安全仪表系统(SIS)的研究与应用服务”、天大银泰科技有限公司的“面向离散制造业产品开发的数字化共性技术服务平台”和天津世佳伟康科技开发有限公司的“中药一类新药芎药苷贴片”。入选的4个项目共获得国家财政经费支持245万元。

（陈志远）

【列入天津市2008年度重点扶持专利产品目录企业】 2008年7月29日，天津市知识产权局发布了《天津市2008年度重点扶持专利产品目录》，天津德昊、南大强芯、泰达环保、中国包装、天隆农业等5家企业的专利产品列入该目录。列入该目录的企业可获得多项政策措施的扶持，包括：享受天津市2008年度国内外专利申请的最高资助标准；建立专利数据库享受50%的费用补贴；可直接申请有关专利奖项评选；定期参加国家、省部级品牌展览会并给予资助等。

（陈志远）

【获2008年天津市企业技术创新项目企业】 2008年天津开发区的5个项目获得天津市经委的科技开发专项资金支持，分别是：天津新明高科技发展有限公司、天津灯塔涂料工业发展有限公司、天津市中环高科技有限公司、天津中新科炬生物制药有限公司以及天津中新药业集团股份有限公司达仁堂制药厂。

（陈志远）

【高新技术企业认定】 2008年，根据新的《高新技术企业认定管理办法》，开发区与滨海委、市科委等有关部门配合完成了开发区内国家级高新技术企业的认定工作。全年共认定65家企业为国家级高新技术企业，包括摩托罗拉、飞思卡尔、三星电子等大型外资科技型企业，另有博益气动、清源电动车、键凯科技等中小科技型企业。

（陈志远）

【知识产权数量继续保持快速增长】 2008年，开发区新增专利申请总量达1011件，其中发明专利申请量383件，专利重点企业42家。累计授权专利1463件，其中发明专利213件。新增软件著作权41项，累计已登记165项软件著作权。开发区企业作为主要起草单位参加了85项国家标准和28个行业标准的制定。

（陈志远）

【营建区域知识产权保护环境】 2008年，开发区各相关执法部门密切配合，在全区初步形成了行政与司法并重、监管与服务配合的知识产权保护体系。开发区保护知识产权举报投诉服务热线“12312”正式开通。开发区知识产权局在国家知识产权局年度评选中被评为“专利执法先进单位”。在天津市“保护知识产权宣传周”期间，举行“知识产权助力滨海新区”在线访谈活动和“构建中国新经济平台，保护知识产权联合宣言”签字仪式。

（陈志远）

【建立知识产权产业化基地】 2008年4月，开发区依托泰达生物医药大厦，建立知识产权产业化基地，成为全市首家知识产权产业化示范基地。建设知识产权产业化基地，旨在为国内外先进技术的产业化提供基础平台，激励国内外先进技术的引进，加速专利技术的运用、转移和产业化，推动产学研的有机结合和研发转化，提高区域科技创新能力和研发转化能力。

（陈志远）

【开发区技术交易显著增长】 2008年，开发区认定登记的技术合同293项，同比增长65.5%；成交总金额5.3亿元，同比增长43%，平均每份技术合同成交金额达到180万元。其中，认定登记技术开发合同232项，成交金额4.5亿元，较上年分别增长了130%和80%，占全区成交总额的85%。此外，跨国高端技术的开发转移成为开发区技术交易的新特点，富士通天研究开发(天津)有限公司、天津药明康德新药开发有限公司等一批外资高新企业在开发区的技术交易市场中的作用日益突出。

（陈志远）

【开发区科技周活动】 2008年5月在第22届科技周活动中，开发区科协根据开发区实际，安排了内容丰富的活动，包括组织中小学生参观科普基地，在社区、蓝领公寓张贴科普宣传画、科普基地举办科普展览、参加科普报告会、发放科普图书等系列活动，活动期间开发区科技工作者调查站点被中国科协评为全国十大优秀调查站点。

（陈志远）

【制定生物医药产业规划】 2008年，开发区制定并颁布了《天津开发区生物医药产业规划》。根据该规划要求，到2015年，开发区的生物医药产业规模将达到500亿元产值，大型生产企业超过40家，产品出口比例达到30%，成为承接国际生物医药产业研发外包、药品生产外包的重要基地，形成以跨国公司、国内医药龙头企业和大量中小创新型企业为主体的生物医药产业集群。

（陈志远）

【启动天津食品生物创新公共平台】 2008年12月24日，“天津食品生物创新公共平台”正式启动。该“平台”由天津市食品加工工程中心和天津泰达国际创业中心共同建设，双方将发挥各自优势，吸引、聚集新区内外食品生物研发企业，将“平台”作为转化基地，真正做到“产学研”一体化，实现源头创新—小试成果—中试验证—产业化的发展链条，提升整个滨海新区食品行业在全国的知名度。

（陈志远）

【启动创业导师行动计划】 2008年11月27日，“天津开发区创业导师行动”启动仪式在天津泰达国际创业中心举行。首批13名创业导师与泰达初创型科技企业进行面对面交流，共同分享创业经验。该活动是落实国家科技部“中国火炬创业导师行动”的具体行动，天津泰达国际创业中心是在天津市30多家孵化器中首个启动该计划。该活动是为创业企业引荐成功的科技创业企业家或创业团队，创业导师的来源包括律师、会计师、税务师、知识产权代理人、技术交易经纪人等专家。专家辅导的方向包括知识产权、诉讼仲裁、投资并购、税务筹划、金融保险、版权登记、技术中介等。

（陈志远）

【摩托罗拉研究院天津分院在开发区成立】 2008年10月23日，摩托罗拉研究院天津分院在开发区摩托罗拉工厂成立。摩托罗拉公司研究院天津分院是摩托罗拉公司首个在中国的研究机构。分院下设4个研发中心：摩托罗拉天津实验室、第3代手机技术研发中心、全球新品样机研发中心和全球测试技术研发中心。研究项目涉及下一代制造技术研究，产品(绿色)环境设计，下一代SMT工艺研究，计算机集成制造软件系统开发，虚拟设计与制造，可靠性设计与分析，新型电子材料研究，六西格玛质量设计，手机关键部件的研发转化；3G手机新产品相关的机械设计，产品更新换代，电子测试系统设计与编程，产品制造新工艺开发；GSM, CDMA基站产品的电子测试系统设计与编程等。

（陈志远）

【现代高新电子中国研发中心开业】 2008年7月25日，现代高新电子(天津)有限公司中国研发中心在开发区开业。现代高新电子公司成立高档汽车电子产品研发中心，对于推进开发区产业结构、提升和发展汽车及零部件产业起到积极的促进作用。现代高新电子公司主要生产汽车音响、车载导航系统、AV系统、汽车安全气囊爆破控制等高档汽车电子产品，供应北京现代汽车和盐城起亚汽车，同时为美国GM、戴姆勒—克莱斯勒、福特汽车制造商提供配套。在开发区设立的研发中心，重点对汽车音响、电子及信息系统、汽车电子及相关零部件进行持续研发，最快速提供新机型开发上市。

（陈志远）

【国韵生物材料公司万吨级PHA产业化基地在开发区奠基】 2008年4月18日，天津国韵生物材料有限公司万吨级PHA产业化基地在开发区举行奠基仪式。国韵公司始终致力于开发和生产生物可降解材料及制品的研发转化，曾获得全球知名的生命科学和材料科学专业公司帝斯曼集团旗下的帝斯曼风险投资，用于其在天津开发区建设中国最大的聚羟基脂肪酸酯（PHA）生产基地。投资该项目的风险投资基金还包括凯鹏华盈创业投资（KPCB China）、中国环境基金、CRCI基金、北极光基金，LESS基金等。该产业化基地的建设充分显示了天津开发区作为滨海新区现代制造和研发转化基地的重要地位，为滨海新区和开发区高新技术企业研发转化的发展提供了有益的经验。

（陈志远）

【东方电气（天津）风电科技有限公司在开发区奠基】 2008年12月22日，由东方汽轮机有限公司投资的大型风电设备项目东方电气（天津）风电科技有限公司奠基典礼在开发区举行。东方汽轮机有限公司隶属中国东方电气集团，是国内研究、设计、制造电站主机设备的大型国有企业。公司在开发区建设的风电设备项目，首期投资5.68亿元人民币，主要从事风力发电机组的研发和生产。项目全部建成后，可实现年产1.5兆瓦风力发电机组600台、2.5兆瓦风力发电机组200台。

（陈志远）

【参加第十届中国国际高新技术成果交易会】 2008年10月，天津开发区组织区内从事生物医药、电子信息、节能环保、新材料新能源、先进制造等行业的13家企业参加的“泰达展团”，参加了在深圳举行的第十届中国国际高新技术成果交易会，其中包括泰达国际创业中心、天津国际生物医药联合研究院等3家孵化器以及信汇制药、溥瀛生物、英诺华微电子、兆阳纳米、重型装备等科技型企业。“泰达展团”重点宣传了开发区的科技政策和科技创业环境，对加强科技交流合作、吸引高新技术企业、研发机构和高级人才进入开发区，起到良好的作用。

（陈志远）

【举行第二届“药明康德生命化学研究奖”颁奖典礼】 2008年12月7日，第二届“药明康德生命化学研究奖”颁奖典礼在北京人民大会堂举行。该奖项评奖领域为药物临床前药理毒理学，评奖过程中收到了数十篇参选论文，有12位杰出科研人才获奖。其中，中国药科大学副校长王广基获特等奖，中科院上海药物所安全评价研究中心主任任进和中科院上海药物研究所研究员李川获一等奖。2007年2月，经国家科技部科学技术奖励工作办公室的严格审定和正式批准，天津药明康德新药开发有限公司设立了“药明康德生命化学研究奖”，旨在奖励中国境内从事化学、生命科学、医学、药学以及相关科技领域的研究并取得突出成就的中国籍优秀学子和中青年科技人才。

（陈志远）

【举行中国汽车产业发展国际论坛】 2008年11月8日，作为“纪念中国汽车工业改革开放30年”系列活动重要内容的“2008年中国汽车产业发展国际论坛”在泰达国际会展中心举行，来自国内外汽车行业、科研院所的千余名专家、学者和企业代表聚集滨海新区，共同探讨改革开放30年来，中国汽车产业所走过的具有中国特色产业发展道路的经验与成就。该“论坛”期间举办的“成就展”，展出了改革开放前的标志性产品、各历史阶段的标志性产品和未来设计的产品，包括车身长达6米、1984年由一汽集团设计生产的CA770TJ高级检阅车，在建国35周年的庆典上，邓小平同志乘坐该型号高级轿车检阅了陆海空三军。

（陈志远）

【召开全国危重病急救医学学术会议】 2008年10月15日，全国危重病急救医学学术会议暨第六届脓毒症高峰论坛在开发区召开。会议主要议题是对脓毒症及MODS中西医结合治疗等问题进行交流，并取得共识，对严重感染的治疗、血液净化在危重病领域的应用、肠内营养及人工肝治疗等方面进行深入地探讨和研究。会议期间，与会专家参观了泰达医院，对入院前急救—急诊科抢救—ICU（重症监护）的立体急救体系给予高度评价，同时，与会专家对滨海新区医疗技术实力的迅速发展予以充分肯定。

（陈志远）

【泰达图书馆档案馆开通科技类数据库试用服务】2008年9月，为满足开发区内企业及科研用户对科技类信息、特别是国外科技前沿信息的需求，泰达图书馆档案馆开通了Science Online和Annual Reviews数据库检索服务。《科学在线》（Science Online）是由Highwire提供平台服务的电子出版物。Science Online数据库的内容包括：Science《科学》周刊、Science Classic、Science Now《今日科学》、Science Express《科学快讯》、Science Knowledge Environment《科学知识环境》。Annual Reviews则是邀请各学科领域权威、顶尖的科学家撰写综述，回顾该学科最前沿的进展，为科学研究提供方向性指导。该库主要涵盖31个学科领域的权威综述期刊，包括生物医药类22种、物理学类10种、社科类8种，在线数据库提供全部文章的PDF格式全文，最早可以回溯到1932年。

（陈志远）

【召开国家纳米产业政策试点工程滨海研讨会】2008年6月13日，国家纳米产业政策试点工程滨海研讨会在开发区召开。研讨会期间，课题组成员进一步讨论修改了国家纳米产业扶持政策试点工程若干意见草案，并就国内纳米产业发展的财政、税收、金融等方面的政策措施及纳米产业平台构建和产业创新耦合机制等问题进行了深入的探讨和交流。

（陈志远）

【向四川汶川灾区捐赠特制CMF净水处理设备】2008年5月12日四川发生地震之后，开发区企业天津膜天膜科技有限公司研制出日产水100吨的连续膜过滤净水设备，于5月19日运往四川灾区。该公司在其原有技术基础上专为灾区设计，充分考虑到灾区现有水源多是水库、井水、河水，水质恶劣，卫生条件差等实际情况，打破以往净水设备处理的水源应为自来水的限制，加大了对水源预处理的力度，更好的保证了出水质量。为克服灾区供电困难以及设施配件不完全等问题，净水设备自身带有发电机、潜水泵、过滤系统和消毒系统等一系列的备用组件，能够利用潜水泵将地下水打上来，经过过滤系统、消毒系统以及净水设备的综合处理，可供2万人直接饮用，有效地缓解灾区人民的饮用水问题。

（陈志远）

【开发区企业首获中国驰名商标】2008年4月25日，天津市政府召开中国驰名商标企业表彰大会，开发区企业天津市金桥焊材集团有限公司榜上有名，“金桥”商标被认定为中国驰名商标，标志着开发区驰名商标实现零的突破。天津市金桥焊材集团有限公司是国际国内知名大型焊材企业，其生产的“金桥”牌焊材在国内同行业中享有极高的知名度，生产规模和技术实力在国内业界名列前茅，年产值20多亿元人民币。

（陈志远）

【滨海新区集成电路设计服务平台在开发区成立】2008年1月，滨海新区集成电路设计服务平台在开发区成立。该中心坐落于天大科技园A1楼，面积1450平方米，设有核心机房、设计室、创业室、培训教室等，同时配备各类服务器13台、PC机31台及专业化网络设备，可以完成各种集成电路全流程设计，包括数字电路、模拟电路、数模混合及FPGA设计等多个设计流程，可供多家设计企业同时进驻，满足从万门级到百万门级的不同设计需求。

（陈志远）

【国家纳米产品质量监督检验中心在开发区筹建】2008年，国家认证认可监督管理委员会批准国家纳米技术与工程研究院在开发区筹建国家纳米产品质量监督检验中心。该中心是国内唯一一所国家级的纳米产品质量监督检验中心，开发区已累计投入6000万元人民币，配置了400多套世界最先进、最集中、最齐全的纳米技术分析、检测和制备设备。现有从事纳米检测和研究人员63人，其中博士21人，硕士17人。在其基础上筹建的国家纳米产品质量监督检验中心还将投资2亿元人民币用于该中心建设。该中心建成后成为中国纳米产品最高级别的监督检验中心，同时也促进了整个区域高新技术产业的快速发展。

（陈志远）

【天津国际生物医药联合研究院一期工程竣工】2008

年底，由国家科技部、商务部、卫生部、食品药品监督管理局与天津市政府共建的国家生物医药国际创新园的核心区——天津国际生物医药联合研究院大楼一期工程初步竣工。该工程包括主楼、副楼以及连廊。主楼为研发大楼，1~4 层为办公区和公共服务区，5~19 层为研发实验室和生物制药中试中心，副楼则提供餐饮、会展、培训等辅助服务。研发大楼可容纳 140 个创业团队。作为国家生物医药国际创新园的研发区，天津国际生物医药联合研究院将搭建起完善的公共研发平台，由临床前研究、临床试验、分析测试、中试放大及信息服务体系等部分组成。

（陈志远）

区县科技

和平区

【科技工作简况】 2008 年，和平区制定科技政策，支持企业创新，引进扶持 20 家中小科技企业，举办“第 22 届科技周”活动、在社区建设科普画廊 60 延米，完成了科技大厦的前期调研论证工作，启动实施了知识产权服务园区创建工作，建成动漫创意产业园和电子信息产业园。和平区选派青少年参加全国青少年科技创新大赛，获银牌 2 块；在 22 届科技周活动中，和平区被评为市级先进单位；在天津市科普日活动中，和平区被评为市级优秀组织单位。

(周智华)

【制定科技政策】 2008 年和平区科委 征求专家及有关部门意见，起草《和平区鼓励科技创新加快科技企业发展的实施办法》、《和平区科技创新引导资金使用管理办法》、《和平区加快动漫产业发展的实施意见》和《和平区知识产权服务园区优惠政策》等文件。同时根据《和平区科技进步奖励办法》组织项目评选，对优秀科技项目和个人给予奖励。帮助和支持企业科技成果列入市科技支撑计划，争取上级部门资金支持。如：澳隆科技开发有限公司研制的“双滚刷清洗机器人”项目和天津市凯效科技有限公司研制开发的“以畜、禽胆汁为原料生产熊去氧胆酸”项目，得到市科委项目资金支持，同时区财政投入资金 100 余万元用于项目的研究开发。“双滚刷清洗机器人”改变了该设备主要依靠进口的现状，降低了清洗行业设备成本。“以畜、禽胆汁为原料生产熊去氧胆酸”项目，填补了天津市在动物胆汁应用方面的空白，为医药行业提供了质优价廉的原料及其衍生物。

(周智华)

【搭建科技服务平台】 和平区科委积极筹建动漫产业园区和知识产权服务园区。动漫创意产业园已聚集 6 家相关联的企业；知识产权服务园区有 7 家具有自主知识产权的企业入驻。和平区科委转变服务方式，完善服务体系。一是优化传统服务项目，创业辅导，代办工商、税务、银行等相关证照以及开户、年检、各种商务、物业等传统服务项目。二是搭建中介服务网络，园区与律师、会计师、专利、商标、科技咨询、投资咨询、资产评估等机构合作为企业提供专业性服务。三是加强横向联合、资源共享，与科研院所、大学建立了紧密联系，为科技企业在项目资金、研发、成果转化等方面提供便利条件。四是利用传媒为企业信息技术搭建服务平台，为企业、检索、查询、交易等更加便捷。和平区科委与今晚传媒等举办和平区科技行业诚信品牌建设活动。园区 7 家企业入选“最具市场影响力诚信品牌评选活动”，参评企业树立了企业诚信形象和品牌效应。西海康体环保科技有限公司被评为最具市场影响力诚信品牌在《今晚报》刊登后，东疆港保税区直接与该企业联系，签订了海水淡化和游泳池水循环系统工程合同；万荣电子有限公司也靠这一品牌参与了乌海市 IC 卡电表改造工程的竞标。

(周智华)

【扶持重点科技企业】 2008 年，和平区科委引进的画国人动漫创意有限公司，争取到区政府给予资金场地的支持，区科委安排专人了解企业的运营状态，协调解决企业遇到的各种问题。万荣电子产业有限公司是一个集研发—生产—销售为一体的高科技企业，公司先后研发了 IC 卡电表、水表、燃气表及远红外感应节水器具。区科委给予该公司研发场地上的租金优惠和科技发展基金的支持，同时聘请专业人士，为企业出谋划策，帮助解决遇到的困难，该企业产品已打入内蒙、山东、河北、辽宁等地。

(周智华)

【引进中小型科技企业】 和平区努力引进知识密集,高科技含量,高人力资本,高附加值的企业和成熟的科技型企业。如:天象英 卓科技有限公司是集软件、智能IC卡、射频卡、网络报警监控系统影像压缩及传输技术的开发、生产、销售为一体的专业公司,该公司100余人的团队中,硕士以上学历占20%。天津智慧连接科技有限公司、天津滨海新兴科技有限公司、随趣(北京)技术有限公司天津分公司等也都是高科技含量、高附加值的企业。全区2008年引进科技型企业20多家。

(周智华)

【科普工作】 2008年和平区科委举办了“第22届科技活动周”和“科普活动月”,组织开展3大系列、6个重点活动,被评为“天津市第22届科技活动周”和“全国科普日活动”优秀组织单位。和平区科委组织编写的系列科普宣传手册《科普知识100例》节能篇、减排篇,印发14万册,覆盖到社区家庭。全区建设了60延米的第5批示范小区科普画廊,并对31处社区科普画廊的科普展牌进行了更换;编辑、制作了科普展牌310余块,科普光盘140余套,由各街道科协组织在辖区内社区进行巡回展示和放映;区科委与区新闻中心合作,在和平区有线电视台开辟了“科普大篷车”和“科技在线”科普专题栏目,利用现代化的媒体技术进一步扩大了科普宣传的覆盖面。和平区参加“天津市第23届青少年科技创新大赛”,获得创新作品市级一等奖11项,市级二等奖16项;获得创新设计市级一等奖80项,市级二等奖110项;获得科幻画作品市级一等奖33项,市级二等奖50项。全国该项大赛中和平区参赛项目取得了两枚银牌的优异成绩,占全市银牌总数的67%。

(周智华)

【科技拥军活动】 2008年和平区科委“科普进军营”活动围绕“节能减排”的主题,宣传有关科普知识。聘请南开大学军事科学研究室教授艾跃进为驻区官兵做了题为“新时期履行新使命”的科学讲座。为连队放映12场科普录像和组织科普展牌巡展。全年到军营送书4000余册,科普光盘300余盘,400余名官兵围绕“节能减排”主题撰写征文300余篇。

(周智华)

河西区

【科技工作简况】 2008年,河西区努力推进区域科技进步,区科委积极发挥职能作用。河西区召开科技进步表彰大会,对区内30个单位的46个科技项目进行表彰奖励。全年登记市级科技成果30项。指导企业做好创新资金申报,有16家企业获得国家和天津市中小企业创新资金、市产业化推进计划、天津市和国家新产品计划资金支持共计740万元。通过了天津市2008年科技进步考核。全年认定登记技术交易合同1000余份,技术交易额4.9亿元。以科工贸发展中心为平台,做好招商引资工作,全年引进企业24户,注册资金789万元。

(刘 思)

【专利工作】 认真做好知识产权的宣传和专利推广工作,组织企业和街道参加知识产权竞答活动,并与区劳动保障部门共同举办科技成果洽谈会。全区共有5家企业列为区专利工作重点单位,1家企业列入2008年度天津市重点扶持专利产品目录。全年受理专利申请资助125项,支持资助金4万余元,为32家企业的126个项目办理专利费用减缓证明。

(刘 思)

【科技创新平台建设】 河西区与天津市科委组建天津数码影像材料生产力促进中心。2008年12月31日,天津市科委主任李家俊、河西区区长彭三分别代表天津市科委、河西区政府签署《关于共建天津市影像材料产业生产力促进中心议定书》。中心将建设成影像输出、周边技术的研发和成果转化基地以及国家级工程中心和技术中心。同时河西区科委、天津市科技创业服务中心、天津天感数码影像产业孵化器有限公司共同签署《天津影像产业科技发展有限公司协议》。2008年区第2家科技孵化器“金之源珠宝金饰品孵化器有限公司”正式挂牌。

（刘　思）

【科普工作】 2008年河西区科协被天津市政府命名天津市科普工作先进单位；“创建和谐社区”工作被评为天津市科协系统优秀科普活动。6个社区被评为天津市科普示范社区，5个家庭被评为天津市科学文明家庭。区科协编印了《我们身边的科学》培训教材，深化全民素质教育工程。

（刘　思）

【青少年科技活动】 河西区对区内29名科技辅导员进行业务培训，提高全区科技辅导员业务水平和科学素质。在“天津市第23届青少年科技创新大赛”中，全区有590项科技作品获奖，其中一等奖82个，占获奖总数的14%。河西区荣获第23届青少年科技创新大赛突出贡献奖。

（刘　思）

【科技周活动】 2008年河西区成功举办“第22届科技活动周”和“科普联合行动宣传日”，在全区组织34项活动。向街道社区发放科普挂图100余套、共1600张，发放科普知识图书、报纸、影视光盘等3000余份。组织各街道、社区、驻区有关单位、大专院校、科研院所、企事业单位开展科技咨询服务活动。河西区被评为“天津市第22届科技活动周”优秀组织单位。

（刘　思）

河东区

【科技工作简况】 2008年，河东区通过了国家和天津市科技进步考核，并被评为天津市中心城区科技进步考核优秀组织单位。河东区科委积极贯彻《科技进步法》，研究制定《河东区高新技术企业认定管理办法》、《河东区科技资金使用管理办法》、《河东区鼓励型科技骨干企业认定办法》，河东区做强做大“帅”字品牌，建设了帅明海归科技园、帅达电气化产业孵化器，9家科技企业相继创建了企业研发中心。河东区被天津市知识产权局推荐为国家知识产权强区试点单位，成立了市内6区唯一一家知识产权举报投诉服务中心工作站，并联网开通了河东区12312举报投诉电话，为依法保护知识产权畅通了渠道。

（杨　硕　李　媛）

【推进产学研合作】 2008年5月23日，河东区政府与天津工业大学举行加强产学研合作签字仪式。依托河东区政府的政策、土地、资金等优势和工业大学的技术、信息、人才等优势，共同推进产学研合作，促进传统产业改造和高新技术产业发展及科技成果、专利成果的转化；加快推动技术创新，培育高新技术产业；提高区域内产学研重点单位创新能力，促进区域内科技与经济协调发展。截至2008年底，已有10多家企业与工业大学相关学院以及天津大学、南开大学等开展了产学研的合作。

（杨　硕　李　媛）

【科技创新平台建设】 2008年，河东区科委重视“帅”字品牌建设。一是与天津电气传动设计研究所第3次合作，创建为外商和海外归国创业人员提供研发、商务及办公的创业创新发展平台“天津帅明海归科技园”。二是新建孵化器。2008年3月11日，举行了天津帅达电气化产业孵化器开业仪式。天津帅达电气化产业孵化器是中铁电气化勘测设计院与河东科委合作共同创建的电气化产业专业孵化器。2008年入驻科技企业25余家。三是在帅海、帅特、帅源、帅耀、帅雁、帅舟、帅洁、帅健等9家科技企业相继创建了企业研发中心并授牌。全区“帅”字号科技创新平台达21家，研发办公生产使用的总面积达12万平方米；在孵企业280多家；在研新技术项目41项，涉及电子技术、节能环保、地热资源、文化创意，生物医药、快艇设计等技术领域。

（杨　硕　李　媛）

【科技成果】 2008年河东区完成科技成果推广、认定、鉴定、登记50项。其中国际领先水平2项，国际先进水平7项，国内领先水平28项，国内先进2项；

科技部立项 2 项，市科委立项 10 项，区立项 8 项。

（杨 硕 李 媛）

【专利工作】 2008 年，河东区专利申请 1070 件。4 月，区知识产权局与天津市知识产权局联网开通河东区举报投诉服务电话，成立了市内 6 区唯一一家知识产权举报投诉服务中心工作站。4 月 22 日，河东区召开专利工作表彰会议，对专利数量多、质量高、在专利工作中做出突出贡献的驻区高等院校、科研院所、科技企业等企事业单位进行表彰。11 月 28 日，河东区知识产权局举办了知识产权宣传教育示范校揭牌仪式，命名 7 所中小学校为知识产权宣传教育示范校。

（杨 硕 李 媛）

【科普基础工作】 截至 2008 年底，河东区共有街道科协 12 个、科普示范小区 70 个、科普示范街 5 个；区级科学文明家庭 262 户；社区科普宣传站（室）12 个、科普志愿者 1749 人；科普画廊 145 个长度为 1566 延米；街道科普大学 12 所、社区科普学校 138 所；社区科普宣传栏 88 个、科普图书室 138 个。全区实现“五个全部”：即全部成立了科协组织；全部更名为“科教文卫科”；全部成立街道科普大学；全部建立了河东科普网站；138 个居委会全部筹建了 10 延米以上的科普长廊。河东区开展“全国科普日”和“社区主题科普月”活动，区科协被评为天津市 2008“全国科普日”活动优秀组织单位，河东区一中心小学“未来生态可循环住宅模型”评为优秀作品一等奖。组织落实区域内的“社区主题科普月”重点活动 27 项。全区 15 个小区被评为天津市科普示范小区，9 户家庭荣获科学文明家庭称号。

（杨 硕 李 媛）

【科技周活动】 河东区举办“第 22 届科技活动周”开幕式暨河东区首批“校园科技馆”授牌仪式。在科技活动周期间，组织河东区青少年“节粮在我身边”科学体验签名活动，全区有 1.4 万名青少年参加签名活动。组织全区“节约社区行”科普画廊联展活动，发放科普挂图 2600 多套，138 个社区居委会参加科普画廊联展。在全区企业、学校、街道、社区开展科技专家百场科普讲座活动，举办科技、科普各类报告会、讲座 102 场；组织医务工作者为群众健康义诊 19 次；研讨会 9 场、科技、科普知识竞赛 16 场；科普志愿者为群众服务 68 次；社区文艺展演 12 场。河东区获得天津市“第 22 届科技周活动”先进单位称号。

（杨 硕 李 媛）

【青少年科技活动】 2008 年，河东区组织 260 项初评优秀作品参加天津市第 23 届科技创新大赛，获奖作品 176 件，其中一等奖 11 件、二等奖 100 件、三等奖 65 件。区科协被评为全国第 23 届青少年科技创新大赛优秀组织单位。

（杨 硕 李 媛）

南开区

【科技工作简况】 2008 年，南开区加强政府科技职能部门管理，全新改版南开区门户网站，推进各系统电子政务建设，提升“南开区域科技创新平台”的服务水平，发挥科技支撑和引领作用，不断提高区域自主创新能力，加快科技成果转化，推动科技园区、工业园区的高新技术产业化。全年引进高新技术企业 645 户，资金到位 12.98 亿元；实现技工贸总收入 259.86 亿元，工业总产值 107.41 亿元，区域生产总值 47.44 亿元，出口额 4.24 亿美元，实现全税 8.36 亿元，留区税收 2.71 亿元。工业园加快光电园建设，大力推进产业结构调整，以发展高新技术产业为主线，打造产业集群、培育龙头企业，以机制创新为动力，把光电子产业园作为载体，借助举办光电子园项目推介会和专家论证会的契机，引进光电子行业领先技术成果和光电子企业，园区光电子孵化器内企业现已达到 30 多家，入驻企业的生产、研发工作步入正轨，光电子产业集聚效应逐步显现。全年南开区登记科技成果 39 项，向市科委推荐科技计划项目36 项，组织 26 家企业申报中小企业创新资金，申请专利 4245 件，资助专利 242 件，资助金额 7 万余元，办理区域内企事业单位专利减缓申请323件。认定登记企业技术合同1351项,合同成交总额5.50亿元。天津市科技进步监测的综合评价，南开区保持全市18个区县第一。在两年一次全国科技进步考核的中期考核中,南开区通过天津市科技进步考核,并被评为天津市科技进步考核组织工作优秀单位。

(南开区科委)

【制定科技政策】 2008年南开区科技园管委会制定了《天津新技术产业园区南开科技园关于优化投资环境,鼓励企业自主创新创业发展的若干意见》、《天津高新区南开科技园科技扶持资金管理办法实施细则》、《南开科技园选商引智创业资金实施办法》(试行)等科技政策,鼓励企业增强技术创新能力,加快科技成果转化进程,提高科技园经济发展的质量和效益。截至2008年底,有9家企业52个科技项目获得资金扶持。2008年11月6日,科技园管委会与天津滨海联创投资基金管理有限公司在泰达会馆签署了南开区首个创意产业园项目——“南开创意工坊”服务协议和“创意产业园”项目建址的合作框架协议。

(南开区科委)

【聘请院士、专家当顾问】 2008年5月21日,由中国光学学会主办,南开工业园管委会、天津新华投资集团、天津光学学会等单位共同承办的中国光学学会光电技术专业委员会会议上，成功推介了天津光电子产业园项目,聘请母国光院士、姚建铨院士、叶声华院士等11位专家学者为该项目顾问。该项目被纳入南开区重点地区规划编制方案,并在《天津市城市总体规划》展上进行展示。

(南开区科委)

【工业园区】 南开工业园进行产业结构调整，传统产业光德服装等企业退出南开工业园区，引进兰力科、帝盛电子等高新技术企业入驻。九安电子公司建血糖仪流水线,扩大生产空间1.6万平方米,年产量超过300万台,销售额突破2亿元,留区税收121.5万元。工业园落实帮扶企业措施,为园区诺达印刷等多家企业及时解决难题,扶持有专利、有品牌、技术含量高、市场前景好的帝盛电子、兰力科、天大天发等成长型高新技术企业加快产业化步伐 。

(南开区科委)

【重点科技项目】 2008年南开区科委会同有关部门推荐“节能型干式非晶合金变压器开发及产业化”等10个优秀科技型项目为全区重点项目,项目涉及环保、节能、医药、服务业等多个领域。同时南开区制定《关于推进南开区科技发展重点项目的工作意见》,成立科技重点项目协调推动组。全年10个项目申请专利14项,其中国家专利12项,中国香港专利1项，国际专利1项。全年实现税收1亿元。

(南开区科委)

【科技服务体系建设】 南开区完善“区域科技创新服务平台”建设,投资建设专业机房,购置网站发布服务器、邮件服务器、交换机等硬件设备和安装防火墙软件系统,防止外界非法篡改联网计算机内文件,保证网站安全及正常运行。2008年,网站核心数据库中搜集整理成果信息201条、技术需求13条、智力资源105条、共享设备83条及各类辅助信息千余篇,网站访问量达2.8万人次。南开区和上海市黄浦区、沈阳市和平区、深圳市福田区、北京市东城区、大连市西岗区等城区科委签订“全国15城区科技资源共享协议”,初步形成“全国技术转移联盟”。

(南开区科委)

【促进科技成果转化】 南开区科委组织申报天津市中小企业技术创新资金项目26个,10个项目获得市创新资金支持,资金额度220万元。区财政拨付专项资金30万元,对获国家创新资金的“天津市精工医疗设备技术有限公司”等3家企业项目,进行匹配资金支持。推荐创新性强、市场好的项目参与各类科技计划立项，向市科委推荐科技计划项目36项,其中火炬计划1项、自然科学基础1项、国家重点新产品1项、转化认定9项、支撑计划24项。组织企事业单位登记市级科技成果39项。全年,技术合同成交量1351项,成交金额5.5亿元,其中技术开发合同和转让合同415件,技术交易额2.54亿元。

(南开区科委)

【知识产权工作】 2008年南开区召开知识产权局揭牌仪式暨专利工作表彰会,会上,有关领导发表联合行动宣言并宣读表彰决定。南开区科委贯彻《中华人民共和国专利法》、《天津市专利保护和管理办法》,“4·26”期间,组织开展“保护知识产权,促进创新发展”宣传活动，在《天津日报》区县版进行“南开专利”专题报道，并深入街道社区，分发知识产权海报，向广大居民宣传保护知识产权重要性。2008年完成专利项目资助242件，资助金额7万余元，全区专利申请4245件。

(南开区科委)

【科普工作】 南开区科委贯彻落实《科学技术普及法》、《全民科学素质行动计划纲要》，开展科教进社区活动，以科普展板、科普知识竞答、科普制作演示、科普活动幻灯片等形式在社区宣传科普知识，提高广大居民群众科学文化知识和素养。组织区内医学会、土建学会、理科学会等9个科普学会协会开展学术研讨交流活动27次,企业科协开展“讲理想、比贡献”活动12次，8家企业22个项目被评为天津市“讲理想、比贡献”活动优秀项目。推荐12个中小学科技项目参加天津市及全国第23届青少年科技创新大赛，共计445个项目获奖。加强和改进科普基础设施建设，投入13万余元对南开科技宫、青少年科技办公室的科普设施和办公环境进行装修改造。区科协获天津市第22届科技活动周优秀组织单位和全国科普日优秀组织单位。2008年南开区通过全国科普示范区资格认定，示范期两年。市科委、市科协确定南开区长虹街为科普示范街、长虹街光明路社区等8个社区为天津市科普示范小区。

(南开区科委)

【科技活动周】 2008年5月17~23日，南开区举办以“自主创新，节能减排，和谐发展”为主题第22届科技活动周。活动期间，组织开展5项区级重点活动和60余项基层活动：邀请市科委主任李家俊为全区党政一把手作题为“增强自主创新能力，提高科技创新水平”报告。举办科普报告会、当代科技知识讲座、“南开科技杯”趣味体育运动会、“我与奥运同行”科技活动周现场会等科普活动。科技活动周期间共展出展牌500余块，举办活动300余场次，发放资料3万余份。

(南开区科委)

【青少年科技活动】 南开区开展多种形式科技活动，提高青少年创新思维和科技应用的动手能力。组织中小学生参加校内外科技活动和青少年科技创新大赛，在“天津市23届青少年科技创新大赛”中，南开区获市级一等奖84项，二等奖152项，三等奖200项。在全国第23届青少年科技创新大赛中，南开区获一等奖1项，二等奖3项，三等奖5项。南开区被评为全国青少年科技创新大赛优秀组织单位。

(南开区科委)

河北区

【科技工作简况】 2008年，河北区围绕落实市委“四三二一”奋斗目标，深化创意产业建设，在市科委的支持下，建成天津市工业设计公共技术服务平台，编制完成了《河北区创意产业发展规划（2008~2011)》。提出了创意产业发展的设计服务、咨询策划、电信服务、动画影视、人才培训、文化旅游6大重点领域，确定了“四园、三区、三基地”的空间发展格局。区政府出台了《关于河北区促进创意产业园区发展扶持政策的暂行规定》及《关于加快河北区科技服务业发展的试行办法》。河北区全年共申报科技计划项目24项，其中国家级3项。通过项目申报，共获得国家科技部、天津市科委资金支持850万元。完成科技成果鉴定6项，获得天津市科技进步奖二等奖2项，科技进步奖三等奖6项。完成技术合同认定登记524项，技术合同交易额达到6亿元；完成科技成果登记53项；申请专利731项，授权专利360项，受理专利申请资助43件；全年实施专利245项，销售收入3.1亿元。2008年河北区通过了天津市科技进步考核，并获得天津市优秀组织单位奖。

(河北区科委)

【加快科教兴区步伐】 2008年2月28日，河北区召开科技工作大会，制定并印发了《河北区2008年科教兴区执行计划》。大会对评选出的10个2007年度科技创新团队、20名科技创新先进组织者，10名河北区知识产权先进工作者和河北区知识产权工作优秀单位进行了表彰。河北区科委与区委组织部、人事局合作，完成了河北区30个单位处级领导班子科技进步目标责任制考核工作。通过了2007年度区县科技进步考核和科技进步监测，获得优秀组织单位的称号。

（河北区科委）

【发展创意产业】 2008年，河北区“3526创意工场”、“C6创意产业园”、“辰赫创意园”、“艺华轮创意工场”相继建成。区科委搭建工业设计服务平台，推动创意产业发展。该平台建于“3526创意工场”内，由市科委与区政府共同投资搭建，主要为中小设计企业提供辅助设计与快速成型、人才培训，设计制作等多方面的优质服务和技术支撑。平台分为平面设计产品服务平台和立体设计产品服务平台，综合配套服务功能和单体设备达到国内先进水平。河北区科委深入企业协调解决了登记注册、税务登记、申购发票、一般纳税人申请等企业在经营中遇到的问题，为企业提供更多更好地服务，提高了科技对区域经济社会发展的拉动力和贡献率。河北区科委开展科技服务日活动，为企业提供工商、科技园联合年检服务，组织园区企业参加河北区科技项目研讨会，为促进企业的进一步发展起到了积极的作用。

（河北区科委）

【科技园区建设】 2008年，河北区相继建成科技园A、B、C园区，中汇科技园以及天动科技产业区，形成“四园一区”的发展格局。河北区科委制作了“天津市河北区创意产业园区招商指南”。为加强对创意企业的管理与服务，科技园管理人员定期深入园区内，走访重点企业，了解企业的经营情况，对新注册的企业，全程陪同企业办理工商、税务等注册登记手续，帮助企业协调登记中遇到的各种问题，保证企业顺利注册。

（河北区科委）

【科技成果转化】 2008年，河北区科委坚持以项目申报引导企业技术创新的思路，有针对性地培训企业实行有效地对接，为企业提供更多的政策和资金支持。区科委组织了2008年科技项目研讨会，邀请市科委领导就科技计划的申报、高新技术企业认定等问题做了详细讲解，并进行深入细致的交流和探讨。区科委还组织企业参加由市、区人事局主办的“博士后创新实践项目洽谈会”。组织6个科技项目参加交流，其中有两个项目与北京大学、南开大学的博士生达成初步协议。河北区百利阳光获得天津市科技创新专项资金500万元，天津市亨特尔机电发展有限公司等5个项目获得天津市科技型中小企业创新资金125万元的资助。2008年，河北区获得2项国家级创新基金，共得到110万元的资金支持。科技成果转化及产业化推进计划5个项目得到批准，其中新产品1项、成果推广项目3项、火炬计划1项共50万元。

（河北区科委）

【知识产权工作】 2008年，河北区科委、河北区知识产权局加大了知识产权保护工作力度，在“世界知识产权日”开展了形式多样的宣传活动。组织参加2008年4月20日天津市“保护知识产权宣传周”活动的启动仪式暨2007年天津市知识产权保护状况发布会；与执法单位联合开展大型知识产权保护现场咨询活动；电访和走访知识产权重点单位，开展知识产权保护咨询服务活动；利用网站发布“12312”和“12315”举报投诉公益广告。完成天津市重点专利扶持产品申报工作。选取4个企业进行申报，其中华之阳公司被列入重点专利扶持产品目录，享受市级重点企业待遇。开展了2008年度专利实施状况抽样调查工作，对涉及河北区的78件专利进行了详细调查，经市知识产权局初审问卷合格率达到100％。

（河北区科委）

【科普工作】 2008年河北区申报天津市重点科普项目4项，申报优秀科普活动备案2项。社区青少年动漫科普活动站、青少年航模特色示范校在市科委立项，其中青少年动漫科普活动站项目获市财政15万元资助、青少年航模特色示范校获得20万元资助。河北区组织举办“第22届科技活动周”，围绕“节能环保，安全健康”主题，进行了相关科普知识的宣传和科技创新活动的普及、推广。其间共举办全区性重点活动16项。科技周呈现出“全民动员、广泛参与、服务大局、贴近生活”的特点，达到了普及科学知识、营造“尊重知识、尊重科学”良好社会氛围的目的。在“全市科普日”活动期间，河北区报送的新型自行车转向灯获得展品评比的三等奖，7件作品获得优秀奖。

（河北区科委）

红桥区

【科技工作简况】 2008年，红桥区科技工作依靠科技进步促进区域经济发展，科技进步水平稳步提升，通过天津市科技进步考核，在天津市科技进步监测整体评分中位居市内6区第2名。红桥区科委被评为全国科技管理系统先进集体、全国精神文明建设先进单位、天津市技术市场管理工作先进单位；区科协被评为天津市精神文明建设先进单位、天津市第22届科技周优秀组织单位、全国科普日优秀组织单位。2008年红桥区科技投入大幅增长，全年累计科学技术支出1930万元，科技产出效果明显。全年认定登记技术交易合同403份，合同交易登记额5.03亿元；登记天津市科技成果49项，获得市级科技项目立项15项，国家级项目立项4项。

（红桥区科委）

【特色产业发展】 2008年红桥区以天津华云自控股份有限公司、天津正本电气有限公司、天津大明制冷设备工程有限公司、天津丰和电气有限公司为龙头的一批重点电气企业电气项目得到国家和天津市的资金支持。意库创意产业园不断完善、创新运行机制和管理模式，提升和完善园区的硬件环境，加大招商引资工作的力度，全年入驻企业78家，其中城市规划、建筑设计、园艺景观、勘测设计、装饰装潢类和与之配套的科技支持和服务性企业占94%，正逐步形成“城市空间设计”的产业定位。区科委支持园区运营公司搭建特色产业平台，2008年建成数据分析处理、三位立体展示、三维立体验证3个中心。意库创意产业园建设，获得市科委“科技重大支撑计划”项目、市发改委“创意产业示范区建设专项”、市经委“国家级中小企业创业基地”项目的立项支持。在“创意改变中国”—第三届中国北京国际文化创意产业博览会上，意库创意产业园获“2008中国创意产业最佳园区奖”。

（红桥区科委）

【招商引资】 2008年，红桥区科技贸易发展区新建勤俭孵化园、临水孵化园两个企业孵化基地，着力解决载体不足问题。全年实现新引进企业42家，引资额8070万元。其中，民营科技企业25家，新增注册资金5191万元，在册企业634家；实现技工贸收入15亿元，缴纳税金总额5500万元。2008年4月19日光荣道科技园载体建设项目正式签约，协议投资额为4亿元。该产业园占地31.9公顷，是红桥区科技研发、生产加工、产品展销、人员培训和新兴产业的创业基地。

（红桥区科委）

【制定政策】 2008年，红桥区编制《红桥区科技服务业发展规划(2008年~2020年)》、《湘潭道城市空间设计产业集聚区规划》和《科技成果转化资金管理暂行办法(试行)》。新出台的政策对创新企业给予多方面、不同方式的支持，包括产品项目研发、产品试制、产品申请专利、项目成果鉴定、项目申报科技计划项目等。

（红桥区科委）

【民营科技企业】 红桥区建立区级科技计划项目库和开展政策宣讲培训，区科委会同有关部门，召开申报2008年度天津市科技型中小企业创新资金研讨会和重点民营科技企业政策咨询会，邀请北方技术市场的专家，对企业进行分类辅导。2008年，区重点民营科技企业科技项目被评为天津市中小企业创新基金项目6项、天津市科技支撑计划项目1项，科技项目立项获得天津市无偿资金支持230万元，获得国家无偿资金支持125万元，通过市科技成果鉴定1项，获得天津市科技进步奖2项。天津市大明制冷有限公司、天津市圣威科技发展有限公司、天津丰和电气有限公司、天津正本电气有限公司4个民营科技企业项目列入2008年天津市高新技术成果转化项目。天津华云自控股份有限公司、天津正本电气有限公司、天津市圣威科技发展有限公司、天津市嘉杰电子有限公司4家民营科技企业通过天津市高新技术企业认证。

（红桥区科委）

【知识产权工作】 2008年度，红桥区办理专利申请资助5次受理162件，其中发明专利80件，实用新型82件，给予资助款8.96万元。区专利重点企业专利申请114件，专利资助款7.86万元。红桥区召开表彰大会对专利工作突出的天津金硅谷木糖醇有限公司等13个专利工作先进集体和李天源等15名专利工作先进个人予以表彰；向列入天津市第二批“青少年知识产权宣传教育试点学校”暨“红桥区专利工作试点校”的中心小学、实验小学给予奖励资金7千元。全年专利授权265件，其中发明专利65件。天津市中冷暖通洁净工程技术有限公司的“浅层地能制冷、供热闭式循环中央空调系统”，天津市正本电气有限公司的“配电及自动化装置通用机柜”产品进入2008年天津市重点扶持专利产品目录。区知识产权局通过对19家民营科技企业的统计汇总，共实施专利项目146项，其中,发明专利16项、实用新型专利125项、外观设计专利5项，实现销售收入2.65亿元，实现销售利润3247万元，创外汇585万美元。

（红桥区科委）

【知识产权宣传周】 红桥区知识产权局于2008年4月20~26日，在全区范围内开展了“保护知识产权宣传周”等系列活动。活动期间制作30米的图片展牌在科普知识普及宣传长廊里进行展示宣传，在红桥有线台连续播放《知识产权ABC》专题片，利用《红桥科技》期刊报道保护知识产权宣传周的活动。在全区10个区街悬挂大字标语27幅、张贴宣传画200张。举办“知识产权保护的基本知识讲座”，提高领导层对知识产权工作的认识，全区处级以上干部及中青年干部共计110人参加培训。召开“红桥区教育系统知识产权工作推动会”，全区35名中小学校长参加会议。

（红桥区科委）

【第22届科技活动周】 2008年5月16日，红桥区举行“第22届科技活动周开幕式”5月17~23日在全区范围内开展2008年科技周活动。活动周以“自主创新、节能减排、和谐发展”为主题，突出科技服务、节能减排和安全健康、科普传播、科普创作等重点。举办“红桥区提高自主创新能力、促进民营经济发展”报告会、“红桥大讲堂——提高公民科学素质，增加知识产权保护意识”、“节能减排，保护环境”大型科普展览、第5届“大学生科普论文写作大赛”等区级重点活动18项，基层单位活动近百项。红桥区科协获“天津市科技周优秀组织单位”奖，6人获“天津市科技周优秀组织者”奖。

（红桥区科委）

【科普工作】 2008年红桥区落实《全民科学素质行动计划纲要》，完善区科普硬件设施，搭建科普社会化服务平台。全年新建3处社区科普画廊，建成区级科技工作者之家，为科技人员提供学术交流、洽谈业务、查阅资料等场所。经街科协推荐、组织评审，周进林等105户家庭被红桥区科协评为红桥区“科学文明家庭”,9户被评为市级“科学文明家庭”。2008年8月，红桥区科普大屏幕在红桥区大胡同地区建成并正式投入使用。科普显示屏播放内容为节约资源、安全健康、科学生活、消防知识等方面。

（红桥区科委）

塘沽区

【科技工作简况】 2008年，塘沽区科技工作积极组织实施各类科技项目，开展产学研合作，推进重点项目设施建设，提升科技进步和自主创新能力，完成了全年工作任务。通过了天津市科技进步考核，考核总分名列全市18个区县第一名，获天津市区县科技进步考核优秀组织单位奖；被国家人力资源和社会保障部、科技部命名为“全国科技管理系统先进集体”。

（王　妍）

【完善科技政策加大科技投入】 2008年，塘沽区进一步完善科技政策措施，制定《塘沽区产学研科技合作专项资金管理办法》、《关于进一步加强软件产业统计工作落实意见》，完成了临港工业区、海洋高新区、中心商务商业区等3个重点区域《2008~2010年自主创新行动计划》、《塘沽区2008~2010年自主创新20项重点项目》和《塘沽区科技服务业布局规划》等研究编制工作。全区财政年度科技投入5860万元，企事业单位研发投入8亿元，实现了以增量带动存量的目标。建立科普活动费、科学素质教育费和科普设施建设费于一体的科普教育经费投入体系，科普经费300余万元。2008年,区财政投入科普活动专项经费83万元，科学素质教育工作经费15万元，社区科普画廊建设费100万元，科技馆前期建设经费200万元，青少年科技创新活动专项经费69万元。

（王　妍）

【科技奖励】 2008年7月，塘沽区召开科学技术奖励大会。授予科学技术奖励21项，奖金68万元，其中科学技术突出贡献奖1项，奖金20万元；科学技术合作奖1项，奖金5万元；科学技术进步奖19项（一等奖3项，每项奖金5万元；二等奖6项，每项奖金3万元；三等奖10项，每项奖金1万元）。{按照重新修订的《塘沽区科技(协)工作先进集体和先进个人奖励办法》}，对2007年度43个科技工作先进集体和83名先进个人进行了表彰奖励，激发了全区各级科协组织和广大科技人员的创新热情。

（王　妍）

【实施重点科技项目】 2008年，塘沽区组织申报国家级、市级科技项目48项，组织实施国家级、市级和区级计划项目82项，其中35个项目通过有关部门鉴定验收，21个项目获国家级、市级科技奖励。全区133家企事业单位申报区级科技计划项目146项，其中，56个项目列为2008年度区级科技计划项目。“天津市滨海海水养殖科技园区”和“天津滨海生态农业科技园区”纳入市政府批准的首批启动建设的滨海新区农业科技园区。

（王　妍）

【开展产学研科技合作】 2008年，塘沽区制定了《塘沽区产学研科技合作专项资金管理办法》，设立了每年1000万元产学研科技合作专项资金，为开展产学研合作活动，支持企业和科技人员创新创业，促进科技成果转化和高新技术产业化创造了有利条件。塘沽区与天津大学、天津市教委签订《关于加强自主创新、促进科技成果转化的合作协议》。协调滨海新区管委会、塘沽区政府与中国科学院海洋研究所签订《共建“天津海洋技术研究院”协议》，组织实施了一批产学研科技合作项目，为10家民营科技企业选派科技特派员10名，建立了产学研合作的长效机制。

（王　妍）

【知识产权工作】 2008年初，塘沽区召开了2008年知识产权办公会议，15个知识产权办公会议成员单位审议通过了《塘沽区开展“雷雨”、“天网”知识产权执法专项行动方案》，研究部署了2008年知识产权工作任务。在科技计划项目中增设了知识产权专项，有9个项目立项，安排资金29万元；安排知识产权宣传培训等专项业务经费60万元；受理专利申请资助262件，总资助金额达22.61万元。全年专利申请量1066件。制定、发布了《天津市塘沽区“知识产权强区工程”实施方案》、《塘沽区2008年度知识产权专项资金资助办法》。利用媒体，营造知识产权保护氛围。运用现代通讯手段，采用短信群发的形式，面向全区的10余万手机用户宣传了“保护知识产权，促进创新发展”的理念。深入基层，提高公众知识产权意识。充分利用知识产权宣传日，向全区12个街道和重点企业发放知识产权宣传材料500余份。区司法局举办的“‘奥运法制宣传万里行’塘沽区送法进社区暨杭州街首届‘学习节’启动仪式”活动，制作了以“保护奥运知识产权 共享和谐奥运”为主题的宣传展板，向广大社区居民宣传了奥运知识产权相关知识。邀请专家为全区29家企业、科研院的负责人、专利管理工作人员和科技项目负责人进行了有关知识产权基础知识、法律应用、知识产权保护和信息利用等方面的培训，提高了企事业单位运用和保护知识产权的能力。

（王　妍）

【科技服务】 塘沽区科委注重科技服务体系建设。一是广泛开展政策宣传、培训。举办了“高新技术企业认定申报技巧暨财税优惠政策培训班”，培训企业信息化、网络业务等专业人员千余人次，为企事业单位和个人提供科技政策、信息咨询服务3000人次，通过市、区电视台和各大新闻媒体报道塘沽区科技工作动态和科技创新成果20余次；二是积极为民营科技企业开展服务，承办完成2008年度塘沽区科技计划项目申报受理142项，完成技术合同认定登记526项，软件录入217项，建立了塘沽区软件产业名录库。2008年，全区民营科技企业110家，高新技术企业42家，技术合同交易额4.05亿元，技工贸总收入30亿元，上缴税金1.5亿元；三是提升科技服务能力和水平。滨海生产力促进中心通过了国家科技部组织的2007年度绩效评价和中国(天津)长城认证机构ISO 9000的管理评审。与天津市知识产权服务中心签署合作协议，为企业和科技人员提供科技咨询服务6000余项次。津滨科技园孵化在孵企业52家，招商引资额1600万元。海洋高新区创业服务中心和滨海创新创业园，在孵企业62家，2008年利税2700万元。

（王　妍）

【健全基层科协组织】 2008年塘沽区在各街镇和区街道办、区农委和海洋高新区管委会设立了科技工作办公室、全民科学素质工作办公室，成立基层科协组织，调整充实了塘沽区青少年科技辅导员协会，健全了全民科学素质工作体系。全区共有14个科技办公室，12个街镇科协组织，18个企事业科协组织，7个专业学会、协会。配备专兼职科协干部130多人，青少年科技辅导员290多人，科协会员总数达1万多人，从事全民科学素质教育工作者1500余人。全区各居(村)委会拥有热爱公益事业、热心科普工作的志愿者2700多人。四川汶川大地震后，塘沽区基层科协、民营科技企业和百余名科技人员向灾区捐款207.8万元。

（王　妍）

【组织学术研讨】 2008年，塘沽区学术研讨和交流日愈活跃。全年共举办技术交流活动50多次、科技讲座20多场，撰写论文700多篇，其中，有15篇获得市科协一等奖和二等奖，有69篇论文在省市级刊物上发表。

（王　妍）

【科普工作】 塘沽区投资75万余元，在12个街镇、16个社区新建了科普画廊16组(计192延米)，在12个街镇社区科普大学和10个精品社区安装46寸电子显示屏26块，组织完成了10所学校科技创新操作室建设项目和9项重点科普活动项目的评审立项工作。在“第22届科技活动周”、“世界知识产权宣传日”和“全国科普日”等活动期间，举办了节能减排科技报告会、科技创新方法讲座、创新方法与自主创新报告会、科普进校园循环展览、“千项科普深入全区12个街道巡回展”、地震及避险知识讲座等科普宣传教育展示活动，共发放《科普天地》等宣传资料4000本，悬挂宣传横幅80多条，展出科普板报、展牌200多块，参加科普培训、报告、讲座以及接受医疗咨询5万人次。组织开展青少年科技创新活动，举办了青少年航模、科幻画等系列科技创新竞赛，评选出科技作品优秀奖103项。在“天津市第21、22届青少年科技创新大赛”中，获得市级一等奖15项，二等奖48项，三等奖111项，其中有1项作品参加“全国青少年科技创新大赛”，荣获三等奖。全区各企业科协组织开展“讲理想、比贡献”竞赛活动，全年市级“讲比”项目立项27项，完成21项，实现经济效益1.33亿元。天津长芦海晶集团公司张德强荣获全国“讲理想、比贡献”活动科技标兵和天津市“讲理想、比贡献”活动科技标兵称号；天津长芦海晶集团公司、天津大沽化工股份有限公司被评为天津市“讲理想、比贡献”活动先进集体；天津新港船舶重工有限责任公司马军、大沽化工股份有限公司徐学勤荣获天津市“讲理想、比贡献”活动先进个人称号；冯凤栋、刘立勤等荣获优秀组织者称号。

（王　妍）

汉沽区

【科技工作简况】 2008年，汉沽区在“解放思想、干事创业、科学发展”大讨论和“凝心聚力促发展，抢抓机遇创新业”主题教育活动中，紧密围绕市、区党代会精神和区十一届五次、六次全会确定的奋斗目标，大力实施科技兴区战略，加快以企业为主体、市场为导向、产学研相结合的技术创新体系建设，引导和支持创新要素向企业集聚，促进科技成果向现实生产力转化。全区共安排实施各类科技计划项目41项，其中组织实施国家级、市级项目13项；争取科技部和天津市支持资金254万元。汉沽区玫瑰香葡萄产业带建设重大项目已获市科委批准启动；民营科技型企业增加至37家；顺利通过2007年市级科技进步考核工作，并被获得优秀组织奖。茶淀镇孟瞿阝村、杨家泊镇付庄村，被市科委确定为首批13个天津市新农村建设科技示范村，其中，茶淀镇孟瞿阝村为国家级新农村科技示范村；杨家泊镇的陈继友、张效春、陶国欣和大田镇的刘桂猛4名农民分别被授予天津市2007年度海珍品养殖能手、对虾养殖能手、食用菌种植能手、淡水鱼养殖能手荣誉称号。

（汉沽区科委）

【科技立项工作】 2008年，汉沽区加大对科技项目的评审和管理力度，邀请天津大学、河北工业大学、天津农学院、市水产研究所以及该区的12位专家教授，分工业和农业两组对区属企业申报的55个科技项目进行了集中评审。经过资格审查、答辩论证、专家评审、科委主任办公会研究等立项程序，35个区级科技项目获准立项。立项数占项目申请总数的63.6%，其中，工业项目17项，农业项目17项，医药项目1项。获准立项的科技项目，技术含量高、创新性强、产品市场前景好，企业具备较强的开发能力。在组织实施14个区级科技创新专项资金项目的基础上，申报市级、国家级科技项目4项："高氮高钾硫基复合肥料的研究与开发"、"南美白对虾仔一代苗种引进培育及养成技术示范与推广"、"天津市汉沽区双孢菇标准化栽培示范"和"集装箱运输储鱼箱"项目。组织2项科技项目申报2008年度天津市科技进步奖（开发类）评选。

（汉沽区科委）

【加强产学研合作】 汉沽区紧紧围绕重点工程、重大项目，加强产学研结合，促进科研成果向现实生产力转化。一是针对城区绿化和农村造林成本高、养护难、成活率低等问题，邀请中国林科院、中国土壤协会森林土壤专业委员会主任杨承栋研究员等4人来汉沽，与区农林局对接，就耐盐碱植物的培育和如何做好土壤改良等问题进行了广泛深入地探讨，达成了合作意向，并签署了《农林废弃物轻基质在天津滨海盐碱地绿化中的应用》项目合作协议书；二是与区经贸委、区农委、区建委、区工商联、天化、盐场等部门和单位结合，面向企业发放《企业技术需求信息登记表》，了解和掌握企业需要解决的技术难题。根据企业需求，邀请全市相关大院校科研人员，带着最新的科研成果，与区内企业对接洽谈，有4家企业与5名大专院校的专家教授签订了双百科技特派员协议。三是邀请天津大学、科技大学、财经大学、工业大学、商业大学和天津农学院的13名有关食品生物技术、农产品冷藏加工、果树种植、企业管理、市场营销等方面的博士，围绕如何发挥汉沽旅游休闲度假区的整体功能优势和形成葡萄深加工特色产业基地等问题进行探讨，天顺葡萄酒厂与科技大学签署了500万元的科技合作协议。同时，邀请14名海洋化工和循环经济方面的专家教授、博士生导师参加"汉沽区循环经济发展专家论坛"。

（汉沽区科委）

【科技平台建设】 2008年，汉沽区科委与北方技术市场签署全面合作协议。双方商定，将以技术转移服务的方式，利用各自的优势，不断加强科技交流，并在各自的工作中向对方提供必要的技术支持，建立长期友好的合作伙伴关系。北方技术市场以现有的科技服务平台为基础，为汉沽区科委提供全方位的技术服务。定期向汉沽科委提供科技成果信息刊物和有关的技术资料，并根据汉沽企业的实际需求，提供技术项目及组织各种技术交流活动和技术咨询服务。汉沽区科委做好该区企业的技术难题和技术需求的征集工作，并随时反馈给北方技术市场。北方技术市场根据汉沽区经济发展的实际需要，与汉沽区科委共同策划和组织为企业服务的各类技术交流和技术推广活动。同时配合汉沽区科委积极开展项目运作，共同探索技术市场运作规律，以推动、吸引、促进科技成果的转移、转化。汉沽区科委与天津滨海高校技术转移中心建立长期的合作伙伴关系。利用技术转移中心拥有全市高校科技资源的优势，形成了产学研为一体的科技服务平台。围绕滨海茶淀科技葡萄园区和杨家泊镇海淡水养殖示范区工程建设，组织由高校专家组成的技术团队，深入一线进行科技指导，为项目提供技术和人才支持；继续围绕重点工程和重大项目，为企业提供科技支撑和人才保证，聘请天津市高校有关循环经济、机械制造等方面的专家深入北疆电厂、汉沽盐场、天德减震器厂，以特派员的方式为企业提供科技服务。

（汉沽区科委）

【知识产权工作】 2008年，汉沽区科委会同区工商局、区文化局、区公安局、区司法局等10家保护知识产权成员单位开展"雷雨"、"天网"执法专项检查，通过联合执法联查，有力打击了假冒他人专利和冒充专利的现象；举办"4·26世界知识产权日"宣传活动，采取布置展牌、发放宣传材料和现场答疑等形式，加强对知识产权的宣传保护。组织企事业单位在汉沽区新开中路开展了以“保护奥运知识产权，共享和谐奥运”为主题的宣传活动，共悬挂标语10多条，展牌50多块，发放宣传材料2000多份。全年完成专利申请164项，完成专利资助43项，天津市汉沽区茶西制桶厂的专利产品“200 L旧钢桶翻新设备”，获得天津市2008年度重点扶持专利。

（汉沽区科委）

【科普工作】 汉沽区举办了“第22届科技活动周”。该科技活动周开展了“自主创新，节能减排，和谐发展”大型科普展览；“当前我国社会阶层结构分析——以健康心态应对社会”报告会；“糖尿病防治”健康科普讲座等10项区级重点活动；在中小学开展“节粮在我身边——2008青少年科学调查体验活动”。通过举办丰富多彩、形式多样的群众性科技活动，让公众在亲身参与中体验科技进步和创新的重要作用。组织全区中小学生参加2008年天津市青少年科学调查探究体验活动竞赛汉沽赛区的初赛；在2008年举办的“天津市第23届青少年科技创新大赛”中，汉沽区获得一等奖16项，二等奖60项；制定了《汉沽区全民科学素质行动计划纲要实施工作方案》和9大行动实施方案。针对提高公民科学素质的共性问题，全年确定一个工作主题，围绕主题开展工作；汉沽区长芦汉沽盐场有限责任公司、天津渤天化工有限责任公司、中国石油化工股份有限公司润滑油天津分公司科协申报的“食用级氯化镁扩产增效”等15个项目被市级“讲理想、比贡献”活动立项，实现效益3567万元。

（汉沽区科委）

大港区

【科技工作简况】 2008年，大港区科委实施区级科技项目30项，申报国家和天津市科技项目58项，有36项被列入市级以上科技计划，争取市级以上科技资金2000余万元；13项科技成果通过市级鉴定；12家企业被认定为高新技术企业；全年申请专利400余件；技术合同认定登记额达到2.1亿元；通过了2008年度的天津市科技进步考核，科技进步监测在18个区县排名第3；国家可持续发展实验区通过验收。

（大港区科委）

【工业科技】 2008年，大港区组织召开高新技术企业和区属重点企业科技政策宣讲会以及高校与企业技术需求对接会，邀请专家帮助企业分析生产中的技术难题，进行技术指导，鼓励企业实施科技创新工程，指导企业做好各类项目申报工作。全年有12家企业被认定为高新技术企业，在大港区科技工作会议上对8家创新型企业进行表彰。大港区科委与北方技术交易市场合作开通了大港区科技网站，建立了专家库、企业库和项目库，进一步加快了区域内科技资源整合。大港区科委支持油田三次开发、开采的井间检测技术、新型驱油技术等科技项目的研究和开发，其中“油井采出液多功能处理剂”、“射孔和地层测试与射流泵三联作排液工艺系统”、“一种磁力复位无磨损单项传动技术在油田的应用”、“反循环喷射泵MFE测试联作排液诱喷式采油技术应用”等项目在国家科技部立项，得到了国家和天津市的科技资金的支持；与天津大学合作的“油田污水综合利用”项目在攻克了油田污水生化难题后，已应用在曹妃店油田的勘探开发中；鹏翎的“汽车三大流体管路系统总成模块开发与产业化”和科迈的“年产5万吨系列产品促进剂绿色环保型工艺的开发及产业化”项目得到了天津市科技创新专项资金700万元和500万元的资金支持。

（大港区科委）

【农业科技】 2008年初，大港区举办了“中国农业科技下乡专家团大港行暨农业科技新成果、新技术、新产品”展示推介会，港西街与“中国千县万亩示范基地”管理办公室签订了共建协议，双方就建设沙井子3村生态旅游农业建立了长期联系。冬枣基地实施了4个科技项目（列入市级以上计划1项）；畜牧基地实施了3个项目（列入市级以上计划1项）；海水养殖实施科技项目7项（列入市级以上计划3项）。大港区农业服务中心与天津市科技项目管理办公室签订了“滨海耐盐碱树种筛选示范”等5个技术项目合同。实施中的“国外耐盐碱树种筛选”、“滨海盐碱地综合开发利用”取得突破性进展，“肉苁蓉引进试验种植”获得成功，通过项目引进了50种国外耐盐植物，建立了相应的选育试验基地。全年围绕园区建设共实施科技项目7个，注入各级科技资金355万元。

（大港区科委）

【农村经纪人培训】 2008年大港区科技进修分院制定了“天津市大港区农村经纪人培训实施方案”和“天津市大港区农村信息员培训实施方案”，计划用4年时间，在全区范围内培养600名中高级农村经纪人。大港区科委召开了专项工作会议进行落实。首先在中塘镇启动了农村经纪人提升培训工程，截至2008年底，完成了对中塘镇、古林街147人的培训，超额完成全年培训任务。

（大港区科委）

【知识产权工作】 2008年，大港区通过召开座谈会、“保护知识产权宣传周”系列宣传活动开展了知识产权宣传工作，进一步加强专利工作。全年办理专利申请资助150余件，资助金额12余万元；推荐了2008年度重点专利产品扶持企业2家，其中天津科迈化工有限公司通过市知识产权局审定，和南开大学滨海学院一同被列为区级专利重点企业，得到天津市知识产权局的支持；办理专利申请费用减缓证明194件，申请专利突破400件；全年技术合同认定登记额突破2亿元。

（大港区科委）

【科普工作】 2008年，大港区以提高公众科学文化素质为目的，落实“四个一”科普工程。在农村22个社区的6个居民中心区，建立了共计70延米的科普画廊；投入5万余元在全区农村社区综合服务中心图书阅览室创建了20个科普图书角，购置了农业科技、种养殖技术、健康知识等方面的科普书籍4000册，供居民无偿阅读。举办了以“自主创新，节能减排，和谐发展”为主题的“第22届科技周”、“全国科普日”、“社区主题科普宣传月”活动。活动期间，共举办各类科普讲座、科普培训、研讨及学术会议120场，组织科技下乡8次，累计受教育群众20万人次。大港区科委与大港电视台合作开办了《科普大篷车》栏目，通过《今日大港》报及时刊登报道科普活动开展情况，组织一台科技消夏晚会，把科普宣传和文艺表演有机结合，在大港电影公益活动放映前，播放科普光盘，共放映了460场，受教育群众达10万余人。

（大港区科委）

东丽区

【科技工作简况】 2008年东丽区的科技工作以巩固“全国科技进步先进区”、“全国科普示范区”，创建“国家可持续发展实验区”为主线，优化科技创新环境，推动创新型城区建设。东丽区通过2007年天津市科技进步考核，在参加考核区县中名列第2，被评为天津市科技进步考核优秀组织单位。2008年全区共实施科技项目198项，其中纳入区级以上科技计划管理的经济类项目103项，新批准市级以上各类计划项目42项，取得市级科技成果41项，8家企业通过高新技术企业认定。东丽区生产力促进中心建设不断完善，通过ISO 9001质量管理体系认证。东丽区科技企业孵化器服务功能不断优化，新入驻孵化器企业10家，累计达到35家，发展民营科技企业20家。大力实施知识产权战略，培育重点专利示范企业5家，专利申请量超过1000件。广泛开展科普活动，举办了首届东丽区青少年科技创新比赛及创新成果展览，全区57所学校，243件作品参加了比赛。扎实推进科普示范工程，东丽区科普宣传栏建设列为中国科协“站、栏、员”建设示范项目。

（东丽区科委）

【组织实施科技项目】 2008年，东丽区共组织申报市级以上科技计划项目11类、68项，市级以上科技计划立项42项，其中国家级立项7项，获得市级以上无偿资助1798万元。围绕重点领域科技创新和重点产业发展，继续推动创新能力强、市场前景好、带动作用强的重大科技项目的实施。东丽区承担的“工厂化高档花卉技术集成与示范”项目首次被列入国家级富民强县科技计划。精诚机床"重型数控齿轮加工机床成套技术装备产业化"被列入市长基金项目。2008年共组织区级各类计划项目54项，其中天津赛瑞机器设备有限公司等10家企业获得了区科技创新专项资金立项。完成了对天津春发食品配料有限公司等53家企业立项项目执行情况的跟踪调查。

（东丽区科委）

【科技成果管理】 2008年，东丽区组织完成科技成果鉴定11项，其中，国际先进水平4项，国内领先水平7项。精诚机床制造有限公司完成的"YH6016重型数控弧齿锥齿轮铣齿机"、春发食品配料有限公司与天津科技大学共同完成的"酵母菌表达风味强化肽的研究与开发"、中环温度仪表有限公司完成的"气化炉可调防振热电偶"、"高炉防漏风热电偶"4项成果达到国际先进水平。完成市级以上科技成果41项，其中软科学成果1项、应用技术成果37项、取得医疗器械许可证的科技成果2项、行业标准科技成果1项。东丽区9项高新技术成果转化项目通过了市级认定，涉及到电子信息、先进制造技术、建筑节能产品、高性能机械装备、环保行业、清洁能源等领域。东丽区8项认定成果转化项目列入市科委科技成果转化及产业化推进计划，得到市科委无偿资金120万元，有偿资金200万元。项目总投资1.9亿元，全年销售收入2.1亿元，利润1667万元，税金1572万元。

（东丽区科委）

【科技奖励】 2008年，东丽区组织专家完成了2007年度区科学技术奖评审工作，评出科技合作奖1项、科技管理奖2项、科技进步奖12项、科技促进奖18项。在东丽区召开的科技大会上，区政府颁布《关于表彰2007年度东丽区科学技术奖获奖单位和人员的决定》，对获奖的单位和人员进行了表彰。2008年，东丽区有3项科技成果获得2007年度天津市科技进步奖三等奖。

（东丽区科委）

【知识产权工作】 2008年东丽区制定了《东丽区专利资助办法》、《东丽区重点专利企业认定办法》，进一步完善了东丽区的知识产权政策体系。结合"4.26世界知识产权日"，在部分重点专利企业门前及主要道路，悬挂宣传条幅，进行为期一周的宣传活动。天津精诚机床制造有限公司、天津市德凯化工有限公司、瑞普生物药业有限公司、天津春发食品配料有限公司等4家企业实施了知识产权战略。将东丽区近年来专利申报、授权、实施等相关信息进行采集、整理，建立了东丽区专利工作管理信息库。全区全年专利申请量1266余件，比2007年增长54%。

（东丽区科委）

【高新技术企业认定】 2008年，东丽区两次召开高新技术企业认定工作培训会，为原20家高新技术企业和15家意向企业解读高新技术企业认定管理办法与工作指引。天津春发食品配料有限公司、天津精诚机床制造有限公司、天津赛瑞机器设备有限公司、天津有容蒂康通讯技术有限公司、天津安达物流有限公司、中国汽车技术研究中心、天津埃柯特阀门控制设备有限公司、天津赛思科技发展有限公司通过了高新技术企业认定。

（东丽区科委）

【生产力促进中心】 2008年，东丽区生产力促进中心完成各类科技项目指导申报24项，其中市级项目18项，区级项目6项，获得市级以上立项10项。搭建培训交流服务平台，为东丽区企业高级管理、技术人员举办高新技术企业认定办法、科技政策、科技项目申报要领等培训10次，培训400人次。2008年底，东丽区生产力促进中心通过了长城质量保证中心ISO 9001质量管理体系认证。

（东丽区科委）

【科技企业孵化器】 2008年，天津博众康泰生物科技有限公司、斯第华电气（天津）有限公司等10家企业入驻东丽区科技企业孵化器，累计入驻企业44家，包括软件、生物医药、制造业、环境保护、现代农业、电子与信息、新能源与高效节能、新材料8个类型。2008年在孵企业实现销售收入5293万元，上缴税金660万元，科技投入677.3万元。在孵企业职工总数250余人，其中技术人员100余人。

（东丽区科委）

【科普工作】 2008年东丽区加强社区和学校的长廊建设，在华明家园的5个社区和南孙庄中学、鉴开中学建起了200延米不锈钢材料的标准橱窗，同时整合利用了华明街道墙体长廊100延米。科普宣传栏建设被中国科协列为“站、栏、员”建设示范项目。成功举办了东丽区“第22届科技活动周”，印制了科普宣传材料6万份，征订科普挂图200余套，组织200余人参观了“节约能源、保护环境”大型科普展览。聘请科普专家为中小学师生作科普教育专题讲座2场。开展“全国科普日”和“社区主题科普月”活动，征集筛选出24件具有代表性作品，在市科协举办的“全国科普日”启动仪式上进行展示。“社区主题科普月”期间，将“可持续发展”宣传手册5万册发放到社区、学校、机关和企业，举办科普知识讲座20期，开展健康知识咨询4次、举办知识竞答活动2次，受益群众3000余人次。开展“东丽区首届青少年科技创新比赛及创新成果展览”活动，全区57所学校，693件作品参加了比赛。表彰奖励了第4届科普奖获奖项目主要完成人75人、2007年度市级种植养殖状元1人、种植养殖能手9人和2007年度市级科学文明家庭9户。

（东丽区科委）

【可持续发展实验区创建工作】 2008年初，天津市科委批准将东丽区纳入天津市市级可持续发展实验区序列。2008年6月，东丽区将《国家可持续发展实验区申报书》及天津市科委的推荐函报送国家21世纪议程管理中心。同年11月由国家21世纪议程中心组织的专家组到东丽区进行了实地考察。专家组对东丽区开展的工作给予了充分肯定，同意推荐东丽区为国家级可持续发展实验区。

（东丽区科委）

西青区

【科技工作简况】 2008年，西青区委、区政府发挥政府在科技创新中的引导作用，加快科技创新步伐，加速科技成果转化，推动企业成为科技创新主体，全区科技创新能力不断提高。2008年，全区科学技术支出达3980万元，占区级一般预算支出的1.43%；为企业争取市级以上科技引导资金1200万元，争取科技低息贷款1300万元；以政府科技资金为引导，带动全社会投入科技资金8亿元。全区共有6个项目获市级科技进步奖，取得75项市级科技成果，有8项科技成果经鉴定达到国内领先或国际先进水平，申请专利1566件。2008年，科技进步成为西青经济社会发展的重要推动力量，全区GDP达到234.5亿元，3级财政收入73亿元，其中区级财政收入29.2亿元，农民人均纯收入1.18万元。西青区形成以开发区、街镇工业园为载体，以电子信息、汽车零部件、生物医药为支柱，以精细化工、金属制品、机械制造为基础的新型工业体系，成为国家汽车及零部件出口基地天津分基地。

（西青区科委）

【科技进步考核和科技进步监测】 2008年，西青区“科技三项费占区级财政支出比重”等指标达到考核要求，西青区以全市区县第3的成绩通过了2008年度天津市区县科技进步考核，科技进步监测排名全市区县第5名。

（西青区科委）

【科技政策】 2008年落实《西青区鼓励自主创新实施办法》等政策，对取得科技成果和列入国家级、市级科技型中小企业创新基（资）金计划的项目予以资助，资助金额207万元。修订《西青区科学技术进步奖励办法》和《西青区鼓励自主创新实施办法》，加大科技进步奖励和资助力度，科技进步奖奖金总额达100万元，并设立了突出贡献奖。

（西青区科委）

【获奖项目】 2008年，西青区共有6项科技成果获得市级奖励。天津市佳利电梯电机有限公司的“低速大转矩伺服传动系统分析设计方法及其应用”获天津市科技进步奖一等奖；天津市马克尼电子仪器有限公司的“安全数字显示瓦斯报警矿灯KLW6LM(A)”获天津市科技进步奖二等奖；蓝星化工有限责任公司的“甲苯二异氰酸酯(TDI)精制过程强化的集成技术”、天津市百利电气有限公司的“智能型可通讯低压电器及其装备”和天津太平洋制药有限公司的“吲达帕胺缓释胶囊”获天津市科技进步奖三等奖；天津市博爱制药有限公司的“中药微囊化技术开发”获天津市技术发明奖三等奖。

（西青区科委）

【实施科技计划项目】 2008年，西青区科委组织骨干企业实施市级科技计划项目。全区共有44个项目列入国家、天津市科技计划，为企业争取科技引导资金1200万元，带动企业累计投入科技资金8.5亿元，全区研发投入占全区GDP的3.6%。工业实施了天津大明制药设备厂的“外循环加热双罐热回流常压提取减压浓缩节能装置”、天津大桥金属焊丝有限公司的“低氢高韧性钛型药芯焊丝”和天津市顶硕科贸有限公司的“S-愈创兰油烃钠盐”等34个项目。农业实施了天津市必佳动物科技药业有限公司的“兽用复方喉毒灵冲剂产品的开发及应用”、天津市金三农农业科技有限公司的“双胞蘑菇高效立体栽培技术成果转化与中试”和天津市益利来养殖有限公司的“养殖小区粪污无害化与资源化利用技术集成与示范”等10个科技含量高、市场潜力大、对区域农业发展有明显带动作用的项目。通过项目的实施，企业加大与科研院所、大专院校联合攻关力度，培养了企业研发队伍，解决了一批技术难题，提升了重点产品的科技含量和企业核心竞争力，促进了高新技术产业的发展。天津大明制药设备厂通过实施“外循环加热双罐热回流常压提取减压浓缩节能装置”项目，进一步整合企业科技资源，建立了企业研发中心和资源共享平台，加强与天津大学化工学院、天津科技大学产学研合作，有效地解决了传统中药设备能耗大、效率低等弊端，提高了产品的科技含量和市场竞争力。西青区辛口镇被列入国家科技部新农村建设科技示范乡镇(试点)，重点建设“一个中心、两个基地、两个园区”，着力提升辛口镇农业生产科技含量，带动全区无公害蔬菜生产，促进水土资源的合理利用和生态环境的良性循环。

（西青区科委）

【科技成果】 2008年，西青区共登记天津同仁堂股份有限公司的“肾炎康复片”、天津市圣纳科技有限公司的“基于双CCD的智能灯光自动检测分析系统的研制与开发”等75项市级科技成果。天津市大桥焊材集团有限公司的“THG-80管道焊接用气保护实心焊丝研制”、天津市鑫成新科贸有限公司的“可编程序控制器电动轮椅研制与开发”、天津市鑫成仪表有限公司的“大量程高精度可缩比荧光色带液位计研制与开发”和天津市马克尼电子仪器有限公司的“安全型数字显示瓦斯报警矿灯KLW6LM(A)”4项科技成果经鉴定达到国际先进水平；天津市圣纳科技有限公司的“基于双CCD的智能灯光自动检测分析系统的研制与开发”、天津市必佳动物科技药业有限公司的“兽用复方喉毒灵冲剂产品的开发及应用”、天津市广发淡水养殖场的“半咸水体新型套养模式示范”和天津市益利来养殖有限公司的“猪场废水厌氧无害化处理技术研究与示范”4项科技成果经鉴定达到国内领先水平。西青区科技成果交易额3300万元，较2007年增长了近10倍。

（西青区科委）

【高新技术企业和技术中心】 2008年9月19日，西青区科委召开了“西青区高新技术企业认定工作会议”，传达了市高新技术企业认定工作会议精神，对企业进行了政策培训，对条件较好的企业进行重点指导和服务。2008年，天津市百利电气有限公司、天津东洋油墨有限公司、天津达仁堂达二药业有限公司、天津同仁堂集团股份有限公司和天津圣纳科技有限公司5家企业被认定为高新技术企业，享受15%的高新技术企业所得税优惠政策。西青区天津市金汇药业有限公司、天津市全友钢丝绳有限公司、

西青区高新技术企业认定工作会议

天津运盛化学品有限公司、天津飞乐汽车照明有限公司、天津市鑫卫化工有限责任公司、天津市泰森化工集团有限公司、天津市安兴工业气体有限公司、天津市奥路浦润滑油有限公司等8家西青区企业的研发中心被认定为区级企业技术中心。

（西青区科委）

【知识产权工作】 2008年西青区制定了《西青区知识产权办公会议成员单位职责》、《西青区知识产权强区工程实施方案》，确定了8项重点工作。西青区

4·26 知识产权保护宣传周

科委会同工商、文化等部门开展了“4·26 知识产权保护宣传周”活动，活动期间，发放了宣传材料近万份，摆放展牌、宣传图板 46 块，为群众现场宣讲了专利、商标和版权的相关政策法规等内容，推动全社会知识产权保护意识进一步增强。建立了西青区专利信息公共服务平台，为企业技术创新、科研开发提供专利信息、重点行业分析等服务。全区有天津太平洋制药有限公司的水飞蓟宾液体胶囊等 2 个产品获评天津市 2008 年度重点扶持专利产品。西青区全年累计申请专利 1566 件，专利申请量位居全市区县第 2 名。

（西青区科委）

【科普工作】 西青区加强科协组织建设，积极筹备了区科协第三次代表大会，推动街镇科协换届工作，全区 9 个街镇也召开科协第 3 次代表大会，选举出街镇新一届科协领导集体，对今后 5 年的科协工作做出安排部署。建立了天津太平洋制药有限公司企业科协，为企业科技人员施展才华提供了平台。加快科普设施、科普阵地建设步伐。推进科普“四个一”工程，在全区 128 个村建立了总长度为 1078 延米科普宣传栏，建立了 160 个科普服务站，配备了 200 名科普宣传员。西青区科普“四个一”工程建设，被中国科协评为“‘站、栏、员’建设示范项目”；鑫三农田庄被市科协认定为“市级科普教育基地”。继续开办了《科普中国》电视科普栏目，为全区人民群众送信息、送知识、送技术。选取了杨柳青一中等 3 所中小学开展青少年科学素质示范校的创建活动。认真组织了多形式、多渠道、多角度宣传科学知识，为科技创新营造了良好的社会氛围。在“全国科普日”活动中，西青区被评为优秀组织单位，同时，有 17 件小发明、小制作分别获得三等奖和优秀奖。

（西青区科委）

【农村经纪人培训】 2008 年，西青区启动了农民素质提高工程农村经纪人培训工作，制定了《西青区农民素质提高工程农村经纪人工程培训实施方案》，召开了工作推动会，分解了培训任务。各街镇加快培训进度，截至 2008 年底，全区招生近 300 人，第一期培训班已于 2008 年 12 月 23 日开班，158 名学员参加了培训。

农村经纪人培训班

（西青区科委）

津南区

【科技工作简况】 2008 年，津南区实施各级科技计划项目 97 项，其中国家科技部项目 2 项、市级项目 21 项、区级项目 74 项(科研攻关计划项目 16 项、科技创新专项项目 24 项、科研补贴类项目 14 项、农业专项项目 20 项）。津南区的立林集团、荣程集团、宝成集团、神农种业公司承担的 4 项重大科技项目列入了天津市 20 项自主创新产业化重大项目，每个项目获得市级无偿资金扶持 500 万~1000 万元。全年申请专利 1200 项，取得各类科技成果 23 项，3 项科技项目获天津市科学技术奖。津南区通过 2008 年天津市科技进步考核。2008 年全区科技项目投入 8.5 亿元，实现销售收入 4.9 亿元、税收 3200 万元。

（津南区科委）

【科技服务】 津南区科委对全区 4000 余家中小企业广泛开展调研，根据高新企业、科技创新项目、专家鉴定结论、企业规模、产品成型情况等进行了分析归类，具备创新或联合创新能力的 445 家，其中，一类企业 39 家，具有国内领先水平、填补国内空白，企业具有自主研发、或具备与科研单位联合研发能力；二类企业 156 家，具有国内先进水平，具有产品研发能力；三类企业 150 家，具有完整产品生产能力；四类企业 100 家，具备较强加工能力。津南区科委针对不同类型的企业进行针对性的科技服务。

（津南区科委）

【产学研结合】 2008 年，津南区召开了“津南区产学研工作推动会暨产学研洽谈签字仪式会议”，津南区科委与天津有关高校签订了合作协议书，22 家企业与高校签订了产学研合作意向书，校企之间的紧密合作推动了全区科技创新的发展。

（津南区科委）

【区科研攻关计划项目合同签订会】 2008 年 11 月 7 日津南区召开了区科研攻关计划项目合同签订会。区科委代表区政府与天津市润通石油设备有限公司、天津市福臻工业装备有限公司等 14 家企业分别签订了科研攻关计划项目合同，支持企业科技创新，增强自主创新能力和市场竞争力。

科研攻关计划项目合同签订仪式

（津南区科委）

【知识产权工作】 2008 年津南区申请专利 1200 项，完成了 2008 年度市级专利工作重点单位申报工作，协助市知识产权局开展了专利项目实施情况调查。区生产力促进中心重点走访了 50 余家企业，加强对专利、商标等知识产权宣传，使更多的企业对知识产权的概念、保护、应用有了更深层次的了解，协助企业撰写了 76 项专利文件，帮助立林集团等企业建立了专利检索平台。

（津南区科委）

【科技奖励】 2008 年 11 月津南区开展年度科技奖励评审工作。经单位申报，各镇和相关委局推荐，工农业专家评审，区科委研究，对津南区的 35 项优秀科技成果和科技人员进行奖励。

（津南区科委）

【科技型中小企业群体发展项目】 为促进津南区经济发展，天津市科委和津南区政府联合实施促进科技型中小企业群体发展工程，“汽车柔性焊装生产线”、“井底增压泵”、“扁型换位铝导线”等 21 个科技型企业技术创新项目立项，需投入经费 5 亿元。财政支持资金 1500 万元，其中市科委 1000 万元，区财政500 万元。21 个项目中，“汽车柔性焊装生产线”项目是柔性焊接生产线的设计、制造，车间规划，重点工位结构的三维工艺模拟点焊机器人联动工艺仿真。“井底增压泵”及配套技术，把增压技术应用到石油钻井，实现水力与机械联合破岩，提高中硬地层深井和水平井钻井速度。经评审该项技术国际领先。“扁型换位铝导线”项目以铝代铜，应用在特高压 800KV 以上电网的新型导线换位器，降低电抗器70%以上损耗，并有在线检测、短路点探测定位多种功能。

（津南区科委）

北辰区

【科技工作简况】 2008年，北辰区组织申报科技成果转化及产业化推进计划等项目35项，申报国家星火项目2项，市科委转化项目2项；申报市级企业信息化项目7项，制造业信息化项目6项，农业信息化项目8项，天津市科技支撑计划软件专项4项。4个项目被列入天津市20项自主创新产业化重大项目；30个项目被列入天津市科技计划项目；6个重大科技项目获得天津市科技创新专项资金。主持完成了49个科技产品的成果鉴定；40个区级科技项目稳步实施；6个农业科技服务中心与大专院校、科研单位建立了紧密的联系；5个试点村与科技系统5大院所建立了科技对口帮扶机制。引进农业新品种、新技术、新设备50余项。在2008年18个区县科技进步考核工作中名列第5位。

（王玉娟）

【召开科技创新大会】 2008年1月，北辰区召开科技创新大会。会议表彰奖励了9家获科技进步奖的企

区委书记袁树谦为科技突出贡献获得者颁奖

业。其中，一等奖1项，每项奖励3万元；二等奖5项，每项奖励1万元；三等奖3项，每项奖励0.5万元。对乐金电子(天津)电器有限公司、天津天士力集团有限公司、天津市金锚集团有限责任公司3家专利工作先进单位颁发了证书及奖牌。会上印发了区委、区政府制定的《天津市北辰区科学技术奖励办法》和《关于促进工业经济又好又快发展的若干政策意见》。

（王玉娟）

【6个科技创新专项落户北辰】 北辰区科委落实“四区战略”和“高新产业带动战略”，以健全科技创新体系，培育自主创新项目为重点，构建高端化、高质化、高新化的产业结构。2008年，天津雷沃动力有限公司的“高端智能工程机械动力系统开发及产业化”、天津长荣印刷设备股份有限公司的“多功能印刷设备系列开发及产业化”、天津市天发重型水电设备制造有限公司的“高效环保低水头水电成套设备关键技术研究及产业化”、天津市第二机床有限公司的“大型高精度数控立式万能磨床系列产品开发及产业化”、天津塑力线缆集团有限公司的“500KV超高压交联电缆关键技术研发及产业化”、天士力之骄药业有限公司的“注射用银通(冻干)研发及产业化”等项目，列入天津市科技创新专项资金项目。

（王玉娟）

【单总线焊机联网群控系统】 2008年4月10日，天津市7所高科技有限公司承担的“ZQK型基于总线的焊机集中控制联网及电网平衡系统”通过验收。该系统是国内第一条采用单总线实现汽车厂焊装车间电阻焊机的联网群控功能的系统，其中组态技术应用、系统软件的可重用性、通讯实时性、数据库管理以及系统安全性，提高了焊接生产线的自动化程度与管理水平。该系统成功应用于浙江豪情、上海华普等汽车公司。

（王玉娟）

【大型高精度数控立式万能磨床系列产品开发及产业化】 2008年7月5日，天津市第二机床有限公司的“大型高精度数控立式万能磨床系列产品开发及产业化”项目通过验收，其成果达国际先进水平。该项目是国家“十一五”期间发展能源、电力、冶金、船舶、国防等高技术产业所需关键制造装备，其产品具有全部自主知识产权，已申请4项专利，其中两项发明专利。

（王玉娟）

【知识产权保护】 北辰区科委在“知识产权宣传

月”期间，利用北辰科普屏、宣传条幅、展牌、发放知识产权宣传资料等形式，向企业宣传以专利、商标、版权、商业秘密等为主要内容的知识产权体系，以便了解掌握专利申报和保护的相关知识。2008 年，全区专利申请量 1337 件，其中发明专利为 762 件，占申请专利总数的 57%；组织科技成果鉴定 51 项，其中 17 项成果被专家认定为国际先进水平，33 项为国内领先，1 项为国内先进。

（王玉娟）

【科技帮扶新农村建设】 北辰区科委联合市科委科技协作促进会、星火中心、科学学研究所、科技信息研究所、科技成果转化中心等部门，与双口镇岔房子村、平安庄村、前堡村、杨河村、西堤头镇东堤头村等，建立对口帮扶机制。为帮扶对象提供整体建设规划咨询、建立特色区域网站、搭建产业信息平台，协调专家下乡、开展农业技术应用和推广、培训农村实用人才，建立科技图书室，组织科普系列活动，建设文明生态村等服务。

（王玉娟）

【农业科技形成“6+1”体系】 2008 年北辰区农业科技形成“6+1”全覆盖体系（即 6 个服务中心和 1 个新品种示范基地），该体系成为连接科研机构与“三农”的桥梁与纽带。水产养殖科技服务中心与天津市水产研究所专家芠建华、王得兴签订了技术合作协议，引进泥鳅高产孵化技术、班节对虾、观赏鱼新品种，进行水产养殖技术、新品种引进、示范、推广工作。果树种植科技服务中心与农科院林果所合作，从事设施果树标准化栽培技术、天津特色果品、品种优选产业化生产。蔬菜种植科技服务中心与蔬菜所、植保所签订引进甜瓜新品种和无公害农产品全程控制实施协议，优先选用抗病虫或耐病虫的优良品种，合理轮作、耕作、灌溉，合理使用高效、低毒、低残留农药，保证无公害农产品质量安全。奶牛养殖科技服务中心与中国农业科学院北京畜牧兽医研究所合作，研究“天津市优质原料奶生产技术集成与示范”项目，制定出“天津市优质原料奶生产技术规范”。生猪养殖科技服务中心与天津市畜牧总站合作，从事瘦肉精猪尿定性监测，猪瘟、口蹄疫、蓝耳病抗体监测和重大动物疫病病源学普查与诊断。北辰区农机科技服务中心提供相应的技术服务，引导农民应用先进、适用的农业机械进行作业，以降低人工作业强度，提高农业生产效率。正东兴业生态种植科技中心及新品种示范基地与天津农学院合作。天津农学院利用正东兴业生态种植科技中心优良的基础设施，对自主培育的果树新品种进行区域试验和跨地域果树品种适应性试验。

（王玉娟）

【“北辰农业 110”】 “北辰农业 110”是为广大农民提供农业科技、气象信息、各项政策的手机短信服务平台，已经开通了生猪、蔬菜、果树等数条服务通道，面向多个层面农户提供短信服务。2008 年，“北辰农业 110”月点击率达到 4 万多人次，成为帮助农民获取科技信息、实现科学致富的好帮手。

（王玉娟）

【企业信息化建设工程】 2008 年 6 月 11 日，天津天士力制药股份有限公司“企业信息化建设工程”项目通过了天津市发改委组织专家组的技术鉴定，其技术居国内领先水平。该项目使用多项新技术、新产品，为企业信息技术应用的标准化、规范化奠定了基础，形成了企业范围内统一的产品、客商、科目、组织、人员等的 IT 主数据，为系统整合、信息共享、决策支持等提供了有效保障，构建了企业网络基础环境平台与应用平台。

（王玉娟）

【科普活动】 2008 年，北辰区新建科普画廊 82 座。全区累计完成科普画廊建设 112 座，总长度 1120 延米。科技普及延伸至全区 13 个镇街，覆盖了 120 余个社区。北辰区新命名 10 个科普教育基地：北辰区科技馆、北辰区青光镇青光果园、天津正东兴业生态种植科技中心、天津海利畜牧水产养殖有限公司、北仓镇北仓村盛仓新苑社区公园、北辰区图书馆、北辰区刘房子花卉园艺场、天津市青水源种养殖有限公司、武警天津总队第六支队、双口镇泰华枣业合作社。2008 年 2 月，万源龙顺度假庄园被认定为市级科普教育基地。2008 年 3 月，北辰区组织中小学生参加“天津市第 23 届青少年科技创新大赛”并取得好成绩。全区选送作品 43 件，其中创新作品 2 件、科学幻想绘画 39 幅。科技实践活动 2 项。推荐25 人参加市级初、高中组创新设计竞赛，获得市级一等奖 3

项、二等奖13项、三等奖44项。

（王玉娟）

【第22届科技活动周】 2008年5月17日，北辰区举办“第22届科技活动周”。科技周期间，全区各镇、街，委、办、局、学校和企业，围绕“自主创新、节能减排、和谐发展”的主题，开展了70多项科普宣传活动。其中区级重点活动8项：面向全区小学生以环境保护、资源回收再利用、节能减排为主题的“绿色梦想 彩绘北辰”绘画展；以普及卫生知识、提高健康意识为目的的常见病系列科普讲座；面向全区的农业科技成果展；以传播绿色农业、绿色食品、有机农业、有机食品基础知识为内容的农业综合开发知识讲座；围绕科技周主题，以节能减排为主攻方向的专家节能咨询服务活动；以“自主创新、节能减排、和谐北辰”为主线，结合北辰区环境治理、打造京津公路黄金走廊开展的“拥抱百年奥运 共建和谐北辰”全民健身行活动；北辰区“鲁克杯”迎奥运放飞梦想航模竞赛；在瑞景街举办的以“迎奥运、学科普、讲环保、促健康”为主题的社区行主题宣传活动。全区组织科技服务人员800余名，科技下乡20余次，制作展牌400多块，发放科普资料500余份，100余人次参加各种类型培训。

（王玉娟）

武清区

【科技工作简况】 2008年武清区申请国家专利659项，取得区级科技成果8项，市级科技成果13项。自主研发的科技成果获天津市科技进步奖二等奖1项，区级科技进步奖6项。参与完成的科技成果获天津市科技进步奖二等奖2项、三等奖3项。组织申报推荐部、市两级各类科技计划项目29项，批准立项14项，获得政府资助金额485万元。组织申报天津市高新技术企业认定18家，已通过评审13家。

（王明忠　吴　芳）

【科技进步奖励】 2008年1月25日武清区召开科技进步奖励大会。2005~2006两个年度，武清区科技进步奖共受理申报成果26项，15项获奖，其中一等奖2项、二等奖6项、三等奖7项。

（王明忠　吴　芳）

【中药血必净注射液制备及其防治SIRS和MODS的研究】 该项目由天津红日药业股份有限公司自主研发、自行转化推广，获2008年度天津市科技进步奖二等奖。项目研发单位经过长期的基础与临床研究形成的中药复方制剂，其药理研究结果表明：其具有拮抗内毒素，抑制TNF-α、IL-1、IL-6、IL-10、HMGB1等炎性介质，保护内皮细胞、改善凝血状态、保护器官功能等作用。临床试验结果证明：其通过抑制细菌感染、应激反应等带来的内毒素释放和连锁的炎性介质释放对内皮细胞等一些生命器官细胞及亚细胞器的损伤，阻止过分的全身炎性反应，保护器官的正常功能，能有效治疗Sepsis，降低MODS患者死亡率。

（王明忠　吴　芳）

【高精度长寿命双层砌块模具的研发及应用】 该项目由天津双德建材工具有限公司自主选题、自行研发，2008年4月28日通过天津市高新技术成果转化中心组织的专家组鉴定，其成果达国际先进水平。该模具通过采用软硬双金属层型腔结构使模具的抗振动及耐磨性提高，使用寿命达到15万次以上，较传统热处理砌块模具提高50%；加工过程中采用磨削工艺设备，把模具精度精确控制在±0.1mm之间；在砌块模具芯桶横梁中采用燕尾结构连接，保证了砌块横梁连接的牢固性和可拆性。该模具在生产中彻底摒除了热处理工艺，节约了能源、保护了环境。

（王明忠　吴　芳）

【热镀锌工艺助镀液（溶剂）循环使用技术的研究与应用】 该项目由天津市武清恒泰环保设备工程有限公司自主选题、自行研发，2008年4月2日通过天津市高新技术成果转化中心组织的专家组鉴定，其成果达国内领先水平。该项目采用“中和混凝+气浮”的工艺技术，在PH测控系统的自动控制下，向中和混凝灌中加入氢氧化铵溶液至PH=5.0~5.5之间，产生氢氧化铁和氢氧化亚铁析出，然后加入过氧化氢,使氢氧化亚铁变成氢氧化铁,按 0.1%比例加入聚丙烯酰胺,使氢氧化铁絮体加大,再进入气浮系统进行分离，从而使处理后的溶剂被抽回到溶剂槽中循环使用,实现废水零排放。氢氧化铁经压缩过滤后成为固体“废渣”,作为工业原料添加剂,通过除铁留锌使每吨镀锌钢管节锌 8 千克。该项成果的应用不仅能降低原料成本,减轻工人劳动强度,提高热镀工艺稳定性和产品质量，而且使污染物得到科学利用。项目实施期间,该公司减少锌渣产量 129 吨,通过节约原材料取得直接经济效益 116 万元。

（王明忠　吴　芳）

【户用生物质系列炉具】 该项目由天津市鑫富能源开发有限公司自主研发,2008 年 4 月 11 日,经天津

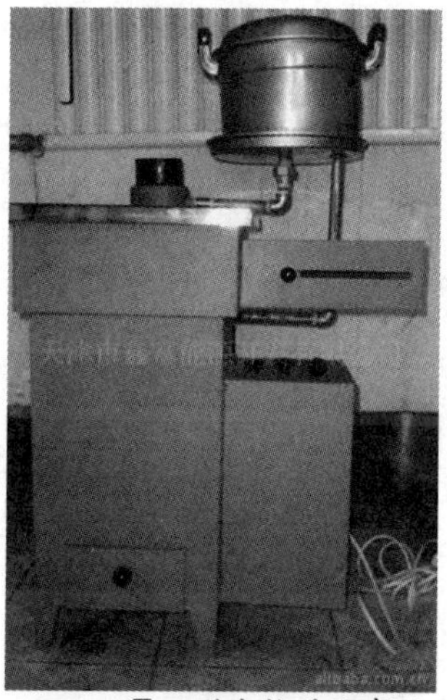

CK3.8-ⅡY 型生物质炊事炉

CNK3.8—ⅡY 型炊事采暖两用炉

市高新技术成果转化中心组织的专家组鉴定，其成果达国内领先水平。该项目采用先进焊接工艺,把制气室和燃烧室合为一体，使燃烧时所需的一次风和二次配风进行有效分离,互不串通,提高燃烧质量;直燃式半气化燃烧原理的应用，使生物质燃料气化过程中出现的焦油,在产生后即时被分解燃烧,减少污染;便捷投料器、暖气炉封火调节阀门及采暖火力转换装置的设计独特、操作方便。经权威部门检测，炊事炉热效率 44.52%，炊事采暖炉热效率 61.2%，二氧化硫排放浓度每立方米 45 毫克,烟尘排放浓度每立方米 7.1 毫克,均优于国家标准。该公司用生物质系列炉具的开发应用，使秸秆等农林副产品得到合理高效利用,从而能有效减少使用燃煤、天然气等不可再生能源的使用，为促进农林产业健康发展提供了有效途径。

（王明忠　吴　芳）

【天然气超声波计量橇】 该项目是天津博思特石油天然气设备有限公司自主研发的创新产品,2008 年 4 月 30 日通过天津市高新技术成果转化中心组织的鉴定,认为该成果达国内领先水平。该产品能取代国内原厂站式建设模式的计量站,并且成本低、安全可靠性和计量精确性高。在计量管路中的入口截断阀增设了旁通结构,其结构为“球阀+截止阀”,口径比主管口径小 2~3 级,用于防止运行初期天然气超声波流量计升压过快;计量管路入口增设了“氮气注入口”,用于在放空操作后防止产生爆燃;流量计直管道上增加了“板式消噪声”整流器,同时还具有“在线标定”、“在线审核”等功能。该产品采用的超声波流量计,计量精度 0.5 级。

（王明忠　吴　芳）

【天然气涡轮计量橇】 该项目是天津博思特石油天然气设备有限公司自主研发的创新产品,2008 年4 月 30 日通过天津市高新技术成果转化中心组织的科技成果鉴定,其成果达国内领先水平。该项目是天然气长输管道计量站内作为贸易交接计量的橇装计量装置,能集过滤、计量、流量对比、在线标定、系统放空、泄露报警、自动切换等功能于一体。计量管路中的入口截断阀增设了旁通结构,用于在放空操作后防止产生爆燃,提高安全性;在标定处增加了“压力表”结构可监测密封阀的“内漏”现象;涡轮流量计入口配置了内置整流器,流量计前后直管道采用“内壁精加工”的特殊工艺;系统具备“在线标定”功能,并且根据需要可增设“在线比对检表工艺装置”。

（王明忠　吴　芳）

【天然气压力控制系统】 该系统是天津博思特石油天然气设备有限公司自主研发的创新产品，2008年4月30日通过天津市高新技术成果转化中心组织的鉴定，认为达国内领先水平。该系统是将安全切断阀、监控调压阀、工作调压阀按照从上游至下游的顺序，串联在一起的调压设备，具有压力调节稳定、调压精度高、流通能力大、系统安全可靠、压力等级高、远程控制、自动切换、安全放散、远程切断、限流限压等功能。该系统在调压指挥器增加了过滤器和"电加热器"，能有效防止调压过程中出现的"节流温降"现象；采取了取压管"电伴热+保温"措施，防止调压过程中出现"冰堵"现象；增加了"限流限压"控制工艺产品，实现远传控制，使流量调节平稳，避免安全紧急切断阀误动作。

（王明忠　吴　芳）

【天然气站内自用气计量调压橇】 该产品由天津博思特石油天然气设备有限公司自主选项目、自行研发，2008年4月30日通过天津市高新技术成果转化中心组织的专家组鉴定，认为达国内领先水平。站内自用气调压、计量系统，作用是为压气站压缩机组的燃气轮机，站场燃气发电机与站场生活用燃气等提供气源。该产品采用"双切断阀+自力式调压阀"的压力控制方式，可实现切断时两个阀同时动作；对调压阀的取压管路进行"电伴热带+保温"，可防止"冰堵"现象；采用涡轮流量计，可进行温压补偿；对过滤后的气体进行预热，避免产生"节流"效应。

（王明忠　吴　芳）

【彭泽鲫高效养殖产业化综合技术开发】 该课题是天津市志强淡水养殖有限公司承担的部、市两级星火计划项目，2008年1月15日通过天津市科委组织的专家验收，并登记为市级重大科技成果。项目组围绕池塘选择、清淤消毒、苗种检疫、密度控制、品种搭配、科学喂养、水质监控和生态防病等环节开展技术开发集成工作。通过创建一种统一投放苗种、统一提供饲料、统一技术指导、统一检验检疫和统一销售出口的"五统一"经营管理模式，为生产者提供产前、产中、产后全程系列服务，从而确保关键技术落到实处。项目实施期间，累计规模达3.1万亩，平均单产达820千克，比项目实施前提高17%，总产量达2.54万吨，出口合格率达90%，实现总产值2.42亿元，带动养殖户每亩增加纯收益736元，累计增创经济效益2281.6万元。

（王明忠　吴　芳）

【无公害蔬菜流通保鲜关键技术开发与示范】 该项目是天津市黑马工贸有限公司和天津科技大学共同承担的天津市科技攻关计划项目，2008年5月9日

冷库制冷设施

西兰花流通保鲜现场

通过市级专家组进行的结题验收，并登记为市级重大科技成果。该项目在2005~2008年组织实施期间，开发高湿遇冷保鲜和差压预冷保鲜两种保鲜设施；研制运销用TiO_2纳米保鲜膜、蔬菜微加工清洗剂和丁香等植物天然保鲜剂三种保鲜材料；研发蔬菜流通存放环境温湿度自动监控系统；制定10种无公害蔬菜流通加工保鲜工艺流程。继而开展的上述流通保鲜新技术的集成应用，使西兰花保鲜30天的商品率达96.8%；西兰花、青椒、甘蓝、胡萝卜等10种蔬菜流通保鲜8~15天，平均减少损耗8.5%。

（王明忠　吴　芳）

【城镇路网绿化新树种引进、试验示范】 该项目是武清区林业科技推广中心承担的武清区科技发展计划项目，2008年10月17日通过市级专家组的验收，并登记为科技成果。项目实施期间，在区林业种苗服务站、区森林生态公园管理所、天津学宁花木园艺场建立了3个试验基地，共引进树种（品种）23

运河武清段绿化新树种——构树

运河武清段绿化新树种——美国红枫

个，苗木 7.45 万株。项目组通过对各树种（品种）生长量、抗性的对比调查，筛选出适合该地区土壤、气候条件的城镇路网绿化优良新树种（品种）5 个，即构树、栾树、美国红枫、楸树、樱花，采用地膜覆盖扦插和种条基部生长调节剂处理配套育苗新技术，累计繁育新树种苗木 21 万株。项目完成时，选定的树种已在武清区运河两岸绿化带、杨村镇雍阳道、杨村镇泉发路进行绿化美化应用示范，采用坑大、水足、生根粉沾根等成套技术，使树木平均成活率达到 98.2%。

（王明忠　吴　芳）

【超高产小麦新品种轮选 987 引进及高效栽培技术示范】 该项目是武清区种子公司承担的天津市科委科技成果转化及产业化推进计划项目，2008 年 9 月 10 日通过天津市科委组织专家进行结项验收，并登记为科技成果。项目实施期间，项目组对由中国农科院引进的超高产小麦新品种轮选 987 进行了配套技术研究（如播期、播量试验，浇水试验，施肥试验），进一步摸清了该品种的特征特性，并制定出适合天津地区生态及生产条件的生产技术规范。建立的 10 个百亩示范田和 2 个千亩示范田，平均亩产分别达到 583.4 千克、542.4 千克。同时，建立繁种基地1 万亩，累计扩繁良种 637.2 万千克。示范推广面积达到 19.6 万亩，平均亩产达 467 千克，比京冬 8 增产 15.9%。项目期间累计小麦增产 1295.75 万千克。该

轮选 987 繁种期田间表现

品种抗病、抗倒、适应性强，适用于天津及周边地区小麦种植区。

（王明忠　吴　芳）

【出口蔬菜微加工及流通保鲜关键技术开发与示范】 该项目是天津市黑马工贸有限公司、天津市食品加工工程中心和国家农产品保鲜工程技术研究中心（天津）共同承担的天津市农业科技成果转化项目，2008 年 11 月 5 日，通过天津市级专家组进行的结题验收，并登记为科技成果。项目实施期间，先后研发出天然保鲜剂、纳米保鲜膜和蔬菜微加工清洗剂

荷兰豆加工现场

蔬菜流通保鲜运输车

各 1 种，并申请实用新型专利 1 项。通过科学整合、配套应用，使青椒低温下贮藏 30 天，黑斑病的发病率比未处理的降低 25%，货架期延长 20 天，生菜 8 天失重率仅为 17.2%；完成高湿保鲜库的改造，明显

减少蔬菜预冷过程中产生的损耗，并实现节能；制定出6种蔬菜（香菜、西芹、西兰花、结球甘蓝、生菜、荷兰豆）的流通保鲜工艺技术流程，常温运输10~30天，基本保持商品品质，所建立的4种微加工蔬菜（马铃薯、胡萝卜、甘蓝、花椰菜）流通保鲜工艺，达到超市4天的保质期标准。

（王明忠 吴 芳）

宝坻区

【科技工作简况】 2008年，宝坻区科技工作一是通过了天津市科委组织的2007年度科技进步考核，并被评为天津市2007年度区县科技进步考核"优秀组织单位"，科技进步监测排在全市第九名。二是对2006年出台的《宝坻区鼓励科技创新实施办法（暂行）》进行兑现，区政府拿出45.75万元对科技创新企事业单位和科技人才进行了表彰，同时为了扩大奖励的范围和力度，2008年对政策进行了修改和完善。三是加大科技投入，宝坻区科学技术支出占财政支出的1.78%。四是全年取得市级科技成果10项，有5个项目通过了天津市科技成果鉴定。五是组织申报各类科技项目102项，其中市级以上科技计划项目31项，争取资金585万元；区级科技计划项目71项。全年技术交易额5698万元，专利申请量158件，同比增长50%。2008年确定1家高新技术企业。

（周树良 王会贤）

【应用益生菌营养素实现生猪健康养殖技术】 该项目由天津天农康嘉生态养殖有限公司余品良、郭宸、陈楷行等研制，2008年12月18日通过天津市科技成果鉴定，其技术达到国际领先水平，是该区第一个达到国际领先水平的科技成果。该技术成果用益生菌营养素完全代替猪饲料中的抗生素等非营养性添加剂，调节了动物体内微环境，降低了猪粪对环境的污染，实现了生态养殖，康佳标准养殖模式的动物福利措施，缓解了动物应激反应，改善了猪肉的品质。

（周树良 王会贤）

【智能化系统生产高强防腐预应力输水管道】 该项目由天津市泽宝水泥制品有限公司王明泽研制，2008年6月14日通过天津市科技成果鉴定，其技术达到国际先进水平。该技术使恒压精度由目前国内外通行的±0.02Mpa提高到±0.01Mpa，使单节管材的生产周期由原来的9~10小时减少到6~7小时，养护耗汽量由原来的1.2吨减少到1.0吨，节约能源20%以上，产品合格率在99.5%以上。

（周树良 王会贤）

【天津冠元3项成果通过市级鉴定】 天津冠元科技发展有限公司研发的"矿灯用2-MF-7型高能量密封免维护铅酸蓄电池"、"太阳能用6-MF-100型高能量密封免维护铅酸蓄电池"、"飞机地面起动用MF-500型高能量密封免维护铅酸蓄电池"，2008年12月29日通过天津市科技成果鉴定，其技术均达

高强防腐预应力输水管道项目鉴定会会场

到国际先进水平。"矿灯用2-MF-7型高能量密封免维护铅酸蓄电池"各项技术指标均达到或优于GB7957-2003，MT26-2004标准要求，其中，体积比能量达到133Wh/dm^3，重量比能量达到48.81Wh/kg，循环寿命达600次以上。"太阳能用6-MF-100型高能量密封免维护铅酸蓄电池"各项技术指标均达到或优于国际电工委员会IEC标准、GB/T14007-92标准要求，其中，电池的重量比能量达到50.8Wh/Kg，体积比能量达到145.7Wh/dm^3，标称容量提高100%。"飞机地面起动用MF-500型高能量密封免维护铅酸蓄电池"各项技术指标均达到或优于

GJB606-1988、GJB2514-1995、GJB3992-2000 标准要求。其中，重量比能量达到 50.53Wh/kg；体积比能量达到 137.14Wh/dm³；3CA 启动时间达到780s，比国际标准高出 160%；-40℃ 3CA 启动时间达到180s，比国际标准高出 140%。

（周树良　王会贤）

【宝坻科技特派员服务三农主题示范活动】 2008年1月18日，以科技特派员服务三农为主题的天津市“三下乡”主题示范活动启动仪式在宝坻区举行。主会场举行了启动仪式，市委宣传部向宝坻区乡镇

服务三农活动启动仪式

宣传部门捐赠了笔记本电脑，向科技特派员代表颁发了聘书。分会场分别设在马营村的500亩设施农业基地、鑫宇养殖专业合作社的奶牛场、天农康嘉生态养殖园。科技特派员与农户对接，现场进行技术指导。

（周树良　王会贤）

【中国生态农业千县万亩示范工程落户宝坻】 2008年2月18日，由中国农业科技下乡专家团、全国生态农业千县万亩示范工程办公室和宝坻区人民政府共同主办的“中国生态农业千县万亩示范工程专家行启动仪式暨宝坻区第22届科技活动周开幕式”在宝坻区举行。各级领导、5个科技特派员工作站科技特派员、新开口镇设施农业种植大户180人参加了启动仪式。启动仪式后，中国农科院蔬菜花卉所王耀林研究员作了设施农业建设讲座，之后专家们深入到蔬菜大棚为农民现场答疑，为农民传授实用科技知识，并向新开口镇6个农业合作社赠送了科技图书。宝坻区被评为“第22届科技活动周”优秀组织单位。

（周树良　王会贤）

【青少年科技创新活动】 2008年5月24日，“节粮在我身边”2008年天津市青少年科学调查体验现场互动活动在宝坻区育英中学举行。7月4日宝坻区科委与区教育局联合举办“首届宝坻区青少年科技创新大赛”，区财政拨款10万元用于竞赛活动开展。共有500余作品参加了比赛，筛选出40项优秀作品参加“天津市第23届青少年科技创新大赛”。同时组织开展了“节约用水社区行”展示活动，以展牌、图片、节水器具及节水小发明展示的形式，在社区宣传节约用水的意义，普及节水知识，推广节水新技术新方法。

（周树良　王会贤）

【知识产权工作】 宝坻区知识产权工作一是区知识产权局联合工商宝坻分局和区文化局在4月26日举办了以“保护知识产权，促进创新发展”为主题的“世界知识产权日”宣传活动。二是区知识产权局与电视台一起深入企业，录制企业保护知识产权、促进创新发展系列专题报道。三是举办了由26家民营科技企业参加的知识产权知识竞赛活动，在全区范围内对获奖单位和个人进行了表彰。四是举办了3期知识产权培训班，邀请市知识产权局、专利事物所专家对专利申请企业、项目申报企业进行专利申请培训。五是加强执法能力建设，积极开展知识产权保护。加强同公安、工商、文化、技术监督等部门的协作，有效制止了假冒专利商品的流通。2008年宝坻区被评为全国专利执法先进集体。

（周树良　王会贤）

宁河县

【组织科技下乡活动】 宁河县采取办培训班、现场技术指导、发放技术资料等形式，送科学技术下乡。2008年全县共组织科技下乡活动85次，参加活动的专业技术人员416人次，发放技术资料2900多份，受益农民5500多人次。组织3000多名乡镇村干部和农民到县蔬菜技术示范培训中心培训学习。现场技术

指导25次。发放各类技术资料6300余份。

(李佑强)

【科技计划与科技成果管理】 2008年，宁河县完成国家级、市级科技项目成果8项：市级星火项目“绿色环保高效团头鲂专用配合饲料示范应用”；市级农业科技成果转化项目“新型复合养殖生态系统斑节对虾高效养殖技术示范”；天津市高新技术成果转化项目“优质种猪工厂化健康养殖”、“环保型高浓度缓释复合肥料”、“基于微生物快速腐熟技术设施绿色蔬菜全季节有机土栽培”；国家级新农村建设科技示范村—赵学；天津市新农村建设科技示范乡镇—丰台；市级科技成果推广项目“棉花枯黄萎病综合防治技术推广”。全年完成14项市级科技成果登记认定：即“斑节对虾高效高产养殖技术研究”、“棉花系统化控栽培技术推广”、“麻黄碱与丙泊酚芬太尼配伍用于无痛人流的临床观察”、“团头鲂高产高效健康养殖技术示范”、“纯开水型加热器”、“组合式玻璃电脑桌”、“组合式玻璃电脑桌(1)”、“具有断电保护功能的加热器”、“单轮手扶耘播机”、“锂电池串放并充安全模式充电器”、“纤维级pet改性低熔点共聚酯”、“杂交新品种—黄金鲫”、“钢管柱形散热器”、“双搭管柱形散热器”。

(李佑强)

【农业新技术推广】 2008年，宁河县科委组织推广10项农业新技术：棉花枯黄萎病综合防治技术推广计划20万亩，实际完成20万亩；黄瓜新品种栽培技术推广计划2000亩，实际完成2200亩；无机轻体复合中棚在蔬菜生产中的推广计划3000亩，实际完成3700亩；中棚番茄无公害高产栽培技术推广计划5000亩，实际完成8000亩；美国白蛾生物综合防治技术推广计划1万亩，实际完成1万亩；南美虾与丁鱼岁鱼套养技术推广计划2500亩，实际完成2500亩；猪支原体肺炎疫苗推广计划4万头份，实际完成4.2万头份；棉花生产机械化技术推广计划15万亩，实际完成17万亩；棚室机械化技术推广计划1500亩，实际完成1600亩；渠灌区大口径管道节水灌溉技术推广计划2万亩，实际完成2.5万亩。

(李佑强)

【科技活动周】 2008年5月16~22日，宁河县科委组织“节能、环保、安全、健康”为主题的“第22届科技活动周”。科技周期间紧密围绕主题组织县级重点活动10项，乡镇局活动49项，组织讲座、报告会、研讨会23次，1809人参加，组织培训班49期，4470人次参加，开展义诊和科技赶集11次，服务对象1.16万人次，179名专业技术人员深入农村开展技术咨询服务，发放各类宣传品4.5万份。宁河电视台报道科技周活动42条次。

(李佑强)

【知识产权工作】 宁河县科委在知识产权宣传周期间，会同电视局，在宁河电视台播放了自制的知识产权宣传专题片，在黄金时间连续播出。县工商局深入工商企业发放宣传资料宣传保护第29届奥林匹克标志。县新闻出版局采用上街宣传方式宣传版权法，现场发放宣传资料3000余份。在芦台镇的7个小区设知识产权宣传栏，悬挂、张贴知识产权保护宣传画、发放宣传资料并在现场开展咨询服务活动。马丁康华公司“康华御马”被评为天津市著名商标。全县专利申请量62件。

(李佑强)

【地震观测与救援】 宁河县加强地震观测，做到按时观测，数据及时上报市地震局。2008年完成了宁河县、各乡镇的地震应急预案和12个专业保障计划修订，调整充实7支地震救援分队。全年落实地震异常5次，其中请国家地震局专家落实1次，请市地震局专家落实2次。

(李佑强)

【超级稻品种引进与示范】 该项目引进适合宁河县种植的高产优质超级稻品种，研究与之配套的栽培技术体系，大幅度提高水稻产量。“10优18”重点示范面积300亩，亩产720千克。“金优1号”、“9618”、“3151”、“金优4号”、“津源4”等品种进行小区生产试验，试验面积10亩。

(李佑强)

【农村“四个一”工程试点】 2008年宁河县选出东四镇10个村为“四个一”工程试点村，每个村建一个高标准科普宣传栏，确定一名科普宣传员，按照资源综合利用原则明确一个科普活动室。积极联系市科协，中国科协和县有关部门完成了在县电视台播出一套科普宣传节目—“科普大蓬车”。该试点工作通过市科协验收。

(李佑强)

静海县

【招商引资引智】 静海县科委强化科技引领作用，推动全县经济发展。2008年引进3个项目：中国农业科学院饲料研究所北京挑战集团承办的国家“863”计划项目“饲用基因工程酶高技术产业化示范工程”项目，落户县经济开发区，一期投产运营，经鉴定其技术水平达国内领先，获国家科技进步奖二等奖；2008年6月，天津市食品研究所、天津食品工业生产力促进中心建设项目，落户天宇科技园；引进安徽省淮北市科技局梅忠武在中旺镇罗庄子村种植枣新品种“武传枝8号”200亩。和高等学院、科研院所洽谈合作项目：静海县与中国科学院、中国农科院、天津大学、天津农科院、天津农学院、中国农大等10多所院校，以及畜牧所、黄瓜所、作物所等20多个单位合作，聘请200多名专家带资金带项目带技术来静海创业，专家为静海县培养了一批“土专家、土秀才”和种养殖状元能手，仅“饲用基因工程酶高技术产业化示范工程”项目，引进中科院院士1名，博导、教授8名。

（静海县科委）

【枣产业示范工程】 2008年静海县选定金丝无核、金丝新4号、阳信大枣、静海冬枣、马牙等5个适宜静海种植的优质、高产、抗病虫害能力强的主栽品种，通过高接换头、高位嫁接等新技术，优化现有枣树品种，改造劣质果园8万多亩。推广冬枣优质丰产栽培技术，针对冬枣栽培技术难题，聘请院、校、所专家，在15个乡镇30个村60多户建立示范点。实施冬枣保鲜技术示范，在静海镇等乡镇示范推广微型冷库保鲜技术，发展储藏保鲜专业示范户10余户，储存期超过120天，好果率达到90%。

（静海县科委）

【小麦、专用型甘薯新品种引进】 静海县科委在部分乡镇进行品种改良，引进小麦新品种4个，其中“津麦6001”在中旺镇等6个乡镇推广300亩，未浇一水平均亩产358千克，破解盐碱地干旱缺水束缚小麦丰产的难题。引进甘薯新品种17个，筛选适宜该地区种植的新品种4个，建立30亩优质种苗繁育基地，新品种甘薯累计示范推广面积5000亩，甘薯平均增产26.5%。

（静海县科委）

【发展养殖产业】 2008年，静海县实施“天津旺顺牌优质风味猪肉配套系育种技术研究与无公害生猪生产技术推广”、“新型饲料添加剂丁酸钠制备关键技术研究”、“安全饲料添加剂二甲酸钾规模化生产与示范应用”等项目。完成了“旺顺”母系二个世代的选育、性能测定，培育出500多头“旺顺”牌种猪。支持刘朝阳建立天泰怡昌养猪技术服务中心，解决人工授精及品种改良，开展技术推广及疫病防治。同时，实施“奶牛健康饲料与精细养殖技术研究与开发”、“奶牛乳房炎综合防治技术推广”、“牛结核ELISA诊断试剂盒应用”和“奶牛性控技术”，使全县养殖产业得以较快的发展。

（静海县科委）

【农业园建设】 2008年静海县科委配合县农业局在生态农业园区，引进市农科院作物所、黄瓜所的“实施玉米、小麦、黄瓜优新品种培育”、“蔬菜新品种引进和安全生产技术”、“节水技术和设备示范应用”等多项科研成果。在生态农业园区实施“分期播种技术和西瓜嫁接技术”、“早春和秋延西瓜栽培技术试验示范”和“西瓜嫁接技术”，解决西瓜种植重茬的技术难题。实施“反季节林地种植香菇”、“木耳高产技术示范”项目。全年引进筛选出耐高温、抗病、高产品种2个，示范推广遮阳网覆盖种植、节水微喷增加种植区空气相对湿度等多项高产技术，示范100亩，推广300亩。同时，实施“蔬菜安全生产技术集成与示范”、“彩色尖椒优质新品种选育技术研究及生产示范”、“高能温室大棚示范推广”等科技项目。落实蔬菜安全生产技术集成示范面积2000亩，推广2万亩。

（静海县科委）

【科技特派员制度】 2008年静海县科委鼓励支持科技特派员以创办农技协、合作社组织、技术入股等模式组建农业科技推广组织，科技特派员依托科技项目围绕主导产业和特色产业进行创业，引进示范推广优良品种，推广适用技术，探讨现阶段有实际效果的农业科技推广新体制，把实用技术成果传播到农村千家万户。2008年，全县共派出科技特派员25名，辐射10个乡镇的35个行政村场；建立示范基地20个，示范面积5千多亩；推广新技术36项，新品种33个；创建专业技术协会及合作社12个，辐射带动农户6千余户；实施市级以上科技项目11个。

（静海县科委）

【科技创新】 2008年，静海县科委在子牙循环经济产业园实施“废旧机电和电子信息产品绿色回收关键技术开发及集成应用”项目，引进高新技术，建立子牙环保产业园技术研发中心，研究废旧细线缆的破碎分选技术和生产线建设运行，解决细线焚烧难题；研究应用漆包线自动脱漆、难拆解电线、电机绕组和电子线路板梯级热态分离、尾气回收利用和净化处理技术与装备，解决拆解难题；研究应用电子信息产品中稀贵金属富集、提纯和重金属安全回收技术，解决稀贵金属提取难题。在天津市大陆制氢设备有限公司实施“水电解制氢关键技术与成套设备开发及产业化”项目，当年该项目通过鉴定，其技术达到国际先进水平。在静海县华源公司、大陆制氢、世纪焊接、星达塑料有限公司等重点科技企业建立了企业技术研发中心，负责新技术新产品开发和科技人才培养。同时在天海同步器、联众钢管、大邱庄薄板公司等20家企业中推进制造业信息化工程，用信息技术改造和提升传统产业生产自动化水平，实现设计制造集成化、信息化。天大天发科技发展有限公司、天大北洋化工设备有限公司、天津大陆制氢设备有限公司、天津生机集团4家企业通过了天津市高新技术企业认定。2008年申请专利279项，其中发明专利213项，实用新型27项，外观设计39项。

（静海县科委）

【科普工作】 2008年静海县落实《全民科学素质行动计划纲要》，加强全县的科普设施和科普阵地建设，启动科普“四个一”工程建设项目，在全县农村建立一个科普活动站、一个科普宣传栏，一名科普宣传员、一个科普大棚车电视播放网。成功举办《全民科学素质行动计划纲要》联合宣传日活动，接待咨询群众500余人，发放各种书籍、资料1万份。开展反对邪教警示教育，完成县反邪教协会年度检查工作，完成“全国县级科协科普工作测评”、“科协基层组织及会员和科协所属学会会员调查”工作。2008年5月17日至5月23日举办以“自主创新，节能减排，和谐发展”为主题的“第22届科技活动周”，在全县范围内开展科技交流、学术研讨，组织参加增强自主创新能力报告会、研讨会，展示自主创新成果及节能减排、保护生态环境等科学普及系列活动。组织50余名科普工作者和科普志愿者参加了科普宣传和咨询服务活动，参与活动近3万人次。积极组织“科普日”、“社区主题科普月”活动。组织参加天津市科技辅导员论文征集和天津市科技辅导员创新作品征集活动，其中2篇论文获市三等奖，11项科教制作分获国家和市级奖，2项课件作品获国家一等奖。组织全县青少年参加“天津市23届青少年科技创新大赛”，1205人参加决赛，986人获奖，其中一等奖43人、二等奖219人、三等奖837人，全国二等奖2项。县科协被评为“全国优秀组织单位”。

（静海县科委）

蓟　县

【科技工作简况】 2008年，蓟县的科技工作，一是通过天津市科技进步考核。二是科技投入力度加大，县财政科技投入2082万元，比2007年增长27%，拉动全县科技投入近2亿元。三是组织实施科技创新10个重点项目取得成效。四是全县组织实施科技计划项目34项，其中，市级项目10项，取得科技成果20项。申请专利144件，比2007年增长了两倍多，全年实现专利产品销售收入超过2亿元。五是进推广、示范农业优良品种59个，各类示范推广面积14万亩。六是出台了中小企业科技创新专项资金、工业企业技改技措贷款贴息专项资金等一系列政策，为企业实现创新发展提供了资金支撑、注入了动力。

（蓟县科委）

【10个重点科技项目】 2008年，蓟县县委、县政府确定实施科技创新10个重点项目。县科委设立了项目管理办公室，加强与高等院校、科研院所的合作，走产学研联合之路。在10个重点项目的39个子项目中，有32个子项目与46所高等院校、科研院所建立了合作、协作和技术依托关系，提高了重点项目的科技含量和项目实施质量。全年完成项目总投入2.2亿元，占当年计划投入的110%，12个子项目提前超额完成目标任务。

（蓟县科委）

【科技创新调研服务】 蓟县科委深入基层开展科技创新调研服务活动，先后深入9个部门、20个乡镇、近百家企业，实地考察调研，召开部门、乡镇、企业科技创新座谈会8次，发放并回收科技创新调查问卷200份。在调研服务活动中，把开展科技服务贯穿始终，宣传科技政策、提供科技信息、开展咨询服务。发现并培育科技项目资源38项，引导和帮助10家企业和单位申报了科技创新项目；帮助7家企业申请专利28件；引进推广农业新技术、新成果12项，农业新品种7个；解决基层单位咨询的科技创新疑难和热点问题32项。同时，为部门、乡镇和企业牵线搭桥，推进产学研合作，实现了上仓、出头岭、罗庄子等6个乡镇与中国农业大学、天津农科院、天津农学院等高校和科研院所的科技需求对接。落实县政府《蓟县中小企业技术创新资金管理暂行办法》，征集筛选了30个科技创新项目参加评审论证，经过严格的评审程序，11个项目列入蓟县2008年度中小企业技术创新资金计划，县财政给予政策性资金支持200万元。组织推荐6家企业的创新项目参加市级中小企业技术创新资金项目评审，其中4个项目被批准立项，获市中小企业技术创新资金支持100万元，5个项目被市科委推荐参加国家中小企业技术创新基金评审。

（蓟县科委）

【科技计划管理】 2008年蓟县科委组织了4期科技知识和科技管理培训班，与县财政局、统计局、工经委等部门配合，加强科技进步统计监测和考核。认真落实《蓟县科技计划管理办法》，加强科技计划项目库建设，重点培育、广泛征集科技项目，全年累计征集科技发展计划项目56项，储备项目216项。同时，积极申报市级以上重大科技项目，组织推荐申报市级以上科技项目18项，其中有10项被批准立项。县科委会同县财政、审计部门，组织开展了2项专项检查，确保科技项目实施规范化。全年有13项科技成果项目得到市级有关部门认定。

（蓟县科委）

【知识产权保护与管理】 2008年蓟县科委加大知识产权保护与管理工作力度。一是强化组织管理体系建设，加强对知识产权工作的领导，明确成员单位工作职责和任务。二是加大宣传培训力度，先后举办了领导干部、中小学生、企业经营管理者和专业技术人员知识产权培训班10期，培训1100人次。举办知识产权宣传周活动，发放宣传资料7000余份，制作宣传展牌进企业、进社区、进学校巡回展出。充分发挥媒体作用，在《新蓟州》报、蓟州科技网上宣传知识产权法律法规、基础知识和相关工作信息。三是落实专利申请资助政策，2008年7月4日，蓟县召开了专利申请资助会议，全县各乡镇有关部门主管科技工作的领导、科技型企业负责人、专利申请资助获得单位和个人100余人参加会议。会上对10家企事业单位及17名个人的48件专利进行了资助。四是抓好专利试点企业，确定了3家县级专利试点企业，加强对2家市级专利试点企业管理。五是组织实施专利项目21件，全年实现专利产品销售收入2.18亿元，销售利润2587.11万元。

（蓟县科委）

【科普工作】 2008年蓟县开展了“科技助力新农村，渔阳科普百日行”和“中国农业科技下乡专家团蓟县行”活动。该项活动由中国农业科技下乡专家团、全国生态农业千县万亩示范工程办公室、天津市技术市场协会、蓟县人民政府共同主办。主要内容是：在全县开展包括科技特派员专项行动、科技小分队专题活动、“四个一”进村工程、农民科学素质培训、农资农具赶集进村展示推广、种养状元能手经验交流宣讲、“科普大篷车”专题电视节目和编发农村实用技术普及丛书等8项科技传播活动。有400多名科技人员活跃在蓟县乡村，培训农民，普及科技知识，推广实用技术，开展科技服务。该活动受到了全县农民的欢迎，《人民日报》、《科技日报》、《天津日报》、《今晚报》、天津人民广播电台、天津电视台等新闻媒体以及人民网、搜狐网、北方网、天津政务网、天津科技网等众多网站都发布了消息。 2008年，蓟县科委会同县教育局积极组织全县青少年开展科技创新和科普实践活动，包括科技知识培训、知识产权知识培训、创新与发展主题报告会、青少年科学探究体验、中小学生创新大赛等一系列科技创新实践活动，培养了一批科技创新发明"小能手"、"小专家"，有100人次获得天津市和国家各类青少年科技大赛奖励，有5件青少年创新作品申请了专利。蓟县燕山中学学生闫伟明的"节能水壶"作品获"第23届全国青少年科技创新大赛"一等奖。

（蓟县科委）

【第22届科技活动周】 2008年5月17日，蓟县举行以"自主创新，节能减排，和谐发展"为主题的"第22届科技活动周"开幕式。活动周期间，展示各类宣传展牌150多块、接待各界群众7000多人次，发放

科技活动宣传周

"自主创新，节能减排，和谐发展"科普挂图260余套、节约资源和保护资源等书籍1560册、各种宣传资料3万多份，举办了"节能减排、保护环境"座谈会、"科普惠农兴村"科技小分队下乡进村服务三农、种养状元和能手经验交流宣讲等6项县级重点活动和乡镇、学校、企业等多层次科普活动。全县2000多名专业技术人员参加科技服务活动。

（蓟县科委）

【科技兴林富民】 2008年蓟县科技兴林富民取得显著成果，多项科技成果达到国内领先水平，并获得市级以上科技进步奖。2006年至2008年，蓟县林业部门承担并完成市科技攻关项目26个，获天津市科技进步奖二等奖2项、三等奖7项；与市林业局、天津农科院、天津农学院等协作完成科技项目10个，获市部级二等奖4项，三等奖5项。取得"自动温控可调气体柿子脱涩方法"等3项国家专利；被认定天津市高新技术成果2项。强化农民培训、推广实用技术，建立现代化精品林果示范园45个，引进9种果树68个新品种，建示范基地10处，共4500亩。通过技术培训和新技术、新品种转化推广，使果品产量新增3412.5万千克，为农民增加纯利9254万元。

（蓟县科委）

【盘山磨盘柿脱涩保脆产业化】 该项目是天津力臣阳光果蔬商贸有限责任公司承担并组织实施的天津市农业科技成果转化与示范推广计划项目。项目建立盘山磨盘柿基地7700亩；建成了柿果专用"脱涩仓"并已申请发明专利；自主研制生产了柿果专用PE包装膜和乙烯吸附剂；制定了"盘山磨盘柿优质高效栽培管理技术规范"、"盘山磨盘柿脱涩保脆加工技术规程"、"盘山磨盘柿产品质量标准"等一系列生产技术规范。利用自有柿子脱涩保脆专利技术经过专家鉴定达到国内领先水平。2008年完成柿果脱涩保脆1220吨，全部销往国内大城市以及俄罗斯、东南亚国家和地区，创经济效益1098万元。

（蓟县科委）

【于桥水库渔业生态恢复与污染物控制技术示范】 该项目由蓟县水产局与中国水产科学研究院淡水渔业研究中心、天津市水产研究所、天津农学院水产科学系共同承担，2008年11月22日通过结题验收。项目通过研究"以渔保水"，完成对水库的渔业生态评估，通过建设放流基地和人工放流、养护与回捕，逐步恢复于桥水库渔业生态，降解氮磷等污染物，保持水库水质良好。项目的实施取得了良好的社会、经济效益和显著的生态效益。2006年至2008年，于桥水库新增有机水产品1013吨，增加经济效益810万元。

（蓟县科委）

2008 年科技大事记

1 月

1 月 2 日 天津泰达国际创业中心、天津生物工程职业技术学院、中新药业研究中心达成协议，在天津经济技术开发区内共同搭建对相关企业和机构开放的大型科研仪器共享平台。

1 月 7 日 国家“艾滋病和病毒性肝炎等重大传染病防治”科技重大专项论证专家委员会来津调研。市委常委、市委科技工委书记陈超英、南开大学校长饶子和院士、市科委主任李家俊、市科委副主任何志敏等出席调研会。李家俊主任主持会议。陈超英同志做了重要讲话。会后，专家组考察了天津市疾病预防控制中心、南开大学泰达学院生物芯片公司及中新药业集团公司。

是日 国家教育部评选出 2007 年度“中国高等学校十大科技进展”。南开大学“一株高温采油菌的全基因组破译和长链烷烃降解途径的鉴定”入选。

1 月 8 日 2007 年度国家科技奖励大会在北京召开。天津市 18 项科技成果获得国家科技奖励，其中，获得国家技术发明奖二等奖 1 项，国家科技进步一等奖 2 项，国家科技进步奖二等奖 15 项。获奖项目涉及化工、装备制造、农业、机电一体化、海水淡化、环保等技术领域。

1 月 12 日 天津市政府与中国航天科技集团公司发展全面合作关系协议签字仪式在津举行。双方协议，在天津滨海新区共同建设新一代运载火箭产业化、航天器研制及其应用产业化、民品产业化基地。天津市委书记张高丽在迎宾馆会见了中国航天科技集团公司党组书记、总经理马兴瑞一行，就进一步推进双方合作进行了深入会谈。市委副书记、代市长黄兴国参加会见并在签约仪式上致辞。

1 月 13 日 天津市政府与北京大学在津签署合作框架协议。双方商定，本着积极稳妥、务实高效、优势互补、互惠互利、共谋发展的原则，在规划、政策及技术咨询，人才交流与培养，科研及科技开发，医疗及卫生服务等领域紧密合作。天津市委书记张高丽，市委副书记、代市长黄兴国在迎宾馆会见了北京大学党委书记闵维方、校长许智宏一行，就加强双方合作、落实框架协议、促进共同发展等问题进行了深入交谈。

1 月 14 日 天津市科学技术奖励大会在天津礼堂隆重召开。天津市委书记张高丽出席并讲话。天津市委副书记、代市长黄兴国主持会议。市委副书记邢元敏，市领导同志杨栋梁、史莲喜、陈超英、段春华、邢军、卢金发和何荣林出席会议。会上，宣读了天津市政府《关于颁布 2007 年度天津市科学技术奖的决定》。2007 年度，全市共有 230 项成果获天津市科学技术奖。“基因组生物信息学分析的系统新算法研究”、“医药产品晶型优化技术”、“复杂机械系统多体动力学分析设计方法及其应用”等 12 项成果分别获得天津市自然科学奖、技术发明奖和科技进步奖一等奖，68 项成果获得二等奖，149 项成果获三等奖。

是日 中国工程院院士、中西医结合治疗腹部外科疾病的开拓者和奠基人吴咸中教授获得天津市 2007 年度科技重大成就奖。

1 月 15 日 国家教育部公示 2007 年度长江学者特聘教授、讲座教授人选和“长江学者成就奖”人选名单。天津市入选长江学者特聘教授 7 人，长江学者讲座教授 3 人。

1 月 16 日 天津市大港区通过“国家可持续发展实验区验收暨新区评审会”验收，成为天津市第一家通过验收的国家级可持续发展实验区。

1 月 18 日 国家人事部、科技部、教育部、财政部、国家发展和改革委员会、国家自然科学基金会、中国科协等 7 部委联合发布《关于公布 2007 年“新世纪百千万人才工程”国家级人选的通知》。天津市有 13 人入选。

1 月 29 日 被列为天津市新 20 项重点工业项目之一的中国航天科工集团第三研究院 668 工程，在滨海新区空港物流加工区开工。该工程建设面积为 18.5 万平方米，工程投资额为 7 亿元。

2 月

2 月 3 日 经国家科技部、国务院国资委、全国总工会批准，天津市赛象科技有限公司、力神电池股份有限公司、电气传动设计研究所、药业集团有限公司、化工研究设计院、药物研究院等6家企业为国家创新型试点企业。

2月4日 天津药物研究院“天津药物创新研发转化基地”项目正式落户天津滨海高新区。这标志着滨海高新区国际生物医药创新园正式启动。该基地由天津药物研究院、天津新药安全评价研究中心和天津药物研究院药业有限公司3部分组成，其中，天津新药安全评价研究中心作为天津药物研究院和天津国际生物医药联合研究院新药安全评价研究中心的技术平台，成为具有国际标准的研究中心，为天津市、全国乃至国际新药研发提供技术服务。

是日 天津新技术产业园区管委会在自主创新资金中设立了“鼓励软件与服务外包产业发展专项资金”，决定自2008年起5年内，每年安排2亿元资金，重点支持高新区软件与服务外包产业的发展。

2月19日 天津滨海新区职业技能培训鉴定中心与摩托罗拉公司签署了《共建“摩托罗拉滨海培训中心”意向书》，除将对中高级管理和技术人才进行培训外，天津开发区和摩托罗拉公司还将借助这一平台共同开发新课程。

2月20日 由天津水泥工业设计研究院有限责任公司承担的“多级换热步进式冷却水泥节能关键技术开发”项目、天津海泰环保科技发展有限公司承担的“废轮胎高附加值综合利用设备及关键工艺技术开发”项目，被国家发改委列入国家重大产业技术开发专项计划。

2月21日 国家科技部下达2007年度国家星火计划、火炬计划、重点新产品计划、软科学研究计划项目立项通知。天津市有79个项目立项，其中25个项目获得国家资助经费，共计1155万元。

是日 天津港股份有限公司煤码头分公司孔祥瑞等人完成的“煤炭作业系统联动传输设备供给技术改造”项目，获中华全国总工会、国家科技部、劳动和社会保障部颁发的第二届全国职工技术创新成果奖二等奖；天津市天锻压力机有限公司贾瑞兴等人完成的“在大型结构件上完成φ2M直径对称大孔加工”项目，获创新成果奖三等奖；天津天铁冶金集团有限公司炼铁厂王祖云等人完成的“高风温节能技术的开发利用”项目和天津天纺投资控股有限公司张晓燕、杜德红完成的“棉包涤长丝、氨纶丝细纱操作法”项目，获创新成果奖优秀奖。

是日 天津滨海新区临港产业区与太原重型机械集团签署合作协议，太重集团首期投资20亿元在临港产业区建设重型装备研制基地。天津市委副书记、市长黄兴国会见专程来津出席签字仪式的山西省副省长陈川平一行。天津市委常委、常务副市长杨栋梁，市委常委、滨海新区管委会主任苟利军，副市长任学锋，市政府秘书长何荣林及有关部门负责同志参加会见、出席项目签字仪式。山西省有关部门、太原重型机械集团负责人随同来津并出席仪式。

2月23日 按照《天津市塘沽区2008~2010年自主创新三年行动计划》，塘沽区先后建设涉及工业、渔业、农业领域的3大科技园区，其中，临港工业区科技园总投资4.5亿元，海洋生物科技园总投资32亿元，滨城龙达生态农业科技园计划总投资将达到44.6亿元。

2月26日 天津市委常委、常务副市长杨栋梁会见了美国雷可德集团公司总裁约翰·盖泽一行，就该集团在津投资建设高性能不饱和聚酯树脂等项目进行了深入交谈。

是日 滨海高新区管委会分别与天津市自来水集团公司、天津市燃气集团公司、天津市津热供热集团有限公司签署合作协议，滨海高新区基础设施配套工程启动。滨海高新区是部(国家科技部)市(天津市)共建的首个国家高新区，地处东丽湖、黄港湖结合处，距天津市中心城区20公里、距北京150公里。规划面积达32.5平方公里，包括新建区25平方公里，绿化带7.5平方公里。

是日 天津经济技术开发区管委会与天津工大半导体照明工程研发中心、美国科锐公司共同启动了国内首个LED(半导体)城市照明工程。LED照明是21世纪最具发展前景的高新技术领域之一。LED光源作为继白炽灯、荧光灯、高压气体灯之后的第四代光源，在同等照明亮度的状况下，比普通灯具平均节电50%以上，且不含汞、铅等有害物质，平均使用寿命可达5万至10万小时，是普通灯具的3~5倍。2008年1月，天津市将“大功率LED照明产品研制和产业化项目”列入2008年20项自主创新产业化重大项目。

2月27日 天津市科委在天津宾馆中礼堂召开2008年市科技计划项目(第二批)指南发布会暨市科技创新专项资金项目申报说明会。天津市有关委、办、局、区、县、企业集团、中央驻津院所、高校主管科技部门，市属科研院所、工程中心等单位负责人及科技人员共计500余人参加了会议。

2月28日 国内首个间充质干细胞库在滨海新区建成，已储存脐带间充质干细胞近5000份，成功实现了规模化生产。滨海新区已成为全球最大的间充质干细胞生产基地。

是日 据统计，2007年天津经济技术开发区引进高级人才60名，其中创业型人才17名。新增博士后工作站5个，博士后创新基地7家，进站博士42名。

2月29日 天津滨海新区管委会与国防科技大学在迎宾馆签署全面科技合作协议。双方将加快建设军民结合、寓军于民的科技创新体系，促进军民两用重大科技成果转化和高新技术产业化。天津市委副书记、市长黄兴国会见专程到津出席签字仪式的国防科技大学校长温熙森、副校长庄钊文一行，并在仪式上致辞。市委常委、常务副市长杨栋梁，市委常委、滨海新区管委会主任苟利军，市政府秘书长何荣林及市有关部门负责同志参加会见，出席仪式。

是日 国家发改委召开国家高技术产业基地授牌大会，天津市被授予国家高技术产业基地。国务院副总理曾培炎出席大会并向国家高技术产业基地授牌。国家有关部门、各省、自治区、直辖市及计划单列市负责同志、发改委主管同志、基地城市代表以及新闻媒体300余人参加会议。天津市副市长王治平出席会议。

3月

3月5日 天津市科委与新技术产业园区共建“天津软件与信息技术服务业人才培养基地(大学软件园)”签约仪式，在新技术产业园区海泰大厦举行。天津市委常委、市委科技工委书记、市委教卫工委书记陈超英出席仪式并讲话。市科委主任李家俊、市教委副主任荆洪阳、新技术产业园区管委会主任宗国英代表三方在共建协议上签字。市科委、市教委、新技术产业园区、天津大学、南开大学、市属各高等院校、各相关职校、企业代表共120人参加签约仪式。

是日 比利时汉森机械传动公司与天津市北辰科技园区举行项目签约仪式。天津市副市长李文喜出席签字仪式。比利时汉森公司是享誉国际的专业齿轮制造商，技术、产品处于国际领先水平。

3月9日 天津滨海高新区召开加强自主创新推动主导产业发展大会。天津滨海高新区比学全国先进高新区，确定了新的发展战略，提出将全面加快高水平自主创新基地建设步伐，努力打造高端、高质、高新化主导产业集群，掀起滨海高新区建设新高潮，力争5年成为国内先进高新区。会上，天津滨海高新区对获得国家科技进步奖一等奖的赛象科技股份公司颁发了自主创新奖奖金，聘请了新技术产业园区高级顾问。天津市副市长王治平出席会议并讲话。

3月10日 北京大学城市与环境学院和天津环境保护科学研究院签署“环境保护与生态建设”科技合作协议。共同开展天津生态城市建设和中新生态城建设的科技支撑研究，有针对性地开办各类高级研修班，加强对学术带头人、学术骨干和专业管理人才的培养。这标志着北京大学城市与环境学院和天津环境保护科学研究院实行强强联合，共同为滨海新区开发开放和天津生态城市建设提供科技保障，为天津在治理废水、废气、废渣等环境保护方面提供理论技术支撑。

3月11日 第9届天津青年科技奖揭晓。天津农科院杂粳研究中心主任刘学军、南开戈德防伪技术有限公司董事长董铁望等20名天津青年科技工作者获奖。在同时公布的第10届中国青年科技奖获奖名单中，天津大学电气与自动化学院夏长亮教授榜上有名。天津市综合科技进步水平继续位居全国第三位。

3月13日 天津市科技工作会议召开。天津市委常委、市委科技工委书记陈超英和市人大副主任李亚力出席会议，副市长王治平出席会议并讲话。市科委主任李家俊作科技工作报告。市发改委、新技术产业园区管委会、天津水泥工业设计研究院负责同志作了发言。与会市领导同志为获得第2届天津市青少年科技创新市长奖获奖代表、第4届天津市科普工作先进集体和先进工作者的代表、通过全国科技进步考核的区(县)颁发了证书、奖品和牌匾。

3月15日 《天津市滨海新区综合配套改革试验方案》获得国务院的正式批复。该方案包括金融、土地、涉外经济体制、行政体制等多个方面的改革试验内容。

3月16日 中国—瑞典(天津)生物医学研讨会在泰达心血管病医院和天津医科大学举行。中瑞双方专家就恶性肿瘤、心脑血管疾病诊治等领域进行学术交流，有6个项目达成合作意向。

3月20日 天津市自主创新产业化重大项目——清源电动汽车整车产业化示范基地在开发区

西区建成，并开始试生产。两批共306辆纯电动卡车出口美国。

是日 天津医科大学附属肿瘤医院承办的“中国—瑞典癌症研究与治疗研讨会”在津召开。来自国内以及瑞典卡罗林斯卡学院的10余位教授在研讨会上作了报告，分别就癌症基因、胚胎学，荷尔蒙及成长因子在癌症中的作用，感染与癌症3个主题，进行了学术交流，并就中西医结合治疗癌症患者等问题进行了深入探讨。

3月23日 天津市委常委、常务副市长杨栋梁会见中国普天信息产业集团公司总经理兼中国普天信息产业股份有限公司董事长邢炜一行。双方就在津共同建设新能源产业基地进行了深入交谈。

3月25日 天津市科协第7次代表大会在天津礼堂开幕。天津市委书记张高丽、中国科协党组书记、常务副主席邓楠出席会议并讲话。市委副书记、市长黄兴国，市人大常委会主任刘胜玉，市委副书记、市政协主席邢元敏，市领导杨栋梁、史莲喜、陈超英、段春华、孙海麟、王治平、王文华等出席。会议聘请中国科学院院士、南开大学原校长母国光为名誉主席，选举中国工程院院士天津大学教授王静康为科协新一届主席。

3月27日 列为天津市20项自主创新产业化重大项目、由国家干细胞产品产业化基地承建的全球首个脐带间充质干细胞库开始规模化运营。间充质干细胞具有分化为多种类型细胞的能力，给心血管疾病、肝肾损伤、骨组织病、神经系统疾病等人类多种常见难治性疾病的治疗，提供了重要的原材料和手段。

3月31日 天津市与国家知识产权局签订合作会商制度议定书。双方在滨海新区共同探索建立知识产权管理、实施和保护的新体制、新机制，联合开展知识产权战略研究，共同推进滨海新区知识产权服务体系建设。天津市市长黄兴国在迎宾馆会见国家知识产权局局长田力普、副局长张勤等一行，并出席签字仪式。

4月

4月1日 2008年“中意可持续发展能力建设”培训班在南开大学举办。来自全市有关区县、委办局和科技系统的50名学员参加培训。按照天津市科委与意大利共和国环境、国土与海洋部签署的协议，2008年中意可持续发展能力建设培训班由天津市委组织部、市委科技工委和市委规划建设工委共同举办，市委科技工委党校、市科委培训中心承办。培训班聘请国际和国内知名教授讲课，培训内容为分析意大利等欧洲国家成功案例和讨论天津市新时期生态文明、城市建设发展规划等。

4月9日 国务院批准设立天津滨海新区综合保税区。该保税区是中国内地开放层次最高、优惠政策最多、功能最齐全的特殊功能区之一，位于保税区空港物流加工区，规划面积195.63公顷。它不仅保证了空客A320系列飞机总装线项目的顺利实施，而且对于建立北方航空货运中心，聚集航空产业项目，推进滨海新区开发开放将起到重要促进作用。

是日 2008年天津市科技计划项目（第二批）申报受理工作结束。共受理科技成果转化及产业化推进计划项目333项、国际科技合作项目41项、科技创新专项资金项目22项。

4月11日 天津市召开首届“创意产业高峰论坛”。40名专家学者出席该论坛。论坛就国际创意产业发展态势、中国创意产业战略布局发展现状及如何与国际接轨等进行深入探讨，交流国内外代表城市发展创意产业的经验成果，研究天津创意产业应具备的地方特征和发展方向，为创业企业提供发展攻略。

4月16日 天津市新技术产业园区与中国航天科技集团公司第十一研究院无人飞机等特种飞行器产业化和气动脱硫环保装备项目签字仪式在迎宾馆举行。市委书记张高丽，市委副书记、市长黄兴国会见了来津的中国航天科技集团公司党组书记、总经理马兴瑞一行，就搞好项目合作、推动合作深入发展等进行了会谈。

4月17日 市科委、市教委新认定了20家天津市重点实验室并聘任了实验室主任。

4月21日 天津市2008年保护知识产权宣传周活动启动仪式暨2007年天津市知识产权保护状况发布会在新技术产业园区召开。天津市2007年专利申请1.57万件，其中发明申请5364件，实用新型申请5117件，外观设计申请5263件，同比增长18.4%。

4月24日 由天津市科委、中国国际人才交流基金会、天津市外国专家局主办，天津市软件评测中心、天津市软件行业协会等承办的“2008第一届（天津）国际软件测试技术大会”在津举行。来自中国软件测试联盟、国家软件人才培训基地、有关省市软件测评中心、中外专家、软件行业协会以及软件企业代表120余人出席会议。天津市科委主任李家俊会见与会的中外知名专家，并与各位专家探讨软件测试技术研究的现状及未来发展。

是日 天津市功能基因组与生物芯片研究中心承担的市科技创新专项资金项目取得重要进展。与南开大学、美国夏威夷大学合作完成了“转基因木瓜基因组草图”，并发现该植物基因组上有一个具备功能的被“转入”的基因，是世界上首次绘制完成的一株转基因经济作物的全基因组图谱。 该项目由南开大学王磊教授领衔的天津市功能基因组与生物芯片研究中心研制，研发团队80多人，除完成木瓜基因组计划外，还先后对2个重要的环境微生物菌种进行了全基因组序列分析，并完成了其中部分关键基因的克隆、表达核酶学研究。该中心已开发出一系列微生物检测产品，共取得国际发明专利2项，国内发明专利88项。

4月25日 天津市科技创新专项资金领导小组办公室对2008年第一批共14个科技创新专项资金项目进行了论证。该项论证由天津市科技创新专项资金专家咨询委员会邀请和组织天津、北京有关两院院士和知名企业家参加。14个项目中有5个项目已经或者计划在滨海新区落户，为滨海新区的快速发展提供科技支撑。

是日 中国民航科技产业化基地航空产业园在天津空港物流加工区破土动工。中国民航科技产业化基地负责人分别与法国泰雷兹、美国PPG、瑞士华格、索科墨和汉斯公司、吉富中国投资公司等6家企业签订投资协议书。泰雷兹公司将在民航科技产业化基地投资建厂，组装航空雷达。瑞士华格公司为空客A320项目配套。美国PPG等企业将建厂生产航空涂料、航空器材、飞机零部件、航空维修设备等。随着这些高水平的航空配套企业落户，民航科技产业化基地将形成航空产业聚集效应。

4月28~29日 中国工程院化工、冶金与材料工程学部的10位院士专程到津出席“提高天津市企业自主创新能力院士专题咨询会”。天津市委常委、市委组织部部长史莲喜和市委常委、市委科技工委书记陈超英会见中国工程院原副院长王淀佐一行，并就滨海新区研发转化基地建设和科技创新问题深入交换了意见。咨询会上10位院士为10家大型企业提供了科技咨询，围绕企业所属领域的科技创新趋势和面临的技术与工程问题，从创新战略、方向和新技术等方面提出了建议，对于一些具体问题给出了针对性的咨询意见。

4月29日 美国宇能科技集团与滨海新区联合投资建设服务中心签署协议，确定在新材料、环境保护、化学工程等方面加强合作。天津市委常委、滨海新区管委会主任苟利军出席签字仪式，并会见专程来津的美国国际商会主席豪姆斯·司特乐先生一行，就加快项目建设、建立科技研发和销售中心等进行了深入交谈。

5月

5月6日 天津市龙以明、程津培、饶子和和张伯礼等4位院士被聘为国家自然科学基金委员会第4届科学部专家咨询委员会委员。

5月7日 国家主席胡锦涛和日本首相福田康夫在东京日本首相官邸见证，天津市市长黄兴国和日本北九州市市长北桥健治交换了天津市与北九州市开展中日循环型城市合作备忘录。其主要内容包括：北九州市运用日本的经验和技术，协助制定“天津市子牙工业园总体规划和实施方案”，并帮助天津完善循环型经济、资源再生利用领域的法律制度、管理体制、标准等；鼓励和支持两市相关企业进行交流，深入探讨引进技术设备和产业合作事宜；安排天津相关管理和技术人员赴日研修等。

5月8日 天津市第22届科技活动周组委会(扩大)会议召开。天津市委常委、市委科技工委书记、科技周组委会名誉主任陈超英出席会议并讲话。天津市第22届科技活动周从2008年5月17日开始，至5月23日结束，主题是“自主创新、节能减排、和谐发展”。活动期间，在全市范围内开展推动自主创新和科学普及活动、节能减排系列活动、保护生态环境系列活动等3大系列活动。

5月10日 由西班牙机床协会和天津中西机床技术培训中心共同主办的中国——西班牙航空、风能及机床应用技术展示会在天津市举行。天津市委常委、常务副市长杨栋梁出席展示会，并会见了与会的西班牙驻华大使卡洛斯·布拉斯科一行。 100余家中外企业的技术专家和代表参会。

5月11日 由天津天士力集团、天津中医中药大学和浙江大学组建的国内首家以中药数字化分析及中药配伍组分研究为特色的研究机构“天津市组分中药技术工程中心”在天士力集团落成。天津市委常委、常务副市长杨栋梁，市委常委、市委科技工委书记陈超英，国家食品药品监督管理局副局长吴浈，国家中医药管理局副局长于文明出席仪式并为中心授牌。该中心拥有国内中药信息量最大、中药有效数字化模型最多、检索速度最快的数据库。

5月18日 茅以升科技教育基金会第17届颁奖大会在天津大学举行。来自全国科技、教育、铁道战线取得突出成绩的120名优秀工程技术人员、教育工作者和学生，分获2007年度7项“茅以升科学技术奖”。全国政协副主席、九三学社中央副主席、茅以升科技教育基金会主任王志珍，全国人大常委会原副委员长许嘉璐向大会致信祝贺。全国政协常委、基金会第一副主任孙永福，基金会副主任王麟书、江泽慧、胡正民，北京交通大学校长谈振辉，天津大学党委书记刘建平、校长龚克等出席大会，并为获奖代表颁奖。天津大学第一届“茅以升班”同时命名。

5月20日 国家环境保护部、国家商务部、国家科技部在天津经济技术开发区召开“国家生态工业示范园区建设工作会议”。对全国率先成功创建国家生态工业示范园区的天津经济技术开发区、苏州工业园区、苏州高新技术产业开发区授牌。中央纪委驻国家环保部纪检组组长傅雯娟、国家商务部副部长马秀红、国家科技部副部长曹健林出席会议。天津市副市长王治平致辞。

5月22日 天津市与中国航天科技集团公司合作项目“中国航天器制造及应用产业基地”落户天津。天津市委书记张高丽，市委副书记、市长黄兴国会见了出席项目签约仪式的中国航天科技集团公司党组书记、总经理马兴瑞一行。

5月24日 由天津市科委主办，天津大学与中国民航大学承办的“中国民航科技产业化基地建设和大飞机制造技术研讨会”在天津大学召开。

5月27日 天津经济技术开发区科技局组织专家评审组对尖峰天然产物研究开发有限公司的最新科技成果进行鉴定。该公司的4项科技成果通过了专家的评审。其中，“柱联法生产高品质罗汉果甜苷V的产业化技术研究”、“高含量开环异落叶松树脂酚二糖苷(SDG)的产业化技术研究”和“水醇法生产5-羟基色氨酸的产业化技术研究”等3项成果的科技水平为国内领先，“从黑豆皮中提取高含量矢车菊素3-O-葡萄糖苷的产业化技术研究”成果达到国际先进水平。

5月29日 天津滨海新区举行“南开大学滨海开发研究院”成立揭牌仪式。全国政协外事委员会主任、南大滨海开发研究院首任院长赵启正，天津市委常委、市委教卫工委书记陈超英出席并致词，南开大学党委书记薛进文、校长饶子和等参加了成立揭牌仪式。

6月

6月3日 天津市老科技工作者协会召开第3届会员代表大会。天津市委副书记、市长黄兴国向大会发来贺信，天津市委常委、市委教卫工委书记陈超英出席并讲话。天津市老科技工作者协会会长陆焕生致辞。 大会审议通过了第2届理事会工作报告和新修改的《市老科技工作者协会章程》，选举产生了第3届理事会领导成员。

6月9日 天津市经委和天津滨海新区与天津钢管、天钢、天铁、纺织、汽车、金耀、渤化7个企业集团签署协议，分别匹配7000万元科技专项资金支持首批7个行业技术研发中心建设。市委常委、滨海新区管委会主任苟利军，副市长王治平出席签字仪式并讲话，有关部门负责同志参加。

6月12日 天津市与中国科学院共建的“国科瑞华基金创业投资公司”在天津空港物流加工区开业。天津市委常委、市委科技工委书记陈超英会见中国科学院国有资产经营有限责任公司董事长杨柏龄及公司股东代表，并出席开业庆典。有关部门负责同志参加会见和开业仪式。

是日 大连华信计算机技术股份有限公司与天津高新技术产业园区合作建设“天津华信软件园”签约仪式在天津市举行。天津市副市长王治平出席签约仪式，并会见了大连华信计算机技术股份有限公司董事长兼总经理刘军一行。该软件园总投资2000万元，面向全球客户开展软件开发与服务业务。

6月13日 国家科技部认定天津市制造业信息化生产力促进中心等40家生产力促进中心为第7批国家级示范生产力促进中心。

6月19日 中科院天津工业生物技术研发中心在天津空港物流加工区召开第一届理事会第2次会议。调整加强理事会成员和组织机构，听取中心筹备组关于筹建工作和装备方案的汇报，研究确定下一阶段工作思路和重点，协调解决存在问题。中国科学院副院长、研发中心理事长李家洋，天津市委常委、市委科技工委书记陈超英，天津市委常委、滨海新区管委会主任、研发中心副理事长苟利军出席会议并讲话。

6月22日 天津经济技术开发区率先启用数字城市管理系统。标志着该区在实现城市管理科学化、规范化、精细化、长效化方面迈出了重要一步。天津市委常委、滨海新区管委会主任苟利军宣布数字城市管理系统启用并开启系统。中国工程院院士、国家住房和城乡建设部数字城市推广领导小组组长崔俊芝参加了系统启用活动。

6月24日 空中客车A320系列飞机天津总装线首批飞机的组装部件由德国汉堡经海路运来天津市。总装线的部件包括一架A320飞机的前后机身段、机翼、水平和垂直尾翼，以及发动机吊架等部件。

是日 天津港与APEC—比利时安特卫普/法兰德斯港口培训中心签订合作备忘录，共同建立人才培训合作框架。中方选派经营管理人员到具有合资伙伴关系的国际班轮公司、国际物流公司进行学习。

6月27日 天津中钢国际广场项目在天津滨海新区响螺湾商务区正式开工。天津市委副书记、市长黄兴国会见来津出席开工仪式的中钢集团总裁黄天文、党委书记张涵光一行。

是日 天津市科委与加拿大安大略省经济发展和贸易厅共同组织了加拿大多伦多、上海市及天津市"中加生物医药领域投资贸易合作视频会议"。来自加拿大安大略省多伦多大学、圭尔夫大学等生物医药研发机构、生物医药咨询公司、生物医药和医疗器械生产企业的代表40余人参加了会议。天津市科委主任助理李青、滨海新区联合投资服务中心和中国医疗器械协会负责同志为加方代表作主题报告，并回答了加方企业家提出的有关问题。

6月28日 由国家教育部和天津市政府等11家单位共同主办的"2008年全国职业院校技能大赛"在天津市开幕。来自全国37个省、自治区、直辖市、计划单列市和新疆生产建设兵团的3000余名参赛选手进行10个专业类别24个项目的角逐。天津市参赛队的67名"技术能手"参加了所有项目比赛。"2008年中国职业教育改革与发展高峰论坛"和"中国第6届职业教育现代化教学仪器设备展"同时举行。

7月

7月7日 国家科技部与天津市"部市工作会商第三次会议"在迎宾馆召开。就共同推进京津冀生物医药产业化示范区建设、加快滨海高新技术产业开发区建设、深化滨海新区综合配套改革试验和科技体制改革等问题进行深入会商，取得了重要共识。天津市委书记张高丽与全国政协副主席、国家科技部部长万钢一行会谈。国家科技部党组书记、副部长李学勇，天津市委副书记、市长黄兴国讲话。天津市委副书记、市政协主席邢元敏出席。天津市委常委、市委科技工委书记陈超英作部市会商工作报告。会议由天津市副市长王治平主持。

7月10日 天津滨海新区"海洋科技商务园"开工建设。天津市委常委、滨海新区管委会主任苟利军会见了北京经开开发投资公司的企业家。"海洋科技商务园"是海洋高新区总部经济项目，被列为天津市服务业重点建设项目。项目占地23万平方米，规划总建筑面积48万平方米，投资26亿元。

是日 南开大学授予美国莱斯大学校长李达伟南开大学名誉博士学位。李达伟是美国著名法学家、政治学家和社会活动家，获哈佛大学法学博士学位，曾任纽约大学法学院教授、哥伦比亚法学院教授，2004年起任莱斯大学校长、政治学系教授

7月11日 天津市市长黄兴国会见新加坡国会议员、新加坡科技工程公司副总执行长黄守金一行，双方就开展航空产业合作进行了深入交谈。 新加坡科技工程公司是一家全球化综合性工程集团，业务范围覆盖宇航、电子、陆路系统和海事等领域。

是日 世界上最大的无线通讯终端设计和定制供应商——德信集团落户滨海新区。天津市委常委、常务副市长杨栋梁，市委常委、滨海新区管委会主任苟利军在迎宾馆会见德信集团董事长董德福先生，并出席项目投资签字仪式。天津市发改委、商务委、科委、保税区管委会负责同志参加会见和签字仪式。

7月12日 天津市能源、材料、化学重点实验室在南开大学召开学术委员会会议。学术委员南开大学申泮文院士，吉林大学冯守华院士，北京大学高松院士等专家听取了重点实验室工作汇报，并对实验室人才队伍建设、学科发展方向和学术研究方向提出了建设性的意见。

7月13日 中国化学会第26届学术年会在南开大学举行。30余位两院院士、2700余名海内外化学界专家学者参加会议。会议围绕"化学与和谐社会"展开深入研讨、交流。中国科学院常务副院长、中国化学会理事长白春礼致开幕词，中国科协书记处

书记冯长根，中国科学院院士、中国化学会副理事长程津培，中国科学院院士、南开大学校长饶子和，美国化学会主席布鲁斯·伯斯坦，英国皇家化学会首席执行官理查德·派克等出席年会开幕式。

是日　天津市农科院与天津北辰梦得牧业公司创建的"健康养殖科技示范基地"建成。该基地为全市的奶牛养殖专业技术人员提供学习深造的场所。

7月15日　为纪念著名物理学家、教育家吴大猷先生诞辰100周年，吴大猷塑像落成揭幕仪式在南开大学举行。全国人大常委会原副委员长、中国科协名誉主席周光召出席，并为吴大猷塑像揭幕。天津市人大常委会副主任李亚力、南开大学校长饶子和、母国光院士等出席揭幕仪式。

7月16日　京津高速公路全线通车。该高速路起点为北京五环路，终点为天津塘沽区，全长184.4公里。

7月18日　天津市科技创新专项资金项目"天津市现代中药大品种群系统开发(2007)"经验交流暨阶段工作会召开。天津中医药大学张伯礼院士、天津药物研究院刘昌孝院士等6名专家参加了会议。

7月21日　中国自然资源学会2008年学术年会在南开大学举行。来自全国140多所高校、科研机构的500余名代表出席。该年会主题为"生态文明与资源节约"。中国工程院院士孙九林等出席年会开幕式。

7月25日　天津百利阳光环保设备有限公司研制生产的全国首套"生活垃圾精分选处理系统"在北京奥运场馆的垃圾综合处理工程中正式启用。该系统日处理垃圾能力为150吨，可承担奥运会及残奥会期间北京比赛场馆的垃圾处理任务。

是日　天津市承担的国家科技支撑计划"制造业信息化工程"项目进行中期检查。以清华大学肖田元教授为组长，哈尔滨电机厂(哈电集团)总工程师郭玉森、吉林大学陈贺新教授、内蒙古科技厅高新处宝伟君副处长组成的北方片区专家组，对天津市在制造业信息化推进过程中的组织管理体系、专家体系、技术服务体系建设，以及关键技术攻关等方面的工作，评价意见为"优秀"。天津市科委主任李家俊会见了来津的专家。

7月29日　国内最大的软件企业东软集团在空港物流加工区投资建设"东软天津软件园"。天津市委常委、滨海新区管委会主任苟利军出席协议签字仪式，并会见了东软集团总裁、东北大学副校长刘积仁一行，就加快服务外包产业发展、进一步扩大双方合作交换了意见。

7月31日　福建三安集团"超高亮度发光二极管(LED)外延片及芯片"项目落户天津。天津市委书记张高丽，市委副书记、市长黄兴国会见了来津出席签约仪式的三安集团有限公司董事长林秀成一行。三安集团有限公司是集钢铁冶金、光电子等行业于一体的多元化企业集团，生产的全色系LED外延片、芯片已达到国际先进水平。

是日　天津大学与天津高新区共建的"天津市集成电路设计中心"举行揭牌仪式。天津市副市长王治平、天津市政府经济顾问叶迪生、天津大学校长龚克出席仪式并为天津市集成电路设计中心揭牌。

8月

8月1日　国内首条具有世界一流水平、最高运营时速350公里的高速铁路——京津城际铁路通车运营。中共中央政治局委员、国务院副总理张德江，中共中央政治局委员、北京市委书记刘淇，中共中央政治局委员、天津市委书记张高丽，国家工业和信息化部部长李毅中，社保基金理事会理事长戴相龙，国务院副秘书长王勇等出席北京主会场通车运营仪式。国家铁道部部长刘志军，北京市委副书记、市长郭金龙，天津市委副书记、市长黄兴国分别致词。

8月4日　2008年度"海河友谊奖"颁奖仪式在天津举行。为天津市发展做出突出贡献的10名外国专家受到表彰。

8月6日　国家自然科学基金委员会公示2008年度国家杰出青年科学基金及国家杰出青年科学基金(外籍)候选人名单，天津市有4名科学家入选。

是日　天津市委常委、滨海新区管委会主任苟利军在滨海新区会见了中国远大集团副总裁刘程炜一行，双方就开展国际贸易、现代物流等方面的合作进行了交谈，确定在东疆保税港区投资建设"医药研发中心和商贸物流中心"。

8月7日　国家科技部确定首批国家技术转移示范机构，天津市北方技术交易市场、天津市天大银泰科技有限公司、天津化工研究设计院国家工业水处理技术研究推广中心3家入选。

8月8日　天津市科委组织"数字化口岸关键技术研发及应用"项目承担单位在天津港召开项目

推动会。市科委、天津港(集团)有限公司、天津港信息技术发展有限公司、天津市科学技术信息研究所、太平洋国际集装箱码头有限公司、南开大学等 14 个项目承担和参与单位参加了推动会。

8 月 13 日 天津市科委、天津市教委、生态城管委会共同推动中新天津生态城建设工作的框架协议签字仪式在津举行。天津市委常委、市委教委、市科技工委书记陈超英出席签字仪式。市科委主任李家俊,市教委副主任黄永刚、荆洪阳,生态城管委会常务副主任崔广志等参加了签字仪式。李家俊、荆洪阳和崔广志分别代表天津市科委、市教委和生态城管委会签署了《天津市科学技术委员会天津市教育委员会中新天津生态城管理委员会共同推动中新生态城建设和教育工作的框架协议》。

8 月 14 日 天津市副市长王治平会见深圳大族激光科技股份有限公司董事长高云峰一行，双方就在天津建设“北方大型激光设备生产和研发基地”项目进行了深入交谈。

8 月 18 日 首架空客 A320 飞机在空客天津总装厂房开始组装。

8 月 22 日 天津市科委与市财政局对第一批科技保险参保的 15 家企业给予总额 200 万元的保费补贴。为进一步加大科技保险的工作力度,天津市科委制定了《天津市科技保险保费补贴办法》和《天津市高新技术企业科技保险投保流程》,规范科技保险操作流程。

8 月 27 日 国家信息化专家咨询委员会 2008 年暑期工作会议在津举行。天津市委常委、常务副市长杨栋梁会见了参加会议的国家信息化专家咨询委员会专家组一行。工业和信息化部副部长杨学山,国家信息化专家咨询委员会主任曲维枝，国家信息化专家咨询委员会常务副主任周宏仁，国务院发展研究中心高级研究员吴敬琏,中国工程院院士何德全,中国工程院常务副院长、院士邬贺铨,中科院计算所所长、中国工程院院士李国杰出席会议。

是日 由天津市国瑞数码安全系统有限公司承担的“国家 2008 年信息安全专项产业化”项目,得到国家发改委的正式批复，并被列入国家高技术产业发展计划。国家发改委给予 800 万元专项资金支持。

8 月 28 日 天津高新区的中国科学院计算技术研究所、曙光信息产业有限公司自主研发制造的百万亿次超级计算机“曙光 5000”研制成功。

8 月 29 日 列入天津市 20 项重大工业项目的金耀生物工程工业园“雄烯二酮 500 吨生产线及配套设施”全部竣工。

8 月 30 日 由中华消化内镜学会大肠学组主办、天津医学会协办、天津医大总医院承办的“中国早期大肠癌内镜诊治共识会暨消化内镜研讨会”在津举行。国内 300 余位专家、学者参加研讨会。

9 月

9 月 2 日 天津经济技术开发区服务外包人才培训推动会暨 IBM 培训项目校企合作启动仪式在开发区举行。天津市政府有关部门、天津大学、南开大学、天津科技大学、天津理工大学、天津工业大学和 IBM 公司、易泰达公司的代表在会上签署《天津开发区服务外包人才培训合作宣言》,共同推动发展政府、高校、企业一体化人才培养模式。

是日 天津地区的首座数字化变电站“陈甫 220 千伏变电站”开工建设。数字化变电站,是全站统一的数据模型和通信平台，智能装置间具有互操作性,可实现一次设备数字化、二次装置网络化和数据平台标准化的变电站。

9 月 3 日 天津市科技攻关项目“波尔山羊胚胎克隆技术研究”，通过天津市科委组织的成果鉴定,其成果达到国际先进水平。该项目建立了完善的波尔山羊胚胎克隆技术体系，包括卵母细胞的体外成熟、去核、注核、电融合、激活、重构胚的体外、体内发育等技术,获得了世界首例胚胎克隆的波尔山羊,并对胚胎克隆山羊进行了 DNA 亲子鉴定,从分子水平上鉴定了供核胚胎的父母。经过鉴定表明,克隆羊具有正常的生长发育及繁殖能力，在国内首次采用荧光指导法进行山羊卵母细胞去核，使卵母细胞去核率达到 100%。

9 月 7 日 庆祝天津师范大学建校 50 周年,在天津举办“中外大学校长论坛”。来自美国、德国、英国、加拿大、日本、韩国、泰国、肯尼亚等国的 10 所大学以及国内 20 多所高校的校长和专家学者代表 200 余人参加论坛。天津师范大学与美国海德堡大学、德国路德维希堡大学、英国利兹大学、加拿大萨斯卡彻温大学、日本三重大学、韩国大佛大学、韩国汉城教育大学、泰国曼松德昭帕亚皇家师范大学、泰国纳黎萱大学、肯尼亚内罗毕大学等签订《“友谊桥”多方合作协议书》。

9 月 8 日 天津软件与信息技术服务业人才培

养基地暨天津市大学软件园奠基仪式，在天津工业大学新校区举行。天津市委常委，市委教卫工委、科技工委书记陈超英，副市长张俊芳，以及天津市教委、市科委、新技术产业园区、各相关高校等有关单位负责同志参加奠基仪式。

9月18日　第43批中国博士后科学基金项目评审结果揭晓。天津市34位在站博士后获基金资助，其中5人获一等资助金，29人获二等资助金。

9月19日　软通服务外包基地在天津空港物流加工区开工建设。天津市委常委、滨海新区管委会主任苟利军出席开工仪式，并会见了软通动力信息技术有限公司董事长刘天文一行，双方就加快园区建设、促进服务外包业聚集发展等问题交换了意见。

9月23日　国家"863"计划先进制造技术领域"十二五"战略规划研讨会在津召开。来自全国重点高校机械学院的17位院长作了交流发言。国家"863"先进制造技术领域的13名专家参加了研讨。天津市科委有关人员参加会议。

是日　天津开发区泰达图书馆阿帕比(Apabi)电子书系统与一卡通系统实现最终挂接。图书馆内29个数据库及2大电子书系统的资源，均可通过泰达图书馆档案馆读者证，实现一卡通服务，读者凭借泰达图书馆档案馆读者证，可以在馆外任何地点免费使用图书馆全部电子信息资源。

9月24日　京津城际高速铁路正式运营，全程用时30分钟左右。

9月25日　渤海钻探测井公司首创国内89枪穿深的最高纪录。该公司成功使用89枪SDP1米射孔弹完成滨84×1井射孔施工，实现了国内超深穿透射孔器穿深达到1米技术指标的突破。

9月27~28日　第2届夏季达沃斯论坛年会在天津滨海新区国际会展中心举行。国务院总理温家宝出席开幕式并致辞。世界经济论坛主席施瓦布主持开幕式。圭亚那总统贾格德奥，黑山总理久卡诺维奇，新加坡国务资政吴作栋，中共中央政治局委员、天津市委书记张高丽等出席会议。

9月28日　空中客车A320天津总装公司在天津空港物流加工区正式投产。中共中央政治局常委、国务院总理温家宝出席投产仪式并为公司投产揭幕。中共中央政治局委员、天津市委书记张高丽，国家发展和改革委员会主任张平，国务院研究室主任谢伏瞻，天津市人大常委会主任刘胜玉出席。欧洲空中客车公司总裁托马斯·恩德斯和天津市委副书记、市长黄兴国致辞。

10月

10月7日　国家重点基础研究计划10周年纪念大会在北京召开。会上表彰了在"973"计划实施中作出重要贡献的专家和项目研究团队。中国科协名誉主席周光召和南开大学程津培被授予"'973'计划突出贡献者"称号；南开大学饶子和院士和天津中医药大学张伯礼院士领导的项目研究集体被授予"'973'计划优秀研究团队"称号。

是日　《世界经理人》杂志发布2008年"中国最具影响力MBA排行榜"，北京大学光华管理学院、清华大学经管学院、南开大学商学院名列前3位。这是南开大学商学院继2007年之后再次位列全国商学院三甲之中。南开大学商学院院长李维安教授等获得2008年"中国10大最受尊敬商学院院长"称号。

10月8日　天津理工大学—西门子控制与传动实验室正式揭牌。天津市委常委、市委教卫工委书记陈超英会见了专程到津的西门子中国有限公司执行副总裁何维克一行，并出席揭牌仪式。

是日　天津经济技术开发区、天津市一轻集团(控股)有限公司和日本京瓷株式会社签署投资合作协议书，决定增资扩建京瓷(天津)太阳能有限公司规模。天津市副市长王治平出席仪式并会见了京瓷(天津)太阳能有限公司总经理中西吉雄一行。

10月9日　天津市委常委、滨海新区管委会主任苟利军，天津市副市长王治平会见中国航空工业集团公司总经理林左鸣一行，双方就中航集团与天津在航空工业方面加快发展进行了会谈。

是日　天津高新区华苑产业区的天津力神锂离子动力电池项目一期工程主体封顶。该项目是2007年天津市政府确定的20项重点工业工程项目之一，占地300亩，总投资16亿元人民币。

是日　由中国气象局科技发展司、天津市科委、滨海新区管委会和天津市气象局联合主办的"首届环渤海地区海洋气象防灾减灾学术研讨会"在滨海新区举行。

10月14日　天津市举办"天津市创新方法与自主创新报告会"。副市长王治平主持并讲话，科技部副部长刘燕华作专题报告。刘燕华在报告中，就创新方法的内涵、现状和问题作了深入分析，系统阐述了创新方法在自主创新国家战略实施中的基础性、源头性的战略地位，并提出了推动创新方法工作的总体思路和主要任务。王治平在讲话时说，天津围绕建设北方经济中心和先进制造业研发转化基地，积极实施科教兴市战略，加快重点领域自主创新，加快科技成果转化和产业化，建设创新型城市，不断增强引领和支撑经济社会发展的能力。各区县、企业集团、科研院所、大学和科技型中小企业代表500多人参加报告会。

10月15日 天津市召开“2008国际干细胞产业发展研讨会”。国际著名干细胞研究专家、有“克隆羊之父”之称的伊恩·维尔穆特教授和美国国家科学院院士、美国国家医学科学院院士、芬兰科学院院士普罗克普教授，成为中国干细胞工程产品产业化基地特聘专家。

10月16日 国家发改委授予天津市天铁冶金集团公司、中天仕名科技集团有限公司和天狮集团企业技术中心为国家级企业技术中心。至此，天津市国家级企业技术中心已达到19家，初步形成了以国家级企业技术中心为核心、以市级企业技术中心为骨干、以企业级技术中心为基础的产学研相结合的技术创新体系。

是日 由中国中西医结合学会与天津开发区文教卫局、泰达医院共同举办的“2008年全国危重症急救医学脓毒症高峰论坛”在天津滨海国际会展中心举行。全国600余位专家和医学工作者到会，对微创介入治疗在ICU（重症监护）中的应用、脓毒症的危险因素分析等问题进行研讨。

10月21~24日 由中国抗癌协会、天津医科大学附属肿瘤医院共同主办的“2008国际乳腺癌个体化诊治病理与临床专题研讨会”在天津召开。研讨会以“关注学科前沿进展，加强国内外学术交流”为宗旨，重点研讨乳腺癌个体化诊治工作，邀请国内外著名的专家学者，就乳腺癌病理、影像、临床治疗等进行了专题讲座和讨论，为国内外乳腺癌诊治专业人员提供广阔的学术交流平台。

10月22~25日 由国家商务部和东盟10国国家商务主管部门联合举办的第5届中国—东盟博览会在广西南宁国际会展中心举行。天津市组织贸易、投资企业40余家参展，10个星火计划科技项目在博览会展示。

10月23日 摩托罗拉中国研究院在天津滨海新区成立“摩托罗拉中国研究院天津分院”。该分院有外籍专家、高级工程师、博士后、博士等工作人员220多名。

11月

11月4日 何梁何利科技奖励基金2008年度颁奖大会在北京举行。中国工程院院士、天津大学教授王静康和天津工业大学教授李嘉禄荣获2008年度何梁何利基金科学与技术进步奖。

是日 国家发改委批复天津市天士力之骄药业公司“注射用益气复脉冻干粉针剂”和天隆种业公司“杂交粳稻良种高技术产业化示范工程”两个项目入选国家高技术产业发展项目计划。

11月5日 南开大学生命科学学院真菌实验室利用麸皮，通过真菌发酵的方式，取纯度超过90%的高纯度紫杉醇。该工艺利用生物原料经过真菌发酵，可避免生产流程中带来的环境污染和资源浪费。

11月6日 天津大港新泉海水淡化厂开工建设。一期工程海水处理能力为日产10万吨，最终形成日处理15万吨的能力。

是日 南开大学与福建钧石能源有限公司成立的“硅基薄膜太阳电池联合实验室”在天津市凌奥创意园区揭牌。“非晶硅/微晶硅叠层电池技术”由南开大学光电子薄膜器件与技术研究所教授赵颖、耿新华领导的课题组完成。该项技术达到国际先进水平。课题组开发出系列薄膜电池制造所必需的关键设备和测试系统，建立了国内唯一的硅基薄膜太阳电池研制线。

11月7日 由国家科技部和天津市科委组织的国家“十一五”科技支撑计划项目“创制超高效除草剂单嘧磺酯的产业化开发”通过验收和鉴定，其成果达国际先进水平。该项目由南开大学化学院李正名院士领衔主持，农药国家工程中心和天津市绿保农用化学科技开发有限公司共同承担。该项目填补了国内谷子田化学除草剂的市场空白。

是日 南开大学化学学院教授孙怀林领导的课题组在世界上率先研究成功新的“多肽合成方法”，填补了“不用氨基酸作原料合成多肽方法”的空白，被国家自然科学基金列为重点项目予以资助。

11月10日 南开大学生命科学学院研制出10分钟即可完成对液态奶中的三聚氰胺进行快速检测

的新技术。该技术在天津市出入境检验检疫局、天津兽药监察所、天津农药检疫所和天津水产研究所等部门应用。

11月12日 由国家科技部火炬中心和天津市科委、天津滨海新区管委会主办的“2008国际技术转移论坛”在滨海新区举行。天津市委常委、市委科技工委书记陈超英会见了国家科技部副部长曹健林及与会的国内外专家代表,并在论坛开幕式致辞。来自美国、欧盟、德国、英国、韩国、新加坡等国家和地区的专家代表,中国科学院、清华大学、西安交通大学、天津大学以及国内26个省市的技术转移机构、专家和企业代表出席了开幕式。

是日 全国轨道交通产业2008科技创新颁奖大会在上海举行。天津市先志越洋科技有限公司自主研发生产的“轨道交通自动检票系统(AGM)A”系列产品获得科技创新产品奖,成为国内同类产品的唯一获奖品牌。

11月13日 由中科院国家天文台和天津大学共同组建的“国家天文台—天津大学天文信息技术联合实验室”正式成立。国家天文台副台长赵刚和天津大学的校方代表一起为联合实验室揭牌。

是日 天津市召开科技创新项目专项资金领导小组会议。北辰区“高端智能工程机械动力系统开发及产业化”等6个项目列入2008年度天津市科技创新专项资金项目,该区被列入的项目居全市18个区县之首。

11月16日 中国科学院院士、南开大学教授龙以明当选为发展中国家科学院院士。龙以明现任南开大学陈省身数学研究所所长、博士生导师、中国数学会副理事长、天津数学会理事长,2007年当选中国科学院院士。

是日 “国际物理教学学术会议”在南开大学和天津市部分重点中学举行。来自12位国外著名物理学家、教育家以及国内物理学领域的专家学者讨论举办开放性的竞赛促进物理学科进步发展等问题。

11月17日 全球高性能计算机TOP500排行榜的官方网站发布最新世界最强超级计算机500强排名名单。天津制造的超级计算机“曙光5000A”以每秒钟230万亿次的峰值速度、Linpack值180.6万亿次的成绩再次跻身世界超级计算机前10名。

11月18日 全球领先的IT服务、企业解决方案和外包服务公司——印度塔塔咨询公司“全球服务交付中心”在天津高新区正式成立。天津市委常委,市委科技工委书记陈超英会见塔塔公司客人并出席剪彩仪式。

11月19日 “国家海水及苦咸水利用产品质量监督检验中心”在天津市成立,是国内唯一一家国家级海水利用产品质检机构。

11月21日 天津市第一个关于孵化器的标准《天津新技术产业园区孵化服务标准》新闻发布会,在高新区国际创业中心举行。天津高新区拥有国际创业中心(留学生创业中心)、华苑软件园、海泰火炬创业园、华科科技园、鑫茂民营科技园和南开大学科技园等6家企业孵化器。

11月24日 天津市畜牧兽医研究所承担的市科技攻关培育项目“山羊体细胞克隆技术体系的建立”取得新进展。国内首例体细胞克隆波尔山羊“津英”产下一对“龙凤胎”。

11月25日 由中国海洋学会、中国太平洋学会和中国海洋发展研究中心联合举办的“第4届海洋强国战略论坛”在天津滨海新区开幕。来自全国各省区市的150多位专家学者围绕“环渤海区域的崛起与发展”开展讨论和交流。

11月27日 南开大学研发成功“丹参基因组三倍化育种新技术”。该技术使植物药材丹参单株最高产量超过2000克,填补了国内空白,形成全国高产高质丹参培育体系。该课题的基础研究“药用植物丹参种质资源的遗传改良与种质创新研究”已经获得国家自然科学基金资助。

11月28日 “天津市半导体照明工程研发及产业联盟”在天津工业大学成立。天津市委常委、市委科技工委书记陈超英出席并讲话。该联盟包括9家科研机构、13家企业。

11月28~30日 由中国医药生物技术协会、中国工程院医药卫生学部联合主办,天津医科大学附属肿瘤医院和中国医药生物技术协会临床应用专业委员会共同承办的“第四届全国生物治疗学术大会”在津召开。郝希山、杨胜利、王红阳、陈志南院士参加大会开幕式。

12月

12月1日 天津市蓟县于桥蔬菜研究所首创的“蓟春型保温被内置式日光温室”,填补了国内日光温室结构空白。在2008中国设施园艺工程学术年会上,中国农科院、农业部授予该项目“专项奖”。

是日 由市科委联合市质量技术监督局共同组织的“天津经济技术开发区国家高新技术产业标准化示范（绿色能源）”课题，获得国家科技部支撑计划重点项目支持，成为国家科技部确定的试点项目。

12月2日 国家科技部发布《关于下达2008~2009年国家有关科技计划项目的通知》。其中，市科委组织申报的30个项目获国家星火计划立项，26个项目获国家火炬计划立项，33个项目获国家重点新产品计划立项，5个项目获国家软科学研究计划立项。

12月3日 天津市新技术产业园区组装测试完成的“曙光5000（魔方）”系统，在国家数字媒体技术产业化（成都）基地用予动画渲染工作。

12月7日 国内首款个人高性能计算机“PHPC100”在曙光公司天津基地诞生。该计算机只有普通台式机主机2倍，速度却是普通电脑的40倍。

12月10日 天津市科委主任李家俊率天津医科大学、南开大学、血液学研究所、泰达心血管医院等相关单位人员访问瑞典卡罗林斯卡医学院分析医学中心，达成了一批项目合作协议，并就在津建立分子医学中心（CMMTJ）正式签署协议。

12月11日 “中国环渤海经济圈管理峰会”在天津举行。环渤海区域内近百名专家、学者和企业家参与。与会学者和企业家以“新形势下的企业转型与管理变革”为主题进行交流。

12月14日 南开大学化学学院研究员孙平川、生命科学学院教授周军、天津大学教授夏长亮获得2008年度国家杰出青年科学基金资助，每人获200万元科研经费。

12月15日 由天津市中新药业集团第六中药厂承担、列为国家重点扶持的医药类高新技术产业化项目“超临界萃取技术”，通过天津市有关部门的技术认定，并被授予“天津市重大高新技术产业化项目”匾。

12月16日 天津市科委发布了“2009年天津市科技计划项目（第一批）立项公告”，包括应用基础及前沿技术研究计划项目，科技支撑计划重点项目，科技型中小企业技术创新资金项目等。天津经济技术开发区35个项目获得立项。其中天津科润农业科技股份有限公司的“黄瓜抗黑斑病分子标记研究及抗病品种选育”等13个项目列入应用基础及前沿技术研究计划；仁合益康医药科技（天津）有限公司的“国家一类新药—盐酸左旋阿夫唑嗪”等19个项目列入科技支撑计划；天津键凯科技有限公司的“Y形分枝型聚乙二醇衍生物”、天津紫博生物工程技术有限公司的“原生质体法制取雷帕霉素”和天津渤海环保工程有限公司的“半干式烟气净化系统的核心设备”列入科技型中小企业技术创新资金项目。

12月17日 天津三维显示技术有限公司和天津大学共同承担研发的“新一代自由立体成像终端技术”研发成功，并申请了20余项发明专利。该项目由国家发改委、科技部、中科院、原信息产业部联合立项，已通过国家有关部门验收，产品在香港、深圳、广州等20多家机场、地铁安装投入使用。

12月18日 由中海油天津化工设计院和渤天化工公司共同承担的天津市科委科技支撑计划项目“丙烯氧化制醋酸丙烯酯催化剂的开发”，研制出醋酸丙烯酯法生产环氧氯丙烷关键催化剂，使渤天化工公司摆脱了对进口本催化剂的依赖，降低了生产成本。

12月21日 中国科学院高能物理研究所和天津医科大学附属肿瘤医院共同建成国内首家“肿瘤分子影像联合实验室”。

12月22日 国家博士后科学基金特别资助名单揭晓。天津市10名博士后获首批科学基金特别资助，其中天津大学6人、南开大学1人、天津财经大学1人、天津工业大学1人、天津科技大学1人。

12月28日 天津市农业局、中国农业大学和天津空港物流加工区管委会合作成立“天津中农大转基因棉花技术工程中心”。该技术工程中心以培育转基因抗病抗逆棉花良种为研发目标，研发的技术为世界领先水平。

12月29日 天津市第3批20项重大工业项目之一的“航天器研发及制造”在天津新技术产业园区开工。该项目包括拥有自主知识产权的无人驾驶飞机、环保设备产业化基地、航天器制造及应用产业基地。

附 录

政策法规

天津市人民政府《天津市科教兴市行动计划（2008—2010）》（2008年5月14日）

实施科教兴市战略，是深入贯彻落实科学发展观，落实胡锦涛总书记提出的“两个走在全国前列”和“一个排头兵”的重要要求，是实现中央对天津发展定位的战略选择，也是增强自主创新能力，建设创新型城市和人才强市的紧迫要求。

为深入贯彻落实党的十七大和市第九次党代会、市委九届二次、三次全会精神，加强人才链、学科链和产业链结合，充分发挥企业技术创新的主体作用，整合利用好高等院校、科研院所的创新资源，加快提高自主创新能力，加快建设创新型城市和滨海新区高水平研发转化基地，实现天津科学发展和谐发展率先发展，特制定本行动计划。

一、聚集国内外资源，提升滨海新区研发转化基地载体功能

紧紧围绕滨海新区建设高水平研发转化基地的定位，重点建设滨海高新区、国家生物医药国际创新园等重大研发转化基地，增强聚集国内外科技资源、加快自主创新和成果转化的载体功能，不断提升滨海新区的自主创新能力。力争到2010年，滨海新区高新技术产业产值达到5000亿元，发明专利申请量达到2000项。

(一)高标准完成滨海高新区一期规划建设。建立滨海高新区小政府、大服务的新型管理体制，形成部市共建、土地证券化融资等新机制，制定滨海高新区的支持政策。2008年完成起步区及综合配套服务中心、研发孵化中心、风险投资大楼等基础设施建设，全面启动滨海高新区各专业研发转化基地规划建设。积极开展科技招商，做好入区项目筛选，着力聚集高水平研发机构、高技术企业和高端人才。到2010年，滨海高新区完成一期建设，聚集海内外研发机构300家，孵化企业700至800家，聚集海外研发和创业人才1万人，成为全市自主创新的领航区。

(二)建设高水平国家生物医药国际创新园。建成天津国际生物医药联合研究院、中意中医药联合实验室、瑞典卡罗林斯卡医学院天津生命科学研究中心。与美国亚历山大公司共同建成国际化生物医药孵化基地，建设从研发到产业化各环节比较完善的、国内一流、符合国际标准的公共技术服务平台。继续举办好国际生物经济大会，打造我国生物经济国际信息交流与传播平台，使国家生物医药国际创新园成为国内一流、世界知名的生物医药研发转化基地。到2010年，吸引研发团队100个，研发型企业50家，实施生物医药研发项目100个，取得新药证书10个以上，其中一类新药证书3至5个，带动形成新增产值100亿元。

(三)建设工业生物技术研发转化基地。建设中科院天津工业生物技术研究与发展中心研发大楼，与中科院共建微生物高通量筛选、微生物基因组学和生物信息学、发酵过程与模拟仿真等支撑平台。建成现代酶工程国家工程实验室。与本市高校和科研院所共同实施一批重大研发转化项目。到2010年，取得专利技术60项，聚集高端人才40人，开展工业生物技术研发项目约70项，开发出3至4项生物材料、生物燃料和生物基化学品，成为国家级工业生物研发转化基地。

(四)建设民航科技产业化基地。充分发挥中国民航大学、天津大学、北京航空航天大学、哈尔滨工业大学等高校的资源优势，建设民用航空航天科技企业孵化器和大学科技园。建立航空产业生产力促进中心和中国民航大学民航技术研究中心。支持高校设立航空航天院系。到2010年，民航高新技术产业产值达到200亿元，聚集50家民航科技企业，建成2个省部级以上研发中心，成为中国民航科技研发和转化的重要基地。

二、创新人才培养模式，为增强自主创新能力储备高质量的人才资源充分发挥教育的基础性作用，加快建设人力资源强市，构筑滨海新区人才支撑高地。要着眼于提高创新型人才培养水平，着力改革人才培养模式，着力完善数字化学习平台，着力建设支撑中新生态城发展的教育基地。

（一）依托高新产业园区建设软件人才培养基地。适应软件产业发展特点，整合南开大学、天津大学和天津工业大学等高校优势资源，与新技术产业园区以及软件企业合作，共建软件人才培养基地。调整教学实施方案，落实学生顶岗实习制度，组织开发与专业前沿相衔接的课程内容，构建适应软件产业发展的人才培养体系。实施教改课题立项，着力探索“订单式”人才培养模式，解决好学习内容滞后的问题，推进“双师制”师资队伍建设，建立院校和相关基地专业技术人员兼职互动机制。2008年，初步构建起与产业相适应的产学研一体化协作平台，形成与新的培养方案相衔接的课程体系。2009年6月在天津工业大学完成8至10万平方米的教学用房及配套设施建设工程，并投入使用。到2010年，形成产学研教育一体化协作机制，基本实现学科链、人才链和产业链的有效对接。

（二）创新金融人才培养模式。引进国内外优质教育资源，依托南开大学和天津财经大学等高校的金融学科优势，在滨海新区高水平筹建滨海国际金融研究院，努力使其成为集国际金融人才培养、科学研究、服务管理和国际交流于一体，与北方金融中心地位相适应的现代金融服务平台。建立高校与金融业互动的人才培养机制，共建高标准、专业化、开放式实训基地，拓展金融创新人才培养的链条。针对金融专业特点，在国外建立骨干师资培训基地，形成与国际金融产业发展相适应的师资培养机制。优化人才培养方案，推广案例和情景模拟教学，吸收最新金融研究成果，加强学生实践能力培养。定期组织开展高层金融发展国际论坛。

（三）高水平举办每年一度的全国职业院校技能大赛。立足“普通教育有高考、职业教育有大赛”制度建设的战略高度，强化顶层设计，注重政策衔接，体现职业特色，创新高技能人才培养和选拔模式。加强统筹协调，健全组织机构，培训竞赛选手，完善竞赛项目，推动场地建设，搞好赛务工作。要以技能大赛带动国家职业教育改革试验区各项任务的全面完成，带动天津职业教育水平的全面提升。到2010年，基本搭建起集技能大赛、职业教育论坛和教学仪器设备展销于一体的现代服务平台，初步建立政府统筹、企业支持、院校参加的大赛运行机制，基本形成科学合理、运转有序、充满活力、开放创新的制度体系。

（四）建设终身学习公共服务平台。依托天津广播电视大学，加快实施终身教育公共服务平台建设项目。2008年底，实施服务平台一期建设工程，重点建设10个应用系统平台，覆盖学历教育、职业继续教育、社区教育、专题教育和文化活动等多个方面，实现管理、学习、练习、考试、统计、分析的一体化，满足千万级用户注册管理、10万人同时登陆在线学习、5万人同时在线研修的数字化学习需要。2010年，启动服务平台二期建设，进一步整合终身学习资源，完善各类应用系统，基本形成全民学习、终身学习的有效服务体系。

（五）结合中新生态城建设筹建一所以生态环保为特色的高等院校。采用中外联合办学的新机制，搭建聚集国内乃至世界优秀人才资源的平台，形成环保科技人才培养和科技研发的优势。推进与生态环保企业的密切联系，实行更加灵活的招生办法和弹性学习制度。2008年8月，提出中新生态城环保高等院校建设方案，并报有关部门审批。力争2009年开工建设，2010年开始招生。通过建设，逐步使其成为全国乃至世界具有一定影响力的生态环保研究基地和人才培养基地。

三、构筑产学研联盟，加快高新技术成果转化

引导和支持创新要素向企业集聚，充分发挥企业技术创新的主体作用，把企业推向自主创新的前台。重点建设一批以企业为主体的产学研联盟，强化科技、教育和产业部门的紧密合作，促进多层次、多形式的产学研一体化，形成推动科技创新的整体合力。

（一）建设产学研联盟。围绕支柱产业和新兴产业，突破体制机制障碍，启动建设6个产学研联盟。

1.建设中新生态城产学研联盟。根据中新生态城建设需要，组织京津地区高校和科研机构的科技力量，开展绿色建筑、生态与环保技术的开发和系统集成，做大做强一批生态环保领域的高新技术龙头企业，筛选20项先进适用技术供中新生态城应用，为我市生态城市和中新生态城建设提供支撑。到2010年，带动我市环保科技产业产值达到300亿元以上。

2.建设现代中药产学研联盟。密切校企协作，持续实施现代中药大品种群系统开发项目，筛选、突破具有市场前景的中药大品种的关键技术，探索传统名优中药的现代化提升模式。到2010年，年销售额过亿的品种由目前的3个增加到10至15个，1至2个中药品种进入国际主流医药市场，带动全市中药年产值翻一番，形成240亿元的产业规模。

3.建设软件和IC设计产学研联盟。依托天津大学、南开大学等院校IC设计科研教学力量，在市高新区和市开发区建设集成电路设计服务中心，为我市软件和IC设计企业的成长和发展提供EDA工具、人才培训、企业孵化等公共技术服务。建立软件人才培养基地、软件外包产学研联盟和市开发区、保税区和市高新区3个一定规模的外包服务基地。到2010年，引进超过50家集成电路设计企业，集成电路设计年产值超过30亿元；带动软件产业销售收入实现350亿元，出口15亿美元，其中服务外包额达到60亿元。

4.建设新能源技术产学研联盟。筹建国际能源科学与工程联合研究院，联合实施新一代薄膜太阳能电池、动力电池、电动汽车、生物质能源开发等新能源重大项目，拉动我市新能源产业的发展。带动我市新能源产业产值达到200亿元以上。

5.建设创意产业产学研联盟。发挥天津美术学院、天津工业大学等高校人才优势，推广应用动漫、游戏、设计、服饰开发等共性技术，为河北区、红桥区等创意产业园和宝坻服饰产业基地提供技术和智力支持。到2010年，引进培育创意企业300家，实现产值120亿元，并带动衍生产业发展。

6.建设移动信息服务产学研联盟。依托移动通信运营商，发挥天津大学、天津理工大学的资源优势，共同开发移动支付等关键技术，建立移动支付平台，形成一套完善的手机支付体系，结合中国移动通信的12580综合语音系统，为用户提供更贴心的服务，使用手机支付的用户达到50万。到2009年，预计完成12亿元的金融交易，促进天津金融电子化、信息化发展。

（二）健全面向产业的公共研发体系。整合优势科教资源，引导各类公共实验室和工程研究中心开发行业共性技术，搭建面向产业的研发服务平台，使之成为企业自主创新的重要依托。面向优势产业和新兴产业，以科技创新平台建设为重点，启动新一轮重中之重学科建设。新增国家级和省部级工程技术研究中心50个、国家级和省部级重点实验室20个。完善技术转移、技术咨询、政策服务等公共科技服务体系，促进创新资源向企业流动。

（三）创新科技成果转化的有效机制。通过政策引导，鼓励创建各类专业孵化器，集中营造有利于科技成果转化的环境。创建大学科技园，组织全市高校和科研院所开展成果转化工作、创办科技型企业，加速高校已有科技成果向现实生产力转化。

四、突破一批核心技术和关键技术，促进又好又快发展

围绕我市中长期科技规划纲要确定的电子信息、生物与现代医药、资源与环境等十大重点领域，以需求为导向，着力突破一批制约经济社会发展的核心技术和关键技术。

（一）突破产业发展重点领域的核心技术。围绕软件、集成电路、现代医药、工业生物、绿色能源、纳米技术、半导体照明、民航科技、海洋技术、科技服务业等高技术领域，集成科技资源，重点攻克100项核心技术，占领一批高新技术产业的制高点。

（二）突破节能减排关键技术。攻克基于新型活化功能材料的燃油锅炉、内燃机等系列高效活化技术等10项节能减排新技术及产品，在石化、电力、化工、冶金、建筑等高耗能行业建设10个节能减排科技示范工程。

（三）突破水资源高效综合利用关键技术。突破高浓度工业有机废水处理、大规模海水循环冷却等7项关键技术，建立滨海工业带产业污染源控制与治理、城市污水处理厂升级改造及新型工艺等8项技术集成应用科技示范工程，使我市万元GDP水耗低于20立方米，COD排放量低于5公斤，非常规水源利用总规模每日达到10万立方米，年海水直接利用总规模达到40亿吨。

（四）突破重大疾病预防与诊疗关键技术。围绕恶性肿瘤、心血管病、糖尿病等重大疾病预防和诊断治疗，建立重大疾病防治技术支撑平台和医疗科技服务平台。突破乳腺癌体、肝移植、糖尿病早期诊断与治疗等关键技术。制定肿瘤生物治疗行业规范，建立我国恶性肿瘤体细胞治疗规范化技术体系，活体肝移植供肝评价选择，肺癌、糖尿病、冠心病分子诊断和个体化治疗新技术规范，形成国内规模最大的肿瘤、器官移植、糖尿病、心脏病诊疗4个治疗中心。

（五）突破社会主义新农村建设关键技术。建设跨区域的汉沽区、东丽区、蓟县玫瑰香葡萄种植和塘沽区、汉沽区、大港区滨海海珍品设施化养殖星火产业带。重点开展设施农业、农业废弃物利用和垃圾无害化处理、生态节能型建筑等5类先进适用技术集成应用。从村、乡镇、区县三个层次开展新农村建设科技示范工程建设，到2010年，完成30个科技示范村、12个科技示范乡镇的建设，在2个科技示范区县建成新型农业技术服务体系，5类新农村建设关键技术在全市60%以上的村得到推广应用。

五、做大做强新兴产业，促进产业结构优化升级

按照高端化、高质化、高新化发展方向，超前部署，滚动实施一批重大自主创新项目，增强产业的国际竞争力，为转变发展方式、推动产业结构优化升级提供持久的支撑。到2010年，重点培育的10个新兴科技产业总产值达到3250亿元。

（一）精心组织实施重大自主创新科技项目。切实推进20项自主创新产业化重大项目的实施，加快具有自主知识产权重大科技成果的转化和产业化。每年组织实施30个创新专项资金项目，充分发挥科技创新专项资金资助项目的带动作用。进一步完善以企业为主体、产学研联合实施重大项目的机制和措施。

（二）培育壮大科技型企业。发挥高新技术企业认定等政策引导作用，培育壮大高新技术企业，鼓励企业加大研发投入力度，尽快提高企业自主创新能力。进一步加大政策扶持和招商力度，引进一大批国内外高技术企业。启动我市企业技术创新引导工程，积极申请国家级创新型企业，达到10家；认定市级创新型企业50家；培育一批创新型企业后备军。加大科技型中小企业技术创新专项资金投入，以股权投入、贷款贴息和无偿资助的方式加强对初创期、成长期和上市发展期三个阶段企业群体的分类扶持，促进科技型企业上市发展，培育一批机制灵活、创新能力强、带动作用大的科技型大企业集团。

六、突出体制机制创新，营造优良的创新环境

充分利用滨海新区国家综合配套改革实验区先行先试的有利条件，进一步解放思想，在体制机制创新上走在前列。到2010年，确保全社会研发投入占GDP的比重提高到2.5%以上，教育财政支出占GDP的比重达到4%，公众科学素养指标达到8%以上。

（一）深化科教体制和机制改革。加快实施滨海新区科技与人才体制改革专项方案，促进经济与科技融合、科技与教育融合、科技与金融结合。加快建立和完善创业投资体系。切实落实好国家和我市实施中长期科技规划纲要的配套政策与措施。深化科研院所改革，增强创新实力。深化办学体制改革。全面落实国家职业教育改革实验区建设实施方案，形成具有天津特色的职业教育发展模式。

（二）加强对科教工作的领导和统筹。充分发挥天津市科教兴市领导小组的统筹协调作用，将科教兴市工作实绩纳入对各级领导班子和主要领导干部的监督考核体系。依法加大市级和区县财政科教投入。实施科学素养提升工程，全面提高公众文化素养，形成尊重知识、尊重人才的良好社会氛围。

天津市人民政府
《关于支持创新型科技园区建设的若干意见》
（2008年12月1日）

各区、县人民政府，各委、局，各直属单位：

为深入贯彻落实党的十七大精神和科学发展观，按照市委、市政府关于全面加快滨海新区开发开放的总体要求，推进市高新区建设国家创新型科技园区，充分发挥市高新区作为全市自主创新基地和滨海新区开发开放“领航区”的作用，提出如下意见：

一、充分认识建设创新型科技园区的重要意义

市高新区建设国家创新型科技园区是实践科学发展观、贯彻落实创新型国家战略的必然要求，是落实中央对天津市“两个走在全国前列”和“一个排头兵”重要要求的客观需要，是顺应世界科技园区发展趋势的必然选择。将市高新区建设成为创新型科技园区，对全市高新技术产业发展、经济结构调整、自主创新能力提升、经济发展方式转变以及滨海新区开发开放具有重要的带动作用，是天津建设创新型城市的重要支撑。全市各方面要充分认识创新型科技园区建设对我市经济社会发展和滨海新区开发开放的重大意义，集中主要资源，制定完善政策，采取有力措施，举全市之力建设创新型科技园区。各级部门要站在全局的高度，认真贯彻落实市委、市政府提出的“聚焦滨海高新区”的战略举措，加大工作支持力度，形成建设国家创新型科技园区的合力，抢抓机遇，真抓实干，加快国家创新型科技园区的建设步伐，为我市经济社会又好又快发展和滨海新区开发开放做出更大贡献。

二、明确创新型科技园区的战略定位、建设思路和发展目标

(一)战略定位。

市高新区创新型科技园区建设的总体战略定位是要发展成为支撑中国第三增长极的重要创新极。要通过全球性创新要素的高度聚集和国际性创新环境、创新网络的建立和完善,促进创新成果的不断涌现和辐射扩散,成为创造和引领产业技术发展潮流的自主创新基地,实现对滨海新区的领航作用,支撑滨海新区的发展。

(二)建设思路。

实施"聚焦滨海高新区"的战略举措,依托天津市的综合优势和滨海新区开发开放的先行先试优势,加大与科技部共建力度,举全市之力推进滨海高新区建设。

积极推进"政策聚焦",出台扶持滨海高新区发展的财政、税收、金融、科技等各项政策,市自主创新政策、项目、资金优先支持市高新区发展。

积极推进"产业聚焦",全市高新技术产业优先在滨海高新区聚集和发展,市发展改革委、市经委、市科委、市信息化办等各有关部门重大科技计划和科技产业化项目优先在市高新区布局,建成新能源、电子信息、生物医药、高技术服务业研发转化基地。

积极推进"机构聚焦",积极吸引世界500强企业、国内重点企业和国内外知名科研机构在滨海高新区建设研发机构,优先在滨海高新区建设起以国家(重点)实验室、国家工程试验、国家工程中心、国家级企业技术中心等为依托的高端研发体系,以滨海高新区为核心建设全市公共技术研发平台、科技创新服务平台和各级各类产学研联盟、产业技术联盟等新型创新组织,引导创业投资和贷款担保机构、科技中介服务机构等向滨海高新区集中。

积极推动"人才聚焦",支持各类领军型人才和高端研发团队在滨海高新区创新创业,建设留学生创业园、中国EMBA创业园等一批国家级创新创业基地。

(三)发展目标。

到2015年,市高新区整体上要发展成为国际性创新的先导、自主创新的高地和高新技术产业化的示范基地。以滨海高新区的国际性创新发展为龙头,以津西知识创新密集区为基础,以南开科技园和武清开发区、北辰科技工业园、塘沽海洋科技工业园等特色功能区为拓展,在建设创新型城市的进程中发挥东西互动、区县联动、多点带动的重要作用,发展成为体制机制创新的先行区、全球创新要素的聚集区、自主创新和创新驱动型发展的引领区和"高新、高质、高端"产业结构示范区。

三、推进产业链升级,大力发展高端产业集群

(一)促进新能源产业集群创新。

围绕新型绿色储能电池、可再生能源电池、风力发电和节能技术等领域,纵向延伸和横向拓展新能源产业链条,加快新能源产业基地建设,发展成为国家新能源高技术产业化基地。与国家中长期科技发展规划相对接,建设"国家能源和环境技术(EET)产业创新园"。

(二)推动软件和信息制造产业集群升级。

加快天津高新区软件与服务外包产业基地建设,发展成为全国软件与服务外包业的龙头区域。建成以曙光计算机为主体的高性能计算机产业化基地、以中环半导体等为代表的集成电路研发和产业化基地。

(三)培育生物技术与现代医药产业集群。

重点推动"四部一市"共建的国家生物医药国际创新园建设,围绕基因治疗与细胞治疗类药物、疫苗与诊断试剂、生物基化学品以及中药现代化等重点领域,吸引全球性的领军人才和团队,聚集国际领先水平的研发项目,培育拥有自主知识产权的创新型企业,形成具有国际竞争力的生物创新产品。建设"国际生物健康产业创新园",成为国际知名的生物技术与健康产业创新研发和转化基地。

(四)完善与整合先进制造业集群。

重点在航空航天、关键技术及成套设备、机电设备及机械基础件、电子电气专用设备、物流设备及汽车关键零部件、新型仪器仪表、节能环保设备等领域建设专业孵化、服务与产业化基地,形成滨海新区先进制造业的研发转化基地和创新引擎。

(五)发展现代服务业集群。

建设"国家高技术现代服务业示范园",大力发展知识密集型服务业。面向全市和滨海新区的主导产业,吸引和培育研发与设计服务、检验检测、文化创意、数字化媒体等知识密集型服务企业。引导各类创业投资机构向市高新区集聚,建设成为创业投资高地。吸引熟悉国际规则的管理咨询、科技中介等各类服务机构,形成从知识创造到知识资本化的创新服务链。

四、扶优扶强,培育一流科技企业

(一)加快孵化体系国际化、专业化发展。

增强孵化器的专业化服务能力，重点在新能源与可再生能源、生物医药、集成电路设计、动漫游戏等领域发展专业孵化平台，扩建国家863软件专业孵化器。在滨海高新区内建设高水平国际孵化器和留学生创业园，面向全球吸引创业者。完善创新创业服务体系，加强对企业创建前端的扶持和培育，推进形成“科技孵化+创业投资”、“创业导师+专业孵化”、“共性平台+创新网络”的新型孵化机制。

（二）促进中小型科技企业快速成长。

在市高新区建设一批承接孵化毕业企业的“科技企业加速器”，到2012年可投入使用的加速器面积达到120万平方米。支持市高新区实施“小巨人企业成长计划”，通过创新服务模式满足进入成长期的企业对创新、投资、土地、人才等方面的个性化、定制化需求，建立高成长企业的快速发展通道，促进企业加速成长。

（三）做大做强龙头企业。

制定并完善企业扶优扶强政策，促使企业尽快做大做强，培育若干家年销售收入超100亿元和一批销售收入超10亿元的大型高新技术企业集团，培育由一大批销售收入超亿元企业组成的高新技术企业群体。

五、完善创新环境，推动体制机制创新

（一）高标准打造滨海高新区基础环境。

从2008年开始，用2年左右时间，全面完成滨海高新区的基础设施建设，实现“九通一平”，建设发达便捷并符合国际标准的基础设施和商务环境，建设高标准的集生态、居住、人文为一体的生活和工作环境，初步具备国际性科技园区的物理空间形态。

（二）完善知识产权服务体系。

积极推动市高新区建设国家知识产权示范园，进一步完善专利政策体系，健全专利保护和监控机制，构建专利产权保护预警机制和专利纠纷快速反应机制，继续探索实施专利质押贷款，重点扶持企业在共性、关键技术和产品领域取得突破并形成自主知识产权，着力推进专利技术产业化，努力提高知识产权应用水平和能力。

（三）搭建多层次资本市场交易平台。

进一步完善由担保平台、投资平台、贷款平台和群众信用组织组成的投融资服务平台，支持市高新区进行企业信用贷款、发行企业集合债、非上市股份公司股权转让等试点，引导各类创业投资机构在市高新区集聚，支持市高新区企业在国内外资本市场上市融资。

（四）积极推进体制机制创新。

着力完善科技部、天津市共建机制，把创新型科技园区建设作为部市共建的主要内容之一，做到组织落实、人员落实。建立区域合作和协同发展机制，以市高新区与中关村科技园区的合作为重点，促进市高新区跨区域的联合与资源整合；加强市高新区与市内各功能区及区县的合作发展，共同促进滨海新区、中心城区和各区县的联动发展。积极探索产学研合作机制创新，引导大学和科研机构围绕市高新区发展需求进行人才培养、学科设置和科研布局，鼓励市高新区内企业与科研机构开展多种形式合作。大力推进土地管理机制创新，探索以租赁为主的招商模式和土地证券化。推进科技金融体制改革试点。

（五）营造多元文化共存的知识型社区环境。

通过发展多层次社会网络促进文化、习俗、制度等方面的建设，缩小市高新区内多元化要素的“社会距离”，形成多元文化、多元社会结构主体共生互动和知识融合发展的社区环境。

六、建立协同发展机制，加强市高新区的统一规划和管理

（一）加强市高新区管委会对创新型科技园区的引导和管理。

市高新区管委会作为创新型科技园区建设的实施主体，具体推进和落实创新型科技园区建设的各项工作。由市高新区管委会对各政策区、辐射区的发展规划、产业布局、创新体系建设、经济统计、高新技术企业认定等工作以及其他重大事项进行统一协调和管理。

建立市高新区管委会与创新型科技园区所在区人民政府联席会议制度，定期研究解决经济社会发展和创新型科技园区建设过程中的重要问题。

（二）建立并完善对创新型科技园区的考核评价机制。

按照科技部对创新型科技园区的评价指标体系和市人民政府对市高新区创新型科技园区建设评价考核指标体系的要求，由市高新区管委会会同相关区人民政府对创新型科技园区建设工作按年度进行统一考核和评价。

（三）设立联动发展资金。

高新区和辐射区共同设立联动发展专项资金，支持创新型科技园区开展科技创新、加快经济发展，其中市高新区管委会每年安排财政专项资金4000万元。创新型科技园区所在区人民政府按不低于所分配的联动发展专项资金2倍的比例匹配，用于支持科技创新。市级科技经费给予倾斜支持。通过联动发展资金，统筹各区联动发展，引导各区发挥各自优势，在项目建设和发展产业集群上加强合作，共同推进创新型科技园区建设工作目标的实现。

七、加强组织领导，全面推进国家创新型科技园区建设

（一）加强对创建创新型科技园区工作的组织领导。

市人民政府将国家创新型园区建设作为天津市和科技部共建的重要内容，加强对国家创新型科技园区建设的组织领导。成立天津新技术产业园区国家创新型科技园区建设工作领导小组，由主管副市长任领导小组组长，市有关委办局、市高新区管委会和有关区人民政府主要负责人为成员，全面推动市高新区国家创新型科技园区建设工作，建立以自主创新为导向的对市高新区的评价与考核体系。

（二）加大对创新型科技园区建设的财政支持。

为实现总体建设目标，在创建期间（2008至2015年），天津市高新区将安排、筹措100亿元以上的资金用于创新型科技园区建设。其中市高新区管委会每年从可支配财政收入中安排超过5亿元的资金设立自主创新资金，市高新区创新型科技园区所在区人民政府也设立每年不少于2000万元的自主创新专项资金用于支持创新型科技园区建设。落实滨海新区开发资金向滨海高新区的投入，并统筹利用专项资金、地方配套资金和社会性投资加快滨海高新区基础环境建设和科技创新发展。

（三）加大对企业自主创新的财税和政府采购支持力度。

加大企业自主创新投入的所得税前抵扣力度，允许企业按当年实际发生的技术开发费用的150%抵扣当年应纳所得税额，实际发生的技术开发费用当年抵扣不足部分，可按税法规定在5年内结转抵扣。允许企业加速研究开发仪器设备折旧。对符合规定条件的国家和市级企业技术中心、工程（技术研究）中心、工程实验室、检测机构等，进口规定范围内的科学研究和技术开发用品，免征进口关税和进口环节增值税。对承担国家和市级重大科技专项、科技计划重点项目、重大技术装备研究开发项目和重大引进技术消化吸收再创新项目的企业，进口国内不能生产的关键设备、原材料及零部件，免征进口关税和进口环节增值税。在市高新区实施政府采购政策，将市高新区企业研发生产的自主创新产品列入天津市政府采购名录，在同等条件下优先采购市高新区内高新技术企业的产品。

（四）加强对滨海高新区的政策聚焦。

鼓励滨海高新区研发机构和创新平台建设，由滨海新区科技创新基金对在滨海高新区实施成果转化和产业化的高端研发机构给予最高500万元的资金扶持；对研发机构承担国家重点科技计划的项目，按照100%比例给予最高500万元的资金匹配；对列入天津市重点科技计划的科技项目，按照50%比例给予最高200万元的资金匹配。

鼓励滨海高新区高新技术企业发展，从2008年起5年内，滨海新区内新建并经有关部门认定的高新技术企业，自生产经营之日起，对中央和地方分享的企业所得税，以地方财政补助的方式，前2年全额补助给企业，后3年减半补助给企业。

鼓励滨海高新区内企业创造和发展知识产权，对初创型高新技术企业和研发机构提出的国际专利申请和国内发明、实用新型专利申请，给予每项最高5000元的资助；对获得授权的国外专利和国内发明专利再给予最高1万元的资助；对参与研制技术标准、并作为主要起草单位的滨海高新区内高新技术企业和研发机构，给予技术标准研制项目专项资助。

（五）为高新技术产业预留发展空间。

在全市产业布局总体规划中，在滨海新区以及相关区县预留高新技术产业发展空间，创新市高新区管辖范围拓展的方式方法，优先保障高新技术产业发展用地需求，促进土地资源的集约利用。

（六）支持市高新区完善自主创新政策体系。

支持市高新区完善产业、创新、人才三大政策体系，着力在培育主导产业和龙头企业、扶持企业开展自主创新活动、吸引国内外一流人才等方面加大政策扶持力度。天津市推动科技体制改革的政策在市高新区先行先试。

（七）尽快完成市高新区更名和管理条例修订。

积极推动天津新技术产业园区向天津滨海高新技术产业开发区的更名工作。重新修订《天津滨海高新技术产业开发区管理条例》，确立高新区管委会的法律主体地位，明确高新区管委会与创新型科技园区管理机构的关系与责任分工，为创新型科技园区建设提供法律保障。

天津市人民政府办公厅《关于推进滨海农业科技园区建设工作的实施意见》（2008年6月10日）

为深入贯彻落实《中共天津市委天津市人民政府关于推进城乡一体化发展战略加快社会主义新农村建设的实施意见》（津党发〔2007〕22号）精神，发展滨海新区现代农业，推进滨海农业科技园区建设工作，特提出如下实施意见：

一、滨海农业科技园区建设的指导思想与目标

（一）指导思想。按照科学发展和谐发展率先发展的要求，与滨海新区开发开放、全市现代农业和社会主义新农村建设相适应，突出高科技、高标准、高投入、高产出、高效益，通过政府的政策引导、资金支持和项目扶持，不断提升滨海农业科技园区的创新能力。充分发挥与市人民政府签订合作协议的大专院校、科研院所的技术、人才资源优势，聚集重大科技专项，加速高新技术产业化。发挥滨海农业科技园区聚集企业、带动基地的作用，推进产学研结合，注重技术集成创新和转化推广，创新发展模式，引领支撑全市乃至环渤海区域的现代农业发展。

（二）总体目标。到2011年，在天津滨海新区建成各具特色的集生产、生活、生态、文化、教育等功能于一体的六个现代农业科技园区。滨海农业科技园区要成为全国重要的农业科技创新与成果转化基地，成为滨海新区发展现代农业的主要形式，成为全市现代农业发展的重要引擎，成为辐射带动环渤海地区乃至全国现代农业发展的重要创新基地。

（三）建设原则。重点突出。滨海农业科技园区建设要突出主导产业、主导产品，突出区域特色，依据当地自然条件、传统优势、特色产业、资源优势，集中智力和精力进行重点开发，大力培植地方优质名牌产品。

科技支撑。滨海农业科技园区建设要紧密依托中国农业科学院、中国农业大学、中国林业科学研究院、中国水产科学研究院、中国海洋大学等国家级农业研发教学机构以及我市的农业科技资源，强化产学研结合，强化科技创新、成果转化和产业化。

规模适度。滨海农业科技园区建设规模要适度，做到因地制宜、合理布局。

机制创新。滨海农业科技园区建设要在组织、土地流转、投融资、经营等方面进行研究、探索，建立高效运转的组织管理机制、因地制宜的土地流转机制、多元化的投融资机制以及多样化的经营管理机制等。

效益突出。滨海农业科技园区建设要在整体规划及项目选择过程中，把有较好经济效益的项目摆在优先位置，要体现以经济效益为核心，兼顾社会、生态等综合效益，确保健康持续发展。

二、滨海农业科技园区建设标准

（一）地域标准。滨海农业科技园区的核心区、示范区、辐射区建设相互衔接，形成良性互动。核心区面积一般在2000亩以上，示范区面积不低于1万亩，辐射区面积在5万亩以上。

（二）科技标准。每个滨海农业科技园区在充分发挥本市科技创新资源的基础上，以一家国家级院校为主要技术依托。具备良好的研究开发能力、成果转化和技术产业化能力、技术培训能力，具有较高科技投资力度。

（三）管理标准。滨海农业科技园区管理要实行规范化、标准化管理。一是有健全的管理体系。要以市场为导向，建立产权清晰、权责明确、政企分开、管理科学的现代企业制度，实行公司制企业化运作。二是营造良好的政策环境，有利于聚集企业、集聚要素资源，有利于高效运营。三是有科学的发展规划和实施方案，并纳入区域发展规划。四是有规范的产品标准。制定统一的生产、加工、服务质量标准，培育农产品品牌。

三、滨海农业科技园区建设的主要任务

在科学论证的基础上，启动建设天津滨海耐盐碱植物科技园区、天津滨海东丽农业科技园区、天津滨海海水养殖科技园区、天津滨海生态农业科技园区、天津滨海茶淀葡萄科技园区、天津滨海津南循环农业科技园区等六个园区。总体投资规模76.9亿元。

（一）天津滨海耐盐碱植物科技园区。以中国林业科学研究院为主要技术依托，设在大港区官港公园、马圈村和大港农场，核心区面积2070亩，总投资1亿元。建设盐生植物种质资源库、滨海乡土树种种质资源库。建立国家和市级盐碱地研究发展中心。建立10项适合我市尤其是滨海新区发展需要的绿化模式示范工程。建设优良耐盐碱树种繁育区，年繁育优质树种100万株。取得一批拥有自主知识产权的重要成果，成果转化率达到80%以上，在盐碱地生物治理技术方面居全国领先地位。此项工作由大港区人民政府牵头负责，市林业局、市农业科学院协助。

（二）天津滨海东丽农业科技园区。以中国农业科学院、中国农业大学等为主要技术依托，设在东丽区东丽湖风景旅游度假区，核心区面积3175亩，总投资16亿元。将国外花卉种源工程尖端技术与国内原生态花卉资源、市场加以整合和集成，开发创立具有国际独立知识产权的名贵花卉种苗生产、销售技术体系。建立国家级花卉产品质量评级中心。建成花卉高新技术孵化中心，形成聚集国内外花卉产业的技术信息平台。此项工作由东丽区人民政府负责。

（三）天津滨海海水养殖科技园区。以中国科学院海洋研究所、中国水产科学研究院、中国海洋大学、天津市现代渔业技术工程中心为技术依托，设在天津海滨浴场南侧，核心区面积6870亩，总投资10亿元。重点建设海珍品养殖区、海洋食品及海洋药物加工区、科技研发及管理服务区等4个功能区，建设成集海洋产品科研创新、成果转化、产业开发、产品生产供应、技术服务、观光休闲、生态教育于一体的多功能科技产业园区。循环水养殖技术和规模居国际先进水平。此项工作由塘沽区人民政府负责。

（四）天津滨海生态农业科技园区。以中国农业科学院为技术依托，设在天津市塘沽区新城镇黄圈村和新城村，核心区面积9149亩，总投资44亿元。建设高效设施农业区、现代农业科技展示区、农产品加工物流区、农事活动体验区、果树采摘园、现代新农村社区等。具有生态观光、绿色生产、科技示范、加工物流、生活服务和科普教育等功能。此项工作由塘沽区人民政府负责。

（五）天津滨海茶淀葡萄科技园区。以中国农业大学为主要技术依托，设在汉沽区茶淀镇，核心区面积5000亩，总投资1.9亿元。围绕茶淀4万亩优质标准化葡萄生产基地建设基因保存、品种改良、葡萄采摘观光、酒窖加工、物流集散、文化教育等于一体的葡萄科技园区。农业科技进步贡献率达到60%以上，设施化率达50%，各类农产品达到绿色食品水平。此项工作由汉沽区人民政府负责。

（六）天津滨海津南循环农业科技园区。以中国农业科学院、中国林业科学研究院、中国农业大学等为技术依托，设在津南区小站镇，核心区面积3905亩，总投资4亿元。建设标准化畜禽养殖场、饲料种植基地、饲料加工厂、沼气发酵池、水产养殖基地，通过试验示范，实现区域内资源的多级增值和循环利用，探索滨海新区循环农业发展模式，开展生物质能源的研发与转化。此项工作由津南区人民政府负责。

上述六个园区要在论证、评估的基础上，本着成熟一个、启动一个的原则，2008年启动2至3个滨海农业科技园区的建设，2009年启动其他滨海农业科技园区建设。

四、推动滨海农业科技园区建设的主要措施

（一）加强组织领导。

成立天津滨海农业科技园区建设工作领导小组，请市委常委、市滨海新区工委书记苟利军任顾问，由主管农村工作的副市长任组长，由市人民政府或市政府办公厅分管负责同志、市农委主任任副组长，成员由市农委、市滨海委、市科委、市发展改革委、市财政局和塘沽区、汉沽区、大港区、东丽区、津南区人民政府的负责同志组成。领导小组办公室设在市农委。领导小组负责统一指导推动滨海农业科技园区建设工作。领导小组办公室负责园区建设日常推动工作。

塘沽区、汉沽区、大港区、东丽区、津南区人民政府是园区建设的主体，负责组织实施本区域滨海农业科技园区建设。各区要成立相应的组织机构，具体负责本区滨海农业科技园区建设的组织、协调、实施，研究编制总体规划，研究制定相关政策，完善管理机制体制等。各区人民政府要有专人抓、专人管，落实目标责任制。要研究制定实施工作方案，报市领导小组办公室备案。

组建滨海农业科技园区建设专家咨询指导委员会，成员由市内外院校、产业、管理部门的专家组成，负责对滨海农业科技园区建设提出咨询建议，指导制定发展规划，进行评估论证和验收。

（二）加大政策支持引导力度。

市农委、市滨海委设立滨海农业科技园区建设专项资金，重点支持研发转化平台建设、重大关键技术的引进消化吸收再创新、关键基础设施建设，对基础设施建设将给予贷款贴息支持。市科委、市发展改革委通过科技项目支持滨海农业科技园区建设，主要支持科技攻关、重大技术示范、高新技术产业化。各区人民政府负责筹措解决园区建设其他配套资金等。要研究制定有关土地使用、税收、人才等优惠政策。

为加快滨海农业科技园区建设，鼓励先进，各区人民政府要制定总体工作方案，并由市农委负责安排部分前期费，主要用于规划设计的科学研究以及重大专项可行性研究。

（三）科学编制滨海农业科技园区建设规划。

各区要把规划作为滨海农业科技园区建设的龙头，依据国家对我市和滨海新区的定位，坚持高起点设计、高标准建设，使每个建设项目都成为精品。明确定位、功能、布局、建设任务、建设期和阶段目标。

（四）创新滨海农业科技园区管理体制机制。

研究、创新滨海农业科技园区管理运行机制，坚持以市场为导向，建立政府支持、产业化经营、企业化管理的运行机制。滨海农业科技园区要实行公司制管理模式。在政府的政策引导和资金扶持下，以股份制形式组建滨海农业科技园区发展有限公司，按照现代企业制度，实施经营运作和组织管理。要研究和建立各种有利于滨海农业科技园区建设发展的运行机制，包括技术支撑机制、多元化投融资机制、风险保障机制、政策保障机制。

天津市科委《天津市科技保险保费补贴办法》（2008年6月11日）

第一条 根据《关于开展科技保险创新试点工作的通知》（国科办财字〔2007〕24号）和科技部、中国保监会与天津市人民政府签定的《科技保险创新试点合作备忘录》的要求，为促进我市科技事业发展，有效规避科技风险，营造良好科技创新环境，规范科技保险保费补贴资金的使用和管理，制定本办法。

第二条 科技保险保费补贴支持的对象为本市行政区域范围内注册的高新技术企业。

第三条 科技保险险种由科技部、中国保监会确定。险种包括高新技术企业产品研发责任保险、高新技术企业关键研发设备保险、高新技术企业营业中断保险、高新技术企业高管人员和关键研发人员团体健康保险和意外保险、高新技术企业财产保险、高新技术企业产品责任保险、高新技术企业产品质量保证保险、高新技术企业董事会监事会高级管理人员执业责任保险、高新技术企业雇主责任保险、高新技术企业环境污染责任保险、高新技术企业专利保险、高新技术企业小额贷款保证保险、高新技术企业项目投资损失保险、高新技术企业特殊人员团体意外伤害保险和重大疾病保险以及出口信用保险。

第四条 企业与保险公司签订科技保险合同后，申请科技保险补贴应提供下列文件资料原件或复印件：

1.企业同保险公司签订的科技保险合同；

2.支付科技保险费的原始发票；

3.企业的营业执照、高新技术企业证书；

4.企业的开户银行、户名及帐号。

第五条 参加投保科技保险的前100家试点企业，给予保险费用50%的补贴，100家以后的企业给予不超过30%的补贴。每一个企业每年补贴额度不超过50万元。

第六条 天津市科技成果转化中心负责科技保险补贴日常审核受理工作，每季度负责汇总上报，市科委负责审定每个企业的补贴额度并会同市财政局将补贴资金拨付给企业。

天津市科委《天津市高新技术企业科技保险投保流程》（2008年6月11日）

1.企业与相关保险公司或保险经纪公司确定投保意向。

2.在天津市高新技术成果转化中心网站(http://www.httc.cn)下载科技保险申请表，填制后反馈给市成果转化中心进行科技保险投保申请。

3.企业与相关保险公司及保险经纪公司确定投保方案。

4.市高新技术成果转化中心对科技保险投保方案进行审核。

5.企业按照审定的投保方案投保并与保险公司签订合同。

6.企业投保后将投保合同、发票复印件及相关资料送市高新技术成果转化中心。

7.市科委审定补贴金额并会同市财政局将补贴资金划拨给企业。

天津市科委、天津市财政局、天津市地方税务局、天津市国家税务局关于印发《天津市高新技术企业认定管理工作的实施意见》（2008年8月14日）

第一条 为贯彻落实科学技术部、财政部、国家税务总局《高新技术企业认定管理办法》（国科发火〔2008〕172号）和《国家重点支持的高新技术领域》

及《高新技术企业认定管理工作指引》(以下简称 工作指引)以及国家科技部颁发的有关文件精神,进一步规范、有效开展我市高新技术企业认定管理工作,推动高新技术产业加快发展,特制定本实施意见。

第二条 市科委、市财政局、市国税局、市地税局共同组成天津市高新技术企业认定工作领导小组(以下简称市领导小组),负责指导、管理和监督全市高新技术企业认定工作 (市科委为领导小组组长单位)。其主要职责为:

1.按照国家确定的高新技术企业认定工作方向与原则,审议天津市高新技术企业认定管理工作年度报告;

2.协调、解决天津市高新技术企业认定及相关政策落实中的重大问题;

3.裁决天津市高新技术企业认定事项中的重大争议,监督、检查天津市高新技术企业认定工作。

第三条 领导小组下设办公室 (以下简称市认定办公室),办公室设在市科委,其主要职责为:

1.负责本市高新技术企业认定(复审)工作;

2.负责建立并管理"天津市高新技术企业认定工作服务网",建立和维护本市高新技术企业认定工作专家库,建立专家和中介机构信用制度;

3. 负责对已认定的高新技术企业进行监督检查,受理、核实有关举报,并做出相应处理。接受企业或主管税务机关提出的高新技术企业资格复核申请,并进行复核。复核产生重大分歧的,报市领导小组研究处理;

4.向市领导小组和国家高新技术企业认定领导小组办公室提交本市高新技术企业认定管理工作年度报告;

5.市领导小组交办的其他工作。

第四条 滨海新区、新技术产业园区科技局和区县科委应加强所在区域内高新技术企业认定的宣传、咨询与培训工作,做好高新技术企业认定申请的初审工作。

第五条 高新技术企业认定程序

(一)企业自我评价。凡申请天津市高新技术企业认定和复审的企业,遵照《高新技术企业认定管理办法》(国科发火〔2008〕172 号),对照本办法规定条件,进行自我评价。

(二)申请登记。认为符合条件的企业在"国家高新技术企业认定管理工作网"(网址:www.innocom.gov.cn)进行申请登记。按要求填写《企业注册登记表》(见 工作指引),并通过国家高新技术企业认定管理工作网提交材料。

(三)提交申请材料。企业根据获得的用户名和密码进入国家管理工作网认定管理系统填写申报材料,将申请材料连同相关附件打印并装订成册(一式六份并附电子版),报送企业所在滨海新区、新技术产业园区科技局和区县科委。

(四)初审。滨海新区、新技术产业园区科技局和区县科委根据认定高新技术企业的标准和条件,对企业的申请材料进行初审,将初审意见加盖公章后上报市认定办公室(市行政许可大厅),并将申报材料电子版通过天津市高新技术企业认定工作服务网上传至市认定办公室,同时将初审结果通知企业,初审合格的企业通过国家高新技术企业认定管理工作网提交材料。

(五)组织审查与认定

市认定办公室收到企业申请材料后,按技术领域从专家库中随机抽取不少于 5 名相关专家,并将电子材料(隐去企业身份信息)通过网络工作系统分发给所选专家,专家在 3 个工作日内将评价意见反馈给市认定办公室。

市认定办公室组织专家认定评审会,出具专家组综合评价意见。

市认定办公室汇总专家的评价意见和中介机构的专项审计报告后,对申请企业提出认定意见,并确定高新技术企业认定名单。

上述工作在收到企业合格申请材料后 60 个工作日(不含公示期 15 个工作日)内完成。

(六)公示及颁发证书

经认定的高新技术企业,在"国家高新技术企业认定管理工作网"上公示 15 个工作日。公示有异议的,由市认定办公室对有关问题进行查实处理,属实的应取消高新技术企业资格;公示无异议的,填写高新技术企业认定机构审批备案汇总表,报国家领导小组办公室备案后,在"国家高新技术企业认定管理工作网"上公告认定结果,并由市认定办公室颁发"高新技术企业证书"(加盖科技、财政、税务部门公章)。

第六条 本办法由市科委、市财政局、市国税局、市地税局负责解释。

第七条 本办法自发布之日起实施,原《天津市高新技术企业认定管理办法》(津科高〔2006〕117 号)同时废止。

重要报道

《人民日报》报道 天津滨海新区 蓝图已然清晰

3月13日，国务院批复《天津滨海新区综合配套改革试验总体方案》(以下简称《总体方案》)。自2006年5月国务院批准滨海新区为全国综合配套改革试验区以来，作为先行试验者的天津滨海新区，再次吸引众人的目光。

根据《总体方案》，综合改革涉及十个方面的内容，即企业改革、科技体制改革、涉外经济体制改革、金融改革创新、改革土地管理制度、城乡规划管理体制改革、农村体制改革、社会领域改革、改革资源节约和环境保护等管理制度、行政管理体制改革。而国务院的批复要求，用5至10年时间，在滨海新区率先基本建成完善的社会主义市场经济体制，为全国发展改革提供经验和示范。

如何通过改革解决深层次的制度障碍，构建新的区域发展模式？如何依靠制度创新和机制创新破解发展过程中的难题？一年多以来，以“综合改革、先行先试”为重要特征的滨海新区，一边探索实践，一边总结经验，改革创新，破冰前行。

科技——建设高水平的研发转化基地

〔总体方案〕以加速科技成果转化和技术商品化为重点，完善以企业为主体、市场为导向的自主创新的体制架构，提高整体创新能力，到2010年滨海新区成为创新型城市的先导区。

〔改革进展〕天津市委常委、滨海新区管委会主任苟利军：滨海新区自主创新的总体目标是，形成“园区布局分工明确、科技项目集中建设、创新资源有效配置、产学研紧密结合”的创新型新区。一是着力促进科技成果向现实生产力转化，组建了20亿元的滨海创业风险投资引导基金，引进国外风险投资机构；二是营造有利于创新的环境，大力引进培育各类优秀人才和创新团队；三是注重发挥企业在创新中的主体作用，着力吸引跨国公司和国内龙头企业建立研发机构和工程中心，形成高技术产业群。重点推进国家生物医药国际创新园、工业生物技术研发中心、民航科技产业基地等12个科技创新平台建设，推动钢管、纺织、汽车等10个行业技术研发中心建设。

〔总体方案〕创新高新区开发与管理模式，建设具有国际水平的研发转化基地。

〔改革进展〕天津高新区管委会主任宗国英：滨海高新区是科技部与天津市政府共建的国家高新区，已开工建设了3.6平方公里起步区。功能定位是建成国内外科技资源聚集、自主创新能力强、带动滨海新区发展的领航区，将紧紧抓住增强主导产业自主创新能力这一关键环节，重点发展新能源、生物医药、高端信息制造业和以金融服务、研发设计和技术服务为核心的现代服务业。

贸易——建成我国北方国际贸易中心

〔总体方案〕以建设东疆保税港区为重点，加快建设北方国际航运中心和国际物流中心。借鉴国际通行做法，在东疆保税港区重点发展国际中转、国际配送、国际采购、国际转口贸易和出口加工等业务。条件成熟时，进行建立自由贸易港区的改革探索。

〔改革进展〕天津东疆保税港区管委会主任张爱国：东疆保税港区是国务院批准、规划面积最大的保税港区，去年12月11日，一期4平方公里封关运作。天津市政府制定的“东疆保税港区管理规定”已经施行，从建设成为自由贸易港区的目标入手，东疆保税港区确定的管理机制和体制有五方面创新：行政管理统一高效；口岸监管协调；海关监管宽松；检验检疫灵活；监管诚信体系建立。

保税港区集装箱码头3个泊位投产使用，预计全年完成装卸箱量100万标准箱以上。目前一期仓储物流区再招商正在抓紧进行，已与300余家仓储物流企业洽谈，一批公司签订了入区合作合同。

《总体方案》提出，涉外经济体制改革还将深化口岸管理、外贸、外资等体制改革，加快现代市场体系建设。

金融——创建现代金融服务体系

〔总体方案〕拓宽直接融资渠道，改善社会资金结构，提高社会资金使用效率，把天津逐步建成我国产业投资基金发行、管理、交易、信息和人才培训中心。

〔改革进展〕天津市委常委、副市长崔津渡：2006年，天津设立我国第一只契约型产业投资基金——渤海产业投资基金，为我国发展私募股权投资基金积累了经验。2007年6月，天津成功举办了中国企业国际融资洽谈会，建立了我国基金股权投资与企业股权融资的资本对接模式。去年9月，我国第一家私募股权投资基金社团法人组织——天津股权投资基金协会成立。一批企业通过上市，发行企业债、短期融资券、可转换债券和资产证券化产品，显著提高直接融资比重。连同各类投资主体设立的基金在内，创业风险投资基金不断增加，进入发展期和成熟期。

〔总体方案〕开展金融企业综合经营试点，增强金融企业服务功能。

〔改革进展〕崔津渡：全国第一家第三方保理商——瀛寰东润国际保理公司在天津注册，为国际保理协会唯一的中国会员。渤海银行在发起阶段引进境外战略投资者，成立后设立投资银行部，基本建立了国际化的流程银行体制。采用市场化机制改组3家农村信用社，发起设立了天津滨海农村银行。中国工商银行金融租赁公司在滨海新区开业，成为全国第一家银行金融租赁公司。泰达国际控股集团发起设立，在银行、保险、信托和证券基金等方面进行综合经营试点。

《总体方案》支持在天津滨海新区设立全国性非上市公众公司股权交易市场，作为多层次资本市场和场外交易市场的重要组成部分，逐步探索产业基金、创业投资基金等产品上柜交易。滨海新区还将创新和完善金融机构体系，改革外汇管理制度。

（原载《人民日报》2008年3月28日）

《人民日报》报道
滨海新区建设自主创新基地

国家启动推进天津滨海新区开发开放战略，使这块热土成长为我国自主创新基地具备了“天时、地利、人和”之优势。天津滨海新区坚持把提高自主创新能力，作为增强核心竞争力的根本途径，聚焦高水平研发机构、聚焦高新技术企业、聚焦高端人才，抢占制高点，加快建设高水平的现代制造业和研发转化基地。

天津滨海新区注重学习先进地区的创新经验，以“好”字为先启动建设和引进了一批国家级和省部级重大科技项目，这些项目研究与试验发展经费支出占生产总值的比重达到2.2%，高新技术产值占总产值的比重达到47%，初步形成了电子信息、生物医药、光机电、新材料等高新技术产业集群，在生物芯片、膜技术、电动汽车、干细胞、纳米等领域具备了国际一流、国内领先的研发能力。

天津滨海新区还聚集了一大批科研高精尖人才。例如，国际生物医药联合研究院是科技部、商务部、卫生部、国家药监局和天津市政府“部市共建”国家生物医药国际创新园的核心，为了增加国际竞争力，研究院广揽人才，从85名来自全球的高端竞聘者中选聘3名全时回国的院领导。

天津滨海新区为了促进创新要素向企业集中，推进10个行业技术研发中心成为创新的主体，加快传统产业的升级改造，并向全行业全社会开放，达到资源共享。

天津市委常委、滨海新区管委会主任苟利军介绍，到2010年，滨海新区将初步形成“园区布局分工明确、科技项目集中建设、创新资源有效配置、产学研紧密结合”的创新型新区。

（原载《人民日报》2008年2月24日）

《今晚报》报道
天津滨海新区
五大举措助推科技创新

今年是改革开放30周年，也是滨海新区开发建设15周年。15年来，滨海新区从最初以低技术含量的出口加工型企业为主，到如今已形成了多层次的科技创新体系，科技人才创业基地初具规模。滨海新区现有各类国家和省部级工程中心33家、大型企业研发中心70家和博士后工作站55个，还拥有一大批掌握国际先进技术和现代管理经验的高级人才。

目前，滨海新区已形成电子信息、石油开采及加工、海洋化工、现代冶金、汽车及装备制造、食品加工和生物制药等七大主导产业，这些产业科技含量高，产业链长，辐射功能强。现已成为国家重要的大型石化基地、冶金基地，IT制造业居全国前列，石油套管产量跻身世界四强，全国2000多家企业为新区的产品配套。特别是今年以来，滨海高新区、国家生物医药国际创新园、民航科技产业化等基地加快建设；大推力火箭、中兴通讯等重大高新技术产业项目相继开工；天津国际生物医药联合研究院、中科院天津工业生物技术研发基地等重大科技平台正在建设，列入国家级、省部级245项科技项目顺利组织实施，冶金、化工、汽车、纺织、医药等10个产业技术开发平台初步建立。

下一阶段，滨海新区将采取五大举措进一步促进科技创新体系的提升和完善。

一、提高研发转化能力。首先，增强集成创新和消化吸收再创新的能力，开发电子信息、生物制药等核心技术，壮大软件、集成电路、汽车电子等电子信息产业，做大做强生物和现代医药产业。掌握催化、超大规模石油化工新工艺等核心技术，突破整车设计、控制与安全等核心技术，开发绿色高能电池和基础新材料的规模化生产技术，推动新型能源、新型材料和航空航天产业快速发展。其次，增强原始创新能力，到2010年，软件、集成电路设计、光电子、生物芯片、工业与环境生物技术、干细胞与组织工程、现代中药、水资源综合利用、海水淡化、电动汽车、纳米技术与器件、民航装备等12个领域的原始创新能力达到世界先进或国内领先水平。

二、大力发展研发机构。以提高自主创新能力为核心，加快建设企业为主体、产学研相结合的区域科技创新体系，提升新区科技创新能级。整合研发机构，做大做强现有企业研发中心，支持坐落新区规模以上企业建立独立研发中心；加大引进力度，鼓励和支持国内外科研机构和企业在新区建立科研机构；加快组建滨海工业技术研究院。

三、健全科技服务和保障体系

进一步整合资源，拓展空间，加快“一区三园”的建设，引进中科院水声工程中心、中新药业研究中心等工程技术研发转化机构。发展科技咨询机构，形成从研发、孵化到产业化一条龙科技成果转化体系。利用北方技术、人才、产权交易等市场，促进国内外科技要素向新区聚集并向周边地区扩散。制定政策，发挥风险投资引导基金的作用，吸引更多商业性风险投资基金入区发展。利用贴息和引导资金等手段，加大财政对科技成功转化的投入。

四、大力培育名牌产品。新区目前正在重点培育石油钢管、汽车、PVC等产品成为世界品牌。实施知识产权与技术标准战略，发展生物基因药物、信息安全、民航机电、膜材料、海水淡化装置、电动汽车等具有自主产权的高新技术产品。

五、加强人才引进培养使用。树立科学的人才观，构建素质优良、结构合理、数量充足的高层次人才梯队。加快留学生创业园、博士后科研工作站和创新实践基地建设，吸引国内外优秀人才和创新团队到新区创业，积极引进国内外知名专家、拔尖人才和高层次留学人员。加强人才合作，推荐区域人才开发一体化。合理使用各类人才，形成优秀人才能脱颖而出的机制。创新人才发展环境，实施高酬重奖。搭建高层次人才聚集的平台，使滨海新区成为聚集人才、干事创业的高地

（原载《今晚报》2008年11月18日）

《经济日报》报道
天津高新区加快自主创新步伐

作为首批国家级高新技术产业开发区之一，天津高新区大力推进改革开放，推动主导产业向高端化、高质化、高新化发展，提升自主创新能力和核心竞争力，力争在高新技术产业化、自主创新、项目引进和建设等方面实现新的突破。今年一季度，天津高新区实现地区生产总值25.5亿元，同比增长35.6%；完成固定资产投资9.7亿元，同比增长2.59倍，呈现出良好发展态势。

天津高新区不断加大政策扶持力度，加快自主创新步伐。今年，天津高新区先后推出了《加快软件与服务外包产业发展办法》、《加快绿色能源产业发展的鼓励办法》和《鼓励科技领军人才创新创业办法》，从产业发展、鼓励创新和人才吸引等方面，对高新技术企业的创新、创业给予政策扶植。天津高新区提出每年再拿出4亿~5亿元专项资金用于支持自主创新企业的发展，实施科技创新重奖政策和主导产业“扶优扶强”计划及产业技术创新计划。

主导产业迅速推进。今年一季度，天津高新区以新能源、高端信息制造和软件服务业、生物医药和现代服务业为代表的产业集群取得了快速发展。天津力神电池股份有限公司、西门子电气传动有限公司、歌美飒风电（天津）有限公司等龙头企业对行业的拉动效应明显。天津高新区在“扶优扶强”战略实施中将重点扶持绿色能源产业和软件产业，目前已经规划出建设面积3.08平方公里的软件服务外包基地，以及6.6平方公里的绿色能源基地。

今年，天津高新区还全面启动了滨海高新区的开发建设。目前，滨海高新区基础设施、市政公用配套设施和环境建设已全面展开。综合服务中心主体工程已于3月下旬开工建设，上半年将完成工程量的30%。30.5平方公里概念性城市规划，11.9平方公里供水、电、气等专项规划都将于上半年完成。滨海高新区招商工作初见成效，广东明阳风力发电项目、天津药物创新研发转化基地等项目相继落户滨海高新区，中科遥感、航天科技等一批自主创新性强、技术含量高、具有竞争力、市场前景好的高成长性项目也正在洽谈中。

（原载《经济日报》2008年4月16日）

2008年世界十大科技新闻

（按事件公布时间排序。科技日报社组织，部分院士、多家中央新闻单位以及读者参与评选）

一、器官移植研究取得重要成果

美国明尼苏达大学心血管修复中心科学家1月13日在《自然—医学》杂志在线版发表论文称，他们通过给“脱细胞化”处理后的动物尸体心脏注入活细胞，成功地使这些心脏恢复了跳动。这是器官移植研究领域的重大突破，也是人类首次在生物体外用组织培养出完整器官。

由英国、意大利和西班牙三国科学家组成的研究小组则利用部分由成人干细胞培养的气管，于6月12日成功为30岁西班牙女患者实施了器官移植，术后反应良好。这是世界上第一例成功移植用患者自身干细胞再造器官的病例，证实了成人干细胞与经过重新改造的生物材料结合，能够用来定制人体器官，治疗以往难以治愈的顽症。

二、首次人工构建完整基因组

美国克雷格·文特尔研究所科学家1月24日在《科学》杂志在线版刊登文章称，他们通过合成生殖支原体细菌JCVI-1.0中的58.297万个碱基对，成功制造出生殖支原体的完整基因组，创造了目前世界最大的人工合成DNA组织，成为合成基因组学的又一大突破。该成果使人类以化学方法制造DNA片段成为可能，并为合成与复制DNA的技术提供了新方法。

三、电路世界存在第四种基本元件

美国惠普公司实验室研究人员在5月1日出版的《自然》杂志上发表论文，宣称电路世界中存在第四种基本元件—记忆电阻器，并成功设计出世界首个能工作的忆阻器原型。这种元件即使在被关闭的情况下仍然具备记忆自身历史的功能。这项重大发现将对电子科学的发展历程产生重大影响。

四、“凤凰”号确认火星有水

7月31日，“凤凰”号火星探测器项目小组宣布，“凤凰”号在加热火星土壤样本时鉴别出有水蒸气产生，从而确认火星上有水存在。除发掘到水冰外，“凤凰”号还探测到了碳酸钙和某种黏土的层状颗粒，并发现了高氯酸盐。这些成果将帮助专家进一步推断火星现在或者以前是否有适宜生命存在的环境。

五、受活脑组织控制的机器人问世

英国雷丁大学科学家8月13日展示了他们研制的全球首个受活脑组织控制的生物化机器人米特·戈登，其原始大脑灰质由人工培育的30万个老鼠神经元聚合而成。这项实验科研和医学意义深远，目的是探索天然智能和人工智能之间逐渐趋于模糊的界限，揭示人脑奥秘，可能有助于找到对抗神经退化性疾病（包括早老性痴呆症和帕金森症等）的有效治疗方法。

六、发现新的三夸克粒子

美国费米国家加速器实验室9月初宣布，在对撞实验中发现一种新型粒子—欧米伽b重子，这是迄今为止物理学界发现的质量最大的重子。该粒子与常见的由第一类夸克（上、下夸克）组成的质子和中子不同，由2个奇异夸克和1个底夸克组成，这是人类首次发现由后两类夸克混合组成的重子，从而证实了夸克模型的成功。这一成果对于逐步认识夸克组成物质的全貌，了解凝聚和分离夸克的亚原子力，以及完善重子周期表来说具有重大意义。

七、欧洲大型强子对撞机启用

欧洲核子研究中心的大型强子对撞机9月10日启动，将第一束质子束流注入长达27公里的对撞机隧道，并贯穿了整个对撞机。虽然随后的实验进程因机械故障而暂停，但大型强子对撞机的启用具有里程碑意义，可望创造出与宇宙大爆炸之后万亿分之一秒时的状态相类似的条件，为研究宇宙起源和各种基本粒子特性提供强有力的手段。

八、中国航天员实现太空漫步

9月25日21时10分04秒，发射神舟七号的长征二号F型火箭点火成功，搭载3名中国航天员的飞船腾空而起。9月27日16时41分00秒，航天员翟志刚身穿中国自行研制的“飞天”舱外航天服，首度实施空间出舱活动，在茫茫太空第一次留下中国人的足迹。

九、物质第五态研究获突破性进展

德国美因茨大学科学家10月19日在《自然—物理学》在线版发表论文宣称，他们对物质第五态的研究取得突破性进展，开发出高分辨率扫描电子显微镜，首次成功观察到“玻色—爱因斯坦冷凝物”中单个原子的空间分布，竖立起一座新的里程碑，这一成果将加深对物质第五态的了解。

十、看到系外行星“真面目”

美国天文学家11月13日发表一组太阳系外4颗新发现行星的照片，这是人类首次直接拍摄到太阳系外行星照片，从而在弄清太阳系以外是否存在类地行星，以及其上是否有生命存在的道路上迈出重要一步。

2008年中国十大科技新闻

（按事件发生时间顺序。科技日报社组织，部分院士、多家中央新闻单位以及读者参与评选）

一、我国首颗中继卫星成功发射

4月25日，我国首颗数据中继卫星“天链一号01星”在西昌卫星发射中心成功发射。中继卫星可为卫星、飞船等航天器提供数据中继和测控服务。它的发射成功，填补了我国卫星领域的又一空白。

二、科技为抗震救灾提供强大支撑

5月12日汶川发生特大地震。广大科技人员在抗震救灾中发挥了重要作用，一系列前沿技术为抢险救灾提供了有力支持，为抗震和重建工作提供了强大的科技保障。

三、我科学家发现铁基高温超导材料

5月25日，中国科技大学物理系陈仙辉教授的实验组宣布，首次在相关结构的氟掺杂的钐氧铁砷化合物中发现了超导电性。之后其他几个中国研究小组陆续发现了更多铁基超导材料。

四、新《科技进步法》实施

修订后的《中华人民共和国科学技术进步法》自2008年7月1日起正式实施。作为中国科技界基本法，新的《中华人民共和国科技进步法》被认为进一步奠定了建设创新型国家的法律基石。

五、科技元素让北京奥运异彩纷呈

8月，科技特色鲜明的第29届夏季奥运会在北京成功举办。科技部会同北京市及相关部门，以实践“科技奥运”理念、支撑“绿色奥运”建设为重点，围绕场馆建设、大型活动、赛事组织等方面，应用了大批先进技术，使本届奥运会精彩纷呈。

六、我研制成功百万亿次超级计算机

今年8月，由中科院计算技术研究所、曙光信息产业有限公司自主研发制造的百万亿次超级计算机“曙光5000”宣布研制成功。这标志着中国成为继美国之后第二个能制造和应用超百万亿次商用高性能计算机的国家。

七、我科学家实现世界首个量子中继器

8月28日，中国科技大学的潘建伟教授及其同事宣布：他们利用冷原子量子存储技术，首次实现了具有存储和读出功能的纠缠交换，建立了由300米光纤连接的两个冷原子系综之间的量子纠缠，向未来广域量子通信网络迈出了坚实的一步。

八、神舟七号升空我航天员首次太空行走

北京时间9月25日21时10分04秒，我国自行研制的神舟七号载人飞船在酒泉卫星发射中心发射升空，并准确进入预定轨道。9月27日16时41分00秒，我国航天员翟志刚打开神舟七号载人飞船轨道舱舱门，首度实施空间出舱活动。

九、我绘制成首张大熊猫基因组序列图谱

深圳华大基因研究院10月11日宣布，大熊猫“晶晶”基因组框架图绘制完成。该研究将从基因组学的层面上为大熊猫这种濒危物种的保护、疾病的监控及其人工繁殖提供了科学依据。

十、“翔凤”首飞成功国产飞机走向商用

11月28日，国产支线飞机翔凤ARJ21在上海首飞成功，预计不到18个月便可交付首个用户，开始商业运营。发展大型客机项目，是党中央、国务院作出的一项重大战略决策。5月11日，中国商用飞机有限责任公司在上海成立，这标志着中国大型客机研制项目正式启动。

2008年世界十大科技进展

（中国科学院院士工作局、中国工程院学部工作局和科学时报社共同主办，在院士、科技人员、科技新闻工作者推荐候选新闻的基础上，552名中国科学院院士和中国工程院院士投票评选）

1. 胚胎干细胞研究获新进展。

2. 凤凰号探测器成功降落火星并确认火星上有水。

3. 开发出全球运算速度最快的超级计算机。

4. 欧洲大型强子对撞机正式启动。

5. 设计出杀灭癌细胞的“纳米机器”。

6. 建立第一个人类神经细胞组织系统。

7. 铁基超导材料研究获重大进展。

8. 创建首张完整的大脑网络地图。

9. 发现土卫六上碳氢化合物远超地球油气储量。

10. 最大规模人类遗传多样性调查完成。

2008年中国十大科技进展

（中国科学院院士工作局、中国工程院学部工作局和科学时报社共同主办，在院士、科技人员、科技新闻工作者推荐候选新闻的基础上，552名中国科学院院士和中国工程院院士投票评选）

1. 神舟七号发射成功。

2. 下一代互联网研究与产业化获得重大突破。

3. 首条国际一流水平的高速铁路在京津两大城市间开通。

4. 首个中国人基因组序列研究成果发表。

5. 北京正负电子对撞机重大改造工程建设任务圆满完成。

6. 曙光5000A跻身世界超级计算机前十。

7. 光谱获取率最高望远镜落成。

8. 自主研制的支线飞机首飞成功。

9. 量子中继器实验被完美实现。

10. 转基因抗虫棉使北方农作物免受虫害。

2008年天津市科技两委领导成员及机构

市委科技工委领导成员及机构

领导成员

书　记　陈超英
副书记　李家俊　李　平　陈巧林
委　员　李　群(4月退休)　郭　明

机构设置及处室负责人

办公室
主　任　于富来　副主任　王育忠　王　海
干部处
处　长　郭　明(兼)　副处长　齐中波
组织处
处　长　穆瑞光
宣传处
处　长　马惠元(6月退休)　副处长　魏　东
老干部处
处　长　高学海　副处长　孟宪胜
研究室
主　任　牟蔚远
科技工会
主　席　吴全旺　副主席　王力力
科技纪工委
书　记　李　群(4月退休)　副书记　吴艾丽
委员、调研员、处理法轮功问题负责人　孙文杰
科技团工委
书　记　齐中波(兼)

市科委领导成员及机构

领导成员

主　　任　李家俊
副 主 任　陈养发　李宝纯　张勇勤
总　　工　黄亚楼
副巡视员　杨应敏　杨旭才

机构设置及处室负责人

办公室
主　任　陈庆余　副主任　祖延辉
综合计划处
处　长　齐成喜　副处长　曲　杨
高新技术及产业化处
处　长　李彭越　副处长　高　宁
生物医药与环保科技处
处　长　夏秋雨　副处长　刘惠忠
农村科技处(星火计划办公室)
处　长　宋广平
社会发展科技处
处　长　段志强　副处长　王从众
基础研究处
处　长　贾　堤　副处长　金双龙
政策法规与体制改革处
处　长　夏正淮
副处长　邓文瑞(调研员)　董　怡
科技成果与技术市场处
处　长　李庆兴　副处长　王希公
国际科技合作处
处　长　范英姿　副处长　韩　颖
条件财务处
处　长　张勇勤(兼)
副处长　郭　靖　张晓红
科技企事业管理处
处　长　李珍萍　副处长　孙志伟　王家声
人事教育处
处　长　刘建军　副处长　冯德义
机关党委
副书记　蒋长发

索　引

1. 本索引包括单位名称索引和人名索引；
2. 本索引按各字汉语拼音音序排列；
3. 索引款后的数字表示内容所在的页码。

单位名称索引

人名索引

天津农学院

天津农学院始建于1976年并于同年开始招生，原址位于天津市武清县，1985年迁入现址。2002年经天津市政府批准，天津市城乡经济学校并入天津农学院。1982年获学士学位授予权，2006年获硕士学位授予权。2007年在教育部进行的本科教学工作水平评估中获得“优秀”。学校以农科为主体和优势，农学、工学、管理学、理学、经济学、文学协调发展。经过多年的办学实践，形成了紧贴区域经济社会发展，服务于沿海都市型现代农业的鲜明办学特色。

学校现有东、西两个校区，校园占地面积1049亩，校舍建筑面积29.19万平方米。拥有教学实验室50个，教学、科研仪器设备总值为6235万元；图书馆总面积为9275平方米，有各种藏书67万余册。水产养殖学科和作物遗传育种学科为天津市重点学科；农学专业和水产养殖专业为教育部特色专业建设点。学校现有“天津市水产生态及养殖重点实验室”、“天津市现代渔业技术工程中心”、“天津市农业生物技术研究中心”和“天津市花卉技术工程中心”；与日本

天津农学院与香川大学进行学术交流

（左上）低产枣园高接金丝4号丰产情况　（右上）羔羊补饲技术显著提高肉羊经济效益
（左下）革胡子鲶设施化高产养殖技术　（右下）津川一号食味水稻繁育基地

东京大学合作建立了“天津中日水稻品质·食味研究中心”，中日食味水稻科技创新与产业化被命名为天津市引进国外智力成果示范推广基地，与中国农业大学合作建立了“天津市农产品加工科技创新与成果转化基地”，并与中国科学院合作建立了“天津市农业节水研究中心”。

自建院以来，累计培养了本专科学生1.5万余人。全院共立各类科研项目450多项，取得具有自主知识产权的科技成果372项、授权专利15项、农作物新品种17个，其中84项获国家和省、部级科技奖励。出版著作、教材345部，公开发表学术论文2800余篇，其中有85篇被SCI、EI收录。

地址：天津市西青区津静公路22号　邮编：300384

天津钢管集团股份有限公司

TIANJIN PIPE (GROUP) CORPORATION

天津钢管集团股份有限公司俗称天津“大无缝”，是中国“八五”期间国家重点工程，是目前中国最大的石油套管生产基地。公司始建于1989年6月，炼钢、轧管、管加工三大工序的主体设备分别从德国、意大利和美国成套引进。公司原设计能力为年产优质钢60万吨、无缝钢管50万吨，其中石油套管35万吨，其它各类专业用管15万吨。1996年1月1日正式投产。

公司拥有的主要设备：煤基直接还原铁回转窑2座（每座15万吨）；150吨、100吨、90吨超高功率电炉各一座，六流圆坯弧型连铸机两套、五流圆坯弧型连铸机一套；250限动芯棒连轧管机组一套，168、258、460PQF连轧管机组各一套，ASSEL轧管机组一套，720旋扩机组一套，以及相配套的管加工、热处理生产线；整个生产过程采用基础自动化、过程计算机、管理计算机三级自动控制，并且拥有完备、先进的在线和离线检测设备、技术分析手段。

主要品种有石油套管、管线管、高中低压锅炉管、气瓶管、结构管、液压支架管、高压化肥管、石油裂化管、蓄能器管、铜线杆、不锈钢薄板等。公司坚持质量管理与国际标准全面接轨，持续改进和强化质量管理工作，创造世界一流产品。公司先后通过了美国石油学会API产品质量认证、ISO9001质量保证体系认证、ISO14001环境管理体系认证，OSHMS18001职业安全健康管理体系认证。同时还先后通过了壳牌、美孚等64家海外石油公司的认证。目前，石油管材国内市场占有率保持在50％左右，产品出口到90多个国家和地区。

公司荣获了“国家质量管理卓越企业”称号；第九届和十三届国家级企业管理现代化创新成果一等奖；全国“五一”劳动奖状；轧管二期工程获中国建设工程“鲁班奖”。公司党委两次荣获“全国先进基层党组织”称号。公司跻身中国企业500强、中国制造业500强、中国进出口企业500强。

■ 150吨超高功率电弧炉

地　址：天津市东丽区津塘公路396号　　邮　编：300301

电　话：(022)-24802625　　传　真：(022)-24360649

网　址：www.tpco.com.cn